Astrid von Pufendorf
DIE PLANCKS

Astrid von Pufendorf

Die Plancks

Eine Familie zwischen Patriotismus
und Widerstand

Propyläen

Für Woolfi

Propyläen Verlag, Berlin
Propyläen ist ein Verlag der Ullstein Buchverlage GmbH

ISBN-13: 978-3-549-07277-6
ISBN-10: 3-549-07277-5

© Ullstein Buchverlage GmbH, Berlin 2006
Alle Rechte vorbehalten
Gesetzt aus der Sabon bei LVD GmbH, Berlin
Druck und Bindung: Pustet, Regensburg
Printed in Germany

Inhalt

Vorbemerkung   9

Prolog
    Der Mord an Kurt von Schleicher   13

Die Plancks in Berlin
    Erwin, der Liebling der Familie   17
    Plancksche Erziehung   23
    Ein glückliches Familienleben   28
    Jugend und frühes Leid   34

Die ungleichen Brüder
    Ausbildung   45
    Kriegsakademie in Metz   51
    Die Sorge um Karl   57
    Ruhe vor dem Sturm   60

Erster Weltkrieg
    Mit Begeisterung an die Front   66
    Briefe aus Berlin   72
    Die Schlacht an der Marne   77
    Zwischen Leben und Tod   84
    Gefangenschaft und Heimatfront   91
    Eine Atempause   99
    Der »Stumpfsinn« der Gefangenschaft   103
    Der »Heldentod«   107
    Noch ein Schicksalsschlag   113

Freiheit und noch immer Krieg 119
Beim Generalstab 124

Erwin Plancks Weg in die Politik
Das Ende des Krieges 131
Politik im »bunten Rock« 140
Der Friedensvertrag –
»ein ausgeklügelter Lustmord« 144
Das Truppenamt 149
»Dienst am Staat« 155
Kapp-Putsch und Krise der
jungen Republik 163
Lebenskrise 171
»Das Jahr der gescheiterten
Hoffnungen« 178
Abschied von der Jugend 181
»Zeit des Handelns, der
starken Gefühle« 189

In der Reichskanzlei
Referent Planck 196
Wechselnde Kanzler und ein
neuer Präsident 199
Planck – ein »Schleicher-Mann« 210
Beförderungen und Stresemanns Tod 222
Strippenzieher 229

Brünings Kanzlerschaft
Der neue Chef 237
London – Wien – Rom 243
Schleicher und Planck –
Brünings Stützen 246
Die Entlassung 254

Das Ende der Weimarer Republik
Staatssekretär Planck 259
Gespräch mit Schäffer über
die Lage der Nation 265

Papens Staatsstreich und die Folgen 269
Juli 1932: Neuwahlen 278
Papens Niederlage 288
Schleicher – eine Chance? 296
Der letzte Kanzler der Republik 301
Hitler am Ziel 309

Asienreise im Schatten Hitlers

Max Planck und Albert Einstein 315
Am anderen Ende der Welt 325
Von Hongkong nach Kanton 328
Shanghai, Nanking und die Briefe
aus der Heimat 333
Auf dem Jangtsekiang 340
Die Reise nach Chengdu 345
Peking, die leuchtende Kaiserstadt 354
Japan – die letzte Station 362

Rückkehr in ein anderes Deutschland

Schleichers Ende 367
Vater und Sohn auf vermintem
Gelände 375
Erwin Planck in der Firma
Otto Wolff 381

Das Regime und seine Gegner

Die erwachende Opposition 388
Vater und Sohn zwischen
Patriotismus und Widerstand 394
Die Gruppe um General Thomas 402
Die Firma Wolff und die
neutralen Länder 409
Plancks Reisen für den Widerstand 419
Der Krieg im Spiegel der Briefe von
Vater und Sohn 426
Die Verhaftung 447
Todesurteil und Gnadengesuche 458

Epilog	465
Dank	472
Anmerkungen	474
Quellen- und Literaturverzeichnis	493
Personenregister	501
Bildnachweis	512

Vorbemerkung

Es ist immer wieder erstaunlich, welche ungehobenen Schätze unseres geistigen und kulturellen Erbes sich auf dem sprichwörtlichen Dachboden oder im undurchdringlichen Dickicht der Archive finden lassen. Nachdem ich 1997 eine Biographie des letzten preußischen Finanzministers Otto Klepper veröffentlicht hatte, erhielt ich eine Anfrage von der Handschriftenabteilung der Staatsbibliothek zu Berlin, ob ich den Nachlaß eines Sohnes von Max Planck auswerten und für eine Biographie nutzen wolle. Er war von Elisabeth zu Salm-Salm, einer Freundin der Witwe Erwin Plancks, an die ehrwürdige Einrichtung gegeben worden. Rasch zeigte sich, wie aufschlußreich und hochinteressant dieser Nachlaß in vielerlei Hinsicht ist. Es fanden sich unter anderem 460 unbekannte Briefe Max Plancks an seinen Sohn sowie Erwin Plancks über Jahrzehnte hinweg akribisch geführte Tagebücher und Korrespondenz, darunter sechzehn Briefe seines Mentors und Freundes Kurt v. Schleicher, des letzten Kanzlers der Weimarer Republik.

Vor allem der umfangreiche Briefwechsel zwischen Vater und Sohn ermöglicht es, einen ganz neuen, sehr privaten Einblick in die Familie Planck zu gewinnen, die von schweren Schicksalsschlägen heimgesucht wurde. Innerhalb eines Jahrzehnts, zwischen 1909 und 1919, starben nacheinander Max Plancks erste Ehefrau Marie, der ältere Sohn Karl und die Zwillingstöchter Grete und Emma. Das schon vorher enge Verhältnis zwischen Vater Planck und seinem Sohn Erwin wurde dadurch noch inniger, was sich in den Briefen auf berührende Weise spiegelt.

So faszinierend es ist, sechzig Jahre nach seinem Tod Neues

über die private Seite Max Plancks zu erfahren, so steht doch – der Natur des hier zugrunde liegenden Nachlasses gemäß – Erwin Planck im Mittelpunkt dieses Buches. Er nahm als Offizier am Ersten Weltkrieg teil, geriet in französische Gefangenschaft, erlebte das dramatische Ende des Krieges im Generalhauptquartier in Spa und war seit dieser Zeit ein enger Vertrauter Kurt v. Schleichers. Zunächst als Verbindungsoffizier der Armee in der Reichskanzlei tätig, schlug Planck 1926 eine Laufbahn als politischer Beamter ein, wurde 1930 Referent des Kanzlers Heinrich Brüning und bekleidete in den Kabinetten Franz v. Papen und Schleicher den einflußreichen Posten des Staatssekretärs in der Reichskanzlei. Eine tiefe Abneigung gegen Hitler und sein Regime, die durch die Ermordung Schleichers am 30. Juni 1934 noch verstärkt wurde, brachte ihn bald in engen Kontakt zu führenden Kreisen des Widerstands, denen er nicht zuletzt auf zahlreichen Auslandsreisen als leitender Angestellter des Kölner Otto-Wolff-Konzerns dienlich war. Nach Stauffenbergs mißglücktem Attentat wurde Erwin Planck am 23. Juli 1944 von der Gestapo verhaftet, wegen »Hochverrats« zum Tode verurteilt und im Januar 1945 in Plötzensee ermordet.

Einen dramatischen Höhepunkt des Buches bilden zweifellos die Jahre 1932/33, als Erwin Planck in der so unseligen Endphase der Weimarer Republik als Staatssekretär in der Reichskanzlei manche Fäden zog. Sein Weg zeigt exemplarisch, wie überzeugte, ja leidenschaftliche Patrioten, ohne es wirklich zu wollen, an der Zerstörung der mühsam errichteten demokratischen Strukturen beteiligt waren, dann aber im Kampf gegen Hitler und seinen hemmungslosen Kriegskurs ihr Leben einsetzten. Erwin Planck tat dies aus tiefster Überzeugung. Am Ende blieb dem greisen Max Planck nur noch, in einem verzweifelten Gnadengesuch an SS-Führer Himmler zu schreiben: »Mein Sohn Erwin verkörpert an Charakter und Gaben alles, was unsere Familie in Generationen geworden ist.«

Wer einen so reichen, so lesenswerten Nachlaß in Händen hält, hat die Qual der Auswahl beziehungsweise die Not des Weglassen-Müssens. Um möglichst viel originales Material – Briefe, Tagebücher, Aufzeichnungen – zu Wort kommen zu lassen, wurde auf manches verzichtet, was anderswo nachzulesen ist, etwa Näheres zur wissenschaftlichen Tätigkeit Max Plancks. Auch die Darstellung des zeitgeschichtlichen Umfelds wurde, sofern nicht die Plancks direkt involviert waren, auf das Notwendigste beschränkt. Der Leser wird rasch merken, daß die hier geschilderten Personen und ihre Zeit durch die Unmittelbarkeit des »Originaltons« viel plastischer und authentischer erfahrbar sind, als dies bei einer bloßen Nacherzählung ihrer Geschichte der Fall wäre. Es ist, als öffnete sich eine Tür in ein längst vergangenes Zeitalter, aus dem uns lebendige Menschen entgegentreten.

Astrid von Pufendorf
November 2005

Prolog

Der Mord an Kurt von Schleicher

»Am Sonnabend, dem 30. Juni [1934], 12.30 Uhr mittags, befand ich mich im Arbeitszimmer des Herrn General, um ihm nach Abrechnung der Haushaltskasse den überschießenden Betrag von 100 Mark auszuhändigen. Im Zimmer waren anwesend Herr General, der am Schreibtisch saß, und Frau v. Schleicher, die mit einer Handarbeit neben dem Schreibtisch im Sessel saß. Die Klingel der Gartentür läutete in diesem Augenblick auffallend lange und stürmisch. Ich ging zur Haustür, fragte durch's Fenster, wer da sei, und erhielt von einer männlichen Stimme die Antwort ›Wir müssen zu Herrn General‹. Darauf betätigte ich die elektrische Öffnung der Gartentür und öffnete dann auch die Haustür. Es erschienen 5 Männer, von denen einer auch fragte, wo Herr General sei. Dieser Mann war schätzungsweise 30 Jahre alt und trug einen dunklen Anzug. Die anderen Männer erschienen mir erheblich jünger, sie trugen sämtlich hellere Zivilanzüge. Ich antwortete erst, Herr General sei nicht zu Hause, dann, er sei spazierengegangen. Darauf drang der Mann im dunklen Anzug an mir vorbei in den Garderobenraum ein und fuhr mich mit derber Stimme an, ich solle ihn nicht belügen, sondern sofort die Wahrheit sagen, wo Herr General sei. In diesem Augenblick hielten alle 5 Männer die eine Hand auf dem Rücken, daß sie hierbei bereits Revolver in der Hand hielten, konnte ich wenige Sekunden später feststellen, als die Männer sich hin und her bewegten und ich sie dann von der Seite sehen konnte. Als ich nun merkte, daß ich das weitere Eindringen der Männer ins Innere des Hauses doch nicht verhüten konnte, sagte ich: ›Ich werde mal nachsehen‹. Ich ging dann durch die Diele zum Arbeitszimmer, während hinter mir der Mann im dunklen Anzug den anderen den Befehl gab: ›Folgen‹. Während ich dann das Arbeitszimmer betrat, muß mindestens einer der Männer – vielleicht waren es auch zwei oder mehrere – mir auf dem Fuße gefolgt sein. Bevor ich noch etwas sagen konnte, hörte ich unmittelbar hinter mir eine Stimme: ›Sind Sie der General?‹ Herr General drehte sich, immer noch am Schreibtisch sitzend, halb nach rechts hinten um und sagte: ›Jawohl‹. In diesem Bruchteil der Sekunde fielen fast gleichzeitig 3 Schüsse. Ich weiß mit größter Bestimmtheit, daß Herr General, bevor die Schüsse fielen, außer der Halbrechtsdrehung mit dem Oberkörper keinerlei weitere Bewegungen gemacht hat, insbesondere auch nicht etwa mit einer Hand nach der Tasche, nach dem Schreibtisch oder sonstwohin gegriffen hat. Von einer irgendwie gearteten Abwehr des Generals war nie die Rede. Hierzu wäre auch gar keine Zeit gewesen, da von der Frage: ›Sind Sie der General v. Schleicher?‹ bis zu den Schüssen wohl nicht mehr als eine Sekunde vergangen ist. In meiner Erinnerung stellt sich der Vorgang so dar, als ob das ›Jawohl‹ des Generals mit den Schüssen sozusagen gleichzeitig war. Bei allem stand ich mitten im Zimmer. Im Augenblick der Schüsse saß Frau v. Schleicher noch ebenso ruhig wie ihr Mann neben dem Schreibtisch. Während ich zu Tode entsetzt schreiend aus dem Zimmer stürzte, hörte ich auch Frau v. Schleicher schreien und hörte weitere Schüsse fallen. …

Als ich dann kurz darauf aus dem Garten zusammen mit Frau v. Schleicher (der Kusine des Generals) ins Arbeitszimmer zurückkam, war keiner der Männer mehr da. Zwischen dem ersten Klingeln an der Gartentür bis zum Verschwinden der Männer können höchstens 2 Minuten vergangen sein. Alles ist gewissermaßen innerhalb von Sekunden vor sich gegangen.«

Soweit der Bericht der Haushälterin Marie Güntel über die Ermordung Kurt v. Schleichers, des letzten Reichskanzlers der Weimarer Republik, am 30. Juni 1934. Die Augenzeugin machte ihre Aussage zwei Tage später vor einem Notar. Über dem Bericht steht folgender Vermerk: »Im Juli 1935 nahm sich die frühere Wirtschafterin des Generals von Schleicher, Marie, das Leben. Sie ertrank in Potsdam im Heiligen See. Sie hinterließ einen Zettel, auf dem sie vermerkt hatte, daß sie den schuldlosen Tod ihres Herrn nicht zu überwinden vermöge.«[1]

Die Haushälterin hat sich das Leben genommen. Für Erwin Planck bedeutete der Mord an seinem Freund Kurt v. Schleicher einen Wendepunkt. Er entschied sich zum Widerstand gegen Hitler. Schon kurz nach dem 30. Januar 1933 hatte er begonnen, über seine politische Einstellung nachzudenken. Auf einer Reise durch Ostasien vom Frühjahr 1933 bis zum Frühjahr 1934 hatte er die nötige Muße dazu.

Der Mord an Schleicher öffnete ihm endgültig die Augen über den Charakter des neuen Regimes, und er begann zu verstehen, worin sein eigener Anteil am Untergang der Weimarer Republik bestand. Arnold Brecht, einst Ministerialdirektor im preußischen Staatsministerium, bezeugt diesen Lernprozeß in seinen Lebenserinnerungen, in denen er von einer Begegnung mit Planck im Januar 1935 berichtet: »Der frühere Staatssekretär Schleichers, Erwin Planck, der eines Abends mit seiner Frau unser Gast in Steglitz war, erklärte mir mit ernster Feierlichkeit, daß er es bereue, im Jahre 1932 die Politik Papens und Schleichers gegen die preußische Regierung Braun mitgemacht zu haben, er habe inzwischen eingesehen, daß man die Menschenrechte nur wahren könne, wenn man die Verfassungspflichten unparteiisch« einhalte.[2]

Was hat Erwin Planck, den Sohn des großen Physikers Max Planck, geprägt, was hat ihn dahingehend beeinflußt, daß er zunächst, ohne es bewußt zu wollen, zu den Wegbereitern des Nationalsozialismus gehörte, indem er, wie so viele, die Demokratie von Weimar nicht vorbehaltlos unterstützte? Und was hat ihn so verändert, daß er das Hitler-Regime schließlich bekämpfte und dafür mit dem Leben bezahlte? Der Sohn aus großbürgerlichem Hause, in preußisch-protestantischer Tradition erzogen, ist kein Einzelfall. Er repräsentiert die tragende Schicht im Deutschland des frühen 20. Jahrhunderts, und so gibt die Betrachtung seines Lebens Aufschlüsse nicht nur über ihn und seine Familie, sondern zugleich über diese verhängnisvolle Epoche und die sie prägenden Menschen.

Die Plancks in Berlin

Erwin, der Liebling der Familie

Endlich war es soweit! Der langersehnte Ruf an die Berliner Universität erreichte Max Planck im Frühjahr 1889 in Kiel, wo er seit vier Jahren einen außerordentlichen Lehrstuhl für mathematische Physik innehatte. »Nach dem Tod von Kirchhoff wurde ich auf Vorschlag der Berliner Philosophischen Fakultät als dessen Nachfolger zur Vertretung der Theoretischen Physik an die Universität berufen, zuerst als Extraordinarius, von 1892 ab als Ordinarius. Das waren die Jahre«, so bekannte Planck später, »in denen ich wohl die stärkste Erweiterung meiner ganzen wissenschaftlichen Denkweise erfuhr. Denn nun kam ich zum ersten Mal in nähere Berührung mit den Männern, welche damals die Führung in der wissenschaftlichen Forschung der Welt innehatten.«[1]

Für diesen Erfolg hatte Max Planck lange und hart gearbeitet, denn schon mit 22 Jahren hatte er sich 1880 in München habilitiert, wohin der Vater, Johann Julius Wilhelm Planck, Professor für bürgerliches Recht, mit sieben Kindern aus zwei Ehen gezogen war. Karl Ernst Ludwig Max Planck war als viertes Kind noch in Kiel geboren worden, doch München war seine eigentliche Heimatstadt. Seine junge Braut, Marie Merck, die er hatte vertrösten müssen, bis endlich die Basis für die Gründung eines eigenen Hausstandes gegeben war, entstammte der heute noch bekannten Unternehmerfamilie aus dem Heidelberger Raum. Sie war drei Jahre jünger als er.

Am 31. März 1887 hatte das junge Paar in Kiel geheiratet; zwei Jahre später zog es, dem Ruf der Universität folgend, in jenem Frühjahr 1889 mit dem einjährigen Sohn Karl nach Berlin in die Tauentzienstraße 18a. Endlich hatte Max Planck sein Ziel erreicht, an die Hochschule zu gelangen, an der er bereits zwei Semester studiert und bei Hermann v. Helmholtz gehört hatte. Es war, wie er es selbst beschreibt, »ein Ereignis von großer Bedeutung, daß ich diesem Manne, den ich nach seinen Werken schon so viele Jahre lang verehrt hatte, nun auch menschlich nähertreten konnte; ich sehe darin eine der wertvollsten Bereicherungen meines Lebens. Denn in seiner ganzen Persönlichkeit, seinem unbestechlichen Urteil, seinem schlichten Wesen verkörperte sich die Würde und Wahrhaftigkeit seiner Wissenschaft. Dazu gesellte sich eine menschliche Güte, die mir tief zu Herzen ging.«[2] So ähnlich werden andere später Max Planck selbst beschreiben.

Doch es folgten schwierige Jahre – so verlockend das Berliner Pflaster war, so hart war es auch. Der Historiker Fritz Stern schreibt: »Die Universität war weltberühmt, befand sich in erschreckendem Wachstum, der Anspruch von Lehre und Forschung war anstrengend. Wissenschaft und Bildung genossen ein heute kaum vorstellbares Ansehen, ein größeres Ansehen als in anderen Ländern.«[3] Es war eine Zeit des Aufbruchs, großer Produktivität und extremer Gegensätze. Atemlos beschrieb der berühmte Kritiker Alfred Kerr, der zwei Jahre vor Planck aus Breslau nach Berlin gekommen war, die Stadt: »Man lebt schnell, die Eindrücke dieser noch im Werden begriffenen Metropole jagen einander, und die Bewohner, deren Gemüt noch etwas ungroßstädtisch Naives hat, reißen die Augen auf und lassen wie die Kinder ein Ding rasch stehen, um rasch ein neues zu betrachten.«[4]

Der amerikanische Journalist Christopher C. Curtis beschrieb seinen Lesern daheim das Berlin der Jahrhundertwende als »eine eindrucksvolle, außerordentlich vitale Stadt, und das Merkwürdige ist, daß sie zwei verschiedene Welten in sich vereinigt, die kaum oder gar nichts miteinander zu tun zu haben scheinen. Das eine ist die Welt, die der Kaiser repräsentiert und als einzige zu kennen scheint: die Welt der adligen Offiziere und höheren Beamten, der sehr aktiven Industriellen und Bankiers, Professoren, wohlhabenden Geschäftsleute und bei Hofe geschätzten Künstler, auch die Welt der eleganten Frauen, mindestens so chic wie in Paris und Rom, und der sportlichen Gentlemen, die morgens im Tiergarten reiten, Tennis spielen, auf dem Wannsee mit ihren Segeljachten Regatten und auf der Chaussee nach Potsdam Automobilrennen veranstalten. Man trifft sie nachmittags zum Fünf-Uhr-Tee in der Halle des neuen Hotels am Pariser Platz vor dem Brandenburger Tor, das der vom Kaiser protegierte Herr Adlon, ein gelernter Tischler und später sehr erfolgreicher Gastronom, mit fast exzessiver Pracht und modernstem Komfort ausgestattet hat ... Dieses Berlin, das als Hauptstadt eines jungen, aber immer mächtiger werdenden Reiches innerhalb einer Generation eine grandiose und beispiellose Entwicklung genommen hat, zählt an die dreißig großen Bühnen, deren Aufführungen Weltruf genießen.«

Das war das Berlin der Plancks. Doch es gab noch ein zweites Berlin, das Curtis anläßlich der Beerdigung des Arbeiterführers Wilhelm Liebknecht im August 1900 kennenlernte, als 120 000 Menschen am Trauerzug teilnahmen: »Was mich am meisten beeindruckte, war die stolze, selbstbewußte Haltung der riesigen Menge, ihre strikte Disziplin, ihre eiserne Ruhe, an der alle kleinen Schikanen und provozierenden Zurufe der die Straße säumenden Polizei wirkungslos abprallten. Rechnet man nicht nur die Menschen im schier endlosen Trauergeleit, sondern auch die Unzähligen, die vom Straßenrand her, aus den Fenstern der häßlichen grauen Mietskasernen mit schwarzem Trauerflor und roten Nelken ihre Anteilnahme bekundeten, so nahm an diesem Tag gewiß mehr als die Hälfte der Einwohner Berlins Abschied von dem Mann, den der Kaiser als seinen und des Reiches Feind bezeichnet hatte.«[5]

Das »aufsteigende Deutschland, ein Land der disziplinierten Tüchtigkeit, bot ein günstiges Milieu – und doch waren außergewöhnliche Menschen das entscheidende Element«, so Fritz Stern. »Menschen, die der Forschung leidenschaftlich ergeben, von einem gemeinsamen Ethos geprägt waren. ... Es waren untereinander sehr verschiedene Menschen, die eine zweite Geniezeit in den Jahrzehnten vor 1914 gestalteten. Max Planck verkörperte diese zweite Geniezeit. ... Er wurde zu einer der Hauptstützen des wissenschaftlich-geistigen Lebens. ... Seine gesamte Tätigkeit war ein großer Gewinn für Berlin und eine schwere Belastung für einen Forscher und Familienvater.«[6]

Als Max Planck im Mai 1892 zum Ordinarius ernannt wurde, hatte er drei Kinder: den im März 1888 geborenen Sohn Karl und die Zwillingsschwestern Grete und Emma, die im April 1889 zur Welt gekommen waren. Vielleicht begünstigt durch die neue berufliche Sicherheit folgte am 12. März 1893, einem Sonntag, ein viertes Kind, der zweite Sohn: Erwin Gottlieb Adalbert Otto.[7]

Am 20. April, dem Geburtstag seiner Großmutter, wurde Erwin in der Luisen- und Alt-Lietzow-Kirchengemeinde getauft. Als Taufspruch hatte man den Bibelvers Matthäus 5, 48 gewählt: »Ihr sollt vollkommen sein, gleich wie euer Vater im Himmel vollkommen ist.« Pfarrer Hermann Priebe, ein Freund der Familie, vollzog die Taufe und später auch die Konfirmation.

Als Jüngster war Erwin ein besonderer Liebling der Schwestern. Sie spielten mit ihm und halfen ihm, Gedichte auswendig zu lernen, die er an Geburtstagen oder Weihnachten, dem festlichen Höhepunkt des Jahres, vortrug. Eines ist überliefert: »Mit großer Freude bring ich heut'/der Wünsche allerbeste,/ Gott segne, liebe Eltern Euch/am heut'gen Weihnachtsfeste!/ Ich schenke Euch Zufriedenheit,/Gesundheit, Heil und Glück!/ Bewahre Euch vor Traurigkeit/und jedem Mißgeschick!/Ich will durch Artigkeit und Fleiß/Euch Freude machen gern;/dann leuchtet mir als schönster Preis/der Elternliebe Stern.«

Musik spielte bei den Plancks eine herausragende Rolle. Max Planck hatte ein absolutes Gehör; er sang, spielte Klavier und Orgel und komponierte Operetten für akademische Festlichkeiten wie auch für häusliche Veranstaltungen. Alle waren daran beteiligt, und so wuchs auch Erwin mit Musik auf. Er wurde in die Vorbereitungsklasse der »Schweriner Musikschule unter dem Protektorat Ihrer Königlichen Hoheit der Frau Großherzogin Marie« geschickt und zeigte sich den hohen musikalischen Anforderungen des Vaters durchaus gewachsen, wie sein Zeugnis beweist, das er von der Musikschule nach bestandener Prüfung Ostern 1903 erhielt: »Fleiß – in letzter Zeit gut; Fortschritte – erfreuliche; Schulbesuch – regelmäßig; Solospiel – gut; Ensemblespiel – mit Verständnis und liebevoller Hingabe; theoretischer Clavierunterricht – aufmerksam und eifrig bemüht.«

Hier wurde die Grundlage für seine immerwährende Liebe zur Musik gelegt, eine Liebe, die ihn nicht nur geistig, sondern auch praktisch mit seinem Vater verband, denn die beiden musizierten zusammen. Erwin spielte Cello, sein Vater Klavier, die Zwillinge spielten Geige. Neben der Musikschule besuchte Erwin gleichzeitig eine private Schule. Das erste erhaltene Zeugnis des »Privat-Unterrichts-Kurses«, eingeheftet in eine schwarz-golden verzierte Mappe, stammt vom 28. Juni 1899. Darin heißt es: »Sittliches Verhalten – sehr gut; Aufmerksamkeit – genügend; häuslicher Fleiß – sehr gut«. Religion, Grammatik und Schrift wurden mit »gut«, Lesen, Diktat, Mündlicher Ausdruck und Rechnen mit »sehr gut« beurteilt. Darunter steht, daß Erwin 41mal gelobt worden sei, aber es heißt auch: »Erwins gute Leistungen sind nur seinen vorzüglichen Anlagen zuzuschreiben; er ist häufig nicht ganz aufmerksam.«

Fotos zeigen den Zweijährigen mit Locken, während er mit dreieinhalb schon kurze Haare und einen Pony trug. Auf den Bildern hat er manchmal den damals üblichen Matrosenanzug an, mitunter auch Lederhosen mit Edelweißträgern und einen Tiroler Hut, wahrscheinlich immer dann, wenn die Familie in den Bergen weilte oder auf dem Grundnerhof am Tegernsee, einem Feriendomizil im Besitz der Familien Merck, v. Hoesslin und Planck. Es gibt auch ein Weihnachtsfoto von 1905, auf dem Erwin stolz neben seinem großen Bruder Karl steht, beide mit Russenkitteln bekleidet.

Mit seinem Vater korrespondierte Erwin offenbar schon von klein auf. 1898 gab er dem Vater auf einer Postkarte ein Rätsel auf, worauf dieser am 15. April antwortete: »Lieber Erwin! Du hast mir ein sehr schweres Rätsel aufgegeben. Ich habe mich lange besonnen, welche Stiefel man nicht anziehen kann. Vielleicht die Himmelsstiefel? Oder die schmutzigen Stiefel? Halt! Jetzt hab ich's aber: die verlorenen Stiefel. Die kann man doch ganz gewiß nicht anziehen. Dein treuer Vater.«

Solche Karten nutzte der Vater auch stets für pädagogische Zwecke. So im Jahre 1901, als Erwin wieder auf dem Grundnerhof Ferien machte: »Das ist ja nett von Dir, das Du mir auch einmal schreibst. Deine Rechtschreibung ist man noch so so: daher will ich zur Übung in diser Karte einige Feler machen, die sollst Du heraussuchen und mir nachher zeigen. Gestern sah ich auf einem Spazirgang mehrere Trauermäntel, von denen mich einer ein ganzes Stück begleitete; da mußte ich an Dich denken, weil Du sie so gern hast. Nun Grüße auch die Großeltern vilmals, und alle anderen, auch Onkel Carl von deinem treuen Vater.« (Im ganzen 6 Fehler)

Erwin liebte Schmetterlinge, er ging oft in den Zoo, um Hunde und Schafe zu streicheln und zu füttern, und er berichtet in seinem Tagebuch[8] immer wieder von Eindrücken, die er auf Spaziergängen empfing, etwa wie die Sonne im Wald durch die hohen Stämme scheint, wie Wolken über den blauen Himmel ziehen oder wie schön der Blick von einem Berg ist. Entsprechend gut waren seine Noten in Naturbeobachtung.

Rudolstadt in Thüringen war wie der Grundnerhof und Reit im Winkel, wo ebenfalls Verwandte wohnten, ein beliebtes Ferienziel der Familie. In Rudolstadt lebten Geheimrat Julius Buttmann und seine Frau, die Tante Otti. Die Mutter fuhr immer wieder dorthin, um sich zu erholen, und die Kinder verbrachten dort häufig ihre Ferien. So war Erwin auch besonders glücklich, als er vom Vater folgenden Brief erhielt: »Lieber Erwin! Da Du heute 8 Jahre alt wirst, sollst Du als Geschenk auch eine schöne Reise bekommen, nämlich nach Rudolstadt. ... Da Du aber noch zu klein bist, um allein mit der Eisenbahn zu fahren, darfst Du Dir jemand wählen, der Dich begleitet. Es dürfen zwei Mädchen sein, und ein älterer Junge. Nun wähle, wer Dich begleiten soll, und sage mir es, damit ich die Billette besorgen kann. Dein Vater.«

Solche Reisen waren aufregend für die Kinder. Der Vater sah sie dann »zappeln wie die Fische an der Angel«. Vielleicht hat er sie zur Bahn gebracht oder eines der Hausmädchen, Resi oder Anne, mitgeschickt. Der Anhalter Bahnhof war für Kinder ein spannender Ort – gleich vorne konnte man in dem Kopfbahnhof die schnaufenden Lokomotiven bestaunen und beobachten, wie sich die großen Räder langsam in Bewegung setzten und der Dampf auf den Bahnsteig zischte. In der großen gewölbten Halle mischten sich die vielen Stimmen, die Ansagen, das Zischen und Pfeifen mit dem Reisefieber zu einer erregenden Symphonie. Dann das Herunterdrücken des Fensters, der letzte Blick auf den Vater. Dieser Abschied am Anhalter Bahnhof konnte einem lebenslang im Gedächtnis bleiben, und immer, wenn man später irgendwo auf den Zug wartete oder in der Wärme eines Sommernachmittags auf einem Bahnhof ankam, dachte man an diesen Ort zurück, an die Bilder aus der Kinderzeit.

Plancksche Erziehung

Zu jenem achten Geburtstag hatte Erwin von seiner Großmutter ein Tagebuch bekommen, in das er noch am selben Tag, dem 12. März 1901, in steiler Kurrentschrift eintrug, was er alles geschenkt bekommen hatte. Der Eintrag endete mit dem Bekenntnis: »... jetzt kann ich nicht mehr schreiben denn die Finger thun mir weh, also Schluß!« Fast täglich schrieb er nun auf, was er in der Schule erlebt hatte: drei Fehler im Diktat – »sehr dumm«; ein Lob – »es ging mir gut«; Schulaufgaben machen – langweilig! Das tägliche Leben spiegelt sich hier auf anschauliche Weise. Morgens machte er Aufgaben und ging zur Schule. Mittags und abends saß die ganze Familie zusammen am großen Eßtisch.

Nachmittags hatte Erwin ein wechselndes Programm: Lesen, Schreiben, Spazierengehen, Turnstunde – »lustig und viel geschwatzt«; eine Ausstellung über »Die Kunst im Leben der Kinder« – »Na ja!!!«; mit Anne, dem Mädchen, im Zoo oder eine Verabredung mit seinem Freund Rudi, der »aber lauter Unfug« trieb und das halbe Puppentheater kaputtmachte, so daß Erwin froh war, als Rudi wieder ging. Da ist vom Raufen und Toben mit dem älteren Bruder die Rede und vom Spielen mit den Schwestern. Abends las die Mutter vor, zum Beispiel David Livingstone. Erwin ging ungern zu Bett – »immer wieder zu Bett!!!!!!!!!!!!!« –, beklagte sich aber, wenn ihm »gar niemand gute Nacht sagen« wollte.

Zum nächsten Geburtstag – 1902 – schenkte der Vater seinem Jüngsten ein Schiffchen. Weil es, wie er von einer Reise schrieb,

»dies Jahr das erste Mal [ist], daß ich Dir Deine Geburtstagslichter nicht selbst besorgt und angezündet habe«, mahnte er den Filius: »... mach es nur nicht gleich kaputt, so daß ich es auch noch fahren sehen kann, wenn ich zurückkomme.« Mit einem herzlichen Glückwunsch zur erfolgreichen Versetzung in die Sexta des Gymnasiums verband der Vater die dringende Bitte: »Du mußt mir aber später noch sehr ausführlich erzählen oder schreiben, wie es Dir in der Prüfung ergangen ist und was Du alles von Herrn Lehmann gefragt worden bist.« In Erwins Tagebuch steht: »Es ging mir gut. ... Ich kam glatt durch.«

Der Vater erzählte auch von sich, von München – ein kleines Buch über die Stadt wird beigelegt –, von den Großeltern, mit denen er Tarock spielte – »ich gewinne hoffentlich etwas« –, und fragte Erwin: »Hast Du auch schon in der Zeitung gelesen, daß der englische Lord Methuen von dem Burengeneral gefangengenommen worden ist? Da kann man sich doch freuen mit den armen Buren, denen es sonst so schlecht geht. Aber siegen werden sie in dem Kriege doch wohl nicht« – womit er recht behielt.

Diese Briefe sind eine Mischung aus Einfühlung in den heranwachsenden Jungen – er wird ernst genommen, der Vater traut ihm etwas zu, sogar schon ein wenig Weltpolitik – und augenzwinkernd verabreichten pädagogischen Hinweisen. So bekamen die Kinder die oft beschworene preußische Erziehung fast nebenbei mit: Seid ehrlich, bedankt Euch, »je mehr Ruhe und Geduld Ihr habt, desto besser könnt Ihr es nachher genießen; deshalb rate ich Euch, recht ruhig zu sein«. Oder: »Du weißt, daß ich im allgemeinen dafür bin, das, was man sich vorgenommen hat, auch auszuführen, um sich vom Augenblick nicht allzusehr bestimmen zu lassen, später sieht dann oft alles anders aus.« Zudem Sparsamkeit, aber keinesfalls Knauserigkeit. Als später die Kosten für Erwins Offiziersausrüstung sehr hoch ausfielen, meinte der Vater, sie seien »allerdings höher als ich gedacht, aber ich bin vollkommen überzeugt, daß sie notwendig sind, und werde also die Mittel aufbringen. Es ist ja recht selbstverständlich, daß Du dabei nur das unumgänglich Notwendige anschaffst.«

Anderen Menschen behilflich zu sein, überhaupt Rücksicht zu nehmen war eine weitere immer wieder zu hörende väterliche Ermahnung. Das hatten die vier Geschwister untereinander und mit einer zarten, oft kranken Mutter wie mit einem stark geforderten Vater ohnehin von Beginn an lernen müssen. Wie gut die gegenseitige Erziehung der Kinder gelang, zeigt ein Tagebucheintrag von Erwin, in dem er schildert, wie er als Vierzehnjähriger einem Gespräch zwischen der Mutter und den Schwestern lauschte und sich am liebsten eingemischt hätte, weil sie seiner Meinung nach aneinander vorbeiredeten, »aber die Zwillinge haben mir das ›sich Einmischen‹ abgewöhnt, was wohl auch gut ist«.

Auch die Musik spielte eine große Rolle als heimliche Erzieherin. Die Kinder lernten früh, aufeinander zu hören, zusammen zu spielen, regelmäßig zu üben und sich an etwas zu erfreuen, das nichts mit Besitz zu tun hatte. Das gleiche traf auf die Natur zu – als etwas, das es zu kennen, zu beobachten, zu bewahren galt und das einem Freude und Entspannung bereitete. Fast kein Brief der Eltern, der nicht Naturbeschreibungen, Aussagen über das Wetter oder Schilderungen von Bergtouren enthält. Später sollten die gemeinsamen Wanderungen von Vater und Sohn Erwin noch eine wichtige Rolle spielen, denn nur in der Einsamkeit der Berge konnten die beiden sich in Ruhe aussprechen.

Es war eine liebevolle, konsequente, aber auch humorvolle Erziehung, wobei in allem das Vorbild der Eltern den Ausschlag gab. Erwins Freund Helmuth Rhenius, der die Plancks aus nächster Nähe beobachten konnte, schrieb rückblickend: »Plancks Wesen und seine menschliche und politische Entwicklung sind nur zu verstehen aus der Umgebung, in der er aufwuchs. In seinem Elternhaus im Grunewald hatten wissenschaftliche Forschung, Interessen auf den verschiedensten Geistesgebieten, Pflege der Musik, weit über einem laienmäßigen Niveau, eine Atmosphäre geschaffen, wie sie nur in den besten Familien des Bürgertums in der Zeit vor dem Ersten Weltkrieg herrschte. Das Interesse umspannte universell alle Lebensgebiete, Aufgeschlossenheit allem Geistigen gegenüber entsprach ein Mitfühlen im Menschlichen. Toleranz war eine

Selbstverständlichkeit, bedeutete aber nicht Unsicherheit des eigenen Urteils, sondern Anerkennung fremder Überzeugung und war im eigenen Bereich der Anerkennung eines strengen Sittengesetzes unterstellt.«[9]

Erwin besuchte seit dem Frühjahr 1902 die Sexta des »Königlich Joachimsthalschen Gymnasiums«, eine alte, traditionsreiche Anstalt, die 1607 im uckermärkischen Joachimsthal gegründet und im Gefolge des Dreißigjährigen Krieges nach Berlin, auf das Areal gegenüber dem Stadtschloß, umgesiedelt worden war. Seit 1880 war sie in einem Gebäude in Wilmersdorf untergebracht. Als die Familie noch in der Stadt wohnte, war das Gymnasium für Erwin gut zu erreichen, später mußte er die Stadtbahn benutzen, deren erste Linie im Februar 1902 eingeweiht worden war.

Die Schule betrachtete Erwin eher als notwendiges Übel. Entsprechend hieß es in seinem ersten Zeugnis vom Juli 1902, »seine Haltung muß besser werden« und »seine schriftlichen Arbeiten sorgfältiger«. Seine Noten waren mittelmäßig, nur »Naturbeschreibung, Turnen und Gesang« wurden mit »gut« bewertet. Latein kam als neues Fach hinzu. Die Versetzung in die Quinta schaffte er problemlos. Sein Betragen war allerdings »nur im ganzen gut wegen seiner großen Unruhe in und vor den Stunden und vieler Fälle von Vergeßlichkeit«; auch »Aufmerksamkeit und Fleiß« waren nur »genügend«. Erwin gehörte zum Durchschnitt der Klasse, in der bis zu 47 Schüler saßen. Zu Hause verließ man sich darauf, daß er hinreichend begabt sei, um die Versetzungen zu schaffen. Außerdem hatte der Vater, dessen Unterschrift unter jedem Zeugnis steht, andere Sorgen.

Schon im Jahre 1900 hatte Max Planck mit seinen Vorträgen vor der Deutschen Physikalischen Gesellschaft die Veränderung des physikalischen Weltbildes eingeleitet. Im nachhinein wurde sein Vortrag über das »Gesetz der Wärmestrahlung« als Geburtsstunde der Quantentheorie gefeiert. Eine Zeitlang hatte Max Planck versucht, das von ihm entdeckte Wirkungsquantum »irgendwie der klassischen Theorie einzugliedern«, das heißt, er brauchte selbst einige Zeit, bis er voll begriff, daß er die gesamte traditionelle Physik verändert hatte. In dieser Phase des Ausbaus und der Veröffentlichung seiner Theorien erlitt er nach eigenen Aussagen schwere Rückschläge: »Es gehört mit zu den schmerzlichsten Erfahrungen der ersten Jahrzehnte meines wissenschaftlichen Lebens, daß es mir nur selten, ja, ich möchte sagen, niemals gelungen ist, eine neue Behauptung, für deren Richtigkeit ich einen vollkommen zwingenden Beweis erbringen konnte, zur allgemeinen Anerkennung zu bringen.«[10]

Vielleicht waren es gerade diese Enttäuschungen, die ihn dazu brachten, mit seinem kleinen Sohn Erwin über seine physikalischen Entdeckungen zu sprechen. Auf einem Spaziergang im Grunewald im Herbst 1900, so hat Erwin berichtet, habe sein Vater zu ihm gesagt: »Heute habe ich eine Entdeckung gemacht, die ebenso wichtig ist wie die Newtons.«[11] In diesem Sinne resümierte Max Planck in seinen »Erinnerungen«: »Eine neue wissenschaftliche Wahrheit pflegt sich nicht in der Weise durchzusetzen, daß ihre Gegner überzeugt werden und sich als belehrt erklären, sondern vielmehr dadurch, daß die Gegner allmählich aussterben und daß die heranwachsende Generation von vornherein mit der Wahrheit vertraut gemacht ist.«[12]

Die ersten Jahre des neuen Jahrhunderts waren für Max Planck eine Zeit schwerster Arbeit und Konzentration und zugleich des intensiven Familienlebens. Eine plötzliche, lebensbedrohende Erkrankung von Erwin im Sommer 1904 traf die Familie hart. Der Junge mußte wochenlang liegen. Er hatte einen durchbrochenen Blinddarm, der zunächst nicht operiert werden durfte, weil sich am Darm ein Abszeß gebildet hatte. Schließlich kam er ins Martin-Luther-Krankenhaus, wo er, wie die Mutter an eine Bekannte schrieb, »sechs Tage und Nächte ohne Nahrung« lag, bis der Darm verheilt war. Er selbst notierte später in sein Tagebuch: »Ich war sehr schwach, aber es ging. ... Am 19. Juli sagte man mir, ich bekäme einen neuen Verband und wurde deshalb in den Operationsraum gefahren. Ich war es ganz zufrieden, setzte mich ganz vergnügt auf die Bahre und bekam eine Gloroformmaske über. Zu erschrecken hatte ich kaum Zeit. Ich schnappte noch ein paarmal nach Luft und war weg. Als ich aufwachte, hatte ich einen 12 cm langen

Schnitt und 8 Nadeln im Leibe. Ich war sehr unwohl und mochte von nichts wissen.«

Professor Körte hatte die schwere Operation durchgeführt. Wahrscheinlich hatte man den Jungen nicht informiert, daß er operiert werden würde, weil er durch das tagelange Hungern bereits sehr geschwächt und der Blinddarm schon durchlöchert war. Die Eltern machten sich große Sorgen und litten mit ihrem Jungen. Schon in dieser frühen Zeit war ihm das Tagebuch offenbar eine Hilfe, denn er notierte sorgfältig, wie es ihm von Tag zu Tag erging: »Ich zankte mich mit der armen Schwester Augusta um ein Opiumzäpfchen. Zuletzt wurde ich so wütend, daß sie mir eins gab. Nun war ich zufrieden, stöhnte noch ein paarmal und schlief ein. ... Am anderen Tag ging's wieder von vorne an. Ich quengelte so, daß mich auch Prof. Körte anschnauzte. Sonst war er sehr freundlich und nett. Bloß die Schwester hatte unter ihm zu leiden.«

Schließlich erholte er sich, und am 10. August durfte er wieder nach Hause. An die schmerzhafte Erfahrung des Klinikaufenthalts sollte er sich später als erwachsener Mann erinnern, als er noch einmal eine lebensbedrohende Krankheit durchstehen mußte. Nun aber waren alle erleichtert und freuten sich auf die gemeinsamen Ferien auf dem Grundnerhof. Auf der Hinreise durfte Erwin mit der Mutter in der 2. Klasse fahren, was er stolz in seinem Tagebuch festhielt; zurück fuhr er dann mit dem Vater in der 3. Klasse – so sparsam war die Familie. Während der Ferien erholte er sich vollends und genoß besonders die Bergwanderungen mit dem Vater.

Ein glückliches Familienleben

Zu Weihnachten 1904 bekam Erwin nicht nur einen Schreibtisch und ein Tintenfaß, sondern auch ein Cello geschenkt. Dieses sollte sein Leben lang sein bester Freund bleiben. Mit Staunen schreibt der Zehnjährige in sein Tagebuch, daß Grete drei Stunden Geige übe, wann immer sie Zeit habe. Er übte zwar auch, aber Schlittschuhlaufen, die Briefmarkensammlung, das Tagebuch, Lesen – auch Zeitungen – oder mit Soldaten spielen waren ihm mindestens so wichtig. In einem Brieftagebuch, das Max Planck zusammen mit seinen Schulfreunden Carl Runge, Bernhard Karsten und Adolf Leopold führte und in dem sie abwechselnd ihre Erlebnisse schilderten, ist unter dem 14. Oktober 1905 vermerkt: »Erwin wimmert über mir auf seinem Cello. Morgen bekommt er die erste Stunde; mit dem Üben wird die Glückseligkeit wohl bald aufhören.«[13]

In seinem eigenen Tagebuch hatte Erwin von einem Mittagessen am 3. Januar 1905 berichtet: »Natürlich war das Tischgespräch ›Port Arthur genommen!‹. Stössel [der russische General] tut mir leid, aber ich freue mich doch mit den Japanern.« (Japan hatte den russischen Flottenstützpunkt in Port Arthur überfallen und nach 154-tägiger Belagerung eingenommen.) An jenem 3. Januar war es aber nicht nur um Weltpolitik gegangen. Im Hause Planck gab es gelegentlich kleinere Theatervorstellungen, und diesmal war »Die Einbrecher«, ein Schwank in vier Akten, aufgeführt worden; Karl hatte mitgespielt, wie Erwin stolz vermerkt. In der Pause gab es »belegte Bröder, Limo und Selters«.

Als Erwin, wieder ganz gesund, im Herbst 1904 in die Schule zurückkehrte, saß da ein neuer Junge in seiner Klasse. Man beäugte einander, versuchte die Aufmerksamkeit des anderen zu erregen, sei es durch besonders gute Leistungen im Sport oder durch besonders kluge Antworten im Geschichtsunterricht. Erwin hatte den Heimvorteil, er kannte die Klasse von Anfang an und hatte auch seine Freunde, aber irgendwie fehlte ihm etwas.

Der Neue hieß Helmuth Rhenius. Er hat den Moment der Entscheidung – Freund oder Feind? – später so beschrieben: Der Freundschaft »erstes Aufkeimen ist einer der Augenblicke aus meiner Kindheit, denen die Zeit nichts an Frische der Erinnerung und an immer erneutem Nachleben des Augenblicks genommen hat. Nach einem Streit, in dem wir an die Kraft unserer Fäuste appelliert hatten, reichten wir uns, plötzlich des Streits überdrüssig, impulsiv zur Versöhnung die Hand. Es war, als ob dieser Händedruck etwas weckte, was vorher in einer Schale eingeschlossen war, und sie nun sprengte. Es war der Beginn unserer Freundschaft, die keinen Augenblick der Trübung kennenlernen sollte.« Auch der Abschied vierzig Jahre später, am 21. Dezember 1944, sollte ein Händedruck sein, »in dem Jahrzehnte der Freundschaft, die Hoffnung auf ein Wiedersehen – wir beide glaubten an seine Begnadigung – und doch die Ahnung unwiderruflicher Trennung lagen«.

Rhenius vermutet, daß ihre Freundschaft von den »Eltern gefördert wurde, denn als im Sommer 1910 mein Vater starb, befand ich mich auf Einladung der Eltern Planck auf dem Hof am Tegernsee. ... Auch außerhalb der Ferien waren wir an den Abenden viel zusammen. Ich erinnere mich lebhaft, wie dieses Zusammensein jedesmal, wenn es bei Erwin stattfand, pünktlich von Erwins Vater beendet wurde, der um 10 Uhr erschien und erklärte: ›Na, Rhenius, nun ist es wohl Zeit‹, mich dann persönlich zum Gartentor begleitete und hinter mir abschloß.«[14]

Im März 1905, zwei Tage vor Erwins zwölftem Geburtstag, zogen die Plancks in das langersehnte eigene Haus in der Wangenheimstraße 21 im Grunewald, in die Nachbarschaft vieler bekannter Professorenfamilien wie der Delbrücks, Harnacks und Bonhoeffers (letztere zogen allerdings erst 1916 in das Haus Nummer 14 ein). Agnes v. Zahn-Harnack hat das Plancksche Haus in ihren Erinnerungen als »nüchtern und streng ... mit der dunkel paneelierten Halle, den ernsten Bildern, der Kühle in der Linienführung der Möbel und Gebrauchsgegenstände« beschrieben. »Aber«, so fährt sie fort, »keiner konnte übersehen, daß gerade in diesem Vorgarten gleich bei der Pforte in jedem Frühjahr die ersten Leberblümchen und Primeln blühten. ... Und keiner konnte überhören, daß aus diesen Fenstern manchmal wunderbare Musik drang und daß es der Hausherr selber war, der als Begleiter am Flügel saß.«[15]

Vor allem die Kinder freuten sich sehr über das neue Haus, und als am Sonntag nach dem Umzug trotz des Durcheinanders, das noch überall herrschte, Erwins Geburtstag gefeiert wurde und er ein Briefmarkenalbum und einen Tennisschläger geschenkt bekam, war er überglücklich. Nun galt es, neue Freunde in der Nachbarschaft zu finden, die Umgebung zu erforschen und den neuen Schulweg zu erkunden. Einer der Nachbarssöhne, Ernst v. Harnack, der im Alter von Karl war, ging auf dasselbe Gymnasium wie Erwin und nahm ihn anfangs mit. Später sollte Erwin ihm im Widerstand gegen Hitler wiederbegegnen, ebenso Paul v. Hase, der – auch ein Joachimsthaler – allerdings schon 1904 Abitur gemacht hatte.

Die Familie war glücklich in ihrem neuen Haus. Erwin schildert das tägliche Leben auf liebevolle Weise in seinem Tagebuch. Zu Weihnachten 1905 wurde der Choral »Es ist ein Ros entsprungen« gesungen, »natürlich vierstimmig«. Silvester saßen alle zusammen um den Weihnachtsbaum und beobachteten, wie die Lichter »eins nach dem anderen« erloschen, als letztes das von Grete. »Nun durften wir uns jeder ein Gutzel vom Baum nehmen. Dann las Vater die Chronik vor«, und sie spielten das Reisespiel.[16] Regelmäßig wurde musiziert. Erwin liebte es, wenn Gäste zu kleinen Hauskonzerten eingeladen wurden. Einmal beschreibt er, wie eine junge Sängerin auftrat, die sich beim Vater zum Vorsingen angemeldet hatte: »Zuerst wurde zu Abend gegessen. Dann mußte sich das Essen ein wenig setzen, und dann ging's los. ... Sie sang nach meiner Meinung recht hübsch. Bei den höheren Stellen merkte man, daß ihre Stimme zitterte. Ich durfte drei Lieder hören, dann mußte ich zu Bett.«

Das nächste große Ereignis war Karls Abitur Anfang März 1906. Erwin war schon Wochen vorher aufgeregt und schrieb immer wieder: »Hoffentlich schafft er es!« Der Bruder bestand das Abitur, und Erwin freute sich »schrecklich«. Beim Mittagessen wurde auf Karls Erfolg angestoßen. Bevor er in Freiburg sein Studium aufnahm, begleitete Karl den kleinen Bruder in die Osterferien nach Rudolstadt.

Der Abschied vom Bruder fiel Erwin schwer, wie schon vorher der von den Zwillingsschwestern, die nach Beendigung der »Selekta« für längere Zeit in den Harz gereist waren, um in einer Pension in Sieber das »Haushalten [zu] lernen«.[17] Er klagte in seinem Tagebuch: »Nun war ich ganz geschwisterlos und das für lange Zeit! Es kam mir sehr sonderbar vor, doch tröstete ich mich mit der Hoffnung auf Pfingsten, wo wir alle nach Sieber reisen wollten.« Die Hoffnung erfüllte sich. »Das war eine Freude!!«

Im übrigen war Erwin vollauf beschäftigt, denn er lernte nun neben Latein auch Französisch, später kam noch Griechisch dazu. Seine Leistungen wurden besser, so daß das Zeugnis zuweilen erfreulicher ausfiel, als der Vater erwartet hatte, und dieser sogar die Fortschritte des Filius in Mathematik und Physik loben konnte. Außerdem genoß Erwin es sehr, wenn seine Eltern mit ihm ganz allein einen Ausflug machten, etwa Anfang Oktober 1906, als es nach Strausberg ging: »Das war einmal ein schöner Tag!! Früh morgens um 1/2 7 Uhr wurde ich geweckt. Fix war ich in den Kleidern und kam zugleich mit Vater zum Frühstück.« Sie fuhren mit dem Zug und wanderten bei »schönstem Herbstwetter« am Straussee entlang, dann ging's durch den Wald, und »die Blätter der Laubbäume glänzten ganz golden. ... Alles war so sonnig warm und herbstlich klar.«

Am Tag darauf kamen die Zwillinge zurück, und mit dem Vater zusammen holte Erwin sie am Anhalter Bahnhof ab. Am glücklichsten war er, wenn die Schwestern mit ihm spazierengingen, Drachen steigen ließen oder zusahen, wenn er mit seinem neuen Luftgewehr schoß. »Emma schoß mir zweimal vor und dann ging's los. Beim ersten Schuß traf ich gar nichts, futsch war der Bolzen. Beim zweiten Mal traf ich die Blechkante der Kiste«, die er sich als Zielscheibe aufgestellt hatte, und der Bolzen verbog sich. »Da gelobte ich mir, noch mindestens dreimal zu treffen. Und siehe, es kamen noch weitere vier gute Treffer. Stolz hörte ich auf.« Später bastelte ihm Emma eine richtige Zielscheibe, und Erwin half fleißig beim Holzhakken, weil er den Groschen, den er dabei verdiente, für neue Bolzen brauchte.

Es kam der nächste März, die ersten Schneeglöckchen steckten ihre »weißen Köpfchen« heraus, und Erwin eilte, den harten Schnee um sie herum zu lockern. Mit dem Vater bereitete er die Nistkästen für die Vögel vor. Gespannt erwartete er seinen Geburtstag, an dem er vierzehn Jahre alt werden sollte. Er eilte aus der Schule nach Hause, wo er seine Geschenke erhielt, unter anderem »eine famose Aluminium-Feldflasche, Gewehrriemen« und Patronen mit einem zugehörigen Täschchen für sein Luftgewehr sowie ein Reise-Necessaire.

»Im Juni 1907«, so beginnt ein Eintrag in Erwins Tagebuch, »erhielt Vater einen Ruf nach Wien, an die Stelle von Boltzmann. Sofort fuhr Vater nach Wien, blieb dort einen Tag und kam dann wieder zurück. Er war sehr schwankend, ob er die Professur annehmen sollte oder nicht. Da gingen Herr Warburg, Rubner und andere zu Althoff*, um dafür zu sorgen, daß Vater nicht nach Wien kommen sollte, nun blieb Vater natürlich, denn er bekam nun auch in Berlin Vorteile und außerdem sah er, wieviel seinen Collegen daran lag, daß er dablieb. Sehr maßgebend war für ihn auch, daß er in Wien hätte Österreicher werden müssen, das wäre ihm sehr schwer geworden. ... Bald darauf kam etwas sehr Feines. Die Studenten hielten Vater zu Ehren einen Fackelzug vor unserem Haus ab. Es waren 200 Fackeln von den Corps. Sie kamen um 10 Uhr abends bei großer Menschenmenge mit Musik vor Vaters Haus. Die Chargierten im Wagen, die vom Math[ematik]-Verein im Vierspänner. Sobald die Fackeln sich rings um das Haus bewegten, hielt alles an. Der Erstchargierte vom Math.-Verein hielt eine kleine Ansprache, in der er erwähnte, daß die lodernden Flammen ein Zeichen sein sollten ihrer Freude, daß Vater hierbliebe. Sämtliche Chargierten standen mit gezogenen Rapieren dabei. Vorne spielten und sangen sie ›Schleswig-Holstein, meerumschlungen‹. Nachher sprach Vater. Er bedankte sich für die Ehrung, sagte, er würde nie mehr von Berlin weggehen und brachte ein Hoch auf die Alma mater aus.«

Die Schilderung zeigt, wie sehr die Familie am Berufsweg des Vaters teilhatte. Es waren Jahre fast ungetrübter Freude. »An diesem Abend«, schrieb Erwin im nachhinein in sein Tagebuch, »hätten wir nicht gedacht, daß bald darauf so Trauriges folgen sollte.«

---

* Der Wiener Ludwig Boltzmann, Professor für Physik, war am 5. September 1906 durch Freitod verstorben. Max Warburg und Max Rubner waren Professoren für Medizin. Friedrich Althoff war seit 1897 Ministerialdirektor im preußischen Kultusministerium.

Jugend und frühes Leid

Der Tod des Großvaters war der erste schwere Verlust, den Erwin in seinem jungen Leben verkraften mußte. Dieses Erlebnis wurde zum traurigen Auftakt für eine Reihe von familiären Schicksalsschlägen. Die Geschwister kamen »recht vergnügt« bei Großvater Merck auf dem Grundnerhof an. Die Eltern waren noch in Berlin geblieben. »Alles war wohl. Da, eines Mittags, fing Großpapa an, irrezusprechen und zu brabbeln«, heißt es in Erwins Tagebuch.

»Er hatte ... eine Lungenentzündung. ... Zeitweise sprach er irr, manchmal war er auch recht klar, sprach mit uns und interessierte sich für uns. Immerhin war es ein schrecklicher Zustand. ... Da endlich, nach Wochen, schien es besser zu werden. Jeden Tag hatten wir den Eltern über Großpapas Befinden geschrieben. Nun schickte ich einen freudestrahlenden Brief an sie. Da am Abend kam die Schwester: 38,7 Fieber. Wir wollten es nicht glauben. ... Am nächsten Morgen waren es 40 Grad. Großpapa röchelte furchtbar. Einmal konnten wir ins Zimmer. Er war ganz verändert. Man konnte so deutlich sehen, es ging zu Ende. Mutter wurde telegraphiert. Wir wußten schon, sie würde nicht mehr zur rechten Zeit kommen. ... Lange wachten wir abends. Da hieß es, Großpapa hätte nach uns gefragt. Wir kamen alle zusammen. Als ich ihm die Hand drückte, nickte er mir freundlich zu. Später, als er zu trinken bekam, sagte er: ›Noch mehr.‹ Das war das letzte, was er sprach. Um 11 Uhr gingen wir in unsere Zimmer. Wenn doch Mutter da wäre, das war der einzige Gedanke von uns Kindern. Endlich, es fing gerade eine Amsel zu schlagen an, um 2 Uhr wurden wir ins Sterbezimmer gerufen. Großpapa röchelte furchtbar. Sonst war alles grabesstill, unruhig flackerte die Kerze hin und her. Manchmal, wenn der Atem stockte, verkrampfte sich alles in mir zusammen, es war, als ob man selbst ersticken müßte. Doch so sollte es nicht kommen. Leiser und leiser wurde sein Atem, kaum hörbar. Endlich Totenstille. Wir alle saßen in dumpfer Betäubung da. Endlich schlichen wir einzeln aus der Tür. Es war drei Uhr, und im Garten sang ein fröhliches Grasmückchen. Der Morgen war wundervoll, ganz rein und klar, und friedlich strahlte der

Himmel. Um 10 Uhr holte Onkel Carl mit uns Kindern Mutter ab, die von Berlin kam. Schrecklich, wie sie erfuhr, daß es zu Ende sei. Einmal noch durften wir die aufgebahrte Leiche sehen, sie hatte einen strengen, aber friedlichen Ausdruck. Am nächsten Tage, vormittags, war die Einsegnung. Dann wurde der Sarg geschlossen und um drei Uhr, überladen von Blumen, zum Friedhof fortgetragen. Eine große Menge Bauern waren dort vereinigt. Viele Menschen waren herbeigereist. Als alles vorüber war, als jeder von uns drei Schaufeln Erde auf den Sarg warf, zogen wir wieder wie betäubt nach Hause.«

Der Tod des Großvaters war für Erwin ein einschneidendes Erlebnis. Im Dezember schrieb er anläßlich des Todes eines Onkels von dem »seltsamen Gefühl«, das ihn immer beschleiche, wenn seine »Gedanken auf den Tod kommen. ... Furchtbar war es am Totenbett Großpapas; der Gedanke, wie sich allmählich das Geistige vom Körper scheidet, um nie wieder in dieser Gestalt auf der Erde aufzutreten.« Er machte sich Gedanken über das ewige Leben und fand dies »Leben so ungeheuer kurz, so daß es hart wäre, wenn nach dieser kurzen Spanne Zeit eine Bestimmung für die ganze Ewigkeit getroffen würde«. Er fragte sich, ob die Seele nicht wiederkehren könne in einem höheren oder niederen Menschenstadium, je nachdem, wie würdig sie sich gezeigt habe. Dies waren Gedanken, die ihn von nun an sein Leben lang begleiten sollten. Er behielt sie für sich, denn er hatte erfahren, daß selbst seine Schwestern ihm immer nur antworteten: »Das ist doch alles Unsinn.«

Als dieser Satz in einem Streitgespräch mit Grete wieder einmal gefallen war, notierte Erwin dies unter dem 8. Dezember 1907 resigniert in seinem Tagebuch, fügte aber trotzig hinzu: »Am selben Tage den Entschluß gefaßt, in ein holsteinsches Regiment einzutreten. Wenn die Zeit nur schon vorüber wäre.« Seine Tante Clara reagierte »entsetzt«, als sie hörte, daß er Offizier werden wollte, während sein Onkel Hugo sagte, »zuerst wäre es wunderschön, aber so als vierzigjähriger Mann sich von einem Fünfundvierzigjährigen anschnauzen zu lassen, das könne nicht jeder. Aber man solle niemanden bei seiner Berufswahl beeinflussen wollen.« Erwins Kommentar: »Recht hat er!

So sagt Vater auch! Mutter so wie Tante Clara! ... Ich denke mir immer, wenn der Krieg nur noch zwei Jahre wartete, dann ist mir alles recht, hoffen wir das Beste.«

Er war also schon mit vierzehneinhalb wild entschlossen, einen Beruf zu ergreifen, der vollkommen der Tradition seiner Familie widersprach. Aber vielleicht ging es gerade darum? Sein Freund Helmuth Rhenius hat die Situation im nachhinein richtig eingeschätzt: »Planck konnte bei dem innigen Verhältnis, das ihn mit seiner früh verstorbenen Mutter und zeitlebens mit seinem Vater verband, auch in dieser Entwicklungszeit nie in Opposition zum Geist seines Elternhauses stehen, aber unbewußt lockte ihn der Kontrast, die freie Luft gegenüber der Gelehrtenstube, die fröhliche Kameradschaft gegenüber kultivierter Geselligkeit, Sorglosigkeit gegenüber dem unermüdlichen Verfolgen selbst gesetzter Ziele.«[18]

Jedenfalls war Erwin ein Stück erwachsener geworden. Seine Konfirmation, auf die er sich gründlich vorbereitet hatte, wurde am 12. April 1908 gefeiert – sie trug ihren Teil zu seiner Reife bei. Sein Konfirmationsspruch wurde aus dem ersten Brief an Timotheus entnommen und hatte eine fast prophetische Bedeutung, wenn man sein weiteres Leben bedenkt: »Kämpfe den guten Kampf des Glaubens, ergreife das ewige Leben, dazu du auch berufen bist und bekannt hast ein gutes Bekenntnis vor vielen Zeugen.« (1 Tim 6, 12)

Es gab an diesem Konfirmationstag einen großen Wermutstropfen – die Mutter konnte wegen ihrer sich verschlimmernden Krankheit nicht dabeisein. Sie schrieb ihrem Sohn einen Brief, der wie ein Vermächtnis klingt:

»Mein lieber Erwin!
Wenn ich nun auch wirklich an Deinem Confirmationstage nicht bei Euch sein kann – glaube mir – mit meinem Herzen und den Gedanken bin ich doch ganz bei Euch, begleite Euch zur Kirche und Dich an den Altar und freue mich mit Euch des schönen Tages. Du bist mir immer ein lieber, guter Sohn gewesen, hast es aber auch selbst gut gehabt im behaglichen Elternhaus unter fröhlichen Geschwistern. Erst jetzt als erwachsener Christ und später,

wenn Du selbständig im Leben stehst, muß es sich zeigen, ob Du es vermagst, festzuhalten am Wahren, Guten und Schönen, damit Du nicht nur den Deinen etwas sein, sondern auch fremden Menschen nützlich und hilfreich sein kannst. Daß es so kommen möchte, darum will ich heute Gott mit Dir recht inbrünstig bitten. ...
Dich umarmt von ganzem Herzen
Deine Mutter.«

Die Mutter litt sehr unter dem erzwungenen Getrenntsein von der Familie und wünschte sich »oft, ein wenig bei Euch sein und für Euch sorgen zu können«. Ihr Trost waren die ausführlichen Briefe von Erwin und natürlich die Besuche ihres Mannes auf dem Grundnerhof. Auf die geliebten Bergwanderungen mußte sie verzichten, ihr blieben die Freude an der Natur und die Gespräche mit den vielen Verwandten, die zu Besuch kamen. Im Frühjahr 1909 weilte sie für viele Wochen in der Nähe von Baden-Baden und berichtete auf ihren mit Bleistift – schon recht undeutlich – geschriebenen Karten an Erwin erstmalig von einer Rippenfellentzündung und leichtem Fieber.

Im Juli besuchte Erwin seine Mutter auf dem Grundnerhof und beschrieb dem Vater in Berlin ihren Zustand. Der antwortete, daß er eifrig Adressen von Pensionen in Arosa oder Davos sammle, aber »die Diagnose ist vollkommen klar, Gefahr ist nicht im Verzuge, da augenblicklich ja doch nichts geschehen kann, und wenn ich erst hinauskomme, wird es ohnehin genug zu besprechen und überlegen geben«. Nun solle man sie erst einmal in Ruhe lassen.

Im übrigen berichtete Max Planck vom Familienleben in Berlin, daß Karl sich immer, wenn er am Wochenende erscheine, mit Erdbeeren und Kirschen füttern lasse, daß Grete und Emma Violinunterricht gäben, Emma im Orchester spiele und sie alle zusammen eine Wiener Posse im Theater gesehen und viel gelacht hätten. Es ist erstaunlich, wie er bei all seinen beruflichen Verpflichtungen in der Preußischen Akademie der Wissenschaften und der Deutschen Physikalischen Gesellschaft, an der Universität und in der Forschung auch noch das Familienleben mit den Kindern aufrechthielt, während er seine Frau so schmerzlich vermissen mußte. Darüber hinaus schrieb er lange Briefe an Erwin und mahnte ihn, doch nach Reit zu fahren, weil er es sich nun einmal vorgenommen habe. Er wußte, daß es Erwin schwerfiel, sich von seiner kranken Mutter zu trennen. Er wollte ihm helfen, sich ein wenig Ablenkung und Erholung zu verschaffen, denn die Mutter lag viel im Bett und hatte ständig Fieber.

Wie aus einer Karte der Mutter an Erwin in Reit hervorgeht, ist er tatsächlich noch zu den Verwandten gefahren. Später, wieder in Berlin, wohnte er dann bei Tante Johanna, der Frau von Max Plancks Bruder Adalbert, und ihren Töchtern in der Ottostraße 6 in Moabit. Er war zu der Zeit schon sechzehn Jahre alt – man kann sich vorstellen, daß er seine Freiheit genoß, zumal er sich mit seinen Cousinen gut verstand. Die Ottostraße lag am Kleinen Tiergarten – Gelegenheit zum Flanieren – und nicht weit von der Spree.

Was machte so ein Sechzehnjähriger in seiner Freizeit? Berlin bot viel, vor allem im Sommer. Die Freunde fuhren hinaus an den Wannsee oder die Havel, schwammen und ruderten, gewiß auch zusammen mit den Cousinen. Sie hatten Glück, denn noch bis 1908 war »Baden polizeilich verboten« gewesen. Erst ein langer und zäher Kleinkrieg zwischen den erholungsbedürftigen Berlinern und der Polizei hatte dazu geführt, daß die Strände freigegeben und auch öffentliche Badeanstalten eingerichtet wurden, wie etwa das 1912 am nordwestlichen Müggelsee eröffnete »Strandbad Rahnsdorf«, für das man bereitwillig »nen Groschen« zahlte.

Auch gewandert wurde viel; Erwin war daran nicht nur durch die häufigen Sonntagsausflüge mit der Familie, sondern auch durch die Pfadfinder gewöhnt. Hinterher kehrten sie in eines der gemütlichen Gartenlokale ein und tranken Bier, die Mädchen »ne Weiße mit Schuß«. Tanzen war ebenfalls beliebt; außerdem ging man gern ins Theater, und Erwin liebte besonders Konzerte, die zuweilen auch im Freien gegeben wurden.

Im September 1909 schrieb die Mutter, daß sie furchtbar müde sei und meist auf dem Balkon liege. Sie bedankte sich für Erwins Briefe, und Ende September – der letzte Brief – freute sie sich für ihn, daß »seine Einsamkeit«, die er gar nicht als solche empfunden hatte, nun bald aufhöre, weil der Vater und Grete aus dem Urlaub heimkehrten. Am 17. Oktober 1909 starb Marie Planck, die geliebte Ehefrau und Mutter der vier Kinder, vermutlich an Lungenkrebs oder an Tuberkulose.[19] Ob Erwin sie noch einmal gesehen hatte? Es ist nicht anzunehmen. Sie wurde neben ihrem Vater am Tegernsee beerdigt.

Die Briefe, die Max Planck an Verwandte und Freunde anläßlich des Todes seiner Frau schrieb, sind erschütternd – dabei war dies nur der erste Schicksalsschlag, der ihn traf. An Max und Emma Lenz schrieb er: »Laßt Euch mit wenigen Worten sagen, wie tief dankbar ich Eure Anteilnahme an meiner Trauer empfinde. Euer letztes Liebeszeichen, der schöne Kranz, schmückt jetzt das Grab, in welchem mein vergangenes Glück schlummert, die Tochter neben den Eltern, die sie jetzt von mir zurückempfangen haben. Ja, wie gern hätte sie noch gelebt, und wie viel hätte sie uns noch sein können. Aber die jähe Entscheidung war doch besser als ein längeres Siechtum, das ihr selber am unerträglichsten gewesen wäre. Nun bin ich vor die Aufgabe gestellt, mit meinen Kindern ein neues Leben zu beginnen. Wie es werden wird, ist mir noch dunkel, aber ich fühle, daß die Arbeit und die Pflichten mir auch Kräfte verleihen werden. Meine Töchter kommen erst morgen von München zurück, wo sie noch ein paar Tage bei meiner Mutter zubrachten. Gott erhalte Euch Euer Familienglück ungetrübt noch lange Zeit! In herzlicher Freundschaft, Euer treu ergebener Max Planck.«

An seinen Freund und Kollegen Wilhelm Wien heißt es etwa um die gleiche Zeit: »Ich fange allmählich an, mich wieder an das regelmäßige Leben zu gewöhnen, so hart es mir fällt. Die Kinder und die Arbeit, das sind die beiden Quellen, aus denen mir Beruhigung und Tröstung fließt. Mit der Zeit wird es schon wieder gehen.«[20]

Für Erwin Planck war der Tod der Mutter eine schlimme Erfahrung. Seine Empfindungen lassen sich ableiten aus einem Brief, den er an Rhenius schrieb, als dessen Vater ein Dreivierteljahr später, im Juli 1910, starb:

»Lieber Helmuth!
Die Nachricht von dem schnellen Tod Deines Vaters hat mich sehr traurig gemacht, obwohl sie mir ja nicht mehr unerwartet kam. Wie schwer die jetzige und folgende Zeit für Dich sein wird, weiß ich ja aus eigener Erfahrung und auch, daß Dir weder ich noch ein anderer etwas helfen können, so gern wir es auch tun würden. Nach einem solchen Verlust hat das Leben für immer ein ganz anderes Gesicht, aber glaube mir, die wir doch hauptsächlich in die Zukunft sehen, fällt es noch verhältnismäßig weniger schwer, uns damit abzufinden, nur daß alles von nun an einen ernsten Hintergrund hat. Aber ich weiß recht gut, daß das Trösten in einem solchen Fall gar nichts hilft, ich möchte nur, daß Du meiner ganzen Teilnahme gewiß bist.
Dein Erwin Planck.«[21]

An seinen Onkel Carl Merck, dem er sich besonders nahe fühlte, schrieb er 1920: »Es hängt alles mit dem Tod meiner Mutter zusammen: Als sie starb, war ich, der völlig von ihr abgegangen hatte und als junger Mensch von Vater wenig hatte, völlig auf mich angewiesen, um etwas aus mir zu machen.«[22]

Daß Erwin in jungen Jahren von seinem Vater wenig gehabt hatte, traf nicht zu; ebensowenig, daß er nun ganz auf sich gestellt war. Max Planck kümmerte sich um alles und versuchte, so gut es ging, die Mutter zu ersetzen. Es ist eher anzunehmen, daß Erwin sich in seine eigene Welt zurückzog und allein versuchte, mit dem Verlust der Mutter fertig zu werden. Im Tagebuch, das im Januar 1910 wieder einsetzt,[23] geht er zwar nicht direkt auf seinen Schmerz ein, erwähnt aber »schwere Träume« und schreibt, daß »Vater dauernd schlecht schläft«. Allerdings berichtet er auch, daß er abends häufig mit seinem Vater allein war und Gespräche »über Marc Aurel« und andere Themen führte oder daß im Familienkreis – wie bisher – Musik gemacht wurde.

Im übrigen war Erwin meist mit seinen Freunden und Schwestern zusammen. Mit Waldemar Delbrück, dem Sohn des in der Nachbarschaft wohnenden Professors, spielte er fast täglich Schach, mit Emma ging er ins Theater. Zum Beispiel sah er den »Hamlet« mit Alexander Moissi, dem berühmten Schauspieler an Max Reinhardts Deutschem Theater, und war begeistert – eine »durchaus vollkommene, herrliche Aufführung«. Vier Jahre später sollte er Moissi unter ganz anderen Bedingungen wieder begegnen. Es wurde Schlittschuh gelaufen und ab April Tennis gespielt, oder man machte Ausflüge, mal mit Freunden, mal mit der Familie.

In dieser Zeit zog Erwin in Karls Zimmer um und sichtete die Briefe seiner Mutter, räumte ihren Schreibtisch auf und sah ihre Sachen durch – ein großer Vertrauensbeweis des Vaters. Er war jetzt der Sohn im Hause, nachdem Karl ausgezogen war. Zu seiner Selbstfindung gehörten auch Bücher. Er hatte einen guten Deutsch- und Geschichtsunterricht und las viel. Hesses »Unterm Rad« beschäftigte ihn sehr, ebenso las er »Storm, Mörike, Heine, Tolstois ›Krieg und Frieden‹ [und] Westphals Reisetagebuch«.

Manchmal begab sich der Vater auf Reisen, doch da der Haushalt von den Hausmädchen geführt wurde, ging das Leben seinen gewohnten Gang. Erwins Geburtstag wurde ebenso gefeiert wie der des Vaters am 23. April. Morgens sangen die Kinder »vierstimmig ›ein feste Burg‹« für ihn. Erwin liebte das Lied schon als kleiner Junge. Am Tage kamen viele Besucher und abends Plancks aus Moabit. »Das ganze etwas traurig«, vermerkt das Tagebuch. Kurze Zeit später, am 2. Mai, war »ohne unser Wissen Vaters 25. Professoren-Jubiläum«, das dieser – typisch für Max Planck – nicht weiter erwähnt hatte. Erst die vielen Telegramme, Briefe und Blumen machten die Kinder aufmerksam.

Im Mai 1910 bekam der Vater den Preußischen Kronenorden verliehen. Man machte einen Ausflug nach Nikolassee und betrachtete am Abend den Halleyschen Kometen, der zwar zu Erwins Enttäuschung »keinen Schwanz« hatte, aber zum vorausberechneten Zeitpunkt wiedergekehrt war. So verging die Zeit auf angenehme und anregende Weise. Die Schule spielte eine untergeordnete Rolle, zumal häufig hitzefrei war, und man freute sich bereits auf die großen Ferien, in die Erwin mit drei Cousinen am 1. Juli aufbrach.

Zunächst blieben sie in München bei der Großmutter, dann,

Mitte Juli, fuhr Erwin auf den Grundnerhof – zum ersten Mal seit dem Tod der Mutter. Das Tagebuch vermerkt: »Am Grab bei Gewitter. Zu Hause die alten Erinnerungen. Sehr still.« Sein Freund Rhenius, dessen Vater gerade gestorben war, besuchte ihn am Tegernsee, und die beiden wanderten und segelten zusammen. Als Max Planck Anfang August ankam, gingen sie gemeinsam auf den Friedhof, ebenso ein paar Tage später nach Ankunft der Zwillinge. Mit dem Vater war auch Marga v. Hoesslin gekommen, eine Nichte von Plancks verstorbener Frau.

Erwin reiste am 7. August zurück nach Berlin, die Ferien waren beendet. Seinem Tagebuch nach zu urteilen, genoß er seine Freiheit im Berliner Haus. Er faulenzte und tat nur das Nötigste für die Schule, las, übte Cello, arbeitete ein wenig im Garten, segelte, spielte Tennis und war viel mit Rhenius zusammen.

Mitte September kehrte Vater Planck heim. Er hatte sich gut erholt, war mit dem Freund und Kollegen Wilhelm Wien im Karwendelgebirge gewandert und hatte die Zeit mit seinen Töchtern und Marga am Tegernsee sehr genossen. Zwei Tage später reiste er mit Emma zur Tagung der Naturforscherversammlung nach Königsberg. Im Brieftagebuch berichtete er seinen Freunden über die Eindrücke von dieser Reise: »Es war wieder, wie gewöhnlich, recht lohnend durch die vielen Anregungen, wenn auch etwas anstrengend durch die vielen Menschen. Zuletzt schlossen wir uns einem Ausflug nach Memel an, mit einer ganz interessanten Dampferfahrt durch das Kurische Haff. Das Lohnendste wenigstens für mich war aber eine Fahrt über die russische Grenze, nach Krottingen. Die Bahn hört an der deutschen Grenze auf und mit der letzten zugleich, wie mit einem Schlage, die Zivilisation. Es ist wirklich hochinteressant zu sehen, wie man so plötzlich von der Kultur in die Barbarei kommt. Ungepflegte Felder, kaum passierbare Wege, ruinenhafte Häuser, heruntergekommene, schmutzige, bettelnde, versoffene Menschen, es ist wirklich sehenswert, schon weil man mit einem Gefühl der Erleichterung zurückkehrt und mit unserem Polizeistaat gar nicht so unzufrieden ist.«[24]

Im Herbst fuhr er mit Erwin nach Flensburg, um ihn »seinem dortigen künftigen Obersten« vorzustellen. »Bei der Gelegenheit machten wir meiner Geburtsstadt Kiel einen Besuch.« Erwin war bei seinem im Dezember 1907 gefaßten Entschluß geblieben, Offizier zu werden. Er mußte sich nun vom »Oberstabsarzt« untersuchen lassen. »Etwas kritisch«, vermerkt er in seinem Tagebuch, »weil sehr schmal.« Der Vater bezeichnet die Reise im Brieftagebuch als »erfrischend«.

Es scheint, als habe er diese Reisen sehr bewußt mit seinen Kindern gemacht, denn am Totensonntag, dem 20. November 1910, notierte Erwin im Tagebuch: »Mit Vater und Emma beim Abendmahl. Nachher sehr wichtige Unterredungen Vaters mit uns Kindern.« Und am Tag darauf heißt es: »Vater liest Kopie eines Briefes an Karl vor«, der einige Tage später »sehr erstaunt« antwortet.

Was war geschehen? Offenbar hatte Max Planck zum ersten Mal von seiner Absicht gesprochen, Marga v. Hoesslin zu heiraten. Interessant ist, daß Erwin sich in seinem Tagebuch jeden Kommentars enthielt. Daß er nicht begeistert war, kann man verstreuten Bemerkungen in seinen Briefen und späteren Tagebüchern entnehmen. Er kannte seine Cousine Marga schon lange, sie war elf Jahre älter als er. Doch nicht nur er, auch seine Geschwister hatten Schwierigkeiten, mit der neuen Situation fertig zu werden. Auch das Weihnachtsfest war davon überschattet, die Geschwister schrieben Briefe an den Vater und Marga. Max Planck reiste am 29. Dezember in der Frühe ab und kehrte am 6. Januar »sehr glücklich aus München« zurück.

Bücher – Erwin las den »Werther« und die »Wahlverwandtschaften« – sowie das gemeinsame Musizieren halfen über die Probleme hinweg. Außerdem nahte das Ende der Schulzeit. Jubelnd vermerkte Erwin am 24. Februar 1911: »Letzte Horaz-Stunde, Schulsachen vernichtet!« Und am 25. Februar: »Letzter Schultag. Abiturientenlauf. Rest der Schulsachen beseitigt.« Dann zwei Tage später: »Acht Uhr dreißig Examen. Die 6 ersten, also auch ich, dispensiert. Zu Hause umgezogen. Dann den Vormittag bei den Examenskandidaten. Von 15 zwei zurückgestellt [auch sein Freund Rudi Ring], 2 durchgefallen, was uns sehr erstaunte. Nachmittag Karten versandt, bei Tisch Champagner (Ansprache von Vater).« Zur Entlassungsfeier am 1. März wären der Vater und er beinahe zu spät gekommen.

Erwin Planck und sein Freund Rhenius gehörten zum letzten

Abiturjahrgang des Joachimsthaler Gymnasiums in Berlin, denn 1912 zog die Schule nach Templin um, wo sie 1956 – nach 350 Jahren – von der SED-Regierung aufgelöst werden sollte. Noch im November 1911 wurde Erwin Planck Mitglied des Schulvereins. Heute erinnert in der Berliner Bundesallee am einstigen Schulgebäude, das jetzt von der Universität der Künste genutzt wird, eine Gedenktafel an Planck, v. Harnack und v. Hase als ehemalige Schüler des Gymnasiums, die »Unrecht und Unmenschlichkeit widerstanden haben«.

Die ungleichen Brüder

Ausbildung

Drei Tage vor seinem achtzehnten Geburtstag reiste Erwin Planck nach Flensburg zu seinem Regiment. Er begann, wie er dem Onkel geschrieben hatte, »etwas aus sich zu machen« – aber was? Es sollte ein schmerzhafter Prozeß werden. Wenn man die späteren Zweifel und Krisen und das, was schließlich aus ihm wurde, im Blick hat, so erscheint die Entscheidung für den Offiziersberuf als Sprung ins kalte Wasser, denn bereits zwei Tage nach seinem Eintritt ins Regiment schrieb er an Rhenius, daß er doch mehr der Medizin zuneige.[1]

Die an den Vater gerichtete Annahmebestätigung für Erwin Planck als Fahnenjunker im »Füsilier Regiment Königin, Nr. 86« in Flensburg war nicht gerade ermutigend: »Der Arzt war nicht in der Lage, bei dem sehr schmalen und wenig muskulösen Körper Tauglichkeit auszusprechen. Da aber keine Dienstuntauglichkeitsfehler vorliegen, so läßt es das Regiment auf einen Versuch ankommen. Die ausbildenden Stellen sind angewiesen, Ihren Sohn in der ersten Zeit zu schonen, die Anforderungen erst sehr allmählich zu steigern und allmonatlich zu berichten.«[2]

War der Vater skeptisch, wünschte er sich für seinen Sohn einen anderen Weg? Sein Brief vom Mai 1912, als Erwin schon ein Jahr gedient hatte, gibt eine klare Antwort. Auf die Frage des Sohnes, ob das Ziel Reserve- oder Berufsoffizier sein solle, meinte der Vater: »Du kannst Dir ja die Sache noch in jeder Richtung überlegen. Ich möchte Dich in *keiner* Weise nach irgendeiner Richtung hin beeinflussen, da Du doch nur in einem solchen Beruf Befriedigung finden kannst, den Du Dir mit vollkommener eigener Freiheit und eigenem Verantwortlichkeitsgefühl erwählt hast. In jedem Falle Glückauf!« Im Vordergrund stand für Max Planck das Wohlergehen seines Sohnes, in den er großes Vertrauen setzte. Am Morgen seiner Abfahrt zur eigenen Hochzeitsfeier und -reise, am 11. März 1911, schrieb er einen Geburtstagsbrief, wie ihn wohl selten Söhne von ihren Vätern bekommen:

»Lieber Erwin!
Es ist 9 Uhr morgens, alles ist gepackt, und in einer halben Stunde rufen wir das Automobil, um uns an den Anhalter zu fahren. Da habe ich noch schön Zeit, um Dir zu Deinem Geburtstag ein fröhliches Glückauf zuzurufen. Wie mag der morgige Tag für Dich verlaufen? Es ist wieder ein Sonntag wie damals vor 18 Jahren, und ebenso wie damals, nur in einem vorgerückten Stadium, liegt jetzt eine neue Welt vor Dir. Möge sie Dir ebenso hell leuchten wie jetzt die schöne Frühlingssonne am Himmel, und mögest Du, mein lieber Junge, Dich ebenso tapfer, ehrlich und brav halten wie bisher. Ich bin sicher, daß das Andenken an Mutter, der Du als letzter besonders am Herzen lagst, Dich in Deinem Streben, ein guter und braver Mensch zu werden, sei es im bunten oder im bürgerlichen Rock, ganz besonders stärken wird. An sie mußt Du immer denken, wenn Schweres, Gefährliches an Dich kommt; denn ihre Liebe wirkt über das Grab hinaus und bleibt sehr lebendig. Und was sie Dir im Leben nicht mehr sein kann, das habe ich, so gut ich vermag, als Erbe von ihr übernommen, und will Dir nach Kräften ersetzen, was Du an ihr verloren hast; denn Marga kann es natürlich nicht, aber sie kann auch indirekt dazu beitragen, daß Dir hier wieder ein Familienleben entsteht, an dem Du teilhast, wo Du hingehörst und jederzeit willkommen bist. ...
       Es grüßt Dich von Herzen
       Dein treuer Vater.«

Max Planck hatte »das Erbe« der Mutter mit übernommen und begleitete den Sohn in geradezu rührender Weise auf all seinen Wegen, sorgte sich um ihn, half ihm und unterstützte ihn finanziell und mit Rat, wenn er darum gebeten wurde. Anfang Juni besuchte er ihn zusammen mit Emma in Flensburg, von wo aus sie gemeinsam einen Dampferausflug machten.

Der Sohn dagegen tat sich mit der neuen Situation noch etwas schwer. Am Hochzeitstag des Vaters, dem 14. März, erwähnte er in einem langen Brief an Rhenius mit keinem Wort dieses besondere Datum. Auch in seinem Tagebuch finden wir nichts, nur »Magen verdorben. Grießbrei«, nachdem er am Tag zuvor nach einer halben Stunde Exerzieren »Schwärze, Übelkeit« empfunden hatte und beim zweiten Exerzieren »knapp durchgekommen« war. Doch wie aus einem Brief Erwins an Reuschel, einen Freund seines Bruders Karl, aus dem Jahre 1920 hervorgeht, freundete er sich im Laufe der Zeit mit Marga an, und seine Dankbarkeit, daß sie für den Vater da war, nahm stetig zu. »Ich bin sehr froh, meine Stiefmutter Marga stets um ihn zu wissen, wenn ich auch in vielem einen anderen Geschmack habe wie sie, so ist sie doch mit ihrer unbedingt offenen Natur und ihrer großen Liebe zu meinem Vater für ihn eine wirklich gute Frau. Ich stehe mich sehr gut mit ihr.«

Gewiß war es gut für Erwin, daß er erst einmal von zu Hause fort war. Seine Briefe und Tagebuchnotizen aus der Flensburger Zeit bestätigen das. Vor allem aber geben sie einen guten Einblick in die Rekruten- und Offiziersausbildung vor dem Ersten Weltkrieg. Kaum war er drei Tage bei seinem Regiment, erhielt Rhenius einen langen Brief: »Ich habe eigentlich nur Kasinodienst gehabt, der daraus besteht, mit Anstand und zur rechten Zeit stillzustehen und möglichst viel zu trinken und nie ja, sondern immer jawohl, Herr Leutnant, zu sagen. Betrunken konnten mich die Edlen noch nicht machen, sondern wurden es nur selber, aber seit gestern revoltiert mein Magen so kräftig, daß ich heute und morgen nur Haferschleim essen darf, nachdem ich gestern beim Exerzieren einige Male gegen die nächste Wand gewackelt war. Für die nächste Zeit hat mir der Oberstabsarzt den Alkohol ganz verboten, wofür ich ihm sehr dankbar bin. Der O. ist überhaupt der einzige, der mich hier angenehm enttäuscht hat. Er ist furchtbar grob – auch gegen mich –, aber es ist doch etwas an ihm dran. Im übrigen ist man beängstigend liebenswürdig – ein einziger Leutnant scheint vernünftig zu sein, ist aber offenbar verbummelt. Gesprächsthema ist ausschließlich, wie besoffen sie da und da waren, und, wenn sie es dann wirklich werden, Eindeutigkeiten. Wir haben auch einen Abstinenten, leider nur für seine Person, denn er hält es für unumgänglich, Fahnenjunker sich täglich betrinken zu lassen, damit sie gefügig werden durch dauernde Kater. Du siehst, aller Anfang ist schwer.«

Doch schon im nächsten Brief, fünf Tage später, stellte er fest, daß es sehr »amüsant zu sehen [ist], wie sich die Leute allmählich verändern ..., ja im Grunde ganz nett [sind], aber manche betrinken sich Tag für Tag«. Er gewöhnte sich zusehends an den Dienst, obwohl die Sonntage langweilig waren, weil er noch nicht ausgehen durfte. Seinen Feldwebel fand er »wirklich sehr nett«, während sein Hauptmann ihn »bei allen Gelegenheiten anpfeift« und »aus Prinzip die Junker immer nachexerzieren« läßt. Doch, fügte er lakonisch hinzu, »mache ich mir jedesmal weniger daraus«, zumal der Hauptmann sonst ganz gut für ihn sorgte und ihm sogar ein besseres Zimmer verschafft hatte.

Erwin machte die üblichen Erfahrungen als Neuer in einer Gruppe: Man testete ihn. In seinen Briefen verglich er die einzelnen Typen mit früheren Klassenkameraden, so daß Rhenius sie sich gut vorstellen konnte. Ein neuer Fähnrich war hinzugekommen, und Planck genoß es, »bei einem Menschen, der nicht gemeiner Soldat ist, nicht die Hacken zusammennehmen zu müssen«. Die hierarchische Ordnung war streng, doch auch die herkömmlichen sozialen Unterschiede behielten ihre Geltung – der Junker und der Gemeine. Juden wurden anscheinend ausgegrenzt, denn Planck antwortete auf eine entsprechende Frage von Rhenius: »Mit Juden komme ich nun gerade weniger zusammen, vielmehr schaudert man hier allgemein bei der bloßen Erwähnung des Stammes.« Offenbar übernahm er die herrschenden Vorurteile unreflektiert. Juden durften vor dem Ersten Weltkrieg, außer in Bayern, noch nicht einmal Reserveoffiziere werden, obwohl zwischen 1871 und 1914 mehr als 25 000 jüdische Freiwillige in die Armee eintraten.[3] Plancks Haltung mag irritierend sein, doch im Grunde spiegelt sie die damals übliche Doppelbödigkeit bürgerlichen Verhaltens wider: Mit Einstein wurde musiziert, mit Haber diskutiert, aber vom jüdischen Rekruten hielt man sich fern.

Schon nach vier Wochen erhielt Planck seinen ersten Urlaub. Seine Füße waren durchgelaufen, und er hatte wegen einer falsch behandelten Blase eine Blutvergiftung. Außerdem litt er an Bronchitis, so daß er sogar Nachurlaub gewährt bekam und erst am 6. Mai nach Flensburg zurückkehren mußte. Daß er die müßige Zeit in Berlin in vollen Zügen genoß, läßt sich denken. Der anbrechende Sommer erleichterte sein Rekrutendasein entscheidend. Ein Mai-Ausflug mit Kameraden »in die Buchenwälder längs der Förde« begeisterte ihn, und die Besichtigung der Marineschule erregte, wie er Rhenius berichtete, seinen »bodenlosen Neid. Sie ist wirklich glänzend eingerichtet, und für die Seekadetten gäbe ich mein ganzes Offizier-Korps.«

Körperlich scheint ihm der Militärdienst einiges abverlangt zu haben. Einmal kam er von einem Bataillonsgefecht in die Kaserne zurück und brauchte »lange Zeit«, bis er sich »wieder einigermaßen als Mensch erkennbar machen konnte, denn es war elend staubig und heiß«. Manchmal konnte er sich vor Schmerzen in Armen und Beinen kaum rühren, wenn er abends in seinem Zimmer saß, Briefe schrieb und las. Zu seiner Lektüre gehörten vor allem englische Bücher und die von ihm abonnierte Zeitschrift *März*, ein überwiegend süddeutsch-regional orientiertes Blatt.

Der Dienst machte ihm nun doch »viel Spaß«, seit er einer Kompanie zugeteilt war; das Schießen gelang ihm überdurchschnittlich gut, kein Wunder, hatte er doch schon als kleiner Junge mit dem Luftgewehr Schießübungen absolviert. »Einstweilen bin ich zum rechten Flügelmann aufgerückt, ein sehr verantwortungsvoller Posten, vor allem beim Paradermarsch.« Allerdings, so schrieb er Ende Mai an Rhenius, »zerkriege ich mich mehr und mehr mit meinem Leutnant, der wirklich unangenehm ist. Zum Glück wissen der Hauptmann und einige andere Offiziere das auch und nehmen sich meiner an.«

All diesen Briefen läßt sich entnehmen, daß Erwin Planck

durchaus anpassungsfähig war, sich voll einbrachte, aber doch eine kritische Distanz wahrte. Durch sein allseits immer wieder gerühmtes freundliches Wesen scheint er auch stets wohlwollende Mitmenschen gefunden zu haben. Im Juni gratulierte der Vater im Namen der ganzen Familie »dem Herrn Gefreiten ... zum ersten militärischen Erfolg«. Daß sein Sohn schon nach drei Monaten Gefreiter geworden war, war für Max Planck »eine freudige Überraschung«, und er fuhr fort: »... hoffentlich fühlst Du Dich in Deiner neuen Würde ebenso wohl wie früher und absolvierst Deine Lagerzeit befriedigend.«

Im Juni war Planck etwa drei Wochen als Gruppenführer im Lorkstedter Lager. Seine Schilderung zeigt, wie es in einem solchen Übungslager vor dem Ersten Weltkrieg zuging: »Drei Wochen Lagerleben sind reichlich, besonders wenn man in der Mannschaftsbaracke schläft, wo, vom Spiegel bis zur Seife, alles rettungslos gemaust wird. Auch der Dienst war nicht ohne. Unser kommandierender General [Karl] von Plettenberg ist etwas verrückt und hetzt uns kräftig herum. Nachdem wir die ganze Woche schon um 4 Uhr ausmarschiert waren, hieß es am Freitag schon um ½ 3 heraus, worauf wir eine Brigadeübung bis 11 Uhr hatten, anschließend Paradenmarsch. Um 2 Uhr ging es dann raus zum Prüfungsschießen, was sehr gefürchtet ist und bis 7 Uhr dauerte. Um 9 Uhr war Abmarsch zur Nachtübung, die bis 3 Uhr dauerte. Dann ging es aber noch lange nicht nach Hause, denn es schloß sich gleich ein Tagesgefecht der Brigade an, das uns einen Angriff über 3 km brachte, alles sprungweise im Marsch-Marsch, weil das Gelände von Artillerie bestrichen sein sollte. Um ½ 7 durfte das Regiment endlich nach Hause humpeln, wir sahen schön aus.«

Als Planck Anfang Juli 1911 wieder in Flensburg war, vertraute er seinem Freund an: »Wenn auf der Kriegsschule nicht ein Wunder geschieht, beginne ich im Oktober 1912 mein erstes Medizin-Semester.« Auch die Berichte an den Vater zeugen nicht gerade von Begeisterung für das Militär. Da ist die Rede von Diebstahl, Fußmärschen, einem Loch im Fuß, von Flöhen und der verpatzten Schützenschnur, für die er zwei Schüsse zuviel brauchte, aber auch von einer wichtigen Erfahrung, die er als Korporalschaftsführer machte: »Ich merke, daß das Befehlen noch viel schwerer ist wie das Gehorchen.« Zu seinem Glück konnte er sich immer wieder in Hamburg, im Hause seines Onkels Moritz Brandis, erholen. Dieser war Oberlandesgerichtspräsident und mit Max Plancks Schwester verheiratet. Seine drei Söhne waren etwa in Erwins Alter.

Ende August 1911 begann das alljährliche Kaisermanöver mit der Kaiserparade, während die Familie Planck in Tirol Urlaub machte. Das Manöver dauerte bis Mitte September; Planck fand es »ganz interessant, aber sehr anstrengend«. Wie er an Rhenius schrieb, »fing [es] mit 64 km Marsch an, nächste Nacht Schanzen, wenig Schlaf, kaum Essen, wegen Wassermangel nichts zu trinken. Am nächsten Tag morgens 3 Stunden Schlaf zum Ersatz für die Nacht, dann 40 km Marsch. Nachts Bataillon auf Vorposten und so fort. Erfolg: am ersten Tag 170 Schlappe, dabei 2 Tote (Hitzschlag) allein im Regiment Königin. Ich selbst bekam nachher eine große Belobigung, weil ich gut durchgehalten hatte.« Als die Anspannung vorbei war, fühlte Planck sich allerdings sehr erschöpft, »so schlimm ist es noch nie gewesen. Die Zahl der Schlappen ist ja auch ungeheuerlich. Im Kriege könnte so ein Betrieb nie gemacht werden, da wäre die Truppe in einer Woche aufgelöst.« Keiner ahnte, wie nahe der Krieg schon war.

Kriegsakademie in Metz

Mitte Oktober 1911 ging Planck ins lothringische Metz auf die Kriegsakademie, »um auch wirklich alle Seiten des einmal angefangenen Berufes kennenzulernen«. Doch nach seiner Beförderung zum Offizier wollte er die militärische Laufbahn beenden, wie er Rhenius Ende August 1911 geschrieben hatte. Das »Wunder«, von dem er anfangs mal gesprochen hatte, blieb aus. Seine Erfahrungen waren nicht dazu angetan, ihn für den Soldatenberuf zu gewinnen. Im Gegenteil, seine Berichte vom ersten Monat in Metz klingen alles andere als begeistert: »Ich sitze ja nun wieder auf der Schulbank, nur ist es noch viel schlimmer, denn man steht den ganzen Tag unter schärfster Aufsicht. Freie Zeit ist nur von 8–10 Uhr abends, wo man natürlich nur noch in irgendein Lokal rennen kann. ... Wenn es irgend geht, also sonntags, mache ich Ausflüge in die Umgebung. Das Land ist sehr reich und sehr hübsch. Die Bewohner natürlich stockfranzösisch, wie auch Metz, von der Garnison abgesehen, eine französische Stadt ist. Aber das ist natürlich nur interessant für mich. Militärisch kann man hier außerordentlich viel lernen. Wir bekommen die modernsten Forts, Geschütze, Baulichkeiten zu sehen, von denen man woanders keine Ahnung hat. ... Im übrigen macht mir das Reiten und Turnen viel Spaß; wir werden gewaltig geschunden, aber daran bin ich gewöhnt. Meine Kameraden, 120, sind teils mehr, teils weniger nett. Ganz nach meinem Geschmack einstweilen keiner.«

Man kann sich vorstellen, wie die jungen deutschen Offiziere in Metz in den Kneipen herumsaßen und von den einheimischen Franzosen mißtrauisch beäugt wurden, »les sales boches«. Ausgerechnet in Metz, auf ehemals feindlichem Gebiet, eine Kriegsakademie zu errichten und sozusagen vor den Augen der Franzosen zu demonstrieren, wie die junge deutsche Offizierselite ausgebildet wird, zeugte nicht gerade von politischem Fingerspitzengefühl. Planck hatte offenbar ein Gespür dafür. Er war kein besonderer Verehrer der Franzosen, seine Sympathien galten immer eher England. Im Zusammenhang mit der Lektüre der »Forsyte Saga« von John Galsworthy notierte er in den frühen zwanziger Jahren in seinem Tagebuch: »Der verwandteste Typ ist mir doch dieser moderne englische.« Aber er bemühte sich, Französisch zu lernen, liebte die Landschaften von Elsaß-Lothringen und war allem Neuen gegenüber aufgeschlossen.

Vier Monate später, Mitte Februar 1912, beklagte Planck sich bei Rhenius über den Drill in der Akademie: »Ich kann Dir sagen, Metz ist so furchtbar, daß ich am liebsten zu trinken anfangen würde.« Da sie »den ganzen Tag im Gelände herum radeln oder reiten« mußten, war er meist so müde, daß er »kein Glied heben« und kein Buch lesen konnte, ohne gleich darüber einzuschlafen. Eine Zeitlang war er »drauf und dran, Schluß zu machen, aber man muß vernünftig sein«, und da er, den allmonatlichen Zwischenprüfungen nach zu urteilen, gute Aussichten hatte, ein Examen mit Auszeichnung abzulegen, wollte er durchhalten, auch wenn der Dienst »immer schärfer« wurde. »Telephon-Leitungen legen und solche technischen Sachen« machten ihm jedenfalls sehr viel mehr Spaß als »das Planzeichnen«.

Vor dem Examen machte er noch eine Pfingstreise mit dem Freund Rudi Ring den Rhein entlang bis zum Bodensee. Und wieder überlegte er – sollte er Offizier bleiben, sollte er studieren, sollte er reisen? Er war selbst »wirklich neugierig, was dabei herauskommt«. Die Anfang Juli über mehrere Tage verteilten Prüfungen in Feldkunde, Befehlen, Französisch, Heerwesen, Waffenlehre und Taktik bestand Planck zusammen mit 173 weiteren Absolventen; er bekam ein »sehr gut«. Nach dem Schlußappell am 8. Juli um zwölf Uhr rüstete er sofort zur Abreise, und froh, den »vielen betrunkenen Leuten« zu entfliehen, strebte er nach Hause für einen kurzen Urlaub.[4]

In Berlin war warmer Sommer, alles blühte, und die ganze Familie freute sich über Erwins Besuch. Er hatte sein Cello mitgebracht, und endlich konnte wieder musiziert werden. Doch dann mußte er auch schon wieder abreisen, nach Flensburg in den Felddienst, an den er sich nur langsam wieder gewöhnte. Als frischgebackener Leutnant mußte er nun selbst Rekruten ausbilden. »Heute bekomme ich übrigens selber einen Junker, den diesmal ich erziehen soll. Das wird ein heiteres Resultat geben.«

Am 23. August erhielt Planck sein Leutnantspatent.[5] Der stolze Vater, der es schon in der Zeitung gelesen hatte, gratulierte als erster mit einem Telegramm. Dann »hagelte« es Glückwünsche, immerhin war Planck als einziger Einjähriger Leutnant geworden, was ihn motivierte, bis Weihnachten weiterzumachen. Zwar hatte er sich, wie er dem Vater berichtete, »unter der Hand ganz leise« nach seinen Abgangsmöglichkeiten erkundigt und erfahren, daß die Chancen nicht schlecht stünden, aber, so fügte er hinzu, »ich muß auch sagen, nachdem ich diese bevorzugte und schnelle Laufbahn durchgemacht habe, fühle ich eine gewisse Verpflichtung, auch meinerseits etwas zu leisten«.

Der Vater unterstützte den Arbeitseifer, indem er, typisch für den preußisch erzogenen Bildungsbürger, schrieb: »Viel Arbeit ist im Grunde auch sehr wohltuend, weil man das Gefühl hat, daß man nicht umsonst auf der Welt ist, und die Kräfte durch den Gebrauch ihre Leistungsfähigkeit stärken.« Auch fügte er hinzu, daß er »ganz einverstanden« mit dem für das neue Jahr geplanten Medizinstudium sei; allerdings, so schränkte er ein, wäre ihm »die Wahl eines dritten Berufs nicht willkommen«. Deshalb riet er dem Sohn, sich »für *alle Fälle*« die Rückkehr in sein »jetziges militärisches Verhältnis offenzuhalten, falls es mit der Medizin aus irgendeinem Grunde nicht gutgehen sollte«.

Auch in diesem Brief ging der Vater nicht nur ausführlich auf Erwins Probleme bei der Berufsfindung ein, sondern erzählte ebenso, was ihn selbst beschäftigte. Es lohnt sich, einen Blick darauf zu werfen, zeigt es doch, welch ein ausgefülltes Leben Max Planck in den Jahren kurz vor dem Ersten Weltkrieg führte. Abgesehen von ständigem Logierbesuch durch Verwandte und Freunde ist da viel von Abendeinladungen die Rede – etwa von einem »›Spitzen‹ Diner«, das Plancks zu Ehren des »Roosevelt-Professors Sloano mit Frau und Tochter« bei sich zu Hause gaben und zu dem als »Erzchargen« Friedrich Schöne, Landrat im Kreis Randow, und Adolf v. Harnack, Präsident der 1911 gegründeten Kaiser-Wilhelm-Gesellschaft, geladen wurden. Doch auch der neue Bechsteinflügel bleibt nicht unerwähnt, ebenso Margas Neugestaltung des Salons. Die ausgemusterten Möbel erhielt Erwin für seine eigene kleine Wohnung in Flensburg.

Max Planck war selbstverständlich ebenfalls Mitglied der Kaiser-Wilhelm-Gesellschaft und bekleidete dort im Laufe der Zeit verschiedene Ämter; er gehörte ab 1916 dem Senat der Gesellschaft an und wurde 1930 ihr Präsident. Im März 1912 wurde er ständiger Sekretar der Mathematisch-Physikalischen Klasse der Preußischen Akademie der Wissenschaften. Außerdem war er, seit er in Berlin lebte, Mitglied der Deutschen Physikalischen Gesellschaft; 1892 hatte er dort das Amt des Rechnungsführers übernommen, von 1905 bis 1908 und noch einmal 1915/16 fungierte er als ihr Präsident. Schließlich war er noch Mitglied des »Wissenschaftlichen Vereins« der Urania, seit 1908 Mitglied des Kuratoriums der Physikalisch-Technischen Reichsanstalt und Mitglied in zahlreichen ausländischen wissenschaftlichen Gesellschaften. Kein Wunder, daß er seinem Sohn gegenüber stöhnte: »Ich stecke tief in der Arbeit und in meinen akademischen Amtsgeschäften, morgen muß ich wieder in einer Sitzung präsidieren und in der öffentlichen Friedrichsitzung der Akademie, am 23. Januar [1913], eine feierliche Rede auf Friedrich den Großen halten, wobei mir die Lektüre Deines Buches sehr nützlich sein wird.«

Erwin Planck machte das Soldatenleben zur Abwechslung mal wieder Spaß, obwohl er nun mehr zu tun hatte und beim Manöver im strömenden Regen die Feldwache oder die Offizierspatrouille übernehmen mußte. Zu seinem Wohlbefinden trug gewiß nicht nur der gehobene Status, sondern auch die eigene Wohnung bei. Außerdem hatte er einen Burschen, den er anlernte und der für ihn sorgte. Sein Leben wäre allerdings nicht so angenehm gewesen, wenn der Vater ihm nicht regelmäßig Schecks geschickt und zusätzlich Rechnungen vom Schuster bis zum Schneider – meist klaglos – bezahlt hätte. Das Leben eines Leutnants war nicht billig und die Bezahlung miserabel.

Die wesentliche Ursache für Erwins Zufriedenheit war aber doch die Aussicht, bald einen richtigen Beruf zu erlernen, »denn«, so antwortete er dem Vater postwendend auf einen langen Brief von Ende Oktober 1912, »ich habe entschieden das Bedürfnis, endlich etwas Rechtes zu lernen, was es auch ist«. Auch war er mit dem Vater vollkommen einig – »der Weg zum Offiziersberuf steht mir jederzeit offen. Aber das Gelüste, nochmals umzusatteln, wird mir hoffentlich nicht beschieden sein, und, soweit ich es jetzt beurteilen kann, würde ich es wohl auch unterdrücken ...«

Das Umsatteln sollte ihm tatsächlich noch häufiger beschieden sein, nicht so sehr, weil *er* sich veränderte, sondern weil die Zeiten sich änderten. Der Übergang in den Reserveoffiziersstand bedurfte, wie aus einem Brief an den Vater von Dezember 1912 hervorgeht, schwieriger und unangenehmer Verhandlungen, und Max Planck mußte sein schriftliches Einverständnis geben, daß Erwin sich »zum Reserveoffizierskorps des Regiments beurlauben lasse, um Medizin zu studieren«. Er hoffte, Mitte Februar entlassen zu werden; bis dahin wollte er freiwillig bleiben, da er sich verpflichtet fühlte, seine Rekruten zu Ende auszubilden.

Ab Mitte September 1912 war Planck noch einmal für zwei Monate in Metz gewesen. Rückblickend schrieb er an Rhenius: »Zwei so einförmige Monate wie die letzten habe ich noch nicht erlebt. Das bezieht sich allerdings mehr auf das Äußere. Morgens Militärwissenschaften, nachmittags Turnen, Reiten, abends in der Regel ein paar Seiten von irgendeinem Buch, das ist die ganze Geschichte. Da man nie Zeit hat, geht man fast nie in die Stadt heraus. Ausnahme ist Sonnabend, wo man eine Stunde länger wegbleiben darf. Dann sammelt sich der Klub, dem ich angehöre, im Hotelzimmer, und das ist teilweise ganz gemütlich. Das ist nämlich sehr eigenartig an den Kriegsschulen. Nach vier Wochen bilden sich Klubs, die sich vollständig abschließen, mit keinem anderen verkehren und nur ausnahmsweise noch Mitglieder zulassen. Meistens ist es so, daß jede Waffengattung für sich ist. Hier zum Glück nicht, sondern von meinen 10 Genossen sind 6 Kavalleristen, 3 Infanteristen und sogar 1 Telegraph, was sonst verpönt ist. Du siehst, auch in meinem ›ersten Stand‹ gibt es Fortschritte, obwohl man im Regiment bedauerlich die Achseln zucken würde, wenn ich erzählte, daß ich viel mit einem Telegraphen verkehrt habe.«

In der Tat gab es, wie der Historiker Thomas Nipperdey schreibt, »eine Rangordnung der Waffengattungen (Kavallerie; Infanterie; Artillerie – da wieder beritten oder zu Fuß; Pioniere und Train, Nachschub), eine der Regimenter nach Vornehmheit und Alter – an der Spitze standen die der Garde – und eine der Garnisonen, mit abgelegenen Provinzorten am Ende. In den jeweiligen Spitzen war der Anteil des Adels überdurchschnittlich ... Ähnliches galt auch für die höheren Offizierspositionen.« Wo Nichtadlige zum Zuge kamen, griff man auf die sozial erwünschten Kreise zurück. Das waren »die Söhne von höheren Beamten und Akademikern, bürgerlichen Gutsbesitzern und Offizieren; die Söhne von (selbständigen) Kaufleuten und Unternehmern waren weniger erwünscht, die Söhne ›kleinerer Leute‹ waren unerwünscht«.[6]

Zu dieser Erfahrung hierarchischer Ordnung, der Erwin
Planck sich offensichtlich zu entziehen suchte, kam das Erleben »militärischer Kategorien, wie Befehl und Gehorsam, Disziplin und Ordnung, Freund/Feind- und Kampf-Denken«.
Diese Kategorien bestimmten »eine breite Rechtskoalition, die
für den Vorrang der Ordnung vor der Freiheit, der Disziplin
vor der Spontaneität, der Geschlossenheit vor der Pluralität,
des Konfliktaustrags vor dem Kompromiß (jedenfalls in der
Außenpolitik) eintrat, für die Erhaltung des Obrigkeits- und
Klassenstaates«. Diese Haltung setzte sich nicht nur im extremen Nationalismus fort, sondern kam sogar im »Gerede ziviler ›Militaristen‹ über ›strammes‹ und ›schlappes‹ Verhalten«
zum Ausdruck.

Die Sorge um Karl

Die Briefe Max Plancks zeigen einen liebevollen, nachdenklichen und am Wohle aller fünf Kinder interessierten Vater. Das
fünfte Kind – Hermann – war im Dezember 1911 zur Welt gekommen. »Der kleine Hermann zählt nun auch schon mit«,
schrieb Vater Planck nach seinem Geburtstag im April 1912 an
Erwin, »er empfing mich am Frühstückstisch mit ein paar
Gänseblümchen in seinen Händchen, die er mit feierlich-ernster Miene mir entgegenhielt.«

Soviel Freude ihm das Baby machte, so viele Sorgen bereitete
ihm sein ältester Sohn Karl, der in einer Heilklinik in Kassel
weilte, da er, psychisch gefährdet, sowohl Schlaf- als auch Essensprobleme hatte. Erwin Planck drückte es in einem Brief an
Rhenius von Anfang Februar drastischer aus: »Mein Bruder
Karl ist mit seinen Nerven gänzlich zusammengekracht…« Erwin wollte ihn Ostern besuchen, obwohl er lieber Ferien auf
dem Grundnerhof gemacht hätte, »aber das geht doch vor«.

Tatsächlich fand er Karl in einem besseren Zustand vor, als
er gedacht hatte, so daß die Ferien in Kassel »ganz nett« wurden und er viel Zeit zum Lesen hatte. Unter anderem faszinierten ihn die »Gedanken und Beobachtungen von Lichtenberg« –
»das beste«, was er seit langem gelesen hatte. Der Besuch tat

offensichtlich auch dem Bruder gut, denn Ende April berichtete der Vater, Karl zeige »insofern einen kleinen Fortschritt, als er nun wirklich daran denkt, Anfang oder Mitte Mai die Kuranstalt zu verlassen und zunächst auf den Grundnerhof zu gehen, um sich allmählich an das Leben unter anderen Menschen zu gewöhnen. ... Einstweilen habe ich für ihn eine Eingabe bei der Universität München gemacht, um für ihn Dispens von den Vorlesungen im nächsten Semester zu erwirken.« Die Sorge um Karl war ständiges Thema in den Briefen von Max und Erwin Planck. Nur wenn man diesen Hintergrund kennt, kann man einerseits verstehen, mit welcher Euphorie seine spätere Aufnahme in das kaiserliche Heer begrüßt wurde – und andererseits die besondere Tragik seines Soldatentodes ermessen.

Das Weihnachtsfest 1912 wurde von Auseinandersetzungen zwischen dem Vater und Karl überschattet. Erwin hatte sich eigentlich besonders auf die Woche Urlaub gefreut, aber nun fand er sich in der Rolle des Vermittlers wieder. Er kümmerte sich intensiv um Karl, bemühte sich um Grete, die ebenfalls psychisch nicht sehr stabil war, und fühlte sich unwohl in seinem kleinen Mansardenzimmer. So entfloh er der familiären Spannung und verbrachte Silvester bei Pohls in Glücksburg, bei denen es ihm immer besonders gut gefiel. Robert Pohl war Physiker und mit seinem Vater befreundet.

Im Februar 1913 tauchten neue Schwierigkeiten im Zusammenhang mit Karl auf, und es ist bezeichnend für Erwin und seinen Vater, wie beide mit dem Problem umgingen. Karl hatte 1906 mit dem Studium der Geographie in Freiburg begonnen und stand fast vor dem Abschluß. Nun hieß es in einem Brief Erwins an Rhenius Mitte Februar: »Mein Bruder ist übrigens wieder umgesattelt und will musikhistorischer Schriftsteller werden. Mein Vater wird wohl wenig entzückt sein, aber ich muß sagen, daß es eigentlich das Gescheiteste ist, denn es ist das einzige, für das er sich ernstlich interessiert. Nur war es unpraktisch, bis hart vor den Doktor zu warten. Aber wer weiß, wie man es selbst einmal macht.«

Der Vater war in der Tat wenig entzückt, wie sein Brief an Erwin vom selben Tag zeigt: »Karl macht mir wieder großen Kummer durch die Erklärung, er wolle den geographischen

Doktor nun doch nicht machen, sondern in ein Musikkonservatorium eintreten, was ich leider für einen schweren Fehler halten würde und daher versuchen will, was ich kann, um ihn davon abzubringen. Vor allem aber möchte ich ihm vorhalten, daß er doch zuerst seine begonnene Arbeit fertigbringt. Nachher kann er meinetwegen etwas anderes anfügen. Aber leider scheint er gar nicht geneigt, auf meinen Vorschlag einzugehen. Doch hat er mir versprochen, mit einem entscheidenden Schritt zu warten, bis ich ihn gesprochen habe. Ich sehe die Sache sehr ernst an.«

Postwendend antwortete Erwin: »Es hat mich sehr betrübt, daß Du wieder solche Sorgen hast. ... Karl teilte auch mir, offenbar bald nach der Nachricht an Dich, seinen neuerlichen Plan mit. Ich erwartete gleich, daß er Dir sehr unsympathisch sein werde. Ich wäre auch sehr froh gewesen, wenn er diesmal einen Abschluß gefunden hätte. Andererseits habe ich mich allmählich an den Gedanken gewöhnt, daß man von Karl offenbar doch nicht, wie von den meisten anderen Leuten, eine bestimmte begrenzte, abgeschlossene Arbeit zu erwarten hat, sondern daß seine Fähigkeiten und Interessen mehr unbestimmter und allgemeiner Art sind, so daß er sie wie eine große Klasse von Schriftstellern und Kritikern später unter Umständen durch Schriften von sich geben könnte, falls sie zu solcher Reife gedeihen. Ich finde allerdings auch, daß ein gewisser Mangel an Energie vorliegt ... Sein Umschwenken war mir daher keine Überraschung, sondern nur eine Bestätigung, allerdings eine bedauerliche, und ein bestandenes Doktorexamen wäre mir eher eine angenehme Überraschung gewesen. Es fragt sich allerdings sehr, ob er die viele Musik, die er zunächst treiben müßte, mit den Nerven aushält. Aber er will ja nicht Berufsmusiker, sondern mehr Musik-Schriftsteller werden. ... Wenn es Dir gelänge, ihn anders zu überzeugen, wäre es freilich sehr schön und besser, aber, wie gesagt, bin ich mir über den Erfolg im Zweifel, und es würde auch dann für mich eher eine Ausnahme bedeuten als eine endlich befolgte Regel, also nicht viel ändern.«

Ein sehr diplomatischer Brief – wie ernst ihn Erwin nahm, zeigt der Umstand, daß er vorher einen Entwurf angefertigt hatte. Vater Planck bedankte sich sehr und vertraute seinem Sohn an, daß er »auf diese Krise schon seit Jahren gefaßt« gewesen sei und daher Zeit gehabt habe, sich darauf vorzubereiten. »Meine Hauptpflicht sehe ich darin, Karl vor einer unnützen, jedenfalls noch viel schmerzlicheren Enttäuschung zu bewahren und alles zu versuchen, um sie, falls sie dennoch eintritt, für ihn möglichst zu mildern.« Hier bahnte sich bereits das später immer enger werdende vertrauensvolle Verhältnis zwischen Max Planck und seinem Sohn Erwin an, dessen brutale Zerstörung durch äußere Gewalt dem Vater dereinst das Herz brechen sollte.

Planck sorgte sich nicht nur um seinen Sohn Karl, sondern auch um Grete, die gerade in dieser Zeit, im Frühjahr 1913, wegen angegriffener Nerven ebenfalls auf die Wilhelmshöhe nach Kassel fuhr, was Erwin zu der Bemerkung veranlaßte, »daß die arme Grete sogar nach Kassel gereist ist, überrascht mich doch. Da muß sie ja recht herunter gewesen sein.« Nach gut 14 Tagen kehrte sie aber »erheblich gebessert ... zurück, mit den besten Vorsätzen für eine rationellere Gestaltung ihrer Lebensweise«, meinte der Vater. Erwin Planck war derweil in Flensburg mit Abschiednehmen beschäftigt und ließ sich vom Vater Geld aus dem Extrafonds schicken, um sein Abschiedsfest zu finanzieren.

Ruhe vor dem Sturm

»Ein Segen, daß die Geschichte in einer Woche aus ist«, schrieb Erwin Planck am 20. Februar 1913 an Rhenius. Am 1. März endete seine Soldatenzeit, er war nun Reserveoffizier[7] und frei, endlich frei! Daß das Glück angesichts der Weltlage nicht lange dauern konnte, davon dürfte er damals nichts geahnt haben. Zunächst war er in Berlin und ordnete seine Angelegenheiten. Von seinem Geburtstag Mitte März berichtet er zwar nichts in seinem Tagebuch, aber von einem Ausflug mit Rhenius, Grete und Lise Meitner, die er sehr interessant fand.[8] Die später berühmte Physikerin war damals Max Plancks Assistentin und für dessen Kinder fast so etwas wie eine Schwester. Sie fühlte sich wohl in der Familie und hing sehr an Max Planck. Nach seinem Tod schrieb sie 1947 aus Schweden an Max v. Laue: »Es gibt wenig Menschen, denen gegenüber ich eine so bedingungslose Zuneigung und ein so selbstverständliches Vertrauen gehabt habe.«[9]

Max Planck fuhr nach München, um mit Karl eine Einigung über dessen weiteren Berufsweg zu finden, was nicht gelang. Erwin dagegen hatte klare Pläne, die er dem Vater in einem Brief vom 23. März darlegte. Ein Semester an der Kriegsschule wurde ihm angerechnet, so daß er hoffte, nach vier Semestern sein Physikum machen zu können. Beginnen wollte er sein Medizinstudium in München – wahrscheinlich, um in Karls Nähe zu sein –, es dann aber in Berlin fortsetzen.

Doch zunächst ging es erst einmal nach England. Mit einem entfernten Vetter reiste er am 30. März nach London und verbrachte den April bei den Verwandten der Mutter in Gayton Corner bei Harrow. Planck war dort sehr glücklich, fuhr ab und zu nach London, besuchte die National Gallery und Westminster Abbey und benutzte gerne die »tube«, die ihn ungeheuer beeindruckte. Er fand, daß »die Engländer ... ganz nette Leute« seien, wie er es etwas lässig seinem Freund gegenüber ausdrückte, um dann hinzuzufügen: »Hier habe ich zunächst gemerkt, daß ich überhaupt kein Englisch kann, und erhole mich langsam von dem Schrecken.«

Kaum heimgekehrt, nahm Erwin sein Medizinstudium auf. Nach der im Tagebuch beschriebenen »ungemütliche[n] Ankunft« in München am 22. April 1913 begann erst einmal das »greuliche Wohnungssuchen«. Nach drei Tagen heißt es schon, die »Wohnung macht sich. Floh gefangen.« Schlimm war nur, daß er pleite war; der Vater hatte noch nichts überwiesen. Vermutlich hatte dies mit der »Frackaffaire« zu tun, die Erwin »sehr unangenehm« war. Er hatte sich einen etwas zu teuren und in den Augen des Vaters gänzlich unnötigen Frack machen lassen. Da er viele Feste – auch von Verbindungen – besuchte, glaubte er, ein solches Kleidungsstück besitzen zu müssen.

Mit Karl traf er sich nun regelmäßig. An den Wochenenden machten sie zusammen Bergtouren, und stolz berichtete Erwin dem Vater von seiner »ersten selbständigen größeren Klettertour,

Abstieg von der Partenkirchner Dreitorspitze direkt ins Oberinntal, eine zweistündige höchst interessante und landschaftlich sehr schöne Kletterei über 1000 m Absturz«. Oft fuhren sie auch zum Grundnerhof hinaus oder besuchten gemeinsam die Großmutter. Als die Ärzte Anfang Juli bei Karl Gelbsucht diagnostizierten, waren die Brüder ganz erleichtert, daß es sich um eine echte Krankheit handelte und nicht um eine »neue nervöse Störung«. Entsprechend schnell erholte Karl sich wieder.

Wie gefiel Erwin das Medizinstudium, für das er sich am 23. April 1913 eingeschrieben hatte? Zunächst fand er die Zoologie »außerordentlich interessant«, während ihn Biologie eher langweilte. Was das Fach seines Vaters, die Physik, anbelangte, so half er sich mit einem Lehrbuch für Mechanik, Akustik und Optik der Experimentalphysik von Emil Warburg, das der Vater ihm zur Verfügung gestellt hatte, weil er es für »absolut zuverlässig« hielt. Es half ihm sehr, da sein Professor Leo Graetz »sich offenbar in der Disposition sehr daran hält, so daß man kaum in das Colleg braucht«. Außerdem schickte der Vater ihm noch ein Lehrbuch für anorganische Chemie. Ein Stipendium, um das er sich beworben hatte, sollte er ab Mai 1914 bekommen. Zum Wintersemester 1913 wollte er nach Berlin wechseln, und auch seine Schwester Emma sollte von Köln in die Reichshauptstadt übersiedeln, während Grete ihr Musikstudium in Heidelberg fortsetzte.

Anfang August 1913 reiste Erwin mit Karl auf den Grundnerhof, um mit der ganzen Familie Ferien zu machen. Man fuhr zusammen weiter nach Guarda im Unterengadin, später nach Pontresina und wieder zurück zum Grundnerhof. Keiner konnte ahnen, daß dies die letzten glücklichen Ferien der Familie waren. Erwin schilderte Rhenius das Beisammensein: »Hier ist die ganze Familie versammelt und macht, je nach den Kräften der Betreffenden, Touren. Ich habe ein paar sehr schöne vollbracht, besonders Anfang der Ferien mit meinem Bruder, so daß ich mich allmählich sehr als Fachmann und Könner fühle. ... Überhaupt geht es mir merkwürdig gut, ich habe mir sogar zwei Kollegs schön ausgearbeitet, worüber ich tief gerührt bin.« Sogar für eine praktische Übung war gesorgt: Erwin mußte seinen Cousin nach einem Absturz verarzten.

Erst am 1. Oktober traf er in Berlin ein, um dort sein Medizinstudium fortzusetzen. Der Vater war Rektor der Universität geworden und hielt am 15. Oktober die Antrittsvorlesung über »Neue Bahnen der physikalischen Erkenntnis«. Erwin, der die Rede schon drei Tage zuvor gelesen und »sehr eindrucksvoll« gefunden hatte, war von der festlichen Veranstaltung begeistert. Der Vater begleitete ihn am nächsten Tag zu seiner Immatrikulation.

Es muß schon ein besonderes Gefühl gewesen sein, einen so bedeutenden Vater zu haben. Wenn Erwin auch im Tagebuch nichts dazu anmerkt, so war er sich seiner Privilegien doch sicher dankbar bewußt. Wer traf schon abends zu Hause einen Einstein an und durfte gar mit ihm musizieren, von all den anderen Gelehrten abgesehen, die bei den Plancks verkehrten, wie Lise Meitner, Erwin Schrödinger, Max v. Laue oder Fritz Haber, um nur einige zu nennen.

Berlin faszinierte Erwin, und er war so »entsetzlich fleißig«, daß er zu seinem eigenen Erstaunen »werktags nicht mehr schreiben« konnte. »Es wäre für Dich«, schrieb er Rhenius an einem Sonntag im November, »wahrscheinlich besonders genußreich gewesen, wenn Du mich zum ersten Mal im Präpariersaal gesehen hättest, ich bekam nämlich als erstes – letzten Montag haben wir angefangen – Kopf und Hals. Es war einfach furchtbar. Jetzt kann ich aber schon sehr viel, und nächste Woche bekommen wir ein neues Präparat.«

Planck genoß das Studentenleben, zumal er sich, anders als in München, ohne die tägliche Sorge um Karl freier fühlte. Er wohnte zu Hause, aß aber mittags immer in der Stadt, zu Beginn des Monats »manchmal bei Trarbach, dann bei Schünemann«, am Monatsende vielleicht auch mal in der Mensa. Er wanderte weiterhin häufig. Am Bußtag war er »60,8 km spazieren gelaufen, ohne daß es mich sehr anstrengte. Nächstens wird der Rekord erhöht.« So war aus dem schwächlichen Jungen, den sie beim Militär nur probeweise genommen hatten, ein kräftiger junger Mann geworden, der sich in Berlin pudelwohl fühlte. »Ich bin lebhaft dabei, mir das Schlafen abzugewöhnen«, schrieb er an Rhenius, »dafür kann ich jetzt endlich anständig tanzen. Aber manchmal brummt mir der Kopf doch gehörig. ... Der Medizin geht es ziemlich gut, besser eigentlich noch der Musik. Ich habe jetzt alle Muskelpräparate, die es gibt, gemacht und wühle in situs abdominis.«

Auch von einem Besuch bei den Alt-Joachimsthalern berichtete er seinem Freund, aber es sei »höchst furchtbar« gewesen, »ein kleiner feister Oberlehrer Babick hielt eine schöne Rede, und dann betrank sich alles mit einer Ausnahme«. Ein andermal stöhnte er: »Gleichzeitig arbeiten und sich amüsieren ist doch nicht ganz einfach.« Aber er genoß es offenbar, daß »›seine soziale Stellung‹ ... ganz nett ist«, und vor allem auch, daß sein alter Freund Rudi mit ihm zusammen studierte.

Inzwischen hatte das Jahr 1914 begonnen, und im März war Erwin Planck endlich mündig geworden. Das Leben schien rosig: Studium, Vergnügungen, Freunde. Fleißig betrieb er sein Medizinstudium mit dem Ziel, im Februar 1915 das Physikum zu machen. Nebenher aber wurde er Mitglied im Segelclub, spielte Tennis, unternahm einen Gleitflug mit einem Albatros-Zweidecker und spielte Cello in einem Quartett. Mit Karl fuhr er zum Skilaufen ins Ötztal, er besuchte die Oper, ging in Konzerte, ins Theater oder Kino. Entsprechend häufig ist im Tagebuch von Geldsorgen die Rede und von damit zusammenhängenden Problemen mit dem Vater. Anfang Juli 1914 berichtete er Rhenius: »Ich habe in meinem ganzen Leben noch nicht so viel vorgehabt wie in den letzten Monaten. Ich habe ein paar sehr nette neue Bekanntschaften gemacht, jetzt geht es aber bald wirklich nicht mehr weiter, zu Hause kennen sie mich schon beinah nicht mehr. Es ist gut, daß ich bald zur Übung weggehe, und ich kann überhaupt froh sein, wenn ich nächstes Ostern wieder heil aus Berlin heraus bin, obwohl es mir dann sehr leid tun wird wegzugehen.«

Es war auch gut, daß er nicht ahnen konnte, wo er das nächste Osterfest begehen würde, daß seine Heeresübung sehr lange dauern und daß er nie ein Physikum machen sollte. Im nachhinein erscheint es als Glück, daß er diese Zeit so sehr genossen und bis zum letzten ausgekostet hat. Er sollte sich nie mehr so unbefangen dem Augenblick hingeben können, wie er es in diesem Frühsommer 1914 getan hat.

Doch nicht nur für ihn waren diese sommerlichen Monate

1914 so unbeschwert, auch für viele andere Berliner, wie Bernt Engelmann berichtet: Das Wetter war »ruhig und schön, auch politisch hatte sich die Lage allem Anschein nach entspannt. Der Kaiser war in Potsdam und ganz mit seinem neuesten Hobby, dem Ordnen seiner Ausgrabungen auf Korfu, beschäftigt. Die Bürger des Berliner Westens bereiteten sich schon auf ihre Ferienreisen an die See oder ins Gebirge vor. Die Arbeiter des Nordens und Ostens, die keinen Urlaub kannten, planten bereits sonntägliche Ausflüge, Laubenkolonie- und ›Hoffeste‹.«

Während sich ab Mitte Juni der Berliner Westen und die großen Bürohäuser der Innenstadt leerten, füllten sich gleichzeitig die Hotels und Pensionen, »denn Zehntausende von Besuchern, vor allem aus dem Ausland, auch immer mehr Amerikaner, strömten jeden Sommer nach Berlin, machten Stadtrundfahrten mit ›Käse's gläsernen Omnibussen‹ zu 5 Mark pro Person, besichtigten die Siegesallee, ... bestaunten das Reichstagsgebäude ebenso wie das neue Kaufhaus von Wertheim in der Leipziger Straße, erst recht das ›Ka-De-We‹ am Kurfürstendamm [Tauentzienstraße], und ließen sich abends auch ›Berlin bei Nacht‹ zeigen: das Maxim in der Jägerstraße, ... die Marmor- und Mosaikenpracht des Piccadilly, das sich ›das pompöseste Tanzcafé Berlins‹ nannte und wo zur Verblüffung der Fremden nicht mehr Walzer oder Polka getanzt wurden, sondern Boston, Tango und Maxixe, von den Berlinern ›Matschitsche‹ genannt. Im ›Zoo‹ herrschte Hochbetrieb, die Börse war ruhig, im Zeitungsviertel an der Koch-, Zimmer- und Jerusalemer Straße genoß man die ›Saurejurkenzeit‹. Da fuhr in die sommerliche Beschaulichkeit wie ein Blitz aus heiterem Himmel die Nachricht: ›Österreichs Thronfolger in Sarajevo ermordet!‹ ... Berlin hielt den Atem an. War das der Krieg?«[10]

Erster Weltkrieg

Mit Begeisterung an die Front

Keiner ahnte, was dieses Jahr noch bringen würde. Nach einem fröhlichen Abschiedsfest reiste Erwin Planck am 30. Juli 1914 um neun Uhr von Berlin nach Flensburg zu seiner Reserveübung ab. An diesem Tag wurde in Rußland die Generalmobilmachung angeordnet. Max Planck, der von seinem Sohn noch nichts gehört hatte, schrieb ihm, daß Grete und Emma unerwartet in Berlin erschienen seien, »so daß wir nun wenigstens glücklich beieinander sind und gemeinsam alles mit durchmachen, was das Schicksal bringen wird«. Emma hatte sich auf recht abenteuerliche Weise von Köln nach Berlin durchgeschlagen.

Da es einen Zeitzeugen gibt, der sich just am Morgen des 31. Juli 1914 auch auf dem Kölner Hauptbahnhof befand, können wir uns eine Vorstellung davon machen, was Emma dort erlebte. »Der große Bahnhof hallte und dröhnte, wie man es noch nie gehört hatte: von Marschtritten, Fahrgeräuschen, Liedern, die irgendwo im Chor gesungen wurden, Geschrei, dem Rasseln einer Geschützverladung, Pferdewiehern, Hufknallen auf der harten Rampe: ein Regiment oder mehrere rückten ab.«[1] Die Zeilen stammen von Carl Zuckmayer; er hatte mit seiner Familie die zunächst unbeschwerten Ferien in Holland an der See abbrechen müssen und beobachtete nun das Treiben am Kölner Hauptbahnhof, während er auf seinen Zug nach Mainz wartete.

Emmas Zugfahrt nach Berlin gestaltete sich ähnlich chaotisch. Auf den verschiedenen Bahnhöfen, durch die sie fuhr, ging alles drunter und drüber: Gedränge und Berge von Gepäck, Abschiede mit Lachen und Weinen, mit Blumen und kleinen Kindern. Alle waren in Aufbruchstimmung; die einen reisten nach Hause, hatten ihre Ferien auf dem Land oder am Meer vorzeitig beendet, die anderen fuhren an die Front in eine ungewisse Zukunft.

Deutschland erklärte Rußland am 1. August 1914 den Krieg. Zwei Tage später fand in Berlin eine schon länger geplante »Feier zum Gedächtnis des Stifters der Friedrich-Wilhelms-Universität« statt, und Max Planck sollte als Rektor die Festrede halten. Sie mußte, wie er Erwin tags zuvor schrieb, noch »etwas auf den Tag zugeschnitten werden«. Die Erwartung war groß. Ein Zeitzeuge, Axel v. Harnack, der Sohn des Kirchenhistorikers Adolf v. Harnack, eines Kollegen von Planck, schilderte das Ereignis später so: »Es herrscht in der überfüllten Aula höchste Erregung und Spannung. Viele Professoren und Studenten stehen unmittelbar vor dem Auszug in den Krieg. Sie wie ihre Familienangehörigen warten auf ein Wort des Rektors, das der Stunde gemäß sein und ihnen die Hoffnungen und Wünsche der Körperschaft würdig zum Ausdruck bringen soll, der sie angehören. Der Rektor besteigt das Katheder. Seine Festrede behandelt ein schwieriges Problem seiner Wissenschaft, der theoretischen Physik, das er in Beziehung zur Philosophie setzt. Kein Gedanke der tieferregten Zeit dringt in den Kern dieser streng wissenschaftlichen Rede. Jede Anspielung auf das, was jeden beschäftigt, wird im Vortrag vermieden. Der scharfsinnige und fesselnde, aber kühl sprechende Redner zwingt die Hörer – manche gewiß widerwillig – in seinen Bann. Heute – ein Menschenalter nach dem denkwürdigen Tag – ist die Erinnerung an diese Rede noch frisch; verblaßt sind dagegen Einleitungs- und Schlußworte, in denen der Größe des Augenblicks gedacht wurde.«

Viele Zuhörer, so meint Harnack, hätten sich enttäuscht gezeigt; doch die Nachdenklichen unter ihnen seien einverstanden gewesen.[2] Wie nun hatte Max Planck seine Rede begonnen?

»Gewissenhaftigkeit und Treue, das sind die Wahrzeichen, unter denen unsere Universität groß geworden ist. ... Niemals, zu keiner Zeit seit der Gründung unserer Universität, waren sie nötiger als in diesen Tagen, wo uns alle, die wir hier versammelt sind, ein einziges Gefühl im tiefsten Inneren bewegt. Wir wissen nicht, was der nächste Morgen bringen wird; wir ahnen nur, daß unserem Volke in kurzer Frist etwas Großes, etwas Ungeheures bevorsteht, daß es um Gut und Blut, um die Ehre und vielleicht um die Existenz des Vaterlandes gehen wird. Aber wir sehen und fühlen auch, wie sich bei dem furchtbaren Ernst der Lage alles, was die Nation an physischen und sittlichen Kräften ihr eigen nennt, mit Blitzesschnelle zusammenballt und zu einer gen Himmel lodernden Flamme heiligen Zornes sich entzündet, während so manches, was sonst für wichtig und erstrebenswert gilt, als wertloses Flitterwerk unbeachtet zu Boden fällt. Doch nur wenn jeder, ob alt oder jung, ob hoch oder niedrig, gewissenhaft und treu auf dem ihm vom Schicksal gewiesenen Posten ausharrt, dürfen wir hoffen, daß das sich nun wendende Blatt der Weltgeschichte kommenden Geschlechtern einst Gutes von uns künden wird. Darum ziemt es uns in der gegenwärtigen Stunde zunächst, der überkommenen Pflicht zu gedenken und uns zu sammeln in schlicht-sachlicher wissenschaftlicher Betrachtung. Auch der Wissenschaft sind Gewissenhaftigkeit und Treue keine fremden Begriffe; denn nicht nur dem praktischen Leben, auch der reinen Forschung, die gleichfalls auf der Universität eine Heimat hat und hoffentlich auch für immer behalten wird, ist solch sittlicher Gehalt vonnöten.«[3]

In diesem kurzen Redeausschnitt drückt sich eine innere Haltung aus, die Max Plancks gesamtes weiteres Leben bestimmen und ihm helfen wird, auch die schlimmsten Schicksalsschläge zu ertragen: Gewissenhaftigkeit und Treue in Familie und wissenschaftlicher Arbeit, gegenüber Gott, Vaterland und einem durch Erziehung und Tradition überkommenen Sittenkodex. Was diese Begriffe, was Ehre, Vaterland, reine Forschung, Tradition und Pflicht damals bedeuteten, das wurde nicht hinterfragt, jedenfalls zu diesem Zeitpunkt, im August 1914, noch nicht. Max Planck hat sich wie die meisten seiner wissenschaftlichen Kollegen als unpolitisch und überparteilich empfunden. »Daß unpolitische Haltung politisches Gewicht hat – das hat man damals übersehen«, kommentiert Fritz Stern und zitiert ein Wort Gustav Radbruchs, daß »›Überparteilichkeit‹ die ›Lebenslüge‹ des Obrigkeitsstaates war«.[4]

Nur so ist zu erklären, daß es zu einer Welle von vaterländischer Begeisterung und zu der von Emma beschriebenen »wunderschönen Einigkeit im Reichstag« kam.[5] Ihr schwärmerischer Brief an Erwin, geschrieben am 4. August, war gewiß kein Einzelfall: »Ja, wie hat sich das Blatt gewendet, seit wir vor 14 Tagen Abschied voneinander nahmen. Wer hat geahnt, daß eine so große Zeit nahe ist. Ich kann mir denken, wie begeistert Du Deinen Posten ausfüllst. Es gibt wohl jetzt nichts Schöneres, als Soldat zu sein. Wir Frauen müssen in anderer Weise tapfer sein. Gott sei Dank gibt es genug zu arbeiten, und die allgemeine große erste Begeisterung wirkt erhebend und bringt die Gedanken etwas ab von dem furchtbaren vorauszusehenden Elend.«

Bei aller Euphorie klingt auch in diesem Brief eine Ahnung von den lauernden Gefahren an, genau wie in der Rede des Vaters: Wir wissen nicht, was morgen kommt, und vielleicht geht es gar um die Existenz des Vaterlandes. Wie richtig all die bösen Vorahnungen waren! Aber man verdrängte sie. Und als aus ihnen später Wirklichkeit wurde, da wurde das Schicksal wieder mit Gewissenhaftigkeit und Treue getragen, ertragen.

So auch von den Plancks. Wir werden sehen, wie sie und die ihnen nahestehenden Menschen auf die nun folgenden Ereignisse reagierten, wie sie krank wurden und wie sie standhielten. Vieles davon ist exemplarisch für das, was in Deutschland in den kommenden Jahren geschah.

Zum besseren Verständnis kann auch hier Zuckmayer beitragen, denn er hat am eigenen Leibe erfahren, was dieser Kriegsbeginn im wörtlichen Sinn mit ihm gemacht hat. Die Ferien an der See hatten trotz des Grollens auf dem Balkan heiter begonnen, man konnte sich einfach nicht vorstellen, daß es Krieg geben würde. Und dann, Ende Juli, schlug die Stimmung plötzlich um. Zuckmayer beschreibt, wie er an einem der letzten Abende des Monats mit seinem sechs Jahre älteren Bruder, der ein wenig jünger als Karl Planck war, auf den Dünen saß und beobachtete, wie die Sonne im Meer versank. Er erinnert sich mit »voller Deutlichkeit«, wie sie beide »in einen rostigen Sonnenuntergang« schauten und plötzlich wußten, »daß der Krieg kommen werde, daß der Friede verloren sei und unsere Jugend zu Ende. Wir faßten uns an den Händen und fanden im Bewußtsein dieser Unentrinnbarkeit die Sprache nicht, jeder wohl in aufsteigender Furcht um das Leben des anderen. Nichts spürten wir von irgendwelcher Ergriffenheit oder vaterländischen Empfindung, nichts als Grauen und Abscheu vor dem Unbegreiflichen, dem sinnlos Motorischen dieses Abgleitens der vernünftigen Welt ins Wahnwitzige.«

Doch wenig später, während der Rückkehr der Brüder nach Hause, vollzog sich ein tiefer, grundlegender Wandel der Empfindungen dieses hellsichtigen jungen Mannes: »Wir hatten uns auf dem Bahnsteig Extrablätter ergattert: noch war die Mobilmachung nicht offiziell, noch war kein Krieg erklärt, was da vor sich ging, waren strategische Truppenverschiebungen, aber niemand dachte mehr an Frieden. Der Morgen dämmerte, bleiweiß und neblig, überm Rhein, der Zug fuhr langsam, an den Bahndämmen und Brücken patrouillierte Landwehrbewachung in Zivil, mit Binden um den Arm, die Gewehre über die Schulter gehängt ... Was ich empfand, kann ich genau registrieren. Mit jedem Kilometer, den wir durch deutsches Land fuhren, ging etwas in mich ein – nicht wie eine Infektion, eher wie eine Strahlung, wie ein nie verspürter, prickelnder Strom, als ob man, die Hände an die Kolben einer Maschine gelegt, elektrisiert würde ... Es vertrieb das leise Würge- und Übelkeitsgefühl, von der ungewohnten Nachtfahrt ohne Frühstück und der Erregung, aus dem Hals und den Därmen, es bündelte sich im Kopf zu hellen, blitzhaften Funken, die allmählich, mit dem Steigen der Sonne, in Leib und Seele eine durchdringende Wärme erzeugten, eine trancehafte Lust, fast Wollust des Mit-Erlebens, Mit-Dabeiseins. Ich habe einen solchen Zustand von Überhellung und Euphorie später noch ein- oder zweimal im Feld, vor Angriffen, im Augenblick der Entscheidung erlebt, sonst nie mehr ... Das Wesen der Stellvertretung, auf der jede menschliche Gemeinschaft beruht, überkam uns damals, ohne Überlegen, mit einer fast religiösen Gewalt, und nahm etwas voraus, das man später mit einem vielgeschundenen, abgedroschenen, aber inhaltsschweren Wort ›Kameradschaft‹ nannte.«

Und so war es nur konsequent, daß Zuckmayer mit seinen Kameraden das Notabitur ablegte und sich als Freiwilliger meldete. Er konnte es im nachhinein selbst nicht begreifen: »Wir sprachen kaum miteinander, wir berieten uns nicht, wir schauten uns nur an, nickten uns zu, lächelten: es war gar nichts zu besprechen. Es war selbstverständlich, es gab keine Frage, keinen Zweifel mehr: wir würden mitgehen, alle. Und es war – das kann ich bezeugen – keine innere Nötigung dabei, es war nicht so, daß man sich etwa vor den anderen geniert hätte, zurückzubleiben. Man kann vielleicht sagen, daß es eine Art von Hypnose war, eine Massenentscheidung, aber es gab keinen Druck dabei, keinen Gewissenszwang. Auch in mir, der ich am vorletzten Abend noch zu einer Holländerin gesagt hatte: ›Nie werde ich in einen Krieg gehen!‹, war nicht mehr der leiseste Rest einer solchen Empfindung.«

Nicht viel anders wird es auch den Plancks – und mit ihnen den meisten Deutschen – ergangen sein. Max Planck ging sogar noch einen Schritt weiter – er, der wie viele seiner Kollegen im Ausland anerkannt war und wissenschaftlichen Gesellschaften fast aller europäischer Staaten als Ehrenmitglied angehörte, unterschrieb im Oktober 1914 den »Aufruf an die Kulturwelt« von 93 bekannten deutschen Künstlern, Gelehrten und Wissenschaftlern. Lise Meitner behauptet allerdings, daß »sein Name ohne sein Zutun« unter den Aufruf geraten sei.[6] Dieses Manifest, so schreibt Fritz Stern, »das jegliche Schuld Deutschlands am Ausbruch des Krieges bestritt, das den Bruch belgischer Neutralität verteidigte, Greueltaten deutscher Truppen als Lügen verwarf und die Identität von deutschem Militarismus und deutscher Kultur beschwor«, habe eine »verheerende Wirkung« gehabt.[7]

Später versuchten Planck und Harnack, die die Angelegenheit sehr bedrückte, das Manifest, das sie erst nach der Veröffentlichung gelesen hatten, zu erklären und abzuschwächen. Sie entschuldigten sich – zunächst in privaten Kreisen, im Frühjahr 1916 dann öffentlich in einem Brief – und bekundeten den Willen, die internationalen Verbindungen aufrechtzuerhalten. Aber einiges Porzellan war zerschlagen, und Max Planck quälte sich anderthalb Jahre lang bis zur Veröffentlichung seiner Gegenerklärung.

Briefe aus Berlin

Max Plancks Briefe und die seiner Tochter Emma an den Sohn und Bruder Erwin spiegeln die Gedanken, Gefühle und Erlebnisse, das Bangen und Hoffen, die Freude und Trauer während der Kriegsjahre auf lebhafte Weise wider. Zugleich geben sie einen guten Einblick in Erwin Plancks Erfahrungen während dieser Zeit. Von ihm selbst gibt es nur Aufzeichnungen, keine Briefe – die sind alle während des Zweiten Weltkriegs im Haus des Vaters verbrannt.

Während der ersten Kriegstage herrschte in Berlin strahlendes Sommerwetter. Zu Hause im Grunewald war es ruhig, man merkte fast nichts vom soeben ausgebrochenen Krieg; außer, so berichtete Emma, daß fortwährend Russen verhaftet würden, weil man sie für Spione hielt. Und der Vater meldete, daß die Universität »öde und leer« sei, weil schon alle ins Feld gezogen seien, daß die Stadtbahn nur noch halbstündlich verkehre und die Straßenbahn zum Teil von weiblichen Schaffnern bedient werde. Das waren wahrlich geringfügige Veränderungen – Zeitungsmeldungen wurden nicht zitiert und Befürchtungen nicht geäußert. Es ging nur darum, sich nützlich zu machen fürs Vaterland. Das bedeutete Verzicht. Max Planck konnte nicht einmal zur Beerdigung seiner am 4. August verstorbenen Mutter nach München fahren, weil, wie er im Brieftagebuch berichtet, »inmitten der Mobilmachungszeit die Reise nach München vier Tage, bestenfalls, in Anspruch genommen hätte«.[8] Es schmerzte ihn sehr.

Grete und Emma meldeten sich sofort beim »vaterländischen Frauenbund zu Hilfeleistungen« und durften nach zwanzig Stunden Lehre im Lazarett Dienst tun. »Karl brennt ebenso sehr darauf, Verwendung zu finden«, mußte sich aber noch gedulden, da der Andrang groß war. »Im schlimmsten Fall« hoffte der Vater, »daß er sich anderweitig nützlich machen kann«. Man schenkte dem Vaterland das höchste Gut: die Kinder.

Erwin Planck erlebte die ersten Mobilmachungstage in Flensburg. Sein kleines Notizbuch, das später, von einer Kugel durchschossen, von einem Regimentskameraden gefunden und an Vater Planck geschickt wurde, enthält nur ganz knappe Notizen, in denen zunächst mehr von Kasino-Besuchen und Einkäufen die Rede ist als von Appellen und Bekanntmachungen.[9] Am 4. August heißt es dann: »Vergnügt, weil bald am Feind. Eigentlich zuviel Alkohol. Nachmittags faul.«

Planck mußte Quartier für 960 Mann machen. Am nächsten Tag fand mittags ein Feldgottesdienst statt, am 6. und 7. August wurde exerziert und der Abmarsch geübt, am 8. machte man sich per Bahn auf den Weg. »Stürmische Begrüßung in Hamburg.« Planck hatte Bahndienst. Am 9. August morgens traf man in Aachen ein, wo Erwin erneut Quartier machen mußte. Man hörte »Nachrichten von belgischen Greueln«.

Am 7. August staunte der Vater in einem Antwortbrief an den Sohn: »Also wirklich vor dem Feind, und schon so bald! Gott schütze Dich, mein lieber Junge, es ist mir eine solche Wohltat zu denken, daß Du in Deinem Element bist und das Gefühl hast, an der richtigen Stelle zu kämpfen. Sei aber auch überzeugt, daß hier ein jeder an seinem Platz an Gesinnung und an Mitarbeit sein bescheidenes Teil beiträgt, nach allerbestem Wissen und Können für unser teures Vaterland.«

Planck war bei der 5. Kompanie, 18. Division, 9. Armeecorps. Zu seinem Regimentskommando gehörte Oberleutnant Graf Blücher, sein Divisionskommandeur war General Alexander v. Kluck. Die Division rückte von Aachen aus nach Westen vor. Ziel war Lüttich, wo Planck vom 12. bis zum 14. August an Kämpfen teilnahm, die laut Notizbuch nicht sehr schwer waren. Am Abend des 14. konnte das Biwak bereits gegen ein Hotelzimmer eingetauscht werden.[10]

Vier Tage später atmete der Vater auf: »Endlich wieder ein Lebenszeichen von Dir, Du kannst Dir denken, wie wir darauf warten, und was hast Du alles erlebt! Hoffentlich gibt es nun etwas Ruhe für Dich nach den Strapazen. Von den belgischen Grausamkeiten sind hier die Zeitungen voll, es muß entsetzlich sein. Sonst üben wir uns hier in Geduld, denn es verlautet kein Sterbenswörtchen von den Vorgängen auf den Kriegsschauplätzen.«

Doch dann las Max Planck am 21. August in der Zeitung »von dem Einrücken in Brüssel« und fragte den Sohn, »ob Du auch dabei bist?« Nein, Erwin war nicht dabei, er war mit seiner Division östlich von Brüssel in Tirlemont (Tienen) nach Süden geschwenkt, nachdem am 18. August ein Gefecht an dem Flüßchen Gette stattgefunden hatte. Noch verlief alles gemäß dem Schlieffen-Plan: Die deutsche Armee, die in das neutrale Belgien und in Nordfrankreich einmarschiert war, sollte das französische Heer in einer Zangenbewegung von Norden und Westen her umfassen und schlagen. Aber die Truppen konnten nicht so schnell vordringen wie erwartet. Die Belgier leisteten Widerstand. »Die Tatsache vor allem, daß alle belgischen Wehrfähigen, die nicht in der Armee dienten, als ›Bürgerwacht‹ mobilisiert und von anderen bewaffneten Zivilisten und Heckenschützen, den ›Franktireurs‹, nicht zu unterscheiden waren, führte zu Schwierigkeiten, zu einer starken Nervosität bei den Deutschen«, schreibt Thomas Nipperdey.[11] Wie neueste Forschungen belegen, reagierten die deutschen Soldaten nicht nur mit Nervosität, sondern mit Plünderungen, Vergewaltigungen, Deportationen, dem Niederbrennen ganzer Dörfer und willkürlichen Hinrichtungen von Zivilisten.[12] Daß diese Geschehnisse, verbunden mit dem Bruch der belgischen Neutralität, schlimme Folgen für die Behandlung deutscher Kriegsgefangener in Frankreich hatten, sollte Erwin Planck am eigenen Leib erfahren.

Zunächst marschierte er mit seiner Truppe über Naast nach Mons, wo sie am 23. August an der Einnahme der Stadt beteiligt waren. Weiter ging es nach Le Cateau, Richtung Süden auf die Marne zu. Am 2./3. September erreichte die Einheit die Marne, nahm an dem Gefecht bei Château-Thierry teil und zog weiter nach Süden, an Paris vorbei über Montmirail auf Esternay zu, wo sie am 5. September ankam.

Das Ehepaar Planck war unterdessen doch noch in den Urlaub aufgebrochen, da die Schnellzüge wieder fuhren. Aus Berchtesgaden schrieb der Vater am 30. August an seinen Sohn, ohne Genaueres von ihm zu wissen: »Im Westen steht es überall offenbar sehr gut, im Osten dagegen müssen die Russen fürchterlich hausen. Hoffentlich geht es auch dort bald vorwärts.« Als er am 1. September wieder Post von der Front erhielt, antwortete er sofort: »Gott sei Dank, daß es Dir bisher gut geht. Ihr vollbringt ja wirklich Heldentaten. Aber das Vaterland erkennt es auch an. Es ist auch hier eine Freude zu sehen, wie einmütig das ganze Volk, bis zum geringsten Bauern, zusammensteht und wie überhaupt das Vertrauen auf das Heer und auf die Oberleitung ist.«

Fünf Tage später, am 6. September, dem Geburtstag seiner ersten Frau, schrieb Max Planck einen weiteren Brief – ohne zu wissen, was mit seinem Sohn an diesem Tag geschah: »An unserem heutigen Erinnerungstag muß ich Dir auch einen besonderen Gruß schicken, wenn der Dich auch wohl erst nach langen Tagen erreicht. Bei der Schnelligkeit des Vorrückens der deutschen Armee ist es wohl doppelt schwierig, die Post zu befördern. Ich weiß gar nicht, wo Dich meine Gedanken suchen sollen, ob in Belgien oder woanders. Wir wundern uns jetzt über nichts mehr, selbst wenn es eines Tages heißen würde, daß die stärksten Pariser Forts zusammengeschossen sind. Und die deutschen Erfolge im Osten! Über 90 000 gefangene Russen! Leider scheinen die Ost-Kämpfer bei Lemberg weniger Glück gehabt zu haben.«

Vier Tage später kam ein Brief von Erwin an, der von Ende August stammte. Wie sehr der Vater in Wirklichkeit um seinen Sohn bangte, läßt sich an der Freude ablesen, mit der er auf den Brief reagierte: »Es ist immer ein Festtag, wenn wir retour von Dir hören; denn meine Gedanken sind natürlich unablässig dort, und ich komme mir oft selbstsüchtig vor, wenn ich, während Ihr kämpft und marschiert, hier meinen Leib pflege. Aber helfen kann ich doch nicht, und so suche ich mich zu trösten mit der Überlegung, daß eben jeder nach seinem besten Ermessen seiner Pflicht lebt.« Zwar freute er sich, daß es Erwin offenbar gut ging, doch »reicht mein Ehrgeiz nicht so weit, daß ich Dich gerade immer in der allervordersten Linie wissen möchte«. Max Planck schwankte zwischen patriotischen Gefühlen und väterlicher Sorge – wie einst Fontane, dessen Sohn George als Berufssoldat am Deutsch-Französischen Krieg von 1870/71 teilgenommen hatte.

Dies war erst einmal die letzte Nachricht, die Vater Planck von Erwin erhielt, und seine Besorgnis steigerte sich von Woche zu Woche, schließlich von Tag zu Tag. Dennoch begrüßte er, daß sein ältester Sohn als Freiwilliger eingezogen wurde und daß Karls »Tätigkeit jetzt einmal einen wirklichen Zweck hat«. Gleichzeitig wartete er auf einen Brief von Erwin und wünschte sich, »daß sich um Paris der eiserne Ring schließen möge, der den Feind erdrückt. ... Täglich harren wir auf die Nachricht von der Entscheidung des großen Kampfes östlich von Paris. Aber wir haben auch schon gelernt, uns in Geduld zu fassen.«

Acht Tage später, am 25. September, klagte er: »Diesmal sind es schon drei Wochen, daß wir auf eine Nachricht von Dir warten, aber wir wissen ja, daß Du in den schweren Kampf verwikkelt bist, der längs der ganzen Westgrenze tobt und der sich hoffentlich in diesen Tagen entscheidet. ... Wir müssen oft an Euch denken. Wie Ihr wohl die Nächte verbringt?« Entweder biwakierten die Soldaten im Freien, was in jenem warmen Sommer kein Problem war, oder man requirierte Häuser, auch Schlösser und Schulen – wenn man sie nicht leer vorfand – und quartierte sich dort ein.

Am 30. September war Max Planck wieder in Berlin und berichtete Erwin von den für das 86er Regiment von der Kaiserin gestifteten Paketsendungen, unter die die Zwillinge, die inzwischen als Hilfsschwestern arbeiteten, ein »Extrapaket« für ihren Bruder »eingeschmuggelt« hätten. »Wenn es nur an Deine Adresse käme! Aber wir hören ja absolut nichts.«

Und dann kommen die an Erwin Planck gerichteten Postkarten, Briefe und Pakete zurück – mit dem Vermerk »verwundet«. Die Familie ist außer sich. Seit einem Monat hat sie keine Nachricht mehr erhalten. Der Vater geht zu allen möglichen Ämtern und forscht nach dem Verbleib seines Sohnes. Nachdem man ihm dort, wenn auch nur gerüchteweise, bestätigt hat, daß Erwin wohl tatsächlich verwundet sei, schreibt er ans Rote Kreuz in Genf, an das Regimentskommando, den Regimentsarzt und sogar an den Divisionskommandeur v. Kluck. Schließlich fährt er ins Lazarett nach Potsdam, wo angeblich Verwundete aus Erwins Regiment liegen, aber niemand kann ihm eine gesicherte Auskunft geben.

Dann endlich, am 4. Oktober, kommt ein Brief von Erwin, der vom 20. September stammt, »eine Erlösung aus tiefster Niedergeschlagenheit«. – »Mein lieber, *lieber* Junge, ich bin ja so glücklich, wieder ein Lebenszeichen von Dir zu haben! Die letzten Tage waren fürchterlich in der Ungewißheit um Dich. Nach Deiner letzten Karte vom 5. September, die so fröhlich und zuversichtlich klang, haben wir kein Sterbenswörtchen über Dich gehört und mußten uns fortwährend mit den Mängeln der Feldpost trösten. ... Doch das ist ja alles egal, ich habe Dich wieder, wenn auch in der Form, und danke Gott inbrünstig für dies Glück.«

Die Schlacht an der Marne

Was war geschehen an jenem 6. September 1914, als der Vater dem Sohn schrieb, daß seine Gedanken ihn nicht finden könnten? Erwin Planck lag mit seiner Kompanie in einem kleinen Dorf, Neuvy, eine halbe Stunde von Esternay, etwa sechzig Kilometer westlich von Paris.[13] Am Tag zuvor war ihm beim »Niederschreiben eines Befehls eine leichte Feldhaubitze mit ihrem einen Rad über den Fuß gerollt. Der war nun dick geschwollen und schmerzte.« Kein Vergnügen, ihn am anderen Morgen, als lange vor Sonnenaufgang zum Abmarsch geblasen wurde, in den Stiefel zu zwängen, und um so größer die Freude, als es plötzlich hieß: Ruhetag. Ab in die Betten, diesmal hatten sie welche.

Lange währte das Glück allerdings nicht, denn gegen acht Uhr war »nicht allzu ferner Kanonendonner zu hören«. Das hätte keinen gestört, denn das war man inzwischen gewöhnt. Aber da wurde auch schon eilig der Abmarsch befohlen. »Die Nachbardivision war in schwersten Kampf mit dem Gros der französischen Armee verwickelt«, und sie sollten »durch einen scharfen Vorstoß Luft schaffen. ... Endlich war es soweit, der Franzose hatte sich gestellt, und wir durften angreifen. Vergessen war der schmerzende Fuß, alles brannte nur darauf, endlich einmal an diese ewig weichenden Rothosen heranzukommen.«

Doch so schnell ging es dann doch nicht, erst einmal verließ man das Dorf und ging in einem nahen Wiesengrund in Wartestellung. »Die Leute freuten sich des schönen Wetters und der Ruhe, die sie noch hatten. Die Offiziere lagerten etwas abseits, erzählten einander und tauschten Zeitungen aus, die sie nachgeschickt bekommen hatten.« Die *B. Z. am Mittag* vom 29. August berichtete von dem strahlenden deutschen Sieg über fünf russische Armeekorps bei Ortelsburg in Ostpreußen und von dem weniger glorreichen Überfall eines britischen Hilfskorps auf deutsche Soldaten in der Stadt Löwen, an der man kurz zuvor selbst vorbeimarschiert war. Emma hatte berichtet, daß die Engländer überall »am meisten gehaßt und verachtet würden. Leider zu Recht.«

Die Wartezeit wurde durch einen Zwischenfall unterbrochen. Man hatte einen französischen Bauern festgenommen, nachdem er mit einem deutschen Gewehr auf einen Soldaten losgegangen war. Nun kam der Bauer vor ein Standgericht, und fünf Minuten später hörten die lagernden Offiziere die tödliche Kugel »wie ein Schlag präzise abgegeben. Wir waren nicht grausam, aber was sollten wir viel jammern über die Greuel eines solchen Krieges. Zuviel hatten wir schon erlebt und gesehen, zu viele Tote waren vor uns gelegen, als daß wir das tragische Geschick dieses einen Schuldigen besonders beklagen konnten. Gern erlebt das keiner, das wußten wir ja. Aus dem Nachdenken riß uns neuer Alarm.«

Das Regiment setzte sich wieder in Marsch, zog noch einmal durch das Dorf und sollte sich nun auf den jenseitigen Höhen eingraben. Plancks Bericht liefert ein genaues Bild von einem Ausschnitt der später so berühmten Schlacht an der Marne – ein heute unvorstellbares Szenario! Planck hatte für die Kompanie die Stellung zu erkunden und war bald »auf der höchsten Höhe, die einen weiten Überblick bot und das ganz große Bild der modernen Bewegungsschlacht entrollte«. Was nun geschah, schildert er so:

»Es war ein strahlender Tag, der richtige Schlachttag für ein Soldatenherz. Die einzigen Wolken am Himmel waren die weißen Wölkchen der Geschosse, die sich ständig mehrten. Das Artilleriegefecht schwoll wütend an. Kreuz und quer aus allen Richtungen schwirrten und brummten leichte und schwere Schrapnells und Granaten. In einer seitlich liegenden Schlenke galoppierte eine Haubitzbatterie heran, hier und da war ein

Stab sichtbar, sonst nichts als die Leere des Schlachtfeldes. Vereinzelt verkündete Gewehrgeknatter das auflebende Infanteriegefecht.

Unsere Höhe lag noch nicht im Feuer, und nun sollte die Kompanie schanzen. Es ging etwas lahm, die Leute waren müde und mochten denken, es gehe auch ohne das. Manche waren von den Vortagen noch so erschöpft, daß sie beim Schanzen einschliefen. Da, ein heftiges, häßliches Krachen, und 300 m vor uns platzten vier sauber ausgerichtete Granaten. Alles blickte erstaunt hin, siehe, da kam die zweite Lage, schon erheblich lauter, 50 m näher heran. Die Erde spritzte kräftig in die Höhe. Wie sie da alle aufwachten und zu graben anfingen, die Füsiliere. Jeder wußte nun, es geht vielleicht um das Leben, denn wer sein Loch fertig hatte, wenn die Granaten uns auf den Pelz rückten, der konnte von Glück sagen. ...

Inzwischen war der Lärm des Infanteriegefechts zu großer Stärke angewachsen, ständig mischte sich in das Gewehrgeknatter das Taktaktak der Maschinengewehre, auf und ab schwoll mit den einzelnen Windstößen der Lärm der nicht allzu fernen Schlacht. Und nun kam neuer Befehl. Die Division trat zum Angriff an, geradeaus nach vorn sollte der Stoß führen. Und ich war diesmal in der allervordersten Linie, das Herz lachte mir im Leibe, endlich war es soweit. ... Wir näherten uns schon nach zehn Minuten der feuerbelegten Zone, die wir offenbar zu passieren hatten. Gerade wateten meine Leute durch ein sumpfiges Bachgerinnsel, als auf mich ein staubbedeckter todmüder Reiter zustrebte. Es war ein Artillerist, ausgeschickt von der Nachbardivision, um zu sehen, ob die Hilfe endlich komme. Man sah seinem Gesicht und seiner Uniform den Ernst der Schlacht an, die uns erwartete, kaum konnte er sich noch auf dem Pferde halten. Der Kampf sei verzweifelt, rief er, und unser Kommen äußerst erwünscht, ... wir sollten [aber] das Wäldchen da vorne vermeiden, es sei völlig mit Granaten zugedeckt, es sei die Hölle. Bös genug sah es freilich aus, zerfetzt von den ständigen Aufschlägen, aber ich mußte lachen. Ausgerechnet dahin mußte ich ja mit meiner Kompanie, das konnte nett werden. ...

Es war etwa 1 Uhr Mittag, als wir den Wald durchschritten

hatten und die Arena des Infanterie-Kampfes, ein weites mit Korngarben durchsetztes Blachfeld, betraten. Hier und dort kämpfte schon Infanterie, aber ... der Feind war wohl etwa 1000 Meter weit fort, auch er noch dünn gesät. Nun ging es also vorwärts, vom Wald ins Kornfeld. Unsere Verluste waren so verschwindend, daß wir noch gar nicht das Feuer eröffneten. Da, wie ein Schlag, ertönte plötzlich heftiges Feuer von rechts. Es galt uns, kam aus dem Wald, wo ich die Nachbarkompanie gedacht hatte, 600 bis 700 m waren die Rothosen wohl nur entfernt. Schnell war aber auch der Zug herumgeworfen, das Feuer aufgenommen, und wir gaben es ihnen tüchtig, dabei unaufhaltsam vorwärtsdrängend. Aber bei den Befehlen für die Schwenkung mochten die Franzosen den Führer erkannt haben, denn jetzt ging es Schlag auf Schlag. Mein linker Nebenmann sank schwer getroffen in sich zusammen, meinen Revolver zerschmetterte eine Kugel, und da hatte ich es auch schon selber. Ein klatschender Schlag lähmte mir den rechten Oberschenkel, und im selben Augenblick schien er sich auch schon in warme Feuchtigkeit aufzulösen. Ich fiel vornüber und bekam noch einen ähnlichen Schlag vor die Brust – es war nur ein glücklich abgleitender Streifschuß.

Während ich noch mit meinem schwindenden Bewußtsein kämpfte, kroch ein Gefreiter an mich heran, zerschnitt die Kleider über der Wunde und legte einen ersten Verband herum. Daß der 8 Tage halten sollte, hatte er damals wohl auch nicht gedacht. Als das fertig war, verlor ich kurze Zeit die Besinnung, kam aber bald wieder zu mir und sah, daß meine Leute etwa 50 m vorn in schwerem Feuer lagen. Als ich mich noch umsah, kam schon einer zurückgekrochen, um zu fragen, was sie denn nun anfangen sollten. So gab ich denn von hinten meine Direktionen, bestimmte einen Stellvertreter für mich und sagte, sie sollten nur fleißig vorgehen, dann würde es schon werden. Dann ließ ich mich noch an eine Korngarbe heranziehen, die etwas mehr Bequemlichkeit bot, schickte den Mann in die Feuerlinie, hörte, wie sich tatsächlich der Feuerlärm von mir weg nach vorn entfernte, und verlor wieder das Bewußtsein.

Als ich wieder aufwachte, fröstelte mich etwas, es mußte Abend sein, denn es lagen schon graue Schatten auf dem Feld.

Alles war leer, nur von weitem hallte noch immer der Gefechtslärm herüber. Ich suchte mich mit dem Oberkörper aufzurichten; mit Unterstützung des Degens ging es. Aber ich sah nicht viel. Hie und da ein paar Verwundete, jetzt huschten ganz ferne auch ein paar Krankenträger mit Bahren aus dem Walde. Sie schienen mir rote Hosen anzuhaben.«

Während Planck allein auf dem Schlachtfeld lag, hockten »in vorgeschobener Stellung«, ebenfalls zwischen Korngarben, seine Regimentskameraden, ein Leutnant Baller mit einigen Füsilieren, unter ihnen ein gewisser Wrang. Von ihm gibt es einen Brief[14] an Erwin Planck aus dem Jahre 1932, der dessen Schilderungen anschaulich ergänzt: »Der Angriff des Regiments war zum Stehen gekommen, und wir schossen sozusagen um die Wette auf die sich hier und dort zeigenden feindlichen Schützen. Um uns herum wurde es leerer und leerer, und gegen Abend vermehrte sich das Jammern und die Hülferufe der armen verwundeten Kameraden, die ja leider in großer Anzahl das Schlachtfeld bedeckten, immer unheimlicher und lauter, wohl in dem furchtbaren Bewußtsein, daß sie erbarmungslos ihrem Schicksal überlassen waren.« Schließlich sagte Wrang zu seinem Leutnant: »Jetzt sind wir die letzten.« Auf dem Rückzug kam ihnen ein von Graf Blücher geschickter Füsilier entgegen »und erzählte uns ganz aufgeregt, daß Herr Leutnant Planck schwer verwundet halb rechts vor uns auf dem Felde liege und darum bitte, wenn irgend möglich, doch mit zurückgenommen zu werden«.

Planck selbst hat die Szene so erlebt: »Während ich mir noch überlegte, wie ich wohl wieder Verbindung mit meiner Truppe bekommen könnte, wo wohl das Gefecht sich hingezogen habe, kamen vom nahen Waldrand zu meiner unbeschreiblichen Freude Deutsche auf mich zu, zwei bekannte Offiziere und mehrere Füsiliere. Beim Näherkommen sah man ihnen die ungeheure Anspannung der Schlacht an. Wie steht es? war die erste Frage. Wir gehen etwas zurück, haben uns aber gut gehalten, meinte einer. Ja, das klang ernst, aber nicht entmutigend, so ließ ich mich denn getrost auf ein paar Gewehrläufe packen und zurücktragen.«

Wrang schreibt, dass sie Planck auf Mäntel legten und versuchten, ihn möglichst vorsichtig zu transportieren, da er »heftige Schmerzen« hatte und durch den »großen Blutverlust sehr geschwächt« schien. »Über das freie Feld ging [das noch] verhältnismäßig gut vonstatten. Man nahm uns ... dann und wann unter M. G.-Feuer, doch wurde sehr schlecht geschossen.« Als der Trupp aber in den Wald kam, fing das Elend an, denn das ohnehin dichte Unterholz war durch die vielen zerschossenen Äste fast undurchdringlich geworden, außerdem lagen sie »dauernd unter Störungsfeuer, und es ging daher nur sehr langsam vorwärts. Einer von uns hatte genug damit zu tun, einen Weg zu bahnen, zwei weitere trugen die Bahre, und der vierte gab sich redlich Mühe«, Planck vor Ästen und Zweigen zu schützen. Dabei wurde Wrang auch noch durch ein krepierendes Schrapnell an der Kniescheibe getroffen. Planck war zutiefst dankbar für seine Rettung, brauchte aber »alle Selbstbeherrschung, um diese lange Beförderung durchzuhalten«. Wie Wrang empfand er es »als ein Wunder«, als sie schließlich auf einem Seitenweg einen einsamen Sanitätswagen des Regiments entdeckten. Endlich konnte Planck »in sachgemäße Behandlung« gegeben werden. Beim Abschied, so berichtet Wrang, habe Planck ihm zum Andenken seine Mauserpistole geschenkt – mit den Worten, er habe doch »keine Verwendung mehr dafür«.

Planck schildert die letzte Etappe seiner Rettung: »Da stand die Maschinengewehrkompanie, mein Major begrüßte mich, es war eine Bahre für mich da, ich sah mich schon im Geiste im reinen weißen Bett eines heimischen Lazaretts. Durch die dunkle Nacht wurde ich, etwa eine halbe Stunde lang, durch zwei mir wohlbekannte Füsiliere nach hinten getragen und schließlich in Neuvy im Schulhaus auf eine weiche Matratze gelegt, wo ich in einen wohligen Zustand erlaubter Abspannung verfiel.«

Die Entspannung war ihm zu gönnen, aber das war auch alles, was man ihm gönnte – kein Sanitäter weit und breit. Planck verbrachte die Nacht »in ständigem Halbschlaf, auf das Äußerste erschöpft durch Blutverlust und Schmerzen während des Transportes«. Gegen Morgen füllte sich der Raum mit weiteren fünfzig schwerverwundeten Soldaten; der Stabsarzt kam nur vorbei, um zu fragen, wer marschfähig sei. Während der Kanonendonner weiter anschwoll und ganz in der Nähe die Schlacht an der Marne tobte, warteten die Verwundeten in der Schule auf Hilfe, »von jedem Sanitätspersonal völlig verlassen. Leute mit furchtbaren Verwundungen stöhnten vergeblich um Wasser, röchelten; es war alles so, wie ein derartiger Raum nach der Schlacht stets in Büchern beschrieben wird.«

Schließlich kam im Laufe des Vormittags ein arbeitsfähiger, nur leicht verwundeter Mann und versuchte, die größte Not zu lindern. Aber da ihm alles fehlte – Verbandszeug, Nahrung, Stroh –, blieb ihm nur, Wasser zu reichen, die Fliegen zu verjagen, die Leichen rauszuschaffen und von den Ereignissen draußen zu berichten. Als Planck vernahm, daß nach den gemischten Truppen, die durch das Dorf gezogen waren, eine Kavallerie Schwadron durchritt, wußte er, was die Stunde geschlagen hatte: Die deutschen Truppen waren weitergezogen, und »alle in diesem Raum, gehen konnte kein einziger, waren vom Schicksal verraten. Gut nur, daß keiner ahnte, was uns bevorstand. Ich war auch in so schwärzester Stimmung, daß mich nun keine einzige Möglichkeit mehr berühren konnte, verraten und verkauft waren wir doch, wie das Leben nun würde, und das Leben selbst, war mir gleichgültig.«

Über das allgemeine Kriegsgeschehen, das den Hintergrund zu Erwin Plancks Erlebnissen bildet, schreibt der Historiker Nipperdey: »Anfang September war es nicht mehr möglich, den rechten [deutschen] Flügel, so wie geplant, westlich um Paris herumzuführen, dazu reichten die Kräfte nicht mehr, die Gefahr eines französischen Flankenangriffs von Westen war zu groß.« Dem Schlieffen-Plan gemäß hätten die deutschen Soldaten jeden Tag dreißig bis vierzig Kilometer vorrücken müssen; das war jetzt nicht mehr zu schaffen. »Der rechte Flügel marschierte nur südöstlich an Paris vorbei, um das Anfangsziel der Umfassung vom Rücken des Gegners her doch noch zu erreichen. Mit dem befürchteten Angriff der Franzosen auf die Westflanke der deutschen 1. Armee begann der strategisch bedeutende und niemals zu erschütternde französische Befehlshaber Joffre die Marne-Schlacht. Die Deutschen warfen ihre Masse in die Verteidigung der Flanke und waren erfolgreich, doch die Franzosen und Engländer stießen in eine Lücke zwischen der 1. und der anschließenden 2. deutschen Armee.«

Dabei war die Situation durchaus noch offen, ja aussichtsreich für die Deutschen. Weil aber das deutsche Nachrichtenwesen nicht funktionierte, gab es zwischen dem Oberkommando und den Armeen keine Verständigung, auch nicht mit dem entscheidenden rechten Flügel. Daher schätzten der gegen seinen Willen vom Kaiser ernannte, entscheidungsschwache Generalstabschef Helmuth v. Moltke und sein Sonderbevollmächtigter Richard Hentsch die Lage ganz pessimistisch ein und ordneten den Rückzug beider Armeen an. »Der große ›Plan‹ war gescheitert.«[15] Hans-Henning v. Pentz, ein Teilnehmer der Marne-Schlacht, den Planck später im Mitarbeiterkreis von Schleicher treffen sollte, urteilte: »Es ist wohl ein einmaliger Fall der ganzen Weltkriegsgeschichte, daß eine siegreiche Armee im Augenblick vor der Vollendung ihrer weiteren Siege sich kampflos zurückzieht.«[16]

Zwischen Leben und Tod

Planck wartete mit seinen Kameraden in der Schule von Neuvy vergeblich auf Hilfe. Nachdem die letzten deutschen Reiter verschwunden waren, dauerte es noch eine Weile, bis »ein stämmiger Sergeant der Chasseurs d'Afrique« in der etwas abgelegenen Schule erschien und »Waffen und Ergebung« forderte. Planck schildert das Auftreten des Franzosen sehr anschaulich: »Waffen waren keine da – ein paar Messer –, und von Ergebung hörte er auf zu reden, als er sah, mit was für Feinden er es zu tun hatte. So stellte er sich in Positur und hielt eine lange, lange Rede. Wir seien nun endgültig und völlig geschlagen, anfangs hätten wir nur ein paar geringe Erfolge gehabt, weil sie, die Truppen aus Afrika, und General Pau mit dem eisernen Arm noch nicht dagewesen seien. Unaufhaltsam würden sie sich zum Rhein wälzen.« Es kamen noch weitere Offiziere, aber »alle Chasseurs d'Afrique dieses Regiments benahmen sich korrekt«. Nun sollte für die Verwundeten eine Odyssee beginnen, wie man sie sich schlimmer kaum vorstellen kann. Planck notierte:

»Es folgte, etwa nach einer Stunde, französische Infanterie, und nun lernten wir allmählich, wes Geistes Kind der Franzose ist. Sie waren alle teils sieges-, teils wirklich trunken. Aber gleichmäßig äußerte sich ihre Begeisterung in Beschimpfungen gegen uns. Wie reich diese Sprache an unflätigen Worten, wie reich der Franzose an rohem, herzlosem, unanständigem Mienenspiel ist, kann sich ein Deutscher ohne persönliche Erfahrung zum Glück unmöglich vorstellen. ... Bei vielen von uns begann sich Hunger zu regen – es war aber nichts zu essen da. [Jemand] neben mir entdeckte noch etwas Schokolade, eine halbe Tafel. Sie war unsere Hauptnahrung während vier Tagen. Besonders roh beschimpften uns einige Elsässer, die zum Teil sogar bei unserer Armee gedient hatten. ...
Der nächste Tag brachte dem Dorf neue Massen durchmarschierender Truppen und uns vor allem eins, Hunger, der von Stunde zu Stunde nagender wurde. ... Unsere Bewachungsmannschaft erklärte, man habe für uns nichts zu essen. Endlich erschienen Ärzte. Alles atmete auf und erwartete nun die ersehnte Pflege, Nahrung, vielleicht sogar Schutz vor den unaufhörlich und eintönig fortdauernden Beschimpfungen. Aber was geschah? Flüchtig gingen sie durch den von Elend und Schmerzen übervoll gedrängten Raum, um dann zu erklären, sie hätten nichts, kein Verbandszeug, Nahrung, Decken, alles fehle, auch seien sie gar nicht verpflichtet, uns zu behandeln. ... Die Ärzte verschwanden auf Nimmerwiedersehen. Keiner war verbunden, auch nicht einmal für die Armen, die unaufhörlich vor Schmerzen schrien, hatten sie ein wenig Morphium herbeizuschaffen für nötig gehalten, der Hunger war der alte, nun lastete noch tiefste Entmutigung auf den armen Kerlen im Raum.«
Am 9. September – »es war der dritte Tag, an dem wir vollkommen ausgehungert waren« – wurde ihnen Büchsenfleisch und Brot gegeben, aber da das Fleisch stark gesalzen und nicht noch einmal aufgekocht worden war, revoltierten »die Mägen vieler Fiebernder und Überhungerter [und] gaben sofort das

gierig Verschlungene von sich«. Planck beschwerte sich ständig über die »gänzliche Vernachlässigung und wies auf die schwer leidenden Kameraden hin«, aber er erreichte nichts. Nur ein französischer Telegraphist, mit dem er sich länger unterhalten hatte, brachte »am Abend aus eigenem Antrieb verstohlen ... einen kleinen Blechnapf von seinem Essen. Ich teilte die Gabe mit den Zunächstliegenden, und nie hat mir etwas so herrlich geschmeckt.

Am 10. September waren wir schließlich vor Hunger so entkräftet und abgestumpft, daß wir eine Veränderung unserer Lage gar nicht mehr erhofften. Da, auf einmal großer Aufruhr, es hieß Abtransport. Einige Leichtverwundete, die sich angefunden hatten, mußten gleich zu Fuß abmarschieren. Es erschien wahrhaftig ein Arzt, der uns, sehr vorsichtig, besichtigte, während ein Mann mit schußbereitem Revolver ihn vor uns beschützte, ... doch er verband nichts, untersuchte nichts, stellte nur nach dem Augenschein die Art der Verwundung fest und vermerkte auf einem Zettel an jedem von uns, ob er liegend, sitzend oder gar nicht transportiert werden müsse. Es kamen nun auch einige Leiterwagen schlechtester Sorte, um Schwerverwundete fortzuschaffen. Es ist zu bemerken, daß wir bei alldem 60 km von Paris waren. Sie fuhren gefüllt ab, dann wurde es still. Es wurde Mittag, Nachmittag, endlich in der Abenddämmerung kamen alle wieder zurück. Es war nichts mit dem Abtransport; Marsch und Leiterwagenfahrt waren vergeblich gewesen. So teilten wir uns dann unsere letzten Stückchen Schokolade und versuchten zu schlafen.«

Am nächsten Morgen erschien ein Offizier, der am Abend zuvor noch sehr freundlich gewesen war, nun aber wilde Beschimpfungen ausstieß. Der Grund war, wie Planck herausfand, daß angeblich in einem der umliegenden Dörfer »entsetzliche Ausschreitungen, Vergewaltigungen etc.« geschehen sein sollten. »Also, statt Verband und Nahrung gab es auch an diesem fünften Tag nur Schimpfworte. Ich war allmählich so mürbe, daß mein Magen gegen eine Brotkruste, die ich gefunden hatte, in der unangenehmsten Weise revoltierte. Auch war die Beinwunde schmerzhafter geworden. Da, um 10 Uhr, hieß es von neuem, es sollte abtransportiert werden. Und diesmal wurde es wahr. ... [Es] kamen Autos, in denen man wahrhaftig liegen konnte. Mit einem Schlage wurde die Stimmung besser.« Es war schließlich zwölf Uhr, als auch Planck auf ein Auto geladen und »in einer etwa halbstündigen Fahrt nach Esternay gebracht« wurde.

»Mein Kutscher begnügte sich mit einem cochon allemand [deutsches Schwein], ein anderer Tapferer bewachte meine etwaigen Bewegungen mit gespanntem Karabiner. Als wir, wie ich durch eine Ritze feststellen konnte, vor einem Bahnhof ankamen, begrüßte uns frenetisches Gejohle und ein ganz ungewöhnlicher Schwall von Verwünschungen. Der Ausladeplatz war umringt von Zivilisten, Bauern, Weibern, die Mistgabeln schwenkten, sich wie die Wahnsinnigen aufführten. Dicht um den Wagen stand ein Haufen Soldaten. Kaum war ich mit meiner Tragbahre aus dem Wagen gehoben, da stürzte sich dieser uniformierte Pöbel mit einem einzigen Wutschrei auf mich. Die Bahre fiel mehr zur Erde, als daß sie gestellt wurde, so rissen sie sich darum, an mich heranzukommen, und kaum war ich unten, so hatten sie mich an Schultern und Brust gepackt, Achselstücke und Knöpfe wurden nicht abgeschnitten, nein abgerissen, so daß ich von der Tragbahre gezerrt wurde; wer es nur irgend konnte, half diesem Geschäft mit einem Tritt und Puff an mir nach. Alle Taschen waren im Handumdrehen leer, Stiefel, Gamaschen, Mütze und Handschuhe, die Reste meiner Unterwäsche waren im Handumdrehen verschwunden.

Zunächst außer mir vor Wut, kam ich langsam zur Besinnung, als ich, nur noch mit einem Waffenrock und einem Umhang bekleidet, in einem Raum des Bahnhofs mich wiederfand, auf den bloßen Steinfliesen liegend. Ich hatte sonst nichts mehr auf dem Leib, kein Hemd, keine Unterhose, keine Strümpfe, eben nur den Waffenrock, den Verband um meinen Oberschenkel und den Umhang, in den ich mich einwickelte. Ich schrie, was ich konnte, es sollte sofort irgendein Offizier kommen. Es erschien in der Tat ein Capitaine, der bei meinem Anblick höhnisch grinste und auf meine Vorwürfe antwortete, diese Behandlung sei vom Divisionskommandeur angeordnet, da wir Offiziere ja nichts als Greueltaten verrichtet hätten, wir seien als degradiert zu betrachten. ... Inzwischen war der Raum wieder mit Verwundeten überfüllt worden. Es kamen ein paar Franzosen mit einem Kessel voll völlig angebranntem Reis, der auch für unsere leeren Mägen fast ungenießbar war, doch mit einiger Überwindung schluckte ich ihn hinunter. Wie lange wir noch lagen, weiß ich nicht.

Um fünf Uhr etwa mag die Füllung eines leerstehenden Zuges mit uns Verwundeten begonnen haben. Wir wurden in Viehwagen ohne die geringste Vorrichtung für unsere Aufnahme gepackt, soviel eben hineingingen. Stroh war kaum drin. Wollte ich etwas unter dem Kopf haben, so hatte ich gar nichts mehr unter dem Leib, der nur durch den Umhang von dem hart stoßenden Boden geschieden war. Ich hatte nicht soviel Platz, daß ich ausgestreckt liegen konnte. Viele im Wagen litten unter beginnenden Tetanuskrämpfen. Die Luft war verpestet, denn Fenster gab es nicht, nur die Tür konnte gelegentlich offengehalten werden, wenn ein Posten mitleidig war.«

Nun begann die lange Reise in die Gefangenschaft. Es war sicher gut, daß Max Planck nicht wußte, was sein Sohn alles zu erleiden hatte, und daß er es auch aus den Briefen, die Erwin erst viel später schreiben durfte, nicht erfahren konnte, denn die wurden streng zensiert. Planck schildert die Reise, die zunächst, nach einem kurzen Lazarett-Aufenthalt in Mont-de-Marsan, nördlich von Bordeaux, nach Rochefort, auf die Île-d'Aix bei La Rochelle führte: »Mein Bein schmerzte mich nun außerordentlich heftig, nach einer Stunde Fahrt schon war ich wie gerädert. Und 42 lange Stunden ohne jeden Aufenthalt, ohne die leiseste Möglichkeit für uns, irgendwie unsere Bedürfnisse zu verrichten, ohne andere Nahrung, als was mitleidige Posten uns gaben, 42 lange, ewige Stunden dauerte die Fahrt. An Einzelheiten erinnere ich mich kaum noch. Ich weiß, daß wir Paris, Tours, Angoulême, Bordeaux passierten, zwei Unglückliche sterbend herausgeholt wurden. Nur Paris ist mir in besonderer Erinnerung. Es war Nacht, die Tür wird aufgerissen, draußen Fackelschein. Ein höherer Arzt mit einer Schwester, die sehr kokett angezogen war, tritt hinein mit allen Anzeichen des Ekels. Gibt es hier Offiziere? Ich bejahe, denn ich glaube, es gilt ihn über Verwundungen der einzelnen Leute aufzuklären oder ähnliches. Ah, voilà les forcenés (die Rasenden), les cochons (die Schweine), il faut les fusiller (man muß sie erschießen), mais ce serait encore trop généreux (aber das wäre zu großzügig), und so fort. Die Schwester sucht ihn noch zu überbieten. Dann verschwinden sie wieder, kein Verband, keine Nahrung, eben nur wieder Schimpf und Schande. Etwas Hoffnungsloseres, Jammervolleres als diesen ewigen, in seinen Abscheulichkeiten eintönigen Transport hoffe ich nicht mehr zu erleben.«

Tage- und nächtelang ging es so weiter. Der Zug fuhr nach Süden bis zur spanischen Grenze, dann wieder Richtung Norden. »Es schienen uns ja alle Städte, alle Hospitäler abzuweisen.« Planck machte eine wichtige Erfahrung, die ihm einst helfen sollte: »Der Mensch ist sehr viel zäher, wenn es um das Leben geht, als man ahnen kann.«

»Und doch, einmal wurde es wahr, wir kamen am 13. September, 11 Uhr, sechs Tage nach der Gefangennahme, an unserem vorläufigen Ziel an, Mont-de-Marsan. Als wir ausgeladen wurden, konnten die Franzosen feststellen, daß sechs Tote in diesem schauerlichen Wagen unter den Lebenden lagen. Das waren diesmal die Opfer französischer Roheit. Wir wurden nun im Freien vor dem Bahnhof hingelegt und lagen so teils bis zum Abend, teils kürzer. Mich traf um 5 Uhr nachmittags ein gnädiges Schicksal. Ich wurde an dem roten Kragenfutter meines Umhangs als Offizier erkannt und in ein Zivilhilfshospital gebracht. ... Da waren Krankenschwestern, die nicht schreiend schimpften, sondern freundlich alle Handreichungen taten. Alles war sauber, gute Betten waren da. Ich bekam ein Hemd, ja selbst eine große weiße Unterhose, die mir von nun an für lange Zeit als Beinkleid diente. Allmählich kam ich zur Besinnung und wurde wieder Mensch. Langer, langer Schlaf, unglaublicher Heißhunger füllten die ersten Tage aus. Mein Schenkel, der jetzt gut heilte, schmerzte allerdings mehrmals heftig, aber was tat das in dem herrlichen weichen Bett. Kein leisestes böses Wort fiel, ja, es waren mit der Zeit sogar sechs deutsche Kameraden da, mit denen man seine Erlebnisse austauschte. Zeitungen gab es nicht, uns wurde von großen französischen Siegen erzählt. Aber auch die schlimmsten Gerüchte hätten uns nicht einen Augenblick in unserem Siegesvertrauen gestört.

Gerade eine Woche dauerte dies Idyll, dann mußten wir von hinnen. Man hatte es dem Personal unseres Lazaretts doch übelgenommen, daß sie die Boches so gut behandelten, und uns wollte man in strengere Zucht nehmen. Am 20. September wurden wir in ein Militärhospital überführt.«

Der 20. September war auch das Datum jenes ersten Briefes aus der Gefangenschaft, den der Vater dann am 4. Oktober erhielt. Bis auf eine kurze Schilderung von Erwins Transport in das Militärhospital von Rochefort, nördlich von Bordeaux, gibt es keine Berichte über seine Zeit auf der Île-d'Aix und Belle-Île, erst wieder über die letzte Station seiner Gefangenschaft im Cantal. Doch lassen sich die Erlebnisse auf den Inseln in etwa aus den Briefen des Vaters und seiner Schwester Emma erschließen.

Zunächst aber noch Erwins drastische Schilderung der Reise-Etappe von Mont-de-Marsan nach Rochefort, denn sie zeigt, wie groß die Wut und der Haß vieler Franzosen damals waren. Vor diesem Hintergrund müssen die harten Bedingungen des Versailler Vertrages von 1919 gesehen werden. Aber auch die Leistung der deutsch-französischen Aussöhnungspolitik von Stresemann und Briand in den zwanziger Jahren läßt sich so erst angemessen würdigen.

»Am 24. September kamen wir gegen Mittag auf dem Bahnhof von Rochefort an. Ich konnte damals schon am Stock gehen, wenn auch mühsam, und hatte daher für die Fahrt nur einen Sitzplatz gehabt. Wir trafen auf dem Bahnhof die Kameraden wieder, die auf Bahren liegend befördert worden waren. Ihre Bahren wurden in der Bahnhofshalle aufgestellt und von Neugierigen umdrängt. Vorderhand waren es alles noch Uniformierte, denn der Bahnhof war militärisch gesperrt. Aber von draußen hörten wir schon das Gejohle einer großen Volksmasse, und auch drinnen fing es an, ungemütlich zu werden. An die Bahre des einen Offiziers, der noch schwer unter einer Granatverwundung litt, die ihm das Fußgelenk zerschmettert hatte, trat plötzlich ein Sergeant an den Liegenden und spuckte ihm mitten ins Gesicht. Schimpfend wurde er dann von den Umstehenden weggedrängt. Auf unsere empörten Beschwerden kam der Bescheid, der Mann habe ja allerdings nicht richtig gehandelt, man habe ihm aber verziehen, weil er gerade einen Schwager verloren habe.

Wir hatten nicht lange Zeit, darüber nachzudenken, denn plötzlich wurden wir eiligst in einen Autoomnibus getrieben, der vor dem Bahnhof stand, auch noch militärisch abgesperrt. Man hoffte offenbar, die draußen lauernde Menge zu überraschen, aber daraus wurde nichts. Kaum hatte das Auto, schwerfällig wie es war, den abgesperrten Raum verlassen, als ein unbeschreiblicher Lärm losging. Wütend bemühte sich der Mob, Frauen, Männer, Damen mit Kindern, alles durcheinander, durch die Postenkette durchzudringen. Zunächst vergeblich. Dafür begann nun bei ohrenzerreißendem Geschrei ein Bombardement mit Steinen, Hüten, Stöcken, daß es nur so hagelte. Nun mußte das Auto um die Ecke und fuhr langsam, da brach die Menge durch die Posten durch und mit einem einzigen Wutschrei auf das Auto los. Zum Glück gewann auch schon unser Wagen wieder an Geschwindigkeit. Unseren Begleitoffizier traf ein Pflasterstein empfindlich am Arm, so daß er, schon vorher leichenblaß, den Chauffeur zu rücksichtslosem Drauffahren anfeuerte. So fuhr der denn mitten in die Masse hinein, die den Wagen aufzuhalten versuchte. Ein paar Kerls hingen noch hinten und an den Seiten, wir klopften ihnen selbst die Finger herunter und fuhren nun im schnellsten Tempo durch, bis in den Schutz der Steinmauern einer Kaserne, die uns zu unserer erheblichen Erleichterung aufnahm, denn wir hatten im stillen alle schon darüber nachgedacht, wie wir unser Leben wenigstens teuer verkaufen könnten, ehe wir von dieser freundlichen Bevölkerung gelyncht wurden.«

Gefangenschaft und Heimatfront

Am 8. Oktober 1914 erhielt Max Planck wieder einen Brief von seinem Sohn, die erste Post aus Rochefort. Der Vater hatte soeben 400 Francs nach Mont-de-Marsan überwiesen, ein Paket »mit guten Sachen« abgeschickt und eine Eingabe beim Reichskriegsministerium für einen eventuellen Austausch eingereicht. Zwar hatte er keine große Hoffnung auf Erfolg, aber »nützt es nichts, so schadet es nichts«. Wie ungeheuer groß die Erleichterung war, als Erwins erstes Lebenszeichen aus der Gefangenschaft in Berlin eingetroffen war, zeigt ein Brief Emmas an ihren Bruder vom 7. Oktober: »Du glaubst gar nicht, was für einen Eindruck Dein erster Brief aus Mont-de-Marsan machte. Ich habe Vater nie so erschüttert gesehen. Denn alle Angst, die wir seit dem Tage Deines Verwundetseins auf der Feldpost ausgestanden hatten, löste sich mit einem Schlage. Wir hatten die Gewißheit, daß Du lebtest und daß Du gut aufgehoben werdest. Wie furchtbar war der Gedanke auch uns: in Feindeshand; es war doch nichts gegen all die fürchterlichen Vermutungen, die bei dem angeblichen Suchen fortwährend auf uns einstürmten. ... Du hast freilich viel, viel durchmachen müssen. Zu wissen, daß man in höchster Gefahr ist, und sich nicht forthelfen zu können, und dann der traurige Transport. Aber weißt Du, es hätte ja noch schlimmer kommen können, und das Bewußtsein hast Du ja, dem Vaterland bis zum Äußersten gedient zu haben.«

Immer noch wurde der Sinn für alle Ängste und Qualen im Dienst fürs Vaterland gesucht und gefunden. Woher aber wußte die Familie von Erwins Erlebnissen? Schließlich durfte er nichts Genaues schreiben. Der Brief Max Plancks vom 22. November gibt eine Antwort: Er bekam mehr oder weniger ausführliche Berichte »von dem Divisionskommandeur, Generalleutnant v. Kluck, dem Kompaniechef Graf Blücher, Leutnant Kalepky, Stabsarzt Dr. Gerloff und Füsilier Krause«, so daß er gut informiert war – ein Privileg, das er wohl seinem berühmten Namen zu verdanken hatte.

Die Berichte des Füsiliers Krause, der das durchschossene Notizbüchlein gefunden und an Max Planck geschickt hatte, sowie des Stabsarztes Gerloff bestätigten Erwins Angaben zu seiner Verwundung und Einlieferung in die Schule. Auch der Stabsarzt konnte keine schlüssige Erklärung geben, warum man die Verwundeten einfach hatte liegenlassen: »Wir waren während der Nacht schon viel zu weit vorgerückt, um an die Verwundeten in Neuvy überhaupt denken zu können. Auch die Sanitätskompanie hat wohl die Verwundeten nicht wegbefördern können.«

Planck erhielt im Herbst das Eiserne Kreuz (EK II),[17] erfuhr aber erst im Dezember davon. Emma gratulierte ihm und meinte: »Es war uns eigen zumute, als wir's für Dich auspackten«, und der Vater fügte hinzu: »Deine Freude darüber verstehe und teile ich durchaus, ja ich bin besonders stolz darauf, es Bekannten gegenüber zu erwähnen, da es doch zugleich auch eine gewisse Kompensation ist für Deine weniger erfreuliche Gefangenschaft.« Später sollte Erwin Planck noch weitere »Kompensationen« bekommen: im Juni 1918 das Verwundeten-Abzeichen in schwarz und im April 1919 das EK I. Letzteres zeugt von einer erstaunlichen Kontinuität: Seit November 1918 gab es keinen Kaiser mehr, doch die Republik setzte seine Ehrungen fort.

Am 17. Oktober 1914, dem Todestag der Mutter, schrieb der Vater und freute sich, daß Erwin sich als Mediziner im Lazarett nützlich machen konnte – er war eine Art Hilfspfleger, was ihn sehr befriedigte. Max Planck erzählte von Emma, die im Militärlazarett arbeitete, von Grete, die in Heidelberg Musik studierte, und von Karl, der in Ingolstadt exerzierte. Er selbst hatte soeben sein Rektorat niedergelegt und war erleichtert, wieder wissenschaftlich arbeiten zu können.

Für Briefe an Kriegsgefangene in Frankreich gab es feste Regeln; sie mußten in lateinischer Schrift verfaßt sein und durften nur zweimal pro Woche abgeschickt werden. Emma erklärte den Ritus: »Vater ist der ruhende Pol, mit dem Vorrecht, alle Sonntage an Dich schreiben zu dürfen. Wir anderen müssen uns um die Mittwoche zanken.« Auch für den Inhalt von Paketen gab es Vorschriften; es ist allerdings erstaunlich, was mit der Zeit so alles nach Frankreich gelangte: Würste, Noten, Bücher, Saiten fürs Cello, Handschuhe und warme Hosen.

Am 27. Oktober 1914 hatte der Vater eine große Neuigkeit zu verkünden: »Grete hat sich am 23. Oktober mit Ferdinand Fehling, Professor in Heidelberg, ehelich verbinden lassen, [sie] schreibt sehr sicher und beseligt.« Typisch für den Vater: kein Wort der Kritik, obwohl sich der Schwiegersohn noch nicht einmal vorgestellt hatte. »In 8 Tagen war die Sache perfekt«, schrieb Emma, und in einem späteren Brief vom 25. November heißt es: »Es ist ja so merkwürdig, daß von unserer Familie einstweilen nur ich ihn kenne.« Sie war nach Heidelberg gereist, um das junge Glück zu betrachten, und sie hatte sich mit dem »neuen Schwager angefreundet. Du wirst Dich sicher auch einmal gut mit ihm stehen – ein höchst temperamentvoller, geistvoller, künstlerischer Mensch.«

Das Urteil sollte nicht immer so ausfallen, aber ein gegenseitiges Verstehen scheint von Anfang an dagewesen zu sein. Die Trennung von der geliebten Schwester fiel Emma schwer. Durch die Heirat entfernten sich die bisher unzertrennlichen Schwestern zwangsläufig voneinander. So schrieb der Vater am 22. November etwas nachdenklich nach Frankreich: »So anstrengend« Emmas Tätigkeit auch sei, so »tut sie ihr sehr gut und nimmt ihr wohl etwas die Gelegenheit, den Gedanken über Gretes Heirat allzusehr nachzuhängen«. Emma war die Stabilere und Resolutere der beiden; auch hatte sie ein engeres Verhältnis zu Erwin, was die Briefe deutlich zeigen. Sie nannte ihn »meine liebe Muse« und erzählte ihm alles, was sie auf dem Herzen hatte. Ihre Briefe geben einen guten Einblick in das Leben einer Lazarett-Schwester im Berlin des Ersten Weltkriegs.

Emma absolvierte nach der Schnellausbildung zu Kriegsbeginn eine richtige Lehre als Krankenschwester. Dieser Beruf war hart, oft lagen bis zu hundert Leicht- oder Schwerverwundete in einem Raum, aber die Aufgabe füllte sie aus: »Du kannst Dir denken, wie schön es für mich ist, eine auf den Krieg bezügliche volle Tätigkeit ausüben zu können, jetzt, wo die Gedanken doch nur bei allen denen sind, die draußen für uns kämpfen und leiden. Es gibt den ganzen Tag vollauf zu tun. Im ganzen sind die Kerls ganz famos, so tapfer und selbstverständlich. Es macht einem wirklich Freude, etwas für sie tun zu können. Einige darunter können auch ausgezeichnet erzählen. Das könnte man oft fast drucken lassen.«

Im Winter führte Emma ihre »gangbaren Schäflein öfters im Grunewald spazieren … Das war stets ein großes Vergnügen. Da wurde gesungen, gerodelt, schneeballt und dazwischen irgendwo zu Kaffee eingekehrt. Meine Soldaten sind auch mit Begeisterung den Paulsberg heruntergefahren. Als ehrwürdige Schwester mußte ich diesmal leider dabeistehen und zusehen! Würde bringt Bürde!« Auch ins Theater ging sie mit ihren Soldaten; es gab »Der große und der kleine Klaus« im Künstlertheater – »ein sehr unterhaltendes Vergnügen«.

»Weihnachten sind wir zu Hause«, hatte es im August 1914 unter den ausrückenden Soldaten geheißen. Nun nahte Weihnachten, und das Ende des Krieges war nicht abzusehen. »Was für ein Weihnachten dies Jahr!« schrieb Emma in ihrer direkten Art, »ich mag gar nicht daran denken, und so geht's wohl allen Menschen! ... Unsere Gedanken werden in die Ferne wandern und vor allem zu Dir. Möchte das kommende Jahr schöner enden wie das alte. Das kann man wohl jetzt schon wünschen. Wer hätte im vorigen Jahr gedacht, daß es jetzt so aussehen würde in der Welt.«

Familie Planck feierte das Weihnachtsfest »ganz schlicht«, mit einem Bäumchen »in bescheidener Größe auf einem Tisch, und nur mit Lichtern und Lametta besetzt«, da Erwin zum Schmücken fehlte. »Wir schenken uns gegenseitig nichts. Alle Gaben gehen nach außen ins Feld.« Nur Bubi – der kleine Hermann – und die Dienstmädchen bekamen etwas. »Auch der Choral erklang diesmal nicht a capella, sondern nur am Klavier, aber wir waren doch in recht festlicher Stimmung«, obwohl Marga krank war, Emma erst später kam, weil sie mit ihren Soldaten feiern wollte, und die beiden Söhne fehlten. Alle Gedanken und Wünsche galten natürlich ihnen.

Sehr wichtig war für Max Planck, einmal in Ruhe mit Tochter Grete zu sprechen und sich »alles über die Verlobung und Vermählung ausführlich erzählen zu lassen«, denn, so meinte Emma, »es ist und bleibt sehr schade, daß Ferdi sich mit Vater noch nicht bekanntmachen konnte«. Nun begab sich der Vater am zweiten Weihnachtstag »nach Colmar, wo ich meinen Herrn Schwiegersohn in seinem Eheglück zu inspizieren gedenke«.

Eigentlich allerhand: Da reiste der immerhin 56jährige renommierte Wissenschaftler den ganzen Tag, um endlich den Mann seiner Tochter kennenzulernen! Aber er tat es geduldig und ohne Kritik. Wahrscheinlich setzte er in dieser schwierigen Zeit klare menschliche Prioritäten und vermied unnötige Konflikte. Denn »der furchtbare Ernst der Zeit hat sich wieder in unserer allernächsten Nähe bekundet durch einen Schicksalsschlag, der uns aufs tiefste erschüttert«. Werner, der Sohn seines Bruders Adalbert, von dem die Familie seit Anfang November nichts mehr gehört hatte, war, wie sie erst zu Weihnachten erfuhr, in Rußland gefallen. Max Planck schrieb gewiß in dem Gefühl, daß ihn das gleiche Schicksal hätte treffen können: »Ihre Freude, ihr Stolz, der Mittelpunkt ihrer Hoffnungen für die Zukunft, ist ins Grab gesunken. ... Vor allem müssen wir jetzt durchhalten bis zum ehrenvollen Frieden.« Er schreibt nicht Sieg.

Erwin Planck war Anfang Dezember auf die Île-d'Aix vor Rochefort verlegt worden. Der Vater begrüßte ihn in einem Brief vom 13. Dezember: »Also nun bist Du auf Deiner Insel Ogygia angelangt, wo Du hoffentlich nicht so lange wie Odysseus von seiner Kalypso zurückgehalten werden wirst. Ich freue mich, daß dieser Wunsch von Dir in Erfüllung gegangen ist, wenn ich mir auch andererseits wieder manchmal sagte, daß eine Ausübung Deiner ärztlichen Tätigkeit Dir in anderer Beziehung guttun und Dich namentlich von einem gewissen geistigen Stumpfsinn kräftig bewahren würde. Aber nach dem, was Du schreibst, habe ich die frohe Zuversicht, daß Du den Kopf oben behalten wirst und Dich nicht unterkriegen läßt von den großen Gefahren des innerlichen Stillstandes, die, wie Du schreibst, einzelnen Deiner Kameraden schon verhängnisvoll zu werden drohen.«

Entsprechend schickte der Vater seinem Sohn Bücher, deren Titel Erwin – teilweise mit Inhaltsangaben – in einem Heft notierte. So las er während seiner Gefangenschaft neben Mozarts Briefen, Graf Keyserlings »Unsterblichkeit« und medizinischen Büchern vor allem historische und militärgeschichtliche Werke, etwa Clausewitz' »Vom Kriege«, Schlieffens »Cannae« oder Schillers Dreißigjährigen Krieg. Auch »L'Allemagne avant la guerre« von Baron Beyens las er. Von seiner Begeisterung über Treitschkes »Historisch-politische Aufsätze« scheint er Emma erzählt zu haben, denn sie schreibt ihm: »Wie erhebend es jetzt gerade für Euch sein muß, den Treitschke zu lesen.«

Die Gefahr des geistigen Verfalls bestand also nicht, zumal auch noch Theater und Musik hinzukamen. Die Kameraden auf der Île-d'Aix hatten nämlich ein besonderes Privileg: Alexander Moissi, der berühmte Berliner Schauspieler vom Deutschen

Theater, weilte unter ihnen. Erwin gehörte zu seinen Bewunderern. Max Planck war fast ein wenig neidisch: »An musikalischer und literarischer Anregung scheinst Du jedenfalls keinen Mangel zu leiden; daß auch der Moissi zu Dir gekommen ist, erregt hier natürlich überall heiteres Interesse.«

Ab Sommer 1915 machte Erwin tatsächlich viel Musik, denn unter den Gefangenen waren etliche Musikliebhaber, darunter sogar der Chemnitzer Kapellmeister und ein anderer ausgezeichneter Cellist. Familie Planck versorgte Erwin mit Noten und neuen Cellosaiten. Bei Erwins Unterlagen finden sich kleine selbstgefertigte Programmzettel sowie abendliche Menükarten mit Hinweisen auf Theater- oder Musik-Untermalung. Es wurde Kammer-, aber auch Orchestermusik geboten, »und weil der Kantinenwirt an der Musik geschäftlich interessiert war«, bemühte er sich um Instrumente zum Verleih. Der Bruder Arnold Brechts, des späteren Staatssekretärs der Weimarer Republik, Gustav, der Bratsche und Klarinette spielte, war auch mit von der Partie. Erwin und ihn sollte eine lebenslange Freundschaft verbinden. In einem Brief an Nelly, Plancks spätere Frau, schrieb Gustav Brecht nach dem Zweiten Weltkrieg: »Bei manchen Streichquartetten aus unserer Franzosenzeit denke ich immer mit wehmütiger Liebe an ihn.«[18]

Die Musik spielte in den Briefen der Geschwister eine große Rolle. Emma schwärmte von der Hausmusik in der Wangenheimstraße: »Wunderbar erregend ist solche Musik, wenn man länger nichts gehört hat. Dabei kam einem auch unwillkürlich der Vergleich – dies Bild des Friedens und draußen die Kämpfe auf Leben und Tod. Wir gedachten auch unserer Musikorgien im Sommer. Wie weit diese Zeiten zurückliegen. Wann werden wir wohl die erste schöne Streichmusik wieder machen?!« Sie spielte in einem Quartett, wann immer sie Zeit fand.

Emma hatte nicht ganz unrecht, als sie vermutete: »Ihr scheint ja da wie in einer Sommerfrische, wie in einem Seebad zu leben. Das Meer ist doch immer von neuem schön.« Und ein andermal: »Wie Du ja auch schreibst: Du stapelst Dir in dieser Zeit viel inneren Reichtum auf, und ich bin gewiß, so wie Du Dein nicht leichtes Schicksal trägst, bist Du durch den letzten Winter nicht ärmer geworden.« Einfühlsam ging sie auf Erwins

Stimmungen ein, die er gewiß nur ihr allein anvertraute: »Da schwankt es auf und ab. Ja freilich, leicht ist's nicht, in so einer ereignisschweren Zeit zum Untätigsein verbannt sein zu müssen. Aber man muß auch immer denken: gefangen, verwundet, oder das Schlimmste, fallen – eins von den dreien trifft eigentlich einen jeden bald. Nur den Ausnahmen ist's vergönnt, eine lange Zeit hintereinander draußen bleiben zu können. Und da meine ich, Du hast's noch nicht ganz schlecht getroffen. ... Wie fast unglaublich wird Dir das später alles vorkommen – wie mag es da in der Welt aussehen! Es ist ein merkwürdiges Leben jetzt. Man lebt so von der Hand in den Mund. Von keinem neuen Tag weiß man, was er bringen wird; man tut mit möglichster Konzentration seine Pflicht und wartet ab, die immerwährende Spannung fast mechanisch unterdrückend.«

Das Leben in Berlin vollzieht sich, wie Max Planck schreibt, »im ganzen still und häuslich. ... Zum Frühstück essen wir jetzt keine Semmeln mehr, sondern nur Roggenbrot, damit der Weizen nicht zu knapp wird im Lande«; auch wird eines der Hausmädchen aus Sparsamkeit entlassen. »Sonst merkt man im äußeren öffentlichen und privaten Leben hier wenig vom Krieg, abgesehen von den sehr zahlreichen Veranstaltungen, Vorträgen, Konzerten usw. zu gemeinnützigen Zwecken.«

Vater Plancks Freudenquell in dieser Zeit ist der jüngste Sohn Hermann, von dem er ausführlich berichtet: »Von musikalischer Begabung keine Spur, seine Hauptbeschäftigung sind jetzt die Bilderbücher, die Bälle, ein Domino, Perlen zum Aufziehen, Bauklötze« und »ein Osterhäschen, das er innig liebt«. Wie immer bei Max Planck liegt der Trost in den Kindern und in der wissenschaftlichen Arbeit. Diese gedeiht gut und ist für ihn »die beste Ablenkung von all dem Getriebe und der Unruhe der ernsten Zeit«. Im Januar 1915 bekam er die Goldene Helmholtzmedaille verliehen und wurde im selben Jahr Ritter des Ordens Pour le mérite für Wissenschaft und Künste. Außerdem übernahm er den Vorsitz in der Deutschen Physikalischen Gesellschaft. Im Februar 1915 war die Illusion eines kurzen Krieges längst verflogen: »Nun ist es schon ein halbes Jahr, daß wir im Kriege stehen, und kein Mensch weiß, wann er beendigt sein wird.«

Eine Atempause

Der Frühling kam, und die Herzen waren froher gestimmt. »Manchmal kommt mir der ganze Krieg wie ein böser Traum vor, besonders jetzt, wo alles draußen grünt und blüht«, schrieb Emma im Mai 1915, »aber denkt man an die alte Zeit zurück, so kann man sie sich auch nicht mehr recht vorstellen. Es ist alles so anders geworden. ... Welch ein Kontrast! Was mich anbetrifft, so kann ich nicht sagen, daß ich mich nach jenem unruhigen Winter zurücksehne, die ernste Arbeit ist mir zehnmal lieber.« Auch dies waren Folgen des Krieges: Viele Menschen wurden nachdenklicher und entwickelten ein starkes soziales Engagement. Max Planck trat in öffentlichen Konzerten »zum Besten notleidender Musiker« auf oder hielt Vorträge für wohltätige Zwecke.

Im Sommer 1915 wurde Erwin Planck auf die Belle-Île in der Bretagne verlegt, vor der Halbinsel Quiberon gelegen. Das Gefängnis war eine Festung, genannt Citadelle de Palais, oberhalb des kleinen Städtchens. Für die 76 dort gestorbenen Gefangenen wurde später ein Denkmal errichtet, und einem Foto nach zu urteilen war Planck im Jahre 1931 noch einmal dort, »à la recherche du temps perdu«. Nach einer Eingewöhnungszeit fühlten sich die Gefangenen recht wohl auf ihrer Festung. Wenn sie auch wenig Ausgang hatten – nur auf einem gepflasterten Innenhof –, so durften sie doch wieder Musik machen und manchmal sogar im Meer schwimmen, wie Erwin an Emma schrieb. Diese wiederum erzählte ihrem Bruder von einer zweitägigen Wanderung mit Lise Meitner von Fürstenberg über den Stechlinsee nach Rheinsberg und Neuruppin.

Das Semester war beendet, und Max Planck bereitete seinen Urlaub in den Bergen vor. Diesmal sollte es nach Schwand bei Oberstdorf gehen. Wieder kämpfte er mit seinem »schlechte[n] Gewissen, da ich auf eine Erholungsreise gehe, während Du in der Fremde schmachtest, aber ich sage mir immer wieder, daß ich durch das Hierbleiben Dir auch nichts helfen könnte und daß ich auch für Euch Kinder mehr tun kann, wenn ich mich frisch und arbeitsfähig erhalte.« Er hatte im zurückliegenden Semester »viel geschafft«, und »nächstes Frühjahr soll mein

Lehrbuch der allgemeinen Mechanik herauskommen, von dem ich mir auch nebenbei einen klingenden Lohn verspreche«.

In den Ferien hatte er Zeit, ausführlich auf die Sorgen seines Sohnes einzugehen. Erwin fühlte sich »abgestellt« und vermißte die weitere Kriegserfahrung, außerdem quälte ihn die Frage, welchen Beruf er nach dem Krieg ergreifen sollte. Der Vater tröstete ihn, daß »in solcher Lage mutig und zuversichtlich durchzuhalten ein Stück Heldentum« bedeute. Wenn ihm das weiter gelinge, könne er sich »getrost denen zurechnen, die ihr Leben für das Vaterland einsetzen dürfen. ... Du bist Gottlob noch in einem Alter, welches starke Erschütterungen ohne dauernden Nachteil überwinden kann, Deine glückliche Natur wird das ihre tun ... Nach Deiner Rückkehr werden auch die Fragen, die Dich jetzt manchmal quälen, wie die nach Deinem Beruf, vielleicht sich ganz von selber lösen; denn es wird Dir jedenfalls dann vieles wieder in anderem Lichte erscheinen als jetzt.« Erwin schwankte zwischen der Offizierslaufbahn und der Medizin; zu beiden Berufsfeldern las er viel, um damit die spätere Wahl vorzubereiten.

Die ganze Familie war in Schwand versammelt, bis auf die beiden Söhne. Alle erinnerten sich an den Sommerurlaub vor zwei Jahren – die letzten gemeinsamen Ferien. Damals, so schrieb Emma, »kundschafte[te]st Du mit Vater immer die neuen Wege aus. Hier muß er es alleine tun, denn wir Frauenzimmer sind faul.«

Karl war an der Front und »darf sich nun endlich draußen bewähren«, wie der Vater stolz berichtete. Er hatte Erwin ständig über die Entwicklung des Bruders auf dem laufenden gehalten. Sein Wunschziel, in ein Armee-Skikorps aufgenommen zu werden, hatte Karl nicht erreicht, aber im Februar 1915 war er zum Gefreiten befördert worden; und als er im März als Fahnenjunker-Aspirant in das 2. Bayerische Infanterie-Regiment in München eingetreten war, hatte der Vater frohlockt: »Also wirklich ein Beruf! Du kannst Dir denken, wie glücklich ich darüber bin. Körperlich bekommt ihm der Dienst ausgezeichnet, er ist gesünder und frischer als seit Jahren.« Ahnte er nicht, wie zweischneidig dieser »wirkliche Beruf« war? Auch Emma berichtete vom Wiedersehen mit dem Bruder: »Letzten Sonntag habe ich übrigens Karl zum ersten Mal als Soldat gesehen. Er sieht ausgezeichnet aus, und was mich besonders gefreut hat, war, daß er mir sagte: er habe noch keine einzige Stunde, trotz mancher Unannehmlichkeiten und Pechs, bereut, aktiv geworden zu sein. Das ist doch erfreulich. Ich will ihm nur wünschen, daß seine Ausbildung nicht mehr zu lange dauert und er endlich hinauskommt.« Im Sommer 1915 wurde Karl Unteroffizier. Auch das trug zur ungetrübten Freude der Familie bei.

Die Zwillingsschwestern gingen nach dem Urlaub nach Hamburg, um ihrem Onkel Brandis, dessen Frau gestorben war, das Haus zu führen, wobei Grete nur vorübergehend blieb, um dann wieder nach Heidelberg zurückzukehren. Bei der Gelegenheit besuchten sie auch Gretes Schwiegereltern Fehling in Lübeck, wo alles »furchtbar üppig und feudal« war. Es werde für Grete nicht leicht sein, sich dort einzuleben, meinte Emma. Ihr selbst falle es sehr schwer, »nicht wieder ›unter die Soldaten‹ zu gehen. Heute gerade hat sich ein früherer Patient von mir als zum zweiten Mal verwundet angemeldet und bittet mich, sobald er transportierbar ist, ihn wieder auf meine Station zu nehmen. Er liegt in Prag. Wie gern hätte ich das getan! Doch nun heißt es sich bescheiden.«

Den klaglosen Einsatz vieler Frauen in diesen Kriegszeiten würdigte Max Planck so: »Der Prozentsatz der Damen wird wieder steigen. Wenn die nicht wären, würde überhaupt alles schlechter funktionieren. ... Meine Vorlesungen beginnen nächste Woche, ich bin sehr gefaßt auf eine gähnende Leere. Wenn die Damen nicht wären, könnte man überhaupt die Hörsäle schließen.«

Mit dem Herbst verflog die heitere Stimmung, und die Nachrichten von gefallenen oder vermißten Bekannten und Verwandten mehrten sich. Schon im Sommer hatte sich »ein schwerer Trauerfall ereignet«, der ein schlimmes Omen für die Familie Planck bedeutete: Lily Pröbst, geb. v. Hoesslin, eine von Erwins »besten Jugendfreundinnen, ist in ihrem ersten Wochenbett, nach der Geburt eines gesunden Töchterchens, an Kindbettfieber erkrankt und nach schwerem Leiden gestorben«. Das ging allen sehr nahe. Im Oktober dann wurde Karl verwundet, aber »gottlob offenbar nur leicht«, wie der Vater schrieb. Ein Granatsplitter hatte die linke Schulter getroffen. Als Karl Mitte November in Berlin Urlaub machte, war seine Wunde »wieder geheilt und macht keinerlei Beschwerden mehr, obwohl der Splitter noch drinsteckt. Er strebt mit Macht, wieder hinauszukommen, und hat auch Aussicht darauf.«

Für Max Planck ging alles seinen üblichen Gang: Besuche, Theater- und Vortragsabende, vier Vorträge zugunsten von Margas »akademischer Hilfsstelle für durchreisende Truppen«; ein Vortrag handelte von drahtloser Telegraphie. In der Deutschen Physikalischen Gesellschaft hielt er einen Vortrag über Quantentheorie, da er, wie er meinte, »einiges Neue, Interessante gefunden« habe. Seine Lehrtätigkeit machte ihm »viel Freude«, und daß Max v. Laue den Nobelpreis bekam, freute ihn »riesig«: eine »wohlverdiente Anerkennung seiner Leistungen«. Laue war Plancks Schüler und bekannte einmal, daß er ihm »so viel« verdanke, und zwar nicht nur in seiner »wissenschaftlichen Entwicklung, sondern menschlich. Außer meinen Eltern hat kein anderer Mensch einen so starken Einfluß auf meinen Lebensweg gehabt wie er. Die Studienzeit bei ihm war ausschlaggebend für meine ganze spätere Entwicklung.«[19] Laue hat es seinem Lehrer vergolten, bis zum Schluß hat er sich um ihn gekümmert und ihm geholfen.

Plancks hatten in jenem Herbst zum wiederholten Male »einen Kriegsgast im Hause, einen rekonvaleszenten Kriegsfreiwilligen, Volksschullehrer aus Hinterpommern, namens Rüttimann, einen sehr netten, bescheidenen Menschen, der sich auch mit Hermann eng befreundet hat«. Auch die Zwillinge mochten ihn gern, und Max Planck erfuhr viel über die Landwirtschaft und das Schulwesen in Hinterpommern.

Anfang Dezember 1915 kam eine freudige Mitteilung ins Haus, die wie stets vom Vater gleich nach Frankreich weitergereicht wurde: »Nun aber eine Nachricht, wie ich Dir seit langer Zeit keine so erfreuliche schreiben konnte: Karl ist zum Leutnant ernannt worden und steht jetzt schon wieder draußen im Schützengraben bei seinem Regiment, wo gegenwärtig offenbar nicht viel los ist. Du kannst Dir denken, wie glücklich mich diese Botschaft gemacht hat. Denn dadurch bekommt sein Leben nun doch einen richtigen Inhalt, daß er sich auf einem anerkannten und verantwortlichen Posten befindet, den er sich durch eigene Kraft und Ausdauer errungen hat. Das wird sein Selbstgefühl auch weiter stärken und ihm die Lust zum Leben und Schaffen erneuern. Wer hätte das gedacht, daß ihm diese Rettung aus seiner Lebensnot einst blühen würde. Der Krieg hat doch auch viel Gutes gewirkt.« Erstaunliche Worte am Ende des zweiten Kriegsjahres.

Wieder stand Weihnachten vor der Tür, und die Pakete für die Söhne mußten gepackt werden. Erwin erhielt unter anderem einen Atlas, warme Kleidung, Quintette von Beethoven und natürlich Eßwaren. Erst nachträglich erfuhr der Vater, daß Erwin über Weihnachten, mehr als sechs Wochen lang, mit Gelbsucht und einem bösen Abszeß im Lazarett gelegen hatte. Die Festtage in Berlin schilderte der Vater in seinem Brief aus der Weihnachtsstube: »Wir haben, zusammen mit den Schwestern, das Fest still und behaglich gefeiert. Am 24. wurde erst dem Vierjährigen beschert, und abends freuten wir uns gemeinsam, nachdem wir in der Kirche die Andacht mitgemacht, an dem kleinen Bäumchen, das ich, wie im vorigen Jahre, statt Deiner mit Lichtern besteckt hatte. Auch Karl fehlte uns ja diesmal, aber wir tranken gestern eine Flasche Sekt auf seinen Leutnant und auf ein allseitiges frohes Wiedersehen im nächsten Jahr!«

Der »Stumpfsinn« der Gefangenschaft

Nachdem Erwin Planck Mitte Januar wieder gesund auf die Zitadelle zu seinen Kameraden hatte zurückkehren können, dauerte es nicht lange, bis ein weiterer Ortswechsel bevorstand. Am 1. März endete die vergleichsweise angenehme Zeit auf der Belle-Île, und Planck wurde nach Angeau verlegt, in eine seit 1901 leerstehende Jesuitenschule mitten im Cantalgebirge, in der Nähe des kleinen Bergdorfes Riom-ès-Montagnes. Die mehrtägige Eisenbahnfahrt verlief laut Erwins nun wieder einsetzendem Bericht »unter ganz angenehmen Bedingungen entlang der Loire durch Mittelfrankreich«. Als der Zug scharf nach Süden abbog, stiegen die Hoffnungen, daß es vielleicht nach Südfrankreich gehen könnte, was allen sehr behagt hätte, »da es sehr kalt und naß war«. Der Zug schlängelte sich »entlang dem engen Tal der Dordogne, vorbei an malerisch verfallenen Burgen und Schlössern, ständig aufwärts«.

Die Spannung über das Ziel des Transports stieg: »Es wurde kalt und kälter, allmählich wandelten sich die Regenschauer in nasses Schneetreiben. Es mochte etwa 2 Uhr Nachmittag sein, als wir in einer unfreundlichen Station hielten, die offenbar Kohlenverladestelle war. Das Wetter war ganz abscheulich geworden, und alle wünschten sich sehnlichst den baldigen Abstieg über den Südhang dieses Hochplateaus. Da, als wir die Station verließen, bemächtigte sich aller sichtliche Erregung: Wir verließen die Hauptstrecke und bogen scharf östlich auf eine Kleinbahn ab, die eingleisig mitten ins Cantalgebirge führte. ... Endlich hielten wir auf einer kleinen Station, Riom-ès-Montagnes. Kein Mensch war sichtbar, nur rasendes Schneetreiben, es war ein ungedeckter, winziger Bahnhof, nichts konnte verlassener aussehen. Da wir aber beharrlich hielten, schienen wir doch hierher zu gehören, so warteten wir denn. Und richtig, atemlos kam ein kleiner Capitaine dahergelaufen, mit einem Haufen Bajonett-bewaffneter Infanteristen. Die Türen des Wagens wurden aufgeschlossen und uns bedeutet, wir sollten aussteigen. Während wir noch unser schweres und zahlreiches, schlecht mit Kartons und Bindfaden verhülltes Handgepäck herauszerrten, ging der Tanz schon an. Ob wir uns nicht gefälligst beeilen wollten, ob wir nicht verständen, dann würde man uns schon Französisch lehren. Hier würde man uns den Hochmut bald genug vertreiben. ... Das Wetter hatte sein Gutes, kein Mensch mochte auf der Straße sein, und wir blieben von den üblichen Ovationen verschont. In aller Stille verließen wir den Ort und stapften durch die Nacht, einer tief verschneiten Landstraße folgend. Ich genoß diesen Spaziergang außerordentlich, wenn man auch vor Schneeflocken nichts sah, es war doch frische Luft, und wie lange war es, daß wir ein so weites Stück Wegs marschiert waren«. Nach einer halben Stunde bogen wir richtig in eine Allee ein, die uns vor ein großes, hell erleuchtetes Gebäude führte. Es sah ganz stattlich aus, mit vielen hellen Fenstern, und mußte ganz geräumig sein. Einzelne Offiziere begannen auch schon zu triumphieren und meinten, endlich würde man nun wohl standesgemäß untergebracht werden. ... Zuerst klang es erfreulich, einmal fünf Offiziere, dann acht, dann zehn, da auf einmal wollte es gar kein Ende nehmen, 25 – 30 – 40 – 45. Oh, das gab lange Gesichter.«

Planck wurde in eine Stube mit 25 Offizieren gesteckt. Es war »ein gänzlich kahler, nur mit Betten völlig überfüllter Raum im 1. Stock, eine trübe Petroleumlampe warf in einem kleinen Umkreis ihren Schein«. An Platz für das Gepäck war gar nicht zu denken, so saß jeder »erst einmal erschöpft auf seinem Bett – andere Sitzgelegenheiten gab es ja nicht – und sah sich mißtrauisch in so merkwürdiger Umgebung um«. Schließlich machte Planck sich auf die Suche nach seinen Kameraden, doch was er vorfand, ließ ihm sein eigenes Zimmer als »das reine Paradies« erscheinen – nicht ahnend, daß er am nächsten Morgen in dieselbe Stube verlegt werden würde. Er sah »in einen düsteren, an beiden Seiten abgeschrägten Dachraum hinein, dessen Ende nicht zu erblicken war. Zwei Petroleumlampen hingen in weiten Abständen, drangen aber mit ihren Strahlen nur in kleinem Umkreis durch den Dampf der feuchten Kleider. Rechts und links an den Wänden eine schier endlose Reihe von Betten, die, sich berührend, nebeneinander quer zur Wand standen. In der Mitte freistehend eine gleiche Bettenreihe. Zwischen den Betten zwei schmale Gänge, die voll von Menschen und Koffern standen.«

Am nächsten Morgen ging das Elend weiter, fast kein Wasser zum Waschen, erneutes Umziehen, weil die Zimmer nun alphabetisch belegt werden mußten, was bei jeder Ankunft neuer Gefangener Umzug bedeutete – dies war für lange Zeit »unsere Hauptbeschäftigung«, teils als Folge »französischer Ordnungsliebe«, teils auch, »um uns in Atem zu halten, damit wir nicht auf Fluchtgedanken kamen«. Dazu ständige »Appelle mit dem üblichen Geschimpfe« und Gepäckkontrollen; man suchte Verbotenes wie »Geld, Lichter, tagebuchartige Notizen, Nahrungsmittel und anderes«, dabei verschwand so manches auf Nimmerwiedersehen. Ohnehin mußten die Sachen zum größten Teil unausgepackt bleiben, »weil wir ja nirgends Platz fanden, sie unterzubringen«. Hinzu kamen Wanzen in den Betten, unbeschreibliche hygienische Verhältnisse und Plumpsklos, die bei Sonne einen bestialischen Gestank verbreiteten. Es gab keinen Ausgang, weil sich der kleine Hof beim geringsten Regen in einen Sumpf verwandelte, keine Tische außer zwei niedrigen Kinderpulten, keinerlei ärztliche Versorgung – der zweimal wöchentlich erscheinende Arzt hatte nur Jod zu verteilen.

Und dann mußte diese Unterbringung auch noch bezahlt werden, mit 9 bis 35 Francs je nach Charge, wie ein wegen eines Lungenschusses ausgetauschter Kamerad von Erwin, Hans Hubert Schumacher, Vater Planck in einem Brief vom Juni 1916 berichtete. Auch für die Verpflegung mußte man selbst aufkommen, mit sechzig Francs für Mittag und Abend, wobei das Essen gut war, aber zu knapp bemessen. Selbst geringfügige Verfehlungen wurden mit Arrest bestraft, und ständig fanden Kontrollen statt. Immerhin konnte man französische Zeitungen lesen, was allerdings, wie Planck meinte, »nicht unbedingt zur Verbesserung der Stimmung beitrug«. Das Schlimmste aber war, daß es außer Gesprächen und Kartenspiel keinerlei Beschäftigung gab, »nur Stumpfsinn«.

Max Planck war während der Semesterferien in Berlin geblieben, weil er als ständiger Sekretar der Akademie viel zu tun hatte. Seine Frau war zu Grete nach Heidelberg gereist, die am 10. April Geburtstag hatte. Planck scheint sein Alleinsein durchaus genossen zu haben – er besuchte die Oper, musizierte mit Freunden, nahm an einer Kriegstrauung in der Kaiser-Wilhelm-Gedächtnis-Kirche teil, machte Besuche, ging zu Vorträgen und bereitete eigene Reden für gemeinnützige Zwecke vor. Ja, er segelte sogar zuweilen mit Freunden auf dem Wannsee, und zweimal in der Woche besuchte er seinen Turnverein.

Der »Stumpfsinn«, zu dem der Sohn zur gleichen Zeit verdammt war, währte fast drei Monate. Dann passierte Erstaunliches. Obwohl es offiziell verboten war, Briefe zu schreiben, waren wohl doch Nachrichten über das Befinden der Gefangenen nach Deutschland gedrungen. Die Reaktion war, daß man französische Gefangene in Deutschland ebenfalls schlecht behandelte. Durch diese Repressalien gezwungen, veränderten die Franzosen allmählich die miserablen Haftbedingungen. Die Gefangenen freuten sich über jede kleine Verbesserung, ja, wie Planck berichtet, jetzt »merkten wir erst, wie schlecht es uns gegangen war«. Eine große Zahl von Offizieren wurde verlegt: »...wir bekamen Tische und jeder einen Stuhl, etwas mehr Bewegungsraum, genügend Waschwasser, sauberes Trinkwasser. Alles das hatten wir so lange nicht gehabt, daß wir über den Gebrauch dieser Dinge auf das angenehmste erstaunt waren. Das Wetter half selbst mit, es regnete nicht mehr soviel, so daß unser Hof auftrocknete, und die Sonnenwärme glich die mangelhafte Heizung aus.«

Die Gefangenen wußten, daß die Franzosen weitere Verbesserungen nur dann vornehmen würden, wenn der Druck bestehen blieb, also schrieben sie nichts von den Erleichterungen nach Hause, »und siehe da, es wurde fieberhaft weitergebaut: eine Wasserleitung, kleine Schränke für unsere Sachen und anderes mehr, und dann, als alles fertig war, kam auch [eine neutrale] Kommission, der mit bitteren Klagen von den Franzosen vorgestellt wurde, daß diese Lage doch wahrhaftig keine Grundlage für Repressalien böte«. So gestaltete sich schließlich der Aufenthalt in Angeau noch recht angenehm. Zahlreiche kleine Menükarten und Konzertprogramme zeugen auch hier von einem regen kulturellen Leben. So fand zum Beispiel am 29. Juli ein Konzert statt mit einem Streichquartett von Mozart, der Arie aus »Orpheus« und gemeinsam gesungenen Liedern nach Gedichten von Eichendorff.

Der »Heldentod«

Gerade als sich Erwin Plancks Lage wieder besserte, erhielt er mit vierwöchiger Verspätung eine beunruhigende Nachricht von seinem Vater. Mitte April 1916 war Max Planck zu seiner Frau nach Heidelberg gereist, um sich dann eine Woche Erholung in Baden-Baden zu gönnen. Dabei hatte er Karl, der für einen Tag in Heidelberg gewesen war, um wenige Tage verpaßt – es wäre eine letzte Chance zur Begegnung gewesen. Sechs Wochen später schrieb er Erwin von seiner großen Sorge um Karl.

Am 27. Mai war dieser als vermißt gemeldet worden. »Er war auf einen Patrouillengang geschickt und ist nicht wiedergekommen, das ist alles, was man weiß.«

Vater Planck bereitete sich auf das Schlimmste vor und bekannte seinem zweiten Sohn, der den Brief erst vier Wochen später erhalten sollte: »In meinem Inneren steigt wieder die Erinnerung an all die bangen Stunden auf, die ich damals im Herbst 1914 um Dich verbrachte; aber ich glaube, ich habe seitdem auch gelernt, und habe mir fest vorgenommen, die Hoffnung nicht sinken zu lassen, und auch, falls das Schlimmste sich bewahrheiten sollte, den Kopf oben zu halten, allen meinigen und auch Dir zu Liebe. Jedenfalls war der Krieg für Karl ein Erlöser. Er hat ihn gesund gemacht an Körper und Geist, er hat ihm Gelegenheit gegeben, alle Dankesschuld für die ihm gewidmete Liebe und Sorge glänzend abzutragen; deshalb will ich dem Schicksal nicht grollen, es bleibt auch so viel Segen übrig. Aber ich darf Dir doch nicht vorenthalten, was mich bekümmert, da ich doch bei Dir das gleiche erwarte, daß Du mir mitteilst, was Dich bewegt, sollte es auch lange dauern, bis meine Worte Dich erreichen. Du mußt doch auch wissen, wie es hier aussieht, damit Du Dich daran festhalten und Dich für die Heimkehr vorbereiten kannst. Möchte er nur nicht zu arg leiden, das ist mein heißester Wunsch. Daß er es wie ein Held tun würde, weiß ich. Aber daß ihm niemand mehr Liebe zeigen kann, ist mir das Ärgste.«

Ein merkwürdiger Brief. Versteckt spricht Verzweiflung aus ihm, aber einen Gefühlsausbruch gestattet Max Planck sich nicht. Er will sogar noch besser gelernt haben, wie man »den Kopf oben behält«, wie man »die Hoffnung nicht sinken läßt«, wie man also seiner Familie ein fester Halt ist. Deshalb rechnet er jetzt schon mit dem Tod seines Sohnes, obwohl noch nichts feststeht. Eine Woche später begründet er diese Haltung so: »Je mehr Zeit darüber hingeht, ohne daß man etwas Näheres hört, um so dringender wird es zur Pflicht, sich an den schlimmsten Gedanken zu gewöhnen, und das tun wir vereint nach besten Kräften.« Knapp zwei Monate später wird er es sogar »eine Pflicht« nennen, »den Schmerz zu überwinden und der Aufgabe des Lebens zu gedenken«.

Aufschlußreich ist es, im Vergleich dazu Emmas Brief zu lesen, den sie Mitte Juni 1916 an Erwin schrieb:

»Meine liebe Muse!
Meine Gedanken eilen immer wieder zu Dir, seit wir die traurige Nachricht von Karl erhalten haben. Noch weißt Du ja nichts und freust Dich nach wie vor, Karl in seinem Beruf so befriedigt zu wissen, und kannst es kaum erwarten, dereinst mit ihm Deine Erlebnisse austauschen zu dürfen. Und nun sollte es anders kommen? Ich *kann* es noch nicht glauben, und wir wollen es auch noch nicht, und wollen hoffen, solange uns noch irgendein Anhaltspunkt gegeben ist. Wie oft ist noch nachträglich eine erlösende Nachricht eingetroffen, nach Wochen, ja nach Monaten. Auf Gefangenschaft dürfen wir bei den gegebenen Umständen nicht rechnen, aber, wie Harry [v. Hoesslin] schreibt, ist es möglich, daß er in ein fremdes deutsches Lazarett aufgenommen worden ist, das nicht in Verbindung mit seinem Regiment steht, und daß er je nach der Verwundung noch keine Nachricht geben konnte. Wie ist mit einem Schlage alles geworden! Gerade die letzten Nachrichten von Karl klangen wieder so vergnügt, und man war so ruhig, weil man dachte, er ist irgendwo in Ruhe und bleibt es für die nächste Zeit. Wir hatten keine Ahnung, daß sie plötzlich nach Verdun gekommen waren.
Was wir Geschwister an Karl verlieren, das weiß wohl niemand so gut wie jeder einzelne von uns. Unbewußt hielt er uns alle durch sein klares, gerechtes, unbeirrbares Urteil und durch seine reine Auffassung und Empfindung zusammen, und auf ihn konnten wir bauen wie auf einen Fels. Zeit und Geschick hatten ihn auch menschlich zugänglicher gemacht. Ich denke daran, wie ihn noch seine ganze Soldatenzeit entwickelt hat. Du wirst es an seinen Briefen gemerkt haben. Und so standen uns Jahre des schönsten geschwisterlichen Vereins bevor, wenn erst dieser furchtbare Krieg sein Ende gefunden haben würde, Du in die Heimat und er aus dem Feld zurückgekehrt.

Sollte es wirklich nicht sein? Ach, Muse, ich kann es nicht glauben. Es wäre zu traurig. Wir wollen die Hoffnung nicht aufgeben, ihn wiederzusehen. ...
                    Deine treue Schwester Emma.«

Wie viel einfacher und klarer in den Gedankengängen ist dieser Brief, ganz an der Wirklichkeit orientiert, und so bezeichnet Emma den Krieg auch als das, was er ist: furchtbar.

Erst im Juli 1916 erhielt die Familie die endgültige Nachricht von Karls Tod. Laut Bericht zweier Soldaten, die ihn auf dem Patrouillengang begleitet hatten, wurde er in der Todesschlucht vor Verdun von einem Granatsplitter am Kopf getroffen und war sofort tot. Aus Emmas Brief vom 15. August läßt sich auch erkennen, was Karl für Erwin bedeutete: »Was Du neulich geschrieben hast, daß er ein Stück Deines Lebens war und von großem Einfluß auf Deine Entwicklung, das gilt auch von uns Schwestern. Er war es unwillkürlich, durch seine überragende Persönlichkeit. Nun können wir unsere Liebe nur noch darin bezeugen, daß wir ihn in uns weiter leben und wirken lassen. Wir wollen fest zusammenhalten, wir drei.«

Wie schon beim Tod seiner Frau halfen Max Planck einerseits seine Verankerung im christlichen Glauben, andererseits seine wissenschaftliche Tätigkeit über den Verlust hinweg. Für ihn galt: »Wissenschaft und Religion ... benötigen einander. ... Wahrhaftigkeit in dem unablässigen Vorwärtsdrängen zu immer genauerer Erkenntnis der uns umgebenden Natur- und Geisteswelt, Ehrfurcht bei dem sinnend verweilenden Blick auf das ewig Unergründliche, das göttliche Geheimnis in der eigenen Brust.«[20] Er war tief religiös, und wenn er sich auch nicht an eine bestimmte Religion gebunden fühlte, so ging er doch gern in seine Grunewalder Gemeinde, deren Kirchenältester er war. In seinen Briefen berichtete er immer wieder von Gottesdienstbesuchen; so schrieb er auch am Totensonntag, genau ein halbes Jahr, nachdem Karl gefallen war, an seinen Sohn Erwin: »Du kannst Dir denken, in welcher Stimmung und mit welchen Gedanken ich [Pastor] Priebes warmen und schlichten Worten über die Überwindung des Todes zuhörte. Ich benutze Dein Gesangbuch, das noch auf unserem Bücherbrett im Eßzimmer seinen Platz hat, und so war auch ein Stück von Dir mit bei dem Gottesdienst.«

Max Planck war geprägt von Vaterlandsliebe, Gottesfurcht, Pflichtbewußtsein und Verantwortungsgefühl für Familie und Mitmenschen – kein Gedanke daran, etwa den Krieg zu verfluchen oder gar sich selbst anzuklagen, daß er Karl so sehr in der Wahl einer militärischen Laufbahn bestärkt hatte. Nein, er sah in Karls Entscheidung nur Positives: Das Militär habe ihn gefestigt, der »Krieg hat ihn gesund gemacht an Körper und Geist«. Was für eine absurde Vorstellung aus heutiger Sicht! Hätte Karl die gleiche Festigkeit und innere Ruhe nicht auch anders erlangen können, etwa durch die Musik, die ihn so faszinierte? Gewiß hatte er große Schwierigkeiten mit sich gehabt, ja, »es hat Zeiten gegeben«, so meinte Max Planck in einem der Briefe an Erwin, »wo der Tod für ihn eine Erlösung aus schwerer Erkrankung gewesen wäre«. Aber liegt darin eine Legitimation für derartige Gedanken des Vaters? »Oft sage ich mir, wer kann wissen, ob es für Karls Lebensglück besser gewesen wäre, wenn er, statt auf der Höhe seiner Kraft, im Vollbesitz seiner Gesundheit, für die höchsten Ziele kämpfend, als ein Held aus dem Leben zu scheiden, den Abstieg von der Höhe ausgeführt hätte und später seine hohen geistigen Anlagen im täglichen Einerlei des Kasernendienstes, in verhältnismäßig bescheidener Stellung für Jahre lang hätte brachliegen lassen müssen. Denn der Dienst im Frieden ist doch noch etwas anderes als der im Kriege.«

Ist Lebensglück nur der Kampf um »höchste Ziele«? Wie sehen diese Ziele aus? Und welche eigenartige Vorstellung steht hinter der Äußerung, Karl habe seine »Dankesschuld für die ihm gewidmete Liebe und Sorge glänzend« abgetragen? Schulden Kinder ihren Eltern Dank für die empfangene Liebe und Sorge? Gewiß hat Max Planck sich sehr um seinen Sohn gesorgt und sich Mühe gegeben, ihm beizustehen. Aber hat er ihn nicht auch durch seine Vorbildlichkeit und seinen hohen Anspruch belastet? Und wenn schon Dank abgetragen wurde, dann hatte der Vater doch nichts davon, im Gegenteil, er verlor seinen Sohn, allerdings einen tapferen Sohn, der mit sich selbst anscheinend im reinen war. »Auf der Höhe seines Lebens ist er von mir gegangen, nie stand er meinem Herzen so nahe, nie fühlte ich soviel Liebe und Zärtlichkeit für ihn als eben jetzt, da er das Höchste geleistet hat, was ein aufrechter und tapferer Mann leisten kann.«

Verdienen Söhne die Liebe ihrer Väter erst dann ganz, wenn sie sich als »Männer« erwiesen haben? Max Planck veränderte mit zunehmendem Abstand von der ersten, niederschmetternden Nachricht seine Sichtweise. Sie wurde, dokumentiert in den Briefen an Erwin, immer abstrakter, entfernte sich immer weiter von der Realität. »Mich und uns alle hat er zu seinen Schuldnern gemacht, und wir wollen uns Mühe geben, es ihm an Ausdauer und Opfermut gleichzutun.« Oder an anderer Stelle: »Er hat uns ein junges, gesundes, hoffnungsreiches Leben zum Opfer gebracht und uns für alle Zeiten zu tiefster Dankbarkeit verpflichtet.« An der Art und Weise, wie er mit seinem Schmerz fertig zu werden suchte, läßt sich ablesen, wie die innere und äußere Haltung eines gebildeten, preußisch erzogenen Mitglieds der bürgerlichen Schicht damals aussah und wie diese Haltung ein System stützte, das eigentlich radikal hätte in Frage gestellt werden müssen.

Vor allem aber bieten die Briefe Max Plancks an seinen Sohn wichtige Einblicke in die Prägungen, die Erwin durch den Vater empfing, und in das Verhältnis der beiden, das in dieser Zeit seine entscheidende Grundlage erhielt. Immer wieder fragte der Vater: »Wie wirst Du, mein Lieber, diesen Schlag ertragen? Ich war lange im Schwanken, ob ich Deiner Kraft diese Aufgabe zutrauen sollte, aber ich tue es, denn Du hast ein Recht darauf erworben durch Deine bisherigen Leistungen, Teilnehmer zu sein an allem, was uns erfreut und betrübt. Vielleicht weckt auch die Schwere der Aufgabe Deine Kräfte zu ungewohnten Leistungen. So vertraue ich Dir auch diesen Schmerz meines Lebens an, seit dem 17. Oktober 1909 [dem Todestag seiner ersten Frau] der schwerste, der mich betroffen. Was mich am meisten widerstandsfähig macht, ist der Gedanke an Dich und Deine Schwestern.«

Oder eine Woche später: »Wie mag dies alles auf Dich wirken, mein lieber armer Junge? Alles mußt Du allein durchmachen, während wir hier doch wenigstens beieinander sind,

Marga, Emma und ich, und uns aneinander aufrichten können, andererseits denke ich mir oft, daß gerade das Leid auch wieder zur Quelle neuer, ungeahnter Kräfte werden kann, und daß der Gedanke, nun Karl mitvertreten und ersetzen zu müssen, Dich vielleicht stärker macht als vordem.« Ein ungeheurer Anspruch an den Sohn, der ihn noch in manche Seelenqualen führen sollte. Zunächst aber bewährte sich Erwin, der endlich die erste Nachricht von Karls wahrscheinlichem Tod empfangen hatte, im Sinne des Vaters, was sich in dessen Brief vom 16. Juli spiegelt: »Es ist mir eine Herzensberuhigung, daß Du im Ertragen dieses Schmerzes mit mir wetteifern willst, da Du es doch in gewisser Hinsicht so sehr viel schwerer hast als wir. Gott gebe Dir wie bisher die Kraft zum Ausdauern. Ja, er ist als ein Held von uns gegangen, und als Held wird er in meinen Gedanken ständig weiterleben.«

Doch Erwin Planck tat sich dennoch schwer mit dem Verlust des Bruders und teilte dies in einem späteren Brief wohl auch dem Vater mit, der ihn sogleich zu trösten und aufzubauen versuchte, indem er ihm schrieb: »Wie froh bin ich, daß Du mir in Deinem lieben Brief etwas ausführlicher über die Gedanken schreibst, die Dich quälen. Freilich ist es hart und schwer, seine schmerzliche Stimmung verbergen zu müssen, um den Kameraden nicht die Heiterkeit zu verderben. Aber andererseits hat dieser Zwang auch wieder sein Gutes, denn er reißt doch für Augenblicke aus den eigenen Gedanken heraus und schafft Platz für wohltätige Eindrücke anderer Art. Jede Art von Zerstreuung muß Dir doch jetzt willkommen sein.« So empfahl der Vater die Lektüre von Mommsens »Römischer Geschichte« und die Musik, denn »es gibt doch kein besseres Mittel, trübe Stimmungen aufzuhellen, als die hohe heilige Kunst«.

Noch ein Schicksalsschlag

»Wir drei!« hatte Emma nach dem Tod von Karl an ihren Bruder geschrieben. Fast auf den Tag ein Jahr später würde es heißen müssen: »Wir zwei«. Noch freuten sich alle auf das Kind, das Grete erwartete. Max Planck war mit seiner Frau in den

Urlaub nach Hirschbühel bei Hintersee gefahren, während Emma wieder ihrem Schwesternberuf nachging, den sie mit Hingabe und Leidenschaft ausübte. Begleitet von den üblichen Skrupeln, in diesen Zeiten Ferien zu machen, wünschte sich der Vater seinen Sohn und seine Töchter herbei, »während *Er* uns fortan fehlen wird, der mir immer mehr als ein Sinnbild edler Männlichkeit und Pflichttreue auf meinem fernen Lebensweg voranleuchten wird«. Man kann sich vorstellen, welche Gedanken Planck auf seinen vielen Bergtouren, die er teilweise allein unternahm, begleitet haben. Die Natur war ihm, genau wie die Musik, eine große Trösterin. Erwin bestätigte ihn darin und berichtete von der schönen Landschaft des Cantal und einem »wohlgelungenen Kammermusikkonzert«.

Anfang Oktober 1916 kehrte Max Planck nach Berlin zurück. Weihnachten, nun schon das dritte Kriegsweihnachten, nahte. Schon Mitte November lag Schnee, und es wehte ein kalter Ostwind. Vater Planck schickte bereits jetzt seine Weihnachtswünsche nach Angeau, wo ebenfalls der Winter eingekehrt war. Ende November wurde er krank, eine schwere Bronchitis, die ihn bis über Weihnachten im Bett hielt. Nur Emma war zu Hause, Grete war »zufrieden und glücklich«, ihr Kind erwartend, bei ihrem Mann in Flensburg.

Der Januar 1917 war grimmig kalt, selbst im Hause in der Wangenheimstraße stieg das Thermometer nicht über vierzehn Grad. Max Planck machte die Kälte nichts, er ging weiter aus und hielt seine Vorlesungen, die er übrigens auf die Abendstunden verlegt hatte, da die meisten Hörer weiblich und am Tage in Hilfsdiensten beschäftigt waren.

Es war der berühmte Steckrübenwinter. Der Hunger wurde für die Menschen quer durch alle Schichten zu einer zermürbenden Erfahrung, die durch den Mangel an Brennstoff, an Kohle, an Wärme, zum Teil auch an Beleuchtung noch verschlimmert wurde. Entsprechend blühte der Schwarzhandel, viele Schmuckstücke wechselten für ein paar Würste den Besitzer. All das, was in der Not nach dem Zweiten Weltkrieg wiederentdeckt wurde, stammte aus dieser Zeit: Ähren lesen, Kartoffeln auf abgeernteten Feldern suchen, im Wald Bucheckern für Öl, Beeren für Marmelade und Holz für den Kanonenofen sammeln, mit dem Bollerwagen aufs Land ziehen zum Hamstern und mit dem Blecheimer in die Volksküche zum Suppe holen: Erbsen-, Bohnen-, Steckrüben- und manchmal süße Nudelsuppe; und – ein Fest für die Kinder, eine Qual für die Erwachsenen: das Einkochen von Rübensirup im Waschkessel.

Der Winter hielt in jenem Jahr 1917 lange an, und er brachte auch auf politischem Gebiet einschneidende Veränderungen für die Deutschen. Am 3. Februar brachen die Vereinigten Staaten wegen des von Berlin proklamierten uneingeschränkten U-Boot-Krieges die diplomatischen Beziehungen zum Deutschen Reich ab und erklärten ihm am 6. April den Krieg. Im Westen mußten sich die deutschen Truppen ab Februar bis zur sogenannten Siegfriedlinie zurückziehen. In Rußland brach die Februarrevolution aus, der Zar dankte ab, und Lenin wurde mit Hilfe der Deutschen im April in seine russische Heimat befördert, wo er die berühmten Thesen für eine sozialistische Revolution verkündete. Im Oktober übernahmen die Bolschewiki dann die Macht. Die Unruhen in Rußland und die Oktoberrevolution wirkten sich, zusammen mit der zunehmend negativen Erfahrung des Krieges, auch auf die deutsche Innenpolitik aus. Der Ruf nach einer Verfassungsreform wurde immer lauter, der linke Flügel der SPD spaltete sich Anfang April von der Mehrheits-Sozialdemokratie ab und trat energisch für die Beendigung des Krieges ein.

Das Eintreten der Sozialdemokraten und auch vieler Liberaler für einen Frieden ohne territoriale Zugewinne, ja unter Verzicht auf bestimmte Gebiete, trat immer schärfer in Gegensatz zur Forderung der Alldeutschen und des Militärs nach einem Annexionsfrieden. Schon im Juli 1915 hatten 1347 Intellektuelle, unter ihnen 352 Professoren, auch Koryphäen wie der Altphilologe Ulrich v. Wilamowitz-Moellendorf, eine Eingabe im Sinne der Annexionisten gemacht. Eine Gegenerklärung der beiden liberal-konservativen Professoren Hans Delbrück und Adolf v. Harnack ließ nicht lange auf sich warten. Auch Max Planck gehörte zu den Unterzeichnern und distanzierte sich damit endgültig von dem Aufruf der 93 vom Oktober 1914. Damit hatte der politische Streit auch auf die akademische Welt übergegriffen. Man konnte sich nicht mehr in den Elfenbeinturm zurückziehen. Auch am Planckschen Eßtisch wurde heftig politisiert, als Ferdinand Fehling, Gretes Mann, endlich zu Besuch in die Wangenheimstraße kam. Grete war im März 1917 nach Berlin gereist, um dort ihr Kind zu gebären. Ihr Mann hatte sie begleitet, blieb aber nur einige Tage.

Am 23. April feierte Max Planck seinen sechzigsten Geburtstag. Er berichtete Erwin ausführlich über die Feierlichkeiten, dankte ihm für die guten Wünsche und meinte zuversichtlich, daß sie in Erfüllung gehen würden, »denn das Beste, was Du mir geben kannst, hast Du selbst in Deiner Hand, es ist Deine eigene Persönlichkeit mit all ihrem ehrlichen Streben ...« Von Grete schrieb er, daß sie sich »musterhaft tapfer« halte. »In dieser Woche soll ja der neue Erdenbürger ankommen, ... alles ist zu seinem Empfang vorbereitet, einschließlich Telegramme und Zeitungsannoncen.«

Am 29. April heißt es: »Täglich wartet jetzt Grete darauf, daß die ersten Wehen sich einstellen, um dann sofort in ihr Sanatorium in der Mommsenstraße überzusiedeln. Eigentlich hatte sie sich den 26. ausgerechnet, aber der Tag ging ohne jedes Ereignis vorüber. Der Sicherheit halber ging sie gestern noch einmal zum Arzt, der erklärte, es könne jede Stunde losgehen, aber auch noch 14 Tage dauern. So hat sich also unsere Spannung etwas gelegt, und wir warten geduldig der Dinge, die da kommen sollen. Die Hauptsache ist, daß sie sich nach wie vor sehr frisch und wohl fühlt und daß das kleine Lebewesen in ihr sich offenbar auch sehr munter zeigt; denn er macht sich in kurzen Zwischenpausen durch kräftige Zappelei bemerklich.«

Der nächste Brief von Max Planck an Erwin stammt vom 10. Juni 1917. Sechs Wochen hatte er sich nicht gemeldet. Was war geschehen? Am 30. Mai schrieb Emma nach Angeau:

»Meine liebe, liebe Muse!
Während ich dies schreibe, weißt Du noch immer nicht, welch furchtbares Schicksal über uns hereingebrochen ist, daß wir unsere gute Grete verloren haben. Es ist so unfaßbar, so namenlos schwer, daß ich heute noch wie betäubt bin und immer meine, ein böser Traum hielte mich umfan-

gen. Und doch, wir *müssen* begreifen lernen, so schwer es jedem einzelnen von uns werden wird. Der arme Ferdi hat sie nicht einmal mehr sehen dürfen in ihrem ersten Mutterglück, und *wie* hat sich Vater darauf gefreut, wenn Grete mit seinem ersten Enkelkind in unser Haus einziehen würde und wenn er einen ganzen Sommer lang sein Wachsen und Gedeihen miterleben dürfte aus nächster Nähe. – Ganz besonders denke ich aber auch an Dich, meine arme liebe Muse, die Du fern von uns nun diesen zweiten großen Schmerz über Dich ergehen lassen mußt. Wir verfolgten mit Freude und Rührung aus Deinen Briefen, wie sehr Du an dem Kommen des kleinen Wesens teilnahmst, wie Du Dich so herzlich mit uns darauf freuen konntest, trotzdem Du ja gerade in dieser Zeit schmerzlich empfinden mußtest, so fern zu sein. Ich muß Dir auch sagen, daß sich Grete fest vorgenommen hatte, Dir, wenn's ein Junge gewesen wäre, die Patenschaft anzutragen, denn sie war immer von neuem gerührt, daß Du Dich so auf Deine Onkelschaft freutest. Wie anders ist alles gekommen!

Ach, lieber Erwin – werden wir je darüber hinwegkommen können. Ich kann es mir ja nicht denken, daß unsere gute, liebe Schwester, mein unzertrennlicher Zwilling, einfach nicht mehr dasein soll. Als Karl für sein Vaterland fiel, da hat man sich wenigstens sagen können, er gab sein Leben hin im Vollbewußtsein des Höchsten und Edelsten, dessen ein Mann fähig ist, und man mußte damit rechnen. Grete aber sollte ja nun erst leben, und wie hätte sie in ihrem Glück alle beglückt, besonders die, die sie so gut kannten und die auch manch schwere Zeit mit ihr durchgemacht hatten. Wenn mir's in meiner nicht immer leichten Pflegezeit mal einsam und schwer ums Herz werden wollte und die Kriegsdauer zu sehr drücken wollte, dann brauchte ich nur an Fehlings denken, und es war wieder Sonne in meinem Herzen, und ich wußte, es gab auch noch ungetrübte Freude und Glück in der Welt. Wo ist nun das alles?

Vor mir stehen all Eure lieben Bilder, Grete, Karl, Du. Wir vier, wir gehörten zusammen, wie sich wohl kaum Geschwister zusammengehörig gefühlt haben. Laß uns zusammenhalten, meine liebe Muse, fester denn je. Laß uns heilighalten und in uns weiterleben, was uns die Vorangegangenen Bestes und Edelstes gegeben haben. Deutsch wollen wir sein, das heißt tapfer und stark; und wir wollen an unseren guten lieben Vater denken, der in seinem Leben schon so viel Schweres hat durchmachen müssen und dem durch diesen Verlust so unsagbar viel genommen worden ist. Soviel es in unseren Kräften steht, müssen wir versuchen, ihm zu ersetzen, was er verloren hat – auch der gute Ferdi wird daran mithelfen und auch Marthe, die sich in der innigen Liebe zu Grete ganz wie seine Kinder und unsere Geschwister fühlen. Nicht wahr, dann werden wir auch dieses schweren Schicksals Herr werden können?

In inniger, heißer Liebe
Deine Schwester Emma.«

Dieser Brief drückt all das Leid aus, das in das Leben dieser Familie so völlig unvorbereitet hereingebrochen war. Am 10. Juni fand Max Planck endlich die Kraft, an Erwin zu schreiben – ohne zu wissen, ob sein Sohn die Nachricht schon erhalten hatte. Wieder »regt sich der Wunsch, daß ich in diesem Augenblick Dir beistehen möchte, damit wir den Schlag gemeinsam tragen und uns gegenseitig aneinander aufrichten. Aber es soll nicht sein, und wir wollen dafür um so fester und zuversichtlicher vertrauen, daß auch wieder bessere Zeiten kommen müssen, und daß Dein noch so junges Leben Dir späterhin um so reichere und köstlichere Früchte bringen wird.«

Grete war an einer Lungenembolie infolge einer Thrombose innerhalb von 24 Stunden gestorben. Das Baby lebte, ein kleines Mädchen, Grete-Marie. Es wurde zunächst in einem Säuglingsheim untergebracht, weil Emma dringend Erholung brauchte und anschließend einen Säuglingskurs besuchen wollte, um sich dann der kleinen Grete anzunehmen. Klaglos übernahm sie diese neue Pflicht und gab ihren Schwesternberuf auf. Zum Glück verstand sie sich gut mit Ferdi Fehling. Ein Jahr zuvor hatte sie ihn vier Tage in Heidelberg erlebt und Erwin davon berichtet: »Wir werden, glaube ich, stets gut Freund miteinander sein, und darüber bin ich sehr froh. Bei näherem Kennenlernen habe ich ihn sehr schätzen gelernt. Ich kann mir denken, daß Grete sehr glücklich mit ihm sein wird, wenn's endlich soweit ist, denn er ergänzt sie ausgezeichnet mit seinem übersprudelnden Temperament, seinem Humor und seiner ursprünglichen Gescheitheit.« Nun, ein Jahr später, fuhr sie zu ihm nach Heidelberg, um Gretes Sachen zu ordnen, und anschließend machten sie beide Urlaub in den Bergen.

Freiheit und noch immer Krieg

Nach all den Schicksalsschlägen endlich eine gute Nachricht: Erwin wurde ausgetauscht und durfte in die Schweiz nach Gersau am Vierwaldstätter See ausreisen. Im Ersten Weltkrieg war der Austausch von gefangenen Offizieren durchaus üblich; selbstverständlich durften sie nicht mehr kämpfen. »Wie glücklich bin ich!« schrieb der Vater am 18. Juni. »Als wenn Du mir neu geschenkt wärst. Denn wenn ich Dich auch am Leben wußte, so warst Du doch unter Feinden, die Dich bitter haßten, und niemand konnte verbürgen, daß Dir durch einen elementaren Ausbruch der Wut [nicht] doch einmal ein Leid widerfahren würde. Nun bist Du, wenn auch nicht frei, so doch in wohlwollender und deutsch sprechender Umgebung, und das macht mich so tief dankbar.«

»Des Schicksals Wege sind doch sonderbar«, stand eine Woche später in einem Brief des Vaters an den Sohn. Wie prophetisch! Erwin war vier Wochen von aller Post abgeschnitten gewesen und hatte vom Tod Gretes ganz zufällig gehört – von einem Bekannten am Tag seiner ärztlichen Untersuchung für eine eventuelle Freilassung. Die Nachricht erschütterte ihn tief, und entsprechend niedergedrückt ging er in die Untersuchung. Vielleicht trug sein Zustand zur Freilassung bei; der Vater jedenfalls glaubte daran und schrieb: »So hat Dir die Liebe zu Deiner Schwester noch über ihren Tod hinaus den Weg zur Erlösung geöffnet.« Von nun an hing für ihn »der Gedanke an den Schmerz um das eine Kind mit dem an den Gewinn des anderen aufs engste zusammen, und ich will nicht aufhören, dankbar zu sein für das, was mir geblieben«.

Genau wußte keiner, wodurch der Austausch gelungen war, jedenfalls hatte Max Planck seine beiden Gesuche im Mai 1917 jeweils beim Kriegsministerium und beim Roten Kreuz in Bern wiederholt. Die Mutter Lothar v. Brandensteins, eines Mitgefangenen Erwins, der später zu seinem besten Freund werden sollte, hatte ihm dazu geraten. Erwins Herzschwäche spielte bei der Freilassung wohl eine Rolle, was den Vater sehr beunruhigte. Er versuchte nun, an Pässe zu gelangen, um nach Semesterschluß in die Schweiz reisen zu können.

Erwin Planck hatte offenbar Schwierigkeiten, seine neue Lage zu begreifen, was sich in den einfühlsamen Sätzen des Vaters widerspiegelt: »Ich kann mir sehr wohl vorstellen, wie lähmend, ja beängstigend Dir zumute gewesen sein muß, besonders am Anfang, als die neuen Eindrücke so überwältigend auf Dich einstürmten. Ich denke mir es ebenso wie bei einem Mann, der drei Tage im Dunkeln sitzen mußte und dann auf einmal ins blendende Tageslicht geführt wird. Das halten auch die stärksten Naturen nicht aus. ... Also langsam, langsam voran und Ruhe. Vielleicht ist es sehr gut, daß ich erst im August zu Dir kommen kann. Da bist Du dann schon wieder soweit, daß Du mehr von mir hast. Meine Touren sind ja auch nicht so anstrengend, daß wir sie nicht zusammen machen könnten.«

Tatsächlich kam Erwin sich »wie im Kloster« vor und hatte »nur sehr undeutliche Vorstellungen von der Außenwelt«. Er konnte es noch nicht so recht glauben, »wirklich und wahrhaftig aus dem Affenland heraus« zu sein und sich »wieder unter zivilisierten Menschen« zu bewegen. In diesem Brief an Rhenius tauchte wieder einmal das Vorurteil gegen die Franzosen auf, obwohl auch Erwin die Realität zum großen Teil anders erlebt hatte. Verständlich ist dagegen, daß ihm alles »noch etwas merkwürdig« vorkam und er bekannte: »Ich fange natürlich nur sehr langsam an, mich zu fassen. Der Umschwung ist etwas sehr groß. Ich wohne im Hotel erster Klasse – Hotel Müller am See –, die Gegend ist sehr schön, es sind sehr nette Leute da, kurz, ich kann nicht mehr verlangen.« Gespannt auf das Wiedersehen mit dem Freund, warnt er ihn: »Verändert habe auch ich mich gehörig.« Er habe »in den letzten Jahren noch ganz erheblich konservativer denken gelernt wie früher [und] werde ziemlich entsetzt sein ..., [die] Veränderungen in Deutschland« zu sehen.

Zunächst erwartete Planck »sehnlichst« den Besuch von Emma. Leider wurde nichts daraus, weil sie kein Visum für die Schweiz erhielt. Dafür kamen die Eltern im August für vierzehn Tage. Was für ein Wiedersehen! Nach all den Ängsten, Hoffnungen und nach all dem, was geschehen war. Man kann sich mit Emma »denken, *wie* schön die endliche Aussprache gewesen sein muß«. Dennoch, einfach war es gewiß nicht: Der Vater – in all den schweren Jahren »gealtert, aber ganz rührend«, wie Erwin später an Rhenius schrieb, voll überströmender Liebe für seinen »verlorenen« Sohn, aber müde von dem soeben beendeten Semester und erholungsbedürftig; Erwin – inzwischen erholt von den Strapazen der Gefangenschaft, eingewöhnt in ein bequemes Hotelleben mit all den Annehmlichkeiten, die er so lange entbehrt hatte, gut gekleidet – er ließ sich bei einem Luzerner Schneider eine ganz neue Garderobe anfertigen – und umgeben von Freunden, die dasselbe erlebt hatten wie er.

In den Briefen hatte sich besonders für den Vater eine große Nähe, fast Intimität entwickelt, nun stand man sich gegenüber. Hinzu kam, daß Marga, Erwins Stiefmutter, dabei war, die er noch kaum kannte und zu der er ein eher distanziertes Verhältnis hatte. Doch auf den langen Bergwanderungen waren Vater und Sohn meist allein; hier tauschten sie sich über ihre Erlebnisse der zurückliegenden Jahre aus, und Max Planck dürfte es Erwin mit seiner herzlichen und dennoch disziplinierten, klugen Art leicht gemacht haben, sich zu öffnen.

Anfang September 1917 war Erwin Planck dann endgültig frei, während seine beiden neuen Freunde, Lothar v. Brandenstein und Leo Graf Hohenthal, noch in Gersau bleiben mußten. Sein Glück war »über alle Maßen« groß, wie er Rhenius schrieb, und so ganz konnte er es immer noch nicht fassen. Zunächst ging es mit dem Dampfer nach Luzern, von dort dann mit dem Zug nach Konstanz, wo sie »mit Regimentsmusik«

empfangen und durch die Stadt geleitet wurden.[21] Einen Tag später, am 4. Oktober, fuhr Planck über Frankfurt und Hamburg nach Flensburg, wo er sich zunächst in seiner alten Garnison melden mußte. Der Brigadekommandeur hätte ihn am liebsten dabehalten, aber Erwin setzte alles daran, nach Berlin versetzt zu werden, was ihm mit einiger Mühe und wohl auch dank der Hilfe des Vaters schließlich gelang.

Am 7. Oktober kam er in Berlin an, Emma holte ihn am Bahnhof ab. Einen kleinen, in der Berliner Stadtbahn gekritzelten Zettel von ihr mit einem »ersten Willkommensgruß in Deutschland« hatte er bereits in der Tasche. Daß dieser Papierfetzen erhalten geblieben ist, zeigt, welch große Bedeutung dieser Gruß für Erwin hatte. Nun konnten die Geschwister sich endlich in die Arme sinken. Welch ein Wiedersehen!

In der Wangenheimstraße kam der Heimkehrer »sehr angenehm im Fremdenzimmer« unter und genoß es, am nächsten Tag mit Emma allein zu sein. Sie gingen zusammen an Gretes Grab, »Emma erzählt viel, nicht alles rosig«. Planck besuchte seine Freunde, vor allem Rudi, der ihn, wie er Rhenius berichtete, gleich überall mit hinschleppte. Dadurch verlor er seine anfängliche Benommenheit und faßte schnell Tritt. Abends saß die Familie beisammen, Erwin las aus seinem »Kriegstagebuch« vor und der Vater aus der Familienchronik. So wurde die Vergangenheit »aufgearbeitet«. Endlich musizierte man auch wieder miteinander.

Nachdem seine Versetzung nach Berlin bewilligt worden war, stellte Planck sich Anfang November »im Generalstab« vor, fand dort »nette Leute« und wurde als Leutnant der Reserve angestellt. Der Generalstab gehörte zur Heeresleitung, und Planck war dorthin versetzt worden, weil er als ehemaliger Gefangener nicht mehr zur kämpfenden Truppe gehören durfte. Das Hinundherüberlegen – Medizin oder Militär – erledigte sich, ganz wie es der Vater prophezeit hatte, von selbst. Nun betrieb Erwin seine Reaktivierung; sie erfolgte Ende März, und zwei Monate später bekam er das bereits angekündigte Oberleutnant-Patent.

Schon Ende 1916 hatte Erwin seinem Vater gegenüber den Plan erwogen, vielleicht doch als Offizier in Berlin Dienst zu tun. Dazu hatte Max Planck in einem Brief vom Januar 1917 einen recht aufschlußreichen Kommentar abgegeben: »Daß Du bezüglich der Garnison doch wieder mehr an Preußen denkst, ist mir, das muß ich aufrichtig sagen, eine hocherfreuliche Mitteilung. Es liegt mir natürlich fern, Dich nach einer bestimmten Richtung beeinflussen zu wollen; denn dazu kenne ich weder die objektiven Verhältnisse noch Deine speziellen Bedürfnisse genau genug. Aber ich darf doch sagen, daß mir der Gedanke ganz besonders sympathisch ist, Dich in Deinem engeren Vaterlande weiter dienen zu sehen, und in unserer Nähe. Außerdem bestehen in Preußen doch die älteren ruhmvollen militärischen Traditionen, und was diese bedeuten, hat uns gerade die Jetztzeit wieder eindringlich gelehrt. Denn sie sind es, welche die Armee stark und die Gesinnung unerschütterlich erhalten. Es versteht sich, daß ich gegebenenfalls *gerne alles*, was in meinen Kräften steht, tun werde, um Dir die Wege zu ebnen. Vorläufig habe ich gehört, daß bei dem hiesigen Garde-Infanterie-Regiment der Adel stark bevorzugt wird, obwohl die Bürgerlichen keineswegs grundsätzlich ausgeschlossen sind. Ich will mich aber weiter erkundigen, natürlich ganz unverbindlich, und Dir gegebenenfalls darüber berichten.«

Dieser Brief ist erstaunlich, weil es in der Familie Planck keinerlei militärische Tradition gab und auch die Bindung an Preußen neu war.

Nun fehlte nur noch eine eigene Wohnung. Mitte November zog Erwin Planck in »ein sehr nettes Zimmer mit allen Schikanen, auch Telephon«, in der Motzstraße 46 I, Ecke Prager Platz, in Wilmersdorf. Er war »sehr vergnügt und zufrieden«, zumal sein Freund Lothar v. Brandenstein nun auch nach Berlin ausgetauscht worden war. »Neben viel Arbeit im Generalstab führe ich ein Lotterleben und schlemme«, wie er Rhenius, der noch an der Front war, anvertraute. Er vermißte seinen Freund, vor allem für ausführliche Gespräche. Doch auch das Problem löste sich, als dieser zu Weihnachten Heimaturlaub bekam. Sosehr die beiden Geschwister fehlten, war das Weihnachtsfest für die Familie dennoch ein tröstliches Erlebnis.

Beim Generalstab

Das Jahr 1917 hatte durch den Kriegseintritt der USA große Veränderungen gebracht. Das so fatale Kräftegleichgewicht an der Westfront drohte sich zuungunsten des Deutschen Reiches zu verschieben, die Amerikaner warfen Truppen und Material in großen Mengen in die Waagschale. Österreich war durch den Krieg gegen Italien gebunden, außerdem brodelte es im Innern des Vielvölkerstaates. Im Oktober/November hatte die bolschewistische Revolution in Rußland zu Waffenstillstandsverhandlungen mit Deutschland geführt, die am 15. Dezember mit einem Abkommen abgeschlossen wurden. Im Westen wurde der Stellungskrieg durch zwei – jeweils eigenständige – Offensiven der Franzosen und der Engländer vorübergehend durchbrochen.

Seit August 1916 bildeten Generalfeldmarschall Paul v. Hindenburg und General Erich Ludendorff die Oberste Heeresleitung (OHL). Sie hatten große Macht, nicht nur, weil sie die Kriegführung bestimmten, sondern vor allem, weil der Reichstag und die wechselnden Kanzler schwach waren. Auf Theobald v. Bethmann-Hollweg war im Juli 1917 der moderat konservative Georg Michaelis gefolgt, auf ihn wiederum im Oktober der bisherige bayerische Ministerpräsident Georg Graf v. Hertling, der dem rechten Flügel des Zentrums angehörte. Beide wahrlich keine Vorkämpfer des Parlamentarismus und keine Anhänger der im Juli vom Reichstag verabschiedeten Friedensresolution, die für einen Verständigungsfrieden auf der Basis des Status quo eintrat und sich gegen Annexionen aussprach. Obwohl die Sozialdemokraten zusammen mit den Demokraten und dem Zentrum eine Mehrheit im Reichstag hatten, stagnierte die Reformpolitik, und faktisch regierte die OHL.

Das war die Lage, als Erwin Planck seine knapp drei Monate während Einarbeitungszeit im Generalstab in Berlin begann. Seit Mitte November 1917 informierte er seinen Freund Rhenius regelmäßig über »das Neueste«.[22] Man werde, so schrieb er, »über kurz oder lang in Flandern angreifen, weil es bei Paschendaele jetzt wirklich eklig ist. Auch in Rußland haben wir angegriffen, sagen es aber aus politischen Gründen nicht, einige tausend Gefangene, einige Dutzend Geschütze. Aber ob es stimmt? Das stammt aus dem Auswärtigen Amt. Unsere drei Zeppeline sind durch grobe Fehler verunglückt, es ist so unglaublich, daß man es nur mündlich erzählen kann.«

Planck bearbeitete zunächst »italienische Sachen«; er fand es »wundervoll und sehr interessant«, allerdings raubte es ihm seine »letzten paar Illusionen über unseren getreuen Alliierten [die Österreicher]. Alles arbeitet fabelhaft hier und denkt an nichts anderes als den bevorstehenden großen Coup. Er wird eher kommen, als man denkt, und den größten Stil entfalten, den wir aufbringen können.« Vorher sollte der Frieden im Osten abgeschlossen werden. Anfang Januar heißt es, es werde »bald losgehen, aber alle, die aus dem Westen selbst kommen, reden anders«. Wenn Planck die Befürchtungen, daß der Stellungskrieg kaum zu gewinnen sei, auch teilte, so meinte er doch, man verspreche sich wohl alles von dem »neuen Gas«, das er allerdings »wirklich unaussprechlich gemein« fand, und »den schönen neuen Tanks«. Auch die U-Boote sollten den Sieg bringen.

Ab Ende Januar 1918 arbeitete er im »Großen Hauptquartier« (G. H. Q.), Abteilung fremde Heere, in Bad Kreuznach, und zwar für die russische Sektion, Abteilung F. »Es ist fabelhaft interessant«, schrieb er an Rhenius, »allerdings täglich bis 1 Uhr nachts Arbeit. Ich muß natürlich noch furchtbar viel lernen (kein russisch), aber dafür ist es eine feine Tätigkeit. Man hört und sieht alles überhaupt Wissenswerte in diesem Kriege. Die Leute sind ganz besonders nett. Ich bin ziemlich einer der Jüngsten hier. Leutnants gibt es gar keine im Generalstab. Natürlich lebt man, was Wohnung, Essen, Pferde anbetrifft, ausgezeichnet.« Im Brief vom 22. Februar 1918 heißt es, daß »jetzt im Osten auch alles prächtig geklappt [hat]. Es ist ein komischer Feldzug, meistens geführt durch ein paar Gruppen Landwehrleute auf einer Lokomotive mit 1–2 Wagen. Unsere Truppen sind nur an den Bahnkörpern und fahren gänzlich unbelästigt tief ins Land hinein. Ein Teil der russischen Eisenbahntruppen hat sich ja uns zur Verfügung gestellt. Bis jetzt haben wir noch keinen Toten.«

Gemeint war der sogenannte Eisenbahnvormarsch, durch den das Deutsche Reich zwei Wochen später, am 3. März, den Frieden von Brest-Litowsk erzwang. Es war ein harter Frieden, der dem späteren Versailler Vertrag in nichts nachstand; doch Lenin hatte sich dafür eingesetzt, ihn anzunehmen, um eine Atempause für die Revolution zu gewinnen – in der Gewißheit, daß auch in Deutschland der Umsturz bevorstand, wodurch der Vertrag hinfällig werden sollte.

Der Krieg war für Planck nun zur Bürotätigkeit geworden. Zwar faszinierte sie ihn, doch immer wieder bemerkte er, daß er sich »dürftig« vorkomme, weil er auf einem Bürosessel am Schreibtisch und nicht auf einem Pferd an der Front sitze. Die Anforderungen im G. H. Q. waren hoch, »wer sie nicht erfüllt, verschwindet ziemlich rasch«; wer mithielt, hatte allerdings gute Chancen weiterzukommen. Und in der Tat kam Planck weiter. Anfang März reiste er »aus dienstlichem Anlaß ins Kriegsgebiet nach Spa in Belgien«, wohin das G. H. Q. verlegt worden war. Hier blieb er bis zum 13. November 1918.[23] Auch in Spa war er für die russische Sektion zuständig. Obwohl er viel zu tun hatte, fand er immer wieder Zeit für einen »wundervollen Ritt« oder lange Spaziergänge in der »herrlichen Landschaft«, für abendliches Kartenspiel und feucht-fröhliche Feiern.

Planck befand sich also, verglichen mit seinem Freund Rhenius, in einer recht privilegierten Position: er bequem und ungefährdet im Generalstab, der Freund in ständiger Lebensgefahr an der Front. So nimmt es nicht wunder, daß Rhenius offenbar recht kritische Briefe an Planck schrieb, der – wenn auch an untergeordneter Stelle – zu denen gehörte, die veranlaßten, was Rhenius und seine Kameraden ausbaden mußten. In einem Brief vom 4. April 1918 versuchte Planck sich zu rechtfertigen, indem er auf die heiklen Fragen von Rhenius antwortete. Zunächst ging es um den Gaskrieg, zu dem er folgendes schrieb: »Mit dem Gas dürft Ihr Euch nicht wundern. Es ist *ausschließlich* zur Bekämpfung schwerer Batterien bestimmt. Weitere Verwendung, oder gar gegen Infanterie, ist *ausgeschlossen*. Auch sterben die Leute nicht, sondern werden nur kampfunfähig. In dieser Verwendung hat das Gas *entscheidend* zu unserem Erfolg beigetragen. Darüber sind alle Meldungen übereinstimmend, und ich habe es selbst von gänzlich autoritativer Seite gehört. Gastote werdet Ihr also nie finden.«

Da war Planck der »gänzlich autoritativen Seite« offensichtlich auf den Leim gegangen. Zum einen brachte der Einsatz von Gas, mit dem die Deutschen schon zu Beginn des Krieges experimentiert und den dann auch die Alliierten weiterentwickelt hatten, nicht den erwarteten Erfolg. Zum anderen gab es sehr wohl Gastote, man schätzt ihre Zahl im ganzen auf etwa 70 000 bis 90 000, dazu kamen über eine Million Gasvergiftete.

Der nächste Punkt betraf die Schwere der Kämpfe und die äußerst hohen Offiziersverluste. Dazu meinte Planck: »Im Herbst wird die Schweinerei ja vorbei sein. … Man kann wohl sagen, daß, wenn wir es schaffen, und davon bin ich überzeugt, der Offizier, und ganz besonders die Bataillons- und Regimentskommandeure, das Hauptverdienst haben.«

Drittens ging es um die Frage, ob das G. H. Q. engen Kontakt zur kämpfenden Truppe habe, was Rhenius offensichtlich bezweifelte, denn Planck antwortete ihm: »Unsere Fühlung mit der Front ist nicht so gering, wie Du denkst. Wir wechseln uns dauernd ab [mit Besuchen bei den] Korps und Divisionsstäben. Das ist ja noch nicht viel, aber gibt doch etwas Fühlung. Du mußt nur nicht jeden Mann aus dem G. H. Q. für einen ansehen, der orientiert sein sollte. Informiert werden nur [wenige], und die erzählen nicht viel weiter, die anderen, die vorfahren, sind mehr oder weniger Schlachtenbummler. Leider ist das nicht zu verbieten – aus ›höheren Rücksichten‹.« Wenn man zusätzlich liest, was Planck über seine beiden eigenen Frontbesuche Mitte Mai und Mitte November 1918 in das Tagebuch eintragen sollte, so kann man Rhenius in seiner Skepsis nur beipflichten – es lagen Welten zwischen den Generalstäblern und der kämpfenden Truppe.

Das Hauptaugenmerk richtete sich nun auf die geplante Offensive im Westen. In Plancks Tagebuch wird die Nervosität spürbar, die sich im Hauptquartier verbreitete – 15. März: »Spannung auf Offensive allmählich unglaublich aufregend.« 16. März: »Kaiser kommt an. Steter Kanonendonner. Spannung allmählich aufreibend.« 17. März: »Vormittags Gottesdienst. Kaiser anwesend. Gönz predigt mäßig, schauspielert. Nicht der Lage angemessen.« 18. März: »Immer gleiche Spannung.« 19. und 20. März: »Regen, Regen, Regen!« 21. März: »Schönstes Wetter. Spannung am Vormittag groß. Endlich Mittagsmeldung: ohne große Verluste 2-3 km weit vor, auf 60 km Breite.« 22. März: »Noch nichts Wesentliches. Stimmung ausgezeichnet. Strahlendes Wetter.«

Tatsächlich hatte am 21. März 1918 die große Schlacht im Westen begonnen. Kurzfristig war der Durchbruch durch die englische Front gelungen und die Einnahme von Amiens in greifbare Nähe gerückt, aber dann stagnierte der Vormarsch. Im April und Mai folgten zwei weitere Großoffensiven. Planck, der den Vormarsch weiter gespannt verfolgte, glaubte immer noch, »daß wir bis zum Herbst unser Ziel erreichen«. Doch die Verluste waren immens. Die Alliierten sammelten sich unter dem Oberbefehl des französischen Generals Ferdinand Foch, die meisten amerikanischen Truppen waren gelandet, und Mitte Juli startete die große Gegenoffensive, die schließlich den Krieg beendete.

Auch diesen Vormarsch verfolgte Planck, diesmal mit größter Sorge, wie sein Tagebuch zeigt – 18. Juli: »Französische Offensive südlich Soissons, große Erfolge. Sehr ernste Lage. Ganzes Programm muß geändert werden! Sehr ernster Tag.« Dann: »Frankreich weiter erfolgreich, Lage wird *sehr* ernst.« Obwohl am Tag darauf die »französische Offensive steht«, hatte »sich alles verändert. Nun wird der Osten wieder Trumpf.« Was meinte er damit? Obwohl er wußte, daß die Entwicklung im Osten »ziemlich kompliziert« war, hatte er noch im Mai 1918 geglaubt, daß man den Bolschewismus besiegen und dann eventuell Rußland als Verbündeten gewinnen könne. Im Januar 1918 hatte sich die Ukraine für unabhängig erklärt und eine nichtbolschewistische Regierung unter Pavlo Skoropadskij gebildet. Deutschland hatte diese Loslösung von Sowjetrußland unterstützt, umfangreiche Getreidelieferungen ausgehandelt und am 9. Februar einen Separatfrieden mit der Ukraine geschlossen.

Darauf spielt Planck im Brief an Rhenius an: »Gott sei Dank haben wir nun endlich die blödsinnige ukrainische Regierung herausgeworfen. Der Diktator [Skoropadskij] ist aber mehr oder weniger Russe, ebenso wie seine Anhänger, so daß es mit der ukrainischen Selbständigkeit wohl etwas faul werden wird. Das schadet aber nichts, denn Rußland selbst ist so erledigt, daß es froh sein wird, wenn es von der Ukraine oder von uns ein bißchen gestützt wird. Es ist höchste Zeit, daß nun auch endlich die Bolschewiki fliegen. Daß wir es zuließen, daß auf der russischen Botschaft Unter den Linden ihre rote Flagge weht, ist einfach unerhört. Nur, lange wird es nicht dauern, dann gibt es wieder völliges Chaos, und letzten Endes werden doch wohl wir auch die Ordnung schaffen und einen Diktator einsetzen müssen.«

Doch die, wie er meinte, »planmäßige, vernünftige Politik« geriet im August 1918 schon »wieder in eine ziemliche Krise. Vorbereitet ist alles noch ganz leidlich, seit Hintze und Helfferich arbeiten, aber vorher wurde viel versäumt, was kaum gutzumachen ist.« Admiral Paul v. Hintze hatte im Sommer auf Druck der Obersten Heeresleitung den Staatssekretär Richard v. Kühlmann im Auswärtigen Amt abgelöst, und Karl Helfferich wurde im August deutscher Geschäftsträger in Moskau.

Laut Plancks Tagebucheintrag vom 7. August wurde Helfferich auf der Reise nach Moskau »durch [einen] sozialistisch revolutionären Aufstand aufgehalten« und saß nun »in Smolensk. Größte Angst um ihn.« Doch drei Tage später war er wieder in Berlin. Anfang September schreibt Planck: »Massenerschießungen in Rußland. Mir ist, als wären wir selbst die Mörder.« Und am 5. September heißt es: »Erschießungen und Schweinereien jeder Art in Petersburg.«

Planck war ganz der Meinung von Helfferich, daß die Bolschewiki schnellstens besiegt werden müßten, allein schon, damit die deutsche Politik aus ihrer »Zwiespältigkeit« herauskomme. In seinem 1920 erschienenen Buch »Der Weltkrieg« schrieb Helfferich, es sei nicht angegangen, »daß wir in den von uns besetzten baltischen Gebieten, in Finnland, in der Ukraine, im Dongebiet und im Kaukasus die Bolschewiki bekämpften und in Großrußland gemeinschaftliche Sache mit ihnen machten. Wir durften unser Verhältnis zu dem künftigen Rußland nicht durch ein Kleben an den Bolschewiki aufs Spiel setzen.«[24]

Planck, dessen Äußerungen man als repräsentativ für die Stimmung im G. H. Q. nehmen kann, überschätzte den Einfluß der deutschen Politik, und er unterschätzte völlig die Eigendynamik und die Auswirkungen von Revolution und beginnendem Bürgerkrieg in Rußland. Erstaunlich an seinen Kommentaren zum Kriegsgeschehen ist die selektive Wahrnehmung: Von den Alliierten ist gar keine Rede, der Blick ist allein auf die vermeintliche Macht der Deutschen gerichtet.

Plancks Äußerungen in den privaten Briefen und im Tagebuch bestätigen, was der Historiker Nipperdey über die Veränderungen der allgemeinen Stimmung in Deutschland während des Krieges schreibt: am Anfang der »große enthusiastische Aufbruch, für den die Kriegsfreiwilligen von 1914 stehen«, in einer zweiten Phase die stetige »Erwartung des baldigen Kriegsendes, von Sieg oder Selbstbehauptung«, dann »das Durchhaltepathos im Stellungskrieg und in den Entbehrungen der Blockade« und schließlich »der gegen Ende des Krieges zunehmende Fatalismus, noch immer, von Wunschdenken erfüllt, von Gerüchten und Wundererwartungen« getragen, denn man lebte »ohne Informationen ... und in einer realitätsblinden Welt von Illusionen«.[25] Das galt selbst für diejenigen, die wie Erwin Planck an der Quelle möglicher Informationen saßen.

Erwin Plancks Weg in die Politik

Das Ende des Krieges

Die letzte Phase begann. Am 27. September 1918 faßte US-Präsident Wilson seine schon zu Beginn des Jahres verkündeten 14 Punkte noch einmal in einer großen Rede zusammen und rief zu einem gerechten Frieden sowie zur Selbstbestimmung der Völker auf. Daraufhin und auch, weil ihnen der Krieg verloren schien, schickten Deutschland und seine Verbündeten – Bulgarien, die Türkei, Österreich-Ungarn – im September und Oktober Waffenstillstandsangebote an Wilson auf der Grundlage der 14 Punkte. Überall purzelten die Regierungen. Seit dem 3. Oktober hatte Deutschland einen neuen Reichskanzler, den Prinzen Max v. Baden, der Reformen einleitete. »Eine Nachricht jagt wirklich die andere«, heißt es in Erwin Plancks Tagebuch.

Am 8. Oktober ging Wilsons erste Antwortnote ein; Planck fand sie »durchaus maßvoll. Ich wünsche jetzt nur Schluß, denn bei unserer jetzigen Organisation wird doch nichts Gescheites mehr. Wir müssen neu aufbauen.« 12. Oktober: »Wilson verlangt Räumung, sehr erschütternd.« Am 15. Oktober wurde die zweite Note des amerikanischen Präsidenten bekannt. Auf Druck der Engländer und Franzosen forderte er die Räumung aller besetzten Gebiete im Westen und – wenn auch noch verschleiert – eine bedingungslose Kapitulation. Das löste bei Planck wie bei fast allen Deutschen »große Enttäuschung [und] große Niedergeschlagenheit« aus. Man empfand diese Note als »schamlos heuchlerisch [und] erbitternd«.

Am 16. Oktober fragte sich Planck: »Wird Kapitulation kommen? Oder Verzweiflungskampf.« Nach seiner Einschätzung war die »allgemeine Stimmung [im Stab] für Verzweiflungskampf, ich sehe das sehr skeptisch, der Rubikon ist nun mal überschritten, wir müssen liquidieren, je eher, desto besser.« Die Hohenzollern, meinte er, »wird man halten können, Kaiser wohl nicht. Waffenstillstand wird kommen. Wären wir nur erst durch den ganzen Schlamm von Erniedrigungen hindurch.« Immerhin wußte er aus eigener Anschauung, womit die Deutschen zu rechnen hatten.

Weiterverhandeln oder kämpfen, das war die Frage für die Oberste Heeresleitung und die Reichsregierung. Wilsons dritte Note vom 23. Oktober verlangte ganz klar die bedingungslose Kapitulation des kaiserlichen Heeres, ließ aber Möglichkeiten für Verhandlungen offen, falls in Deutschland ein echter Systemwechsel erfolgen sollte, der über die wenigen bisherigen Verfassungsreformen hinausgehen würde. Ludendorff rief zum Kampf auf und erließ eine entsprechende Weisung an die Truppe. Sein Durchhaltewillen war in Plancks Augen nur noch von der Tradition der militärischen Ehre bestimmt, nicht von der Sorge um das Volk. Es kam zu einer scharfen Auseinandersetzung zwischen Regierung und OHL, die am 26. Oktober zur Entlassung Ludendorffs durch den Kaiser führte.

Was Erwin Planck von alldem hielt und wie er die militärische und politische Lage sowie die Zukunftsaussichten einschätzte, geht aus Tagebuchaufzeichnungen hervor, die er nach einem einsamen Spaziergang am 25. Oktober machte:

»Presse entrüstet über Wilson, soll ruhig auftrumpfen, bis Bedingungen kommen, aber dann sehe ich doch die Annahme kommen. Hindenburgbefehl an das Heer bekannt, alles unannehmbar, es wird weitergekämpft, wenn das, wie es den Anschein hat, ohne Wissen Berlins geschehen ist, so war es eine Narrheit, ein Verbrechen. Wer leitet die Politik? Die auf Rat der OHL eingesetzte Regierung oder die OHL? Wer befiehlt dem Heer? Der Kaiser oder die Operationsabteilung? Wie ist es möglich, daß die Leute überhaupt jetzt so entsetzt über die Wilson-Antwort sind? Konnte ein vernünftiger Mensch etwas anderes erwarten? Und wenn jetzt Berlin Schluß machen will, hat es dazu nicht auf Veranlassung der OHL den Anfang gemacht? Ich sehe folgende

Konsequenzen: Entweder Berlin verhandelt weiter, dann müssen Hindenburg und Ludendorff gehen, nicht ohne vorher die Disziplin auf das ernstlichste untergraben zu haben. Oder Berlin hat davon gewußt, ist gleicher Ansicht, oder gibt jetzt der OHL nach, dann ist es um die Hohenzollern geschehen. Dann wird die uneingeschränkte Vernichtung kommen. Wie kann man nur über die elementarsten Dinge so faselig denken? Die Operationsabteilung hat durch Inzucht und Abschließen einen derartigen Grad von Weltfremdheit erreicht, daß sie gemeingefährlich ist. Ich bin wahrlich ein Verehrer unserer Führer gewesen, jetzt sehe ich nur den Ausweg, sie zu entfernen. *Wir müssen uns klarmachen, daß der Krieg verloren ist,* und danach *handeln,* nicht mit Frauenlogik erst mit dem Feinde flirten, dann, wenn er es ernst meint, es shocking finden und das Gegenteil anfangen. Dies ist die berühmte deutsche ›Falschheit‹, weiter nichts wie Unentschlossenheit, Gefühlsduselei, Unkenntnis. – Ich sehe sehr, sehr schwarz. An einen nationalen Aufschwung glaube ich nicht, der *ist gewesen.* Liquidieren, liquidieren, liquidieren! Nur so können wir Reich und Dynastie retten. Der andere Weg endet mit der Revolution. Tatsächlich stellt sich abends heraus, daß die schlimmsten Befürchtungen wahr sind. Der unselige Befehl wurde *ohne* Einverständnis mit irgendeiner Stelle gegeben. Man hat einen Sündenbock geschaffen und behauptet, er hätte eigentlich nur an Unterrichtsoffiziere gehen sollen. Der Befehl ist telegraphisch *widerrufen.* Es steht traurig um uns. Ich bin überzeugt, daß dies zum Abschied Hindenburgs und Ludendorffs führen wird.«

Tatsächlich wurde »dem Kaiser [die] Kommandogewalt genommen«, wie Planck am nächsten Tag berichtet, und er fügt hinzu: »Ich erwarte dieser Tage seine Abdankung. Hoffentlich kommen bald die Waffenstillstandsbedingungen.« Auch seine Voraussage zu Ludendorff erfüllte sich; dieser wurde entlassen und verschwand »ohne irgendwelche Abschiedskundgebungen auf seinen Wunsch«. Planck fand es »gut, daß Hindenburg bleibt, das kann vieles retten«. Sein Chef Rotkirch war »völlig down«, und er hatte »viel politischen Streit mit ihm, aber immer in netter Form«. Planck beurteilte die Entwicklung positiv und tippte auf General Wilhelm Groener als Nachfolger von Ludendorff.

Bereits am Abend wurde seine Prognose bestätigt. Seiner Ansicht nach die »glücklichste Wahl, die möglich war. Ein Lichtblick. Er ist zweifellos militärisch recht gut, politisch Ludendorff überlegen, und das ist jetzt die Hauptsache. Viel wird er von dem sinkenden Schiff freilich wohl nicht mehr retten können. Nun wird also liquidiert werden. Das erscheint mir sicher, ich halte es für das beste.« Das Bild vom sinkenden Schiff paßte besser, als Planck ahnen konnte, denn zwei Tage später begann eine Meuterei auf der deutschen Hochseeflotte und am 3. November der Aufstand der Matrosen in Kiel. Die Fronten lösten sich auf, der Vielvölkerstaat Österreich-Ungarn zerbröckelte, und die Mittelmächte schlossen eine nach der anderen Waffenstillstandsverträge.

Planck blieb in Spa und notierte weiter in seinem Tagebuch, wie sich die Ereignisse überstürzten: »6. November: Heute bringen die Zeitungen die Nachricht vom Bolschewismus in Kiel, Flotte unter roter Flagge, Offiziere getötet, Militär übergegangen, armes Deutschland, Dir wird nichts erspart. Meine Division auf Kiel abgedreht, es kann sich jetzt für unser aller Schicksal um Stunden handeln. Der Kampf im Westen muß sofort eingestellt werden. Wir brauchen die guten Leute im Innern. Vielleicht läßt sich dann die Pest noch lokalisieren. *Wahrscheinlich* ist das *nicht*. Was wird der nächste Tag bringen? Für die Kieler Division kann nicht garantiert werden, da 75 % Ersatz gekommen ist (neue junge Leute). Hamburg, Lübeck haben auch Bolschewismus. Wilson antwortet, die Bedingungen seien bei Foch abzuholen. Das deutsche Volk ist *doch* nichtswürdig. Jetzt geht den Leuten Klasse über Vaterland. Sie brauchen [die] *Knute*, um [die] Kanaille niederzuhalten, dann ist sie anständig. Unsere Rechte hatte recht, sie war nur unfähig zu regieren wie sie müßte mit dem Preußenstock, und Fluch unseren Liberalen, sie haben mit ihrer Überschätzung alles auf dem Gewissen. Noch ist ja möglich, daß das alles nicht wahr wird, dann will ich abbitten. Ich glaube es aber nicht.«

Diese letzten Tage vor der Kapitulation ließen bei Planck die Überzeugung heranwachsen, daß die breite Masse des Volkes nur egoistische Klasseninteressen verfolge und deshalb anfällig für den Bolschewismus sei, daß die Menschen kein »Vaterlandsgefühl« hätten und niemand mehr bereit sei, sich für das eigene Land einzusetzen. Er ist sich sicher, daß auf den Sozialdemokraten Scheidemann der radikale »Liebknecht mit Blutbad und Terror folgen wird«. Er redet von der »Kanaille«, die die »Knute«, statt vom Volk, das demokratische Mitbestimmung braucht.

Woher kam diese demokratiefeindliche Einstellung, die die Entstehung der Weimarer Republik so ungeheuer erschwerte? Es ist wichtig, diese Frage zu erörtern, denn Erwin Planck war kein Einzelfall, vielmehr ein Repräsentant der herrschenden Schicht. Das Deutschland, das er mit 21 Jahren verlassen hatte, um in den Krieg zu ziehen – ein, so die Auffassung der meisten, reiner Verteidigungskrieg –, war eine Monarchie mit nur wenigen demokratischen Elementen gewesen. Dann war er rasch in französische Gefangenschaft geraten und fand seine anerzogenen Vorurteile gegenüber dem Erbfeind bestätigt. Er lebte in einer Scheinwelt und bekam nicht mit, was in Deutschland und der Welt geschah. Auch sein Posten im Hauptquartier von Spa war fern der Wirklichkeit, wie sie sich inzwischen in Deutschland herausgebildet hatte – mit Arbeiterunruhen, Streiks, neuen Parteien, Friedensoffensiven und zaghaften Reformen. Schließlich kam die beängstigende Entwicklung in Rußland dazu und die Fixierung auf die Gefahr des Bolschewismus. Das alles zusammengenommen ließ ihn so reagieren, wie es typisch war für seine Schicht und seine Generation. Wobei er sich noch vergleichsweise vernünftig zeigte und empfahl: »Also muß man mitgehen, nicht gegenstemmen.«

Ein Tagebucheintrag vom 8. November spiegelt seine Orientierungslosigkeit besonders drastisch wider: »Hoffentlich gibt es ein Land der Erde, das nicht bolschewistisch sein wird. Sicher wird es auf die Entente übergreifen. Der deutsche Bolschewismus wird ansteckender sein als der russische. Jetzt einen Kopf und Gesundheit haben, unverheiratet sein. Damit kann man alles machen. Vielleicht wird es wieder ein Vaterland geben, sonst geht man zu Krasnow* oder nach der Südsee. Merkwürdiges Gefühl: Als ob man in einer völlig neuen, chaotischen

---

* Krasnow war ein zarentreuer Kosakengeneral, der in Südrußland für einen unabhängigen Donkosaken-Staat kämpfte.

Welt geboren sei. Man könnte ebensogut auf dem Mond sein, so unbekannt ist alles.«

Auf jeden Fall war Planck an »Deutschlands Zukunft« glühend interessiert und führte offenbar »erregte Debatten« mit seinen Kameraden. Dies hatte den Nebeneffekt, daß er sich über seine eigene Zukunft und seine Berufswahl immer klarer wurde. »Ich bin ganz Politiker geworden«, bekannte er Rhenius, »und eigentlich ein gemachter Mann hier, weil mir alle Leute noch mehr zutrauen, als ich weiß.« Er arbeitete in einer politisch einflußreichen Abteilung, im Stab des Generalquartiermeisters, der seit dem 26. Oktober Wilhelm Groener hieß. Dieser hatte seinen seit Kriegsbeginn bevorzugten Mitarbeiter, Major Kurt v. Schleicher, mitgebracht. Schleicher war im August 1917 von einem kurzen Fronteinsatz in den Generalstab des Generalquartiermeisters im Großen Hauptquartier zurückgekehrt, und zwar in die politische Abteilung, die für Wirtschaft und besetzte Gebiete verantwortlich war. Im November 1918 machte Groener ihn zu deren Leiter.

Schleicher war, wie sein Biograph Thilo Vogelsang schreibt, »einer der wenigen Leute in der Obersten Heeresleitung, die der zunehmenden und zwangsläufigen Verquickung von innen-, wirtschafts- und sozialpolitischen Problemen ... aufgeschlossen gegenüberstanden und Lösungsversuche nicht scheuten«[1] – und er war ein Menschenfischer. Ludwig Crüwell, der etwas später sein Mitarbeiter wurde, hat ihn so beschrieben: »Ein mittelgroßer, leicht beleibter Herr mit kahlem Kopf, blauen Augen und sehr hübschen Händen. Er fiel auf durch seinen sprühenden Witz, sein rasches, manchmal voreiliges Urteil über alles und jeden. Dazu kam eine sehr große Liebenswürdigkeit. ... Er war eine sehr bedeutende Arbeitskraft, die nie erlahmte.«[2] Und er sammelte mit Bedacht junge, aufgeschlossene Offiziere um sich, die seine politischen Ziele teilten. So war sein Blick auch auf Planck gefallen, der in der russischen Sektion für besetzte Gebiete verantwortlich war. Es muß sich spontan eine große Sympathie zwischen beiden entwickelt haben; ihre Zusammenarbeit wurde immer enger, sie wurden Freunde, und Schleicher sollte später Plancks Trauzeuge sein.

Alle hatten »den Krieg satt«. Planck sah, wie er seinem Freund Rhenius schrieb, »auch gar nicht ein, wofür man noch schuften soll. Wenn der Rummel vorbei ist, möchte ich am liebsten ein Vierteljahr Pause machen. Jedenfalls gehe ich dann zum Auswärtigen Amt, denn, wenn der Betrieb da jetzt auch doll ist, so habe ich mir fest vorgenommen, da etwas zu erreichen.« Die Entscheidung für die Politik wird immer eindeutiger.

Die letzten Tage vor dem Waffenstillstand in Spa und die Rückfahrt nach Berlin spiegeln sich eindringlich in den Tagebuchaufzeichnungen wider: Am 8. November wurden die »Sektionschefs befragt«, ob die Weiterführung des Krieges einen Sinn habe. Man »wurde mit ihnen darüber einig, daß [eine] Gegenaktion zwecklos« sei. Nicht alle dachten so, denn es wurde erzählt, wie Planck ironisch notierte, »daß noch wie wild zur Gegenaktion gekarrt wird. Kaiser entschlossen zu bleiben, also los, ... ein ehrenvoller Tod. Ich bin froh darüber. Endlich habe ich einen Revolver mit sieben Patronen. Nie habe ich mich über ein Geschenk mehr gefreut. Ich trage ihn von nun an immer bei mir. ... Abschiedsbriefe an Lothar [und] Vater geschrieben, dann wieder zerrissen.« So war die Stimmung!

Der 9. November 1918 begann mit einer großen Versammlung in Spa, auf der Regimentskommandeure von der Front befragt wurden. Planck notiert: »Ihr Bescheid einstimmig, Truppe wird nie auf Deutsche schießen. Damit Entscheidung besiegelt.« Später kam die Nachricht von der Abdankung des Kaisers. Sie traf nicht nur die Generalstabsoffiziere, sondern das ganze Offizierskorps wie ein Keulenschlag. Im Tagebuch steht dazu kein Kommentar. Auch nicht zu der Tatsache, daß an diesem Tag in Berlin gleich zweimal die Republik ausgerufen wurde, einmal von Philipp Scheidemann und einmal von Karl Liebknecht.

Dagegen berichtet Planck von der Aufforderung aus Berlin, Soldatenräte zu bilden. Die »Front wird uns für verrückt halten, [es] ist aber das einzig Richtige«. »Sehr drückend« waren die soeben bekannt gewordenen Waffenstillstandsbedingungen. Die große Frage war, »welche Regierung soll abschließen? Ein Berliner Kurier kommt nach dreitägiger Fahrt an. Ich guter Stimmung. In Berlin scheint Spartakus* gesiegt zu haben (vorläufig). Heute Nachmittag soll sich weiteres entscheiden. [SPD-Chef] Ebert kämpft noch um die Macht. Um 4 Uhr sehr belebtes Straßenbild. Aufgeregte Belgier. Große Gruppen von Soldaten und Matrosen, manche grüßen nicht mehr. ... Nachmittags Soldatenversammlung der Formationen, sie wollen je zehn Vertrauensmänner wählen und dann weitersehen, sind ganz vernünftig, haben Angst, was erste Gardedivision hier soll. ... Abends findet eine Versammlung aller Offiziere mit einem Rätemann im Kasino« statt. Ein Offizier »redet leidlich, der Vertrauensmann gut, dann [spricht] Major Düsterberg über Achselstücke abreißen, zwar völlig hysterisch und außer sich, doch sehr ergreifend. Grüßen abgeschafft.«

Auch Plancks Bursche Hermann war »Sozialist«, blieb ihm aber treu und sorgte weiterhin gut für ihn. Seine Sachen wurden »gepackt, viele Akten verbrannt. Scheußlich ungemütlich. Gut nur, daß Hermann ordentlich bleibt.« Überhaupt gewann Planck den »Eindruck, daß [die] ganze Geschichte lange nicht so blutrünstig ist«, wie die Gerüchte vermuten ließen. Die Nachrichten aus Berlin besagten, daß »Ebert mit drei Unabhängigen ein sozialdemokratisches Konzentrationsministerium« bilde, während »Liebknecht allerdings Opposition« mache und »mit ihm die Spartakusgruppe.«.

Es handelte sich um den sogenannten Rat der Volksbeauftragten. Am 11. November wurde das Waffenstillstandsabkommen von Matthias Erzberger, dem Leiter der deutschen Delegation, im Wald von Compiègne unterzeichnet. Damit endete der Erste Weltkrieg. Das Hauptquartier in Spa wurde geräumt. Auch Planck reiste ab. Zusammen mit zwei anderen Offizieren hatte er von Groener den »Sonderauftrag« erhalten, die Truppen an der Front aufzusuchen und sich über ihren Zustand zu informieren. Die Gruppe fuhr am 12. November über Longwy und Wallerfangen bei Saarlouis nach Saarbrücken und Umgebung und schließlich über Luxemburg und Trier nach Koblenz. Im ganzen fanden sie alle Heeres-

---

* Eine radikal-sozialistische Gruppe, die sich von der USPD abgespalten hatte.

gruppen in »gute[r] Ordnung [und] freundliche[r] Stimmung« vor.

Ein Brief, den Rhenius zur gleichen Zeit von der Westfront schrieb, bestätigt diese positiven Eindrücke: »Hier herrscht noch tadellose Ordnung, die wir auch aufrechterhalten werden, wenn die Einflüsse von anderen Truppen und aus der Heimat nicht zu stark werden. Augenblicklich könnten wir jedenfalls den Berlinern zeigen, was eine disziplinierte Truppe ist.« Tatsächlich war es dank der Organisation des Generalquartiermeisters Groener und seines Helfers Major v. Schleicher gelungen, das Westheer trotz vereister Straßen und schwierigen Geländes sowie der Behinderungen durch die Franzosen geordnet über den Rhein zu bringen.[3]

Auch Planck und seinen Begleitern gelang es bei Koblenz, »mit Hängen und Würgen über den Rhein« zu kommen. Am 18. November erreichte man »nach ganz glatter Fahrt« Kassel-Wilhelmshöhe, wohin die Oberste Heeresleitung verlegt worden war. Der Eindruck, den Planck dort gewann, war »mäßig«, doch traf er Bodo v. Harbou, mit dem er zusammen in französischer Gefangenschaft gewesen war und der sich nun sofort seiner annahm, und er begegnete Karl Jarres, dem späteren Reichsinnenminister und Oberbürgermeister von Duisburg, den er »sehr gut« fand. Zwei Tage später wurde Planck noch einmal »als Kurier zur Heeresgruppe A und B« an den Rhein geschickt. Die Heeresgruppe B unter Major v. Bock in Königswinter machte einen »guten Eindruck« auf ihn, während die Heeresgruppe A bei Grevenbroich in »schlechtem« Zustand war. Nicht nur der Stab, auch das Straßenbild wirkte »unordentlich, Fahrt durch Industriegebiet unerquicklich. In Barmen wüste Bilder, in Hagen wird mit Schießen gedroht. Nach Reifenpanne und scheußlicher Fahrt« traf Planck am 21. November nachts wieder in Kassel ein.

Harbou ließ Planck »sehr großzügig seine Arbeiter- und Soldatenrichtlinien entwerfen«, was diesem »viel Spaß« machte, und nahm ihn am 26. November mit nach Berlin. Im Schlafwagen machte Planck »ausgiebig Bekanntschaft« mit Paul v. Hintze, dem Staatssekretär im Auswärtigen Amt, dessen Politik er schon in Spa begrüßt hatte. In Berlin nahm er an Besprechungen mit Groener teil, bei denen es um die Unterstützung Eberts ging. Besonders Schleicher machte hier »vorzügliche Vorschläge«. »Alles drängt furchtbar wegen Putsch von Spartakus, ich glaube nicht recht daran.« Planck pendelte noch ein paarmal zwischen Kassel und Berlin und erfuhr auf diesen Bahnreisen eine Menge über die Ansichten der durch die Ereignisse aufgewühlten Menschen. Am 6. Dezember 1918 half er dann bei der endgültigen »Verlegung des ganzen Stabes nach Berlin«.

Politik im »bunten Rock«

Nun war Erwin Planck wieder in Berlin, und es war nicht ganz klar, was aus ihm werden sollte. Er war weder ein schneidiger Offizier noch ein auf Macht versessener Politiker, der ganz in seinem Geschäft aufging. »Sein Ziel war«, wie Rhenius es beschreibt, »der homo humanus, aufgeschlossen für alles Geistige«, interessiert an der Verschiedenartigkeit der Kulturen der Völker und immer wieder die Beziehung zu anderen Menschen suchend, auch im gemeinsamen Musizieren. Wichtig waren ihm dabei »Freiwilligkeit und die Freiheit vom Zwang. ... Ererbte Anlagen sowie Erziehung und Einfluß des Elternhauses [haben] aus Planck einen Mann mehr des ruhigen Abwägens als des schnellen Zupackens gemacht. Diese Seite seines Wesens wurde durch eingehende Beschäftigung mit der Geschichte aller Zeiten, der er den Wert ruhiger Entwicklung entnahm, vertieft. Er war ein Feind von Gewaltlösungen, ein Freund der Evolution.«[4]

Auf dieser Grundlage sollte er an der Schnittstelle von Heer und Politik agieren und – zunächst noch als aktiver Offizier, später als Rittmeister der Reserve – versuchen, die Geschicke der Weimarer Republik mitzugestalten, nicht als Mann der vordersten Linie, aber als einer, dessen Rat gefragt war und der aus dem Hintergrund Einfluß gewann. Seine Tagebuchaufzeichnungen und Briefe zeigen, daß er die Veränderung des politischen Systems im ganzen recht gelassen aufnahm und auf pragmatische Lösungen bedacht war. Sein Urteil über die handelnden Personen war nicht ideologisch geprägt, sondern beruhte auf deren jeweiligen menschlichen und fachlichen Qualitäten.

Daß sein Vater den Umsturz tragischer nahm als er mit seinen 25 Jahren, ist verständlich. Aber auch Max Planck versuchte die Ereignisse in seiner abwägenden Art zu verstehen und zu verarbeiten. In dem schon häufiger zitierten Brieftagebuch schrieb er im Dezember 1918 an seine Freunde: »Wieviel gibt es diesmal zu berichten; doch alles erscheint einem klein und kaum erwähnenswert neben dem großen Furchtbaren, was unser liebes Vaterland getroffen hat – eine endgültige Niederlage, und noch schlimmer, der innere Kampf, in dem sich die noch übriggebliebenen Kräfte gegenseitig zerfleischen. Doch trotz allem gehöre ich zu denjenigen, welche die zuversichtliche Hoffnung auf Besserung und auf einen neuen Aufstieg nicht sinken lassen, sie ist wenigstens für mich die notwendige Voraussetzung für ein Weiterleben unter den so gänzlich veränderten Verhältnissen. Vielleicht erwächst uns sogar aus der Neuordnung der Dinge (wenn sie einmal wirklich diesen Namen verdienen wird) mancher Fortschritt gegen früher. Darum arbeiten und nicht verzweifeln.«[5]

Auch für Erwin Planck hieß es arbeiten. Er war als Oberleutnant einer der Verbindungsoffiziere der Heeresleitung zu der neuen provisorischen Regierung unter Friedrich Ebert, die von Sozialdemokraten, Deutschen Demokraten (DDP) und dem Zentrum getragen wurde, der sogenannten Weimarer Koalition. Zunächst wohnte er bei Harbou und half bei der Einrichtung des »ziemlich öden« Büros im Kriegsministerium, dem späteren Reichswehrministerium.

Noch überstürzten sich die Ereignisse, und die Lage war keineswegs stabil. Bei den Vorgängen, die Planck in seinem Tagebuch festhielt, ging es um die Konkurrenz zwischen den Soldaten des traditionellen Heeres und den Soldatenräten. Erstere demonstrierten gegen den Vollzugsrat, das Führungsgremium der Arbeiter- und Soldatenräte; sie wollten ihn abschaffen und Ebert zum alleinigen Präsidenten der Republik machen. Dabei kam es zu Demonstrationen und sogar zu einer Schießerei, woraufhin Ebert den bereits mit Groener vereinbarten Einmarsch der Gardetruppe in Berlin zuließ. Dieses Bündnis zwischen Ebert und der Obersten Heeresleitung, als »Ebert-Groener-Pakt« bekannt, diente in den Augen der Militärs zwar dem Schutz der Republik gegen die extreme Linke, die eine Räterepublik nach sowjetischem Vorbild installieren wollte, sollte gleichzeitig aber auch ermöglichen, den eigenen politischen Einfluß zu wahren.

Planck fand den putschartigen »Sturm gegen [den] Vollzugsrat gänzlich jämmerlich [und eine] dilettantische Sache«, die dem Heer »furchtbar schadet«. Prompt mußten Harbou und er noch in der Nacht vom 8. auf den 9. Dezember zum Kriegsministerium, wo ein »großer Kampf« im Gange war mit dem Ergebnis, daß dem »Vollzugsrat alles konzediert« wurde. Eine »sehr ernste Lage, für uns unannehmbar«.

Am nächsten Morgen war Planck mit Harbou bei Ebert, der auf beide einen »guten Eindruck« machte. Anschließend fand eine Kabinettssitzung statt. »Großer Sieg Harbous, glatte Annahme in Kabinettssitzung. Im Hintergrund Entscheid Hindenburgs, unter allen Umständen festzubleiben. Sehr vergnügte Stimmung im Stabe. Abends Essen im Stabe, nachher Sekt im Café Schmidt. 10. Dezember: Kriegsministerium, dort alles zum Verzweifeln schwerfällig und bürokratisch.« Die »Freiwilligenwehr« wird »bewilligt, Befehle schon heraus bis 20. 12.! Gute Meldungen. Das ist entscheidend.« Am nächsten Tag waren die Zustände im Kriegsministerium »zum Verzweifeln! [Der] Erlaß über Waffentragen kommt und kommt nicht zustande. Nachmittags Reichskanzlei.« Als die 4. Garde-Division den »Handschlag« verweigerte, »wähnt [die] Regierung [die] Gegenrevolution gekommen!! Durch Schleichers Eintreffen löst sich alles in Wohlgefallen auf. Eine farblose Versicherung wird anstatt des Eides abgegeben. Abends noch mal mit Schleicher bei Ebert.«

Da die heimgekehrten Frontsoldaten größtenteils nach Hause strebten und es auch wichtig war, sie ins Arbeitsleben einzugliedern, damit die Wirtschaft wieder in Gang kam, schuf Schleicher als enger Vertrauter und Mitarbeiter Groeners Freiwilligenverbände, die sogenannten Freikorps. Sie sollten in der Hand der Regierung ein Machtinstrument sein, mit dem sich

für Ordnung und den allmählichen Wiederaufbau der Wirtschaft sorgen ließe.
An diesem Punkt setzt die Kritik nicht nur der damaligen Linken, sondern auch heutiger Historiker ein: Durch das Eingreifen des alten Heeres wurde der Aufbau einer neuen, demokratisch strukturierten, starken und zuverlässigen republikanischen Schutzmacht verhindert, und die Reichswehr entwickelte sich zum »Staat im Staate«. Selbst Schleicher, der 1918 einer der Hauptförderer des Schutzes durch die alte Reichswehr war, sollte noch unter den Folgen leiden, als er sich später darum bemühte, die Integration des Militärs in den republikanischen Staat durchzusetzen. Der Historiker Hans-Ulrich Wehler nennt dies den ersten »folgenschweren Herrschaftskompromiß«, der die Republik belasten sollte. Der zweite war die Erhaltung der kaiserlichen Bürokratie, der dritte »der Verzicht auf jede Boden- und Verwaltungsreform in Ostelbien« und damit der Fortbestand der »dritten Machtelite«, des Adels.[6]
Die im Januar 1919 gewählte Nationalversammlung ernannte Anfang Februar Ebert zum vorläufigen Reichspräsidenten; Scheidemann wurde Chef der neuen Regierung, die nun mit Unterstützung der Militärs unter Groener versuchte, Ruhe und Ordnung auf allen Gebieten herzustellen. Im Juli wurde die Reichsverfassung von der Nationalversammlung angenommen; Ebert unterschrieb sie am 11. August.

Sosehr Planck zunächst von seiner Arbeit begeistert war, so rasch verlor er seine Illusionen und drohte zu resignieren. Durch die kurze Zeit als »Verbindungsmann bei der Regierung habe ich alle damals und jetzt führenden Leute gründlich kennengelernt. Ich kann nicht sagen, daß mich der Einblick in den inneren Mechanismus unserer politischen Leitung glücklicher gemacht hat. Der Mangel an Kenntnissen wie vor allem Charakter bei eigentlich allen heute politisch führenden Persönlichkeiten ist erschreckend. Ich habe daher große Lust, das öffentliche Leben zu verlassen und mich in das Wirtschaftsleben zu wenden mit der festen Absicht, wieder zur Politik zurückzukehren, wenn ich dort meine Basis gefunden habe.«[7] Planck hatte ein Angebot von dem führenden Montanunternehmer Hugo Stinnes, das ihm die Möglichkeit bot, wirtschaftlich unabhängig zu werden. Doch was war der Grund für die vehemente Ablehnung nicht nur der Regierenden, sondern auch der elementaren Grundwerte der Demokratie, wie sie in einem Brief an einen Kameraden aus der Kriegsgefangenschaft zum Ausdruck kommt? »Wir müssen fort von dem Gleichheitsideal der Demokratie und wieder dazu kommen, daß der Tüchtige *mehr* wert ist als die anderen und auch mehr zu sagen hat. Ob wir dazu von rechts oder von links her gelangen, meinetwegen selbst über das Rätesystem als Beginn einer ständischen Vertretung, das ist gleich. Alles jedenfalls lieber als dieser totgerittene ›Parlamentarismus‹, der uns jetzt verdirbt.«

Der Grund für Plancks Haltung lag einmal in der Unerfahrenheit mit den Spielregeln der Demokratie, verbunden mit dem naiven Glauben, daß »der Tüchtige« das für das Gemeinwohl Nützliche schon tun werde und nicht kontrolliert werden müsse. Viele dachten damals so, und bis heute sehnen sich manche nach dem »Guten König« aus Platons Staat. Aber es gab noch einen anderen Grund: die Friedensbedingungen des Versailler Vertrages.

Der Friedensvertrag – *»ein ausgeklügelter Lustmord«*

In einem Brief an seinen Freund Lothar v. Brandenstein nannte Erwin Planck das Vertragswerk von Versailles einen »bis ins kleinste ausgeklügelten Lustmord« und fügte hinzu: »Wilson hat uns einfach betrogen.« Die meisten Deutschen waren dieser Ansicht.

Planck war seit Januar 1919 als Generalstabsvertreter zur Berliner zentralen Friedenskommission unter General Oskar v. Hutier abkommandiert und damit an den Vorarbeiten für den Versailler Vertrag beteiligt. Das hat ihn Einblicke gewinnen lassen nicht nur in die Kompromißlosigkeit der Alliierten, sondern vor allem auch in die Unfähigkeit der deutschen Politiker, mit den Problemen fertig zu werden. In einem Brief an Erich

Marcks, den er in Spa kennengelernt hatte und der auch bald zur Schleicher-Gruppe gehören sollte, drückte er seine Bedenken so aus: »Die Durchführung der Entente-Bedingungen würde uns völlig vernichten, sie würde aber gleichzeitig unserer nationalen Idee den Gnadenstoß geben. Von einer Schande, wie sie eine Unterzeichnung ohne unmittelbaren Zwang bedeuten würde, und der ist jetzt noch nicht vorhanden, können wir uns nicht mehr erholen.« Ja, seine Befürchtungen reichten noch weiter, wie ein Brief an Onkel Carl Merck von Mitte Mai zeigt: Der Frieden könne »nur provisorisch sein, Europa ist noch lange nicht fertig mit seinen Umwälzungen, das Erwachen wird vor allem in Frankreich sehr, sehr schlimm sein«.

Die Vorbereitungen für den Vertrag waren »schwierig und unangenehm«, weil die Deutschen nicht mit am Verhandlungstisch in Versailles sitzen durften. Um trotzdem ihre Ansichten kennenzulernen, diese vielleicht sogar in die Verhandlungen einzubringen, schickte die geheime amerikanische Militärdiplomatie Oberst Arthur L. Conger zu Sondierungsgesprächen nach Berlin. Er suchte am 20. März 1919 seinen alten Universitätslehrer, den Historiker Hans Delbrück, auf, um mit ihm eine Reihe politischer Fragen zu erörtern. Delbrück war Nachbar der Plancks im Grunewald, sein Sohn Waldemar seit langem mit Erwin Planck befreundet. So lag es nahe, daß Planck als Mitglied der Friedenskommission Protokoll führte, um so mehr, als ein Exemplar auch für Schleicher vorgesehen war.[8]

Conger »erklärte zunächst, er sei von seiner Regierung nach Deutschland gesandt worden, um ein für alle Mal festzustellen, ob an den französischen Behauptungen etwas Wahres sei, nach denen in Deutschland noch immer eine Militärpartei nur auf den Augenblick warte, um wieder gegen Frankreich loszuschlagen. Er habe sich durch seine Reise endgültig davon überzeugt, daß etwas derartiges völlig unmöglich sei; die Zustände in Deutschland, allein, was er im Osten Berlins gesehen habe, seien Garantie genug, daß der Deutsche keinen neuen Krieg mehr führen werde.« Dies der Beginn des Protokolls. Conger hatte auch mit Reichswehrminister Gustav Noske, Außenminister Graf Brockdorff-Rantzau und Matthias Erzberger, Minister ohne Geschäftsbereich, Gespräche geführt, so daß sein Eindruck auf soliden Fundamenten ruhte. Brockdorff-Rantzau will er »darauf hingewiesen haben, daß die öffentliche Meinung in Amerika noch immer sehr erbittert gegen Deutschland sei«.

Wie verbittert die Deutschen waren, geht aus dem Gespräch mit Delbrück hervor. Als Conger ihn »nach seiner Auffassung von der Lage in Deutschland« fragte, antwortete Delbrück unmißverständlich, »daß die bisherige Politik der Entente Deutschland in die Arme des Bolschewismus treibe und daß angesichts der verzweifelten Lage des Landes die Zahl derer wüchse, die bewußt den Gedanken aufnehmen, im Bunde mit Rußland mittels des Bolschewismus dann wenigstens auch die Entente zu vernichten. Eine ähnliche Wirkung würden die bisher verlauteten Friedensbedingungen der Entente haben, die ja wohl völlig unter der Vorherrschaft Frankreichs stehe. Dies verneinte Oberst Conger, vielmehr habe Frankreich die Rolle ganz an Wilson und [den britischen Premierminister] Lloyd George abgetreten. Er fragte dann, wie man sich denn in Deutschland die Bedingungen dächte. Prof. Delbrück erwiderte, er wolle unter anderem einige völlig unannehmbare Punkte aufzählen:

Erstens: Abtretung des Saargebietes. Oberst Conger: Hierüber kann man in Deutschland beruhigt sein, es wird keine Annexion dort stattfinden.

Zweitens: Neutralisierung des Kaiser-Wilhelm-Kanals. Oberst Conger: Auch hier ist für Deutschland nichts zu befürchten. Wir wollen in Amerika keinen Präzedenzfall für den Panamakanal schaffen.

Drittens: Ohne große Schwierigkeiten werde sich wohl die Dänenfrage regeln. Oberst Conger stimmte zu.

Viertens: Im Osten sei die Kernfrage Danzig. Oberst Conger meinte ausweichend, daß dieser Punkt allerdings noch sehr große Schwierigkeiten bringen werde. Für Oberschlesien brauche Deutschland dagegen nichts zu fürchten.

Als die Frage der Kriegsentschädigung angeschnitten wurde, äußerte der den Oberst Conger begleitende amerikanische Major, man werde wohl in der ersten Zeit die Forderungen auf geringer Höhe halten, sie später aber steigern. Elsaß-Lothringen und die Kolonien wurden nicht besprochen.«

Aus diesem Gespräch und anderen Erfahrungen leitete Planck eine optimistische Haltung ab, wie er gegenüber Rhenius zu erkennen gab: »Der Friede läßt sich gut an, da die Entente immer mehr zerkracht. Auch innenpolitisch ist es besser geworden. Die großen politischen Entwicklungen müssen ja noch kommen, aber ich glaube neuerdings, daß wir vielleicht doch den äußersten Bolschewismus vermeiden können.«

Letzteres sollte gelingen, aber die Hoffnung auf einen milderen Frieden erfüllte sich nicht. Am schlimmsten wirkte der sogenannte Kriegsschuldparagraph des Versailler Vertrages, der Deutschland und seinen Verbündeten die alleinige Verantwortung für den Kriegsausbruch zuschob und damit die Auferlegung hoher Reparationen begründete. Entsprechend schockiert waren alle, als die Friedensbedingungen bekannt wurden; sie waren am 7. Mai 1919 dem Leiter der deutschen Delegation, Graf Brockdorff-Rantzau, übergeben worden. Die amtierende Regierung unter Ebert und Scheidemann geriet in größte Konflikte – annehmen oder ablehnen?

Ein Brief Plancks an Rhenius vom 9. Mai spiegelt das Dilemma drastisch wider: »Da haben wir nun die Schweinerei. Ich war ja auf sehr viel gefaßt, aber diesen unverhüllten Vernichtungswillen hatte ich doch nicht vermutet. Annehmen kann natürlich selbst diese Regierung nicht. Nach der Ablehnung unserer Gegenvorschläge, die ich erwarte, gibt es zwei Wege. Entweder ablehnen, das bedeutet Hunger und sicheren Bolschewismus, Verlauf wie in Ungarn.* Oder Rücktritt der Regierung und Erklärung: Wir legen nunmehr Regierung und Verwaltung Deutschlands völlig in die Hände des Völkerbundes, da kein Deutscher mehr imstande ist, in dieser Situation einen Ausweg zu finden. Ich halte beides für gleich. Helfen kann uns gegenüber diesen Absichten unserer Feinde nur eine Revolution bei ihnen, etwa [in] Frankreich. Aber das ist ein schwacher Trost. Sonst geht es mir gut, viel zu tun mit diesem Dreck von Vertragsentwurf.«

Für die meisten Deutschen trug Frankreich die Schuld an den

---

* In Ungarn war die republikanische Regierung aus Protest gegen die Waffenstillstandsbedingungen der Alliierten zurückgetreten, und Béla Kun hatte eine Räteregierung aus Sozialisten und Kommunisten gebildet.

fatalen Friedensbedingungen. Ein Brief von Planck an seinen ehemaligen Mitgefangenen Max Klostermeyer vom 23. Mai 1919 veranschaulicht die Stimmung: »Die gestrige Note Clemenceaus [des französischen Ministerpräsidenten] über die Gefangenen schlägt doch dem Faß den Boden aus. Wenn wir noch mal in die glückliche Lage kommen sollten, Franzosen zu fangen, müssen wir sie diesmal bis aufs Blut peinigen, damit wir uns solche unvermeidlichen Anwürfe wenigstens verdienen. Mir ist die richtige alte Gefangenenwut wieder hochgestiegen.« Und Rhenius gegenüber klagte er: »Ich habe wenig Lust zum Schreiben, weil alles so sehr unerfreulich war. ... Wie sich nun auch ihr Frieden entscheiden wird – ich glaube vorläufig, daß es zur Ablehnung kommt –, eins kann man wohl sagen, nämlich daß die Polen schwerlich zu uns hereinkommen werden – da werden sie kein Glück haben. Was aber sonst nach der Ablehnung passiert, weiß ich auch nicht – man kann sich absolut kein Bild machen. ... Jedenfalls habe ich die Berliner Schieberregierung satt und sehe keine Aussicht auf Besserung.« Er dachte über Alternativen nach – vielleicht sollte er »nach Riga zur baltischen Landwehr als Generalstabsoffizier« gehen oder das »nicht ungünstige Angebot von Stinnes« annehmen?[9]

Am 28. Juni 1919 wurde der Vertrag in Versailles vom neuen Außenminister Hermann Müller und von Verkehrsminister Johannes Bell unterschrieben. Das Kabinett Scheidemann war inzwischen zurückgetreten. Zwei Tage vor der Unterzeichnung, die bereits abzusehen war, hatte Planck noch einmal seinen ganzen Ärger bei Onkel Carl abgeladen: »Schlimmer kann es ja nicht kommen, und ich stehe noch immer unter dem Druck einer tiefen Depression über die Erbärmlichkeiten des deutschen Volkes. Es widerstrebt mir trotz allem etwas, jetzt wegzugehen, wo alles den Dienst verläßt, denn, wenn alle so handeln, ist eine Hoffnung von vornherein ausgeschlossen. – Das Verhalten der Nationalversammlung in Weimar ist so ziemlich das Abscheulichste, was man sich vorstellen kann. Da ist mir beinahe ein Mann wie Erzberger, der von vornherein sagt, was er will, lieber als diese verantwortungsscheuen Feiglinge.«

Genau wie alle anderen schimpfte er auf die Regierung und wußte doch auch nicht, wie man's hätte besser machen können. Auf diesem Nährboden gedieh die destruktive Sprache: »Novemberverbrecher«, »Erfüllungspolitiker«. Und diese wiederum schuf ein Klima, das rechtsradikalen Elementen eine Scheinlegitimation bot für politische Morde, zum Beispiel an Matthias Erzberger, dem Unterzeichner des Waffenstillstandsabkommens.

Planck blieb, ließ sich aber an eine andere Stelle versetzen. Er wurde Leiter der Presseabteilung der Reichswehrgruppe I, die, wie er in einem seiner Briefe betonte, allerdings »nicht unmittelbar zu Noske [gehört], das ist mir dann doch zu rötlich«.[10] Die Arbeit machte ihm Spaß, doch nach kurzer Zeit ließ er sich erneut versetzen, weil General Walter Frhr. v. Lüttwitz und Teile seines Stabes im Herbst 1919 »die ersten Verhandlungen mit [Generallandschaftsdirektor Wolfgang] Kapp[11] anfingen, die ich für baren Unsinn hielt, da ich die führenden Personen dieser Bewegung genau kannte und sehr niedrig einschätzte [und] auch aus prinzipiellen Gründen entscheidende Bedenken hatte«. Er kündigte und wurde von General Hans v. Seeckt, dem Chef des Truppenamtes, ins Reichswehrministerium geholt, wo er in der innenpolitischen Abteilung arbeitete.[12]

Das Truppenamt

Bevor Planck seine neue Stelle antrat, machte er erst einmal ausgiebig Urlaub, zum ersten Mal seit zwei Jahren. »Ich bin hier im Paradies«, meldete er seinem Vater im September 1919 aus Ober-Röhrsdorf bei Fraustadt in Schlesien, vom Landgut seines Freundes Lothar v. Brandenstein. Auf dem Rückweg besuchte er seinen Onkel Carl in München und seine Schwester Emma in Heidelberg. Sie hatte inzwischen Ferdi Fehling, den Mann ihrer verstorbenen Schwester Grete, geheiratet und erwartete nun auch ein Kind, es sollte im November zur Welt kommen. Endlich konnte er wieder einmal ungestört mit Emma über alles reden. Es sollte ihre letzte Begegnung sein.

Die Rückkehr nach Berlin fiel Planck schwer, »nachdem ich andere Luft gewittert habe, fühle ich mich hier hundsmiserabel trotz Truppenamt, schöner Wohnung und anderen Comforts«, heißt es in einem Brief an Erich Marcks vom Oktober 1919. Planck wohnte in der Helmstedter Straße 31, wieder in Wilmersdorf, in der Nähe seiner bisherigen Wohnung, aber noch komfortabler.

»Das Truppenamt ist Generalstab im Exzeß, alle alten Gefährten sind wieder da.« In der Tat war das Amt an die Stelle des durch den Versailler Vertrag verbotenen und daher aufgelösten Großen Generalstabs getreten. Man hatte Plancks wegen eine große Ausnahme gemacht, »die allerseits zu schweren Gewissenskonflikten« führte – seine neue »Generalstabs-Anwärter-Stelle« stand ihm eigentlich nicht zu, da er in dem einen Monat, als er im Krieg diente, Reserveoffizier gewesen und erst im März 1918 wieder aktiviert worden war.

Zunächst war General Hans v. Seeckt der Chef des Truppenamtes und Walther Reinhardt, der bisherige preußische Kriegsminister, Chef der Heeresleitung. Ihm folgte Seeckt im Frühjahr 1920 nach, und Oberstleutnant (später Oberst) Otto Hasse übernahm die Leitung des Truppenamtes. Schleicher wurde Leiter einer neu eingerichteten Dienststelle für »innen- und militärpolitische Angelegenheiten«, der sogenannten Gruppe III in der Heeresabteilung T1 des Truppenamtes (TA). Er stellte sich sein zum Teil schon bewährtes Team zusammen, bestehend aus den Hauptleuten Heinrich Frhr. v. Vietinghoff gen. Scheel, Winzer, Erich Marcks und Ludwig Crüwell, Kurt-Jürgen v. Lützow und Erwin Planck. Später stießen noch andere zu der Gruppe: Eugen Ott, mit dem Erwin eine lebenslange Freundschaft verband, Vincenz Müller, Hermann Ritter v. Speck und Heinz Ziegler.

Wenn auch die Bedeutung Groeners und seines Truppenamtes für die geordnete Heimführung des Heeres und die Unterstützung der provisorischen Regierung unter Ebert nicht überschätzt werden darf,[13] so hat das Truppenamt in seiner militärisch-politischen Zwitterstellung gewiß dazu beigetragen, Ruhe und Ordnung wiederherzustellen.[14] Entsprechend selbstbewußt forderte die Reichswehr ein politisches Mitspracherecht.

Im Juni 1919 hatte Groener eine Denkschrift an Ebert übersandt, die Schleicher entworfen hatte und die den Titel »Richtlinien für unsere Politik« trug. Darin hieß es unter anderem: »Preußen muß Deutschland werden, und dieses Deutschland muß vor allen Dingen innere Politik treiben, die Politik eines modernen Friedrich Wilhelm I. Dazu gehören in erster Linie die restlose Wiederherstellung der Staatsautorität und dann die Sanierung unseres Wirtschaftslebens. ... Unter den größten Anstrengungen und dank der selbstlosen und hingebenden Mitarbeit des Offizierscorps ist es gelungen, in der Reichswehr ein einigermaßen brauchbares Instrument für die Regierung zu schaffen. Dieses Instrument muß nun aber rücksichtslos eingesetzt werden, um auf allen Gebieten des öffentlichen Lebens die Staatsautorität zu sichern und den Grenzen Geltung zu verschaffen. ... Der Arbeiterrat-Unsinn muß aus der Verwaltung schnell und restlos verschwinden. Diese Nebenregierung ... bleibt in einem geordneten Staatswesen unmöglich und unerträglich. ... Die Gesundung unseres Wirtschaftslebens, die Vorbedingung für jeden Wiederaufbau, ist, abgesehen von den Rohstoff- und den damit zusammenhängenden Fragen, hauptsächlich von zwei Dingen abhängig: Ordnung und Arbeit.«[15]

Wie sehr Planck sich mit den Gedanken Schleichers identifizierte, zeigt ein Brief vom August 1920 an Reuschel, den ehemaligen Freund Karls. »Die Abteilung von Offizieren im Ministerium, der ich angehöre, verfolgt das politische Ziel, in Deutschland zunächst wieder eine Staatsautorität aufzurichten, wie sie der Deutsche nun einmal braucht. Die dem deutschen Charakter angemessensten Regierungsgrundsätze hat uns Friedrich Wilhelm I. gewiesen, von dem wir noch immer zehren. Wir müssen unbedingt dahin kommen, daß der Deutsche politisch fest geführt wird, das braucht er und dabei fühlt er sich wohl. Der Parlamentarismus ist für uns der kardinale Irrweg. Unsere Entwicklung muß über die ausgebaute Selbstverwaltung gehen. Ob wir bei der Monarchie wieder enden oder wie die Staatsform sonst heißt, ist verhältnismäßig gleichgültig, das Wesentliche liegt in der straffen Führung.«[16]

Schleicher galt als ein Mann, der der neuen Zeit vorurteilslos gegenüberstand und keineswegs nur in militärischen Kategorien dachte. Sein Mitarbeiter Eugen Ott, der spätere Botschafter in Japan, schrieb folgendes über ihn: »Dem schnell erfaßten

Schwerpunkt der Lage paßte er seine Maßnahmen ohne Vorurteil und Schema an. Er zog sich einen kleinen Stab von Fachleuten der Wirtschaft und Verwaltung zu Mitarbeitern heran. Er schlug durch persönliche Kontakte die Brücken, wo eine Vielzahl von bearbeitenden Stellen des Zusammenhaltes ermangelten.« Er war »erfinderisch und verantwortungsbewußt«, das heißt, er war bereit, unkonventionelle Wege zu gehen und selbst Verantwortung zu übernehmen.[17]
Der Historiker Vogelsang bestätigt den »überlegenen und menschlich ansprechenden Arbeitsstil« Schleichers, der seinen Mitarbeitern soviel Selbständigkeit wie möglich ließ, »wobei der Grundsatz ›Vertrauen gegen Vertrauen‹ als stillschweigende Voraussetzung galt. ... Auch verfügten Schleichers ›Musketiere‹ dadurch über eine gute allgemeine Orientierung, die ihnen ihr Chef ebenso freimütig wie mit leichter Hand zukommen ließ.«[18]
Schleicher selbst nannte 1921 seine Arbeitsgruppe in einem Brief an Planck »unsere Seelen-, Gesinnungs- u. Berufsgemeinschaft«, für die er »lieber *keinen* als einen ungenügenden Ersatz haben will«, um sie sich »nicht verunreinigen [zu] lassen«.[19] Planck hatte Glück, einen solchen Chef zu bekommen, denn er entsprach seiner eigenen Natur; und so ist es wenig erstaunlich, daß sich zwischen beiden eine Freundschaft entwickelte, die nicht nur zu morgendlichen Ausritten im Tiergarten führte, sondern Plancks Leben entscheidend beeinflussen sollte. Wie eng der Zusammenhalt in der Abteilung T1 III war, zeigt ein Brief Schleichers an Planck vom 23. Oktober 1920, in dem er scherzhaft schrieb: »Habt Ihr mich noch lieb? Sehnt Ihr Euch nach mir? Wann wollt Ihr mich wiederhaben?« Anmerkung von Planck am Rand: »möglichst bald.«
Teilweise geht aus Plancks Briefen hervor, was das Truppenamt zu leisten hatte; die Bandbreite reichte von der Außen- bis zur Innenpolitik. Ende Oktober 1919 schrieb er seinem Freund Lothar v. Brandenstein, der um seinen Besitz an der Grenze zu Polen bangte: »Du wirst wohl schon in den Zeitungen gelesen haben, daß die Regierung, zum Teil auf besonders dringendes Betreiben meiner Behörde, noch einmal bei der Entente vorstellig geworden ist, es solle nicht gleich alles geräumt werden. Da

sich inzwischen die Ratifikation [des Versailler Vertrages] bis Mitte November zu verzögern scheint, ist es ja möglich, daß das noch Erfolg hat, aber ich glaube nicht recht dran.« Eine knappe Woche später witterte er doch eine gewisse Chance für seine Bemühungen, das Brandensteinsche Gut Ober-Röhrsdorf in der Grenzmark deutsch zu erhalten, denn er kannte die geheimen Karten und hoffte für seinen Freund, »daß die Polen sich auf eine geringe Abweichung von der Grenzlinie der Entente einlassen«.

Schon im Mai hatte Planck Briefe an Walter Zechlin, Diplomat im Auswärtigen Amt, und an einen Oberstleutnant geschrieben und beide gebeten, sich darum zu kümmern, daß der Grenzverlauf zwischen dem Reich und Polen so festgelegt werde, daß einige rein deutsche Dörfer, unter anderem Ober-Röhrsdorf, auf deutscher Seite verbleiben könnten. Er hatte sich höflich für seine Bitte entschuldigt, weil beide vermutlich »mit Briefen überhäuft werden, aber es liegt mir viel daran, da mir die Gegend eine zweite Heimat ist«. Damals konnte er nicht ahnen, daß sie später sogar vorübergehend zur ersten Heimat werden sollte. Hinter Plancks Bemühungen steckte über heimatliche Gefühle hinaus ein starkes Ressentiment gegenüber Polen, das durch den Ausgang des Ersten Weltkriegs überhaupt erst wieder ein Staat geworden war. Deutschland mußte Posen und Westpreußen an den neuen Nachbarn abtreten, wodurch Ostpreußen vom Reich abgetrennt wurde. Außerdem wurde Danzig zur Freien Stadt unter dem Mandat des Völkerbundes.

Seeckt nahm in der polnischen Frage einen extremen Standpunkt ein, wie dies aus einem Memorandum vom September 1922 hervorgeht: »Polens Existenz ist unerträglich, unvereinbar mit den Lebensbedingungen Deutschlands. Es muß verschwinden und wird verschwinden durch eigene innere Schwäche und durch Rußland – mit unserer Hülfe. ... Die Wiederherstellung der breiten Grenze zwischen Rußland und Deutschland ist Voraussetzung beiderseitiger Erstarkung.«[20]

So kraß sah Planck es nicht, doch auch er hatte immer wieder das Zusammengehen mit Rußland betont und, genau wie Seeckt, den Bolschewismus dabei völlig verdrängt. Auch er blickte mit Genugtuung auf Polens Schwäche, wie aus Briefen vom August 1920 an den Onkel und den Freund Hohenthal hervorgeht: »Der Untergang von Polen ist jedenfalls für uns ein unverdientes Geschenk des Himmels«, und »den polnischen Zusammenbruch sehe ich mit großem Wohlgefallen an«. Polen hatte nach anfänglichen Erfolgen im Krieg gegen Rußland im Sommer 1920 schwere Niederlagen hinnehmen müssen, dann aber im April 1921 mit Hilfe der Alliierten doch gesiegt. Plancks Schadenfreude war also nur von kurzer Dauer. Immerhin konnte er sich zusammen mit Brandenstein darüber freuen, daß Ober-Röhrsdorf zu Schlesien kam und die Grenze zu Polen zwei Kilometer vom Gutshaus entfernt verlief.

Planck war mit seiner Arbeit im Truppenamt sehr zufrieden. »Ich könnte für mein Alter als Offizier keine interessantere und auch einflußreichere Stellung haben. Soweit ich Vorgesetzte habe, setze ich stets meine Ansichten durch und habe für die letzten 8–9 Monate das unbedingte Gefühl, nützliche Arbeit geleistet zu haben«[21], schrieb er an Reuschel. Er lebte »vorderhand ganz gemütlich, dienstlich bin ich nicht überanstrengt, das Wohnen ist sehr behaglich. Ich gehe gar nicht mehr in Lokale, bin allerdings abends immer eingeladen.«

Im Oktober 1919 hatte er seinen Freund Rhenius verheiratet und die Jungfernrede gehalten, von der alle begeistert waren. Seine Tischdame, eine nette, ganz junge Gräfin Rantzau hatte es nicht geschafft, ihn am Tag danach zum Frühstück in die Stadt zu locken; er schützte Dienst vor. »Bei aller Geselligkeit und trotz meines großen Verkehrskreises entschließe ich mich so schwer dazu, jemand wirklich mit Leidenschaft zu lieben«, vertraute er seinem Onkel an. Bisher sei er zwei Frauen begegnet, die er vom Fleck weg geheiratet hätte, aber beide seien schon verheiratet gewesen. Dennoch meinte er, daß er jede Frau haben könne, die er wolle, was der Onkel nicht für blasiert halten solle, es sei tatsächlich so. Er konnte sich, wie er in seinem Tagebuch notierte, vor Einladungen nicht retten, aber er lehnte sie fast alle ab. Er brauchte das Alleinsein und wollte sich frei machen von dem Wunsch, allen »Leuten zu gefallen«.[22]

Wie sah er aus? Wie soll man ihn sich vorstellen? War er ein homme à femmes? Das scheint der Fall gewesen zu sein, obwohl er eine Glatze hatte, eine Brille trug und sein rechtes Ohr etwas abstand und abgeknickt war. Aber sein Gesicht war gut geschnitten: hohe Stirn, große Nase, voller Mund, große braune Augen, die meist interessiert, oft warmherzig dreinschauten. Er war 1,81 Meter groß und schlank. Erwin Planck sah seinem Vater ähnlich, nur war sein Gesicht weniger kantig. Dass er die Musik liebte, drückte sich in seinem Gesicht und vor allem in seinen Händen aus. Warum fand er also nicht die richtige Frau? Er hatte die besten Verbindungen und wurde überall eingeladen, aber wahrscheinlich waren ihm, wie er selbst schreibt, die meisten Mädchen zu langweilig; sie konnten unmöglich nachvollziehen, was er in den zurückliegenden fünf Jahren alles erlebt hatte. So blieben ihm seine engsten Freunde, sein Onkel, dem er Dinge anvertraute, die er sonst für sich behielt, und seine geliebte Schwester Emma.

»Dienst am Staat«

Doch dann geschah das Schreckliche. Am 21. November 1919 starb Emma, genau wie ihre Schwester, im Kindbett, und das Baby Emmerle, ein Mädchen, überlebte – wie auch das Kind von Grete. Anfang November hatte Erwin ihr noch einen Brief über den schriftlichen Nachlaß ihres gemeinsamen Bruders Karl geschrieben und ein Foto von Grete geschickt, das ihn sehr berührte. Wieder war der Schmerz über den Tod der beiden Geschwister ganz nah gewesen, und entsprechend beschwörend klang der Brief an seinen Schwager vom 14. November, daß der nur ja für seine Schwester Emma sorgen solle, damit alles gut gehe.

Erwin war auf die Nachricht von Emmas Erkrankung hin sofort nach Heidelberg gefahren, hatte sie aber nicht mehr lebend angetroffen. »Was soll ich schreiben?« fragte er seinen Onkel. »Ich bin wie blind vor Schmerz über diesen Verlust. Mein Verhältnis zu Emma wurde um so zärtlicher, je älter wir beide wurden und je mehr wir verloren hatten. Ich war immer stolz, daß dieser Mensch meine Schwester war, und werde es immer sein. ... Mutter, Karl, Grete gehen mit ihr erneut verloren. Ich will Dir aber nicht weiter vorjammern. Ihr habt sie auch geliebt und müßt es auch tragen, und ich habe nicht die Art, mich unterkriegen zu lassen, will lieber anderen es tragen helfen, vor allem Vater. Er ist bewundernswert, wie mannhaft er seinen tiefen Schmerz trägt.« Erwin war nun jeden Abend bei seinem Vater im Grunewald, um ihm beizustehen und sich selbst Beistand zu holen. Ende November meinte er zu Rochow, einem Freund aus der Kriegsgefangenschaft: »Du weißt, wie zärtlich mein Verhältnis zu meinen drei Geschwistern war. Sie sind alle tot, und ich habe Mühe, mich mit diesem Schicksal abzufinden.«

Zu alldem kam auch noch ein Brief seines Schwagers Ferdi, der ihn unbedingt trösten und zu sich einladen wollte, obwohl Erwin einen starken Widerwillen gegen jede Verbindung mit ihm hatte. Andererseits, so schrieb er an Freund Lothar: »Ich kann ihm doch jetzt nicht schreiben, daß ich ihn nicht ausstehen kann! Vor allem schon der Kinder wegen.« Offenbar hatte er sich auch in Briefen an den Onkel Erleichterung über seinen Schwager verschafft, und Merck hatte Verständnis gezeigt. Das Ressentiment gegen den Mann seiner beiden Schwestern war wohl zu stark, und zudem war Ferdi nicht der Typ, mit dem er sich gut verstehen konnte, also hielt er sich lieber fern. All dies waren Belastungen, die ihn an den Rand des Selbstmords führen sollten.

Neben dem Musizieren mit dem Vater und mit Einstein sowie ausgiebigem Lesen – Spenglers »Untergang des Abendlandes« regte ihn sehr an – war es vor allem die Arbeit, die ihm half, die »tiefe Depression« zu überwinden. Auch der Vater fand Stärkung in seiner wissenschaftlichen Tätigkeit. Der ihm soeben rückwirkend für das Jahr 1918 verliehene Nobelpreis für Physik trug ein wenig dazu bei. Wenn auch die Freude darüber sich nicht recht entfalten konnte, so bedeutete die Auszeichnung für Max Planck doch eine »Verpflichtung« und brachte ihm immerhin 1,25 Millionen Reichsmark, die auch dem Sohn zugute kamen.

Erwins »Diplomaten-Pläne« wurden dadurch »greifbarer«, wie er an den Freund Hohenthal schrieb. »Vorläufig aber ist im Auswärtigen Amt zu schlechte Gesellschaft; ich gehe erst hin, wenn die besser wird.« An anderer Stelle mutmaßte er gar, daß das Auswärtige Amt immer bolschewistischer werde. Kurze Zeit war davon die Rede, daß er mit dem Diplomaten Rudolph v. Winterfeldt, den er bei den Friedensverhandlungen kennen und schätzen gelernt hatte, nach Oppeln gehen sollte. Doch die Entente lehnte Winterfeldt als deutschen Bevollmächtigten für Oberschlesien ab, und so wurde nichts daraus. Damit legte Planck auch das Auswärtige Amt ad acta, mit der für seine politische Einstellung recht aufschlußreichen Begründung: »Ohne Winterfeldt als Rückhalt in nationaler und konservativer Hinsicht will ich nicht in eine so traurige Behörde wie das A. A. eintreten.«[23]

Er wollte noch so lange Offizier bleiben, wie er es mit seiner politischen Tätigkeit verbinden konnte, und dann ganz in die Politik gehen, die ihn sichtlich faszinierte. Er wollte den Lauf der Dinge beeinflussen. In dem Anfang Dezember 1919 neu begonnenen Tagebuch heißt es: »Mein Ziel, ein Staatsmann zu werden, zeichnet sich von Monat zu Monat deutlicher ab. Ich habe das Zeug dazu, aber bei wem in die Lehre gehen?« Er ging alle seine bisherigen Vorgesetzten durch und kam zu dem Schluß, daß eigentlich keiner seinen Erwartungen standhielt:

»Unter Ludendorff habe ich die ersten elementaren Einblicke in das Räderwerk einer Staatslenkung genommen. Ich habe dort für mich meist negative Lehren empfangen, fast nur Warnungen. Der gewaltige Wille Ludendorffs hielt uns alle gefesselt. Doch schon damals konnte ich Fehler sehen. Sie lagen zu sehr auf der Hand. Alles Politische war schlecht organisiert. … Ludendorff hat vom Führer nur den Willen, sonst nichts. … Ihm folgte Groener, der Mann der Weisheit *ohne* Willen, das Gegenstück. Ich habe von ihm weit mehr gelernt. Es war mir verständlicher, und ich war auch besser informiert. Ich glaube, er wäre ein vorzüglicher Innenpolitiker unter selbstbewußter, ihm sympathischer Führung. Zum Diplomaten fehlt ihm der Weltschliff. Groener ist nichts als Sachlichkeit, Geltenlassen anderer. Wo aber Entschlüsse verlangt werden, versagte er. Zum Führer preußischer Truppen fehlte ihm jeder Sinn für altpreußische Tradition. Darum mußte er scheitern.

Auch von Harbou lernte ich den Respekt vor fremden Meinungen, bei ihm verbunden mit frischer Entschlußkraft. Zum Führer fehlt ihm die Gründlichkeit. In Winterfeldt lernte ich das Vorbild eines Diplomaten kennen. Mehr ist er wohl nicht. Auch er kein Führer, dazu ist er, wie Groener, zu vorsichtig. Er ist ein ins Preußische, ja Ostelbische übersetzter Groener. Mir darin sehr verwandt. Vielleicht bin ich aber noch schneller im Auffassen und gebildeter.
Für Seeckt fehlt mir noch die genauere Kenntnis. Ich bewundere ihn und vertraue ihm aus Instinkt. Mein Gefühl für ihn ist so stark, daß ich unbedenklich seinem Wege folgen würde, auch auf die Gefahr hin, meinen politischen Ruf zu belasten, wie es jetzt der Fall ist.«

Gab es unter den Lebenden kein Vorbild, so mußten eben die historisch gewordenen Führerpersönlichkeiten studiert werden. Ein Buch von Alfred v. Tirpitz – vermutlich dessen Erinnerungen – wurde ihm »zur Offenbarung. Hier ist das staatsmännische Denken, das ich suche. ... Bismarck und er und die größten Engländer sind bisher die einzigen, die mir als Lehrer der Staatsleitung in Frage zu kommen scheinen.«

Auch »Antihelden« studierte er, um zu lernen, wie man es nicht macht. Dabei stieß er auf Friedrich v. Holstein, der in der Außenpolitik des Kaiserreichs eine wichtige Rolle gespielt und das Vertrauen Wilhelms II. besessen hatte. Planck bezeichnet ihn in seinem Tagebuch als den »bösen Geist des Auswärtigen Amtes, der ihm bis heute seinen Stempel aufgedrückt hat«. Er wollte mehr von ihm wissen, »um die Wurzel des Übels kennenzulernen. Er flößt mir schon von weitem die allertiefste Abneigung ein. Er hat diese Politik, alle sachlichen Überlegungen ins Persönliche zu ziehen, der Geheimtuerei, ja des Jesuitentums zur Spitze getrieben.« Bei der Lektüre von Bismarcks »Gedanken und Erinnerungen« wiederum stellte Planck zu seiner Überraschung fest, daß der Reichskanzler ein »ganz moderner Mensch [war], den man in jede heutige Situation versetzen könnte«.

All dies notierte Erwin Planck Ende 1919 und Anfang 1920. Ein Dreivierteljahr später scheint er seine Studien, die durch praktische Erfahrungen in der Politik ergänzt wurden, zu einem gewissen Grade abgeschlossen zu haben. Es kommt zu einer klaren Entscheidung. Am 26. September 1920 – »ein wundervoller Sonntag« – beschreibt er im Tagebuch sein Lebensziel: »Ich gelobe, daß ich mein Leben lang dem Staat dienen werde, den Dienst am Staat als die vornehmste Lebensaufgabe jedes Menschen wieder zu Ehren bringen will.« Die Begründung für sein Gelöbnis lautet so: »England ist groß geworden, weil seine besten Männer dem Lande dienten und damit zugleich sich selbst. Diese Hingabe fehlt uns Deutschen. Der Deutsche dient zunächst irgendeinem moralischen oder ideal in den Wolken schwebenden Steckenpferd, dann sich selbst, dann dem Lande. Im Grunde ist er maßlos egoistisch. Er muß *gezwungen* werden, sich dem Staat als nützliches Mitglied einzuordnen.«

Durchaus selbstbewußt fügt er hinzu: »Will's das Schicksal, so werde ich dabei ein Führer sein, ich glaube es. Man darf auch ein Führer sein wollen, wenn man besser als die anderen weiß, was man will. Und die Probleme, die in meiner Lebenszeit zu lösen sind, sind sehr einfach und klar. Deutschland muß durch altpreußischen Regierungsgeist wieder zu einem staatenbildenden Volksstamm erzogen werden. Erst Innenpolitik, dann erst kann wieder Außenpolitik getrieben werden. Auch da ist die Linie klar: Kontinentalpolitik mit dem weiten Ziel der Einigung mit dem Osten und vorläufig einer Gelegenheitspolitik, um nur zu leben. Aber erst muß man bündnisfähig werden. Preußische Regierungskunst im Inneren, englische Kunst der Außenpolitik. In dieser Richtung werden sich zunächst meine Studien zu bewegen haben. Es ist herrlich, eine Lebensaufgabe für sich zu sehen.«

Dieses Pflicht- und Verantwortungsgefühl gegenüber dem Vaterland – ein Begriff, der damals noch mit Leben erfüllt war –, teilte er mit vielen seiner Freunde, ja mit einem Großteil der führenden Schicht des soeben untergegangenen Kaiserreichs. Für sie alle hingen Pflicht und Verantwortung eng mit der Überzeugung zusammen, daß eine auf Anstand, Recht und Autorität beruhende Staatsführung, also eine »gute Obrigkeit«, besser für Deutschland sei als Demokratie und Parlamentarismus. Sie prägte auch viele Männer des späteren Widerstands, darunter zahlreiche Freunde Plancks. Das sollte ihnen die Entscheidung besonders schwer machen, gegen den Staat aktiv zu werden. Denn nun mußten sie die Staatsmacht beseitigen, der sie eigentlich dienen wollten, und durch Sabotage ihrem Vaterland schaden, das sie eigentlich mit aller Kraft gegen den äußeren Feind verteidigen wollten.

Was hinderte Planck daran, die Republik uneingeschränkt zu bejahen? Aus seinen überlieferten Bemerkungen geht hervor, daß er die meisten Politiker, die an der Macht waren, verachtete, weil er ihnen eine moralische Grundhaltung absprach – das, was man preußische Tugenden nennt. Diese hatten in seiner Erziehung eine große Rolle gespielt, vom Vater waren sie vorgelebt worden. Im Parlamentarismus konnte Erwin Planck nur einen nackten Interessenkampf erblicken, der nicht dem Wohl des Volkes, sondern der Befriedigung egoistischer Interessen diene.

Es war nur konsequent, daß er sein »nächstes politisches Ziel« in einer »Reformierung der konservativen Parteien« sah – wofür es seiner Meinung nach »Ansätze« gab. »Konservative und Arbeiter werden und müssen eines Tages zusammengehen und die nötigen sozialen Riesen-Reformen schaffen.«[24] Es war gleichsam vorprogrammiert, daß Planck als Offizier und Anhänger Schleichers mit der Deutschnationalen Volkspartei (DNVP) sympathisierte, denn sie war die einzige Partei, die für das aus der Kaiserzeit stammende Offizierskorps in Frage kam. Sie war erst nach dem Krieg gegründet worden und entsprechend heterogen in ihrer Zusammensetzung. Die eine Hälfte der Parteimitglieder war fest im Kaiserreich verwurzelt und lehnte die Republik ab, während sich die andere Hälfte kompromißbereit zeigte. Zu dieser Gruppe zählten zum einen die Älteren wie Oskar Hergt, Martin Schiele, Karl Helfferich und schließlich auch Kuno Graf Westarp, zum anderen die Jüngeren wie Gottfried Treviranus, Walter v. Keudell und Hans Schlange-Schöningen, die in Plancks Alter waren.[25]

Planck gehörte der DNVP zwar nicht an, setzte aber doch Hoffnungen in sie, wie auch in eine »Erstarkung der rechten Parteien« im allgemeinen, die er, wie es in einem Brief an Ferdi

Fehling Ende 1919 heißt, für »unverkennbar« hielt. Entsprechend empfahl er seinem Freund Rhenius, der sich ehrenamtlich politisch engagieren wollte, sich »einer der monarchistischen Parteien zur Verfügung« zu stellen und an der »Vorarbeit für die Reaktion« mitzuhelfen. Dies hielt er für »das einzige, was man heutzutage mit gutem Gewissen als freiwillige Arbeit tun kann«. Er glaubte sogar »Einfluß auf die Parteileitungen der Deutschnationalen und der Deutschen Volkspartei« zu haben.

Der Vater war gleich nach dem Krieg der liberalen Deutschen Volkspartei (DVP) beigetreten und unterstützte ihr Programm, wenn er auch das allgemeine Wahlrecht nur unter Zähneknirschen akzeptierte. Er ging davon aus, daß für die Politik das gleiche gelte wie für die Wissenschaft – sie könne nur mit Sachverstand behandelt werden, und den besaßen die Massen in seinen Augen nicht.

Seeckt und Schleicher bemühten sich immer wieder darum, die DNVP hoffähig zu machen und zum Eintritt in die Regierung zu bewegen, jedoch mit geringem Erfolg, da die radikalen Kräfte unter den deutschnationalen Abgeordneten einen solchen Kompromiß ablehnten. Ganz im Sinne Schleichers schrieb Planck Ende Oktober 1919 in einem Brief an seinen Onkel: »Besonders interessiert mich die bevorstehende Bildung einer jungkonservativen Gruppe *innerhalb* der deutschnationalen Partei, die sich aus Industriellen und aufgeklärten Landwirten zusammensetzt und den unfähigen Parteigrößen, wie Westarp etc., ans Leder will. Vor allem ist zu bekämpfen, daß die Rechtsparteien sich, wie es jetzt der Fall ist, tatsächlich vor den Wagen des Schiebertums spannen. ... Ich bin sehr glücklich über die Aussicht und hoffe, man kann mal einen einigermaßen verständigen Zug in die Deutschnationalen bringen, die an sich jetzt viel Aussicht hätten, wenn sie nicht so borniert geführt würden.«

Planck meinte, nur mit den Deutschnationalen sei etwas anzufangen. Diese Einseitigkeit kam einmal daher, daß er fast nur Leute aus dem Umkreis der DNVP kannte, und zum anderen aus dem tiefsitzenden Vorurteil seiner Schicht gegenüber der Arbeiterklasse und ihren Vertretern sowie dem Mißtrauen gegenüber den pazifistischen, international orientierten Sozialdemokraten, denen man keine echte nationale Gesinnung zutraute. Ein weiterer Grund für die unreflektierte Ablehnung aller sozialistischen Parteien war Angst vor dem Bolschewismus, der für das darniederliegende Deutschland damals eine reale Gefahr bedeutete. Erwin Planck fürchtete das Chaos, das mit dem Sieg des Bolschewismus ausbrechen würde. Große Teile der ehemals herrschenden Klasse bangten um ihren Besitz, vor allem um die Privilegien, die ihnen als Gliedern einer geordneten Hierarchie zustanden.

Ein Musterbeispiel für diese Haltung ist der pommersche Gutsherr und spätere Widerständler Ewald v. Kleist-Schmenzin, der sich nach dem Ersten Weltkrieg weigerte, mit den gewerkschaftlichen Vertretern seiner Landarbeiter zu verhandeln, diesen aber als guter Patriarch gerne mehr Lohn gab und allerlei Zugeständnisse machte. Für ihn war die hierarchisch geordnete Welt von Gott gegeben.»Der konservative Mensch sieht alles, also auch sich, von seiner Aufgabe her, sieht sein Glück also in der Erfüllung seiner Aufgabe und nicht in einem möglichst großen Anteil an irdischen Gütern. ... Der liberale Mensch wird nie die Eigengesetzlichkeit aller Dinge anerkennen, sein Glück kann er sich ohne irdisches Wohlergehen nicht vorstellen. Aus dieser selbstischen Einstellung lehnt er sich gegen die harte göttliche Weltordnung auf, wird zum Weltverbesserer, Philanthropen, Pazifisten, Materialisten, Sozialisten und schließlich Bolschewisten.«[26] So extrem dachte Erwin Planck nicht, schließlich hatte er einen bildungsbürgerlichen Familienhintergrund. Er fürchtete neben dem Bolschewismus vor allem die durch die Parteien verursachte »politische Zersplitterung«.[27]

Da Planck sein Schicksal mit dem Deutschlands verknüpfte, mußte er sich immer wieder selbst prüfen und fragen, wie es um ihn stand, wie sein Charakter sich entwickelte, wie er auf andere wirkte – abgesehen davon, daß ihn, wie er zu Beginn seines Tagebuches schreibt, »Emmas Tod ... wieder einmal völlig aus dem Berliner Getriebe heraus[geworfen hat]. Mir sind solche Zeiten der Sammlung stets ebenso bedeutsam gewesen wie größte aktive Erfolge. Meine zur Zersplitterung neigende

Natur braucht sie, um nicht zu verflachen. Das Schicksal hat reichlich vorgesorgt, daß sie mir bisher zuteil wurden.«
Nach dem Tod der Geschwister mußte er mühsam lernen, sich ein selbständiges Leben aufzubauen, »wie ich es vielleicht nicht getan hätte, wenn meine Geschwister, besonders Karl, noch lebten, die mich stets sehr beeinflußt haben«.[28] Seinem Onkel Carl hatte er anvertraut, daß er sich bewußt von der Familie »fortentwickelt« und ganz in seinen Beruf vertieft habe. »Mit meinem Vater halte ich warme Freundschaft und gute Kameradschaft, würde aber, ohne das zu wollen, kaum je seinen Rat in wichtigen Dingen vorher einholen. ... In der Familie bist Du der einzige gewesen, mit dem ich Fühlung behielt. Du hast mein Herz eben durch Deine Art ganz von neuem wieder im Sturm gewonnen und bist außerdem auch sachlich meinem Gefühl nach der mir Verwandteste. Von allen anderen halte ich mich fern, in dem unbestimmten Gefühl, die Sehnsucht nach der Mutter und den Geschwistern, die doch unwiederbringlich sind, nicht wieder aufzurühren.«
Erwin Planck hatte sich in sich selbst verkrochen. Die vielen Gedanken über seine zukünftige Lebensaufgabe müssen auch als eine Art Kompensation angesehen werden, und seine manchmal selbstquälerischen Grübeleien sollten ihn schließlich in eine schwere Krise stürzen.

Kapp-Putsch und Krise der jungen Republik

Zu Beginn des Jahres 1920 war die Republik von innen bedroht durch Zersplitterung und Radikalisierung und von außen durch die Belastungen des Versailler Vertrages, der nach seiner Ratifizierung am 10. Januar 1920 in Kraft trat. »Mit der Entente sieht es zur Zeit sehr böse aus. Wir sind eigentlich ziemlich ratlos, was werden soll. Die Regierung, auch [Reichsaußenminister Walter] Simons, glaubt, daß die Franzosen wegen ihres eigenen Kohlenmangels das Ruhrgebiet besetzen wollen, und ist ganz ratlos«, schrieb Erwin Planck Anfang Januar an Lothar v. Brandenstein. »Es finden dauernd Sitzungen statt, was werden soll, wenn die Entente einmarschiert. Außerdem sind seit gestern nun sehr große Schwierigkeiten im Baltikum. Kurz, die Leute sind im besten Begriff, wieder mal den Kopf zu verlieren. Im ganzen glaube ich, daß die Leute etwas zu schwarz sehen. Sehr großen Spaß kann der Entente ein Einmarsch doch eigentlich auch nicht machen. Die Arbeiterverhältnisse neigen an sich zur Besserung, nur kann man wegen Kohlenmangels die Industrie nicht beschäftigen. Aber man steht vorläufig vor dem Rätsel, was die Franzosen eigentlich wollen.«

Fast auf den Tag drei Jahre später sollte sich das Rätsel lösen: Am 11. Januar 1923 wurde das Ruhrgebiet tatsächlich besetzt, und damit begann die größte Krise der jungen Republik. Doch noch war 1920, und die erste Probe auf die Treue zur Republik stand bevor: der Putsch des Generallandschaftsdirektors Wolfgang Kapp. Planck hatte ja wegen der Pläne für diesen Umsturzversuch, von denen er im Presseamt erfahren hatte, seine Stellung gewechselt und war zu Seeckt ins Reichswehrministerium gegangen.

Als Kapp schließlich am 13. März 1920 zu putschen begann, fühlte Planck sich »vor einen nicht ganz leichten Entschluß gestellt«, wie er in einem Brief an seinen Onkel nachträglich bekannte. »Natürlich war ich im Grunde durchaus Anhänger der Ziele dieser Bewegung. Die Art, sie durchzusetzen, erschien mir aber politisch sehr unreif und mit frevelhaftem Leichtsinn inszeniert. Ich habe daher die Unternehmung, über die ich seit Monaten informiert war, schroff abgelehnt und danach gehandelt. Die Ereignisse haben das bestätigt.«

Was in Berlin geschah, wird sehr anschaulich von Bernt Engelmann geschildert: »Schon am Morgen nach dem Putsch, am Sonntag, dem 14. März 1920, mußten die ultrarechten Putschisten feststellen, daß sie zwar das Regierungsviertel erobert hatten, aber nicht die Macht. Die Berliner hatten ihnen buchstäblich den Hahn abgedreht. Ein Generalstreik war proklamiert worden, und ganz Berlin befolgte den Aufruf in beispielloser Einmütigkeit: Schon am Sonntag ruhte der gesamte Verkehr, auch bei Bahn und Post. Gas, Wasser, Strom und Telefon wurden abgeschaltet. Am Montag früh lagen alle Betriebe still, auch alle Büros der Innenstadt, alle Banken und Warenhäuser waren geschlossen, und gleichzeitig dehnte sich der Generalstreik, zu dem das Gewerkschaftskartell sowie SPD, USPD und KPD gemeinsam aufgerufen hatten, auf ganz Deutschland aus. Trotz erheblicher Bedenken hatte sich die ganze Berliner Linke, von den bürgerlichen Demokraten bis zu den Kommunisten, zur Abwehr der Militärdiktatur und zur Rettung der Republik noch einmal zusammengefunden. ... Am Widerstand der Berliner, gegen den auch das mit den Republikfeinden liebäugelnde Militär und höhere Beamtentum nichts auszurichten vermochte, war der erste Sturm auf die Republik gescheitert. Die geflüchtete Regierung konnte nach Berlin zurückkehren, doch anstatt nun die Putschisten zur Rechenschaft zu ziehen, ließ sie sie unbehelligt. Die ›Brigade Ehrhardt‹ wurde vom Reichswehrchef v. Seeckt sogar für ihr ›vaterländisches, vorbildlich diszipliniertes Verhalten‹ belobigt.«

Danach kehrte in Berlin zwar wieder Ruhe ein, »aber anderswo in Deutschland wurde noch wochenlang Militär gegen die Arbeiterschaft eingesetzt, der Widerstand der Linken brutal gebrochen. Im weiten Umkreis um Berlin ... nahmen die adligen Rittergutsbesitzer die dann nicht mehr benötigten Söldnerscharen auf und boten ihnen Waffenverstecke und Übungsplätze für den nächsten Versuch, der verhaßten Republik den Garaus zu machen.«[29]

Planck bearbeitete zu der Zeit »im persönlichen Operationsstab von Seeckt in sehr verantwortlicher Stelle politische Fragen«, wie er Rhenius schrieb. Wenn man seinen Bericht über die Nachwirkungen des Putsches dem von Engelmann gegenüberstellt, hat man die rechte und die linke Sicht auf die Ereignisse: »Wir kämpfen noch um die Existenz, denn im Ruhrgebiet sieht es ungeheuer ernst aus. Glücken die von uns angesetzten Operationen nicht, so ist Deutschland verloren und dem Bolschewismus verfallen. Die Leitung von Seeckt ist aber klar und gut, ich nehme an, wir schaffen es.«

Planck meinte, »einen ziemlichen Sprung« in seiner Karriere gemacht zu haben, weil er sich »richtig« verhalten habe. Inzwischen liebte er seinen Beruf »mit einer Passion, die mich durchaus ausfüllt«; er bot ihm »bei allen sonstigen persönlichen Erlebnissen einen sicheren Hintergrund«. Auch außer Dienst verkehrte er »jetzt nur in politischer und diplomatischer Gesellschaft«. Er verstand seinen Beruf als Arbeit für »sachliche Ziele«, das heißt für eine pragmatische Verwaltung zum Wohle aller; er nannte es »Regierungsmaschinerie«. »Ich glaube, es lohnt sich dafür zu leben, und ich glaube auch bestimmt, daß wir den Aufstieg unseres Vaterlandes erleben werden.« Die Juni-Wahlen standen vor der Tür. Der Aufstieg würde seiner Ansicht nach mit dem »Bürgerblock« gelingen.

Am 6. Juni 1920 wurde der Reichstag gewählt. Das Ergebnis entsprach in etwa den Voraussagen Plancks. Die Weimarer Koalition verlor ihre Mehrheit, während die Rechtsparteien ihre Anteile verdoppelten, die linke USPD ihre Stimmenzahl allerdings vervierfachte. Nicht zu Unrecht sah Planck nach Bildung einer rein bürgerlichen Regierung Unruhen voraus. Am 13. Juni schrieb er an seinen Onkel: »Die Schwierigkeiten werden hier in Preußen dann sehr groß sein, und ein Erfolg ist nur dann denkbar, wenn bei dem ersten Auftreten der erwarteten Unruhen eisern durchgegriffen wird, dann ist eine Gesundung möglich. Wird aber nachgegeben, so sind wir fertig. Soweit es an uns liegt, werden wir schon für Energie sorgen. Jedenfalls gibt es bewegte Zeiten.«

»Gesundung« hieß im Jargon der Rechten: Ausschluß der gesamten Linken jenseits der Mehrheitssozialisten von der Regierungsverantwortung. Ja, sogar von den Mehrheitssozialisten behauptete Planck, daß sie sich »zu radikal aufführen«. »Eisern durchgreifen« – das geschah durch die Reichswehr und vor allem durch die Freikorps, deren Einsatz vom Truppenamt gesteuert wurde.

Der Theologe und Philosoph Ernst Troeltsch bezeichnete, anders als Planck, das Ergebnis der Wahl von 1920 als »›katastrophal‹, als Indiz für einen von der Bourgeoisie und ihren Verbündeten geführten Klassenkampf gegen die Arbeiterschaft«.[30] Es war eine Tragödie für die Weimarer Republik, daß dieser scharfsinnige Kritiker schon im Februar 1923 mit nur 58 Jahren starb. Er war Mitglied der Demokratischen Partei, ebenso wie sein Freund Max Weber. Auch dessen Prognosen für die junge Republik waren düster. Um so vehementer trat er für ein demokratisch gewähltes Parlament ein, in dem die besten Vertreter des Volkes sitzen sollten. Auch ihn hätte die Republik dringend gebraucht, doch er starb noch früher, schon 1920, mit nur 56 Jahren. Es ist eine seltsame Fügung, daß für die Republik so wichtige Demokraten wie Troeltsch, Weber, Ebert und Stresemann so früh starben, während Antirepublikaner wie Tirpitz, Hindenburg und Hugenberg ein hohes Alter erreichten.

Am 25. Juni ernannte Reichspräsident Ebert den Zentrumspolitiker Konstantin Fehrenbach zum Reichskanzler, und dieser bildete eine Regierung mit Ministern des Zentrums, der Deutschen Demokratischen Partei und der Deutschen Volkspartei. Erstmalig waren die Sozialdemokraten nicht an der Regierung beteiligt. Plancks Kommentare gegenüber seinem Onkel lassen genau erkennen, wer seine politischen Sympathien besaß: »Mit dem Kabinett bin ich nun doch leidlich zufrieden. Wir haben drei Leute darin, die unbedingt für unsere staatspolitischen Pläne eintreten: Groener, Heinze und Geßler. Bisher hatten wir nur den ohne Unterstützung sehr unsicheren Kantonisten Geßler. Das ist für die vermutlich kommenden Wirren ein großer Vorteil und bietet bessere Aussichten. Groener als Verkehrsminister ist sehr günstig. Er wird Erfolge haben und bald bei seiner Überlegenheit das Kabinett führen. Parteipolitisch will er sich völlig zurückhalten und nur das Programm der Wiederherstellung der Staatsautorität und der Wiederherstellung der Wirtschaft vertreten.«

Man kann davon ausgehen, daß Planck diese Ansichten mit Schleicher, den eine lange und gute Beziehung mit Groener verband, besprochen hatte, denn ihre Positionen stimmten nahtlos überein. Schaut man sich die drei Favoriten Plancks an – den nüchternen, an der Sache orientierten parteilosen Wilhelm Groener, das DVP-Mitglied Karl Rudolf Heinze und Otto Geßler, Mitglied der DDP, ebenfalls ein ruhiger, nüchterner Mann, ein Vernunftrepublikaner, wie er sich selbst nannte –, dann weiß man, worauf er und Schleicher Wert legten. In einem Brief an Lothar v. Brandenstein erläuterte Planck, welche Probleme er für vorrangig hielt: »Wir gehen schweren Zeiten entgegen: einmal die entscheidende Frage des 200 000-Mann-Heeres, ohne das wir das Reich nicht halten können. Gibt die Entente nicht nach, so werden wir wie in der Auslieferungsfrage den Gehorsam verweigern und nicht abbauen.«

Die Reichswehr hätte gemäß dem Versailler Vertrag und der alliierten Note vom 18. Februar 1920 bis Juli desselben Jahres auf 100 000 Mann reduziert werden müssen. Auf der internationalen Konferenz von Spa, die in der ersten Juli-Hälfte stattfand, sollte nun darüber verhandelt werden, ob die inzwischen erreichte Heeresstärke von 200 000 Mann beibehalten werden durfte. Bei der »Auslieferungsfrage« ging es um die im Vertrag verlangte Übergabe der sogenannten Kriegsverbrecher an die Alliierten; ursprünglich sollte sogar der Kaiser als Hauptkriegstreiber ausgeliefert und vor Gericht gestellt werden.

Nach Planck wurden die Verhandlungen in Spa »durch Inkonsequenz der Regierung ... verdorben. Beim ersten theatralischen Stirnrunzeln von Lloyd George sind Fehrenbach und Simons in die Knie gesunken, obwohl meiner Ansicht nach viel zu machen gewesen wäre. Geßler war gut. Seeckt nicht unbedingt fest, soweit es von hier zu beurteilen ist. Dank der Polen werden wir wohl noch immer eine halbjährige Frist zum Abbau auf 100 000 Mann bekommen. Ich bin sehr deprimiert über den Verlauf. Es war mehr zu erreichen.«[31] Gemäß dem in Spa unterzeichneten Abkommen blieb es beim ursprünglich vorgeschriebenen Umfang der Truppenreduzierung; Stichtag war nun der 1. Januar 1921.

Planck kam zwei Tage später in einem Brief an seinen Onkel noch einmal auf die Konferenz zurück: »Seeckt hat völlig versagt, er ist, mit Recht, politisch ein toter Mann. Er hat die Nerven verloren und sich von Lloyd George, Fehrenbach und Simons imponieren lassen. Hier ist alles wütend auf ihn, auch im Kabinett, und wir, seine Mitarbeiter, stehen in scharfem Gegensatz zu ihm. Ein höchst unerfreulicher Zustand.« Ob Planck mit seiner Meinung, es wäre mehr zu erreichen gewesen, recht hatte, ist zu bezweifeln. Das legt vor allem der Bericht Geßlers nahe, der die Voraussetzungen und den Ablauf der Konferenz, ihr frostiges Klima und das Nachspiel in Berlin detailliert geschildert hat.[32]

Plancks Alltag war zunächst, wie er dem Onkel berichtete, »nur Tretmühle des Dienstes und Schlaf. Weder Bücher noch Musik.« Auch in den Grunewald fuhr er kaum noch, da der Vater ihn nicht mehr so dringend brauchte. Doch mit dem Frühjahr kehrte allmählich auch seine Freude an Zerstreuungen zurück. Gern schaute er tagsüber mal kurz beim schwedischen Gesandten, Baron Hans v. Essen, herein, der nahe bei seinem Ministerium wohnte und mit dem er sich angefreundet hatte. Morgens ritt er oft im Tiergarten, zuweilen mit den beiden Töchtern v. Essens, doch meist mit Schleicher. Abends spielte er wieder Tennis oder besuchte Freunde; manchmal ging er aber auch lieber allein ins Theater und hinterher ins geliebte Adlon, wo er gewöhnlich mit »großem Hallo« begrüßt wurde.

Endlich kam mit dem Sommer die Ferienzeit. Seinen Urlaub, so Planck, brauche er diesmal »so notwendig wie noch nie. Die intensive Arbeit des letzten Jahres mit all seinen Erlebnissen hatte mich doch so mürbe gemacht, daß ich jetzt, wo sich für mich allerhand wichtige Entscheidungen häuften, etwas zu viel bekommen habe und gar nicht mehr schlafen kann, auch ganz gegen meine sonstige Gewohnheit reizbar und explosiv wie eine Treibmine bin.«[33] Am 19. August 1920 reiste er nach München, wo er den Vater traf. Mit ihm zusammen fuhr er nach Trafoi in Südtirol, wo beide »wieder ganz füreinander leben« und miteinander wandern konnten. In Berlin hatten sie sich zuletzt kaum gesehen. Wie gut der Urlaub beiden tat, geht aus einem Brief Erwins an Reuschel hervor: »Mein Vater war am Ende dieses Sommers ungewöhnlich angegriffen. Das letzte Jahr hatte ihn sehr hart mitgenommen. Hier hat er sich aber wunderbar erholt und ist schon wieder ganz der alte.«

Kaum aus dem Urlaub zurück, meldete Erwin dem Onkel den »ersten großen Erfolg der Staatsautorität«. Groener war in der »Eisenbahnaffäre« – einem Arbeitskampf der Eisenbahner – hart geblieben und hatte keine Kompromisse gemacht. Die Streikenden »haben Angst vor ihm, geraten nicht über Resolutionen hinaus und werden nichts Ernstes unternehmen«. Dennoch befürchtete er »Arbeiterunruhen« und sah »eine große Wirtschaftskrise« voraus. »Mit den Löhnen ist es nun so weit, daß sie abgebaut werden müssen. Viele Betriebe werden schließen. Allein 150 000 Eisenbahnarbeiter müssen entlassen werden, um die Bahnen zu sanieren. Das gibt natürlich Kampf mit den Arbeitern.«

Mit seiner Voraussage hatte Planck zunächst zwar unrecht, denn im Gegensatz zu den anderen westlichen Ländern, die in eine Nachkriegsdepression geraten waren, erlebte Deutschland eine »Sonderkonjunktur«. Aber langfristig behielt er mit seiner düsteren Prognose recht, denn die Löhne wurden eben nicht gesenkt, sondern erhöht, ebenso wie Gehälter und Sozialleistungen. Man versuchte so, den sozialen Frieden zu wahren, und nahm in Kauf, daß die Inflationsrate stetig anstieg, was schließlich zusammen mit den Reparationszahlungen und den nicht zurückzahlbaren Kriegsanleihen in die verhängnisvolle Geldentwertung des Jahres 1923 führte.

Die politischen Bedingungen, unter denen die Republik sich zu etablieren versuchte, waren äußerst schwierig. Anfang 1919 wurde die Kommunistische Partei Deutschlands gegründet. Während die Heeresstärke offiziell reduziert wurde, baute Seeckt im geheimen die »Schwarze Reichswehr« auf und ließ sie in Rußland exerzieren. Im Mai 1921 gab es schon wieder eine neue Regierung unter dem Reichskanzler Joseph Wirth, den Planck »allerdings weniger begeisternd« fand. Am 26. August wurde Erzberger ermordet. Walther Rathenau wurde Außenminister und schloß im April 1922 mit den Russen den Vertrag von Rapallo ab; im Juni fiel auch er einem Attentat der Rechtsradikalen zum Opfer. 1923 geriet die Republik in ihre schwerste Krise: französische Besetzung des Ruhrgebiets, Ausnahmezustand im Reich, Hyperinflation, separatistische Bestrebungen in Bayern und am Rhein sowie der Hitler-Putsch in München.

Diese Geschehnisse der Jahre 1922 und 1923 hatten auch eine unmittelbare Auswirkung auf Max Planck als Kollegen und Freund von Albert Einstein. Dieser wurde als Jude massiv bedroht, und Planck, der die Jahrhundertfeier der Gesellschaft Deutscher Naturforscher und Ärzte im September 1922 organisieren sollte, traf es »wie ein Blitz aus heiterem Himmel«, daß Einstein aufgrund der Anfeindungen die Hauptrede nicht halten würde. Max Planck, der auch in schwierigsten Situationen die Haltung zu wahren wußte, sprach von »Lumpen« und einer »Mörderbande, die im Dunkeln ihre Tätigkeit unbekümmert fortsetzt«. An Einstein, der tatsächlich das Land verlassen hatte, sich in Holland aufhielt und ernsthaft erwog, endgültig auszuwandern, schrieb er: »Ich bin ganz außer mir vor Zorn und Wut über diese infamen Dunkelmänner, welche es wagten und fertig gebracht haben, Sie von Ihrem Hause, von der Stätte Ihrer Wirksamkeit zu trennen.« Er bekniete Einstein, diesen »Mann, um den uns die ganze Welt beneidet«, nach Deutschland zurückzukehren, was dieser dann 1924 auch tat.[34]

Lebenskrise

Während die Republik von einer politischen Krise in die nächste stolperte und sich nur allmählich stabilisierte, erlebte auch Erwin Planck körperlich wie seelisch eine lebensbedrohende Krise. Was sie auslöste und wie sie schließlich unter Schmerzen überwunden werden konnte, geht aus seinen Tagebüchern hervor. Hinzu kommen die Briefe des Vaters, die im Sommer 1922 nach längerer Pause wieder einsetzen, und Erwins Briefe an Rhenius. Aus all diesen Quellen ergibt sich ein Seelenroman, der gewiß repräsentativ ist für die Generation, die bürgerlich, meist behütet, aufgewachsen und preußisch-idealistisch erzogen worden war, die ganz jung den Krieg erlebt hatte und anschließend in eine neue Welt hineingeworfen wurde. Künstler wie Max Beckmann setzten sich durch ihre Bilder mit den neuen Lebensverhältnissen auseinander, für Erwin Planck war das Tagebuch eine große Hilfe.

Nach seinem Urlaub mit dem Vater hatte er unter dem Datum des 10. Oktober 1920 etwas rätselhaft ins Tagebuch eingetragen: »Ja, es ist herrlich, aber keineswegs umsonst. Um der Lebensaufgabe willen habe ich auf Stinnes und weitgehende finanzielle Selbständigkeit verzichtet. Wer weiß, worauf ich im Gefolge davon noch verzichtet habe? Heute gehen mir darüber etwas die Augen auf.«[35]

Was war geschehen? Planck hatte bei Stinnes abgesagt, das war für ihn in Ordnung. Aber worauf hatte er noch verzichtet um der

»Lebensaufgabe« willen? Auf ein Mädchen namens Ruth v. Ostau. Er hatte sie erst kurz zuvor kennen und lieben gelernt. »Eine stürmische, wenn auch kurze Herzensaffäre, die mich sehr beschäftigte. Es war eine richtige Hölle«, gestand er seinem Onkel ein Jahr später. Jetzt fragte er sich: »Werde ich je wieder einem Mädchen begegnen wie Ruth?« Zu spät! Hatte sie ihn verschmäht? Keineswegs, im Gegenteil, sie hatte ihm »gesagt, was ich redete, sei Unfug, sie wolle mich und keinen anderen«.

Planck hatte sich zurückgezogen, weil er meinte, er müsse seine »Lebensaufgabe« erfüllen und es bliebe nicht genug Zeit und Raum für eine Frau. Er glaubte, Ruth sei besser bei seinem Freund Lothar v. Brandenstein aufgehoben, der ihr ein festes Heim bieten könne, wo sie Kinder bekommen und glücklich werden würde. Kurz, er hatte verzichtet, ohne recht zu ahnen, was er sich da antat.

Als Lothar und Ruth aus Berlin in Richtung Ober-Röhrsdorf abgereist waren, dämmerte ihm allmählich, was geschehen war: »An Stelle Lothars konnte gestern ich mich verloben, wenn ich anders gegangen wäre. ... Es ist ja sehr schön, edelmütig und anständig und ein Engel mit zwei Flügeln zu sein, aber es ist mit Schmerzen verbunden.« Hinzu kam, daß Planck von all seinen Freunden Lothar am meisten liebte, er war seine »sicherste Zuflucht«. Ihm gönnte er zwar Ruth wie keinem anderen, doch wurde ihm rasch bewußt, daß er durch die so großmütig gestiftete Liaison ein wenig auch Lothar verlor. »Der Abschied ist so furchtbar schwer, das Freimachen von Lothar ... Gewiß, sie lieben mich nun beide zärtlich, aber es ist nicht die selbstverständliche Einheit, wie sie zwischen Lothar und mir bestand. Ich bin allein, allein, allein mit meiner schönen großen Lebensaufgabe. Gut, ich habe ihr das erste wirkliche Opfer gebracht, ich werde ihr auch andere bringen, denn ich bin dafür geboren.«

Noch war nicht ganz klar, ob der Verzicht auf Lothar oder der auf Ruth schmerzlicher war. Planck wußte es wohl selber noch nicht. Erst später, in einem Tagebucheintrag vom Oktober 1922, gestand er sich ein, daß es vor allem um Ruth ging, »die so war, wie ich es brauchte, die noch jetzt meine Gefühlswelt fast völlig beherrscht und die doch mit dem größten Schmerz meines Lebens und mit einem nie widerruflichen Verzicht unlöslich verknüpft ist, für die es nur abgeklärte, ruhigere Gefühle geben darf, wenn nicht meine ganze Existenz wieder in Frage gestellt werden soll«.[36]

Doch noch war er nicht soweit, noch war es Herbst 1920, und Erwin versank immer tiefer in seinem Schmerz, grübelte über sich selbst nach: »War nun mein Entschluß unmännlich? Manchmal kommt es mir so vor, und ich denke, daß ich eben gar nicht die Natur habe, ein solches Glück zu genießen, wie es Lothar jetzt hat. Der normale Mensch wäre erstens zu Stinnes gegangen, zweitens hätte er den Teufel ein Mädchen, das er ehrlich liebte, hergegeben! Bin ich ein solcher Waschlappen, daß ich eben auf keinen grünen Zweig kommen kann? Das quält mich nun Tag und Nacht, obwohl Lothar mich mit dem dankbarsten Feingefühl und der denkbarsten Anhänglichkeit behandelt. Dazu Neid, Eifersucht. Es ist scheußlich.«

Am 10. Dezember 1920 heirateten Ruth und Lothar in Berlin. Ein gemeinsamer Freund, Leo Graf Hohenthal, gratulierte auch Planck; man müsse ihn »sozusagen als den Fels bezeichnen, auf dem dieses Eheglück erbaut ist«. Planck atmete auf und glaubte, alles überwunden zu haben: »Gott sei Dank, die Anspannung ist vorbei, und es ist alles mit Anstand durchgeführt. Die letzten Wochen waren von einer wachsenden Unerträglichkeit, und hätte ich irgendeinen Ausweg aus der Quälerei gewußt, ich hätte ihn, weiß Gott, genommen. Es ist ja schon immer eine kleine Befriedigung, wenn man das, was man sich vorgenommen, fehlerlos zu Ende bringt, die habe ich. Das ist aber auch alles, was ich jetzt habe. Ich muß aber endlich aus der Rolle des leidenden Werther herauskommen. Sie ist sentimental und lächerlich und macht einen unsympathischen Waschlappen aus mir, der nach allen Seiten um Mitleid jammert. ... Ich weiß nun ungefähr, welchen Stil ich leben muß. Drei große Entscheidungen habe ich völlig selbständig, nach Erwin Planckschem Ermessen gefällt. Kapp, Stinnes, Ruth. So etwas bindet auch für die Zukunft. Rein mechanisch, durch die Lebensverhältnisse, die geschaffen werden, und charakterlich, weil man das Begonnene nicht durch gegenteilige Entschlüsse umstoßen mag.«

Doch Planck merkte ganz genau, daß er noch nicht alles hinter sich hatte. »Wenn ich nur wieder solide arbeiten könnte!

Erst wenn ich das kann, habe ich, wie im vorigen Jahr, die Krisis hinter mir. Aber vorläufig suchen die Nerven als Gegengift nur noch neue Aufregungen, und wer weiß, wohin mich das treibt.« Jeder Brief von Lothar und Ruth brachte ihn aus der Fassung. Er dachte an seinen Bruder Karl, der ihm einmal gesagt hatte, daß »nur Leiden und Schmerzen den Mann vorwärts bringen«. Und so meinte auch er, »alles, was ich kann und bin, verdanke ich dem Unangenehmen, was ich erlebt habe; sonst wäre ich genauso geworden wie die vielen Begabten, die hier in der Gesellschaft und Politik herumlaufen«.

Zu Hause fühlte er sich auch nicht mehr wohl. Er konnte sich »nur sehr schwer« in den ihm »fremd werdenden Grunewalder Haushalt einordnen« und hatte lediglich zum Vater eine »innere Beziehung und auch diese so sehr einseitig«. Wer blieb ihm? Rhenius war verheiratet und ihm ebenfalls etwas »fremd geworden«. Lothar und Ruth fielen auch aus, blieb von den engsten Freunden nur Rudi Ring. Er war der einzige, der »ziemlich alles« von ihm wußte und dem er »unbedingt« vertraute. Ausgerechnet Rudi gestand ihm Ende des Jahres 1920, »es gehe mit ihm rasch bergab, und er müsse bald sterben«.

Das war zuviel für Planck, und so heißt es in seinem Tagebuch: »So einsam wie jetzt habe ich mich noch nie gefühlt. ... Ich habe menschlich gar keinen Boden mehr unter den Füßen. Ich weiß nicht, wie ich mein Leben einrichten soll. Soll ich Geld erwerben? Dann wäre ich wenigstens in der Wahl der Menschen weniger behindert. Aber zugleich verlöre ich den letzten festen Halt, meinen Beruf, meine sogenannte Lebensaufgabe. Es ist mir jetzt so mäßig zumute, daß selbst daran zuweilen Zweifel auftauchen. Ich bin doch nicht etwa ein Blender? Habe ich positive Leistungen aufzuweisen? Beruht mein ganzer Nimbus nicht lediglich auf einer nicht allzu fest begründeten Wohlmeinung anderer von mir? Wie, wenn diese eines Tages umschlüge? Dann sind nur noch Scherben da.«

Zwar beruhigte er sich wieder und nannte diese Grübeleien selbst »Anwandlungen«. – »Aber«, so fährt er fort, »der wesentlichste Grund meines Erfolges ist offen gestanden meine Selbstsicherheit, die mir die innere Freiheit und Überlegenheit gegeben hat.« Sollte sie zusammenbrechen, dann wäre er in der Tat gefährdet. Seine Selbstsicherheit ruhte zwar auf einem guten Fundament, aber sie war auch vorzeitig herausgefordert worden, seit er mit 18 Jahren seine Offiziersausbildung begonnen hatte und mit 21 Jahren in den Krieg gezogen war. Er hatte keine rechte Muße zum Reifen gehabt. In den zwei kurzen Studiensemestern hatte er die Verantwortung für seinen seelisch kranken Bruder Karl übernommen. Und dann war das Schicksal Schlag auf Schlag auf ihn niedergeprasselt. Gefangenschaft, Tod der Geschwister – vieles von diesen Erlebnissen hatte er zweifellos verdrängt. Das ganze Ausmaß seiner Krise war ihm nicht bewußt. Der Verzicht auf Ruth war nur der Auslöser, nicht die eigentliche Ursache.

Vor allem schien sich nun das große Vorbild des Vaters, der alle Leiden durch ungeheure Disziplin überwand, als eine Belastung herauszustellen, denn es zwang ihn immer wieder dazu, seine Probleme mit dem Verstand lösen zu wollen. Am zweiten Weihnachtstag 1920 sah er George Bernard Shaws »Cäsar und Cleopatra«. Sofort identifizierte er sich mit dem römischen Imperator, »der für seine Aufgabe alles hergab, jedes persönliche Glück, und dabei stolz und glücklich ist, der hat mich getröstet wie seit langem nicht mehr. Größe und persönliches Glück sind nicht vereinbar. Größe entsteht nur aus der Besiegung der egoistischen Glücksgefühle und der Identifizierung des eigenen Glücks mit großen Zielen.« Es sollte nur eine Frage der Zeit sein, bis sein Körper sich gegen diese seelische Überanstrengung wehrte.

Zunächst allerdings funktionierte der Verdrängungsmechanismus noch bestens. Anfang des Jahres 1921 kamen Lothar und Ruth zu Besuch, und es ging ihm gut dabei. Er sah wieder »getrost in die Zukunft«. Doch er unterschätzte die Krise, in die er weiter hineinzurutschen drohte. Im Tagebuch grämte er sich, »daß sich alle meine Gedanken jetzt ständig um mich selbst drehen. Ich müßte wieder für jemanden zu denken haben, den ich liebe. Aber die Leute, an denen ich hänge, brauchen mich alle nicht mehr.« Hatte er die Ermahnung verinnerlicht, die seine Mutter ihm in ihrem letzten Brief mit auf den Lebensweg gegeben hatte, nämlich »als erwachsener Christ ... auch fremden Menschen nützlich und hilfreich« zu sein?

Wie stark dieses Credo eine ganze Generation prägte, verdeutlicht das Beispiel von Lise Meitner, die mit Erwin Planck befreundet war und folgendes schrieb: »Was mich am meisten drückt, ist der schreckliche Egoismus, der in meiner jetzigen Lebensweise liegt. Alles, was ich tue, nützt im besten Falle mir allein, meinem Ehrgeiz und meiner Freude am wissenschaftlichen Arbeiten. Und ich finde dann, daß ich einen Weg gegangen bin, der meiner ureigensten Lebensauffassung, daß jeder für die anderen da sein sollte, direkt ins Gesicht schlägt. Ich meine damit gar nicht, daß man sich zwecklos für andere opfern soll, aber irgendwie müßte unser Leben mit den anderen verknüpft sein, für sie notwendig sein. Ich aber bin vogelfrei, weil ich niemandem nütze. Vielleicht ist das die schlimmste Einsamkeit, der man verfallen kann.«[37]

Planck war dieser Einsamkeit »verfallen«, denn nun, wie er im Tagebuch beklagte, »ist auch Rudi durch seine Auseinandersetzung mit dem Bruder Tod himmelwärts fortgerückt«. Planck hatte dem Freund in seiner zunehmenden Depression nicht Kraft geben, ihn nur durch offene Gespräche begleiten können. Anfang Februar 1921 starb Rudi, und Planck notierte am 9. Februar: »Rudis Tod hat mich endgültig wieder auf mich selbst gestellt. ... Über all dem bin ich wieder in meine Kapsel gekrochen und da angelangt, wo ich war, bevor ich Lothar kennenlernte. Glücklich bin ich nicht, keineswegs, vielmehr, wenn mir heute jemand sagte, ich würde in 1 Monat oder 1 Woche oder 1 Jahr sterben, so würde ich dankbar und zufrieden sein, und wahrhaftig, ich habe Rudi ehrlich beneidet.«

Seine Trauer konnte er immerhin mit Rhenius teilen, denn auch der war ein Freund von Rudi gewesen. Dadurch kamen sich beide wieder näher. Mitte Februar erhielt Planck einen Brief von Rhenius: »Es ist schon spät in der Nacht. Ich habe eben stundenlang in alten Briefen von mir gelesen, die mir der Vater Ring heute schickte. Ich las von Menschen und Ereignissen, an die ich seit Jahren nicht mehr gedacht hatte. Aber was mich tödlich erschreckt hat, ist, wieviel mehr Gefühl und Lebensfähigkeit ich vor vier bis fünf Jahren noch hatte. Ich glaube, ich bin in den letzten drei Jahren um zehn Jahre älter geworden. Wie Rudi mir hier fehlt, habe ich erst heute richtig gefühlt.«

Planck antwortete ihm ein paar Tage später: »Mir geht es ähnlich wie Dir. Ich sitze immer noch halbversteinert in Berlin und zerbreche mir den Kopf darüber, wie es kommt, daß man mehr und mehr verknöchert und erstarrt, und wie schlimm es war, mit Rudi nun noch einen der wenigen Menschen zu verlieren, mit denen man warm und natürlich verkehren konnte. Denn neue Menschen zieht man kaum mehr an sich, das wird Dir ebenso gehen wie mir. Ich fühle mich hier bei allem großen Verkehr, den ich ständig habe, greulich einsam und komme gar nicht aus meinen Gedanken über Rudi heraus.«

Planck und Rhenius hatten sich schon länger Sorgen um ihren Freund gemacht und vermuteten nun, daß er Selbstmord begangen habe. Rudis Tod machte ihnen bewußt, daß auch ihre eigene Lebenskraft und Lebensfreude nachgelassen hatte. Beide waren Ende zwanzig und eigentlich, wie man so sagt, in den besten Jahren, aber ihnen fehlten – wie der ganzen Generation – vier wichtige Jahre. Der eine hatte sie an der Front, der andere in Gefangenschaft verbracht. Nach dem Krieg war jeder auf seine Weise in das Leben eingetaucht, ohne viel Zeit, über die vergangenen Ereignisse nachzudenken.

Das deckte sich mit der kollektiven Erfahrung der Deutschen: Die Niederlage wurde verdrängt und in die Dolchstoßlegende umgemünzt. Da man die Bevölkerung fast bis zuletzt über die wahre Lage im unklaren gelassen, die deutsche Mitschuld am Krieg geleugnet und einen reinen Verteidigungskampf postuliert hatte, da man die Soldaten für ein ungerechtes, autoritäres Regime in den Tod geschickt hatte – zwei Millionen Deutsche waren gefallen, viele mehr verwundet worden – und da schließlich das ganze System zusammengebrochen war, die Mehrheit der Menschen Hunger litt und um ihre Existenz fürchtete, war es nur allzu verständlich, daß es an einem besonnenen Blick auf die Verhältnisse mangelte.

Rhenius hatte rasch studieren müssen, schon bald eine Familie gegründet und war schnell in die Mühlen des Alltags geraten. Für Planck war die Zeit seit der Gefangenschaft »so reich und so verwirrend«, daß auch er nicht viel zum Nachdenken kam, sondern sich im Gegenteil in die Arbeit und ins Gesellschaftsleben zu flüchten versuchte. Doch die Anzeichen mehrten sich, daß er eine Pause benötigte – »ganz allein, um mal allerhand durchzudenken, wozu ich in diesem Gehetze nie komme«.

»Das Jahr der gescheiterten Hoffnungen«

Anfang Februar 1921 besuchte Erwin Planck Lothar und Ruth in Ober-Röhrsdorf, um zu testen, ob er seine Seelennöte überwunden habe. Er verbrachte harmonische Stunden mit ihnen, so daß er Ende des Monats etwas melodramatisch in seinem Tagebuch notierte: »Ich bin gar nicht mehr neidisch, seit ich sehe, daß ich doch wirklich einmal etwas wirklich Gutes geschaffen habe. Allein damit kann ich sagen, daß ich doch gewiß nicht umsonst gelebt habe.«[38]

Offensichtlich hatte er sich wieder dem Leben zugewandt; er stürzte sich in allerlei Liebesabenteuer und fragte sich im Tagebuch, ob er es wagen sollte, ein Mädchen zu verführen: »Ob ich es nun morgen schaffe? Der Elephant *muß* ins Wasser springen, oder ich verliere einfach den Verstand.« Doch dann, zwei Monate später: »Der Elephant ist zum Glück damals nicht ins Wasser gesprungen, sondern nach Ober-Röhrsdorf gefahren, wo er auch wieder zu Verstand gekommen ist. Es hätte in der Tat ein rechtes Unglück geben können, denn bei Lothar und Ruth ist mir erst wieder klargeworden, was es heißt, einem Menschen wirklich nahezustehen.« In der zweiten Aprilwoche war er für vierzehn Tage zu ihnen gefahren, und wieder fühlte er sich sehr wohl, wie er Rhenius meldete: »Ich genieße das ganz ungemein. Ich werde ungeheuerlich verwöhnt, reite gute Vollblüter, lese keinen Buchstaben und trinke viel sehr alten Ungarwein.«

Nach diesen Urlaubstagen verflogen die guten Vorsätze rasch, und er suchte neue Abenteuer, um die Sehnsucht, die er immer noch fühlte, zu betäuben oder mit einer anderen Frau zu erfüllen – aber es gelang nicht. Warum, faßte er in seinem Tagebuch am 7. Januar 1922 rückblickend zusammen: »Merkwürdig, daß ich nach vielen Abirrungen, anderen Hoffnungen, Wünschen des letzten Jahres wieder eben da angelangt bin, wo ich im Mai 1921 aufgehört hatte. Ich habe so vielerlei versucht, habe die Liebe anderer Frauen geweckt, gekostet, habe mich ganz in andere Menschen zu versenken versucht, es half alles nichts. ... Und so fühle ich wieder die rätselhafte Frage in mir brennen, warum dem Menschen so schwer zu ertragendes Leid auferlegt wird, warum trotz vielen Glücks, vielen Gelingens das Leben im tiefsten Grunde eine Last bleibt. ... Es ist Nacht für Nacht mein schönster Trost, mir irgendein Eremitendasein in schöner Natur als Endziel meines Lebens oder aber den Tod und das Aufgehen in der Natur auszumalen. Der Tod ist unser bester Freund, der stets gegenwärtige Tröster für alle Schmerzen. Wie dumm die Menschen, die ihn fürchten. Für mich ist er Bruder und Helfer, und man könnte verzweifeln, hätte man nicht seine Gewißheit. ... Also wieder Mut zum alten Stil und steten Grundton der Melodie: Arbeit, Einsamkeit, Lebensbejahung und gute Freundschaft mit dem Tod, das ist die ganze Wahrheit, die mir das Jahr der gescheiterten Hoffnungen gebracht hat.«

Schon mehrfach hatte er sich von den Buddhisten angezogen gefühlt, weil er fand, daß sie recht hätten »mit ihrer Flucht vor der Persönlichkeit. Nimmt man alles in allem, das Glück und das Leid, so ist ein Nirwana doch gewiß das Begehrenswerte. Ich habe schon als Junge daran geglaubt. Das Überpersönliche, die Erhaltung nur der Elemente, nicht des Speziellen, ist versöhnend, und mit dieser Aussicht läßt sich wohl leben.« Nun, Anfang März 1922, widmete er den letzten Eintrag in seinem alten Tagebuch dieser Religion und fand, er sei mit all seinen Grundsätzen »wirklich reif für ein gründliches Studium des Indischen, Buddhistischen Religionskarmas«.

»Es hat mich ohne mein Zutun immer zwingender in diese Gedankenwelt hineingetrieben, und in den letzten Tagen, die ich ganz meinen Gedanken widmen konnte, habe ich in der Tat die Schwelle des Verständnisses einer ganz großen Religion überschritten, die mir zum ersten Male ernstlich etwas zu sagen hat. Ich kann mein Gefühl nicht als ›gläubig‹ bezeichnen, darunter stelle ich mir etwas vor, was den Verstand ausschaltet. Nein, Verstand und Gefühl haben sich gefunden für mich in dieser unergründlich weisen und tiefen irdischen Lehre. Die

Todessehnsucht, das Verzichten, der Reichtum des Lebens, alles fließt in mir zusammen in dieser souveränen, gleichsam unbeteiligten Anschauung des Daseins, die ich jetzt in den neu erfaßten Lehren dankbar zu erleben beginne. Ich bin innerlich um vieles reicher geworden, habe das Gefühl, mich in meiner persönlichen Linie folgerecht weiterzuentwickeln. Das macht sehr glücklich.«

Tatsächlich fand er Trost in der Erkenntnis, »daß es möglich ist, durch Selbstdisziplin und tieferes Verständnis das in sich zu überwinden, was die Ausgeglichenheit der Gefühlswelt stört, daß Glück nicht das Höchste und Letzte ist, sondern der innere Frieden, ... daß Wünsche, die uns zu verzehren scheinen, vergänglich und wandelbar sind ... Und in diesem Augenblick steht man über ihnen und ist frei – ein unbeschreiblich herrliches Gefühl. Ich kann sogar behaupten, daß ich viel lebensbejahender und lebensfreudiger geworden bin.«[39]

In dem Bemühen, die neu gewonnene »harmonische Stimmung« zu erhalten, wandte er sich wieder verstärkt der Musik zu, die er in den letzten Jahren vernachlässigt hatte. Dabei war sie ihm »ein ganzes weites Gebiet, das mich stets nur tief beglückt hat und beglücken kann ... Wenn ich an die unaussprechliche innere Bewegung denke, die mir schon von klein auf ein Brahms-Lied hervorrufen konnte, bin ich wirklich ganz beschämt, daß ich dem so untreu werden konnte. Der ganze neue Lebenskreis, den ich mir geschaffen hatte, absorbierte eben alles in mir zu sehr, ich mußte mir immer fremde Gebiete aneignen und vernachlässigte darüber den soliden Ausbau des eigenen. Jetzt habe ich genug Neues geschluckt für einige Zeit und will wieder meine Fundamente verstärken, es wird höchste Zeit.«

Er sollte mehr Zeit haben, als ihm lieb war, um über seine »neuerliche Lebenseinstellung nachzudenken und sie auf innere Berechtigung und Aussicht auf Dauer nachzuprüfen«. Bei einer Reitjagd stürzte Erwin Planck vom Pferd, so daß er wochenlang nicht arbeiten konnte. Nun hatte er viel Muße zum Lesen und Nachdenken und fand sich in seinem Weg bestätigt.

Abschied von der Jugend

Plancks Gefühl, er habe die Folgen des Mitte Juni 1922 erlittenen Sturzes rasch überwunden, täuschte. Er wurde ernstlich krank. Die schlecht behandelte und nie richtig ausgeheilte Kriegsverletzung am Oberschenkel quälte ihn erneut, es bestand die Gefahr eines Aneurysmas der Aorta in der Leiste. Am 20. Juni scheint er dies von seinem Arzt erfahren zu haben, denn am Tag darauf notierte er in sein Tagebuch: »Ich hatte gestern das Gefühl eines Menschen, der bisher für seinen Durst immer aus dem vollen zu schöpfen glaubte und auf einmal sieht, es sind nur noch ein paar Fingerhut voll da. Man liest das so oft in Romanen, die Szene, in der ein Arzt dem verständigen Patienten mit einsichtigen Worten auseinandersetzt, daß er sich nicht allzuviel Hoffnung machen darf. Genauso kam ich mir gestern vor. Und jetzt habe ich das zu verarbeiten. Daß ich nicht sehr am Leben hänge, wußte ich ja immer und sehe ich jetzt klar bewiesen. Da liegt der Grund meiner anfänglichen Bestürzung nicht. Aber das Schlimme ist, daß ich nicht frei bin zum Sterben. Es ist außer Frage, daß ich meine letzte Kraft aufbieten muß, um zu erreichen, daß ich Vater überlebe. Sonst wäre der Fall furchtbar einfach. Ich würde mein bisheriges unbekümmertes Leben weiterführen, mit dem angenehmen Bewußtsein, daß es eines Tages unvermutet und rasch erlöschen würde.«

Sein erster Gedanke galt also dem Vater, mit dem er sich »mehr und mehr unauflöslich verbunden« fühlte. Worin lag diese enge Bindung begründet? Wohl in Max Plancks Fähigkeit, dem Sohn Liebe und Verständnis zu geben und ihm gleichzeitig Vorbild und Rat zu bieten, in der Treue, mit der er ihm durch seine Briefe während der Gefangenschaft beigestanden hatte, aber auch in der gemeinsamen Vergangenheit, in der Erinnerung an die Mutter und Ehefrau, in der Liebe zum Grundnerhof, zum Wandern und Musizieren; und schließlich empfand Erwin tiefes Mitgefühl für den Vater, der drei Kinder und seine erste Frau verloren hatte. Im Oktober 1922 zog Erwin zurück in die Wangenheimstraße und erlebte zu seiner eigenen Überraschung, daß »der äußere Anschluß an Vater, zuerst meist aus

Pflichtgefühl begonnen«, ihm viel brachte und er dessen Persönlichkeit »erst jetzt in ihrer ungewöhnlichen Bedeutung, ihrem großen Reichtum« erkannte.

Wenn Erwin den Schock über die Nachricht des Arztes auch schnell relativierte – »ich fürchte, das mit dem ›paar Fingerhut voll‹ war etwas theatralisch« –, so blieb doch »auch ohne das noch genug zum Nachdenken. Es bleibt der Zwang zum Haushalten, solange mein Vater lebt – aber bei Gott nicht *einen* Tag länger! –, es bleibt die Möglichkeit, von heute auf morgen ›mit Tode abzugehen‹, eine mir schon heute geradezu liebgewordene Möglichkeit, die mir oft helfen wird.« Vielleicht lag in dieser Erfahrung das Fundament für die gefaßte Haltung, mit der er später in den Tod gehen sollte.

Wie stark seine innere Ausgeglichenheit bereits zu wirken begann, zeigt die Gelassenheit, mit der er die verordnete Pause ertrug, die länger währte, als zunächst gedacht. Doch »irgendeine, wenn auch geringe Arbeit« brauchte er, um ganz zufrieden zu sein, und so lernte er »nun wieder Russisch«. Ansonsten genoß er es, »nachzudenken, zu schreiben, zu ordnen ... [und] Zeit zum Träumen« zu haben. Er konnte »ganz nach Belieben« seinen Gedanken nachhängen: »Und wenn sie auch noch so unscharf und ziellos sind, ich habe doch das Gefühl, daß sie wie durch ein pflanzenartiges Wachstum mit der Zeit Form und Kraft gewinnen. Aber für den Verkehr mit den anderen gehe ich mehr und mehr verloren.« Es ist, als würde er nun die verlorenen Jahre nachholen, als habe er erst jetzt die Muße, »zur Reife« zu gelangen. »Auch reisen muß ich noch viel, muß viele neuartige Menschen, Nationen, Rassen kennenlernen, erst dann wird sich eine Frucht bilden. Bis dahin muß ich noch viel Kraft auf Wachsen und Blühen verwenden. Ob die Lebensenergie reichen wird, weiß ich nicht.«

Dies schrieb er Anfang Juli 1922. Im Tagebuch folgt eine große Lücke bis Anfang Oktober – es fand eine schwere Operation in der Chirurgischen Universitätsklinik in der Ziegelstraße statt. Anfang August schien das Schlimmste überstanden zu sein, denn der Vater entschloß sich, in den Urlaub zu fahren. Aus der Ferne, natürlich aus den Bergen und später vom Grundnerhof, begleitete er in fast täglichen Briefen und Karten das Schicksal des Sohnes.

Aus diesen Briefen vom 10. August bis zum 21. September ergibt sich, daß Erwin lange Zeit mit hohem Fieber und großer Schlaflosigkeit kämpfte. Offensichtlich hatte er einen Abszeß und mußte punktiert werden. Der Vater war in ständiger Sorge und ermunterte den Sohn: »Mich dünkt immer, ein solches Durchhalten ist noch heldenhafter als ein kurzes aktives Drauflosgehen.« Am 6. September schrieb Max Planck: »Heute, an Mutters Geburtstag, fühle ich mich doppelt mit Dir vereint in Vergangenheit und Gegenwart und freue mich daher auch doppelt über die Nachrichten, die Du mir so treulich zukommen läßt. ... Jetzt gehe ich zum lieben Grab, wohin Marga und ich schon gestern einen wundervollen, von Grete [der Enkelin] gebundenen Kranz gebracht haben.« Am 19. September dann konnte der Vater dem Sohn endlich »zur Normalität der Temperatur und ganz besonders zum ›mittellosen‹ Schlaf« gratulieren; zwei Tage später schrieb er voller Vorfreude: »Am Sonntagvormittag komme ich zu Dir, und dann brauchen wir uns nicht mehr zu schreiben, bis Du nach Ober-Röhrsdorf gehst.« Noch fast einen Monat mußte Erwin auf die Reise zu seinen Freunden warten, aber dann war es endlich soweit.

Am 1. Oktober 1922 nahm er als Zeichen der beginnenden Genesung seine Tagebucheintragungen wieder auf, die im Rückblick das Durchlittene widerspiegeln: »Mein Gesundheitszustand scheint nun nach dem krisenhaften Verlauf des letzten Vierteljahres günstiger werden zu sollen, als ich erst annehmen konnte. Noch eine Schonzeit von ein bis zwei Jahren und dann wieder völlig gesund, das klingt schon anders wie bisher. An meinem inneren Zustand hat diese ganze Zeit vorläufig gar nichts geändert. Ich war viel zu sehr mit dem Kampf gegen körperliche Unannehmlichkeiten beschäftigt, um mich irgendwie weiterentwickeln zu können. Das innerliche Fazit werde ich wohl in den kommenden schönen Wochen der Rekonvaleszenz ziehen. Jedenfalls kann ich schon so viel sagen, daß sich der seit Beginn des Jahres konstatierte Gleichgewichtszustand bewährt und erhalten hat. Ich fühle mich auch jetzt noch genauso beruhigt, klar über meine Ziele und wunschlos in persönlicher Beziehung wie ehemals.«

Gut vierzehn Tage später, Mitte Oktober, kam er endlich im »ersehnten Paradies« an, wie der Vater Ober-Röhrsdorf in einem seiner Briefe genannt hatte. Ganz allmählich kamen die Kräfte wieder. Als er dann vier Wochen später nach Berlin zurückkehrte und sich erneut ins Grunewalder Haus einzuleben hatte, fing er »langsam an, die Umwelt und meine künftige Lebensweise zu übersehen«, und er merkte, daß ihm »doch recht anders zumute« war als vor einem Jahr: »Damals stürzte ich mich in tausend Erlebnisse, unter tausend neue Menschen, weil ich eine immer schmerzende Wunde vergessen wollte. Sie hat lange aufgehört, unangenehm zu schmerzen, der Schmerz, der übrigblieb, ist mir lieb, und wenn er fehlte, würde ich ihn vermissen. Aber ist es nun die Wirkung der Krankheit oder die Folge all der inneren Erlebnisse der letzten zwei Jahre – ich habe keine Hoffnungen mehr, keine süßen Wünsche wie früher, es ist mir, als ob ich sehr alt wäre und mich auf den Tod vorbereiten müßte. Von keinem Menschen erwarte ich etwas Neues, keinem bin ich bereit etwas von mir zu geben. Mein Beruf, meine Musik, Vater füllen meine Gedankenwelt völlig aus. Ich frage mich immer von neuem, ob ich denn noch krank bin oder was sonst mit mir sein mag, aber je mehr Menschen ich sehe, um so kühler wird es mir um das Herz, ich stehe ganz außerhalb ihres Lebens. Wenn ich Katholik wäre, würde ich jetzt Mönch werden, ohne Frage! Ich habe das Ins-Kloster-Gehen stets für den Gipfel des menschlichen Egoismus gehalten, und egoistisch bin ich denn auch jetzt zum Erschrecken. Daß ich für jemand eine Bequemlichkeit opferte, kommt gar nicht in meine Gedanken. Nur Vater, Lothar, Ruth sind die lichten Stellen dieses merkwürdig eintönigen Bildes. ... Ich bin so erstaunt über mich selbst, daß ich ganz objektiv an mir beobachte, was der Kerl nun wohl anfängt und ob er sich nicht doch noch ändern wird. Oder sollte dies alles überhaupt nicht mehr lange dauern? Ich bin so seltsam müde.«

Er war gerade 29, und er fühlte sich wie ein alter Mann. Es war November, schmuddeliges Herbstwetter, Erwin besuchte das Grab seiner Schwester Emma. »Es ist drei Jahre her, daß

Emma starb, und der Schmerz ist nicht mehr brennend. Es war so schön still dort bei den Gräbern, und ich fühlte Beruhigung und Sehnsucht, auch schon soweit zu sein. Es ist wirklich keine sentimentale Laune, ich habe versucht, mich damit lächerlich zu machen vor mir selbst, aber es bleibt dabei: Ich habe das Gefühl, als ob mir zwar die Welt offen steht, aber als ob ich selber keinen Drang hätte, es mit ihr zu versuchen.«

Wieder ein Weihnachtsfest, wieder wird Erwin den Baum geschmückt, der Vater die Chronik gelesen haben, erleichtert gewiß, daß der Sohn fast genesen war und sie zusammen musizieren konnten. Erwins Jahresbilanz fiel gut aus: »Ich bin nicht unzufrieden beim Abschluß dieses Jahres und innerlich viel befreiter und glücklicher als vor zwei Jahren und auch im vorigen Jahr.« Aber seine Hoffnungs- und Wunschlosigkeit hatte Bestand. Das neue Jahr – 1923 – begann er »in friedlicher und dankbarer Stimmung«. Zwar meinte er »trotz Krankheit und internen Stillstandes« weitergekommen zu sein, »eine entscheidende Entwicklung« durchgemacht und verstanden zu haben, »daß nicht die Erfüllung aller Wünsche das Glück ist, sondern eine innere Reife und Vervollkommnung«, aber es klingt doch auch viel Wehmut in seinen Worten, wenn er schreibt: »Ich habe in den letzten Jahren versucht, mir ein persönliches Glück zu schaffen, so wie man es sich als Junge erträumte, und bin dabei gescheitert.«

Es ist der endgültige Abschied von Kindheit und Jugend, der bei ihm so spät kommt, weil er als Heranwachsender seit der langen Krankheit und dem frühen Tod der Mutter zuviel zu früh verkraften mußte und damit meist allein war; weil er die wichtigen Jahre seines Heranwachsens im Krieg und in der Gefangenschaft verbrachte; weil er dann sofort eine Verantwortung übernehmen mußte, für die er eigentlich noch nicht reif war. So ist sein Gefühl sicher richtig, daß ihn diese neue »grundlegende, mit Verstand und Gefühl erfaßte Erkenntnis ... zum Mann gemacht« hat. Es hat ihn »manchen Verzicht gekostet, dort hinzukommen«, wie er schreibt: »Die kühnen Hoffnungen mußten aufgegeben werden, die heißen Wünsche blieben unerfüllt, bis sie einschliefen. Was geblieben ist, sind ruhigere Gefühle und Pflichten, deren Erfüllung mich schon jetzt zu belohnen beginnt.«

In dieser Zeit des Abwartens las er sehr viel. Die Reden Buddhas gehörten zur täglichen Lektüre. In dem buddhistischen Legendenroman »Der Pilger Kamanita« von Karl Gjellerup fand er bestätigt, daß »keiner auf Erden Rat weiß, jeder den wahnsinnigen, nicht herzbrechenden, aber herzverzehrenden Schmerz der Trennung, des Entbehrens, der Unmöglichkeit einer definitiven Vereinigung« kennt. Es waren jetzt ganz andere Bücher als die, die er in der Gefangenschaft gelesen hatte, eher philosophische, kontemplative Werke, weniger historisch-politische, eher Romane als Sachbücher. Er suchte in den Büchern zunehmend eine Bestätigung für sich selbst, eine Erklärung für seine Probleme. Der Roman »Aziyadé« von Pierre Loti, der von der engen Verbindung zwischen einer Mutter und ihrer Tochter handelt, berührte ihn so »merkwürdig«, daß er meinte, er selbst könnte ihn »auch geschrieben haben« in bezug auf seinen Vater.

Ein anderes Buch paßte nicht nur zu seinen eigenen Erfahrungen, sondern auch zu aktuellen Briefen seiner beiden engsten Freunde. Es war das von ihm sehr geliebte Werk »The passionate friends« des englischen Schriftstellers Herbert George Wells. »Ich wundere mich immer, daß gewisse Darstellungen der verzehrenden, heißen, innigen Liebe zwischen zwei Menschen, die doch dadurch tragisch wird, daß die beiden aus eigener innerer Schuld sich voneinander äußerlich entfernen, daß das mir solchen großen Eindruck macht.« Vor dem Hintergrund dieser Lektüre antwortete er erst auf den Brief von Rhenius, dann auf den von Ruth. Beide Briefe hatten ihn »in die größte Bestürzung versetzt«, und die Art, wie er beiden antwortet, spiegelt seine eigene Einstellung gut wider. Woher kamen die »ungeahnte[n] plötzliche[n] Schwierigkeiten«, von denen Rhenius schrieb? Seine Frau Margot »scheint sich zu langweilen, hat sich in einen anderen verliebt, spricht von Scheidung, unglücklichem Leben seit der Hochzeit, körperlicher Gleichgültigkeit, aber Entschluß zur Pflicht und so fort in lieblicher Reihenfolge«. Planck findet seine »Theorie mit dem selbstverfertigten Unglück auch hier leider bestätigt. Ich glaube, meine Auffassung geht ganz klar dahin, daß die beiden ihrem Schicksal nicht so ohne weiteres ausweichen dürfen! Was man sich eingebrockt hat, muß man ausessen. Und wenn man sein Schicksal mit Anstand auskämpft, ist der Gewinn sehr viel sicherer und sehr viel größer, als wenn man jeden Wunsch und jeden Appetit stillen kann. ... Der arme Helmuth. Ich habe ihn doch sehr gern und bin eigentlich ganz Partei. Aber es ist zu klar, daß er natürlich nicht der ›bessere‹, jedenfalls aber der wertvollere Mensch ist.«

Der andere Brief stammte von Ruth und erreichte Erwin ebenfalls zu Beginn des Jahres 1923; diese Nachricht überraschte ihn fast noch mehr: »Es beschäftigt mich sehr, daß Ruth, aus irgendwelchen Differenzen mit Lothar heraus, unglückliche Briefe schreibt. Da sind doch nun zwei Menschen, die in und außer sich wahrhaftig alle Vorbedingungen zum ungetrübten Glück haben, und auch sie haben so schwarze Tage. ... Es muß wohl so sein, daß der Mensch den wolkenlosen Himmel ebenso wenig lange erträgt wie das trübe Wetter. Man braucht den Wechsel, und gibt ihn das äußere Schicksal nicht, so macht man ihn sich aus einem Naturtrieb heraus selber. Man braucht den Schmerz, um die Freude genießen zu können, und die Sehnsucht, um ab und zu an der Gegenwart Freude zu haben. Der Mensch ist wahrhaftig nicht zum Glück bestimmt. Vielleicht kann ich Ruth ein wenig helfen, wenn ich ihr zeige, wie sehr tief und innerlich ich an mir diese Bestimmung erlebt habe.«

Wenn Planck sich auch selbstkritisch fragte, ob es nicht »unglaublich anmaßend« sei, wenn er »so gute Lehren« erteilte, so fand er doch, daß er alles »selbst erlebt, durchgekämpft« habe. Außerdem fühlte er sich in der Rolle des Helfers wohl. Er verschaffte nicht nur Rhenius eine neue Stelle in Hamburg, er hatte auch schon Lothar, Rudi und Marcks geholfen, und nun fragte er sich, »ob ich nicht auch hoffen darf, daß auch mir einmal etwas von anderen unverhofft in den Schoß fällt, oder muß ich schon lieber auf die eigene Kraft vertrauen? Nur, sie ist nicht mehr so groß, ich habe keinen Schwung mehr, ich *will* gar nichts mehr haben, so müßte es schon von außen kommen. Ich habe so viel Liebe hergegeben, ob nicht auch einmal mich jemand rückhaltlos und bereit zu Opfern lieben kann?«

Aber er verharrte nicht in dieser, wie er es selber nannte, »larmoyanten« Pose, sondern wandte sich dem zu, was ihm das Wichtigste war: seinen Berufsplänen. »Arbeiten muß ich und zwar ernsthaft, mit praktischen Ergebnissen, dazu habe ich meine Begabung bekommen, die ich nicht verfaulen lassen darf. Aber was soll der Soldatenrock für einen kranken Mann? Ohnehin bin ich kein Soldat, sind die Gründe für diese Täuschung immer noch zwingend? Ich weiß freilich im Augenblick nicht, in welcher Stellung ich dem Staat besser dienen könnte, und Diener des Staates will ich bleiben. Jetzt ist die Idee des Geldverdienens ja ganz absurd geworden. Für wen? Für mich? Ich muß ja haushalten. Für andere? Ich werde niemand mehr an mich fesseln. Also wird es vielleicht doch dabei bleiben. Nur müßte ich Garantien haben, daß mit dem Soldaten-spielen nicht eines Tages Ernst gemacht wird. Das geht jetzt nicht mehr. ... Vielleicht kann ich bis auf weiteres politischer Offizier im Ministerium bleiben, wenn ich auf Karriere beim Militär verzichte.«

Einige Voraussetzungen waren ihm bereits klar: Zum einen wollte er »nie um persönlicher Beförderung wegen auf irgendwelche Überzeugungen, sonstige Anschauungen, ja selbst Geschmacksrichtungen verzichten«, zum anderen betrachtete er es als wichtige Bedingung für einen Beruf, frei und unabhängig zu sein. Interessanterweise las er in dieser Zeit des Nachdenkens über den künftigen Werdegang die Bismarck-Biographie von Emil Ludwig sowie Bismarcks Briefe an seine Braut und seinen Briefwechsel mit dem Jugendfreund Gustav Scharlach. Ob die Beschäftigung mit Bismarck ihn darin bestärkt hat, bei der Politik zu bleiben? Jedenfalls lehnte er kurz nach Weihnachten »den besten Geldverdiener-Posten« ab, der ihm »bisher angeboten wurde. Abteilungsleiter in der [Reederei] Hapag. Das hätte vielleicht auch zu meiner Ausbildung sehr beigetragen. Aber diesmal war mein instinktives Gefühl, daß ich die jetzige Bahn nicht verlassen darf, so stark, daß ich nicht einen Augenblick schwankte.«

Seit Anfang Mai arbeitete Planck wieder im Reichswehrministerium, und das mitten im Krisenjahr 1923: »Ich bin mehr oder weniger wehrlos jeder Depression über diesen Jammer des Vaterlandes ausgeliefert, weil mein persönliches, privates Leben lust- und farblos ist.« Es war klar, daß ihm der Übergang vom zurückgezogenen, kontemplativen Dasein in das alltägliche Berufs- und Gesellschaftsleben Schwierigkeiten bereitete und Mißstimmungen erzeugte. Planck suchte die Erklärung im »Abflauen der Kräfte«. Hinzu kam, daß wieder ein guter Freund von ihm gestorben war, Baron Essen, den er während der letzten Berliner Berufsjahre fast täglich gesehen hatte. Seine Trauer war bei Essens Ehefrau, zu der er ebenfalls eine freundschaftliche Beziehung zu haben glaubte, unerwünscht; sie war schnippisch, kalt und kritisch zu ihm, eine Enttäuschung. Es war nicht die einzige. Seine Krise trieb einem neuen Höhepunkt zu: »Meine Depression, die ich mir gar nicht mehr verhehlen kann, wächst und ist zum ersten Mal auch durch Lothar und Ruth nicht behoben. Ich fühle mich einsam und finde gleichzeitig nicht den Mut und Schwung, diese Einsamkeit zu verlassen. Ich habe Angst, daß selbst diese beiden ihres Weges gehen, denn sie leben ja doch ihr eigenes Leben, und ich, in anderer Sphäre, meines. Und ich habe nicht die Kraft, sie zu halten, ja, ich rühre keinen Finger, bin im Gegenteil kühl und abweisend. Was soll nur werden?«

Planck floh in die Gedankenwelt von Hesses »Siddharta«. Sie fesselte ihn so stark, daß er »völlig leicht und ohne Zwang über alles hinwegkam. Aber es ist ein gefährliches Gift, diese Religion des Verzichts, sie macht tatenunlustig und ein wenig lebensscheu, und deshalb ruft mich eine innere Stimme noch immer von ihr fort, als sollte ich noch vieles erleben, bevor ich dafür reif sei. So wird es wohl auch werden, aber ich habe ein wenig Angst davor.«

»Zeit des Handelns, der starken Gefühle«

»So wird es wohl auch werden« – hier kündigt sich eine Wende an. Am selben Tag, dem vorläufig letzten seiner Tagebucheintragungen, am 22. Mai 1923, hat man ihm »sehr große Lobsprüche beruflicher Art geschenkt« und ihn »als den kommenden Mann bezeichnet, wie Schleicher referierte«. Natürlich analysiert er sogleich: »Was besticht nur die Leute an mir?

Doch nicht die Leistung – die ist entsprechend meiner Stellung, unerheblich. Schleicher sagt, sie hielten mich alle für klug und dabei anständig, was sonst nicht so zu finden sei. Das trifft den Kern aber nicht, ich bin gar nicht anständiger als andere brave Leute, im Gegenteil. Ich glaube, was mir besonders gegeben ist, ist guter Geschmack in menschlichen Dingen. Oder sagen wir Takt. Alles andere sind Vorschußlorbeeren. Wenn ich mein eigenes Fazit ziehe, muß ich folgendes sagen. Positiv zu werten sind: Nüchternheit, Verhandlungsgabe, Redegabe, Formgebung jeder Art, Klarheit der Gedankenfolge, Auftreten in allen Situationen, Selbstbewußtsein. Ungeklärt ist Entschlußfähigkeit, werbende Kraft der Ansichten, Selbständigkeit. Negativ zweifellos eine beträchtliche Bequemlichkeit, oft Gleichgültigkeit und eine gewisse Nachgiebigkeit in der Debatte, blitzschnelle Schlagfertigkeit ist auch nicht meine stärkste Seite. Also ob es ein Blender ist oder ein reeller Derbycrack, ist noch immer offen, wenigstens vor meinem Urteil. Wenn ich vorigen Sommer gestorben wäre, würde man natürlich ein zu früh entrissenes Genie beweint haben. Sehr fraglich, ob ich diese Vorschüsse noch abverdienen kann. Steckt zuviel Sehnsucht in mir. Aber es ist schon ein Trost zu wissen, daß er mir immer offen steht, dieser Weg, und mein Gefühl sagt mir, daß es mein Weg sein wird.«

Am 1. Juli 1923 wurde Planck »Rittmeister im 3. (Preuß.) Reiter-Regiment«; als solcher wechselte er am 1. Januar 1924 in die Reichskanzlei, wo er zunächst als Referent arbeitete. Noch bis Ende März 1926 wurde er vom Reichswehrministerium bezahlt. Dann stellte man laut Personalakte die Ministerialzulage für den »zum Reichswehrministerium kommandierten Rittmeister Planck ein«. So war es nur konsequent, daß er am 31. Juli 1926 aus dem Heeresdienst ausschied. Am 1. August wurde er zum Regierungsrat ernannt.[40]

Etwa um die gleiche Zeit gab es auch eine persönliche Wende zum Guten. Selbst seinem besten Freund Rhenius berichtete Planck erst Anfang November von seinem neuen Glück, weil er »in der ganzen letzten Zeit mehr oder weniger im Minnedienst beschäftigt war, der jetzt zu dem glücklichen Ende einer Verlobung geführt hat«. Seine Auserwählte hieß Nelly Schoeller; sie war die Tochter des verstorbenen Gründers der Diskont-Gesellschaft, Alexander Schoeller, und seiner Frau Maria, geborene Dirksen. »Ich habe sie vor einigen Monaten bei meinem Freunde Goldammer kennengelernt.« Planck kannte Hanswolf v. Goldammer aus dem Truppenamt, er war persönlicher Adjutant von Seeckt. In seinem Brief an Rhenius fährt er fort, er habe »sehr bald den Beschluß gefaßt, sie möglichst umgehend zu heiraten. Nelly ist 20 Jahre alt und, da ihre Mutter wieder einen sehr viel jüngeren Mann geheiratet hat, ganz selbständig, so daß keine Bedenken bestehen, daß wir noch vor Weihnachten heiraten und zunächst mal in ihre Wohnung in Wannsee ziehen.«

Rhenius antwortete prompt: »Mein lieber Erwin, also doch! Das lang Erwartete, hier wird's Ereignis. Für so nahe bevorstehend hatte ich dieses Ereignis freilich nicht gehalten, aber Deine Träume vom otium cum dignitate als alter Junggeselle, nur in Gesellschaft eines Hundes am schönen Bodensee oder da herum, hatte ich mir doch etwas skeptisch angehört. Mein alter Junge, ich brauche Dir ja nicht zu sagen, was ich Dir wünsche. Mir ist übrigens um Dich gar nicht bange. Wenn Du nur die Hälfte Deiner zweifellos sehr richtigen Theorien über die Ehe in die Praxis umsetzt, wirst Du zu den glücklichsten Sterblichen gehören. Vorgestern war mir übrigens gar nicht so spaßig zumute. Als krassem Egoisten kam mir außer allen guten Wünschen für Dich gleich der ebenso dringende Wunsch für mich, daß die Bereicherung, die Dein Leben jetzt erfährt, nicht auf Kosten unserer Freundschaft geht.«

Das hoffte auch Lothar v. Brandenstein, der von der Nachricht noch mehr überrascht worden war als Rhenius. Die meisten Freunde erwähnten das von Planck bisher intensiv verteidigte Junggesellendasein, das nun zu Ende ging; die einen bedauerten den Wandel, die anderen begrüßten ihn. Alle nahmen Bezug auf die unsicheren Zeiten – es war November 1923! – und lobten den Mut, angesichts solcher Widrigkeiten eine Ehe zu begründen.

Die Bestätigung und Zuneigung, die Planck durch diese Briefe erfuhr, taten ihm gut nach den Jahren des Zweifelns und Verzagens. »Freundschaften, die in der Kriegsgefangenschaft geschlossen sind«, schrieb etwa Ernst Wolff, der mit ihm in Frankreich im Lager gewesen war, »sind dauerhafter als die meisten anderen, weil man sich gegenseitig auf Herz und Nieren geprüft hat, und so müßte ich schon in Ihrem Wesen und in Ihrem Charakter eine sichere Bürgschaft für Ihre Zukunft« sehen. Ein anderer Gratulant weiß, daß zu Plancks »vielen guten Eigenschaften auch vor allem die Menschenkenntnis gehört«, und ist überzeugt, daß er gut gewählt habe und seine Braut »einen vortrefflichen Mann bekommt, das weiß ich aus jahrelanger eigener Anschauung«. Auch aus dem Brief von Major v. Harbou spricht echte Zuneigung: »Ich denke, daß Sie wissen, mit welcher Anhänglichkeit ich Ihr Leben und Werden verfolge und daß es wenige Menschen gibt, die ich so gerne habe wie Sie. Da gerate ich nicht in die Gefahr, daß es mir als Redensart ausgelegt wird, wenn ich offen sage, daß ich mich selten so über eine Nachricht gefreut habe wie [über] die Ihrer Verlobung.«

Am 15. Dezember 1923 fand die Hochzeit statt; zum Glück war bereits die Rentenmark eingeführt, sonst hätte die Feier angesichts der Inflation Billionen Mark gekostet. Schleicher war Trauzeuge. Anschließend zog das junge Paar in die Straße zum Löwen Nummer 1 in Berlin-Wannsee. Doch das Weihnachtsfest wurde in der Wangenheimstraße beim Vater gefeiert. Nun hatte er doch wieder eine Tochter, Nellchen, mit der ihn zeitlebens eine herzliche Zuneigung verbinden sollte.

Aus Erwin Plancks Sicht war das zurückliegende Dreivierteljahr eine »Zeit des Handelns, der starken Gefühle, des Erwachens rücksichtsloser Wünsche«. Er hatte wieder einmal zu seinem Tagebuch[41] gegriffen, weil er erneut ernstlich erkrankt war. »Ich liege seit 1. Februar fest im Bett und mache jetzt erst endlich die ersten Aufstehversuche«, schrieb er am 24. März 1924 an Rhenius: »Erst waren es leichte Masern, dann als Komplikation eine neue Entzündung und scheinbare Eiterung in der Operationswunde von vor zwei Jahren, so daß ich eine sehr böse Zeit hatte. Jetzt geht es, wenn auch langsam, besser.« Planck war wahrlich geplagt, aber anscheinend genoß er die Tage des Alleinseins auch – die »ersten seit dem letzten Sommer« – und gönnte sich »wieder etwas Selbstbesinnung, ... wenn auch nur sehr provisorisch«.

Sein »Fazit«, das er so gerne zog, verbuchte einen »unerhörten Gewinn« und lautete: »Mein Gefühl war ganz klar und hat nie geschwankt, aber jeder Gewinn im Leben ist ja irgendwie mit Kämpfen und Verlusten von anderer Stelle erkauft, sonst ist es eben kein Gewinn, und leicht habe ich es nicht gehabt. Ein Schicksal an sich zu fesseln bedeutet nicht nur das Verlangen fremder Hingabe, sondern auch eigene Hingabe. Es ist oft nicht leicht abzuwägen, wo Hingabe aufhört und Charakterlosigkeit anfängt, bei einem selbst ebenso wenig leicht wie beim anderen. ... Die Ehe ist ständiger Hasard um die denkbar höchsten Einsätze. Schon manchmal meinte ich, verspielt zu haben – ich denke mit wahrem Grauen an manche Stunden im Hotel Continental –, aber es ist wie stets im Leben, wer den Mut und die Zähigkeit hat, auch in der Niederlage sich für unbesiegt zu halten, ist völlig und ewig unbesiegbar.«

Hier spielte Planck auf eine Reise an, die er im Juni 1923 nach Weimar und anschließend München gemacht hatte, um seine Braut Onkel Carl vorzustellen. Dies läßt sich rekonstruieren, weil der Vater am 17. Juni eine Karte an den Sohn ins Münchner Hotel Continental geschrieben hat. Mit einiger Phantasie kann man sich ausmalen, wie die beiden Verliebten im Hotel wohnten, nach damaliger Sitte jeder im eigenen Zimmer. Sie, noch sehr jung und sicher wenig erfahren, hat ihn vielleicht abgewiesen. Und er, der vor einem Monat noch in sein Tagebuch geschrieben hatte, daß er »über alles hinausgewachsen« sei, was er »einst so glühend begehrte«, mußte, plötzlich doch glühend begehrend, eine »Niederlage« einstecken, welcher Art auch immer.

Bereits zwei Monate nach der Hochzeit meinte Planck von sich: »Heute bin ich das Doppelte, eher das Vielfache dessen, was ich vor einem halben Jahr war. Hätte ich je geglaubt, noch so positiv sein zu können, dachte ich je, daß aus meinem ewigen Schwanken klare innere Sicherheit werden würde? Dachte ich je, daß ich nach schwerer Arbeit wie ein Junge spielen, lachen, zärtlich sein dürfen würde? Es ist ein unerhörtes Glück, ein unbeschreibliches Geschenk und macht mich stark wie den Bär und sicher wie den Kompaß.« So sehr, so schnell hatte ihn die Liebe verändert, die er sich doch abgewöhnt zu haben glaubte.

Trotz des Altersunterschieds von zehn Jahren fand er, daß Nelly ihm »in fast allen Dingen des Herzens überlegen« sei und er nur über »mehr Erfahrung« verfüge. Folglich »widerstrebt mir oft, irgendwie einzugreifen, weil ich mich innerlich und menschlich eben nicht berechtigt fühle, den Lehrmeister zu spielen«. Er war entschlossen, »einem so weichen Herzen wie Nelly die vielen, vielen verlorenen Jahre der Kinderzeit und Mädchenzeit, alle vermißte Liebe und Fürsorge jetzt als Mann zu ersetzen, sie erst einmal wirklich in einen Mantel von Liebe einzuhüllen, damit ihr Herz wieder vertrauensvoll wird, und das wagt es noch immer nur stundenweise zu sein, das ist so schön, daß ich es nicht versuchen würde, wenn mich nicht Liebe und Zärtlichkeit ... dazu antrieben.« Nelly hatte, darauf spielt Planck an, als Nachzüglerkind wenig Zuneigung der Mutter gefunden, die nach der langen Krankheit und dem frühen Tod ihres Mannes – Nelly verlor ihren Vater mit acht Jahren – ein neues Leben begann und bald wieder heiratete.

Bereicherung fühlte Planck auch in beruflicher Hinsicht; er hatte den Eindruck, daß er »innerlich ausgelernt« habe und nun fähig sei, einen Beitrag zum Aufbau des Landes zu leisten. Dabei wußte er sich frei von Ehrgeiz; der Unsicherheitsfaktor seiner angeschlagenen Gesundheit verwehrte ihm »jede Streberei und jede Gewinnsucht. ... Das einzige, was von Wert ist, ist der Charakter, warum sollte ich ihn gefährden oder vernachlässigen um möglicher Gewinne willen, die ich vielleicht nie würde genießen können.«

Plancks private Aufzeichnungen über mögliche politische Ziele machen eines deutlich: Von demokratischem Bewußtsein war wenig zu spüren, hier ging es um Führung, zur Not harte Führung, um einen »gesunden Organismus«, der erhalten, und um Ordnung, die hergestellt werden sollte. Menschen, die so dachten, weil man sie so erzogen hatte, taten sich schwer, den demokratischen Prozeß zu bejahen. Der bedeutete nämlich »Unordnung«, weil er von der Auseinandersetzung gleichberechtigter Interessen und dem Kampf um geliehene Macht lebte. Die positive Kehrseite dieser Prägung war allerdings, daß es Menschen wie Planck nicht um persönliches Gewinnstreben ging, ja nicht einmal um die Lust an der Machtausübung, falls diese sich bot, sondern um das Wohl des Staates, das Wohl des »Vaterlandes«. Dieses aber war ihrer Ansicht nach nur auf autoritärem, nicht auf demokratischem Wege zu erreichen.

Im November 1928 sollte Erwin Planck noch einmal Bilanz ziehen und sich fragen: »Was habe ich seit 1924 aus meinem Leben, meiner Ehe, meinen Freunden gemacht? Muß ich mich sehr schämen? Habe ich Grund, sehr stolz zu sein?« Und er antwortete: »Ich glaube: keines von beiden. Ich habe ganz brav mein Leben gelebt, meine Linie gehalten und nicht allzuviel Schaden angerichtet. Beruflich habe ich das Meine getan, es bleibt nach wie vor Schicksalsfügung und Zufall, ob ich zu großer, führender Leistung berufen sein werde. In der Lage dazu fühle ich mich, und kommt die eine oder andere Chance, soll sie mir nicht entgehen.«[42]

In der Reichskanzlei

Referent Planck

Noch aber war es Frühjahr 1924. Erwin Planck war seit dem 1. Januar Referent in der Reichskanzlei. Schleicher hatte ihn als seinen Verbindungsmann hinbeordert. Planck sollte von dort aus alle Angelegenheiten des Reichswehrministeriums bearbeiten und natürlich seinen Freund über alles auf dem laufenden halten. Schleicher hatte als Chef der Gruppe T1, III, die Hans v. Seeckt, dem Chef des Truppenamtes, direkt unterstellt war, eine einflußreiche Stellung im Reichswehrministerium. Seit dem 23. Dezember 1923 Oberstleutnant, galt er als unentbehrlicher und mächtiger Mann im Hintergrund. Planck war seinerseits sehr zufrieden, daß er nun für den Reichskanzler arbeiten sollte. »Ich habe mir von vornherein, als ich in die Stellung kam, gesagt, daß es entscheidend wichtig sein würde, wie ich mit ihr fertig werde, und nun habe ich ja eine sehr unzweideutige Quittung [von Schleicher] dafür, das ist recht angenehm.«[1]

Auch die Republik hatte ihre Krise überwunden; Gustav Stresemann, der kurze Zeit Kanzler gewesen war, hatte die Ruhrbesetzung beendet und die Rentenmark eingeführt. Danach leitete er als Außenminister die Aussöhnung mit dem französischen Nachbarn in die Wege. Berlin boomte, und die Berliner waren selbstbewußter geworden, seit ihre Stadt durch das Eingemeindungsgesetz vom 27. April 1920 zur zweitgrößten Metropole Europas geworden war. Die Einwohnerzahl hatte sich auf knapp vier Millionen verdoppelt. Die Stadt füllte sich mit neuem Leben, frei von den Fesseln des Hohenzollernschen Obrigkeitsstaates und geheilt – jedenfalls vorläufig – von der Krise des Jahres 1923. Sie zog Gelehrte und Künstler aus aller Welt an, von Boris Pasternak, Ilja Ehrenburg und Arthur Koestler bis zum amerikanischen Romancier Thomas Wolfe, von den Wissenschaftlern und Nobelpreisträgern – Fritz Haber, Gustav Hertz und Albert Einstein – bis zu namhaften Vertretern von Jurisprudenz, Nationalökonomie sowie technischer Forschung, und überall hatten jüdische Persönlichkeiten einen maßgeblichen Anteil. Doch die größte Anziehungskraft ging vom Theater, von Musik und Kunst und nicht zuletzt von der leichten Muse aus.

Erwin Plancks oberster Chef in der Reichskanzlei war Kanzler Wilhelm Marx (Zentrum). »Ich persönlich gedenke noch stets mit größter Freude der Zeit, in der es mir vergönnt gewesen ist, unter Ihrer Leitung in der Reichskanzlei tätig zu sein«,[2] schrieb Planck in einem Glückwunschbrief zum siebzigsten Geburtstag von Marx am 15. Januar 1933, kurz vor dem Ende seiner eigenen Tätigkeit in der Reichskanzlei, inzwischen zum Staatssekretär aufgestiegen. Neun für das Schicksal Deutschlands entscheidende Jahre waren es, die Planck an diesem politisch maßgeblichen Ort miterlebt und schließlich auch mitgestaltet hat. Doch zunächst begann für ihn eine lange Lehrzeit, in der er sechs Regierungen und drei Kanzlern diente, bis er dann im März 1930 als persönlicher Referent Brünings bedeutend mehr Einfluß gewann.

Die Aufgaben der 1878 auf Bismarcks Wunsch eingerichteten Reichskanzlei als »oberste Reichsbehörde und unmittelbares Organ des Reichskanzlers« hatten durch die Weimarer Verfassung eine Erweiterung erfahren. »So blieb sie zwar das ›Zentralbüro des RK‹, wurde aber darüber hinaus zu einer Behörde, welche zugleich die laufenden Geschäfte des neu geschaffenen Regierungskollegiums zu besorgen, also auf das Zusammenwirken der Ressorts in der Übereinstimmung mit der Kabinettspolitik zu achten hatte.«[3]

Max v. Stockhausen war zwei Jahre vor Planck, 1922, in die Reichskanzlei eingetreten und blieb bis 1927. Er gibt ein anschauliches Bild vom dortigen Betrieb, den Planck ganz ähnlich erlebte. Zunächst habe er, so Stockhausen, seine zukünftige Arbeitsstätte »mit einer Art ehrfürchtigen Schauders« betreten, doch der sei bald der Ernüchterung gewichen. »Das ganze Haus war von Unruhe und hektischer Betriebsamkeit erfüllt. In den Diensträumen des Oberstocks wimmelte es von zahllosen, meist recht aufgeregten Männern«, und nur mit Mühe sei er zum Staatssekretär vorgedrungen, in dessen »große[m], nach dem Garten zu gelegene[m] Arbeitszimmer ... wenigstens wohltuende Stille« geherrscht habe.[4]

»Man war zunächst Rad in einer großen Maschinerie. ... Zwölf Stunden Arbeit pro Tag – vormittags Erledigung der Akten, nachmittags und abends schier endlose Kabinettssitzungen, das war so die Regel. Eine aufregende Nachricht, eine Sitzung jagte die andere, die Telefone klingelten unausgesetzt, und diese geräuschvolle Hast paßte eigentlich gar nicht in die stilvollen, vornehmen, vom Atem der großen Geschichte durchwehten Räume der einstigen kaiserlichen Reichskanzlei. Minister, Staatssekretäre, Gewerkschaftsführer, Reichstagsabgeordnete gaben sich die Klinke in die Hand.«

Stockhausen und Planck nahmen auch an Reichstagssitzungen teil. Über die Atmosphäre in dem Parlamentsbau schreibt Stockhausen: »Es war nicht leicht, sich in dem weitläufigen Gebäude zurechtzufinden. Mittelpunkte des Lebens waren hier die sehr geräumige, lange Wandelhalle ... und der Plenarsitzungssaal mit seiner strengen braunen Täfelung. Die Wandelhalle mit ihren dicken roten Läufern war meist in magisches Halbdunkel gehüllt und erfüllt vom Stimmengewirr der hier sich ergehenden Abgeordneten. Unsere Welt war jedoch nicht eigentlich der Reichstag, sondern die Wilhelmstraße. In dieser ruhigen, verkehrsarmen Nebenstraße der ›Linden‹ reihte sich ein Ministerium an das andere, kein Schaufenster, keine Ladenauslage störte die schweigsame Front der Hochburgen der Ministerialbürokratie. Der Berliner Volkswitz pflegte zu fragen, wo der größte Friedhof Berlins sei. Die Antwort lautete: ›In der Wilhelmstraße, denn hier ruhen 5000 Beamte!‹«

Planck nahm an Kabinettssitzungen, Ministerbesprechungen und vielen Chefbesprechungen teil, und er mußte häufig Protokoll führen, »eine Aufgabe, die sich an und für sich die höheren Beamten der Reichskanzlei ... teilten, um die Geheimhaltung zu sichern«.⁵ Er war auch bei Besprechungen mit Parteiführern dabei – vor allem, wenn es sich um die Vertreter rechter Parteien handelte, die er meist persönlich kannte. Schon diese Tätigkeit bot ihm Möglichkeiten persönlicher Initiative und Einflußnahme auf Kanzler, Minister und Beamte. Doch sein Einfluß war größer, als es seiner Stellung zukam. Die Gründe dafür waren vielfältig. Sein berühmter Vater spielte dabei gewiß auch eine Rolle. So schloß sich Hermann Pünder, der im August 1926 Franz Kempner als Staatssekretär in der Reichskanzlei abgelöst hatte, in einem Brief an Max Planck »den Wünschen des Herrn Reichskanzlers mit der Versicherung [an], daß ... ich es mit Genugtuung empfinde, den Sohn eines berühmten Vaters zu meinen Mitarbeitern rechnen zu dürfen«.⁶ Entsprechend förderte er Planck nach eigenen Aussagen stets besonders. Der Hauptgrund für dessen verhältnismäßig großen Einfluß war allerdings Schleicher, denn alle wußten, daß Planck »einer seiner engsten Vertrauten« war.⁷

Wechselnde Kanzler und ein neuer Präsident

Am 1. Februar 1924 hatte Planck noch als Rittmeister an einer Kabinettssitzung der ersten Regierung Marx teilgenommen, dann folgte die bereits geschilderte schwere Erkrankung. Doch auch im Krankenzimmer verlor er nicht den Kontakt zur Politik, telefonierte mit Schleicher und Marx und konnte seiner Frau Nelly Ende Februar stolz berichten, daß Schleicher »mit der Politik sehr zufrieden« sei und »für uns alle große Rosinen am Horizont« sehe. Das werde auch von Ministerialrat Otto Karl Kiep, einem Freund, bestätigt: Schleichers »politischer Glorienschein sei in den letzten 8 Tagen noch wesentlich heller geworden«.

Den Wahlsonntag, den 4. Mai 1924, konnte Planck noch nicht in der Reichskanzlei miterleben. Stockhausen schildert das Geschehen wiederum sehr lebendig: »Abends in der Reichskanzlei hören der Kanzler, [Franz] Bracht, Kempner und Kiep die Ergebnisse ab. Es ist Großkampftag für uns. Die Telephone klingeln ununterbrochen, der Radiolautsprecher, die neue Errungenschaft, krächzt heiser Wahlresultate, die beiden Amtsgehilfen Bethge und Winter kommen und gehen mit Meldungen, Gott sei Dank einmal auch mit einem kräftigen Imbiß. Am späten Abend zeichnet sich der Ausfall der Wahlen ab.«[8]

Die Deutschnationalen waren die eigentlichen Sieger, sie wurden stärkste Kraft im bürgerlichen Lager und zweitstärkste Partei überhaupt. Dagegen erlitt die wiedervereinigte Sozialdemokratie insofern eine große Niederlage, als sie weniger Stimmen erhielt als 1920 die Mehrheitssozialdemokraten alleine. Die Kommunisten etablierten sich erstmalig als ernst zu nehmende linke Kraft. Das heißt, die Extreme auf dem rechten und linken Flügel begannen jetzt schon ihren Aufstieg, während die gemäßigten bürgerlichen Parteien schwere Verluste hinnehmen mußten.[9]

Im Ringen mit der Rechten um den neuen Kanzler tauchte auch der Name des Großadmirals v. Tirpitz auf; was sein Verehrer Planck von dieser Möglichkeit hielt, ist leider nicht überliefert. Er war jedenfalls zufrieden, daß Wilhelm Marx Reichskanzler und vor allem Stresemann Außenminister blieb. Seit Mitte Juni nahm Planck wieder regelmäßig an den Kabinettssitzungen teil. Marx mußte mit einem Minderheitskabinett regieren. Zwar schaffte er es, das für Deutschland durchaus günstige Londoner Abkommen über die Reparationszahlungen durch den Reichstag zu bringen, doch dann wurde das Regieren so schwierig, daß Ebert Ende Oktober den Reichstag auflösen und Neuwahlen – die zweiten in diesem Jahr – ausschreiben mußte.

Diesmal erlebte Planck den Wahlkampf so mit, wie Stockhausen ihn beschreibt: »In der Presse spiegelt sich das Toben der Wahlschlacht. Zentrum und Demokraten führen den Kampf hauptsächlich gegen die Deutschnationalen und erhoffen deren Reduzierung. 7. Dezember 1924. Wahltag! Nebelfeuchter verhangener Wintertag. Auf den Straßen viel Geschrei und viel bedrucktes Papier. Sehr starke Wahlbeteiligung, lange Schlangen vor den Wahllokalen. Autos mit schwarz-weiß-roten oder schwarz-rot-goldenen Flaggen rasen über den Fahrdamm und streuen Propagandazettel unter die geduldig harrenden Menschenmengen.«

Am nächsten Tag ergeben die Wahlresultate, daß »der Traum von einer Reduzierung der Deutschnationalen ausgeträumt« ist, die Sozialdemokraten stärkste Kraft geworden sind und die extremen Parteien verloren haben.[10] Auch ist diesmal die Wahlbeteiligung hoch gewesen, so daß man allmählich an eine Festigung der Republik hätte glauben können, wenn nicht, wie Planck an seine Frau schrieb, »der übliche Kuhhandel wieder in vollem Gange« wäre und eine Regierungsbildung verhinderte. Weihnachten stand vor der Tür, und so vertagte man die Regierungskrise bis nach Neujahr.

Mitte Januar 1925 wurde Hans Luther neuer Kanzler. Der Abschied von dem nicht nur von Stockhausen »hochverehrten« Kanzler Marx wurde vielen nicht ganz leicht, denn »man spürte, daß ein neuer Wind wehte«. Franz Kempner, vorher Ministerialrat, wurde nun Staatssekretär, was für Planck gewiß von Vorteil war, denn die beiden waren miteinander befreundet. Der neue Regierungschef war »kein Mann geduldiger Passivität, er sprühte im Gegenteil vor Aktivität und Tatendrang«. Das bekam auch Planck zu spüren, denn, wie er seiner Frau nach Zürs schrieb, hatte Kempner auf Wunsch des Kanzlers »eine neue Zeiteinteilung für den Vormittag gemacht. Er will nämlich, weil der Kanzler, der Hund, so ein Frühaufsteher ist, seinen Pressevortrag schon um 9 Uhr fix und fertig serviert haben, und zwar nicht nur so gesprächsweise, sondern vorbereitet und verantwortlich, ohne Lücken. Das heißt, daß ich jetzt täglich Punkt 8 Uhr in der Reichskanzlei sein und um 1/2 8 Uhr frühstücken muß. Nette Bescherung, aber ganz gerechtfertigt ... und dann kann ich um 10 Uhr zum Reiten gehen.«

Beim Zustandekommen der Regierung Luther zeigte sich erneut ein Symptom des krisenhaften Zustandes der Weimarer Republik, nämlich die Unmöglichkeit, stabile Mehrheitsregierungen zu bilden. Dies hatte seit 1922 genau zu dem geführt, was Planck begrüßte und unterstützte: zu einer zunehmenden Verselbständigung der Exekutivgewalt und zur Stärkung der »Staatsautorität«. Daß damit eine Schwächung der Parteien und des Parlaments einherging, störte ihn nicht. Der Historiker Heinrich August Winkler schreibt dazu: »Ermächtigungsgesetze und der wiederholte Rückgriff auf Notverordnungen nach Artikel 48 dienten dazu, das auszugleichen, was der Regierung an parlamentarischem Rückhalt fehlte. Die damit verbundene Bürokratisierung der inneren Politik begünstigte Karrieren wie die von [Wilhelm] Cuno und Luther, aber auch Marx: Beamtenhaft agierende Reichskanzler ohne starkes politisches Profil schienen am ehesten in der Lage, die Erfordernisse einer geeigneten Verwaltung mit den Interessen der Parteien in Übereinstimmung zu bringen, die an der Regierung beteiligt waren oder sie tolerierten.«[11]

Solange ein überzeugter Demokrat Reichspräsident war, blieb die Republik außerhalb der Gefahrenzone. Was aber würde geschehen, sollte sich das ändern? Diese Frage mußte schneller beantwortet werden als erwartet. Reichspräsident Ebert starb am 28. Februar 1925. Wer sollte sein Nachfolger werden? Schon am 25. Februar berichtete Planck seiner Frau: »Am Freitagabend blüht mir noch ein besonderes Ereignis. Kempner und Schleicher haben sich bei mir angesagt, um in Ruhe mit mir und untereinander die Präsidentenfrage besprechen zu können. ... Die Hauptsache werden ja ein paar gute Flaschen sein, die Zunge und Gemüter lösen.«

Kein Wort über die plötzliche Erkrankung Eberts, kein Wort über den tragischen Verlust für die Republik, kein Wort über die großen Verdienste dieses Sozialdemokraten. Gewiß, es handelt sich nur um einen Brief an seine Frau, aber dennoch sind diese Lücken bei Planck erstaunlich, zumal Schleicher den Tod von Ebert tief bedauerte. Er hatte »einen fast väterlichen Freund verloren, eine Persönlichkeit, zu der er stets mit Vertrauen und Achtung aufgeschaut« hatte.[12]

Was bei Planck fehlt, ist bei Stockhausen nachzulesen: »Der 28. Februar zog herauf, einer der tragischsten Tage in der Geschichte der vom Unglück verfolgten Weimarer Republik. Wir wußten in der Reichskanzlei, daß der Reichspräsident Ebert seit einigen Tagen erkrankt war. Er lag im ›Sanatorium des Westens‹, um sich wegen einer vernachlässigten Blinddarmentzündung operieren zu lassen. Der vierundfünfzig Jahre zählende Reichspräsident hatte bislang stets für einen kerngesunden Mann gegolten, aber er hatte auch niemals etwas anderes gekannt als rastlose Pflichterfüllung und Arbeit. Er hatte sich auch nicht schonen wollen, als sich die ersten Zeichen der Erkrankung einstellten, sondern hatte, von Schmerzen gequält, am Schreibtisch ausgeharrt. ... Deutschland hatte diesem bescheidenen und doch so würdevollen und weise urteilenden Manne viel, sehr viel zu verdanken. Er hatte die Republik davor bewahrt, im Bolschewismus zu versinken.«

Am 4. März fand die Trauerfeier für Ebert im Palais des Reichspräsidenten statt. »Als einziger sprach der Kanzler. Die Rede war unangreifbar und sehr politisch, durch den sachlichen, verstandesmäßigen Vortrag wirkte sie indes ein wenig kühl.« Es waren sehr viele Menschen versammelt, die Reichswehr paradierte, »Seeckt und [General Fritz v.] Loßberg mit eisernen Gesichtern«, selbst die Deutschnationalen beteiligten sich am Trauerzug, und »gewaltige Menschenmassen« säumten die Straßen. Am Bahnhof wurde der Sarg noch einmal aufgebahrt. Reichstagspräsident Löbe begleitete ihn dann auf der Fahrt nach Heidelberg, wo Ebert beigesetzt wurde.[13]

Schleicher und Planck kümmerten sich unterdessen um die Wahl des Nachfolgers. Im ersten Wahlgang schnitt Karl Jarres vor Otto Braun und Wilhelm Marx am besten ab, verfehlte aber die absolute Mehrheit. Im zweiten Wahlgang trat Hindenburg als neuer Kandidat an, und Planck rechnete sich zusammen mit Schleicher »die Chancen Hindenburg-Marx« aus. Er schätzte sie in einem Brief an Nelly vom 18. April noch »1 zu 1« ein, aber »instinktiv« glaubte er, »daß Hindenburg gewinnt«. Es könne »auf eine Stimme ankommen«.

Zwei Tage später äußerte er: »Die Chancen von Hindenburg steigen nach meinem Gefühl ständig. Ich hoffe doch jetzt sehr, daß er gewählt wird.« Diese Hoffnung ist nicht so ganz verständlich, da er doch sehr gute Erfahrungen mit Marx als Kanzler gemacht hatte. Dahinter steckte vermutlich Schleicher, der demselben Garde-Infanterieregiment wie Hindenburg und dessen Sohn Oskar angehört hatte und den der alte Herr, wie Pünder berichtet, »jahrelang liebte wie einen Sohn«.[14] Plancks Prognose erfüllte sich, und Hindenburg gewann im zweiten Wahlgang am 26. April mit knapper Mehrheit.

Hindenburg, der Sieger von Tannenberg, wurde von den Berlinern mit »endlosem Jubel« empfangen. Seine Vereidigung fand im Reichstag statt. Der Feldmarschall, so schreibt Stockhausen, »erschien im Gehrock, als einzigen Orden hatte er das berühmte Blücherkreuz des Eisernen Kreuzes angelegt, das vor ihm nur einmal an den Feldmarschall Fürst Blücher von Wahlstatt für den Sieg bei Waterloo verliehen worden war. Mit markiger Stimme sprach er den Eid auf die Verfassung und verlas dann seine Ansprache zur Amtsübernahme.« Danach schritt er zusammen mit dem Kanzler die Ehrenkompanie der Reichswehr ab, »von nicht enden wollendem Jubel der ungeheuren Zuschauermenge begleitet«. Einen guten Monat später fand in der Reichskanzlei ein offizielles Festessen zu Ehren Hindenburgs mit den »Spitzen« der Gesellschaft statt; anwesend war auch Max Planck.[15]

Schon damals schieden sich die Geister am neuen Reichspräsidenten. »Das ist doch ein ganz anderer Mann als Marx!« sagten die einen, wie etwa Max Planck, der seiner Nichte schrieb: »Ich hoffe zuversichtlich, daß wir unter Hindenburg gut fahren und einen allmählichen Fortschritt in der Befestigung der Ordnung und des Friedens erleben werden.«[16] – »Eine Katastrophe!« sagten die anderen. Stresemann zum Beispiel war, wie der Schriftsteller und Diplomat Harry Graf Kessler berichtet, »unverhohlen und ehrlich verzweifelt«. Kessler selbst, ein überzeugter Republikaner, der es begrüßte, daß die Republik inzwischen »hoffähig« geworden war, notierte am 27. April 1925 in sein Tagebuch: »Mit der gestrigen Wahl Hindenburgs zum Reichspräsidenten beginnt ein neuer Abschnitt der deutschen und europäischen Politik und Geschichte, der dem deutschen Volke zweifellos schwere Schläge und Demütigungen bringen wird.«[17] Zwei Prophezeiungen von zwei durchaus moderaten Zeitgenossen – was würde aus Deutschland werden?

Unverhohlen zufrieden war Schleicher, denn mit Hindenburgs Präsidentschaft festigte sich sein Einfluß auf die Politik. Bald ging er im Haus des Reichspräsidenten ein und aus, teils aus dienstlichem, häufiger jedoch aus privatem Anlaß.[18]

Erwin Plancks Beziehung zu Kanzler Luther wurde enger, allerdings auf höchst unkonventionellem Wege. Kurz nach Beginn seiner Kanzlerschaft hatte Luther beschlossen, das Reiten zu erlernen. Er bat Planck, es ihm beizubringen. Der war nicht besonders erbaut von seiner neuen Aufgabe, obwohl der Vater ihm gleich »zur Tätigkeit als Reitlehrer mit einem so illustren Schüler« gratulierte. »Heute ist nun also das Unglück mit dem Kanzler-Reiten wirklich über mich hereingebrochen«, klagte Erwin am 18. April in einem Brief an Nelly. »Es wird immer schlimmer: Erst mal soll ich dem Kanzler auf dem Kasernenhof in Moabit ›Anleitung‹ geben, etwa zwei bis vier Wochen lang, bis er sich draußen zeigen kann. ... Alles lacht sich natürlich kaputt ...« Aus Luthers Sicht hört sich das etwas anders an: »Ich ritt einige Male mit ihm aus, um meine in der Jugend erworbenen Reitkünste zu beleben.«[19]

Im nächsten Brief an Nelly schilderte Planck den ersten Reittag: »Ich habe ihn ordentlich rangenommen, aber er stellt sich ganz vernünftig an und hat einen riesenhaften Spaß an der Geschichte. Für mich ist es ja sehr langweilig; aber er ist sehr dankbar und freundlich.« Eine Woche später konnte Planck schon von Fortschritten berichten: »Die Reitstunden machen sich sehr gut, es ist ja sehr lästig, ... aber andererseits ist es natürlich recht praktisch. Ich habe mich schon ungemein mit Luther angefreundet, er ist sehr begeistert und stellt sich auch ganz vernünftig an. Heute war ich daraufhin schon zu einem hochoffiziellen Mittagessen bei ihm eingeladen, wo sonst nur Minister und Parteivorsitzende und ähnliches herumliefen und man furchtbar viel Kiebitzeier und andere schöne Sachen zu essen bekam.«

Planck genoß solche Einladungen – auch wenn er diesbezüglich durchaus verwöhnt war, denn nicht nur im Haus des Vaters, wo er Einstein und andere berühmte Wissenschaftler traf, hatte er viele Gelegenheiten, interessanten Menschen zu begegnen. Seit er nun einen eigenen Hausstand hatte, gab er auch selbst immer häufiger Gesellschaften und lud vor allem zu »Herrenessen« ein, damals eine beliebte Form der Geselligkeit. Da seine Frau Nelly über alle Einladungen Buch führte, läßt sich nachvollziehen, wie sich das gesellschaftliche Leben der Plancks gestaltete.[20] So findet sich zum Beispiel am 8. Dezember 1925 der Eintrag »Herrenessen«, unter anderem mit Otto Braun, dem preußischen Ministerpräsidenten.

In seinen Memoiren sollte Braun später recht häßlich über Planck schreiben: »Ein mittelmäßiger Beamter der Reichskanzlei, Oberregierungsrat Planck, Sohn des bekannten Physikers, ein unsympathischer junger Mensch, erhielt den wichtigen Posten des Staatssekretärs in der Reichskanzlei; offenbar zur Belohnung seiner Spionage- und Verräterdienste gegen den Kanzler Brüning, die er den Verschworenen vom ›Herrenclub‹ geleistet hatte. Ich habe mich immer gewundert, wie die verschiedenen Kanzler diesen Menschen mit der Franz-Moor-Visage so lange in ihrer Umgebung dulden konnten.«[21]

Braun schrieb dies unter dem Eindruck des Sturzes von Brüning und des durch Papen vollzogenen Staatsstreichs gegen die preußische Regierung – wieviel Planck mit alldem zu tun hatte, wird noch zu zeigen sein. Jedenfalls hielt Arnold Brecht in seinen Lebenserinnerungen fest: »Leider hatte ich versäumt, den Ausdruck seiner [Plancks] männlichen Reue Otto Braun in seinem Schweizer Exil zu berichten. Braun würde sonst eine besonders verächtliche Bemerkung über Planck in seinen Memoiren nicht geschrieben haben.«[22] Wie schwierig es doch ist, ein gerechtes Urteil über Menschen zu finden, gerade dann, wenn sie in die Wirren der Politik verwickelt sind und notgedrungen blind in die Zukunft schauen!

Ein anderes »Herrenessen bei Rittmeister Planck« mit über vierzig Personen fand ein Vierteljahr später statt. Diesmal waren unter anderem Außenminister Stresemann, der Gesandte Friedrich Boden und Nuntius Eugenio Pacelli zu Gast. Planck unterstützte die außenpolitische Linie Stresemanns, was unter anderem aus seinen Aufzeichnungen für das Auswärtige Amt vom 12. November 1926 über die deutsch-italienischen Verhandlungen klar, wenn auch höflich verpackt, hervorgeht: »Angesichts der sehr großen Tragweite, die eine Anknüpfung politischer Verhandlungen mit Mussolini in Zusammenhang mit den beabsichtigten Besprechungen über ein deutsch-italienisches Schiedsabkommen gewinnen kann, bitte ich ganz gehorsamst, nochmals Für und Wider, wie sie sich aus einem solchen Verfahren unserer Außenpolitik ergeben, zum Vortrag bringen zu dürfen. ... Es scheint gefährlich, die große Linie der deutsch-französischen Verständigungspolitik zu gefährden, in-

dem man ... sich so einem fragwürdigen politischen Faktor wie
der jetzigen italienischen Regierung annähert.« Verhandlungen mit Mussolini könnten »Deutschland mit dem Stempel der politischen Unzuverlässigkeit und dem Verlust des französischen Verständigungswillens« zurücklassen.[23]

Der Schwerpunkt von Plancks häufig im Auftrag Schleichers ausgeübten Tätigkeit in der Reichskanzlei lag vor allem auf wehr- und außenpolitischem Gebiet. Am 1. August 1926 wurde er Regierungsrat, Hermann Pünder wurde Staatssekretär und damit sein neuer Chef. Pünder machte »eine solch ehrenvolle Berufung ... natürlich Freude; aber auf der anderen Seite hätte ich aus dienstlichen Gründen gewünscht, daß die Ehe Kempner-Pünder noch lange unverändert fortbestanden hätte«, denn ihre Beziehung war herzlich.[24] Ebenso eng und herzlich war auch das Verhältnis zwischen Kempner und Planck. Man verstand sich offensichtlich gut in der Reichskanzlei; es war »nur eine ganz kleine Behörde ... mit einer kleinen Referentenzahl«.[25]

Max Planck nahm wie immer regen Anteil am Ergehen seines Sohnes; die meisten seiner Briefe stammen zu der Zeit aus dem Urlaub, weil die beiden sich in Berlin regelmäßig trafen. Schon im August 1925 hatte der Vater sich Sorgen gemacht und vom Grundnerhof aus geschrieben: »Du wirst wohl furchtbar viel zu tun haben. Der Reichstag scheint ja noch sehr fleißig zu sein. Hoffentlich hältst Du gut aus. Dann mußt Du aber wirklich Schluß machen und mit Nelly Dich einmal gehörig ausspannen.« Oder eine Woche später aus Tirol: »Ich gratuliere zum befriedigenden Abschluß der Reichstagsarbeiten, habe beim Lesen der Zeitung viel Deiner gedacht.«

Doch auch von sich erzählte er gerne: »Hier sitzen wir nun in hübscher Gegend, allerdings ziemlich primitiv untergebracht. Aber das gibt es hier nicht anders. Dafür sind wir fast die einzigen Stammgäste und haben das Reich für uns.« Vater Planck brauchte die Erholung, denn Anfang September 1925 begab er sich mit seiner Frau auf eine anstrengende Reise nach Leningrad, um an der 200-Jahr-Feier der Russischen Akademie der Wissenschaften teilzunehmen. Mitte der zwanziger Jahre war es durchaus noch ein Abenteuer, in die Sowjetunion zu reisen.

Der erste Brief dieser Reise an den Sohn, der inzwischen seinen Urlaub in Ober-Röhrsdorf begonnen hatte, stammt vom 3. September. Max Planck schrieb ihn an Bord der »Ariadne zwischen Stettin und Reval«: »Von hoher See, an einem schönen, aber kräftig bewegten Vormittag, möchte ich Dir und Nelly gleich einen Gruß schicken. Ich sitze hier auf dem Oberdeck in einem kleinen Salon, die Sonne scheint mir aufs Papier, aber der Tisch wackelt sanft hin und her, so daß die Buchstaben etwas nach Zufall geraten. Marga sitzt draußen in der frischen Luft und unterhält sich mit [dem Althistoriker] Eduard Meyer. Die erste Nacht verlief glimpflich, bei ziemlich schwerem Seegang, Marga mußte anfangs dem Meergott ihren Tribut darbringen, befindet sich aber seitdem besser. ... Morgen früh werden wir in Reval sein, und übermorgen in Leningrad. Unser finnisches Schiff ist nicht sehr groß, aber sauber und elegant, Küche vorzüglich.«

Am 6. September trafen sie in Leningrad ein. Bewegt schrieb Max Planck: »Wir sind hier mit fast fürstlichen Ehren empfangen worden. Schon in Reval erwartete uns der dortige russische Gesandte und fuhr mit uns zusammen hierher. Es hatten sich inzwischen allerlei Gelehrte verschiedener Länder zusammengefunden. Außer uns fünf Berlinern (Lüders, Holl, Seeberg,[*] Ed. Meyer und ich) sind im ganzen hier etwa 20 bis 25 Deutsche, also nicht gar zuviel, wenig Franzosen, aber viel Orientalen (Inder, Chinesen, Japaner), also ein recht buntes Völkergemisch. Gestern war der Empfangsabend, in erdrückender Fülle, da die Einheimischen sehr stark vertreten waren, zum Teil im Frack, zum Teil in den zerlumptesten Anzügen. Die Sowjetgarde bildete beim Eingang Spalier. ... Das Straßenbild ist wundervoll. Herrlich der Blick von der großen Newa-Brücke beim Winterpalais über all die schönen Paläste, Bauten und die goldenen Kuppeln der Kathedralen. So wird es also nun zwei Wochen lang fortgehen. Heute ist Haupttag, mit Festsitzung und Bankett, morgen Gala-Oper und Ballett, etc.« Am 13. September setzte er seinen Reisebericht aus Moskau fort: »Wir empfangen Eindrücke von überwältigender Fülle. Unsere Zimmer blicken

---

[*] Heinrich Lüders: Orientalist und Akademiesekretär. Karl Holl: Kirchenhistoriker. Reinhold Seeberg: evangelischer Theologe.

auf die Türme des Kreml, täglich sehen wir etwas Neues, abends Theater, Ballett, und endlose Bankette und Reden.«

Ein großes Erlebnis, aber auch eine große Anstrengung; Max Planck war inzwischen 67 Jahre alt und wurde im Jahr darauf emeritiert. Sein Ordinariat für theoretische Physik wurde in seiner Bedeutung mit dem Lehrstuhl Kants in Königsberg verglichen, und es war ein großes Problem, die Stelle neu zu besetzen. Schließlich trat Erwin Schrödinger die Nachfolge an; in Plancks Gästebuch beschrieb er die Berufungsschwierigkeiten in Form eines kleinen Gedichtes, das viel über Max Planck aussagt: »Den Ausschlag gab ein Wort – aus langen Reihen von Briefen, von Gesprächen bunt und kraus, verehrungswürdige Lippen sprachen's aus, nicht drängend zwar. Ganz kurz: Mich tät es freuen.«[26]

Erwin Planck arbeitete sich immer mehr in die Politik ein. Sie faszinierte ihn. Es waren, trotz aller Regierungskrisen, Jahre des Aufbaus und des Fortschritts, vor allem außenpolitisch. Im Oktober 1925 wurde der Locarno-Vertrag ausgehandelt. Stresemann hatte dadurch einen gewissen Handlungsspielraum für Deutschland erreicht. Wenn auch immer noch Beschränkungen der deutschen Souveränität verblieben, hätte man doch annehmen können, daß der Reichstag das Vertragswerk ohne Widerstände ratifizieren würde. Aber dem war nicht so: Die deutschnationalen Minister verließen das Kabinett, und es kam einmal mehr zur Regierungskrise. Sie konnte erst überwunden werden, als Luther am 19. November den Rücktritt des gesamten Kabinetts nach Unterzeichnung der Verträge ankündigte und die Sozialdemokraten von ihrer Obstruktionspolitik abgebracht werden konnten. Am 27. November passierten die Verträge den Reichstag, am 1. Dezember wurden sie in London feierlich unterzeichnet; man sicherte Deutschland einen ständigen Sitz im Völkerbund zu und besiegelte damit seine Rückkehr in die europäische Staatengemeinschaft. Wie angekündigt trat die Regierung Luther am 5. Dezember zurück. Mitte Januar 1926 präsentierte Luther sein zweites Kabinett – mit den Parteien der Mitte, ohne Sozialdemokraten und DNVP.

Auch diese Regierung hielt sich nicht lange. Bereits im Mai

1926 stürzte Luther wegen der leidigen Flaggenfrage. Hindenburg hatte verordnet, daß die konsularischen Vertretungen im Ausland neben der schwarz-rot-goldenen Flagge der Republik auch die Handelsflagge mit dem Schwarz-Weiß-Rot des Kaiserreiches hissen sollten. Es folgten Mißtrauensanträge und das übliche Hin und Her. Luther trat zurück, und der Reichspräsident beauftragte den früheren Kanzler Wilhelm Marx ein weiteres Mal mit der Regierungsbildung. Der Vorgang entbehrte nicht einer gewissen Ironie, waren doch beide eben noch Konkurrenten im Wahlkampf um die Präsidentschaft gewesen.

Planck – ein »Schleicher-Mann«

»Ich könnte einen Wutkoller bekommen«, stöhnte Schleicher in einem Brief an Erwin Planck Ende Mai, »wenn ich mir vorstelle, wie anders die Welt aussehen würde, wenn die D.N. [Deutschnationalen] nicht wegen dieses lächerlichen Locarno aus der Regierung gegangen wären. Es bleibt das alte Lied: rein ist schwerer als raus oder politisch ausgedrückt – Drang und Wille zur Macht ist die einzige Politik, die Berechtigung hat, alles andere ergibt sich von selbst.«[27]

Planck hatte Schleicher die ganze Zeit über auf dem laufenden gehalten, denn dieser war im Frühjahr 1926 schwer erkrankt und nutzte Planck gerne als Verbindungsmann zur Politik. Am 10. März hatte er aus Friedrichswerda, wo er zur Kur weilte, geschrieben: »Mein köstlicher Erwin! Sie sind doch immer der Alte, ironisieren Dinge, Menschen und sich selbst mit liebenswürdigem Humor und unbeschwerter Lebensfreude und ein verständnisinniges Schmunzeln sogar auf brieflichem Wege. Dafür bin ich Ihnen sehr dankbar ... Meine Behandlung ist die natürlichste Sache von der Welt – Wasser in- und auswendig in jeder vorkommenden Form, dazu der alte Hagenbeck-Grundsatz ›Nicht füttern, nicht reizen!‹ – Menschen meide ich möglichst, wenngleich das Milieu des Sanatoriums schon so auf mich abgefärbt hat, daß wesentliche Unterschiede zwischen mir und den ältesten Einwohnern nur noch mit sehr feinen optischen Instrumenten festzustellen sind. Der ganze

Jammer meiner Existenz wird Ihnen klar werden, wenn ich Ihnen anzeige, daß ich Milch trinke – das erste Mal seit meiner Amme – und nicht den leisesten Flirt habe, dafür kommt aber an und ab sehr lieber Besuch, und dann bin ich glücklich trotz Schneesturm und mangelndem Frühling. Groener hat sich auch schon zweimal angesagt, sein Besuch ist mir aber noch zu schwer – ernste Gespräche mag ich zur Zeit nicht.«

Mitte Mai ging es Schleicher endlich wieder besser, und er kehrte in das Haus seiner Schwester Thusnelda v. Gaudecker in Schwerin zurück. Dort war der Junggeselle immer willkommen, dort fand er Pflege und Erholung; fast sämtliche Urlaubstage verbrachte er in Schwerin, alle Feste wurden bei der Schwester gefeiert, mit der ihn ein besonders enges Verhältnis verband. Seine Nichte liebte Schleicher wie ein eigenes Kind, und zum Schwager hatte er ein enges freundschaftliches Verhältnis. Außerdem lebte seine Mutter dort. Auch Erwin Planck verkehrte häufig im Hause Gaudecker. In einem der Briefe vom Mai 1926 versicherte ihm Schleicher, daß »Sie bei uns ganz hervorragend beliebt sind und jedermann Sie hier mit offenen Armen und Herzen empfangen wird«. Auch die Schwester bestätigt, daß beide eine »große Freundschaft verband«.[28]

Man kann sich vorstellen, auf welch amüsante Weise Planck die Regierungskrise schilderte, und Schleicher antwortete: »Wie gut es mir geht, wollen Sie aus der Tatsache entnehmen, daß ich Ihren Brief und die damit verbundene lebhafte Erschütterung meines Zwerchfelles überstehen konnte, ohne meine inneren Verwachsungen zum Schmerz zu reizen. Denn ich habe allerdings Thränen gelacht, Ihre Milieu-Schilderungen waren überwältigend komisch. Sie haben sich damit nicht nur meinen Dank verdient, der ja kaum noch größer werden kann, sondern auch meine Mutter und die ganze Familie Gaudecker hell entzückt. ... Im übrigen bete ich die Sonne an, was herrlich und viel weniger anstrengend ist wie die Anbetung weiblicher Geschöpfe. Sie aber, mein alter Erwin, gehören zu meiner Sonne.«

Schleicher kehrte im Sommer 1926 nach Berlin zurück. Mitte Dezember stürzte das Kabinett Marx. Ziemlich verzweifelt schrieb Marx in seinen Memoiren: »Ein wahres Verhängnis schien über der demokratischen Einstellung der Mehrheit des deutschen Volkes zu schweben.« Ständig mußten neue Mehrheiten für Gesetze gefunden werden, mal mit der Linken, mal mit der Rechten, selbst die SPD schien »immer mehr die Übernahme irgendwelcher parlamentarischer Verantwortung ablehnen zu wollen«.[29]

Diese Meinung wird bestätigt durch ein streng geheimes Schreiben linker SPD-Kreise, das Schleicher Mitte Dezember an Planck senden ließ. Dort hieß es: »Von der stillen zur großen Koalition« sei nur ein »kurzer Weg«, dies müsse verhindert werden, weil die SPD »die volle taktische Freiheit« gegenüber der Regierung brauche, um ihr eigenes Programm durchzusetzen.[30] Zwei Jahre später, nach den Maiwahlen von 1928, bekam die SPD zwar ihren eigenen Kanzler, aber gewiß nicht »die volle taktische Freiheit«. Bis dahin behielt Planck seinen neuen und alten Chef, Wilhelm Marx, denn dieser bekam Mitte Januar 1927 von Hindenburg den Auftrag, ein neues Kabinett zu bilden. Diesmal waren zur Freude Schleichers die Deutschnationalen wieder in der Regierung, und Geßler, der aus der DDP ausgetreten war, blieb als Reichswehrminister sein Chef.

Was hielten Schleicher und Planck von diesen ständig wechselnden Regierungen? Wie war ihre Einstellung zur Republik? Welche Motive hatten sie für ihr politisches Engagement? Die Entlassung Seeckts als Chef der Heeresleitung Anfang Oktober 1926 bietet einen guten Anlaß, die Ansichten Schleichers und damit auch Plancks kennenzulernen. Geßler hatte im Januar 1926 die einst von Groener gegründete und 1922 dem Truppenamt direkt unterstellte politische Abteilung T1 III, deren Chef Schleicher war, aus dem Truppenamt herausgelöst und sich, das heißt dem Reichswehrministerium, direkt unterstellt. Das war nicht in Seeckts Sinne gewesen und vertiefte den bereits bestehenden Graben zwischen ihm und Schleicher. Schon die klare Unterstützung der Stresemannschen Locarno-Politik und damit der Westorientierung der deutschen Außenpolitik durch Schleicher hatte zur Entfremdung zwischen den beiden geführt. In rechtsgerichteten, Seeckt nahestehenden Kreisen nannte man Schleicher sogar einen »Erfüllungspolitiker«.[31]

Nun war der längst existierende direkte Zugang Schleichers

zum Minister legalisiert worden, und sein politischer Einfluß hatte sich weiter verstärkt. Denn das Arbeitsgebiet der neuen Dienststelle, des sogenannten Ministeramts, erstreckte sich auf »alle politischen und parlamentarischen Angelegenheiten, welche die Tätigkeit des Ministers als Kabinettsmitglied« betrafen. Geßler war am längsten Schleichers Vorgesetzter und wurde damit, wie Thilo Vogelsang ihn zitiert, dessen »oberste Instanz« und eigentlicher »Lehrmeister auf dem politischen Parkett«. Umgekehrt wußte der Minister »das Wissen, die Arbeitskraft und das taktische Geschick Schleichers stets zu würdigen ..., wenngleich er dessen Auftreten zumeist für etwas zu selbstsicher ansah«.

Der Anlaß für Seeckts Entlassung als Chef der Heeresleitung war die sogenannte Prinzenaffäre – der älteste Sohn des Kronprinzen, Prinz Wilhelm, hatte in der kaiserlichen Uniform des Ersten Garderegiments an Übungen des Infanterieregiments 9 teilgenommen. Die tiefere Ursache lag allerdings in dem unüberbrückbaren Gegensatz zwischen Seeckt als einem Vertreter des Kaiserreichs und Geßler als einem Vertreter der Republik; hinzu kam die arrogante Art, mit der Seeckt den demokratischen Minister über Jahre behandelt hatte.

Mit der Einsetzung von General Wilhelm Heye, dem bisherigen Chef des Truppenamtes, als Seeckts Nachfolger wurde nun eine Annäherung zwischen Reichswehr und Republik angestrebt. Stockhausen kommentiert das so: »Der Nachfolger, den man für Seeckt ernannte, hatte nicht sein Format. Bei Lichte besehen, begann damals der unheilvolle Aufstieg Schleichers, des späteren Kanzlers.« Das war die Sicht der Gegner Schleichers, deren es viele gab.

Schaut man sich die Sache von der anderen Seite an, so arbeitete Schleicher, inzwischen zum Oberst befördert, als Chef der politischen Abteilung im Reichswehrministerium und als rechte Hand des Ministers tatsächlich für die Republik. Er versuchte, die Bemühungen Heyes zu unterstützen, Reichswehr und Volksvertretung einander näherzubringen. Seine Gedanken dazu legte er Ende des Jahres 1926 schriftlich nieder. Es ist wichtig, sie kennenzulernen, weil sie die Grundlage für Schleichers späteres Handeln als Reichswehrminister und letzter

Kanzler der Republik bildeten und weil auch Planck in diesen Kategorien dachte.

Es ging Schleicher vor allem um die »Einstellung der Reichswehr 1. zum Staat, 2. zu den verfassungsmäßigen Gewalten und 3. zur Bevölkerung«.[32] Mit seinen Standesgenossen ging er hart ins Gericht und warf ihnen vor, daß sie die unbefriedigenden Verhältnisse im Staat als Ausrede benutzten, um nicht an ihrer Verbesserung mitarbeiten zu müssen. »Denn abgesehen davon, daß eine solche Kritik eine grobe Übertreibung und Ungerechtigkeit bedeutet – selbst der fanatischste Gegner muß die geleistete Aufbauarbeit anerkennen und tut das auch unter vier Augen –, soll ja gerade und kann nur durch unsere freudige *Mitarbeit* die erwünschte Besserung der Verhältnisse erreicht werden.«

Der wahre Grund für die Distanz oder gar Feindseligkeit der Reichswehr gegenüber dem Staat sei ein ganz anderer: nämlich die »Einstellung zur Frage: Monarchie oder Republik?« Obwohl es »in Deutschland kaum ein Dutzend ernst zu nehmender, einflußreicher Männer gibt, die die Wiederherstellung der Monarchie in absehbarer Zeit für zweckmäßig, geschweige denn für möglich und durchführbar halten«, wolle keiner die Wahrheit aussprechen.

»Machen wir uns nichts vor«, schreibt Schleicher, und es lohnt sich, das Folgende im Wortlaut zu zitieren: »Im Grunde dreht es sich um etwas anderes – um den Mangel an Bekennermut. Es gilt nicht als ›fein‹, so nüchterne, aber unpopuläre Wahrheiten auszusprechen. Man fürchtet den gesellschaftlichen Boykott, bekanntlich die schärfste Waffe der Kreise, die das Bekenntnis zur Monarchie politisch brauchen. Dabei habe ich in den letzten Jahren immer wieder gesehen und erlebt, daß nichts den Versuch einer derartigen gesellschaftlichen Ächtung so schnell unwirksam macht, als wenn man den Stier bei den Hörnern faßt und den in Frage kommenden Kreisen brutal die Wahrheit sagt. Für folgenden Gedankengang haben nämlich auch die Rabiatesten und Radikalsten Verständnis: Die Monarchie hat zur Zeit keinen Boden in Deutschland. Nicht Republik oder Monarchie ist jetzt die Frage, sondern, wie soll diese Republik aussehen? Und da liegt es doch wirklich auf der

Hand, daß sie nur nach unseren Wünschen ausgebaut werden kann, wenn wir freudig und unermüdlich an diesem Bau mitarbeiten. Haben wir uns erst zu diesem Gedanken durchgerungen, dann werden wir uns auch nicht mehr so ängstlich um das Wort ›Republik‹ herumdrücken oder uns scheu umsehen, ob's auch niemand gehört hat. Unsere Einstellung zum Staat wird dadurch freier, positiver und ehrlicher. Mit diesem ehrlichen Bekenntnis zum Staat ist aber als Nebenwirkung verknüpft, daß wir den sogenannten Patentrepublikanern den Wind aus den Segeln nehmen.«

Mit seiner Kritik an den Ewiggestrigen traf Schleicher den Nagel auf den Kopf. Gesellschaftliche Stellung und konservative Partei sind zu allen Zeiten ein Bündnis eingegangen, denn salonfähig zu sein war und ist entscheidend. Wie aber sieht seine Kritik an den überzeugten Republikanern aus? In dem verächtlichen Ausdruck »Patentrepublikaner« verbirgt sich bereits seine Einstellung. Er wirft den Parteien vor, daß sie unter dem »Schlagwort ›Republik‹« ihre eigenen »Parteiwünsche« verstünden, und indem er die Seeckt-Krise zum Anlaß nimmt, macht er deutlich, wie er die Gegner der Reichswehr einschätzt, die er mit den »Patentrepublikanern« gleichsetzt: »Während der Seeckt-Krise erkundigten sich die merkwürdigsten Leute mit gut gespielter Sorge nach dem Verhalten der Reichswehr, nicht ohne durchblicken zu lassen, daß sie für die Erregung in der Reichswehr volles Verständnis hätten. In Wahrheit wollen diese Kreise nur den Nachweis führen, daß die Wehrmacht kein zuverlässiges Instrument in der Hand der verfassungsmäßigen Gewalten ist und deshalb verschwinden oder wenigstens nach ihren Wünschen umgebildet werden müsse.«

Schleicher wirft beiden Seiten vor, den Gegnern wie den Befürwortern der Republik, nur die jeweils eigenen Interessen im Auge zu haben und für deren Durchsetzung um die Macht zu kämpfen – eine Kritik, die angesichts der ständigen Regierungskrisen nicht ganz unberechtigt scheint. Er selbst sieht sich als Vertreter der Reichswehr und als Politiker in der Rolle des Hüters der Staatsautorität, der nur das Wohl des »geliebten Vaterlandes« im Sinn habe. Entsprechend heißt es in der Denkschrift von 1926, es sei die Aufgabe der Reichswehr, »der Republik ihren Sinn als übergeordnete Staatshoheit wiederzugeben und den Parteien damit ihre Waffe aus der Hand zu schlagen«. Zwar wolle er keinen »lauten Liebeserklärungen zur Republik, Schwarz-Rot-Gold u. s. w. das Wort reden«, aber da die Republik nun mal zur Zeit die gegebene Staatsform sei, müsse ihre Autorität gestärkt werden.

Die Reichswehr sollte Schleicher zufolge von der Linie, die Autorität der Republik zu unterstützen, »nicht um eines Haares Breite abweichen. Sie darf immer nur von einem, ihrem obersten Führer, politisch in die Waagschale geworfen werden. Alles andere ist vom Übel. ... Am besten, wenn der Regierungskurs nach rechts geht, nach dem alten, guten Grundsatz, daß man im Gewinn am ehesten abgeben kann. Wie ich überhaupt auch [als] die beste Reichswehrpolitik ansehe, daß bei zu starkem Ausschlagen des Regierungspendels nach rechts oder links ganz unmerklich die entgegengesetzte Schulter belastet werden muß.«

Ganz im Sinne seines »Herrn« hatte Planck im Oktober 1926 gegen den Vorschlag des Reichstagspräsidenten Löbe protestiert, die Rekrutierung von Freiwilligen für die Reichswehr zu zentralisieren. Vielmehr müsse die Auswahl der Rekruten allein in den Händen der Kompanie- beziehungsweise Eskadronchefs liegen, denn sie würden »für den Geist ihrer Truppe verantwortlich gemacht [und] dienstlich danach beurteilt. ... Die Einflußnahme von parlamentarischen Kommissaren auf die Werbetätigkeit ... dürfte meines Erachtens einen Wettstreit der Parteien um die Quote zur Folge haben, die sie zur Reichswehr stellen können, und würde damit die Heeresergänzung, die nach den Bedingungen der beruflichen Tüchtigkeit erfolgen sollte, mit der Politik der Parteien verbinden.«[33]

Hier kommt klar zum Ausdruck, daß Schleicher eine demokratische Kontrolle der Reichswehr ablehnte. Sie sollte ein Machtinstrument in der Hand des Reichspräsidenten sein, das je nach Erfordernis eingesetzt wird – zur Unterstützung der Republik oder eventuell auch gegen sie. Dazu paßt Schleichers Einschätzung des Artikels 48 der Weimarer Verfassung: »In diesem Zusammenhange muß auch einmal das törichte Gerede von Diktatur, Artikel 48 usw. besprochen werden. Der Artikel 48 ist zusammen mit der Wehrmacht die stärkste Waffe des

Reichspräsidenten, die ihm die Verfassung in die Hand gegeben hat, um das Reich aus schweren Lagen jeder Art herauszuführen. Das ist ein durchaus legaler Akt, auch wenn außergewöhnliche Mittel angewendet werden. Der Reichspräsident ist also der Alleinberechtigte und -verantwortliche für die Anwendung des Artikel 48, die Reichswehr ist gegebenenfalls ein ausführendes Organ, nichts weiter.«

Dieses hier mit Vehemenz vertretene Verfassungsverständnis sollte nicht nur ihm, sondern auch der Republik einst den Hals brechen, weil Reichspräsident Hindenburg zu alt und nicht mehr fähig sein würde, den Ernst der Lage zu erkennen. Hätte Schleicher damals schon die Kritik überzeugter Demokraten an der unkontrollierten Machtfülle des Präsidenten verstanden und nicht als »Diktaturgeschwätz« abgetan – wer weiß, vielleicht wäre sein späterer Versuch, die Republik zu retten, nicht gescheitert.

Auch Planck machte sich zum Sprachrohr des Reichswehrministeriums gegen eine Einschränkung der Präsidentenrechte. Als er im September auf Wunsch des Reichsinnenministeriums den Entwurf eines Ausführungsgesetzes zum Artikel 48 kommentierte, wies er darauf hin, daß nicht nur »der Herr Reichspräsident die Paragraphen 1, 5 und 7 des Entwurfs als verfassungsändernde Einschränkung der Rechte des Reichspräsidenten rundweg ablehne«, sondern auch das Reichswehrministerium »auf dem gleichen schroff ablehnenden Standpunkt« stehe. In diesem Zusammenhang verwies er übrigens auf die zitierte – wie er sie nennt – »Gegendenkschrift« Schleichers, die zur Zeit im Reichswehrministerium »bearbeitet« werde.[34]

So lästig das Parteienproporzdenken damals tatsächlich war, so notwendig wäre eine Kontrolle der Reichswehr gewesen. Schleicher und Planck kamen offensichtlich gar nicht auf die Idee, daß deren Macht auch mißbraucht, ja auf verbrecherische Weise eingesetzt werden könnte. Das Ziel Schleichers, das er seit Beginn der Weimarer Republik verfolgte, war eine starke Regierung, möglichst überparteilich, die im Innern für Ruhe, Ordnung und gerechte Verhältnisse und im Ausland für die Wiederherstellung des deutschen Ansehens sorgte.

Der Publizist Hans Zehrer glaubte Schleichers Ziele mit seinen Artikeln zu unterstützen. Er schrieb seit Mitte der zwanziger Jahre zunehmend einflußreiche Kommentare zu politischen Vorgängen im In- und Ausland, zunächst in der *Vossischen Zeitung*, deren außenpolitischer Redakteur er war, dann für die Zeitschrift *Die Tat*, die er seit Oktober 1929 herausgab. Um diese Zeit wurde Schleicher auf Zehrer aufmerksam, und es kam später auch zu persönlichen Begegnungen. Doch daß Zehrer »Ideenlieferant« für Schleicher gewesen sei, trifft nicht zu.[35] Sein Wunsch nach einem starken Souverän fixierte sich auf die Person Schleichers, und seine politischen Ziele begründete er mit der »Sehnsucht« des Volkes nach einem machtvollen Führer.

Im Oktober 1931 entwickelte er in einem *Tat*-Artikel eine wahrlich beklemmende Vision: »Wir wollen uns doch nichts vormachen, wenn das erste scharfe, aber gerechte Kommandowort eines wirklich persönlichen Willens in das deutsche Volk hineinfahren würde, würde sich dieses Volk formieren und zusammenschließen, es würde einschwenken und marschieren, und es würde befreit aufatmen, weil es den Weg wieder wissen würde. Da dieser Führer, von welcher Seite er auch immer kommen mag, nur national sein kann, so wird sein Weg der richtige sein, da es der Weg der Nation sein wird. In diesem Augenblick aber wird uns eine Ordnung, die uns der Liberalismus als dumpfe Knechtschaft zu schildern versuchte, als Freiheit erscheinen, eben weil sie Ordnung ist, weil sie einen Sinn hat und weil sie Antwort gibt auf die Fragen, die der Liberalismus nicht mehr beantworten kann.«

Diese »tödliche[n] Worte gegen die Demokratie wurden gelesen und wurden diskutiert, als noch diskutiert werden durfte«, so Michael Jürgs. »Die *Tat* galt als meinungsbildendes Intelligenzblatt, hatte am Ende der Weimarer Republik Einfluß nicht nur bei Studenten und Politikern, auch in Kreisen der Reichswehr und der rheinischen Großindustrie.« Zehrers Einfluß wuchs noch, als er 1932 auch die Leitung der *Täglichen Rundschau* übernahm. Jürgs bezeichnet ihn als einen »der wichtigsten Schreibtischtäter, von denen die Weimarer Republik totgeschrieben wurde«.[36]

Welche Motive standen nun hinter Schleichers politischen Aktivitäten? Darüber ist viel gestritten worden. Allgemein wird ihm persönlicher Ehrgeiz vorgeworfen; er sei auch vor Intrigen nicht zurückgeschreckt und habe alles darangesetzt, an die Macht zu kommen. Auf der gewiß schmalen Grundlage der bisher unbekannten Briefe an Erwin Planck kommen Zweifel an diesem einseitig negativen Bild auf – Zweifel, die auch von der Forschungsliteratur, vor allem von Thilo Vogelsang, immer wieder bestätigt werden. In den Briefen spiegelt sich das Bild eines Mannes, der sein Vaterland über alles liebte und bereit war, seine Kraft einzusetzen, um ihm zu dienen.

Das entspricht ganz dem, was Planck zu Beginn seiner Berufstätigkeit als Zielvorstellung in den Tagebüchern entwickelt hat. Viel später, als die Republik abgedankt hatte und Planck sich bereits Richtung Ostasien eingeschifft hatte, im Frühjahr 1933, schrieb er an seinen verehrten Chef und Freund Schleicher: »Sie wissen, daß ich mit den treuesten Gedanken stets bei Ihnen bin. … Ich bin froh, jetzt aus Deutschland heraus zu sein, denn ohne Sie macht Politik und Regieren nun mal keinen Spaß. Wir haben dies beide stets als vollendete Kavaliere betrieben, das kann man jetzt nachträglich wohl feststellen, und das ist es nun, wodurch ich mich Ihnen so verwandt gefühlt habe. Nicht mit Klugheit oder Energie bin ich Ihnen gleichgekommen, aber in der anständigen Gesinnung gab ich Ihnen nichts nach, darin waren wir uns völlig eins und verwandt, und deshalb habe ich noch keine Lust mitzuarbeiten, wenn das nicht völlig gesichert ist.«[37]

Schleicher hatte nicht nur ein gutes Gespür für die richtigen Leute am richtigen Platz; er verstand es auch, sie zu motivieren. So gesehen kann die von ihm betriebene Umbesetzung in der Heeresleitung und dem Truppenamt Mitte der zwanziger Jahre auch als eine Maßnahme zur Verbesserung der Zusammenarbeit zwischen Reichswehr und Regierung betrachtet werden und nicht als eine zum Ausbau seiner Machtbasis mit dem Ziel, Reichswehrminister zu werden. Daß die Anhänger des alten Reichswehrgedankens Seecktscher Prägung dies als Intrige betrachteten und neidisch auf Schleichers Aufstieg waren, ist verständlich. Ein Hammerstein-Equord, der seit der Zeit im

3. Garde-Regiment sein enger Freund war, stand Schleicher eben näher als ein Blomberg, der dann Reichswehrminister unter Hitler wurde. Aber viel wichtiger als das persönliche Vertrauensverhältnis zu Kurt v. Hammerstein war für Schleicher die Tatsache, daß der neue Chef des Truppenamtes und dann der Heeresleitung ein außergewöhnlicher Mensch war. Nach übereinstimmendem Urteil vereinte er »durchdringenden Verstand« und »schnelle Auffassungsgabe« mit einer hohen »militärischen Begabung« und einem »klaren politischen Urteil«.[38]

Schleichers Briefe an Erwin Planck spiegeln auch noch eine andere, eher unerwartete Seite seiner Persönlichkeit wider, die nicht zu einem Intriganten und Ehrgeizling paßt: Er liebte die Bequemlichkeit, neigte zu einer gewissen Empfindlichkeit in bezug auf sein Privatleben und ließ sich gerne verwöhnen oder verwöhnte sich selbst. Das bestätigte auch Brüning in seinen Memoiren.[39] Schleicher liebte das Leben und war nicht bereit, es auf dem Altar der Karriere zu opfern.

Wie sehr er es liebte, geht aus einem Brief an Geßler vom 28. August 1929 hervor. Zunächst entschuldigte er sich dafür, daß er, statt im Süden Deutschlands Urlaub zu machen und dabei seinen »langjährigen Herrn und Meister« zu besuchen, nach Osten gereist sei: »Mein Ritt gen Osten war hauptsächlich aus dem Bestreben entstanden, Ostpreußen zu entdecken und zu erforschen, eine Absicht, die mir, wie ich glaube, ganz gut gelungen ist. Land, Leute und Pferde wollte ich studieren, und ich muß gestehen, daß mich alle drei begeistert haben. Die Krone gebührt allerdings dem edlen ostpreußischen Pferde. Nach der Besichtigung von Trakehnen und Weedern war ich tatsächlich in einer Art von Verzückung! Es hat eben jeder Mensch seinen Vogel. Der Menschenschlag ist denkbar sympathisch, schon rein äußerlich. Die eigens für mich arrangierten Heiratsmärkte habe ich aber ohne Kaufgebot verlassen, trotzdem Material in jeder Preislage vorhanden war. Ich bin nun einmal Anhänger des Zölibats und kann mir selbst nicht untreu werden.«

Genau zwei Jahre später mußte sich der frischvermählte Schleicher Geßler gegenüber korrigieren: »Nachdem ich mich einigermaßen an meine veränderten Verhältnisse gewöhnt habe, möchte ich Ihnen, Herr Minister, einmal von Herzen für Ihre freundlichen Wünsche danken und Ihnen dann auch sagen, daß ich nach wie vor ein warmer Anhänger des Zölibats für die Chargen bis zum General geblieben bin. Für Generäle ist eine gewisse Stützung durch weibliche Klugheit und fraulichen Takt nötig.«[40]

Schleicher wurde im Januar 1929 zum Generalmajor und im Oktober 1931 zum Generalleutnant befördert. So war er bereits General, als er im Juli 1931 Elisabeth v. Hennigs heiratete, die geschiedene Frau seines Vetters Bogislav. Sie brachte eine Tochter mit in die Ehe, Lonny, zu der Schleicher bald ein inniges Verhältnis entwickelte. Die Hochzeitsreise führte im Sommer 1931 nach Bad Wildbad; Planck gegenüber beschrieb Schleicher seinen neuen Zustand in launigen Briefen: »Die Ehe und das Baden bekommen mir gut, nur muß ich mich noch daran gewöhnen, daß die Frauen nicht mir, sondern meiner Begleiterin nachsehen, trotzdem ich augenblicklich besonders schön und reizvoll ausschaue. Das ist bitter!«

Ein paar Tage später schickte er Planck »als kleines Stimmungsbild ... eine Auswahl aus meinem Wust von Briefen, mit denen ich hier täglich überschüttet werde. Zur Erläuterung bedarf es keines Wortes, da wir beide in der Beurteilung von Personen und Sachen 100 Prozent einig sind. ... Beinahe komisch wirken die Leute, die mir wutentbrannt mitteilen, daß es völlig unverständlich wäre, wie man in dieser Zeit heiraten und auf Urlaub gehen könnte.«

Einen Brief vom 20. September 1931, in dem von Zweifeln und Selbstvorwürfen die Rede ist, beendete er so: »Ich bin restlos einverstanden mit Ihrer Rentenidee, allerdings nicht für Sie, sondern für mich. Ich brauche dann sogar nicht mal ein bißchen hübschen Besuch, weil meine gute Eli[sabeth] sich von Tag zu Tag mehr als eine unerhört brauchbare Gefährtin entpuppt. Sie haßt jedes Ausgehen und verbreitet Harmonie und Behagen, wo sie auftritt – ein richtiger Treffer!« Diese Seite Schleichers sollte man nicht außer acht lassen, wenn es um die entscheidenden Jahre der Republik geht. Dann fällt es auch leichter, die Rolle Plancks richtig einzuschätzen.

Beförderungen und Stresemanns Tod

Noch war es nicht der schwierige Sommer von 1931, noch war es Mitte 1927, eine für Weimarer Verhältnisse ruhige Zeit ohne Wahlkampf. Das Jahr hatte mit einem prachtvollen Diner beim Reichspräsidenten begonnen, bei dem sich die Plancks, wie Nelly in ihrem Einladungsbuch akribisch vermerkte, gut unterhalten hatten. Erwin hatte sich in der Reichskanzlei gut eingelebt und zu Hermann Pünder, dem neuen Staatssekretär, ein Vertrauensverhältnis aufgebaut. Er begleitete ihn auf mehreren Dienstreisen, bis er dann im Juni 1927 die ersehnte Ferienreise mit Nelly im eigenen Auto nach Vitznau am Vierwaldstätter See antreten konnte. Sie wohnten im Parkhotel am See. Genau zehn Jahre war es her, daß Planck, aus der Kriegsgefangenschaft kommend, in Gersau am Vierwaldstätter See eingetroffen war.

Der Vater freute sich in einem Brief vom 19. Juni, daß »die Reise so gut vonstatten geht. Kleine unvorhergesehene Zwischenfälle können ja als pikante Würze empfunden werden. Hoffentlich geht es gut weiter und Ihr findet die gewünschte Erholung fern von Genf und von Moskau.« Max Planck selbst war voll beschäftigt mit der »russischen Naturforscherwoche, recht passend zu der gegenwärtigen politischen Lage. Aber wir halten uns selbstverständlich streng an die Wissenschaft, und das geht ganz gut. Heute war feierliche Begrüßung in der Aula der Universität, jeden Tag der Woche finden Vorträge und Empfänge statt, beim Reichsminister des Innern, beim preußischen Kultusminister, beim russischen Botschafter, der deutschen Gesellschaft für Osteuropa etc.«

Das Jahr 1927 endete mit einem folgenreichen Skandal, der auch Erwin Planck beschäftigte. In den diesbezüglichen Kabinettssitzungen und Ministerbesprechungen hatte er Protokoll zu führen, da die Affäre das Reichswehrministerium betraf, genauer dessen Marineabteilung. Es ging, wie Planck in einer Vortragsnotiz vom 11. November 1927 darlegte, um den Kapitän zur See Walter Lohmann, der von der Marineleitung beauftragt worden war, die maritime Landesverteidigung zu organisieren. Dafür erhielt er 12,6 Millionen Reichsmark, größtenteils aus Geheimfonds. Lohmann setzte die Mittel teils für Maßnahmen ein, die von der Marineleitung gebilligt waren, teils für geheime Transaktionen mit dem Ziel, das Geld zu vermehren.

Abgesehen von erheblichen Geldgeschäften war der Erwerb eines Aktienpakets der Filmgesellschaft Phoebus im Wert von 1,75 Millionen Reichsmark der Auslöser des Skandals. Planck, der alle Transaktionen im einzelnen aufzählt, nannte als Gründe für die Beteiligung an der Filmgesellschaft die »Verhütung amerikanischer Überfremdung, Sicherstellung einer nationalen Filmgesellschaft, Nachrichtengewinnung durch die Organe der Gesellschaft im Auslande«. Eine persönliche Bereicherung Lohmanns liege nicht vor, vielmehr versuche eine »finanzkräftige Verlagsgruppe ... die Phoebus-Film-Gesellschaft erst zu ruinieren und dann aufzukaufen«.[41]

Der Skandal spiegelt die schwierigen Verhältnisse in der Republik wider: auf der einen Seite die alliierte Kontrollkommission, die auf die Einhaltung der Bestimmungen des Versailler Vertrages achtete und auf keinen Fall erfahren durfte, daß Deutschland nicht nur insgeheim aufzurüsten versuchte, sondern auch illegal Truppen in Rußland ausbildete, auf der anderen Seite das demokratisch gewählte Parlament und die freien Medien, die beanspruchten, alle Hintergründe der Affäre zu erfahren. Folgerichtig wurde zwar ein parlamentarischer Untersuchungsausschuß eingerichtet, doch gelang es dem neuen Reichswehrminister Wilhelm Groener mit »geschickten Appellen an das patriotische Pflichtbewußtsein und wehrpolitische Verantwortungsgefühl«[42] der Parlamentarier und wohl auch durch die Vermittlung Plancks, den Skandal ohne allzu großen politischen Schaden zu bewältigen.

Der bisherige Reichswehrminister Geßler war nicht mehr zu halten gewesen. Erst als dies feststand, hatte Schleicher sich bei Hindenburg für seinen alten Chef und Gönner Groener eingesetzt. Dieser trat anders auf als sein Amtsvorgänger. Das zeigte sich bereits in der Antrittsrede, die der parteilose Minister am 20. Januar 1928 vor seinen Mitarbeitern hielt: »Das ist der Boden, auf dem ich stehe, das Vertrauen Hindenburgs! Und dabei ist mir ganz gleichgültig, ob diese oder jene Partei scheel dazu steht oder meine Handlungen bekrittelt, solange ich das Vertrauen des Reichspräsidenten habe, werde ich kämpfen für die Reichswehr und die Marine.«

Regierung und Parlament blieben unerwähnt, und es wurde deutlich, »daß sein Amt nicht den üblichen parteipolitischen und parlamentarischen Spielregeln unterworfen sein dürfe. Bereits zweieinhalb Jahre vor dem Wandel zur Präsidialdemokratie läßt sich der Anspruch eines präsidialen Reichswehrministers erkennen« – dieser berief sich nicht mehr auf den im Parlament repräsentierten Volkswillen. In der Öffentlichkeit erkannte kaum jemand die Tragweite dieser Äußerungen, was gewiß auch damit zu tun hatte, daß Groener hohes Ansehen genoß und man sich von ihm gerade eine Heranführung der Armee an den demokratischen Staat erhoffte.

Groener war noch kein halbes Jahr Minister, als im Mai 1928 ein neuer Reichstag gewählt wurde. Diesmal gewannen die Sozialdemokraten stark hinzu. Sie bildeten Ende Juni mit Kanzler Hermann Müller die neue Regierung. Groener und Stresemann behielten ihre Ministerposten. Ein SPD-Kanzler erschwerte naturgemäß die Beratungen über den Etat der Reichswehr, bei dem erhebliche Summen verschleiert werden mußten, da sie in die geheime Rüstung flossen. Auch die Auseinandersetzungen mit der sozialdemokratischen Regierung Preußens über den Grenz- und Landesschutz gegenüber Polen gestalteten sich schwierig, weil nicht immer alle Informationen offengelegt wurden.

Groener versuchte, einen diplomatischen Mittelweg einzuhalten, indem er einerseits die Kontrolle über die Vorgänge in seinem Ministerium bündelte und sich andererseits bemühte, vor allem die sozialdemokratischen Politiker für eine gewisse Geheimhaltung zu gewinnen, indem er sie in den Entscheidungsprozeß einbezog. Das aber bedeutete eine Aushöhlung des parlamentarischen Systems auf dem Verordnungsweg – eine höchst problematische Methode, die leicht zur Gewohnheit werden konnte. Planck war über diese Gespräche genau informiert, da er bei den entscheidenden Sitzungen stets als Protokollführer dabei war.[43]

War es die berufliche Arbeit mit all ihren Problemen, oder war es der graue Herbst, der Planck bedrückte? Am 29. November 1928 notierte er in sein Tagebuch: »Heute abend war ich so recht von Herzen deprimiert gewesen, abgehetzt von den Aufgaben und Aufregungen des Tages, niedergeschlagen durch Nellys unveränderte Depression. ... Der morgige Tag stand so unüberwindlich vor mir, der heutige lastete so schwer. ... Als ich so unruhig und wirklich gequält nach einer Erleichterung herumsuchte, fiel mir das Tagebuch und sein Vorgänger in die Hand, und das war ein rechtes Glück für mich. Ungefähr zehn Jahre möglichst ehrlicher Selbstkritik sind darin ... Meine beiden Hefte haben mich ganz ernsthaft daran gemahnt, mich nicht aufzugeben, nicht unterkriegen zu lassen und aus dem Vergangenen die Hoffnung auf gute Zukunft zu schöpfen. ... Meine Sehnsucht nach innerer Kraft und Unabhängigkeit ist die alte. Mein Verhältnis zu Nelly ist aber nach wie vor durch den festen Vorsatz bestimmt, daß man andere und sich nur durch Opfer und Dienen glücklich machen kann. ... Nelly ist *der* Mensch in der weiten Welt, der mir anvertraut ist und gegen den ich gut sein muß und möchte. Das muß auch seine Früchte tragen, und tut es ja auch schon heute, denn ich kann mir kein menschlich reineres, ehrlicheres und schöneres Verhältnis denken als das zwischen Nelly und mir. ... Ich fand den alten Weg vor, wo ich ihn verlassen, und will ihn weitergehen. Eines vielleicht habe ich dazugelernt: das brennende Bestreben, einem, den man liebhat, Gutes zu tun, auch wenn es einmal schwierig und unbequem ist. ... Auch wenn ich an meinen Vater denke, bestätigt sich mir die Maxime. Ich glaube, für keinen Menschen auf der Welt habe ich ein so uneingeschränkt gutes Gefühl, und keiner erwidert es so beglückend und bereichernd.«[44]

Diese Eintragungen unterstreichen noch einmal das enge Verhältnis zwischen Vater und Sohn, und aus ihnen ergibt sich auch, daß die Ehe mit Nelly nicht immer einfach, aber beglückend war und Erwin zu großer Fürsorglichkeit anspornte. Nelly ließ sich zur medizinisch-technischen Assistentin ausbilden. Sie machte um die gleiche Zeit ihr Examen, als Erwin Ende Juni 1929 die von Hindenburg unterzeichnete Ernennungsurkunde erhielt, durch die er mit Wirkung vom Oktober zum Oberregierungsrat befördert wurde. Das neue Jahresgehalt von rund 9800 Reichsmark war Anlaß für ihn, sich ernsthaft um eine bessere Wohnung zu bemühen. Seit fünf Jahren stehe Planck auf der Dringlichkeitsliste, merkte Staatssekretär Pünder in dem von ihm unterstützten Gesuch an und fügte hinzu: »Es wäre im dienstlichen Interesse durchaus wünschenswert, wenn ihm diese nach Lage und Art besonders geeignete Wohnung [Kaiserdamm 103/4] zugewiesen werden könnte.«[45]

Pünder hielt weiter seine schützende Hand über Planck, und als er den Vater beglückwünschte, weil dieser zusammen mit Einstein die von der Deutschen Physikalischen Gesellschaft gestiftete Max-Planck-Medaille verliehen bekam, vergaß er nicht, Erwin und Nelly Planck zu erwähnen: »Eine ganz besondere Freude ist es mir, daß eben in diesen Tagen, hoffentlich an dem heutigen Ehrentage des großen Vaters, Ihr Sohn Erwin, mein verehrter und unentbehrlicher Mitarbeiter, vom Herrn Reichspräsidenten seine Beförderung zum Oberregierungsrat erhalten wird. Ein ganz besonders schönes Zusammentreffen ist es, daß diese so wohlverdiente Auszeichnung des Sohnes zusammenfällt mit dem glänzend bestandenen Examen seiner verehrten Gattin und Ihrer Schwiegertochter. Da ich weiß, welch inniges und harmonisches Familienleben im Hause Planck herrscht, kann ich mir Ihre Freude an Ihrem Ehrentage über das Zusammentreffen beider glücklicher Ereignisse in Ihrem Hause wohl vorstellen.« Der nun schon über siebzigjährige Geheimrat, der ein Jahr später Präsident der Kaiser-Wilhelm-Gesellschaft werden sollte, freute sich sehr über diesen Brief und bedankte sich überschwenglich.[46]

Auch Schleicher war auf der Karriereleiter weiter aufgestiegen. Im Zuge der Neuorganisation aller Reichswehrangelegenheiten hatte Groener im März 1929 ein zentrales Amt geschaffen, das alle dem Minister unmittelbar unterstellten Abteilungen mit Ausnahme der für Haushaltsfragen zuständigen zusammenfaßte. Die Leitung des neu geschaffenen Ministeramtes wurde dem gleichzeitig zum Generalmajor beförderten Schleicher übertragen. Dieser stand damit über allen anderen Abteilungsleitern und war praktisch eine Art militärischer Staatssekretär.[47]

Damit hatte Groener wahr gemacht, was er einmal zu Geßler gesagt haben soll: Die Politik »besorgt mir Schleicher«, er wolle sich hauptsächlich um die militärische Seite seines Amtes kümmern. Geßler will ihm zwar erwidert haben: »Die Politik müssen Sie schon selber machen!«[48] Doch Schleichers politischer Einfluß wuchs beträchtlich, zumal Groener und er über die Jahre Kontakt gehalten hatten und eine ähnliche Konzeption vertraten.

Am 3. Oktober 1929 starb Gustav Stresemann. »Ein unersetzlicher Verlust, dessen Folgen nicht abzusehen sind«, schrieb Graf Kessler in sein Tagebuch. Er saß gerade in Paris beim Friseur, als er die Nachricht aufschnappte. Sofort eilte er zur deutschen Botschaft. Von Botschaftsrat Kurt Rieth erfuhr er, daß »der Eindruck, den Stresemanns Tod in Paris gemacht habe, ungeheuer sei. ... Das allgemeine Gefühl sei nicht nur Konsternation, sondern auch Beunruhigung, was jetzt werden solle.« Graf Kessler selbst befürchtete von Stresemanns Tod »in erster Linie sehr ernste innenpolitische Folgen, das Abrücken der Volkspartei nach rechts, einen Bruch der Koalition, Erleichterung der Diktaturbestrebungen.« Wie hellsichtig!

Am nächsten Tag setzte er seinen Bericht fort: »Alle Pariser Morgenzeitungen bringen die Nachricht vom Tode Stresemanns in größter Aufmachung. Es ist fast so, als ob der größte französische Staatsmann gestorben wäre. Die Trauer ist allgemein und echt. Man empfindet, daß es doch schon ein europäisches Vaterland gibt.«[49] Dieser Wandel ein gutes Jahrzehnt nach dem blutigen Weltkrieg war in der Tat maßgeblich Stresemanns Verdienst.

Graf Kessler eilte nach Berlin, um an der Trauerfeier für seinen Freund teilzunehmen. »Stresemanns Beisetzung. Strahlend schöner, warmer Tag, aus dem man nun in den etwas dunklen, mit Flor verhängten Sitzungssaal des Reichstages wie in eine Gruft hineinkam. ... Frau Stresemann saß tief verschleiert neben Hindenburg in der früheren Hofloge. Daneben in der Diplomatenloge alle Botschafter in großer Gala mit Orden. Hermann Müller hielt die Trauerrede; gut, aber schwunglos. Er selbst sah wie ein Todeskandidat aus, mager und gelb. ... Beim

Hinaustreten auf den Platz entstand ein furchtbares Gedränge, ... es müssen Zehntausende gewesen sein.« Nach der Rede des Reichstags-Vizepräsidenten Siegfried v. Kardorff »setzte sich der endlose Trauerzug in Bewegung. An der Spitze hinter dem Sarg der greise Hindenburg. ... Vor dem Auswärtigen Amt hielt der Zug. Das Fenster von Stresemanns Arbeitszimmer war schwarz drapiert, und auf der Fensterbrüstung stand ein Korb mit weißen Lilien; das war eigentlich das erschütterndste, menschlichste Bild.«

Am Tag danach, am 7. Oktober, notierte Graf Kessler: »Es zeigt sich immer mehr, in welch gewaltigem Ausmaß das Volk an der Trauerfeier für Stresemann teilgenommen hat. Viele Hunderttausende haben sich vor seinem Sarg verneigt. Eine Zeitung sagt mit Recht, es war kein Staatsbegräbnis, sondern ein Volksbegräbnis. Das Kapital an Prestige, das er hinterläßt, ist unermeßlich, um so sicherer müssen um das Erbe erbitterte Kämpfe entbrennen, innerhalb der Volkspartei, innerhalb des Parlaments, im ganzen Volke. Das zeigt schon die sehr eigenartige Trauerfeier der Volkspartei. Es wird jetzt mit allen Mitteln versucht werden, das Bild Stresemanns ins Antirepublikanische, Chauvinistische umzufälschen, um das moralische Kapital, das er hinterlassen hat, für die Rechte zu retten.«

Wenige Wochen vor seinem Tod hatte Stresemann noch einen bedeutenden außenpolitischen Erfolg errungen: Auf der Konferenz von Den Haag erklärten sich die Alliierten am 30. August 1929 bereit, das nach wie vor besetzte Rheinland vorzeitig zu räumen. Schon zuvor waren sie mit dem Young-Plan dem Wunsch der deutschen Regierung nach einer Verringerung der Reparationslast entgegengekommen. Der nach Owen D. Young, dem Leiter der internationalen Expertenkonferenz, benannte Zahlungsplan reduzierte die jährlich zu leistende Rate auf durchschnittlich zwei Milliarden Reichsmark und legte die Laufzeit auf 59 Jahre fest.

Das bedeutete zwar eine Entlastung des Reichshaushaltes, doch die Rechte in Deutschland sah in dem Vorschlag nur eine weitere nationale Demütigung – vor allem wegen des langen Zeitraums der Reparationsverpflichtung. Eine Einheitsfront aus DNVP, Stahlhelm und NSDAP versuchte im Dezember

1929 erfolglos, den Young-Plan mit einem Volksentscheid zu Fall zu bringen. Während die Agitation gegen den Zahlungsplan auf der Straße weiterging, wurden seit März 1930 die dazugehörigen Gesetze im Reichstag beraten. Das Jahr 1929 hatte schlecht geendet. Der Schwarze Freitag warf seine Schatten bereits über den Atlantik, Deutschland hatte ein Kassendefizit von 1,7 Milliarden Reichsmark.

Strippenzieher

Ende Februar 1930 fuhr Nelly in die Winterferien nach Zürs, und Erwin schrieb seiner Frau fast täglich – in diesen Briefen spiegelt sich die dramatische politische Entwicklung, aber auch das rege gesellschaftliche Leben in Berlin. Die Strohwitwerzeit begann am 25. Februar mit einer Einladung von Schleicher. »Heute abend war eigentlich La Traviata mit der Otter, aber statt dessen steigt nun plötzlich das Herrendiner von Schleicher, es kann ganz nett werden, Kronprinz, Groener, Meissner, Schubert, Pünder, Stülpnagel, der ungarische Gesandte Kamja und der ungarische Militärattaché Dussche, Harbou, Winterfeldt und noch ein paar, glaube ich.«

Am nächsten Tag heißt es dann: »Bei Schleicher war es gestern sehr nett, gutes Essen, viel Schampus. Der Kronprinz läßt sich Dir sehr empfehlen, er war politisch sehr vernünftig und hat sich besonders mit Pünder angefreundet. Am wenigsten hat mir [der Offizier Joachim v.] Stülpnagel gefallen, der ziemlich gottähnlich war und viel dummes Zeug über Politik redete, was er für große Weisheit hielt. Um ½ 2 Uhr schob man nach Hause.«

Die politische Dauerkrise unter Reichskanzler Müller, die schließlich zur Kanzlerschaft Brünings führen sollte, läßt sich in diesen Briefen über einen Monat hinweg, bis zu Nellys Rückkehr am 24. März, gut verfolgen – man gewinnt ein anschauliches Bild von den chaotischen Zuständen in der Endphase der Weimarer Republik: »Am 27. Februar wäre beinahe schon das Kabinett geplatzt, so daß die Aufregung groß war. Zunächst ist es mal auf morgen verschoben, und inzwischen wird gekleistert.« 28. Februar: »Das Kabinett kracht stark, gestern dachte ich schon, es wäre Schluß, nun scheint es wieder ein paar Tage zu dauern, sieht aber ziemlich hoffnungslos aus. Als neuer Kanzler wird jetzt Brüning genannt.« 1. März: »Ich habe rasend zu tun, das Kabinett wird voraussichtlich Montag platzen, es geht aber nicht so sehr nach Wunsch dabei.« 3. März: »Großer Ärger mit Meissner [dem Staatssekretär des Reichspräsidenten], der nicht gut funktioniert.«

Zum Vergleich die Tagebucheintragung Pünders vom 3. März: »Über Nacht ist schwere Krise ausgebrochen! ... Die Volkspartei weigert sich, ein Notopfer oder etwas Ähnliches in irgendeiner Weise und Höhe mitzumachen. Dadurch Finanzgesetze im Augenblick unmöglich. ... Heute morgen früh hatten wir Kabinettssitzung. Man erwartete eigentlich allgemein den Rücktritt der Regierung, aber es zeigten sich doch noch gewisse Lösungsmöglichkeiten.«[50] Reichsbankpräsident Hjalmar Schacht habe »dem Herrn Reichspräsidenten ganz vertraulich seinen Rücktritt angekündigt«.

Am 4. März heißt es dann wieder bei Planck: »Mir geht es gut, abgesehen von der Kabinettskrise, die immer groteskere Formen annimmt.« 5. März: »Kabinett ist wieder geleimt, wenigstens vorläufig, Meissner hat sich blamiert, der alte Herr [Hindenburg] ist ihm momentan nicht sehr grün. Nun kommt noch ... der Rücktritt Schachts, das wird eine große Aufregung werden, aber auch nichts ändern. Vorläufig ist es noch streng geheim, also rede lieber nicht darüber, bis es publik ist. Schacht wird vermutlich versuchen, Führer der nationalen Opposition zu werden.«

6. März: »Es gibt wieder viel zu arbeiten, das eben geleimte Kabinett wackelt schon wieder bedenklich, weil die Sozis sehr mißvergnügt sind, und am Horizont lauert Herr Schacht. Nach neuesten Nachrichten wartet er aber noch mit seinem Theatercoup bis 31. März, ich halte es für ziemlich gleichgültig. Die Reichstagsdebatte über die Young-Gesetze fängt heute an, und damit natürlich für mich endlose Reichstags-Sitzerei.«

7. März: »Hier geht alles drunter und drüber. Schacht ist eben zurückgetreten, vor einer Stunde hatte er noch gesagt, er wollte es jetzt noch nicht tun. Im Kabinett sieht es auch trost-

los aus, der arme alte Herr ist ganz verzweifelt und weiß nicht mehr, was er machen soll. Wie die Entwicklung weitergeht, weiß ich noch gar nicht, eben weil der alte Herr ein ziemlich unübersichtlicher Faktor geworden ist.«

8. März: »Politik geht drunter und drüber, Kabinett wackelt immer noch stark. Luther wird Reichsbankpräsident, das finde ich ganz vernünftig, und über Schacht beruhigt man sich allmählich schon wieder. Der alte Herr ist mies gestimmt und hat gar keine Freude am Leben mehr, wenn er nur nicht bald abnibbelt. ... Die Politik macht mir rechte Sorgen, es geht alles so schlecht, daß man gar nicht mehr mitmachen sollte.«

Wieder gibt es entsprechende Eintragungen von Pünder, aber je mehr sich die Krise zuspitzt, desto weiter gehen beider Zielvorstellungen auseinander. Am 9. März, einem Sonntag, notiert Pünder: »Wir leben augenblicklich in einer so scheußlichen Krise, wie ich sie in den Jahren meiner jetzigen Stellung überhaupt noch nicht erlebt habe. Das Kabinett hat nach vieler Arbeit und vielem Hin und Her sich einstimmig auf ein großes Finanzprogramm geeinigt. Alle Regierungsparteien [SPD, DDP, DVP, Zentrum, BVP] sind auch mehr oder weniger bereit, auf diesen Boden zu treten, bis auf die Volkspartei, die ausgerechnet ihren eigenen Finanzminister Moldenhauer damit völlig desavouiert. ... Das Zentrum und die Bayern verlangen nicht ohne einen gewissen Grund der Berechtigung, daß vor Annahme des Young-Planes Klarheit über die Kassenlage eintreten soll. ... *Mein* Plan ist ein anderer, den ich bereits mit Dr. Brüning und Meissner besprochen habe. Das Zentrum muß das Junktim vor der zweiten oder jedenfalls vor der dritten Lesung fallenlassen, und zwar auf einen Appell des Reichspräsidenten hin. ... Dann Zustimmung zum Young-Plan und sofort hinterher Verhandlungen über die Finanzfragen. ... Wenn dann keine Einigung zu erzielen ist, Auflösung des Reichstags, und in der Zwischenzeit bis zum Zusammentritt positive Erledigung der Deckungsvorlagen einschließlich des Etats 1930 aufgrund von Artikel 48. Wenn dann der neue Reichstag kommt, mag er den Etat und die anderen Finanzgesetze außer Kraft setzen, nachdem die Rheinland-Räumung in Gang gekommen ist! Morgen werde ich mit Herrn Meissner und Herrn Brüning alles weitere besprechen. Inzwischen hat Herr Schacht seinen Abschied genommen. ... Schacht ist schon seit langer Zeit ein toter Mann. Er hat überall abgewirtschaftet. Nachfolger wird wahrscheinlich mein verehrter alter Gönner, Reichskanzler a. D. Luther. Ich habe wacker daran mitgearbeitet.«

»Habe rasend zu tun, Politik geht alles schief«, schrieb Planck am 10. März, und am selben Tag notierte Pünder: »Die Krise dauert unvermindert an. ... Morgen mittag wird Dr. Brüning vom Herrn Reichspräsidenten empfangen, im Anschluß hieran Fraktionssitzung des Zentrums. Ich glaube, daß die Herren dann zustimmen.«

Am 11. März berichtete Planck an Nelly: »Es ist politisch sehr hin- und hergegangen, aber schließlich werden heute die Young-Gesetze in 2. Lesung angenommen, morgen kommt noch die 3., dann hat die liebe Seele Ruh, und die Finanzkrise kann losgehen.« 12. März: »Den ganzen Tag war ich im Reichstag, weil die 3. Lesung der Young-Gesetze war, zeitweise war es sehr aufregend, es ging aber alles glatt und nach Wunsch. Wir haben auch wieder bessere Fühlung mit dem alten Herrn, Meissner hatte uns da viel verdorben, augenblicklich hat er aber wieder den kürzeren gezogen.«

Nun kehrte bei beiden Chronisten vorübergehend wieder etwas Ruhe ein. Planck am 13. März: »Heute war wieder ein arbeitsreicher Tag, allerdings sehr viel stiller, ich habe die ganzen durch das Reichstagsbummeln entstandenen Reste im Büro weggearbeitet.« 14. März: »Im Dienst geht alles normal, Schleicher ist jetzt wieder sehr intim mit dem alten Herrn, seit der sich etwas über Meissner geärgert hat. Das ist ja kein Schade.« Und am 15. März: »Nächste Woche mußt Du mir den Daumen drücken für die Politik, es ist wirklich sehr wichtig. Jetzt ist es nämlich soweit, daß das Kabinett platzen muß, und wir schießen schon scharf. Der alte Herr ist Feuer und Flamme, die neue Spitze soll nicht Schleicher sein, sondern Br[üning] vom Zentrum.

Dieser will übrigens entweder mich oder Treviranus zum Staatssekretär nehmen, wenn letzteren, mich als Ministerialdirektor. Ich bin viel mehr für die letztere Lösung, erstens ist er [Brüning] mit Trevi[ranus] schon lange sehr befreundet, während ich ihn nicht so gut kenne, zweitens erregt es nicht solches Aufsehen und ist auch daher für mich bekömmlicher. Ich habe dann einen durchaus genügenden Einfluß auf die Dinge, kann wundervoll mit Trevi arbeiten und bin noch nicht so in erster Front. Als letzte Kanone hat man bei dieser Lösung mit Br[üning] dann immer noch Schl[eicher] im Hintergrund, falls es ganz ungemütlich wird. Das alles wird sich in den nächsten 2 Wochen entscheiden. ... Ich bin froh, daß ich wieder so gesund und munter bin, ich bin richtig tatendurstig und auch sehr tätig.«

18. März: »Mir geht's gut. Vorläufig geht die Politik so, wie sie soll, wenn auch etwas langsamer. Aber Geduld haben wir ja. Je besser es uns geht, desto mieser wird Pünders Stimmung, es ist oft gar nicht einfach für mich, ich muß verdammt vorsichtig sein und bin es auch.«

21. März: »Drück den Daumen, es geht jetzt hier bei uns um die Wurscht. Brüning hat sich gestern von mir meine Vorschläge für die Besetzung des neuen Kabinetts eingefordert, ich will sie bis heute abend machen und brüte furchtbar. Aber natürlich tödliches Geheimnis! Mit Treviranus ist noch nicht sicher, ob er nicht Minister wird, ich wollte, er würde Staatssekretär, es wäre für mich persönlich wohl viel angenehmer.«

22. März: »Meine Kabinettsliste für Brüning ist ausgezeichnet geworden, kann sich sehen lassen. Geb's der liebe Gott für Deutschland, daß es nun so kommt. Auf Haaresbreite sind wir dran. Ende nächster Woche, also in 8 Tagen, ist es gelungen oder schiefgegangen.«

23. März: »Die Politik ist so aufregend, daß einem das Herz stillstehen könnte. Bis jetzt klappt alles sehr gut, aber es ist eine verteufelte Situation. Falls das Kabinett wirklich zustande kommt, steht die Kombination mit Treviranus und mir völlig fest, das gibt aber Arbeit! Spaß würde es mir schon machen.«

24. März: »Bei mir ist alles Krise, Krise, obwohl die Öffentlichkeit noch nichts davon weiß.«

Leider endet die Serie der Briefe hier, weil Nelly nach Berlin zurückkehrte; aber Pünder hat das Ende der Geschichte auf seine Weise am 30. März, einem Sonntag, niedergeschrieben: »In dieser Woche hat sich außerordentlich viel zugetragen. Sturz der Regierung und Schaffung eines neuen Kabinetts Dr. Brüning! ... Die übergroße Mehrheit der sozialdemokratischen Fraktion versagte ihren Führern, insbesondere dem Reichskanzler Müller, die Gefolgschaft. Das Kabinett beschloß darauf am Donnerstag seinen Rücktritt, der vom Reichspräsidenten sofort angenommen wurde. Er erteilte am Freitag früh Herrn Dr. Brüning sofort den Auftrag. Eine Stunde darauf war Herr Brüning bei mir und bat um meine weitere Mitarbeit und Unterstützung, die ich ihm natürlich sehr gerne zusagte. Seine Verhandlungen haben zwei Tage bis heute Sonntag früh gedauert. Ich habe ihm redlich beigestanden. Eine schwere Arbeit! Es ist ein nicht an die Fraktionen gebundenes Kabinett. ... Hinter den Kulissen war an dieser Koalition schon seit Wochen mitgearbeitet worden, namentlich von Treviranus und General von Schleicher. Was wir feststellen konnten, ist nicht alles schön gewesen. Sie wollten zumal meinen beiden Ministerialdirektoren von Hagenow und Zechlin ans Leder, beides habe ich aber sofort abwehren können. Mich hatte man angeblich zunächst zum kombinierten Verkehrsminister mit Eisenbahn und Post zusammen vorgesehen, und Treviranus sollte mein Nachfolger werden. Ob es wahr ist? Ich bin jedenfalls froh, daß Brüning mich als *erste* Handlung um weitere Mitarbeit bat.«

Kungeleien im Hintergrund, manches davon sickerte durch. Pünder lag mit seinen Vermutungen durchaus richtig. Die Antwort auf die vieldiskutierte Frage, wer Brüning »gemacht« habe, muß nach diesen Zeitzeugenberichten wohl lauten: alle – und der Young-Plan. Und die Antwort auf die Frage, wen der Präzedenzfall eines Präsidialkabinetts störte, muß lauten: niemanden, jedenfalls niemanden aus dem bürgerlichen Lager! Daß dieser 30. März 1930 einen schweren Schlag für die Entwicklung der Demokratie in Deutschland bedeutete, war damals nur wenigen klar – im Rückblick war es der Anfang vom Ende. Planck gehörte zu denjenigen, die dieses Ende mit herbeiführten, ohne zu ahnen, was er da anrichtete.

Im Wechsel mit den aufregenden politischen Tagen in Nellys Abwesenheit erlebte Erwin unterhaltsame Abende und Nächte. Es war die Zeit der legendären »Golden Twenties«. Dabei spielte das Elternhaus durchaus eine Rolle. Am 1. März war es, wie er Nelly berichtete, draußen im Grunewald besonders »reizend«. Einsteins, Schrödingers, Friedländers waren da und »eine gute junge russische Pianistin, die schön Schumann und dann mit Einstein Bach spielte. Nachher gingen Schrödingers noch auf ein Kostümfest. Frau Einstein sagte daraufhin zu ihrem Mann: ›Albert, Du mußt auch mal das Nachtleben kennenlernen!‹ ›Wieso?‹, sagte er, ›ich leb doch *auch* nachts‹.«

Es war Karnevalszeit, und Planck wurde von »Mieze Hammerstein und Frau Meissner ... für Fastnachtdienstag aufgefordert, jede will dadurch Schleicher zu sich bekommen. Ich gehe aber wahrscheinlich statt alledem auf einen bal français, wo Mercedes ihr Wesen treibt.« Tatsächlich war er dann, wie er schrieb, »sehr unsolide«. Morgens hatte er mit Kempner gefrühstückt, abends dann »als Gast des Generals Stojakowski [des ungarischen Militärattachés] erst Esplanade, dann Queen, dann Cascade. Es war ein reizender, sehr lustiger und harmloser Abend. Hammerstein mit einer Tochter, Frau v. Rheinbaben, ein paar Ungarn, zwei junge Harbous, Schleicher und ich. Um 6.15 Uhr war ich zu Hause, um 9.15 hatte ich wieder französische Stunde. Heute abend geht es aber gleich ohne Umstände um ½ 9 Uhr ins Bett.«

Am nächsten Abend besuchte er mit Helma Ott, der späteren Botschaftergattin in Tokio, die Staatsoper, wo er begeistert »Die Macht des Schicksals« hörte, anschließend aß er mit ihr bei sich zu Abend – »Erna hat alles sehr schön gemacht, es war wieder ganz nett und amüsant«. Mit Helma Ott war er häufiger im Kino, auch in einem Film über Asien, ohne zu ahnen, daß sie beide vier Jahre später tatsächlich im Fernen Osten sein würden.

Am Wochenende besuchte er den Vater zum Tee, der alte Herr »stöhnt sehr über zu viele Verpflichtungen und war etwas müde. Am 1. Juni muß er nach Cambridge, wo er Ehrendoktor wird ...« Doch er erholte sich wieder, und alle zusammen gingen ins Konzert und hörten den berühmten Pianisten Artur

Schnabel; es »war herrlich, besonders die Hammerklaviersonate von Beethoven«.

Nachdem Erwin Planck seinen Geburtstag ganz behaglich allein zu Hause verbracht hatte, besuchte ihn tags darauf sein alter Freund Lothar. Er »schimpft über alles und wird wohl auch bald National-Sozialist werden, wenn er so weitermacht. Es ist jetzt zum Teil eine wilde Stimmung im Lande draußen«. Zudem war der Winter zurückgekehrt, es schneite und war kalt. Doch Plancks Stimmung war gut, er hatte sein neues Lebensjahr produktiv begonnen, machte Fortschritte im Französisch-Unterricht, war zufrieden, daß die Young-Gesetze unter Dach und Fach waren, und gönnte sich zum Wochenende die Missa Solemnis unter Otto Klemperer. Anschließend besuchte er den Vater im Grunewald, der eine kleine Abendgesellschaft gab. Es war »sehr nett, ich war von 10 – ½ 1 da, soll Dich sehr grüßen von [James] Franck, [Gustav] Hertz und Frau und Lise Meitner, das waren wenigstens die wichtigsten. Wir waren sehr lustig, weil Hertz unbeschreiblich komisch war.« Am 21. März erlebte er die Premiere von Wedekinds »Bismarck«, fand die Aufführung »schwach wie eine Schulstunde mit lebenden Bildern«, aber Paul Wegener »spielte wunderbar, viel Applaus, Kritik ganz gut«.

Am Sonnabend, dem 23. März – die Strohwitwerzeit ging zu Ende –, feierte Planck noch einmal kräftig. »Bis 5 Uhr habe ich das Fest bei Schleicher mitgemacht, zu Ende soll es um 7 gewesen sein, es war sehr nett, mir brennen die Fußsohlen vom vielen Tanzen. Besondere Flirts habe ich dabei nicht aufgetan, es waren aber viele nette Frauen da.«

Brünings Kanzlerschaft

Der neue Chef

Das Frühjahr 1930 brach an, und nach den dramatischen Tagen des März sollte das Leben nun wieder in geordneteren Bahnen verlaufen. Heinrich Brüning war seit dem 30. März Reichskanzler, Pünder diente nach wie vor als Staatssekretär in der Reichskanzlei. Den acht Jahre jüngeren Planck hatte Brüning »aus Verehrung für seinen Vater« zu seinem Privatsekretär gemacht.[1]

»Montag, den 31. März 1930. Heute der erste Tag des neuen Kabinetts«, notierte Pünder in sein Tagebuch, »für 11 Uhr hatte ich die gesamten Beamten, Angestellten und Arbeiter der Reichskanzlei in der Bibliothek aufgebaut, wo ich dann eine längere Rede auf die beiden Herren hielt. Es antwortete zunächst Müller und dann Brüning. Abschließend gingen wir ›die Front‹ ab mit Händedrücken aller Anwesenden.«[2]

»Wenn nur die Arbeit besser vorwärtsginge, es macht gar keinen Spaß und wird auch gar nichts Rechtes«, schrieb Planck zweieinhalb Monate später an Nelly. Es waren die härtesten Jahre der Weimarer Zeit, sieht man von der Anfangsphase ab, in der sich die Republik hatte etablieren müssen. Nun ging es um ihr Überleben, und es schien, als führten diejenigen, die sich dafür einsetzen, einen aussichtslosen Kampf. Schon bei den Wahlen im September 1930 legten die extremistischen Parteien zu, die Kommunisten gewannen 23, die Nationalsozialisten 95 Sitze hinzu. Die Straßenkämpfe zwischen dem Rotfrontkämpferbund und der SA wurden härter. Die Weltwirtschaftskrise verschärfte sich, die Banken schlossen ihre Schalter, und die

Arbeitslosenzahlen stiegen stetig, schließlich über die Sechs-Millionen-Grenze. Das Parlament verlor immer mehr an Einfluß zugunsten des präsidialen Notverordnungsrechts gemäß Artikel 48, und um die Verringerung der Reparationen mußte hart verhandelt werden – kaum zu bewältigende Herausforderungen für das neue Kabinett, das etwas mehr als zwei Jahre im Amt bleiben sollte. In den Tagebüchern und Memoiren der Beteiligten ist ständig von arbeitsreichen Tagen und Nächten, von Müdigkeit bis zum Umfallen und von völliger Erschöpfung die Rede.

Ein Hauptproblem ergab sich aus der Tatsache, daß die neue Regierung nicht aus dem Parlament heraus gebildet worden war. Der SPD-Politiker Rudolf Hilferding, zeitweilig Finanzminister, schrieb nach dem Sturz der Regierung Müller in der sozialdemokratischen Zeitschrift *Die Gesellschaft:* »Es unterliegt keinem Zweifel, daß, wenn das Parlament in seiner grundlegenden und wichtigsten Funktion versagt, nämlich eine Regierung zu bilden, die Macht des Reichspräsidenten sich auf Kosten und durch Schuld des Parlaments erweitert und der Reichspräsident Funktionen übernehmen muß, die zu erfüllen sich der Reichstag versagt. Nimmt man hinzu, daß diese Lähmung des Parlaments von sehr starken Gruppen direkt gewünscht und gefördert wird, so wird man verstehen, daß die eigentliche Gefahr für die Zukunft des deutschen Parlamentarismus nicht von außen, nicht von einem gewaltsamen Putsch her droht, sondern von innen her.«[3]

Dies waren prophetische Worte, die Planck und Schleicher direkt betrafen. Sie gehörten zu den genannten »sehr starken Gruppen«. Zwar nicht zu denjenigen, die die Republik abschaffen wollten, aber doch zu jenen, die mit zweischneidigen Mitteln eine handlungsfähige Regierung, die Wiederherstellung der »Staatsautorität« anstrebten. Sie wollten dies gewiß zum Wohle des Vaterlands, doch dadurch minderten, ja zerstörten sie schließlich die Macht des Parlaments.

Schon im Ruhestand, schrieb Schleicher am 20. September 1933 an Planck, der sich zu diesem Zeitpunkt bereits in China befand: »Sie wissen ja, mein guter Erwin, daß ich für diese gerechte und überparteiliche Staatsidee der preußischen Könige immer frenetisch eingetreten bin, und ich werde an dieser Idee auch festhalten, trotzdem ich damit Fiasko gemacht habe.« Sein Ziel war die »Schaffung einer unabhängigen Staatsführung, bestehend aus Krone oder Präsident, Wehrmacht, Polizei und kleinem Berufsbeamtentum«. Resigniert fügte er hinzu: Es »wurde nicht erreicht!«.

Beide hatten offensichtlich nicht verstanden, welche Folgen die Aushöhlung der Rechte des Parlaments und die Mißachtung des Geistes der Verfassung auf Dauer haben würden. Planck begriff das erst, als es zu spät war. Daß er und Schleicher mit ihrer Politik am Reichstag vorbei nicht allein waren, daß solche Bestrebungen bis weit in den bürgerlichen Block hineinreichten, zeigen die Tagebucheintragungen Pünders, der manchmal fast lustvoll den »Sieg« der Regierung über die Volksvertretung feiert. Am 1. Juli 1930 heißt es etwa: »Wir haben uns nach sehr langwierigen Kabinettssitzungen doch dazu entschlossen, *materielle* Vorschläge zu bringen und nicht gleich auf ein Ermächtigungsgesetz loszusteuern. Letzteres hätte zu klar erkennen lassen, daß es der Regierung nur auf Kampf ankam. Jetzt haben wir aber den guten Willen gezeigt, auf materieller Basis mit dem Reichstag einig zu werden. Gelingt es allerdings nicht, dann wird doch der berühmte Artikel 48 verwendet werden müssen.«

Es gelang nicht. Die ersten beiden Notverordnungen der Regierung Brüning wurden erlassen, und am 18. Juli mußte der Reichstag doch aufgelöst werden. Brüning spricht in seinen Memoiren mehrfach von einer »sinnlosen Form des Parlamentarismus«, vom »Intrigenspiel und der Unvernunft im bisherigen Reichstag«.[4] Das katastrophale Wahlergebnis von Mitte September trieb Pünder dann zu der Überlegung: »Wie unter diesen Umständen während des kommenden schweren Winters regiert werden soll, ist vorher schwer zu sagen. Ich bin der Auffassung: verfassungsänderndes Ermächtigungsgesetz, angenommen von den bisherigen Koalitionsparteien und Sozialdemokraten, das heißt, es müßte der eine oder andere Sozialdemokrat in das Kabinett Brüning eintreten. Letzteres habe ich gestern schon mit Staatssekretär Meissner besprochen.«

Doch schon am 30. September stellte sich heraus, daß »eine

Ergänzung des Kabinetts durch Eintritt von Sozialdemokraten leider unmöglich sein [wird], da es rechts nicht erduldet und links nicht erbeten wird«. Es blieb nur die offensichtlich auch vom preußischen Ministerpräsidenten Otto Braun »verklausuliert« angedeutete Möglichkeit, »nicht im Streit mit dem ganzen Reichstag, nur in stillschweigendem Einvernehmen mit einer Mehrheit könnte die Regierung erneut vom Artikel 48 Gebrauch machen«.[5]

Tatsächlich waren die Sozialdemokraten unter Führung von Hermann Müller »augenblicklich sehr verständig. Sie wissen natürlich, daß beim Scheitern des Kabinetts Brüning das Fallbeil über die preußische Koalition sofort herabfällt.« Die erste große Notverordnung zur Sicherung von Wirtschaft und Finanzen wurde am 1. Dezember 1930 beschlossen. Die Regierung atmete auf, und Pünder hielt am 14. Dezember in seinem Tagebuch fest, daß »schließlich doch wieder alles nach Wunsch gegangen« sei. »Mit diesem Reichstag ist eben nur so zu arbeiten, daß die Regierung mit Art. 48 arbeitet, dann die verfassungsmäßige Debatte über Aufhebungsmöglichkeiten stattfindet und nach deren Erledigung das hohe Haus wieder verschwinden muß.«

Unterstützt wurde die Regierung dabei bezeichnenderweise von sozialdemokratischer Seite. Rudolf Hilferding schrieb in *Die Gesellschaft*: »Der Reichstag ist ein Parlament gegen den Parlamentarismus, seine Existenz eine Gefahr für die Demokratie, für die Arbeiterschaft, für die Außenpolitik. Mag man die Regierung für noch so schlecht halten, ließe man diesem Reichstag zu den ihm allein gemäßen politischen Entscheidungen freie Bahn, so wäre nur eine noch reaktionärere Regierung das unvermeidliche Resultat. Die Demokratie zu behaupten gegen eine Mehrheit, die die Demokratie verwirft, und das mit den politischen Mitteln einer demokratischen Verfassung, die das Funktionieren des Parlamentarismus voraussetzt, es ist fast die Lösung der Quadratur des Kreises, die da der Sozialdemokratie als Aufgabe gestellt wird – eine wirklich noch nicht dagewesene Situation.«[6]

Mußten sich Schleicher und Planck da nicht in guter Gesellschaft fühlen, zumal Schleicher regelmäßig Pünder aufsuchte, um »mögliche Entwicklungen zu besprechen«, unter anderem auch die Auswechslung von Ministern?[7] Auch mit Brüning traf er zu Gesprächen zusammen, doch zeigt sich in dessen Memoiren immer wieder ein starkes Mißtrauen gegen Schleicher – wobei man bedenken muß, daß Brüning an jeder Ecke Verrat witterte. Vielleicht um seinen Argwohn zu begründen, zitiert er ein Gespräch mit Groener über Schleicher. Groener, der Schleicher »wie seinen Sohn liebe und den er für die militärische Arbeit ganz außerordentlich hoch schätze«, finde, daß er »für die rein politische Arbeit nicht zu gebrauchen sei«. Diese Aussage ist erstaunlich, denn Geßler gegenüber hatte Reichswehrminister Groener ja gerade betont, daß sein Staatssekretär Schleicher für die Politik zuständig sei. Galt er nicht auch als der politische General? Vielleicht war Schleichers Gebiet die Politik im Zusammenhang mit der Reichswehr. Dann aber ist das anschließend von Brüning geschilderte Verhalten Schleichers gänzlich unverständlich.

Es ging um ein von Brüning arrangiertes Abendessen, das Ende Juli 1931 für den amerikanischen Außenminister Henry Lewis Stimson gegeben wurde. Im Rahmen seiner zähen Bemühungen um Abrüstung und eine Lösung der Reparationsfrage ging es Brüning von Anfang an darum, Engländer wie Amerikaner davon zu überzeugen, daß die deutsche Reichswehrführung nicht mehr dieselbe sei wie im Ersten Weltkrieg. Aus diesem Grund hatte er Groener gebeten, ganz offen mit Stimson über seine eigene Haltung beim Ausbruch des Krieges zu sprechen. Und er hatte sich als Gastgeber bemüht, ein friedlich gesinntes Deutschland vorzuführen. Er führte Stimson ins Pergamonmuseum, fuhr mit ihm die Linden herunter und zeigte ihm Schloß und Park in Potsdam. »Diesen Tag«, schreibt er in seinen Memoiren, »mußte ich bis zum Äußersten ausnutzen, um Stimson sein tiefverwurzeltes Mißtrauen gegen die preußische Militärtradition zu nehmen.«

Als Krönung des Besuchs war ein Diner in der Reichskanzlei vorgesehen. Stimson sollte »die führenden Männer der neuen Reichswehr, Schleicher, Hammerstein und Raeder, kennenlernen«. Brüning hatte eigens seinen Referenten Planck gebeten, »Schleicher über die Aufgabe des Abends zu informieren«. Das

Ergebnis, erinnert sich der Kanzler,»war absolut entmutigend. Es war unmöglich, Schleicher auch nur für eine Minute in ein ernstes Gespräch mit Stimson hineinzubringen. Er machte nur Witze und zynische Bemerkungen, bis ich schließlich Treviranus zu ihm schickte und ihn bat, doch wenigstens seine Bemerkungen zu unterlassen, da man nicht sicher sei, ob nicht einer der amerikanischen Gäste genügend Deutsch verstehe.«[8]

Wenn diese Schilderung auch nur annähernd den Tatsachen entspricht, kann man nicht nur die Verärgerung Brünings verstehen, sondern muß sich fragen, wie Schleicher derart verantwortungslos handeln konnte, von Plancks Einfluß ganz zu schweigen. Immerhin handelte es sich um den ersten Besuch eines hochrangigen amerikanischen Politikers in Berlin seit dem Ersten Weltkrieg. Und nicht zu vergessen, US-Präsident Hoover hatte Ende Juni ein einjähriges Moratorium für alle Kriegsschulden der europäischen Staaten angeordnet.

Kaum war die amerikanische Delegation abgereist, trafen am 28. Juli 1931 der britische Premierminister James Ramsay Macdonald und sein Außenminister Arthur Henderson in Berlin ein. Diesmal waren die sonst eher reservierten Hauptstadtbewohner zur Stelle und empfingen den Führer der englischen Arbeiterpartei bereits im Bahnhof Friedrichstraße mit Ovationen. Wieder hatte Brüning ein abwechslungsreiches Programm vorbereitet. Diesmal setzte er beim Empfang mehr auf zivile Gäste. Auf einer Fotografie kann man sehen, wie Macdonald zwischen Max Planck und Einstein sitzt und sich angeregt unterhält.[9]

Es war schwer für Brüning und seinen Außenminister Julius Curtius, das von Stresemann aufgebaute Vertrauensverhältnis zu London zu bewahren. Im Zeichen der Weltwirtschaftskrise ging es immerhin um eine Aussetzung der Reparationszahlungen. Brüning hatte die Gespräche durch das erste offizielle deutsch-britische Regierungstreffen auf dem Landsitz des Premiers in Chequers Anfang Juni vorbereitet. In Verhandlungen mit den Engländern und Amerikanern war es ihm wenigstens gelungen, das Eis zu brechen, wenn auch eine Zusage in der Reparationsfrage noch nicht erreicht werden konnte.

London – Wien – Rom

Planck hatte Brüning im Juni 1931 nach England begleitet. Neben Außenminister Curtius gehörten zudem Legationsrat Leopold v. Plessen und Paul Schmidt, der Chefdolmetscher des Auswärtigen Amtes, zu der Delegation. Ein Brief Plancks an seine Frau bietet lediglich einen Eindruck von der komfortablen Schiffsreise an Bord der »Hamburg«; er berichtet von »himmlische[n] Kabinen, alles ganz fürstlich, wenig Sorgen«. Die Landung in Southampton fand an Fronleichnam statt, und so las der Seemannspfarrer an Bord eine Messe. Begleitet von Planck, nahm Brüning daran teil. Irgendein Journalist bekam das mit, und prompt wurde der Reichskanzler in englischen Gazetten als »frömmelnder Katholik« dargestellt, wie Brüning berichtet. Kein günstiger Auftakt für die schwierigen Verhandlungen. Immerhin gelang es Brüning, die problematische Lage Deutschlands darzustellen. »Ich konnte zufrieden sein. Die feindliche und kühle Stimmung war in drei Tagen ins Gegenteil umgeschlagen. Die City war für die Revision bzw. Streichung der Reparationen gewonnen, die Politik noch nicht. ... Es war der Durchbruch einer prodeutschen Stimmung, wie ihn der größte Phantast nicht hätte erwarten können.«[10]

Schon Anfang März 1931 hatte Planck den Kanzler nach Wien begleitet, wo über eine deutsch-österreichische Zollunion verhandelt wurde. Sie scheiterte zwar am Widerstand der Alliierten, aber das Thema war doch ein kleiner Trumpf im Verhandlungsskat um ein Ende der Reparationszahlungen. Während Brüning in seinen Memoiren die politische Seite der Auslandsbesuche beschreibt, liefern Plancks Briefe an Nelly einen Eindruck vom Ambiente solcher Reisen: »Eben kommen wir vom Präsidentenfrühstück, anschließend Besichtigung des Bundesarchivs mit Urkunden ab 850 nach Christus. Besprechungen bisher gut, aber langweilig. Die Stadt bei strahlendem Wetter, bezaubernd, die Leute reizend, die Minister und Ministersgattinnen allerdings recht spießig.« Am Tag darauf, 4. März: »Hier geht das Vergnügen ohne Pause weiter. Im Imperial sind wir ausgezeichnet untergebracht. Jeder fand auf seiner Stube eine Flasche Tokayer und eine Schokoladentorte. ... Sachlich ist es recht interessant, nicht ganz ohne – die Österreicher sind sehr gewiegte Diplomaten, von denen man lernen kann. Unter uns Deutschen funktioniert alles sehr gut, von Berlin hören wir Gott sei Dank nichts. Heute abend Oper – darauf freu ich mich.«

Während Schleicher in Wildbad im Schwarzwald weilte – es war seine Hochzeitsreise –, fuhr Brüning mit Curtius und Planck nach Rom. Am 11. August 1931, bereits seit ein paar Tagen wieder zu Hause, schrieb Planck an Schleicher über seine Reiseeindrücke: »37 Grad im Schatten und Schirokko, das war kein Spaß; aber unsere ›Chequers-Besetzung‹ war wieder einmal allen Ansprüchen gewachsen. Mussolini war einfach weg von uns. Er hat mir übrigens besonders gut gefallen. Ein nüchterner, klarer, energischer Mann, der sich uns gegenüber sehr einfach, am Schluß wirklich ohne Pose ganz herzlich gab. Um so mehr hat mir das Geschmeiß seiner Minister und Unterführer mißfallen. Zum großen Teil naßforsche Jünglinge, mit denen man ganz gehörig Fraktur reden mußte, damit sie nicht frech wurden. ... Mussolini selbst machte übrigens hinsichtlich der Zukunft seines Landes und Europas einen tiefbesorgten Eindruck. Er kennt offenbar seine Verantwortung und die vor Italien liegenden Schwierigkeiten sehr genau. Was einmal werden soll, wenn dieser wirklich sehr große Mann ausfällt, ist mir völlig unerfindlich. ... Das politische Ergebnis dieser Reise war recht befriedigend. Wir werden auf Italien in der englisch-amerikanischen Front rechnen können und zwar in vernünftiger Dosierung.«[11]

Diese Einschätzung entsprach im großen und ganzen der Brünings, nur daß der Kanzler dem Charme Mussolinis noch stärker erlegen war. Es begann damit, daß der Duce der deutschen Delegation seinen Salonzug bis zum Brenner entgegenfahren ließ. Es folgte der Empfang im Palazzo Venezia, wo Mussolini Brüning bereits im Vorzimmer begrüßte, während der britische Außenminister Henderson bei seinem Besuch erst »die ganze Länge des Saales« durchschreiten mußte, um von Mussolini »stehend hinter dem Schreibtisch« empfangen zu werden. Dieser Vergleich ist nicht untypisch für Brüning, denn er zeigt, wie sehr der Kanzler um eine erneute Anerkennung Deutschlands in der Welt rang und wie sehr ihn die nationale Zurücksetzung nach 1918 auch persönlich verletzt hatte.

Um so mehr genoß er nun die Umwerbungen des Duce. »Es entwickelte sich ein Gespräch über die Weltlage, wie ich es interessanter nicht gehabt habe. [Mussolini] zeigte mir während der Wanderung durch die Gärten der Villa d'Este in feinfühligster Art und Weise jede Form der Sympathie für meinen innen- und außenpolitischen Weg. Ich hatte tiefes Verständnis für seine pessimistischen Betrachtungen der Weltlage und für die melancholische Einsamkeit, in der jeder lebt, auf den alle letzten Entscheidungen zurückfallen.« Bevor der »unumgängliche Staatsbesuch beim Vatikan« begann, fuhr Brüning mit Botschafter Carl v. Schubert, Planck und Botschaftsrat Hans Smend »in die Albanerberge hinaus über die Via Appia antiqua und genoß, trotz der glühenden Hitze, das wunderbare Bild«.

Die anschließenden Verhandlungen mit dem Heiligen Stuhl über ein Konkordat verliefen weniger gut. Als Brüning später Planck, Monsignore Johannes Steinmann, Konsultor an der deutschen Botschaft beim Vatikan, und Botschafter Diego v. Bergen miteinander sprechen sah, erfaßte ihn »das Gefühl einer Gefahr«. In seinen Memoiren beschreibt er die vermeintliche Verschwörung so: »Nach dem Essen erklärte ich dem Kardinalstaatssekretär [Eugenio Pacelli] in Gegenwart von Monsignore Steinmann in etwas scharfer Form, daß ich mir unsere Unterhaltung noch mal habe durch den Kopf gehen lassen; nachdem mir ein solches Mißtrauen entgegengebracht worden sei, sei ich zu dem Entschluß gekommen, die Frage des Armeebischofs und des Konkordats überhaupt ruhen zu lassen und ihre Lösung meinem Nachfolger zu überlassen. Ich fügte ironisch hinzu, ich hoffte, daß der Vatikan mit Hitler und Hugenberg einen größeren Erfolg haben werde als mit dem Katholiken Brüning. … Wenige Wochen später hörte ich ein vages Gerücht, Planck habe mit dem Code des Reichswehrministeriums einen Bericht über einen Zusammenstoß zwischen Pacelli und mir an Schleicher gesandt. Zwar war mir der Verdacht aufgestiegen, daß Planck den Inhalt meiner Unterredung aus Steinmann herausbekommen wollte. Das wäre an sich nichts Außergewöhnliches gewesen, da er die Aufgabe hatte, den Inhalt solcher Unterredungen zu Papier zu bringen für die Akten des Auswärtigen Amtes. … Ein tiefer Argwohn erfüllte mich aber, als in der zweiten Oktoberhälfte Kölner Parteifreunde mich aufsuchten und mir den Inhalt einer Unterredung mitteilten, die sie rein zufällig mit einem Herrn gehabt hatten, der am gleichen Tisch in einem Restaurant saß und sich als Leiter der Wirtschaftsstelle der NSDAP in Berlin vorstellte. Er erzählte in allen Einzelheiten meine Auseinandersetzung mit Pacelli und fügte hinzu, daß die Nazis große Hochachtung vor meinem Mut hätten, Eingriffen des Vatikans in die deutsche Politik mich zu widersetzen. ... Ich versuchte vergeblich, die Zusammenhänge zu ergründen. Damals wußte ich noch nicht, daß die Schwiegermutter von Botschafter von Bergen sich begeistert für die Nazis einsetzte. Es blieb mir nur das Gefühl, daß um mich herum eine große Intrige gesponnen wurde.«[12]

Dies ist ein treffendes Beispiel für die Art, wie Schleicher und damit auch Planck ständig in den Geruch der Intrige gerieten. Hätte Planck Schleicher unbedingt etwas über das mißglückte Gespräch im Vatikan mitteilen wollen, dann hätte er sicher schon in dem privaten Brief nach Wildbad eine Bemerkung dazu gemacht.

Schleicher und Planck – Brünings Stützen

Es ging Schleicher und Planck nicht darum, Brüning ein Bein zu stellen; im Gegenteil, sie wollten ihn unterstützen. Aber sie waren sehr wohl bestrebt, ihn in ihrem Sinne zu beeinflussen. Was hieß in ihrem Sinne? Immer wieder ist die Rede von »unserer Linie«. Am 9. August 1931 hatte Schleicher aus Wildbad angefragt: »Ich wüßte gerne, ob unsere Linie eingehalten wird und warum unser Freund [Brüning] im Rundfunk gegen Volksentscheid [über den Young-Plan] gesprochen hat. Ich fürchte, er erschwert nur die unübersichtliche Entwicklung.«

Drei Tage später beruhigte ihn Planck: »Sie brauchen nicht zu besorgen, daß die Linie verlassen wird. Daß der Kanzler im Rundfunk in dieser Form zum Volksentscheid Stellung nahm, war das Ergebnis starker Wünsche aus seiner Partei und von hier aus dem Hause. Es ist mir gelungen, jede aggressivere Färbung aus dieser Erklärung herauszubringen. Erst lautete sie natürlich ganz anders. Der Kanzler sagte mir aber, er könne als Zentrumsmann seine eigene Partei nicht ohne Parole lassen, das würde ihm als Feigheit vorgeworfen werden. Insofern trifft es sich günstig, als Brüning nunmehr mit sehr viel größerer Schärfe gegen den preußischen Regierungsaufruf [der sich gegen den Young-Plan richtete] und die Zentrumsminister in Preußen vorgehen kann, was er morgen im Parteivorstand mit aller Energie tun will. Seine Verstimmung gegen [Ministerpräsident] Braun in dieser Sache ist *sehr* groß. Sie können ganz beruhigt sein, die Entwicklung geht genau, wie wir es uns zusammen überlegt haben, weiter, und es bestehen gerade jetzt keinerlei ungünstige Einflüsse auf Brüning.«

Was also hatten sie sich »zusammen überlegt«? Es ging hauptsächlich um drei Punkte: erstens die Verankerung der Reichswehr im ganzen Volk. Das bedeutete eine Umwandlung des 100 000-Mann-Heeres in eine Miliz, wodurch das Militär aus der politischen Auseinandersetzung herausgehalten werden sollte. Konsequenterweise sollte jede Art von Wehrverband verboten werden, also sowohl der Rotfrontkämpferbund und die SA als auch das pro-republikanische Reichsbanner. Schleicher brauchte die dort angeheuerten, meist jungen Leute als Rekruten für die Reichswehr, vor allem, wenn sie wie in Ostpreußen beim Grenzschutz eingesetzt werden sollten. Es gab die große Sorge, daß Polens Machthaber Józef Piłsudski sich mit Frankreich verbünden und Deutschland angreifen könnte.

Zweitens mußte unbedingt eine demokratische Mehrheit im Reichstag erhalten bleiben. Die extremistischen Parteien sollten, wenn nicht ganz ausgeschaltet, so doch gezähmt werden, im ungünstigsten Fall durch Einbindung in die politische Verantwortung. Brüning schrieb nach dem Krieg in einem Brief an den Publizisten Rudolf Pechel: »Der Alpdruck, der auf General v. Schleicher ständig lastete, ... war in der Furcht begründet, daß Nazi- und Kommunistenaufstände gleichzeitig ausbrechen und so ausländischen Mächten eine Gelegenheit geben könnten, ihre Grenzen auf Kosten Deutschlands noch weiter auszudehnen. Diese Furcht nahm immer größere Dimensionen in General v. Schleichers sensitiver Gemütsart an, die zum Glück immer wieder durch das ausgeglichene Temperament und den Mut von General v. Hammerstein im Gleichgewicht gehalten wurden«[13] – und, wie man hinzufügen darf, durch den beruhigenden Einfluß Plancks.

Drittens sollte Deutschland wieder vollwertig in die Völkergemeinschaft eingegliedert werden, das hieß Abbau der Reparationslasten und Verringerung der alliierten Aufrüstung. In allen drei Punkten, vor allem in den letzten beiden, waren sich Kanzler Brüning und Staatssekretär Schleicher einig. Das spiegelt sich in den Briefen wider, die zwischen Planck in Berlin und Schleicher in Wildbad ausgetauscht wurden.

Das gute Verhältnis zwischen Brüning und Schleicher wurde von Planck unterstützt und gefördert. Schleicher hatte Planck am 9. März 1931 gebeten, Brüning ein Dankesschreiben für dessen Hochzeitswünsche zu übergeben, und hinzugefügt:»Sie sollen ihn in meinem Namen der Form wegen um Entschuldigung bitten. Ich kann hier nämlich beim besten Willen kein ›Privatdienstformat‹ auftreiben und glaube bei Brüning volles Verständnis zu finden dafür, daß nicht die Form, sondern Herz und Gefühl entscheidend sind. Also, ich bitte um Fürsprache.« Planck konnte ihn im nächsten Brief, drei Tage später, beruhigen:»Ich habe dem Reichskanzler Ihr Briefpapier in der gebührenden Form versüßt und kann Ihnen nur sagen, daß er sich wirklich ganz besonders über Ihren Brief gefreut hat. ... Für so was ist dieser zurückhaltende Mann eben doch sehr empfänglich.«

Am 18. August – Schleicher war noch im Schwarzwald – schrieb ihm Planck:»Ich soll Ihnen vom Kanzler noch folgendes bestellen – er wollte es Ihnen eigentlich selbst schreiben und Ihnen dabei für Ihren schönen Brief danken, kam aber nicht dazu. Der Kanzler hat die Sorge, daß Hugenberg, der in Kreuth sitzt, den alten Herrn [Hindenburg] besucht und auf ihn stärkeren Einfluß nimmt. Er befürchtet das um so mehr, als ja das Gespräch Brüning-Hugenberg nicht zustande gekommen ist. Er möchte nun gern, daß Sie über den Sohn [Oskar v. Hindenburg] auf den alten Herrn einwirken, er solle sich nicht durch Hugenberg einseitig orientieren lassen.« Hindenburg hatte Brüning gedrängt, mit Hugenberg und Hitler zu sprechen, denn »eine Einbeziehung der Nazipartei in die Regierung [würde] Deutschlands Stellung bei internationalen Verhandlungen bessern«. Die Gespräche waren, wie erwartet, gescheitert.[14]

Planck fährt fort: »Deshalb würde ich es ja für das Praktischste halten, wenn Sie am 24. abends oder am 25. nach Stuttgart fahren, wo der Kanzler zu einer Fraktionssitzung des Zentrums ist – er wohnt beim Staatspräsidenten [Eugen] Bolz –, und sich mit dem Kanzler bei dieser Gelegenheit aussprechen. Ich werde ihm das heute vorschlagen und hinzufügen, daß Sie ja dann vielleicht noch einmal einen Abstecher nach Dietramszell [dem Landsitz Hindenburgs] machen könnten, um dort für Ordnung zu sorgen. Eine solche Aussprache von Ihnen mit dem Kanzler würde ich aus zahlreichen Gründen für sehr günstig halten. Darüber schreibe ich Ihnen noch.«[15]

Brüning war einverstanden und machte sich von Stuttgart aus sogar selbst auf den Weg, um Schleicher in Wildbad zu treffen. Plancks Echo auf diesen Besuch erreichte Schleicher tags darauf: »Ich bin stolz wie ein Pfau, daß ich das schöne Arrangement mit Brüning zustande gebracht habe, und erwarte Ihr höchstes Lob. Brüning kam begeistert zurück, übrigens ganz besonders, ich muß schon sagen, in fast bedenklicher Weise, von Ihrer Frau Gemahlin, von der er immer wieder zu schwärmen anfing. ... Wie gut der Besuch sachlich gewirkt hat, konnte man ja aus seiner Fraktur-Rede in Stuttgart ersehen. Der Pündersche Preußen-Coup ist endgültig tot. Es würde mich trotzdem sehr interessieren, von Ihnen noch ein Wort über Ihr Urteil von diesem Zusammentreffen zu hören.«[16]

Die Antwort Schleichers kam postwendend und erreichte Planck noch vor seinem Urlaub am Bodensee. Die Begegnung mit Brüning, an der auch Hammerstein als Chef der Heeresleitung teilgenommen hatte, war demnach »ganz besonders nett und reizend, und mehr als einmal fiel von teils dankbaren, teils zärtlichen Lippen der Name Erwin. Über das fragliche Ergebnis wird Ihnen Vater Bussche*, soweit es die Preußen- und Hugenbergschen angeht, sofort nach seiner Rückkehr aus Dietramszell mündlich Bericht erstatten. Was die übrigen Sorgen

---

* General Erich Frhr. v. dem Bussche-Ippenburg war Chef des Heerespersonalamtes.

anbetrifft, so ist wohl über alles gesprochen worden, was es innen- oder außenpolitisch überhaupt gibt. Der Kanzler war von einem persönlichen Charme und vertrauensvoller Offenheit, wie ich sie selten bei ihm erlebt habe. Das Zusammensein war ein sachlicher und ethischer Genuß. Er ist schon ein großer Fänger, denn alle, die hier mit ihm zusammengekommen sind, waren gleichermaßen entzückt. Sein wunder Punkt bleibt nach wie vor die Personalpolitik. Er fühle das auch selbst und entschuldigte es mit der Unmöglichkeit, die abschußreifen Beamten anderweitig unterzubringen. In diesem Zusammenhang schnitt er auch von sich aus den Fall P.-P. an und beklagte sich bitter über Ihr Fehlen in Paris und London. Er hat Sie zweifellos richtig und ehrlich gern, das Weitere muß man der Entwicklung überlassen! ... Also, mein alter Erwin – durchhalten!«

Mit Plancks »Fehlen in Paris und London« bezog sich Schleicher auf die wichtige Reise zur Londoner Siebenmächtekonferenz Mitte Juli 1931, die über Paris führte, wo Brüning zum ersten Mal dem französischen Ministerpräsidenten Pierre Laval begegnete. Schleicher hätte Planck am liebsten auch in der Delegation für die Genfer Abrüstungskonferenz im September gesehen, aber da war dieser im Urlaub, nachdem er den August über Pünder vertreten hatte. »Der Kanzler«, so meinte Schleicher, »lehnt zur Zeit [den Diplomaten Ernst Frhr. v.] Weizsäkker durchaus ab, weil ihm internationales Ansehen und die große weltmännische Allüre fehlt – er hält ihn für einen glänzenden Stabschef, aber keinen Führer.« Daß Weizsäcker dennoch »als erster Delegierter mit nach Genf geht«, deute darauf hin, »daß das AA auf seiner Kandidatur besteht«.

Was aber hatte es mit dem »Fall P.-P.« auf sich? Dazu noch einmal aus Plancks Brief an Schleicher vom 18. August 1931: »Innenpolitisch liegt folgendes vor. Von einer Gruppe, die ich mal mit den Namen Pünder-Zarden-Schäffer-Brecht* kenn-

---

* Arthur Zarden: Ministerialdirektor im Reichsfinanzministerium; Hans Schäffer: Staatssekretär im Reichsfinanzministerium; Arnold Brecht: Ministerialdirektor im preußischen Finanzministerium und Vertreter Preußens im Reichsrat

zeichnen will, wird zur Zeit wieder sehr die Übernahme der preußischen Verwaltungen (Polizei, Finanz, Justiz) auf das Reich durch Notverordnung im Einvernehmen mit dem jetzigen preußischen Kabinett betrieben. Die Hauptrolle spielt dabei, daß Severing[*] das Reichsinnenministerium übernehmen soll. Von [dem preußischen Ministerpräsidenten] Braun als Vizekanzler ist nicht mehr die Rede. Das Formale für einen solchen Schritt ist ausgearbeitet und wirkt rein formal sehr bestechend. Der Witz ist nun der, daß auch der Reichskanzler an sich von der Idee, die Reichsreform so auf kaltem Wege zu erledigen, sehr bestochen ist. Der Preis ist natürlich eine gewisse Linksanlehnung ... Diese wünscht der Kanzler *nicht*, sondern er möchte, wie bisher, unabhängig bleiben und das Spiel zwischen rechts und links spielen. ... Ich habe mit dem Kanzler eingehend über diese Dinge gesprochen und ihn beschworen, die Folgen eines Linksanschlusses für seine Person und für die deutsche politische Entwicklung zu bedenken. Er sieht das auch vollkommen ein und sucht z. B. einen Ausweg darin, daß er gleichzeitig etwa mit Severing einen ausgesprochenen Mann der Rechten zum Wirtschaftsminister machen würde. Akut sind diese Dinge noch *nicht*. Nach meiner Erfahrung nehme ich an, daß sie es erst wieder werden, wenn am 1. September Pünder zurückkommt. Sie müssen dann unbedingt wieder hier sein. Ich sehe auch große Schwierigkeiten für das Projekt noch darin, daß das Verhältnis zwischen Braun und Brüning zur Zeit denkbar schlecht ist.«

P.-P. gleich Pünder-Projekt oder Preußen-Plan bedeutete die Vorbereitung dessen, was Reichskanzler Franz v. Papen am 20. Juli 1932 als Staatsstreich gegen die preußische Regierung durchführen sollte. Ursprünglich gehörte das Projekt allerdings in den Kontext einer geplanten Reichsreform, die vor allem die erheblichen Größenunterschiede zwischen den einzelnen Ländern sowie die doppelte Verwaltung von Preußen und Reich beseitigen sollte und die von vielen, auch den Sozialdemokraten, unterstützt wurde.

Schleicher und Brüning zogen also am selben Strang. Gene-

---

[*] Carl Severing: preußischer Innenminister

ral Erich Frhr. v. dem Bussche-Ippenburg war nach dem Treffen Brünings mit Schleicher und Hammerstein in Wildbad wie verabredet zu Hindenburg nach Dietramszell gefahren. Bussche sollte den alten Herrn »beruhigen« und »betonen, beide Herren ständen nach wie vor zu Brüning und billigten dessen ablehnende Haltung gegen die anschwellende NSDAP durchaus«. Dies gelang ihm nach eigener Aussage auch, denn der Reichspräsident nahm seine Ausführungen »befriedigt entgegen«.[17] Dennoch wuchs der Druck auf Hindenburg: Immer lauter wurde eine Rechtsregierung gefordert.

Auch Schleicher hatte nun Mühe, sich dem zu widersetzen. Nach Berlin zurückgekehrt, schrieb er den bereits erwähnten Brief vom 20. September 1931 an Planck:

> »Glauben Sie mir, mein alter teurer Kampfgenosse, ich bin nicht leicht bange zu machen, aber ich fange an, mich zu quälen und mir Vorwürfe zu machen. ... Zunächst ging es gut. [Außenminister] Curtius soll durch [Konstantin Frhr. v.] Neurath ersetzt werden, ein rechtsstehender Mann (Reinhard) Wirtschaftsminister, Verbindung zur Rechten einschließlich Nazi gesucht und ein Winterprogramm aufgestellt werden, das die Wirtschaft rettet und auch die Rechte befriedigt! Dann begann die Ihnen bekannte Gegenarbeit mit der Devise, nur die Sozis nicht ärgern! ... Eingreifen des R. P. [Reichspräsidenten] verlangt endlich Umstellung des Kabinetts, damit Zusammenarbeit mit rechts möglich und tiefste Depression unmöglich.
> Morgen abend interne Besprechung mit dem Sohn H. [Oskar v. Hindenburg] und mir, wo wir ihm die Pistole auf die Brust setzen wollen. ... Die Staatsautorität muß nicht nur aufrechterhalten, sondern mit allen Mitteln gestärkt werden. Will man das aus sentimentalen Gründen nicht oder weil man den Machtmitteln des Staates im Kampf mit der gesamten Linken nicht traut, so muß es ein Mann mit stärkeren Nerven und besserer Befehlstechnik machen. Im übrigen bin ich überzeugt, daß Sozi und Gewerkschaftler alles mitmachen, wenn sie einen starken Willen sehen. Der Abmarsch ins kommunistische Lager

ist für die Führer eine Unmöglichkeit. Sie sehen dieselbe Linie wie nach den vorjährigen Wahlen, eine Linie, die sich doch glänzend nach rechts und links bewährt hat und erst in den letzten Monaten durch Verhandeln mit links ihre Zauberkraft zu verlieren beginnt. Dies mein Glaubensbekenntnis, ich bitte um Ihre Ansicht! Außenpolitisch liegt unser Mann [Brüning] 1a, für das Unglück in Genf ist Cu [Curtius] allein schuld.«

Curtius, der eigentliche Urheber der deutsch-österreichischen Zollunion, war mit dem Projekt im Europa-Ausschuß des Völkerbundes gescheitert, ganz abgesehen von einem entsprechenden Urteil des Internationalen Gerichtshofes in Den Haag. Das war der Auslöser für den Rücktritt des Kabinetts Brüning am 7. Oktober 1931. Die tieferen Ursachen lagen in der Forderung der Wirtschaft und vor allem des Reichspräsidenten nach einem stärker rechtsgerichteten Kabinett.

Noch einmal, aber wohl schon eher zögernd, setzte Schleicher sich für Brüning ein. Planck vermittelte erfolgreich.[18] Der Kanzler übernahm nun das Außenministerium selbst, und Reichswehrminister Groener wurde zusätzlich Innenminister. Hermann Warmbold, parteiloses Vorstandsmitglied der IG Farben, wurde Wirtschaftsminister. Doch dies war nur eine Lösung auf Zeit, denn die Gefahr von rechts wuchs immer mehr. Schon eine Woche nach der Kabinettsumbildung wurde die Harzburger Front geschaffen, eine Vereinigung von Deutschnationalen, Stahlhelm und NSDAP. Hitlers Kandidatur bei den Reichspräsidentenwahlen im März und April 1932 blieb zwar erfolglos, aber auch Hindenburg, der erst im zweiten Wahlgang mit knapp sechs Prozent Vorsprung im Amt bestätigt wurde, war nicht gerade ein Garant für die Demokratie.

Schließlich brachte das SA-Verbot Schleicher endgültig in Opposition zu Groener und Brüning. Er war dagegen – es schaffe nur Märtyrer, weil alle anderen Wehrverbände, auch der kommunistische Rotfrontkämpferbund, weiterhin erlaubt waren. Schleicher verfolgte den bereits erwähnten Plan, alle Wehrverbände in die Reichswehr einzugliedern, um sie so aus dem politischen Tageskampf herauszuhalten. Zweimal hatte er

Groener von dem SA-Verbot abbringen können, doch dann obsiegte der Einfluß der führenden Beamten im Innenministerium auf Groener.

Schleicher suchte nach einer Lösung, »die dem riesigen Anwachsen der NSDAP Rechnung trug. Mit Brüning als Kanzler schien das nicht mehr möglich. Das war aber keine Treulosigkeit, sondern eine Anschauung, zu der er sich durchgerungen hatte. ... Seine Linie verließ Schleicher dabei nicht; denn seine Linie war, dem Reichspräsidenten zu einer regierungsfähigen Regierung zu verhelfen, die versuchen mußte, Hitlers Machtanspruch abzufangen. Diese Linie hat er nie verlassen. Schleicher war kein Parteimann, es ging ihm auch nicht in erster Linie um die Reichswehr, sondern um den Staat.«[19]

Diese nach dem Krieg erfolgte Aussage des Generals Ferdinand Noeldechen wird bestätigt durch den eben zitierten Brief Schleichers an Planck wie auch durch einen Brief an Brüning vom 18. Juni 1932, in dem Schleicher schrieb: »Daß ich Ihnen seit dem Verbot der SA und der dadurch endgültig klargelegten Ablehnung einer Zusammenarbeit mit den Rechtskreisen, hinter denen über 40 Prozent des deutschen Volkes stehen, nicht mehr folgen konnte, habe ich Ihnen sowohl wie auch dem Minister Groener mehr als einmal mit größter Offenheit zum Ausdruck gebracht.«[20]

Die Entlassung

Vor dem Hintergrund dieser prekären politischen Lage verhandelte Brüning im April 1932 in Genf über Abrüstung und Reparationen. Er mußte »die anderen Mächte gleichzeitig für drei Forderungen gewinnen, die sich scheinbar alle gegenseitig widersprachen: Streichung der Reparationen, Abrüstung der anderen und Aufrüstung für uns«.[21] Planck gehörte zur Delegation und schickte fast täglich Briefe an Nelly, die all die Schwierigkeiten daheim und in Genf widerspiegeln. Der erste stammt vom 16., der letzte vom 26. April 1932. Immerhin war die Delegation zehn Tage fern von Berlin; für Brüning, der täglich mit seinem Staatssekretär Pünder telefonierte, eine lange und beunruhigende Zeit, mußte er doch annehmen, daß man zu Hause an seinem Stuhl sägte.

Planck schrieb: »Ich denke soviel an Dich und bange mich nach Dir, denn einfach ist es hier nicht, das kann ich Dir sagen. ... Den Genfer See habe ich diesmal auch schon gesehen, denn es war leidliches Wetter, und Brüning, [Außenamts-Staatssekretär Bernhard Wilhelm v.] Bülow und ich sind am See entlang von Lausanne im Auto gefahren und haben zwischendurch in einem netten Gasthof am Ufer Tee getrunken und Probleme gewälzt. Brüning fühlt mit allen Nerven, was in Deutschland los ist und quält sich damit, das ist sehr schwierig. Hier ist Mordsbetrieb, gestern abend und heute früh um 7 Uhr beim Aufstehen war ich ganz verzagt, aber es wird schon gehen. ... Entschieden ist noch nichts.«

Tags darauf sah alles schon wieder etwas heller aus: Es »geht, wie immer, alles glatt. Es ist reizend mit dem Kanzler, Bülow ist besonders gut zu haben. Das Verhältnis zu dritt ist sehr harmonisch. *Aber* Berlin. Aufgeregte Pünder-Telefonate. Finsterster Argwohn hier. Das ist ziemlich scheußlich.« Am 19. April hieß es: »Gestern war es hier sehr anstrengend. Es hat aber alles gut geklappt. Ich verfasse endlose Berichte und Telegramme, mit denen Brüning und Bülow sehr zufrieden waren, so daß es mir recht Spaß machte. Heimatnervosität hat etwas nachgelassen. Dafür wird es zur Zeit hier etwas schwieriger. Es nähert sich so eine Art Konferenzkrise. Das schadet aber nichts.« Denn in der Tat, so unbefriedigend dieser Tag war, »weil nichts so recht vorwärtskam [und] kein Gespräch weiterführte«, so gut »flutscht es« am nächsten Tag wieder. »Persönlich habe ich alles furchtbar angenehm. Besonders gute Zimmer, immerzu nette Einladungen, alle verwöhnen mich schrecklich, voran Brüning und Bülow. Nur die Schlafenszeit ist zu kurz und das Wetter ist schlecht«, und die Sehnsucht nach Nelly nahm zu.

Am 21. April bekam seine Frau keinen Brief, dafür Pünder: »Hochverehrter Herr Staatssekretär, darf ich den bald abgehenden Kurier zu einem kurzen Stimmungsbericht benutzen. Die bisherigen Besprechungen sind hinsichtlich der Amerikaner völlig unergiebig gewesen. [Außenminister] Stimson hat sich über keine wichtige Frage mit einem Wort bisher geäußert.

Die Italiener machen in schönstem Pessimismus. [Außenminister] Grandi oft menschlich sehr nett, sachlich verzweifelt er an Europa, Stimmung etwa die der Zeitschrift Die Tat. Die Engländer sind auf allen Gebieten sehr fest in unserer Richtung, fühlen sich sehr stark durch ihre finanziellen Erfolge. [Der französische Ministerpräsident] Tardieu kommt wohl nur, um uns hier nicht freies Spiel zu lassen. ... Dem Reichskanzler geht es eigentlich recht gut. Er klagt über zu wenig Arbeit. Seine Sorgen um die innenpolitische Situation in Berlin haben ihn erst schlaflos gemacht, jetzt sind sie zwar auch noch da, aber in den Hintergrund gerückt.«[22]

Am nächsten Morgen fuhren Brüning, Bülow und Planck erst mit der Bahn, dann mit dem Auto nach St. Gallen, wo sie im Hotel Hecht abstiegen. »Unsere Fahrt zu dritt war bisher sehr nett, alles klappte. Morgen wird es schwieriger, schon weil Groener in Lindau dazu stößt.« In Sigmaringen gaben alle vier wie vorgesehen ihre Stimme für die preußische Landtagswahl am 24. April ab, dann fuhren sie zusammen im Auto nach Basel. Groener stieg in den Nachtzug nach Berlin, und die drei anderen kehrten nach Genf zurück, wo sie um Mitternacht ankamen.

Aus Genf bat Planck seine Frau, ihn nicht abzuholen, da die Rückkehr nach Berlin »wieder geheimnisvoll« sein würde. Es herrschte eine »düstere Stimmung nach den Preußen-Wahlen. Brüning ist nett zu mir, aber sehr schwierig, hat Angst vor Schleicher. Ich glaube, es gibt sehr dicke Luft bald. Die Reise war sehr nett, Groener aber sehr gedrückt.« Die Landtagswahl hatte der NSDAP einen hohen Wahlsieg beschert. Brüning war tatsächlich freundlich zu Planck und verließ sich auf ihn, obwohl er fast allen Menschen gegenüber argwöhnisch war. Planck vertraute er seine Pläne an, und ihn schaltete er gern als Vermittler zu Schleicher ein. In Genf machten sie gemeinsame Morgenspaziergänge. In einem der Gespräche forderte Brüning Planck auf, in der Reichskanzlei »für eine Veränderung Sorge« zu tragen und in eine höhere Stellung aufzurücken, zum Beispiel den Ministerialdirektor v. Hagenow zu ersetzen.

Einen Tag vor der Abreise herrschte plötzlich »Hochbetrieb, jetzt geht der diplomatische Kampf erst richtig los. Für mich ist es sehr nett, daß Brüning und Bülow mich zu allen Überlegun-

1 Max Planck mit seiner Braut Marie Merck, die er am 31. März 1878 heiratete.

2 Max Plancks Sohn Karl und die Zwillingstöchter Emma und Grete, etwa 1900.

3 Die Familie Planck, in der Mitte der jüngste Sohn Erwin, um 1900.

4 Plancks Haus im Berliner Stadtteil Grunewald, Wangenheimstr. 21, am Tag des Einzugs, 1. November 1906.

5 Erwin Planck als Vierjähriger am Tegernsee.

6 Erwin Planck (links) an der Kriegsakademie in Metz, 1912.

7 Erwin Planck mit Freund Lothar v. Brandenstein in Ober-Röhrsdorf unmittelbar nach der Entlassung aus der Kriegsgefangenschaft, 1917.

8 Max Planck mit seiner zweiten Ehefrau Marga und ihrem gemeinsamen Sohn Hermann, 1917.

9 Max und Erwin Planck auf einer Bergtour in den Alpen, dreißiger Jahre.

10 Die Physikerin Lise Meitner, die häufig im Hause Planck verkehrte, 1927.

11 Max Planck überreicht seinem Fachkollegen Albert Einstein die Max-Planck-Medaille, 1929.

12 Berliner Physiker mit amerikanischem Gast, v. l. n. r.: Walther H. Nernst, Albert Einstein, Max Planck, Robert A. Millikan, Max v. Laue, 1928.

13 Das schlesische Gut Ober-Röhrsdorf der v. Brandensteins, auf dem Erwin Planck häufig zu Besuch weilte.

14 Ruth v. Brandenstein mit ihren Töchtern Leonie (links) und Annelies, März 1924.

15 Erwin Planck (links) mit Ruth und Lothar v. Brandenstein in Ober-Röhrsdorf, 1921.

16 Erwin und Nelly Planck im Garten von Max Plancks Haus in der Berliner Wangenheimstraße, dreißiger Jahre.

17 Nelly Planck, Anfang der vierziger Jahre.

18 Empfang zu Ehren des britischen Premierministers Macdonald in der Reichskanzlei, v.l.n.r.: Erwin Planck, Albert Einstein, Ministerialrat Othmar Fessler, Max Planck, Juli 1931.

19 Treffen des Reichskanzlers Heinrich Brüning (Mitte) mit Reichswehrminister Wilhelm Groener (rechts) an der deutsch-schweizerischen Grenze im März 1931, hinter den beiden Erwin Planck.

20 Erwin Planck im Gespräch mit Hermann Göring in Berlin, 1932.

21 Karikatur Erwin Plancks aus der »Illustrierten Republikanischen Zeitung«, Januar 1933.

22 Erwin Planck (links) als neu ernannter Staatssekretär in der Reichskanzlei, Juni 1932.

23 Reichskanzler Franz v. Papen (Mitte) bei der Rückkehr von einer Konferenz in Lausanne, Juni 1932. Links neben Papen Staatssekretär Planck.

24 General Kurt v. Schleicher mit seiner Frau vor einem Berliner Wahllokal, Juli 1932.

25 Reichskanzler Kurt v. Schleicher beim Verlassen seines Amtssitzes, Jahreswende 1932/33.

26 Erwin Planck während seiner Asienreise am Ufer des Jangtsekiang, 1933.

27 Auf dem Jangtsekiang.

28 Erwin Planck in China, 1933.

29 Rast auf einer Rikscha.

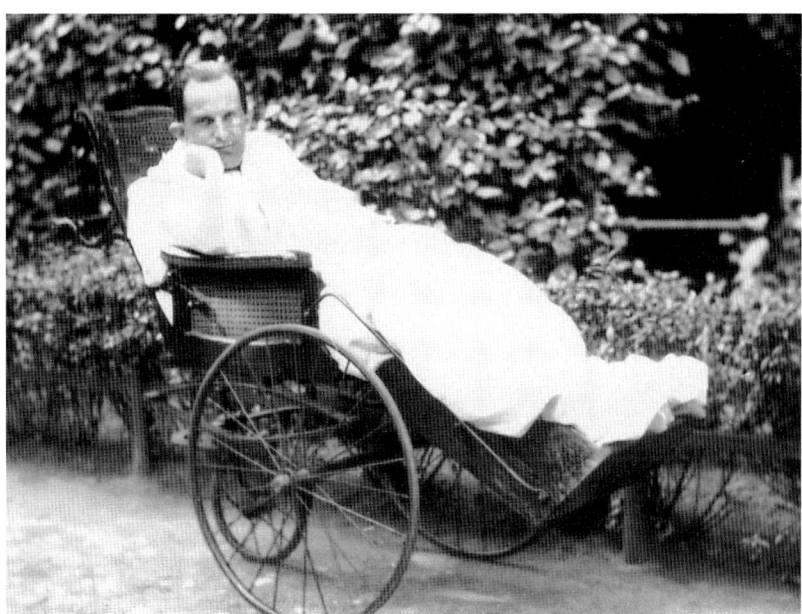

30 Der Großindustrielle Otto Wolff, in dessen Firma Erwin Planck ab 1936 tätig war.

31 Alexander v. Falkenhausen, Gerd v. Rundstedt und Erwin Planck (v.l.) während einer Besprechung auf Schloß Seneffe bei Brüssel, Juli 1942.

32 Erwin Planck vor dem Volksgerichtshof, Oktober 1944.

33 Ulrich v. Hassell vor dem Volksgerichtshof, September 1944.

34 Max Planck in seiner Bibliothek, die wenig später der Bombardierung Berlins zum Opfer fiel, 1942.

35 Max Planck mit seiner Frau Marga in Göttingen, 1946.

gen zuziehen, jede Nacht sitzen wir Stunden und Stunden zu dritt, etwas schwierig ist die Kommunikation mit Berlin, wo Pünder etwas unbefriedigt. Infolge dieser hiesigen Anspannung ist es möglich, daß wir erst 24 Stunden später ankommen, also erst Freitag. Das wäre wirklich furchtbar, ich habe es *so* schrecklich satt hier, so interessant es ist.« Draußen war es kalt, ein eisiger Nordwind drang durch alle Fenster.

Brünings Tage waren gezählt. Hindenburg, der Brüning zu Beginn seiner Kanzlerschaft dringend gebeten hatte, ihn nie zu verlassen, und der ihm seine Wiederwahl zum Reichspräsidenten entscheidend zu verdanken hatte, ließ nun seinerseits den Regierungschef fallen. Groener wunderte sich nicht darüber. »Er [Hindenburg] ist in seinem Wesen nicht treu«, bemerkte er Hans Schäffer gegenüber, als dieser schon nicht mehr Staatssekretär im Reichsfinanzministerium war.[23]

Auch Schleicher konnte und wollte Brüning schließlich nicht mehr stützen. Doch die vielen Verdächtigungen, daß der Staatssekretär ein intrigantes Spiel getrieben habe, lassen sich nicht halten. Dies bestätigten nach dem Krieg nicht nur Adolf v. Carlowitz, ein enger Mitarbeiter Schleichers,[24] und der bereits zitierte General Noeldechen, sondern auch General v. dem Bussche-Ippenburg: »Schleicher verehrte und schätzte den Reichskanzler Brüning und vertraute ihm. ... Brünings Stellung wurde durch sein Zögern in der Arbeitsbeschaffungsfrage erschüttert« – und, wie man ergänzen muß, durch sein Zögern bei der Öffnung nach rechts. So konnte der »unheilvolle Einfluß« von Elard v. Oldenburg-Januschau, dem konservativen Rittergutsbesitzer und Reichstagsabgeordneten, »wirksam werden«. Dieser redete Hindenburg ein, daß »der ost- und westpreußische Großgrundbesitz an dem beabsichtigten Siedlungsgesetz zugrunde gehen« würde.

Bussche schreibt, daß Schleicher nach einem Besuch bei Hindenburg zu ihm gekommen sei und gesagt habe: »Es ist ein Unglück! Brüning ist beim alten Herrn nicht mehr zu halten. Ich habe es versucht, aber ohne Erfolg.« Zu General Hans-Henning v. Holtzendorff bemerkte Schleicher: »Der alte Herr würde mich bedenkenlos ebenso fallenlassen wie Brüning, wenn er glaubt, mich nicht mehr zu brauchen.«[25] Wie hellsichtig! Was Planck anbelangt, so spielte er stets eine vermittelnde Rolle. Das geht sowohl aus den zitierten Briefen als auch aus zahlreichen Bemerkungen Brünings in seinen Memoiren hervor.

Am Sonntag, dem 29. Mai 1932, erschien Brüning beim Reichspräsidenten zum entscheidenden Gespräch. Das Kabinett sollte erneut umgebildet werden, weiter nach rechts rücken. Staatssekretär Pünder hatte noch wenige Minuten vor dem schweren Gang mit seinem Chef gesprochen; er sei »wenig angriffsfreudig und wenig zuversichtlich« gewesen, schrieb Pünder später. Brüning habe »es eben satt« gehabt und »auch von sich aus Schluß machen« wollen. Nach Brünings Vortrag über die innen- und außenpolitische Lage habe der Reichspräsident jede weitere Notverordnung und eine erneute Umbildung des Kabinetts verweigert und schließlich mit »Tränen in den Augen« gesagt: »Ich muß jetzt endlich nach rechts gehen, die Zeitungen und das Volk verlangen es. Aber Sie haben es ja immer abgelehnt.«[26]

Der Staatssekretär im preußischen Handelsministerium, Hans Staudinger, fragte Brüning später, »warum er an diesem historischen Morgen überhaupt zu Hindenburg gegangen sei, wissend, daß der alte Herr doch nur für einige wenige Nachmittagsstunden Argumenten gegenüber aufgeschlossen war. Er antwortete mir kurz: ›Es war mein ehernes Muß zu gehorchen. Ohne Gehorsam ist keine Gesellschaft, keine Ideengemeinschaft und kein staatliches System aufrechtzuerhalten.‹ Damit trat Brünings hohe Bewertung eines militärisch gesicherten Staates – selbst in den Stunden tiefster Bitterkeit – grell zutage. Er war in Wirklichkeit ein zuverlässiger Militarist.«[27]

Das Ende der Weimarer Republik

Staatssekretär Planck

Mit dem neuen Reichskanzler Franz v. Papen, Verfechter eines autoritären, monarchischen Regierungssystems, rückte die Regierung in der Tat stark nach rechts. Außer Hermann Warmbold waren alle Minister neu im Kabinett, zwei Drittel von ihnen waren adelig; man sprach daher auch vom »Kabinett der Barone«. Seinem alten Freund Rhenius, der Kritik an der Regierungsbildung geäußert zu haben scheint, schrieb Planck Mitte Juni 1932: »Sag mal, bei Dir piept es wohl ein bißchen? So schlecht ist doch das neue Kabinett gar nicht. Es sind ein paar ganz ausgezeichnete Männer darin, und ob das nun zufällig Barone sind, ist doch wirklich ganz egal. [Lutz Graf Schwerin v.] Krosigk, Neurath, Schleicher, Warmbold, [Hugo] Schäffer und [Paul Frhr. v.] Eltz [-Rübenach] sind alles erste Nummern. Daß ausgerechnet Dein Freund [Magnus Frhr. v.] Braun hineingekommen ist, mußt Du mir noch mal verzeihen. Im übrigen läuft die Sache ganz gut.«

Postwendend antwortete Rhenius aus Hamburg: »Mein lieber Erwin! Nicht so überheblich! Aus mir spricht die Stimme des Volkes, auch wenn sie Deinen Ohren nicht wohl klingt. Der Start eines Kabinetts bleibt immer wichtig, auch wenn sich das Kabinett mit der Zeit einschaukelt, so wie das jetzt der Fall ist. Die Kassenlage für drei Monate sanieren und auf die 29ste internationale Konferenz reisen ist nun einmal kein großer Schlag, nicht einmal ein kleiner.«

Der bisherige Staatssekretär Pünder, der sich »den richtigen Riecher« zugute hielt, war »ganz selig, nichts mit den neuen

Machthabern zu tun zu haben. ... Die Zusammenarbeit wäre mir unmöglich und unerträglich geworden.« Er hielt Papen für eine »Marionettenfigur in dem scheußlichen Spiel« und sah in Schleicher den »alleinigen Drahtzieher der ganzen Aktion«. Planck hatte Pünder noch in der Nacht vom 31. Mai auf den 1. Juni von einem Abendessen mit Papen bei Schleicher, wie Pünder schreibt, »ziemlich wörtlich« berichtet. Nun zog er eine sehr oberflächliche Schlußfolgerung aus Plancks offener Erzählung und wurde dadurch – vermutlich unbeabsichtigt – zu einer der Quellen, auf die sich später andere beriefen, wenn sie Schleicher als Intriganten entlarven wollten.

Schleicher hatte Brüning lange unterstützt. Als dieser seiner Meinung nach nicht mehr zu halten war, hielt er Ausschau nach einem neuen, Hindenburg genehmen Kandidaten. Später erkannte er allerdings selbst, daß seine Wahl – Papen – falsch war. Wäre er wirklich ein machthungriger Politiker gewesen, hätte er sich auch selbst vorschlagen können; die Chancen für ihn hätten nicht schlecht gestanden. Aber er scheute die Macht. Als er dann schließlich doch noch Kanzler wurde, war er keineswegs begeistert. Dass er in Papens Kabinett den Posten des Reichswehrministers übernehmen konnte, begrüßte er allerdings.

Auch Erwin Planck stieg auf: Er wurde zum Staatssekretär in der Reichskanzlei ernannt.[1] Dabei hatte er zwiespältige Gefühle. Ebenso zwiespältig fielen die Kommentare der Presse aus. Man erwähnte, daß der ältere Kollege, Ministerialdirektor v. Hagenow, übergangen worden sei. Die einen schrieben, Planck sei von Brüning »besonders warm empfohlen« worden, die anderen stritten dies ab. Sein vergleichsweise junges Alter – 39 Jahre – und sein berühmter Vater wurden vielfach hervorgehoben. Allgemein galt er als »kluger Kopf«; für die einen hatte er »ein offenes Ohr für rechte Stimmen«, für die anderen war er »unabhängig«.

In der *Welt am Sonntag* vom 6. Juni 1932 schrieb Jan Breughel zur Ernennung Plancks: »Die Regierung v. Papen fühlt sich ihm wohl nicht ohne Grund verpflichtet für gewisse Dienste, die er dem im stillen entstehenden Kabinett Schleicher leistete, während er offiziell noch Brüning diente. So kam es, daß der

Protegé nach der Demission sich verpflichtet fühlte, Brüning die Frage vorzulegen, ob er es ihm übelnehmen würde, wenn er Staatssekretär im neuen Kabinett würde. Brüning vermied es, ihm mit den Worten des Mannes zu antworten, der ihn gerade gehen hieß: ›Die Treue ist das Mark der Ehre.‹ Brüning hat anders geantwortet, nämlich: ›Auf mich brauchen Sie keine Rücksicht zu nehmen.‹ Daß Planck aus dieser etwas abschätzigen Antwort Zustimmung heraushörte, gibt einem linksstehenden Politiker recht, der damals, als der heutige Staatssekretär als Regierungsrat in der Reichskanzlei auftauchte, die Prognose stellte: ›Das ist ein heller Junge mit Ellenbogen. Der wird seinen Weg schon machen!‹«

Die *Bergisch-Märkische Zeitung* meinte: »Seine Ernennung bildet eine kleine Sensation im Kreise der großen Sensationen um Brünings Rücktritt. Planck galt als Vertrauensmann Brünings, war sein steter Begleiter auf den Reisen, und wer den Reichskanzler Brüning besuchen wollte, der stieß zunächst auf die liebenswürdige Abwehrfront des damaligen Oberregierungsrates.« Als »verfehlt« bezeichnete die *Pommersche Tagespresse* die Ernennung. Planck »war bisher der persönliche Adjutant Dr. Brünings, und man weiß, daß er keinen guten Einfluß auf Dr. Brüning ausgeübt hat. Man kann ihn auch durchaus nicht als Anhänger einer besonderen Rechtsorientierung bezeichnen.«

Die *Frankfurter Zeitung* schrieb dagegen am 7. Juni, daß man Planck »auch allgemein als einen der besten Köpfe im Umkreis dieses Kabinetts wertet« und daß er »auf ausdrückliche Bitte von Brüning übernommen« worden sei. Die Basler *National-Zeitung* vom 18. Oktober schließlich wollte in Erwin Planck und Erich Marcks, dem neuen Leiter der Reichspressestelle, »Aufsichtspersonal« sehen, das Schleicher »dem Kanzler beigegeben« habe.[2] Marcks hatte seine neue Stelle der Empfehlung Plancks zu verdanken.

Je nach Couleur stellten die Kommentatoren Planck also ganz unterschiedlich als aufrichtig oder undurchsichtig dar. Um so wichtiger erscheint daher die Aussage dessen, den die Neubildung der Regierung in erster Linie betraf – Brüning. In seinen Memoiren schreibt er: »Ich ging zurück in die Wohnung. Planck kam herein und teilte mir mit, daß er mit Papen zum Abendessen zu Schleicher gebeten sei, der den Auftrag zur Kabinettsbildung erhalten würde. Planck fragte mich, da er damit rechnen müsse, von Papen das Staatssekretariat angeboten zu bekommen, ob er mich noch spät in der Nacht nach der Rückkehr sprechen könne. Um ein Uhr erschien er und fragte mich, ob ich es als einen Affront gegen mich ansehen würde, wenn er das Staatssekretariat annähme. Antwort: ›Nein, wenn Sie dafür Sorge tragen, daß meine Politik gesichert bleibt unter meinem Nachfolger, so halte ich es für gut, wenn Sie das Amt übernehmen, und bin gern bereit, Sie in der Öffentlichkeit vor Vorwürfen zu schützen.‹ Planck fragte, ob er sich dadurch nicht bei der SPD mißliebig mache. Ich erklärte ihm, wenn die Regierung verfassungsmäßig arbeite und die großen Linien der bisherigen Politik fortgesetzt würden, würde ich ihm schon die Wege ebnen, auch zur SPD. Nur eines sei Voraussetzung: Unter keinen Umständen dürfe Inflation gemacht werden und auch nicht die von mir beabsichtigte Devaluation der Mark vor einem günstigen Abschluß der Reparationsverhandlungen. Würde sie vorher kommen, so seien alle Arbeit und alle Opfer umsonst gewesen. Planck versprach mir das.«[3]

Auch Pünder blieb Erwin Planck gewogen. Als Max Planck im selben Jahr die Goethe-Medaille für seine Verdienste als Präsident der Kaiser-Wilhelm-Gesellschaft verliehen bekam, gratulierte Pünder ihm und fügte hinzu: »Ohne jeden Groll und mit großem Vertrauen habe ich meine Amtsgeschäfte in die Hände Ihres Sohnes gegeben, der mit mir schon siebeneinhalb Jahre lang an der amtlichen Zentralschmiede des Deutschen Reiches gestanden hat. Einen konventionellen Glückwunsch üblicher Art verlangen Sie gewiß nicht von mir, aber meine ehrlichen und heißen Wünsche zum Segen des Vaterlandes begleiten das weitere amtliche Wirken Ihres Herrn Sohnes.« Max Planck würdigte Pünders »freundliche Worte« ganz besonders und bat »um Bewahrung der gütigen Gesinnung«.[4]

Am besten faßt der Briefwechsel zwischen Hans Schäffer und Erwin Planck die Befürchtungen und Hoffnungen zusammen, die man mit der neuen Regierung verband. Schäffer, der als

Staatssekretär im Finanzministerium ausgeschieden war, schrieb am 2. Juni, daß er »unter denen, die Ihnen heute zu Ihrer Ernennung Glück wünschen, nicht fehlen [möchte]. Ich tue dies, wie ich Ihnen offen sagen will, mit geteiltem Herzen. Daß Sie für das nunmehr erlangte Amt vorausbestimmt waren, habe ich Ihnen einmal früher gesagt. Ich bin auch überzeugt, daß Sie es gut führen werden, und sollte daher eigentlich das Kabinett beglückwünschen. Um Ihrer selbst willen hätte ich es gern gesehen, wenn die Ernennung unter anderen Umständen erfolgt wäre. Ich kenne Sie genügend, um mich darin mit Ihnen einer Meinung zu wissen. Dennoch hätte auch ich Ihnen zur Annahme des angebotenen Amtes geraten, nicht nur um Ihrer selbst willen, sondern auch im Interesse der Allgemeinheit. Einmal kenne ich aus unseren Unterhaltungen und nächtlichen Fahrten die Klarheit Ihrer Betrachtungsweise und die Nüchternheit Ihrer Anschauungen genügend, um zu wissen, daß Sie den sachlichen Kern immer über den schönen Klang stellen. Vor allem aber waren Sie Zeuge der Leistungen der letzten Kabinette, in denen sich wertvollste Männer buchstäblich unter Drangabe ihres Lebens für vaterländische Ziele eingesetzt haben. Sie können und werden daher verhindern, daß unter denjenigen neuen Kabinettsmitgliedern, die bisher nur wenig Gelegenheit gehabt hatten, sich im Dienste der Allgemeinheit zu betätigen, und welche die Leistung ihrer Vorgänger nicht aus eigener Anschauung kennen, die Auffassung Platz greift, sich als die einzigen und ersten Träger nationaler Gedanken anzusehen. Das wäre vom Standpunkte der historischen Wahrheit, deren künftige Feststellung ich, wie Sie ja wissen, als meine besondere Aufgabe ansehe, nicht erträglich und würde weite Kreise schwer verletzen. Im übrigen ist es mir eine Beruhigung, daß Sie und Herr von Krosigk [der neue Finanzminister] mit im Rate sitzen. Das wird Ungerechtigkeiten und Einseitigkeiten, wie sie nach der für meinen Geschmack etwas zu einheitlichen Zusammensetzung des Kabinetts befürchtet werden könnten, unbedingt ausschließen. Ich war immer offen zu Ihnen ... Sie werden Sinn dafür haben, daß mir dieser Brief schwerer geworden ist als ein formularmäßiger Glückwunsch.«

Planck antwortete zehn Tage später: »Heute ist die erste ruhige Viertelstunde, die ich benutzen kann, an die Freunde zu denken, die in der letzten Woche mit Verständnis an mich gedacht haben. Der erste Brief, den ich überhaupt schreibe, gilt Ihnen, lieber, verehrter Herr Schäffer, denn keiner der guten Wünsche hat mich so gefreut und herzlich berührt wie der Ihre. Sie können sich denken, was für ein entsetzlich schwerer Entschluß die Übernahme des Amts für mich war. Daß ich ihn nur im menschlichen Einverständnis mit Herrn Brüning getan habe, ist selbstverständlich. Darüber hinaus hat mich in erster Linie der Gedanke dazu bewogen, daß ich dazu beitragen kann, mit Krosigk und Bülow zusammen die Kontinuität einer vernünftigen Richtung der Reichspolitik zu verfechten. Überdies bin ich ehrlich der Meinung, daß dieser letzte Versuch, Deutschland vor einer Revolution zu schützen, die dicht bevorstand, gemacht werden mußte. Ich halte ihn auch für nicht aussichtslos, wenngleich die Gefahren riesenhaft sind.«[5]

Er habe, schreibt Planck weiter, in vier Wochen sechs Kilo abgenommen; so aufreibend war die erste Zeit in der Reichskanzlei unter dem neuen Chef Papen – einem Kanzler, den eigentlich keiner so recht wollte und von dem auch keiner sehr viel hielt. Als Schäffer kurze Zeit später Planck fragte, wie »denn so das Arbeiten mit dem Kabinett Papen« sei, antwortete dieser: »Zuerst war es sehr eigenartig. Ich war bei Brüning gewohnt, daß ich bei jeder Sache lange bohren mußte, um eine bestimmte Auffassung durchzusetzen. Bei Papen brauchte man nur etwas anzudeuten. Schon war der entsprechende Entschluß da. Das war richtig gefährlich. Ich mußte mich an eine starke Abschwächung meiner Intensität gewöhnen. Papen kennt zwar die Dinge nicht, aber er faßt leicht. Hat eine große Gewandtheit.«[6] Ein ähnliches Bild von Papen hatte Schleicher; er stellte sich den Kanzler ursprünglich als eine Art »Hut« auf seinem eigenen Kopf beziehungsweise dem der Regierung vor. Doch Papen war mehr als das – jedenfalls hatten seine Handlungen fatale Folgen.

Kaum war die neue Regierung im Amt, wurde der Reichstag aufgelöst. Ein schlimmer Fehler, wie sich bald zeigen sollte. Mitte Juni 1932 wurde das SA-Verbot aufgehoben. Ebenfalls ein schlimmer Fehler, denn der Terror auf den Straßen nahm zu, steigerte die Verunsicherung der Bevölkerung und ließ den

Ruf nach einem starken Mann um so lauter ertönen. Papen reiste unterdessen zur internationalen Konferenz nach Lausanne und heimste den von Brüning mühsam vorbereiteten Erfolg ein: Man einigte sich auf ein dreijähriges Moratorium für die Reparationszahlungen, anschließend sollte die finanzielle Restschuld durch die pauschale Summe von drei Milliarden Reichsmark abgegolten werden. Auf jenen Paragraphen des Versailler Vertrages, der den Deutschen die moralische Schuld am Ersten Weltkrieg anlastete, wurde allerdings nicht verzichtet.

Gespräch mit Schäffer über die Lage der Nation

Noch während die letzten Verhandlungen in Lausanne liefen, traf sich Planck am 6. Juli 1932 mit Hans Schäffer, der inzwischen Leiter des Ullstein Verlages geworden war, zum Mittagessen in Wertheims Teestube. Das von Schäffer überlieferte Gespräch spiegelt die Stimmung im Lande und die anstehenden Probleme anschaulich wider und zeigt auch, wieviel Einfluß Planck hatte – oder eben nicht hatte.[7]

Natürlich wurde »zunächst über Lausanne« gesprochen. Planck fand, »daß an sich die Dinge nicht schlecht liefen«. Doch sei man »in einer schwierigen Lage«, weil man nicht wisse, ob der Reichstag die Abmachungen auch ratifizieren werde oder ob die Ressentiments des Zentrums und vor allem Brünings so stark seien, daß die Lösung bekämpft werde. Ganz abgesehen von den Nationalsozialisten, für die jede Art von Nachgeben in Lausanne ein gefundenes Fressen für den bevorstehenden Wahlkampf sei.

»Sie werden gemerkt haben«, wandte Schäffer ein, daß das Zentrum, seine eigene Partei, »der Regierung in den außenpolitischen Sachen keinerlei Schwierigkeit« mache. »Wir erwarten aber, daß die Regierung auch die außenpolitischen Fragen nach rein außenpolitischen Gesichtspunkten behandelt.« Gewinne man den Eindruck, daß sie wichtige außenpolitische Interessen aus innenpolitischen Gründen verletze, so sähe die Sache anders aus, und die Politik der Regierung in Lausanne müßte bekämpft werden.

Schäffer kam dann auf die Innenpolitik zu sprechen und beklagte, »auf der Linken besteht absolut das Gefühl, sich einer feindlichen Regierung gegenüber zu befinden, von der auch in ernsten Fällen die Gerechtigkeit, auf die jeder Staatsbürger Anspruch hat, nicht zu erwarten ist. Das hat seine schwerwiegenden Auswirkungen. ... Die Hammerschaften der Gewerkschaften [sind] zwar keine so elegante Truppe wie die SA, aber eine erheblich erprobtere und entschlossenere. Außerdem, wenn die Arbeiterschaft – die sich allmählich wiederum daran gewöhnt hat, den Staat, dem sie vor dem Kriege feindlich gegenüberstand, auch als den ihrigen anzusehen – [anfängt], sich verlassen zu fühlen, so kann sie auch stärkere Dummheiten machen. Jede Unbesonnenheit der Regierung würde eine solche Dummheit auslösen können, wie z. B. auch ein Verbot der kommunistischen Partei, von dem jetzt viel gesprochen wird.«

»Ein solches kommt aber gar nicht in Betracht«, protestierte Planck, »kein Mensch hat im Kabinett ein solches verlangt.« Darauf Schäffer: »Wenn die Linke das wüßte, so würde das eine gewisse Beruhigung schaffen.« Planck bat ihn darum, es ihr zu sagen. Doch Schäffer meinte: »Besser wäre es noch, wenn Sie ihr das selbst sagten und wenn Sie sich vorher vom Kanzler dazu ermächtigen ließen. Sie könnten ja z. B. mit Hilferding darüber sprechen.« Planck war einverstanden, wollte sich die Einwilligung Papens besorgen und bat Schäffer, ihm ein Gespräch mit dem SPD-Politiker Hilferding zu vermitteln. Dann fügte er hinzu: »Schleicher würde übrigens über das, was Sie sagen, sehr erstaunt sein. Er will gar nicht, daß die Linke zu schwach wird. Im Gegenteil hält er eine Ausbalancierung zwischen beiden Seiten für notwendig.« Schäffer: »Soll ich Sie so verstehen, daß Schleicher die Macht nur übernommen hat, damit inzwischen die Linke wieder Kräfte sammeln könnte, ohne daß die Nazis ... allzuviel Unheil anrichten?« Planck: »Nein, diese Folgerung geht zu weit. Schleicher hat [kein] persönliches Interesse am Erstarken der Sozialdemokratie. Er fühlt sich als ein Exponent der Rechten ... Andererseits ist es richtig, daß es für das gegenwärtige Kabinett kein schrecklicheres Zukunftsbild gibt als den Gedanken, daß die Nazis im Reichstag allein oder mit Hugenberg eine absolute Mehrheit haben könnten.«

Schleicher, so erläuterte Planck, sei hauptsächlich deshalb Reichswehrminister geworden, weil er genau wie Hammerstein »mit dem Zeitpunkt und der Art des Verbots der SA gar nicht einverstanden« gewesen sei. – »Sie haben es ja aber selber beantragt«, warf Schäffer ein. – »Ja, aber in anderer Form, entweder gleichzeitig mit dem Verbot aller anderen oder aber nach ausführlicher psychologischer Vorbereitung oder aber nachdem man die SA etwa durch die Verhängung einer unerfüllbaren Auflage sachlich stark ins Unrecht gesetzt hätte. Als das SA-Verbot ohne diese Vorsichtsmaßregeln kam, haben beide zunächst ihren Rücktritt erklärt.«

Planck weiter: »Schleicher hatte auch das ganz bestimmte Gefühl, daß Groener die Reichswehr nicht mehr hinter sich hatte. Die Reichswehr sah dieses abrupte Verbot der Truppe einer ganz bestimmten Richtung als eine Handlung der Parteipolitik und nicht der Gerechtigkeit an. Die Reichswehr hatte sich daran gewöhnt, sich als ein überparteiliches Organ der Regierung anzusehen, das ohne Unterschied gegen jede gesetzliche Verletzung eingesetzt werden würde. Jetzt fühlte sie sich als Parteitruppe der Weimarer Koalition mit der Aufgabe zur Unterdrückung des nationalen Gedankens. Darin lag eine große Gefahr. Wenn in diesem Augenblick Hitler einen Umsturz versucht hätte, wäre es nicht sicher, daß die Reichswehr gegen ihn vorgegangen wäre. Das war das Ergebnis der Unterhaltung mit zahlreichen Offizieren. Durch die Aufhebung des SA-Verbots ist die Gleichbehandlung wieder voll hergestellt. Schleicher glaubt jetzt, die Reichswehr wieder vollkommen in der Hand zu haben, und ich halte das auch für richtig.«

Schäffer war skeptisch, ob Schleicher auch zum Schutz von Sozialdemokraten »die Reichswehr marschieren lassen« und ob »die Reichswehr gegen die Nazis vorgehen würde«. Planck war sich dessen »vollkommen sicher«. Bald sollte sich allerdings zeigen, daß die Zweifel Schäffers nur zu berechtigt waren. Der Ullstein-Chef nutzte die Gelegenheit, um etwas über »die weiteren Gedanken Schleichers« zu erfahren, und Planck gab ihm bereitwillig Auskunft: »Schleicher ist der Auffassung, daß jetzt eine Reihe von Jahren die Rechte regieren muß, bis sich die Nazigefahr verlaufen hat, und zwar entweder so, daß die Partei zerfällt, oder so, daß sie durch Übernahme der Verantwortung zur Vernunft gebracht wird. Den letzteren Weg stellt er sich so vor, daß man entweder die Nazis in die Länderregierungen hineinläßt, oder so, daß man ihnen Posten im Reichskabinett anbietet, aber mit ihnen zusammenbleibt. Schleicher ist überzeugt, daß er auf Hitler einen großen Einfluß hat, ja, daß Hitler richtig für ihn schwärmt und nichts gegen ihn und die von ihm geführte Reichswehr tun wird.« Wie er sich täuschte!

Schließlich stellte Schäffer die Frage, die alle am meisten beschäftigte: »Wie denkt sich denn aber das Kabinett die Einspannung der Nationalsozialisten in die Länderregierungen?« Die Antwort Plancks war aufschlußreich und wies bereits auf den fatalen 20. Juli 1932 voraus, als Papen die preußische Regierung entmachten ließ: »Ich hätte es am liebsten so gemacht, daß wir für Preußen einen Reichskommissar gehabt hätten. Da hätten wir dafür sorgen können, daß sich die Dinge in ordentlichen Formen vollziehen. Einen solchen könnte man aber nur bestellen, wenn ein wirklicher Grund dazu vorläge. Nach der Deckung des preußischen Etats und nachdem einigermaßen Ordnung herrscht, ist das aber sehr schwer. Jetzt wird man die gegenwärtige Regierung, sofern sie nicht nach den Wahlen von selbst geht, von seiten des Reichskabinetts wegdrücken. Sie muß damit rechnen, daß ihr jede nur mögliche Schwierigkeit von der Reichsregierung gemacht wird und daß alles geschieht, was ihr das Regieren unbequem und unerfreulich macht. Den Nazis liegt im übrigen an allem anderen mehr als am Mitregieren. Sie wollen nur bei der Reichstagswahl möglichst viele Stimmen erhalten. Darauf ist ihre ganze Agitation eingestellt.«

Beide waren sich darin einig, daß Brünings »starke persönliche Verbitterung« immer noch eine große Rolle spiele. Das Problem von Brüning sei, so fand Planck, daß er den Reichspräsidenten »ganz falsch« beurteile. »Hindenburg hat so viele Dynastien und Kabinette stürzen sehen, daß ihn diese Vorgänge innerlich gar nicht berühren. Die besonderen persönlichen Empfindungen, die Brüning bei Hindenburg voraussetzt, haben niemals bestanden. Er hat ihn sehr gern gehabt, wie er auch Hermann Müller sehr gern hatte. Auch diesen hat er gestürzt, um Brüning zu berufen. Im Grunde berühren all diese Dinge den alten Herrn in seiner letzten Tiefe nicht. Ich bin ja jetzt öfters bei ihm.«

Am Ende des Gesprächs wollte Schäffer wissen: »Was hat denn das Kabinett Papen auf handelspolitischem Gebiete vor? Sind die Gerüchte über eine Verstärkung der Autarkie richtig?« Planck war darüber ebenso entsetzt wie Schäffer: »Da können Sie das Schlimmste, was Ihnen erzählt wird, als wahr unterstellen. Die Regierung will tatsächlich die Wirtschaft auf Selbstversorgung umstellen. Ihr Gedanke ist, daß die Weltmärkte sich doch immer mehr verringern und daß eine auf den Export zu nehmende Rücksicht keine Rolle mehr zu spielen braucht. Statt dessen müsse man die Kaufkraft der Landwirtschaft einschalten, indem man ihr hohe Preise gewährleiste.« Schäffer: »Also auf diesem Gebiet haben Sie mit unserer Gegnerschaft zu rechnen.« Planck: »Wir rechnen.«

Papens Staatsstreich und die Folgen

Schäffers uneingeschränkte Gegnerschaft wurde schließlich durch Papens Staatsstreich gegen die preußische Regierung unter Ministerpräsident Otto Braun (SPD) ausgelöst. Planck war maßgeblich an der Vorbereitung und Durchführung der Aktion beteiligt. Daß Preußen ohne gültigen Etat sei und die Polizei die Kontrolle über das Land verloren habe, stimmte zwar nicht, ließ sich aber als Vorwand gebrauchen. Am 8. Juli 1932 war der preußische DNVP-Landtagsabgeordnete Friedrich v. Winterfeld mit seinem Kollegen Eldor Borck zu einem Gespräch beim Staatssekretär und forderte aus genau diesen Gründen »ein schnelles Eingreifen des Reiches«.[8]

Noch stärker in die gewünschte Richtung zielte ein Treffen Plancks mit Franz Bracht, Friedrich Landfried, Erwin Schütze und Richard Wienstein in der Privatwohnung von Regierungsrat Rudolf Diels am Vorabend des 20. Juli 1932. Es ging um den Vorwurf gegen den preußischen Staatssekretär im Innenministerium, Wilhelm Abegg, er konspiriere mit kommunistischen Politikern, nämlich dem Reichstagsabgeordneten Ernst

Torgler und dem Landtagsabgeordneten Wilhelm Kasper.[9] Was das Treffen besonders pikant machte, war der Umstand, daß Diels und Schütze dem preußischen Innenministerium angehörten, also beide Untergebene Abeggs waren. Auch Landfried diente als Ministerialrat in einem preußischen Ministerium, nämlich dem Handelsministerium. Der Zentrumspolitiker Bracht war 1923/24 Staatssekretär in der Reichskanzlei gewesen und nun Oberbürgermeister von Essen; nach dem 20. Juli 1932 kehrte er in die Reichspolitik zurück. Wienstein war als Ministerialrat in der Reichskanzlei ein Untergebener Plancks.

Wie konstruiert der Vorwurf gegen Abegg war, beweist eine »streng vertrauliche« Aussage von Adolf v. Carlowitz, damals Pressechef der preußischen Regierung: Am 20. Juli sei Brachts persönlicher Referent, Erich Gritzbach, auf Veranlassung Plancks bei ihm erschienen; er solle eine Rede für den Rundfunk schreiben, in der die Auflösung Preußens begründet werde. »Mit dem Dualismus« zwischen Preußen und dem Reich habe er »nicht kommen« können, »denn der begründete nicht die Anwendung des Artikels 48. So kam es zu der aus den Fingern gesogenen Behauptung der kommunistischen Gefahr.« Bracht habe diese Rede im Auto kurz überflogen und im Radio dann »wörtlich« verlesen.[10]

Wieder einmal mußte die Bedrohung durch die Kommunisten zur Rechtfertigung herhalten. Worin das Motiv für den Staatsstreich tatsächlich bestand, gab Planck im Gespräch mit Schäffer Ende Oktober 1932 zu erkennen. Schäffer zitiert den Staatssekretär in seinem Tagebuch: »Die Regierung habe kein anderes Ziel vom ersten Augenblick ihres Bestehens gehabt, als die Hitler-Woge zu brechen. ... Dazu gehöre aber, daß sie den Abfluß von Menschen zu den Nazis verhindere. Wenn sie jetzt den Eindruck erwecke, als ob sie mit den Sozialisten der alten preußischen Regierung paktiere, so würde dadurch wiederum der Zulauf zu den Nazis erhöht werden.«[11] Indem man gegen links kämpfte, hoffte man die Menschen von der extremen Rechten, vom Nationalsozialismus, abzuhalten und für die gemäßigte, noch auf dem Boden der Verfassung stehende Rechte zu gewinnen.

Wenn man bedenkt, daß manche von Plancks Gesprächspartnern nach 1933 dem neuen Regime an hoher Stelle dienen sollten – Diels 1933/34 als Gestapo-Chef, Landfried als Staatssekretär im Wirtschaftsministerium –, so können einem Zweifel kommen, ob Plancks Taktik richtig war. Deutlich wird aber auch, wie unklar, ja undurchschaubar die Situation für viele der Verantwortlichen damals war, ein gutes halbes Jahr vor Hitlers Machtübernahme.

Auch für Schleicher war die »Zähmung« der Nationalsozialisten das Hauptziel. Plancks Freund Eugen Ott, damals Chef der Wehrmachtsabteilung im Reichswehrministerium, beschreibt Schleichers Vorgehen von der ersten persönlichen Fühlungnahme mit Hitler 1931 bis zum Eingeständnis seines Scheiterns 1934 folgendermaßen: Schleicher erstrebte »die Eingliederung der Bewegung in die Reichsregierung mit dem doppelten Ziel, ihre nationale Anziehungskraft nutzbar zu machen, ihre Demagogie durch Mitverantwortung an der Staatsarbeit allmählich zum Schweigen zu bringen. Diese Zähmung hielt er für unbedingt notwendig und durchführbar, ging einen bitteren Weg dafür bis zum Bruch mit seinem väterlichen Freund Groener und über den Rücktritt der Kanzler Brüning und v. Papen und übernahm widerstrebend das Amt des Reichswehrministers und schließlich des Reichskanzlers, um das Reich vor der Sturmflut retten zu helfen.«

Zu diesem Konzept gehörte das scharfe Vorgehen gegen die Kommunisten, aber auch gegen die Sozialdemokraten, von denen die Regierung Brüning noch toleriert worden war, und dazu gehörte außerdem der Versuch, die NSDAP zu spalten und mit Gregor Strasser, dem Sprecher des linken Parteiflügels, zusammenzuarbeiten. Sein Scheitern erkannte Schleicher erst, als es zu spät war. Ott gegenüber zog er 1934 Bilanz: »Ich habe geglaubt, des Nationalsozialismus auf parlamentarischem Wege Herr zu werden. Das wurde unmöglich. Es waren Revolutionäre, die nur mit Gewalt zu bekämpfen waren. Dazu fehlten mir die Kräfte.«[12]

Der parteilose preußische Finanzminister Otto Klepper war da etwas hellsichtiger. Er kämpfte mit allen ihm zur Verfügung stehenden Mitteln gegen die Nationalsozialisten und gegen die Entmachtung der preußischen Regierung. Im Juli 1933, als er sich bereits im Exil in Paris befand, beschrieb er rückblickend, wie man die Lage damals eingeschätzt hatte: »Beseitigte man die preußische Regierung, ohne materiellen Widerstand zu finden, so werde das zu einer Depression innerhalb der republikanischen Kreise führen, also im Gegenteil der Rechten Auftrieb verleihen. Bei den zu erwartenden späteren Komplikationen stehe dann die Linke der kombinierten Macht von Reichswehr und Polizei gegenüber«, deshalb sei jeder »Versuch eines Eingriffs in Preußen als Mißbrauch des Artikels 48 der Reichsverfassung, also *als Staatsstreich zu behandeln* und also aufgrund der preußischen Verfassung der Ausnahmezustand zu verhängen«.[13]

Die Inszenierung des Staatsstreichs geschah durch Staatssekretär Planck. Er leitete die Vorbereitungen, formulierte die Erlasse, sorgte beim Staatsrechtler Carl Schmitt für die juristische Absicherung und bei seinem Freund Ott für die Planung des militärischen Ausnahmezustands.[14] Schon um acht Uhr früh war er an jenem Morgen des 20. Juli 1932 in der Reichskanzlei, um alles für die Sitzung um zehn Uhr vorzubereiten. Kanzler Papen, Reichsinnenminister Wilhelm v. Gayl und er saßen den Vertretern der preußischen Regierung gegenüber – Volkswohlfahrtsminister Heinrich Hirtsiefer, Innenminister Carl Severing und Finanzminister Otto Klepper. Für alle überraschend hatte sich auch noch Eduard Nobis, Ministerialdirektor des preußischen Staatsministeriums, hinzugesellt. Wie dramatisch die Sitzung verlief, ist vielfach beschrieben worden.[15]

Zehn Minuten nach elf Uhr empfing Planck dann die Presse und gab die Erklärungen der Regierung ab, während der Kanzler die Vertreter des Reichsrates empfing. Was mit den preußischen Ministerien geschah, berichtet Hans Staudinger, damals Staatssekretär im preußischen Handelsministerium:

»Am frühen Vormittag des 20. Juli rief mich Planck auch auf Hans Schäffers Rat hin an, um mich äußerst freundlich über den Erlaß des Reichspräsidenten zu unterrichten, wonach Kanzler von Papen zum Reichskommissar in Preußen bestellt sei. Von Papen würde Handelsminister [Walther] Schreiber um

2 Uhr und mich um 2 Uhr 30 in unseren Amtszimmern aufsuchen, um persönlich das neue Verhältnis mit uns zu erörtern. Der Hauptgrund seines Anrufs sei jedoch, mich zu bewegen, sofort mit Ministerpräsident Otto Braun zu sprechen, um ihn auf die völlige Zwecklosigkeit jedweden preußischen Widerstands hinzuweisen. Der Belagerungszustand sei verhängt worden. Ich antwortete, dies sei ein verfassungswidriger Staatsstreich, gestützt einzig auf militärische Drohungen. Doch angesichts der Lage, daß ein niedergekämpfter Widerstand nur die Nationalsozialisten stärken würde, sei ich gezwungen, Otto Braun anzuraten, die Sache auf dem Verfassungswege auszutragen. Der ungeduldig gewordene Planck schloß das Gespräch, dies sei alles: ›Blutvergießen muß auf jeden Fall vermieden werden.‹

Ich konnte weder Otto Braun noch seinen Referenten [Herbert] Weichmann erreichen. Ministerialdirektor Nobis vom preußischen Staatsministerium hörte meine Schilderung an und sagte mir, er sei soeben von Weichmann benachrichtigt worden, daß Otto Braun nicht in sein Amt zurückgehen werde. Planck hatte mittlerweile die gleiche Nachricht erhalten. …

Kurz nach 2 Uhr erschien Kanzler von Papen in Begleitung Plancks im Amtszimmer von Handelsminister Schreiber. Nach einer kurzen Unterredung ließ er sich von meinem alten Amtsdiener bei mir anmelden. Er begrüßte mich freundlich, unterstellend, daß ich seine Hauptabsichten kenne. Ich sei, eröffnete er mir, wohl der letzte Staatssekretär im preußischen Handelsministerium. Er habe mich aufgesucht, um mir meine Dispositionsstellung mitzuteilen. Ich sei meiner ministeriellen Amtsaufgaben enthoben. Meine Tätigkeit in den Aufsichtsräten der preußischen öffentlichen Betriebe solle ich jedoch vorläufig weiterführen … Außerdem solle ich an der Erstellung seines großen Arbeitsbeschaffungsprogramms mitarbeiten …

Ich antwortete kurz, diese Entscheidungen kämen nur meinem rechtmäßigen Minister zu, ich müsse mich jedoch dem Zwang eines militärischen Coups von General Schleicher und ihm fügen. Von Papen sprang verletzt auf und eilte, ohne mir die Hand zu reichen, an die Tür zu Staatssekretär Planck, der auf die lauter werdenden Stimmen der sich im Flur versammelnden Beamten horchte. Unter den aufgebrachten Zurufen verschwanden die beiden.«[16]

Nach ihrem Besuch im Handelsministerium hatten Papen und Planck noch Zeit, schnell ein Mittagessen einzunehmen, die Räume des Herrenclubs waren nicht weit. Um 15.45 Uhr trafen sie sich mit Innenminister Gayl und einigen Staatssekretären, um die Ministerbesprechung um 18 Uhr vorzubereiten.[17] Wer sollte des Amtes enthoben und durch wen ersetzt werden? Bracht, den Planck vorgeschlagen hatte,[18] wurde Reichskommissar des Inneren und ersetzte Severing. Johannes Popitz als Finanzkommissar trat an die Stelle von Otto Klepper. Der Eintritt von Popitz ins Kabinett war keineswegs unumstritten. Man sagte ihm nach, »in aufgeregten Zeiten immer für Diktatur und gegen das Parlament gesprochen« zu haben. Jetzt sei er »ganz in seinem Element«.[19]

Doch es waren keineswegs nur die preußischen Minister, die ihres Amtes enthoben wurden; es traf Staatssekretäre, Ministerialdirigenten, Landräte, Regierungs- und Polizeipräsidenten.[20] Dies war jedoch nur der erste Austausch des politischen Personals; ein sehr viel radikalerer und schmerzhafterer sollte bald noch folgen. Um 19 Uhr wandte sich Papen über den Rundfunk an das deutsche Volk, das vermutlich zum großen Teil gar nicht verstand, was Folgenschweres geschehen war.

Auch Planck begriff es lange Zeit nicht. Zwar zeigte er sich schon Ende Oktober in einem Gespräch mit Schäffer »sehr betroffen«, aber erst zwei Jahre später fiel es ihm wie Schuppen von den Augen. Und zwölf Jahre später, als Papen immer noch im »bequemen Dienst des Stärkeren« stand, gaben, so der Historiker Karl Dietrich Bracher, »viele gerade seiner damaligen Helfer – Militärs, Beamte, Großgrundbesitzer –, nicht zuletzt auch Papens Staatssekretär Erwin Planck, ... in entschiedener Wendung gegen die Illusionen von 1932, die ihnen die Verteidiger der Demokratie so leicht gemacht hatten, ihr Leben für die Bewahrung und Wiedergewinnung einer echten Legalität im Aufstand gegen die viel bedenkenlosere, konsequentere Gewaltpolitik des ›Dritten Reiches‹. Neben ihnen standen nun die republikanischen Gegner von damals: Demokraten, Gewerkschaftler, Sozialdemokraten. Der Kreis hatte sich geschlossen nach zwölf Jahren der Zerstörung, für die beide Seiten – die einen für ihre Bedenklichkeit und Passivität, die anderen für machtpolitische Verblendung und autoritäre Experimente – eine schmerzliche Verantwortung tragen mußten.«[21]

Interessant ist, wie der Hintergrund des gesamten Geschehens von Erwin Planck geschildert wurde, als er sich acht Tage später bei einem Frühstück den kritischen Fragen Schäffers stellen mußte.[22] Hier wird schlagartig klar, daß zum größten Teil taktische Erwägungen und Machtinteressen das politische Handeln bestimmten. Schäffer kritisierte »die betonte Klotzigkeit und Uneleganz, mit der man die preußische Sache angefaßt« habe, und er folgerte, »daß man alles tun wollte, um die Robustheit zu zeigen, die in der Reichswehr und in Teilen der Bevölkerung als Kraft angesehen werden sollte«.

»Da überschätzen Sie uns. Ich gebe zu, daß in der Preußensache manches nicht elegant gemacht worden ist. Das war aber mehr Mißgeschick und Ungeschicklichkeit als Absicht«, wandte Planck fast entschuldigend ein. Schäffer unterbrach ihn ungerührt: »Ich habe angenommen, daß z. B. das wirklich bullige und unnütz provozierende Auftreten von Bracht dazu bestimmt war, jeden Vorwand der Nazis, ihn nicht im preußischen Ministerium des Innern zu lassen, zu beheben. Sonst wäre nicht erklärlich, warum die Verabschiedung der Beamten sich in so brüsken und unüblichen Formen vollzogen hat. Was bestanden gegen Staudinger und Krüger für personelle Bedenken?« Der SPD-Politiker Hans Krüger war wie sein Parteifreund Staudinger preußischer Staatssekretär, und zwar im Landwirtschaftsministerium.

Planck mußte zugeben, daß es »gar keine« Bedenken gab. »Warum hat man sie dann beseitigt? Mit den Kommunisten hatten sie doch gar nichts zu tun«, warf Schäffer ein. »Weil sie an so hohen Stellen standen, daß man nicht erwarten konnte, daß sie die Anordnungen des Reichskommissars ausführen würden.« Schäffer hakte nach: »Will man also alle Sozialisten in hohen Stellen beseitigen?« – »Nein, nur an den entscheidenden.« – »Warum hat man Otto Braun so verletzt? Warum hat man das preußische Staatsministerium militärisch besetzt?« –

»Wirklich nur, weil man nicht wollte, daß man ihn mit Gewalt aus seinem Amtszimmer entfernen müßte. Die Gefahr hätte bestanden, wenn er sein Zimmer wiederum betreten durfte. Man wollte ihm nicht diese gute Wahlparole geben.«

Schäffer: »Was hat denn eigentlich [Hindenburg] zu Ihren preußischen Großtaten gesagt, hat er keine Furcht, die Verfassung zu verletzen?« Planck: »In dieser Hinsicht verläßt er sich vollkommen auf die Verfassungsreferenten im Reichsinnenministerium, vor allem auf [Erich] Zweigert. Bei der preußischen Sache hat er freilich gesagt, daß er zurücktreten würde, wenn sich die Sache als verfassungswidrig herausstellt und der Staatsgerichtshof entsprechend entscheiden sollte.«

»Ich darf annehmen«, bemerkte Schäffer feinsinnig, »daß Sie diesen Ausspruch des Reichspräsidenten dem Präsidenten des Staatsgerichtshofes mitgeteilt haben, damit er sich der Tragweite seines Spruches auch bewußt wird.« Planck antwortete lächelnd: »Ich habe das nicht getan.« Schäffer: »Aber andere und Sie wissen davon?« – »Ich weiß von nichts.« Ob das stimmte?

Noch einmal kam Schäffer auf die unwürdige Behandlung Brauns zurück, doch Planck meinte, daß dieser »keinerlei Bitterkeit« empfinde. Schäffer erkannte, daß Planck sich etwas vormachte: »Da sind Sie völlig falsch unterrichtet. Er empfindet die Art, wie an ihm gehandelt worden ist, nachdem er sich doch wirklich um die Festigung des Reiches die größten Verdienste erworben hat, als überaus kränkend.« Schäffer hatte recht, denn Braun hätte Planck in seinen Memoiren nicht so gehässig charakterisiert, wenn er ihn nicht als Hauptinitiator des Staatsstreichs in Verdacht gehabt hätte. Aber Planck wollte davon nichts wissen und meinte nur: »Das tut mir schrecklich leid und wird unsere Herren sehr betroffen machen.« Schäffer schrieb kommentierend in sein Tagebuch: »Im Verlauf der Unterhaltung kommt Planck immer wieder darauf zurück, wie er sich darüber ärgert, daß Braun das Verhalten der Reichsregierung als verletzend empfindet« – als fehlte ihm die Sensibilität, dies zu verstehen.

Das war um so erstaunlicher, als Planck allgemein als einfühlsamer Mann mit einer besonderen Begabung für den Umgang mit Menschen galt. Sein Wunsch, an das Regierungskonzept zu glauben und es überzeugend zu vertreten, scheint alles andere überlagert zu haben. Als dürfte er keine Kritik zulassen, weil sonst möglicherweise alles ins Wanken geriete. Schäffer erkannte das, und da er wußte, daß Planck im Grunde ein sensibler und kluger Mann war, suchte er weiterhin das Gespräch mit ihm. Natürlich auch, weil er von niemandem so genaue Informationen erhalten konnte und vielleicht, weil er hoffte, über Planck die Regierungspolitik beeinflussen zu können. Dies war durchaus der Fall, wie sich im Verlauf der weiteren Gespräche zeigen sollte.

»Sie sehen«, fuhr Schäffer fort, »wie wenig Sie über die psychologischen Wirkungen Ihrer Maßnahmen unterrichtet sind. ... Sollten Sie nicht wirklich einmal etwas tun, um sich über die Stimmung der Kreise außerhalb der Regierung zu vergewissern? Da sind z. B. die Gewerkschaften. Wer in der Regierung hat von ihnen eine Ahnung? Von den beiden zuständigen Ministern, [Hugo] Schäffer [Arbeit] und [Hermann] Warmbold [Wirtschaft], ist der erste zu unbeweglich und der zweite zu doktrinär.«

Schäffer war vor einer Woche von Wilhelm Eggert, dem Vorsitzenden des Allgemeinen Deutschen Gewerkschaftsbundes, besucht worden. Dabei hatte man bereits die Möglichkeiten eines Gesprächs mit Papen oder Schleicher erörtert.[23] Eggert war dafür gewesen, und so brachte Schäffer seine Bitte nun gleich an der richtigen Stelle vor. Planck ging bereitwillig darauf ein: »Man könnte sie ja einmal mit Schleicher sprechen lassen. Glauben Sie, daß sie kommen würden, wenn man sie einlädt?« – »Das denke ich sicher, wenn man sie persönlich bittet.« Planck schlug vor, mit dem Gewerkschaftsführer Theodor Leipart zu telefonieren. Auf keinen Fall wolle er die Vertreter der Gewerkschaften jedoch zu Papen bitten, weil dann die anderen Minister dabei wären, »sondern zu Schleicher unmittelbar«. Schäffer unterstützte das und sagte: »Aber besser in die Wohnung, damit sie nicht durch das Reichswehrministerium zu gehen brauchen.«

Tags darauf vermittelte Planck aus der Reichskanzlei das Telefongespräch mit Leipart. Zunächst sprach Schleicher mit ihm, doch Leipart wollte sich nicht mit dem Reichswehrminister unterhalten, weil die Gewerkschaften über die Rolle des Militärs beim Preußenputsch äußerst verbittert waren. Er sprach dann mit Papen, und sie vereinbarten ein Treffen für den nächsten Tag, den 30. Juli 1932, am Vorabend der Wahlen. An dem Gespräch nahmen nur Papen und Planck, die Gewerkschaftsvertreter Leipart, Eggert und Peter Graßmann sowie ein Berichterstatter des Reichswehrministeriums teil. Papen bedankte sich für das Erscheinen der Gewerkschafter und wollte wissen, ob »die Gewerkschaften ihre Leute so fest in der Hand haben, daß sie unbedingt Ruhe ohne Rücksicht auf den Ausgang der Wahlen garantieren können«. Leipart und Graßmann bejahten diese Frage »rückhaltlos«. Die zweite Frage, von Papen recht verschlüsselt formuliert, bezog sich auf ein eventuelles Treffen der Gewerkschafter mit nationalsozialistischen »Wirtschaftstheoretikern«, gemeint war Gregor Strasser.[24] Offenbar zeigten sich die Gewerkschaftsvertreter auch da recht aufgeschlossen, so daß eine Begegnung im September vereinbart werden konnte.

Planck, der dieses Treffen eingefädelt hatte, konnte seinem Freund Schäffer am 22. August, einen knappen Monat nach dem gemeinsamen Frühstück, in einem weiteren Gespräch berichten: »Im übrigen ist die Unterhaltung, die Sie seinerzeit mit den Gewerkschaften vermittelt haben, hervorragend verlaufen. Man ist sich wirklich viel näher gekommen, und man hatte das Gefühl, was es auch für die Gewerkschaften bedeutete, daß sie ihre Sorgen loswerden konnten.«[25]

Juli 1932: Neuwahlen

Am 31. Juli 1932 sollte gewählt werden. Da lag es für Schäffer und Planck nahe, bei ihrem Treffen am 28. Juli über das Verhältnis der Regierung zum Zentrum und zu den Nationalsozialisten zu sprechen, denn beide Parteien würden bei der nächsten Regierungsbildung eventuell eine Rolle spielen.[26] Zunächst ging es um das Zentrum. Planck sagte, die Regierung »hofft, daß die Wahlen so ausfallen werden, daß sie ohne Zentrum regieren kann. Andererseits melden sich täglich sehr prominente Führer des Zentrums und versichern Papen ihre Sympathie. Sie sagen, daß die Haltung des Zentrums nicht dauernd von der Tatsache, daß Brüning verärgert ist, beeinflußt werden kann. Sie würden eben andere Leute in den Vordergrund stellen und Brüning eine Zeitlang nach hinten stellen.«

Schäffer, der noch am selben Morgen bei Brüning gewesen war, bestätigte die Tatsache, daß der ehemalige Kanzler, »der immer nach der rechten Seite des Zentrums« neigte, durch die Berufung Papens »sehr getroffen« worden sei. Gleiches gelte für die Bevorzugung von »Bracht, der gleichfalls ein Schützling von Brüning war«. – »Aber jetzt mögen sie sich nicht mehr«, warf Planck ein. Schäffer hielt es »für sehr wichtig«, daß Bracht noch andere Beziehungen zum Zentrum aufbaue, zum Beispiel zu Adam Stegerwald, dem früheren Arbeitsminister unter Brüning. »Das ist doch ein sehr anständiger Mann, der sich nicht seine Haltung durch Verärgerung beeinflussen lassen wird.«

Planck wollte sogleich »veranlassen, daß Bracht sich mit Stegerwald in Verbindung setzt. Im ganzen wird das Kabinett, solange es noch damit rechnet, die Mehrheit allein für rechts zu bekommen, nichts tun, um sich dem Zentrum, auf das es sehr schlecht zu sprechen ist, zu nähern.« Das galt nur für den Fall, daß die Wahlen günstig ausgingen, also die insgeheim befürchtete Koalition aus Nationalsozialisten und Zentrum keine Basis fände. Es hatte Annäherungsversuche in der Hinsicht gegeben. Folglich war die nächste Frage Schäffers: »Rechnen Sie denn auf eine Mehrheit allein aus den Nazis, den Deutschnationalen und den Rechtssplittern?«

Planck erklärte: »Hitler hat mir zwar erst vor zwei Tagen sagen lassen, daß er nach seinen Erfolgen im Westen ganz fest überzeugt sei, allein die Mehrheit zu erhalten, aber ich glaube nicht daran. Entweder die Rechte bekommt wirklich allein die Mehrheit. Dann wird sie sich noch um einige Nationalsozialisten vervollständigen. Die Auffassung von Schleicher ist, daß man so regsame Leute wie Hitler und Strasser am besten dadurch unschädlich macht, daß man sie richtig zum Arbeiten einspannt. Vielleicht wird man nicht darum herumkommen, ihnen dann in Preußen die entscheidenden Stellen, vielleicht auch das preußische Innenministerium, zu geben. ... Schwierig wird die preußische Frage aber überhaupt sein. Hitler hat selbst gesagt, er will eine weitere Tagung des preußischen Landtages verhindern. Er (Hitler) sei völlig unitarisch. Was solle dieser Landtag überhaupt?« Hätten diese Ausführungen Hitlers das Kommende nicht schon ahnen lassen müssen? Vielleicht war man blind, weil man selbst damit angefangen hatte, den Föderalismus ernsthaft zu beschädigen.

Schäffer fragte besorgt, ob im »Falle des Sieges der Rechten die Verfassung geändert werde. Wird man eine Änderung des Wahlgesetzes einleiten?« – »Daran denkt niemand, und Gayl, der ein verfassungstreuer Mann ist, würde sich dem auch ausdrücklich widersetzen. Viel schwieriger ist übrigens die Sachlage, wenn die Rechte keine volle Mehrheit hat. Dann wird entweder das Kabinett versuchen, mit dem Zentrum einig zu werden. Wenn das Zentrum ablehnend ist oder zu hohe Bedingungen stellt, dann wird das Kabinett als Minderheitskabinett vor den Reichstag treten, sich dort freilich auf die Rechte stützen und mit der Drohung der Auflösung sich seine Mehrheiten erzwingen. ... Notfalls müßte eben aufgelöst und neugewählt werden.«

Schäffer fand das fatal, »da weitere bevorstehende Wahlen alles rückkehrende Vertrauen hindern würden. ... Man muß für einige Zeit jede Wahl vermeiden.« Das führte ihn allerdings zu der Frage, ob es bei der Regierung Pläne gebe, »sich eine Mehrheit etwa dadurch zu verschaffen, daß man die kommunistische Partei nach den Wahlen verbietet und damit deren Stimmen im Parlament ausschaltet«. Genau das also, was Hitler später tun sollte. Planck antwortete: »Ich kann Ihnen ganz bestimmt versichern, daß dies niemand in der Regierung will.«

Nun wollte Schäffer wissen: »Wie denkt sich Schleicher seine Rolle in der nächsten Zeit?« – »Schleicher ist sich klar, daß keine Rechtsregierung in den nächsten Jahren ohne seine Mitwirkung bestehen wird und daß jede Regierung in den nächsten Jahren wahrscheinlich eine Rechtsregierung sein wird. Dafür spricht der starke Ruck nach rechts, der in der Bevölkerung erfolgt ist.« Schäffer hakte nach: »Sie halten also eine irgendwie gewaltsame Umwälzung nach den Wahlen für ausgeschlossen.« – »Völlig. Für deren Niederschlagung ist aber bereits Vorsorge getroffen.« Wie sollte Planck ahnen, was in ein paar Monaten geschehen würde und wie wenig die »Vorsorge« wert war? Schäffer hatte »ein unheimliches Gefühl«, weil »in einer solchen Zeit« der Reichspräsident nicht in Berlin war – er hatte sich auf Gut Neudeck zurückgezogen.

Der 31. Juli kam, und das Wahlergebnis war eine Katastrophe. Die NSDAP wurde mit 230 von insgesamt 608 Abgeordneten stärkste Fraktion im Reichstag. Der Fall X war eingetreten: Mit dem Zentrum zusammen hatte die Regierung eine Stimme Mehrheit. Das Wahlergebnis schockierte auch Planck. Leicht ironisch schrieb er an seinen Freund Rhenius: »Ich glaube, der erste Akt des von Dir so geliebten ›Kabinetts der Barone‹ nähert sich dem Ende. Man wird wohl die Nazis zur Verantwortung heranziehen müssen. Zur Zeit wird um den Preis gehandelt. Wir wollen ihnen natürlich viel Verantwortung und möglichst wenig Macht geben; die verehrten Pgs [Parteigenossen] wollen natürlich das Umgekehrte. Heute mittag fahre ich mit Nelly im Wagen für 48 Stunden nach Friedrichsruh, wo ich bei Bismarck einige Leute treffe.«

Es war der 6. August. Planck traf in Friedrichsruh bei Fürst Otto, dem Enkel des ersten Reichskanzlers, seinen Freund Gottfried Graf v. Bismarck-Schönhausen und andere Gesinnungsgenossen, um über das weitere Vorgehen der Regierung zu diskutieren. Zusammen mit diesem Gottfried v. Bismarck sollte er zwölf Jahre später vor dem Volksgerichtshof stehen und verurteilt werden.

Das Resultat all dieser Sondierungen, auch mit den Nationalsozialisten, war dann der Besuch Hitlers beim Reichspräsidenten am 13. August. Man bot ihm den Eintritt in die Regierung an. Da Hitler aber den Kanzlerposten beanspruchte, kam es zu keinem Ergebnis. Keine Seite wollte nachgeben.

Die Hintergründe dieses Treffens bei Hindenburg und die Folgen des Wahlsieges der NSDAP wurden deutlich bei einem Gespräch zwischen Planck und seinem Amtsvorgänger Pünder am

17. August. Man traf sich zum Mittagessen in Pünders Wohnung in der Reichskanzlei. Es war die Wohnung, in die Planck nun selbst bald einziehen sollte, ohne zu ahnen, daß der ganze Umstand nur für knapp sechs Wochen gemacht werden würde. Es war eine sehr schöne Wohnung mit großem Garten und Dachterrasse.

Pünder schreibt in seinem Tagebuch, er habe »sehr interessant mit ihm [Planck] die ganze politische Lage durchgesprochen«.[27] Allerdings scheint er zunächst seinem Ärger Ausdruck verliehen zu haben. »Einstweilen stockt politisch überhaupt alles, da alles überschattet wird von der Frage der Haltung der künftigen Reichsregierung und ihrer Unterstützung im neuen Reichstag. Jetzt muß sich zeigen, ob der jähe Kabinettssturz vom 30. Mai überhaupt eine Spur von Sinn gehabt hat. Viel Unheil ist dadurch bisher schon angerichtet worden. Ruhe und Ordnung ist mehr denn je gefährdet. Jedenfalls war es zur Zeit der Regierung Brüning erheblich ruhiger im deutschen Land.« Planck konnte nicht umhin, das zuzugeben.

Pünder fand, daß seit dem denkwürdigen Gespräch bei Hindenburg am 13. August der »völlige Abbruch der Verhandlungen und offenbar auch der Beziehungen zwischen Reichsregierung und Nationalsozialisten« erfolgt und damit das eigentliche Ziel – die Hereinnahme der Nazis in die Regierung – nicht erreicht worden sei. Planck gab zu, »daß nach der völligen Absage der Nazis und dem großen Krach einer der wesentlichsten Gründe zur Bildung der Reichsregierung von Papen illusorisch geworden« sei. »Allerdings«, so betonte er, sei »jetzt im Gegensatz zur Zeit Brünings ... [für] das ganze Volk die Überheblichkeit der Nazis klar und deutlich, vor allem auch [für] das Heer.« In diesem Zusammenhang habe ihm vorgestern General Hammerstein gesagt, »daß er erst jetzt wieder ruhig schlafen könne, da er jetzt wisse, daß er der Truppe eventuell wieder befehlen könne, auf die Nazis zu schießen. Bei der Armee herrsche jetzt seit Sonnabend eine außerordentliche Wut gegen die Nazis. Insofern [hat] die jetzige Regierungspolitik noch ihr Gutes gehabt.« – »Aber wohl nur insofern!« warf Pünder sarkastisch ein.

»Schleicher ist nun obenauf und tatenfroh«, fuhr Planck fort, ihm traue er Großes zu, und einem solchen Mann stelle er sich gern zur Verfügung. Im Kabinett habe Schleicher manchmal Krach gehabt mit den Ministern Neurath und Gayl. »Kein Wunder«, meinte Pünder, »da ja gerade diese beiden eventuell den Nazis hätten geopfert werden sollen. Jetzt nach der Absage der Nazis [sitzen] aber alle fest.« – »Ganz im Vertrauen« fügte Planck hinzu, sie hätten »am Samstagnachmittag aus der amtlichen Verlautbarung eine ›Emser Depesche‹* gemacht«. Die Besprechung habe nämlich »nicht nur zehn Minuten gedauert«, sondern eine halbe Stunde, und »nicht stehend stattgefunden, sondern sitzend am Tisch im alten Bismarckzimmer«. Hitler habe auch nicht »die gesamte Staatsgewalt« verlangt. Nur habe der Reichspräsident den »böhmischen Gefreiten«, vor dem er »keinerlei Respekt« habe, eben auf keinen Fall zum Kanzler machen wollen. Auch habe er sich geweigert, SA-Chef Ernst Röhm, der ihm »geradezu widerlich« sei, die Hand zu geben. »Das Angebot der Regierung an Hitler war: Vizekanzler für Hitler mit gleichzeitiger Vizepräsidentschaft in Preußen, Strasser als Reichs- und preußischer Innenminister und [Wilhelm] Frick als Kultusminister und gleichzeitig Reichsminister ohne Geschäftsbereich.«[28]

Pünder fragte nach, ob »Hitler sich bei etwaigem Angebot des Kanzler-Amtes und einiger anderer Ressorts zufriedengeben« hätte. Planck: »Dies [wäre] wohl wahrscheinlich gewesen. Aber aus anderen Bemerkungen in der Besprechung bei Papen und einigen anderen Erörterungen [ist] doch ganz klar hervorgegangen, daß die Nazis an die volle Gewaltübernahme gedacht [haben]. So [hätten] sie im Falle der Kanzlerschaft Hitlers vorgehabt, die SA um den Reichstag zu massieren und dann die ›Marxisten‹ gewaltsam aus dem Reichstag zu entfernen. Ferner hätte man laut [dem Berliner SA-Führer] Graf Helldorf der SA Berlin für einige Tage ›überlassen‹, wobei wohl an die 5000 auf Listen eingetragene marxistische Gegner ›unschädlich‹ gemacht werden sollten.« – »Ob das alles stimmt?«

---

* Bismarck hatte 1870 eine an Frankreich gerichtete Botschaft des preußischen Königs Wilhelm I. in der »Emser Depesche« so verkürzt, daß daraus der Anlaß für den deutsch-französischen Krieg wurde.

wandte Pünder ein, fügte aber hinzu: »Manchen Nazis ist allerdings wohl alles zuzutrauen.«

Keiner von beiden zog die Konsequenzen aus derart bedrohlichen Szenarien, statt dessen fuhr Planck fort: »Große Sorge hat die Regierung jetzt wegen der Verhandlungen zwischen Nazis und Zentrum [in Preußen], die sie vermutlich wohl zu hintertreiben sucht. Jedenfalls sucht man dem Zentrum angst und bange vor den etwaigen neuen Volksgenossen zu machen. Wenn trotzdem wirklich zwischen beiden eine Einigung zustande käme, bedeutete das nach [meiner Meinung] bestimmt den Rücktritt der Regierung von Papen.« – »Das scheint mir sehr glaubwürdig zu sein«, stimmte Pünder zu, denn wenn das gleiche im Reich passierte, hätten die beiden Parteien im Reichstag zusammen eine Mehrheit von zwölf Stimmen.

Tags darauf informierte Planck Pünder über den Stand der »sehr ernstlichen« Verhandlungen zwischen den Nazis und dem Zentrum, das in dieser Frage inzwischen in »zwei Lager« gespalten sei. Ähnlich sei es »bei den Nazis: Kube, Strasser und Goebbels sind *für* die Koalition, während Reichsleitung, Hitler und Röhm, dagegen sind. ... Die Reichsregierung [sieht] aber trotzdem ohne große Sorgen diesen Koalitionsverhandlungen zu«, weil man, wie Planck »nach einigem Zögern und Drängen« zugab, eventuell den preußischen Landtag auflösen würde. »Diese Zuständigkeit liegt bekanntlich bei dem berühmten Dreimännerkollegium.«

Planck erinnerte an Artikel 14 der preußischen Verfassung: Demnach konnte der Landtag, außer durch eigenen Beschluß oder Volksentscheid, auch vom Ministerpräsidenten zusammen mit dem Landtagspräsidenten und dem Staatsratsvorsitzenden aufgelöst werden. Pünder meinte dazu: »Ob Herr v. Papen hierbei stark hervortreten könnte als Reichskommissar, ist wohl zweifelhaft. Dagegen sind die beiden anderen Mitglieder Kerrl und Adenauer[*] absolut handlungsfähig.«

---

[*] Hanns Kerrl (NSDAP) war preußischer Landtagspräsident. Der spätere Bundeskanzler Konrad Adenauer war zu dieser Zeit als Oberbürgermeister von Köln Mitglied des preußischen Herrenhauses und Präsident des preußischen Staatsrates.

Tatsächlich, so berichtete Planck, bestünden »seit einiger Zeit sehr enge und gute Beziehungen zwischen Schleicher und Adenauer. Letzterer [ist] absolut der Auffassung, daß jetzt in Preußen keine Koalition zwischen Nazis und Zentrum zustande kommen dürfe. Deshalb [hat] er sich Schleicher gegenüber einverstanden erklärt, seine Stimme im Dreimännerkollegium gleichfalls für [eine] Auflösung einzusetzen.« – »Äußerst interessant«, bemerkte Pünder, »aber ob das stimmt?«

Pünder besprach alles, was er erfahren hatte, mit Brüning, und beide konnten »nicht bestreiten, daß die sachliche Arbeit der Regierung großen Elan« habe. Doch Schäffer gegenüber hatte Brüning noch Ende Juli geäußert: »Ich sehe nach wie vor sehr schwarz. Die Regierung trudelt innen- wie außenpolitisch in alles mögliche hinein. Wie wir daraus wieder einmal hochkommen sollen, weiß ich nicht.«[29] Einen Monat später wandte er sich gegenüber Schäffer ganz klar »gegen ein System der aufeinanderfolgenden Auflösungen und noch mehr natürlich gegen ein System, das einen Verfassungsbruch als Möglichkeit mit in Rechnung« stelle. Er befürworte »eine Koalition mit den Nazis ... als das kleinere Übel«, auch unter einem Reichskanzler Schleicher, doch hätte er »trotz der Sprunghaftigkeit Hitlers natürlich am liebsten ein Kabinett Hitler, weil nur auf diese Weise die Kandidatur für den Reichspräsidenten zu erledigen wäre«.[30]

Am 22. August 1932 trafen sich Schäffer und Planck zu einem gemeinsamen Mittagessen in Charlottenhof.[31] Es war ein heißer Sommertag, und Schäffer meinte launig: »Wenn wir die Biersteuer nicht halbiert hätten, hätten wir bei dieser Hitze den ganzen Haushalt gesundgesoffen. Schade!« Zunächst hatte Schäffer befürchtet, daß Planck »der aufgeregten Zeiten wegen absagen« würde. Grund für die Aufregung war ein Telegramm Hitlers an die SA-Mörder von Potempa, just an diesem Tag. Fünf SA-Männer hatten einen Kommunisten vor den Augen seiner Mutter totgeprügelt, waren vor Gericht gestellt und zum Tode verurteilt worden. Nun solidarisierte sich Hitler mit ihnen.

Planck diagnostizierte den »Übergang der Nazis zur scharfen Opposition. In [dem Telegramm] findet sich auch die Bemerkung, die mich bei dem Gespräch zwischen Papen und Hitler so gestört und die auch den alten Herrn so böse gemacht hat, daß man seine Gegner ›vernichten müsse‹. Bei der Unterhaltung mit Papen hat Hitler auseinandergesetzt, daß ein gut regierter Staat wie Italien, Rußland und die Türkei eben nur eine Weltanschauung übriglasse und die anderen persönlich und sachlich vernichte. Auf den Vorbehalt Papens, daß so etwas doch in einem Kulturstaat gar nicht in Frage komme und daß auch in Italien nur wenige Menschen beseitigt worden seien, hat Hitler erwidert, das sei ein Irrtum. Das sei nur nicht bekannt geworden. Es seien auch in Italien 5000 Menschen getötet worden. Mit dieser Anschauung habe dann Papen, und auch Schleicher, nicht paktieren können. Auch der alte Herr sei feindlich geworden, als Hitler begann, von der Gewalt zu reden. ... Strasser hat es Hitler zum Vorwurf gemacht, daß er die ihm angetragene Beteiligung an der Macht nicht angenommen hat. Umgekehrt hätten die SA-Abteilungen die Zurückweisung der Beteiligung gebilligt.« Als Schäffer sich nach dem Einfluß von Goebbels erkundigte, meinte Planck, daß dieser »wiederum im Wachsen« sei; dagegen hätten sich »die Aussichten für ein Zusammengehen der Nazis mit dem Zentrum« nach dem Todesurteil gegen die SA-Männer »wieder verschlechtert«.

Am 30. August sollte der Reichstag eröffnet werden. Eine Blankovollmacht Hindenburgs zu seiner alsbaldigen Auflösung lag bereits vor. Planck bestätigte, daß die Regierung »ein Mißtrauensvotum nicht abwarten, sondern vorher auflösen« werde. Als Schäffer nachhakte: »Was erwartet sie von der Auflösung?«, sagte Planck: »Einen neuen Reichstag, zu dem vielleicht 1 bis 2 Millionen Nazistimmen weniger sind.« – »Doch wohl nur«, wandte Schäffer ein, »wenn die Nazis inzwischen genötigt wären, Farbe zu bekennen. Man müßte unbedingt sehen, daß vor der Auflösung noch einige der Anträge behandelt werden, welche die Nazis zu einer klaren Stellungnahme zwingen.«

Planck befürchtete, was dann tatsächlich eintrat, nämlich »daß man von einem Mißtrauensvotum überrumpelt wird«. Schäffer fand, man könne »von den Sozialisten erreichen, daß eine solche Überrumpelung nicht erfolgt und daß alle Notverordnungen erst in die Ausschüsse verwiesen werden, ehe eine

Aufhebung erfolgt. Dann haben sie immer noch genug Zeit.« Außerdem dachte Schäffer an das Danach; sollte dann »wieder gewählt werden?« Plancks Antwort ist interessant: »Darüber sind die Ansichten noch verschieden. Papen will offenbar wieder wählen lassen. Ich bin im Innersten meines Herzens dagegen. Ich glaube auch nicht, daß der alte Herr, der alles Zwecklose haßt, für eine solche nochmalige Wahl zu haben sein wird. Er bringt das auf die einfache Formel: ›Die sollen doch froh sein, wenn ich ihnen den Hitler vom Halse halte.‹ Wie sich das ohne Verfassungsbruch aber machen läßt, weiß ich nicht.«

In den Gesprächen von Planck und Schäffer spielten auch immer wieder private Meinungen über dritte Personen eine Rolle, was bisweilen zu amüsanten Wortwechseln führte. So hatte Schäffer schon bei dem Treffen Ende Juli auf die Bemerkung Plancks, daß Schacht vielleicht Vertreter Deutschlands bei der Weltwirtschaftskonferenz in Washington werden sollte, schmunzelnd geantwortet: »Ich verstehe diesen Gedanken. Jede deutsche Regierung sichert sich ihr Leben am besten dadurch, daß sie Schacht möglichst stark und möglichst weit entfernt von sich beschäftigt. Wenn ich gefragt würde, würde ich für ihn einen Botschafterposten in Tokio bei gleichzeitiger Zerstörung der sibirischen Bahn empfehlen.«

Sie lachten bei dieser Vorstellung und nahmen sich nun Schleicher vor. Schäffer erzählte von einem Freund, der »an einem Buch über Schleichers Charakter« schreibe. Planck lachte: »Der Arme! Ich kenne Schleicher freilich genau und habe mich auch noch nie über das, was er wirklich will, getäuscht.« Daraufhin zeigte Schäffer ihm die »Analyse von Schleichers Charakter ...: Wille 8, Intellekt 8, Temperament 8, Phantasie 6, Feinfühligkeit 2, Menschlichkeit 2, Zuverlässigkeit 2, Eitelkeit 7, Bildungsniveau 4.« Planck erwiderte: »Ich würde den Willen mit 9 bewerten, außerdem die Phantasie mit 8 statt mit 6. Der Mann hat wirklich aufbauende Gedanken. Die ganze Idee der ›überparteilichen Reichswehr‹ stammt von ihm. Ferner können Sie für Gemüt und Menschlichkeit statt 2 eine 6 setzen.«

Schäffer erstaunt: »Ach nein?« – »Ja, wirklich.« – »Wie äußert sich das?« fragte Schäffer ungläubig. »In verschiedener

Weise. Er hat eine alte Tante, die er jeden Sonntag im Tiergarten zwei Stunden spazierenführt. Er ist wirklich fromm und hat einen ganz primitiven, kindlichen Glauben.« – »Das beweist nichts«, protestierte Schäffer, »ein solcher kindlicher Glaube ist oft nur das Sicherungsmittel gegen Gewissensbisse, um ungestraft sündigen zu können.« – »Das mag sein. Aber dann müssen Sie sehen, wie er seinen Hund behandelt und daß er kein Wesen leiden sehen kann. Auch seine Liebe zu Kindern gehört hierher.« – »Das ist schon eher ein Gesichtspunkt«, konzedierte Schäffer. Planck fuhr fort, die Werte zu korrigieren: »Bei der Eitelkeit können Sie ruhig statt der 7 eine 8 setzen, und das allgemeine Bildungsniveau ist mit 3 statt mit 4 hoch genug eingeschätzt.«

Papens Niederlage

Am 30. August 1932 wurde der neue Reichstag plangemäß eröffnet. Wie vorausgesehen, wurde Hermann Göring zum Reichstagspräsidenten gewählt; auch das Zentrum stimmte für ihn. Gleichzeitig mußte der Sozialdemokrat Paul Löbe bei der Wahl des Vizepräsidenten dem Zentrumsabgeordneten Thomas Esser das Feld überlassen, den die Nazis vorgeschlagen hatten. Die Kommunistin Clara Zetkin, mit 75 Jahren die Alterspräsidentin, führte aus, sie wolle noch das Glück erleben, den ersten Rätekongreß Sowjetdeutschlands zu eröffnen. Verständlich, daß die Regierung unter diesen Bedingungen ihren Geschäften lieber ohne das Parlament nachging.

Am 12. September trat der Reichstag zu seiner zweiten Sitzung zusammen. Einziger Punkt der Tagesordnung: das Wirtschafts- und Arbeitsbeschaffungsprogramm der Regierung. Die Wirtschaft sollte angekurbelt werden, zum einen durch private Investitionen mit Hilfe von Steuergutscheinen und einer Aufweichung des Tarifrechts, zum anderen durch eine stärkere private Nachfrage als Folge von Erleichterungen im Kreditwesen. Das Programm fußte auf den günstigen Wirtschaftsprognosen, die nach der Konferenz von Lausanne in Deutschland wie in den angelsächsischen Ländern veröffentlicht worden waren.

Der kommunistische Abgeordnete Ernst Torgler verhinderte jedoch Papens Regierungserklärung durch einen Antrag auf Änderung der Tagesordnung. Zunächst sollte über die Aufhebung der beiden sozialpolitischen Notverordnungen vom 4. und 5. September – sie hatten das Tarifrecht praktisch ausgehebelt und begünstigten die Arbeitgeber – abgestimmt werden, dann über ein Mißtrauensvotum gegen die Regierung. In der Sitzungspause mußte Planck für seinen fassungslosen Kanzler die von Hindenburg als Blankovollmacht gegebene Auflösungsorder in der bekannten roten Mappe holen. Als die Sitzung fortgesetzt wurde, legte Papen die Mappe demonstrativ auf den Tisch. Göring übersah sie absichtlich, nahm auch weder die Wortmeldung Papens noch die Ermahnung durch dessen Staatssekretär Planck zur Kenntnis und führte die Abstimmung über den Mißtrauensantrag durch. Wenn diese auch nicht legal war, so hinterließ sie doch einen verheerenden Eindruck. 560 Stimmen wurden abgegeben, 512 Abgeordnete votierten für den Antrag, 42 dagegen, fünf enthielten sich, eine Stimme war ungültig. Stürmischer Beifall im Saal.

Im Spiegel von Pünders Tagebucheintragungen »ein ereignisreicher Tag, ... dramatische Vorgänge, von niemandem erwartet. ... Die Regie der Regierung schlecht, wenn auch der Reichstagspräsident Göring sich sehr blamiert und verfassungswidrig benommen hat. Als einzige positive Tat steht die ungeheure Mehrheit für das Mißtrauensvotum fest, wenn auch staatsrechtlich vielleicht unerheblich, ist dies von großer psychologischer Bedeutung.«

Da Papen im Reichstag nicht zu Wort gekommen war, wandte er sich über den Rundfunk an das deutsche Volk. Der Diplomat Harry Graf Kessler hörte die Ansprache und notierte darauf in seinem Tagebuch: »Eine aufgeregte, ungeschickte, verlogene Rede voller Wiederholungen, die in der unverschämten Behauptung, hinter ihm stünden alle guten Deutschen, an Hochstapelei und Schwindel grenzte. Die Mischung aus hohlem Pathos und Unbeherrschtheit wirkte widerlich, zu welchem üblen Eindruck auch noch das dick aufgetragene, salbungsvolle Christentum beitrug, das zum aufgeregten, barschen Kommandoton in Gegensatz stand. Sachlich blieb übrig, daß dieser Leithammel uns hinter Bismarck und Stein in den aufgeklärten Absolutismus des achtzehnten Jahrhunderts zurückführen will.«[32] Sollten andere die Rede auch so empfunden haben, dann hätte sie nicht weniger verheerend gewirkt als die Sitzung des Reichstages selbst.

Auch beim Gang der drei Staatssekretäre Meissner, Planck und Zweigert zu Göring am selben Tag kam nichts heraus. Sie erklärten ihm, daß sein Verhalten verfassungswidrig gewesen sei. Göring widersprach,[33] und mit den Stimmen von Nationalsozialisten und Kommunisten wurde ein parlamentarischer Untersuchungsausschuß gebildet, der Papen, Gayl und Planck verhören sollte.[34]

Als Schäffer von dem Desaster im Reichstag hörte, bemühte er sich sofort, Planck zu treffen. Bei dem Gespräch am 15. September sagte er ihm dann, daß die Regierung unbedingt vor dem Ausschuß erscheinen müsse, denn »dieser Kleinkrieg zwischen Parlament und Regierung« wirke »überaus unerfreulich und häßlich«.[35] Planck fand das zwar auch, »aber es ist schwer, den richtigen Weg zu finden. Die Regierung kann nicht riskieren, vor dem ... Untersuchungsausschuß zu erscheinen. [Der Ausschußvorsitzende Paul] Löbe ist zwar sehr verständig, aber die Nazis und die Kommunisten haben in dem Ausschuß die Mehrheit. Jeden Augenblick kann das Vernehmungsthema ausgedehnt werden. Außerdem können die Herren der extremen Parteien einfach den Reichskanzler dann mit der Erklärung nach Hause schicken, daß er demissionieren müsse und daß seine Notverordnungen aufgehoben seien.«

Planck schien ratlos und machte sich Vorwürfe, weil er vielleicht »an der Entwicklung dadurch schuld sei, daß er nicht noch mehr auf die Erhebung des Widerspruchs gegen die sofortige Abstimmung gedrängt« und sich zu sehr auf Ernst Oberfohren, den Fraktionschef der Deutschnationalen, verlassen habe, der Widerspruch einlegen wollte, es dann aber nicht tat. »Die ganze Gesellschaft im Reichstag war so verdattert und so hilflos, daß keiner wußte, was er tun sollte.«

Nach einer Besprechung des Kanzlers mit Paul Löbe[36] tagte der Untersuchungsausschuß schließlich doch, und sowohl Papen als auch Planck wurden ausführlich zur Reichstagssitzung am 12. September befragt. Am Ende kam dabei genausowenig heraus wie im Parlament selbst. Eines aber war klar geworden: Mit der Tolerierung, die man Brüning noch gewährt hatte, war es vorbei. Im Reichstag gab es für eine konstruktive Arbeit keine Mehrheit mehr. Man sprach vom »Staatsnotstand« oder wie Pünder gar vom »offenen Bürgerkrieg«. Es war absehbar, was kommen würde, wenn nun der Wahlkampf begann. Am 7. November sollte gewählt werden. Papen glaubte, mit der Auflösung des Reichstags seine Regierung retten zu können – er mußte das Gegenteil erleben.

Als Schäffer und Planck bei dem Mittagessen Mitte September das Problem des Untersuchungsausschusses besprachen, konnten sie sich gegenseitig bestätigen, daß Brüning sich wieder gefangen habe. Beide würdigten, daß »er die Dinge in einem großen Rahmen sieht und über lange Zeit hinausdenkt«. Aber seinen »Hauptwunsch«, Hitler unbedingt zum Kanzler zu machen, fand Planck unbrauchbar, zumal sich, wie er meinte, bereits »viele Leute ... von der Partei ab[wenden], und das nimmt Hitler das ganze Prestige. Ich rechne damit, daß die Nazis 10–50 Sitze verlieren. Der ihnen zugefügte Prestigeschaden ist aber viel größer. Ich glaube nicht mehr, daß sie zur Regierung kommen.« Planck hatte darüber sogar eine Wette abgeschlossen und für jeden verlorenen Sitz der Nazis eine Flasche Wein zugesagt.

Die Stimmung im Land war katastrophal. Zuckmayer, ein wacher Beobachter seiner Zeit, hielt sie fest: »Wer durch Berlin fuhr, sah in jedem Bezirk, besonders in den östlichen und nördlichen Stadtteilen, lange Schlangen von Männern anstehen, die elend aussahen, in abgerissener Kleidung, die Gesichter fahl und gedunsen, ungesund, unterernährt. Das waren die Stempelbrüder, deren Schar mit der Zeit immer größer, deren Anblick immer erbärmlicher wurde. Sie warteten vor den Arbeitsämtern. ... Und wie in Berlin standen sie in ganz Deutschland, vor den Arbeitsämtern, vor den Auszahlkassen, vor den Konsumvereinsläden, vor den Fabriken, die nur noch eine Teilschicht beschäftigen konnten, vor gesperrten Kohlenzechen, stillgelegten Gruben. Mehr als sechs Millionen standen in den

Jahren 1931–33 so in Deutschland herum, Arbeitslose, zum Nichtstun und Warten verdammt, und allmählich zur Hoffnungslosigkeit, unzufrieden mit allem, mit der Welt, in der sie lebten, mit dem Staat, der sie mühselig und knapp am Leben erhielt, mit sich selbst und ihrer Geduld.«
Diese Massen aufzuhetzen war nicht schwer. »Aller Zorn, aller Haß, alle Empörung«, so Zuckmayer, »richteten sich gegen diesen Staat, von rechts als ›Judenrepublik‹, von links als ›Kapitalistenhofstaat‹ angeprangert. Die Notverordnungen, mit denen die Regierung versuchte, den Extremismus auf beiden Seiten zu beschwichtigen, erreichten das Gegenteil. Kommunisten und Nazis bekämpften sich untereinander bis aufs Messer: Es gab kaum eine Nacht, in der es nicht zu blutigen Gefechten und Schießereien kam. ... Selbst Vater Hindenburg ... vermochte nicht mehr, das Volk mit wirklicher Zuversicht zu erfüllen, ... der noble Greis ... war – ohne es zu bemerken – selbst zum Spielball divergierender ökonomischer und politischer Kräfte geworden. Schwerindustrie und Reichslandbund, die Organisation der hauptsächlich im deutschen Osten angesiedelten Großagrarier, standen einander feindlich gegenüber, und durch die Lücke zwischen diesen verhärteten Fronten schlüpfte Adolf Hitler wie ein Aal zur Macht.«[37]

Noch war es nicht soweit, noch standen die Reichstagswahlen bevor. Noch gab es eine Chance. Davon und vom falschen Verhalten der Regierung Papen war in dem Gespräch zwischen Schäffer und Planck am 28. Oktober 1932 die Rede, acht Tage vor der Wahl. Immer deutlicher offenbarte sich die Hilflosigkeit der Regierung und besonders die ihres Staatssekretärs Erwin Planck.[38]

Kaum hatten die beiden sich zu Tisch gesetzt, mußte Planck sich von Schäffer die Leviten lesen lassen: »Ich [bin] von dem menschlichen Verhalten der Regierung sehr enttäuscht.« Sie setze alle herab, mit denen sie zu tun habe, so Schäffers Vorwurf. Das seien »keine sauberen Methoden«, und jeden »anständig denkenden Menschen« rege das auf. Man schlage »das Opfer nieder und wühl[t] nachher in seinen Taschen«. Es bestehe »die Gefahr, daß auch die Behandlung des Leipziger

Spruches des Staatsgerichtshofes in dieser Weise« erfolge. Das Reichsgericht in Leipzig hatte drei Tage zuvor, am 25. Oktober, im Prozeß um den Staatsstreich vom 20. Juli 1932 dem Land Preußen zwar formal recht gegeben, aber die Exekutive dennoch beim Reich belassen.

Die Wirkung von Schäffers Kritik blieb nicht aus. Er notierte: »Planck ist von meinen Ausführungen sehr betroffen. Er hat nicht den Eindruck, daß die Regierung den politischen Kampf anders führe als andere Regierungen vor ihr. ... In der Frage Preußen müßte sie aber alle Möglichkeiten, die ihr der Leipziger Spruch gewähre, erschöpfen.« Gerade weil das Urteil unentschieden war, glaubte die Reichsregierung dies propagandistisch zu ihren Gunsten ausnutzen zu müssen. Fast hilflos wiederholte Planck das schon mehrfach beschworene einzige Ziel der Regierung, »die Hitlerwoge zu brechen«. Und das, so meinte er, sei nur zu erreichen, wenn sie alle linken Parteien bekämpfe, also auch die Sozialdemokraten.

Planck nannte das »Kraft zeigen« und setzte fast entschuldigend hinzu: »Sie ahnen ja gar nicht, was wir für Schwierigkeiten mit Hugenberg haben.« Doch die Vorwürfe ließen ihn nicht ruhen. Als Schäffer mit seiner Anklage begonnen habe, sei er »zunächst sehr traurig« gewesen, meinte Planck im weiteren Verlauf des Gesprächs, »aber wenn ich es mir jetzt überlege, dann tun Sie Papen doch wohl unrecht«. Auf verschiedenen Wegen habe er versucht, Fühlung mit dem Zentrum aufzunehmen, aber von überall sei »eine Ablehnung von schneidender Schärfe gekommen. Papen selbst haftet nicht am Amt. Er geht lieber heute als morgen. Aber woher diese Verärgerung des Zentrums?«

Schäffer meinte zu Plancks Ratlosigkeit: »Das darf Sie nicht wundern. Die Regierung Papen hat vom ersten Augenblick in der persönlichen Herabsetzung Andersdenkender mehr getan als irgendeine andere Regierung. Der einzige Erfolg, den Papen bisher gehabt hat, die Reparationsregelung, ist doch durchaus der Politik Brünings zu danken. ... Wo hat Papen diese Verdienste seines Vorgängers anerkannt? Dagegen hat er seine Politik als die eines Zauderers hingestellt und die geordneten Finanzen, ohne die das Regime Papen längst Schiffbruch gelitten hätte, als ein Trümmerfeld bezeichnet. Und solche Dinge kehren in jeder Rede Papens wieder.«

Trotz allem war Planck weiter zuversichtlich, um nicht zu sagen voller Illusionen. Zunächst wolle die Regierung »Verfassungsentwürfe, die übrigens noch ganz ungewiß sind, über den Reichsrat dem Reichstag zuleiten; der mag sie dann in den Ausschüssen weiter beraten und, wenn sie mit einer einfachen Mehrheit angenommen werden, dann werden wir darüber einen Volksentscheid stattfinden lassen. Darüber geht aber der Winter hin, und bis zum Frühjahr rechnen wir mit einer Besserung der Wirtschaftslage, die uns vielleicht einen willigeren Reichstag bescheren wird.«

Schäffer entgegnete: »Und was machen Sie, wenn die Mehrheitsbildung nicht zustande kommt? Die Nazis sind doch keineswegs willig, sich in eine Regierung Papen einzuordnen. Werden Sie ihnen auch den Reichskanzler anbieten?« Planck: »Das wird nicht geschehen, aber ich glaube, daß sie nach einer ungünstigen Wahl nachgiebiger sein werden. Gregor Strasser hat uns schon auf verschiedenen Wegen mitteilen lassen, daß er bereit sei mitzumachen, auch wenn Hitler nicht wolle. ... Auch innerhalb des gegenwärtigen Kabinetts.« Auf die Frage, was es bedeute, »wenn Gregor Strasser gegen Hitler mitmacht«, konnte Planck nur antworten: »Das weiß man nicht, aber Strasser hat eine sehr starke Stellung.« Noch traf das zu, aber es sollte nicht mehr lange so bleiben. Noch vor Jahresende legte Strasser seine Ämter nieder, weil er Hitler nicht von seinem gewerkschaftsfreundlichen Kurs und der Notwendigkeit einer Regierungsbeteiligung überzeugen konnte.

»Im übrigen«, so meinte Planck fast naiv, »ist doch dem Kabinett das, was es sich vorgenommen hatte, nämlich die Brechung der Hitlerwoge, durchaus gelungen. Auch die Reichswehr, die vor unserem Regierungsantritt sehr leicht zu den Nazis übergehen konnte, ist heute durchaus anders eingestellt. Sie steht hinter der überparteilichen Regierung.« Schäffer, sehr viel klarsichtiger, ertappte Planck sofort: »Das ist auch wieder eine solche Unaufrichtigkeit. Die Regierung ist doch nicht überparteilich. Man kann doch nur eine einzige Partei wählen, wenn man die Regierung stützen will.« Planck mußte einräu-

men: »Das ist zwar im Augenblick richtig, aber die Deutschnationalen sind mit uns nicht zufrieden, besonders im Personellen.« – »Dann«, folgerte Schäffer, »sind Sie wirklich überparteilich, weil Sie niemanden hinter sich haben.«
Im weiteren Verlauf des Gesprächs fragte Schäffer: »War nicht vor ganz kurzer Zeit noch in Regierungskreisen die Rede davon, daß ein solcher Grad von Unordnung entstehen könnte, daß man zu seiner Beseitigung die Monarchie wieder herstellen müßte?« Planck: »Ich will nicht leugnen, daß bei uns vor etwa vier Monaten, als wir der Reichswehr nicht sicher waren, solche Gedanken erwogen worden sind. Es ist damals an so etwas wie die Einsetzung von Friedrich Adolf Herzog zu Mecklenburg als Reichsverweser gedacht worden.« Viele ehemalige Fürsten, so erzählte Planck, hätten sich nach dem Amt des Reichsverwesers gedrängt, an der Spitze Kronprinz Rupprecht von Bayern. Brüning, der ebenfalls mit der Monarchie liebäugele, habe dem Kronprinzen das Amt des Reichsverwesers versprochen. »Aber heute sind alle weit von solchen Gedanken entfernt.«
Schäffer skeptisch: »Sagt Ihnen Schleicher wirklich seine letzten Gedanken?« Planck antwortete: »Ich bin wohl noch der einzige, bei dem Schleicher sich ausspricht. Seine Gedanken von heute kenne ich. Ob er übermorgen andere Gedanken haben wird, kann man bei Schleicher niemals wissen.« Ausdrücklich bestätigte Planck noch einmal: »Eine Antastung der Bestimmung, daß Deutschland eine Republik ist, war nicht beabsichtigt.« Schäffer widersprach: »Ich weiß es anders.« Das Gespräch begann sich im Kreis zu drehen. Schließlich rief Planck aus: »Man muß doch aber vor allem verhüten, daß die Sadisten zur Herrschaft gelangen ... Wenn die Sozialisten die Wahl haben zwischen Menschen, die ihnen die Kehle abschneiden, und solchen, die sie politisch bekämpfen, werden sie es sicher vorziehen, die letzteren zu tolerieren.«
Der 6. November 1932 brachte die Entscheidung. Es war ein naßkalter, trüber Sonntag. Das Leben in der Stadt war erstorben, denn die Verkehrsbetriebe streikten. Nationalsozialisten und Kommunisten unterstützten den Streik gemeinsam. Die NSDAP bekam die Quittung dafür, sie verlor immerhin 34

Sitze, während die KPD 12 und die DNVP 15 Sitze hinzugewannen, etwa so viele, wie Zentrum und Sozialisten zusammen verloren. Planck hatte mit seiner Prognose also gar nicht so falsch gelegen. Doch klarer wurde die Lage nicht.

Schleicher – eine Chance?

Es war, als brüte Deutschland etwas aus. In seinem Tagebuch zitiert Graf Kessler den englischen Journalisten Alexandro Shaw. Er hatte mit Papen gefrühstückt und anschließend Graf Kessler seine Eindrücke geschildert. Den Kanzler hielt Shaw vor allem für »leichtsinnig« – »ein Klubmensch, dem es immer gut gegangen sei und der sich keine Vorstellung von wirklichen Schwierigkeiten mache«. Papen habe nur gelacht, als Shaw zu ihm sagte: »Deutschland komme ihm vor wie ein großes, mit den modernsten Instrumenten ausgestattetes chemisches Laboratorium, wo alles auf das beste organisiert sei; nur gebe es in diesem Laboratorium zwei oder drei kleine Retorten, mit denen er nicht hantieren möchte, weil sie das ganze Gebäude in die Luft sprengen könnten.«[39]

Papen hatte zwar von Hindenburg den Auftrag erhalten, ein neues Kabinett zu bilden, weil der Reichspräsident, schwankend und müde, zu dem Zeitpunkt Papen mehr vertraute als Schleicher. Aber fast alle Minister, auch Schleicher, drängten schließlich auf Papens Entlassung, denn die Regierung besaß »keinerlei Resonanz im Volk oder bei den Parteien und [drohte] einen Bürgerkrieg heraufzubeschwören, wenn sie sich ausschließlich auf den Artikel 48 der Reichsverfassung und den hinter ihm stehenden militärischen Ausnahmezustand stützen müßte«.[40]

Zum gleichen Ergebnis hatten auch Vermittlungsbemühungen Schleichers geführt, der auf Wunsch Hindenburgs ein zweites Kabinett Papen vorzubereiten suchte.[41] In der Kabinettssitzung vom 2. Dezember schlug Papen vor, »aus seiner Regierung ein Präsidialkabinett zu machen, das für eine bestimmte Zeit die Möglichkeit haben sollte, die Verfassung außer Kraft zu setzen«, also den Reichstag »völlig auszuschalten«. Die entsprechenden Vollmachten sollte Hindenburg ihm geben; die Idee zu dem Ganzen soll, nach Carlowitz, ursprünglich von Hugenberg gestammt haben.

Auch Franz Seldte, der Bundesführer des Stahlhelm, und sein Stellvertreter Theodor Duesterberg hatten Mitte November den Reichspräsidenten »inständigst« gebeten, »die von den Parteien unabhängige autoritäre Form der Staatsführung zu erhalten«. Sie begründeten ihre Bitte mit der »Unmöglichkeit einer in sich ehrlichen zusammenhaltenden Parlamentsmehrheit« und mit dem Wunsch des deutschen Volkes nach einer »starke[n], von den Parteien wirklich unabhängige[n] Staatsführung, um endlich die friedliche Aufbauarbeit beginnen zu können«.[42]

Das aber hätte den militärischen Ausnahmezustand bedeutet, und die Befehlsgewalt hätte beim Kanzler gelegen. »Schleicher sah«, wie sein damaliger Mitarbeiter Carlowitz weiter berichtet, »hierdurch sein ganzes Lebenswerk, die überparteiliche Rolle der Reichswehr, gefährdet. Damit hätte die Reichswehr sich auf die sehr schmale Basis der DNVP festgelegt.« Dies hätte den Gehorsamsbegriff der Reichswehr völlig überfordert – ohnehin war der Gehorsam längst ein »heikles Thema geworden, denn die NS-Propaganda machte noch Halt vor den Kasernentoren, nicht aber vor den Gedanken und Gefühlen der einzelnen Reichswehrangehörigen. Damit wurde die Situation für die Reichswehr sehr ernst. Obwohl Papen dies bekannt war, trug er ... diese Pläne in der Kabinettssitzung vor.«[43]

Schleicher war entsetzt. Um auch seine Kabinettskollegen von der Gefährlichkeit der Situation zu überzeugen, bestellte er telefonisch Oberstleutnant Ott, den Chef der Wehrmachtsabteilung, zum Vortrag in die Ministerbesprechung. In einem Planspiel der Reichswehr mit Vertretern von Polizei, Post, Bahn und technischer Nothilfe hatte Ott herausgefunden, daß es für das Militär unmöglich sein würde, alle Gefahren eines Ausnahmezustandes auszuschalten und Ruhe und Ordnung zu gewährleisten. Zahlreiche Risiken waren sichtbar geworden: Es drohte ein Generalstreik, und zwar, wie der Berliner Verkehrsarbeiterstreik gezeigt hatte, von links und rechts. Die technische Nothilfe, die die notwendigste Versorgung aufrechterhalten mußte, war schutzlos gegenüber möglichen Angriffen. Und man wußte nicht, wie sich der Grenzschutz in Ostpreußen verhalten würde, der stark von Nationalsozialisten unterwandert war – damit wiederum ging die Gefahr von Grenzverletzungen durch die polnische Seite einher.[44]

Hinzu kam, daß die Regierung Papen unbeliebt war, es sechs Millionen Arbeitslose gab und die Menschen genug hatten von den ewigen Regierungswechseln. Ott berichtet: »Schleicher bestätigte mit Nachdruck meine Ausführungen über die Unzulänglichkeit der staatlichen Machtmittel.« Er war nicht gewillt, »die Truppe zum Büttel einer experimentierenden Regierung zu machen« – einer Regierung, die weder die Nationalsozialisten einzubinden vermochte noch zu einer Verständigung mit den traditionellen Parteien in der Lage war.

Otts Vortrag, den man übereinstimmend als glänzend beurteilte, machte deutlich, daß die letzte noch nicht politisierte Institution in Gefahr war, in die Politik hineingezogen zu werden. Eine starke Gruppe von Ministern – Krosigk, Popitz, Neurath und an der Spitze Bracht – wollte diesen »Husarenritt keinesfalls mitmachen«. Das Kabinett Papen trat zurück. Carlowitz kommentiert diese Entscheidung so: »Wieder wird gesagt, daß Schleicher Papen gestürzt habe, dabei ist er letztlich über den gleichen Strick gestolpert wie vorher Groener und Brüning.« Hindenburg gab seinen Widerstand gegen eine Kanzlerschaft Schleichers auf, mit den von Papen bezeugten Worten: »Ich bin zu alt geworden, um am Ende meines Lebens noch die Verantwortung für einen Bürgerkrieg zu übernehmen.«

»Der General erstrebte gewiß nicht das Kanzleramt«, stellt Schleichers Biograph Vogelsang zu Recht fest.[45] Seine Erkenntnis stützt sich auf intensive Befragung aller nach dem Krieg noch lebenden Zeugen. Übereinstimmend haben sie bestätigt, was Hermann Foertsch, langjähriger Mitarbeiter Schleichers, so ausdrückte: »Schleicher hat sich nach dem Abgang Papens dem Reichspräsidenten nicht selber als Reichskanzler empfohlen. Er hat sich im Gegenteil gegen diese Ernennung gesträubt und sich auch nach der Betrauung mit dem höchsten politischen Amt stets als Übergang empfunden, bis – wie er sagte –

einer von den beiden (Hindenburg oder Hitler) billiger spielen würde.«[46]

Über Papens Abgang war auch Planck erleichtert. Wie sich aus vielen Andeutungen und mehr noch aus beredtem Schweigen ablesen läßt, mochte er ihn nicht und hielt auch nicht viel von ihm. Warum hatte er dennoch den Dienst als Staatssekretär übernommen? Einmal sicher deshalb, weil er, wie Pünder es nannte, einen »einmaligen Karrieresprung« machte, aber wahrscheinlich noch mehr, weil er Schleicher damit dienen konnte – oder, wie Schäffer es formulierte, um Schlimmeres zu verhindern. Später, zu spät, sollte er es bereuen. Auch bei Schleicher kam die Einsicht zu spät. »Ich habe viele Fehler und Dummheiten gemacht, aber die größte Dummheit war die, daß ich auf den Papen hereingefallen bin«, bekannte er später Carlowitz gegenüber.

Daß sein ursprüngliches Konzept, die Nationalsozialisten einzubinden, bisher gescheitert war, mußte Schleicher nun einsehen. Planck hatte Schäffer gegenüber immer von der Hitlerwoge gesprochen, die es zu brechen gelte. Carlowitz beschrieb diese Politik so: »Schleichers Grundgedanke war: ›Wie fange ich die Welle?‹« Die erste Phase bis zu den Wahlen im Juli 1932 wurde »durch die stillschweigende Tolerierung der Nazis bestimmt. In der darauffolgenden Phase gab es keine andere Möglichkeit, als Hitler zum Kanzler zu machen. ... Diese Phase wurde am 13. August durch Hindenburg beendet. ... Dann folgte die dritte Phase, in der Schleicher versuchte, die Welle zu spalten. Alle drei Versuche sind gescheitert, der letzte ... im Dezember, als Hitler Strasser endgültig ausbooten konnte.« Schleicher hatte immer gehofft, daß Hitler ihm den Gefallen tun würde, gegen die Verfassung zu verstoßen; dann hätte er die Möglichkeit gehabt, als Reichswehrminister einzugreifen. Aber Hitler – einen »Aal« nannte ihn Zuckmayer – war zu schlau für einen solchen Fehler.

Mitte November hatte Schleicher Ott als Unterhändler zu Hitler nach Weimar geschickt, um ihm, wie Ott berichtet, »den Posten des Vizekanzlers und einige Ministerposten für seine Mitarbeiter anzubieten. Das Ziel war, Hitler unter Ablehnung seines ständigen Anspruchs auf die totale Macht zur parlamentarischen Mitverantwortung zu bringen. Hitler beharrte auf seinem Anspruch und lehnte ab, während Göring mir im anschließenden Gespräch unter vier Augen angeboten hat, Hitler umzustimmen, wenn ihm die Straße gegen die Marxisten freigegeben würde. Ich habe diese Forderung sofort zurückgewiesen als unvereinbar mit der Verfassungstreue und den Pflichten der Reichswehr.«[47]

Das also war die Lage, als Schleicher die Kanzlerschaft übernahm. Hinzu kamen das sinkende Vertrauen des Reichspräsidenten in ihn und die neuerdings fast feindselige Haltung des ehemaligen Freundes Oskar v. Hindenburg, der einen wachsenden Einfluß auf seinen Vater hatte. Allerdings gab es für seine schwierige Aufgabe auch eine besonders günstige Voraussetzung: das von allen bestätigte und von Ott beschriebene »außerordentlich große, rückhaltlose Vertrauensverhältnis zwischen [ihm] und seinen Mitarbeitern. Es ist übereinstimmende Auffassung aller Männer dieses Kreises, daß die schweren Vorwürfe von Papen gegen den Intriganten und selbstsüchtigen Streber Schleicher durchaus fehlgehen und die Rollen der beiden Männer vertauschen.« Für Planck gab es jedenfalls nichts Schöneres, als direkt unter Schleicher zu arbeiten.

Welchen Weg würden, welchen konnten sie einschlagen? Schleichers Handlungsspielraum war gering. Immerhin war es ihm gelungen, von Hindenburg eine verbindliche Zusage für eine eventuell notwendige Auflösungsvollmacht gegenüber dem Reichstag zu erhalten. Andernfalls wäre er nicht bereit gewesen, das Amt zu übernehmen. Wie viel diese Zusage wert war, sollte sich noch zeigen.

Hindenburg war nicht nur dem unguten Einfluß seines Sohnes ausgesetzt, sondern auch den gegen Schleicher gerichteten Einflüsterungen Papens, des »lieben jungen Freundes«, ganz zu schweigen von den Vertretern des Reichslandbundes und ihren ständigen Klagen über die Not der Landwirtschaft. Zudem schränkten Hindenburgs Vorlieben Schleicher in der Wahl neuer Kabinettsmitglieder ein. Er konnte lediglich den bisherigen Innenminister Gayl durch Franz Bracht ersetzen und Arbeitsminister Hugo Schäffer durch Friedrich Syrup, den bisherigen Präsidenten der Reichsanstalt für Arbeitsvermittlung und

Arbeitslosenversicherung. Mit dieser Wahl waren bereits zwei
Akzente für den neuen Kurs des Kanzlers gesetzt: eine stärkere
Zusammenarbeit mit den Parteien der Mitte, also wieder Rückbindung ans Parlament – soweit das noch möglich war –, und
Kampf gegen die Arbeitslosigkeit. Entsprechend erhielt Syrups
Nachfolger, Günther Gereke, Kabinettsrang.

Dabei hatte Schleicher eigentlich sehr viel weitergehende
Pläne gehabt. Er »wollte mit politisch unabhängigen, hochqualifizierten Fachkräften als Ministern arbeiten, die gesinnungsmäßig allenfalls der Mitte oder den gemäßigten Flügeln von
links und rechts nahestehen durften«. Als Finanzminister hätte
er gern den Hamburger Bankier Carl Melchior gehabt. Der
verweigerte sich jedoch, weil er »wegen seiner [jüdischen] Abstammung den General vor der NSDAP nicht belasten wollte.
Der bekannte Nationalökonom und spätere Professor Dr. Alexander Rüstow war als Reichswirtschaftsminister vorgesehen. ... Eine Denkschrift über die Möglichkeiten einer Verstaatlichung der Kohle- und Eisenindustrie« wurde in Auftrag
gegeben, und die Ostsiedlung sollte verstärkt werden.[48] Angesichts dieser Zielsetzungen konnte der neue Kanzler mit gewissen, wenn auch verhaltenen Sympathien rechnen. Man wußte,
daß er den Gewerkschaften aufgeschlossen gegenüberstand
und mit Ferdinand v. Bredow, dem Chef des Ministeramtes im
Reichswehrministerium, die Armee hinter sich hatte.

Der letzte Kanzler der Republik

Am 3. Dezember 1932 wurde Schleicher zum Kanzler ernannt,
am 6. Dezember der Reichstag eröffnet. Vogelsang, der die
nicht einmal zweimonatige Regierungszeit Schleichers detailliert beschrieben und dokumentiert hat, geht auch auf die Rolle
Plancks ein, der »als ›Verbindungsmann‹ zum Plenum fungierte«, weil das Kabinett und vor allem der Kanzler selbst den
Reichstag mieden. Planck stellte den Kontakt zu den Ausschüssen her, beriet den Ältestenrat beim Entwurf der Tagesordnung
und vertrat die Regierungspolitik im Parlament.

Laut Kabinettsbeschluß sollte dem Zentrum die sozialpolitische Initiative überlassen werden, womit man den Willen zur Zusammenarbeit nochmals unterstreichen wollte. Entsprechend wurden die Notverordnungen Papens vom 4. und 5. September aufgehoben. Immerhin arbeiteten die Ausschüsse wieder, und das parlamentarische Leben kam erneut in Gang – auch wenn der Reichstag sich am 9. Dezember auf unbestimmte Zeit vertagte und Planck, »die eigene Unsicherheit« verbergend, »im Ältestenrat einem Antrag der SPD und KPD auf Einberufung des Plenums noch vor Weihnachten schlankweg mit dem Hinweis entgegentrat, eine Annahme dieses Antrags würde den Konfliktfall bedeuten«.

Besser wäre allerdings gewesen, Schleicher hätte seine Regierungserklärung vor dem Parlament abgegeben, statt sie am 15. Dezember über den Rundfunk verbreiten zu lassen. Er bat die Bevölkerung, in ihm »nicht nur den Soldaten, sondern den überparteilichen Sachwalter der Interessen aller Bevölkerungsschichten für eine hoffentlich nur kurze Notzeit zu sehen, der nicht gekommen ist, das Schwert zu bringen, sondern den Frieden«, und dessen Programm aus einem einzigen Punkt bestehe: »Arbeit schaffen!«[49] Planck und Marcks waren an der Ausarbeitung der Rede maßgeblich beteiligt gewesen und hatten manche Schärfe und Ungeschicklichkeit verhindern können, etwa den Hinweis, daß Schleicher nur für kurze Zeit als Kanzler amtieren wolle. Zu Recht wiesen beide darauf hin, daß dies die Bevölkerung nur noch mehr verunsichern würde. Weihnachten stand vor der Tür, und die Menschen sehnten sich nach Sicherheit und Ruhe.

Wie Schleicher in einem Gespräch mit Schäffer am 10. Januar 1933 bekannte, wollte er sein Kabinett auf eine breitere Basis stellen, um seine Regierungsarbeit zu untermauern. Die Ausführungen des Kanzlers entsprachen, wie Schäffer anmerkt, »wörtlich dem Sprachgebrauch parlamentarischer Regierungschefs«. Den Kreis der in Frage kommenden Personen »begrenzt er mit den Namen Hugenberg [DNVP], Strasser [NSDAP] und Stegerwald [Zentrum]«. Schleicher wurde damit »gewissermaßen zwangsläufig, wenn auch nicht gegen seinen Willen, zum Vorkämpfer des Parlamentarismus unter Umgehung der Demokratie«.

Wenn der Reichstag seine Politik blockieren würde, so Schleicher, dann sollte er aufgelöst und die Neuwahl bis ins Frühjahr hinausgeschoben werden. Gleichzeitig sollte sich die Regierung, unabhängig von Bindungen an Parteien, auf eine verbreiterte Mitte stützen können. In diesem Sinne schlug Schäffer vor, die verschiedenen bürgerlichen Splittergruppen, unabhängige Persönlichkeiten aus Wirtschaft und Wissenschaft sowie prominente Vertreter der Parteien in einer »gemeinsamen Reichsliste«, einer »Art Dachorganisation« zusammenzufassen. Eine solche Verbindung sollte auf die wahl- und parteienmüde Bevölkerung neue Anziehungskraft ausüben. Dieser Gedanke war schon einmal bei Planck im Gespräch mit Schäffer aufgetaucht und hatte inzwischen konkretere Formen angenommen.[50]

In diesen Zusammenhang gehört auch ein bemerkenswertes Unterstützungsangebot des abgesetzten preußischen Ministerpräsidenten Otto Braun. Ende Dezember 1932 schickte Ministerialdirektor Arnold Brecht, die rechte Hand von Braun, einen überarbeiteten Gesetzentwurf zur Reichsreform an die Reichskanzlei. In einem anliegenden handschriftlichen Brief an Staatssekretär Planck war zu lesen: »Bitte wollen Sie aus diesen Entwürfen besonders eines entnehmen: daß von allem anderen abgesehen gerade die *isolierte* Behandlung Preußens, in Verbindung mit der Unmoralität des Weges, für Preußen von Woche zu Woche unerträglicher wird. Glauben Sie einem genauen Kenner der Materie in allen ihren Verzweigungen, daß aus dieser Situation auch der neuen Reichsregierung immer größere Schwierigkeiten erwachsen müssen. Schließen Sie Frieden mit Preußen – oder Sie kommen nicht weit. Das liegt nicht an den Menschen, sondern in der Sache selbst. Verzeihen Sie dieses offene Wort zum Jahresende. Aber es enthält die Vorbereitung für die guten Wünsche zum Jahreswechsel, nicht für meine persönlichen guten Wünsche für Sie – die sind bedingungslos –, aber dafür, daß sie in Erfüllung gehen können. ... Hoffentlich haben Sie auch etwas Ruhe zum Jahreswechsel. Ihr ergebener Brecht.«[51]

Brecht machte dieses Angebot aus Überzeugung. Er wußte zwar, daß Schleicher keinerlei »innere Bindung an die Demokratie und ihre Ideale« hatte, aber er sah in ihm die einzige

Möglichkeit, die Republik auf Dauer zu retten, und sei es auch durch eine vorübergehende Diktatur. Er hielt Schleicher für aufrichtig; in seiner »typisch militärischen Denkweise« würde er, wenn er erst sein »Ziel erkannt und gewählt hatte – ein vaterländisches natürlich –, ... es auf dem geradesten und kürzesten Weg zu erreichen« versuchen.[52]

Dies war »die einzige handfeste Hilfestellung während seiner gesamten Kanzlerschaft ..., die ihm von außen angetragen wurde. Es hätte ihm eigentlich nicht schwerfallen sollen, jetzt auch die Geschehnisse des 20. Juli 1932 vorsichtig zu liquidieren«,[53] nachdem er sich bereits von der Politik seines Vorgängers weitgehend distanziert hatte. Doch Schleicher hatte seine Hoffnungen auf Strasser noch immer nicht begraben, und ebenso vertraute er weiter Hindenburg. Braun aber hätte ihm gerade beim Reichspräsidenten helfen können. Er war bereit dazu, obwohl er viel riskierte, denn durch diesen Versuch, mit Schleicher zusammenzuarbeiten, entfernte er sich von der Linie des SPD-Parteivorstandes.

Die Chance, die Braun ihm bot, wurde von Schleicher nicht erkannt beziehungsweise nicht genutzt. Am 4. Januar 1933 fand dann ohne sein Wissen das berühmt-berüchtigte Treffen von Papen und Hitler im Kölner Privathaus des Bankiers Kurt Frhr. v. Schröder statt, aus dem sich alles weitere ergab. Hans Zehrer, der Chefredakteur der *Täglichen Rundschau*, hatte Schleicher zwar gewarnt, aber der hatte es nicht glauben wollen und konnte es selbst dann nicht glauben, als es am nächsten Morgen in der Zeitung stand.

Wenn man vergleicht, wie Schleicher im Gespräch mit Schäffer das Kölner Treffen beurteilte und was Goebbels dazu in seinem Tagebuch notierte, wird klar, wie schwierig es für die Handelnden war, die Lage richtig einzuschätzen. Goebbels schrieb am 9. Januar, nachdem er von Hitler in allen Einzelheiten über die Besprechung informiert worden war: »Unsere Sache steht gut. Wenn nichts besonderes mehr eintritt, dann wird es diesmal wohl gelingen. Selbstverständlich bleibt unsere alte Forderung, daß der Führer die Kanzlerschaft übernehmen muß, aufrechterhalten. Jedenfalls hat die jetzige Regierung keine Auflösungsorder für den Reichstag.«[54]

Schleicher, der sich zu Beginn des Gesprächs mit Schäffer am 10. Januar »recht verstimmt«, um nicht zu sagen wütend über das Treffen zeigte, »fügte als Hauptmotiv hinzu, daß Hitler auf diesem Umweg offenbar versucht habe, an den alten Herrn heranzukommen, der ihn nun einmal aber nicht leiden könne. Auf Hindenburg wirke Hitler beinahe so schlimm wie ein Kommunist.« Hitler sei »in geradezu verzweifelter Stimmung, weil er fühle, daß ihm die Partei zerbröckele, ohne daß er sie jemals irgendwie an maßgebender Stelle habe einsetzen können«.[55]

Da auch Braun dieser Ansicht war, hatte er Schleicher am 6. Januar noch einmal persönlich angeboten, gemeinsam gegen die Nationalsozialisten vorzugehen. »Heben Sie die Verordnung über den Reichskommissar in Preußen auf«, soll Braun zum Kanzler gesagt haben. »Ich will dann ohne Rücksicht auf meine Gesundheit die Führung der Staatsgeschäfte wieder fest in die Hand nehmen. Sie lösen den Reichstag auf, ich führe die Auflösung des Landtages herbei. Wir schieben die Wahlen bis weit in das Frühjahr hinaus, regieren inzwischen mit Verordnungen und führen einen einheitlichen, nachdrücklichen Kampf gegen die Machtansprüche der Nationalsozialisten« – die Braun vorwiegend als Desperados und Stellenjäger bezeichnete und damit genau wie Schleicher unterschätzte.[56]

Schleicher konnte sich wieder nicht zu einem Verfassungsbruch durchringen, denn die Frist für Neuwahlen lag bei sechzig Tagen, und es war unsicher, ob er überhaupt noch eine Auflösungsorder für das Parlament bekommen würde. Braun zog die bittere Bilanz: »Die Mission des neuen Preußen, die Demokratie in Deutschland zu sichern und zu vertiefen, [hat] ihr Ende erreicht, ... mein letzter Versuch, die verhängnisvolle Entwicklung aufzuhalten, [ist] gescheitert.«[57]

Während Schleicher diese Chance ungenutzt vorüberziehen ließ, betrieb die Gegenseite weiter ihre Wühlarbeit gegen ihn. In der Nacht zum 11. Januar kam es erneut zu einem Treffen zwischen Papen und Hitler, diesmal in Joachim v. Ribbentrops Dahlemer Villa. Zweifellos stieg Hitlers Selbstbewußtsein durch derlei Sondierungen.

Im nachhinein wirkt das Geschehen vom Januar 1933 wie ein Drama. Auf der Bühne agierten jene, die die Republik in irgendeiner Form retten wollten, hinter den Kulissen schmiedeten die Mörder ihre verruchten Pläne. Es war nur eine Frage der Zeit, bis alles einstürzen würde. Zu diesem Zeitpunkt war Papen, der Kopf des Ränkespiels, noch der Hauptverräter, aber bald sollte es auch von ihm heißen: »Der Mohr hat seine Schuldigkeit getan, der Mohr kann gehen.«

Die Rolle des Reichspräsidenten in dem Drama war eine traurige, keine tragische, denn er merkte nicht mehr, daß er mit diesem Spiel vollkommen überfordert war und anderen, die ihre persönlichen Interessen verfolgten, als Instrument diente. Er stand eben schon »mit einem Fuß im Grabe«, wie er selbst zu Schleicher gesagt haben soll, als er ihn schließlich aus dem Amt des Kanzlers verabschiedete – er wisse nicht, ob er »dereinst im Himmel diesen Schritt zu bereuen habe«.

Zuvor hatten die Ereignisse sich überschlagen, und die Regierenden, allen voran Schleicher, gaben das Gesetz des Handelns unfreiwillig aus der Hand. Am 15. Januar konnte die NSDAP bei den Landtagswahlen in Lippe einen Achtungserfolg verbuchen. Am 18. Januar traf Hitler sich in der Dienstwohnung von Göring mit den beiden Deutschnationalen Hugenberg und Schmidt-Hannover, um über eine Regierung nach Schleicher zu verhandeln. Noch kam man zu keinem Ergebnis. Mittags sprach Hitler, wieder im Hause Ribbentrop, mit Papen. Auch hier gab es keine Einigung, weil Hitler auf seiner Forderung nach der Kanzlerschaft beharrte. Doch Ribbentrop gab nicht auf und erreichte – unterstützt durch eine für Schleicher nachteilige Osthilfe-Debatte im Reichstag –, daß Oskar v. Hindenburg und Staatssekretär Meissner mit dem Segen des Reichspräsidenten in die geheimen Verhandlungen eingeschaltet wurden.

»Schleicher wurde nun endgültig zum Getriebenen«, schreibt Vogelsang. »Die Rechte sammelte sich ohne ihn, wenn auch vorerst nur zögernd, außerhalb des parlamentarischen Bereiches. Sollte der Kanzler nun zu guter Letzt den Versuch machen, sich auf die Linke zu stützen?«[58] Das hätte den endgültigen Bruch mit Hindenburg bedeutet und gleichzeitig die

Gefahr einer Abfuhr von links mit sich gebracht, denn das Angebot von Braun und Brecht wäre in der SPD, hätte man es bekannt gemacht, keineswegs populär gewesen.

Eine tragische Situation für Schleicher – genau jene, die er, wie bereits zitiert, im September 1931 in einem Brief an Planck vorhergesehen hatte: »Ich bin nicht leicht bange zu machen, aber ich fange an, mich zu quälen, ... ob nicht nach und nach der Hamlet zum Durchbruch kommt.« Dieser Satz enthält den Schlüssel zum Verständnis von Schleichers Auftreten Ende Januar 1933. Er war zum Hamlet geworden. Er war zu anständig, zu rechtgläubig, zu wenig gerissen und zu unentschlossen, um die Situation zu meistern.

Mit viel Mühe gelang es Planck zwar, im Ältestenrat durchzusetzen, daß der Reichstag erst am 31. Januar und nicht schon am 24. tagen sollte, aber Schleichers Versuche, die bürgerlichen und die rechten Parteien auf seine Seite zu ziehen, scheiterten beziehungsweise wurden torpediert durch die gleichzeitigen geheimen Verhandlungen Papens mit Hitler. Zusammen mit Meissner und Oskar v. Hindenburg traf Papen sich am 22. Januar erneut im Hause Ribbentrop mit Hitler, der von Frick und Göring sowie dessen engstem Mitarbeiter Paul Körner begleitet wurde. Am Nachmittag hatte noch eine große Kundgebung der Nationalsozialisten im Sportpalast stattgefunden. Planck besuchte am gleichen Tag Brüning im Krankenhaus, besprach mit ihm die ziemlich hoffnungslose Lage und holte sich vermutlich Rat bei seinem früheren Mentor. Daß Schleicher zu den Papenschen Verhandlungen nicht hinzugezogen worden war, zeigte beiden, daß man ihn bereits aufgegeben hatte.

Daraufhin machte Schleicher seinerseits einen letzten Versuch, bei Hindenburg eine Auflösung des Reichstags zu erreichen; zehn Tage zuvor war sie ihm noch fast aufgedrängt worden. Am 23. Januar ging er zum Reichspräsidenten, schilderte ihm die Lage und sprach vom Staatsnotstand, der außergewöhnliche Maßnahmen erfordere. Hindenburg wich aus und verweigerte einstweilen die Vollmacht; er fürchtete einerseits den Bruch der Verfassung und andererseits den Bürgerkrieg. Noch glaubte er, unter Papen ein Kabinett der nationalen Konzentration zusammenstellen zu können.

Verschiedene Kräfte versuchten, auf Hindenburg einzuwirken und ihm die Abneigung gegen Hitler und die NSDAP auszureden – Vertreter der konservativ-agrarischen Rechten wie Elard v. Oldenburg-Januschau, aber auch Angehörige der Reichswehr wie Generalleutnant Werner v. Blomberg, der unter dem Einfluß des mit den Nazis sympathisierenden Obersten Walter v. Reichenau stand. Am 25./26. Januar war die »Einigung« bereits so weit gediehen, daß »sowohl die Hindenburg-Gruppe wie die NSDAP sich jetzt um die nationale Konzentration bemühten, und auch der Kampf gegen Schleicher war ihnen gemeinsam. Nur über den Kanzlerposten herrschte noch Unklarheit.«[59]

Um die gleiche Zeit übernahm General v. Hammerstein die Initiative, nachdem er Schleicher in resignativer Stimmung vorgefunden hatte. Der Chef der Heeresleitung begleitete General v. dem Bussche, als dieser routinemäßig bei Hindenburg vorsprach, und trug dem Präsidenten die Bedenken der Reichswehr vor. Dabei wandte sich Hammerstein sowohl gegen eine Regierung Papen-Hugenberg, die allenfalls sieben Prozent der Bevölkerung hinter sich habe, als auch gegen ein rechtes Kabinett mit Hitler als Kanzler und ohne einen starken Reichswehrminister Schleicher. Beide Varianten würden eine nicht zu verantwortende Belastung der Reichswehr bedeuteten, da diese mitten in den politischen Kampf geriete und sich vor dem zunehmenden Einfluß der Nationalsozialisten nicht mehr schützen könnte. Hammerstein »warnte den Reichspräsidenten sehr ernst vor Hitler und der Maßlosigkeit seiner Ziele«.[60] Hindenburg verwahrte sich gegen den politischen Rat von Generälen, aber gleichzeitig beruhigte er seine Besucher auch: »Sie werden mir doch nicht zutrauen, meine Herren, daß ich diesen österreichischen Gefreiten zum Reichskanzler berufe.«

Da der Ältestenrat des Parlaments am 27. Januar beschlossen hatte, die Reichstagssitzung nicht länger zu vertagen, sondern am 31. stattfinden zu lassen, berief Schleicher am 28. seine Ministerrunde ein, um das weitere Vorgehen zu besprechen. Er könne nur dann mit einer Regierungserklärung vor das Parlament treten, wenn er die Auflösungsorder in der Tasche habe. Zwar sei er zu einem »Kampf mit dem Reichstag ... durchaus bereit«, aber er wolle nicht »das zwecklose Schauspiel einer sicheren Niederlage bieten«. Da Hitler als Kanzler für Hindenburg nicht in Frage komme, eine Regierung Papen-Hugenberg aber »bald eine Staats- und eine Reichspräsidentenkrise zur Folge haben« würde, müsse eine andere Lösung gefunden werden. Für den Fall, daß Hindenburg abermals die Auflösungsorder verweigere, schlage er den Rücktritt des gesamten Kabinetts vor. Nach einer Aussprache waren sich alle einig. Schleicher unterbrach die Sitzung um 12.10 Uhr, um den Reichspräsidenten aufzusuchen.

Bereits 25 Minuten später kehrte der Kanzler mit dem ablehnenden Bescheid Hindenburgs zurück. Es sei »dem jetzigen Kabinett nicht gelungen, eine parlamentarische Mehrheit für sich zu gewinnen. Er hoffe nun ein Kabinett zu bekommen, das in der Lage sein werde, seine Gedanken durchzuführen.« Hindenburg habe es abgelehnt, andere Mitglieder des Kabinetts zu hören, und er, Schleicher, habe »das Gefühl gehabt, daß er gegen eine Wand gesprochen habe, der alte Herr habe seine Argumente gar nicht in sich aufgenommen, sondern eine eingelernte Walze abgeleiert«. Reichsfinanzminister Schwerin v. Krosigk schrieb zwar in sein Tagebuch: »Wir waren alle durch diesen Bericht tief erschüttert.« Aber kaum eine Stunde später erklärte er sich Papen gegenüber bereit, in ein Kabinett Hitler mit Papen als Vizekanzler einzutreten.[61] Bis in den Mai 1945 sollte er als Hitlers Finanzminister durchhalten, eine in vielerlei Hinsicht beachtliche Leistung!

Hitler am Ziel

Die Regierung trat zurück, und Schleicher verabschiedete sich vom Reichspräsidenten mit den von seiner Schwester Thusnelda v. Gaudecker überlieferten Worten: »Ich gestehe Ihnen das Recht zu, mit meiner Amtsführung unzufrieden zu sein, trotzdem Sie mir vor noch nicht vier Wochen das Gegenteil schriftlich gegeben haben. Ich gestehe Ihnen auch das Recht zu, mich abzusetzen, aber das Recht, hinter dem Rücken des von Ihnen gegen seinen Willen berufenen Kanzlers zu paktieren, gestehe ich Ihnen nicht zu. Das ist Treuebruch.«[62]

Warum wahrte er selbst die Treue und folgte nicht dem Rat der Generäle Hammerstein und Bredow sowie seiner engsten Mitarbeiter Planck, Ott und Marcks? Sie hatten sich getroffen und – Schleichers Einverständnis vorausgesetzt – beschlossen, den Reichspräsidenten »ultimativ« zu veranlassen, Hitler nicht zum Kanzler zu berufen. Für den Fall einer Weigerung Hindenburgs »war die Verhängung des militärischen Ausnahmezustandes vorgesehen«.[63] Schleicher aber konnte sich dazu nicht entschließen; seine Treue zum Reichspräsidenten und sein Wille, die Verfassung zu wahren, wogen schwerer.

Es war grotesk: Hier wurde eine Verfassung geachtet, die bereits durch mehrjährige Praxis beschädigt worden war, die man nur noch formal einhielt und die nun einem Politiker zur Legitimation diente, der bloß darauf wartete, sie gänzlich auszuhebeln. Schleicher und seine Mitarbeiter waren nicht skrupellos genug. Es ist wohl so, wie seine Schwester es ausgedrückt hat: »Mein Bruder hat sich wirklich bemüht, das politische Spiel so sauber wie möglich zu spielen, und sein Versagen ist seinem Gewissen zuzuschreiben, das ihn nicht über seinen Schatten springen ließ.«

Als Schleicher sich kurz nach Erlaß des Ermächtigungsgesetzes am 29. März 1933 mit Schäffer traf, sagte er: »Jetzt hat man ihnen gerade die Machtmittel des Staates ausgehändigt. Noch unmittelbar vor der Wahl hätte der Reichspräsident die Sache retten können. Er hätte den militärischen Ausnahmezustand statt des zivilen verkünden können. Dann wären alle diese Sachen nicht möglich gewesen.«[64] Das hätte Schleicher zwei Monate früher selbst tun müssen, zur Not auch ohne Hindenburg. Fraglich ist jedoch, ob die Reichswehr im Falle eines Bürgerkrieges tatsächlich die Republik verteidigt hätte oder ob sie nicht zumindest teilweise zu Hitler und seiner Privatarmee aus SA und SS übergelaufen wäre. Das Verhalten der Reichswehr etwa nach dem Mord an Schleicher 1934 legt eher letzteres nahe.

Als nun klar war, daß Hindenburg Papen, seinen »homo regius«, wie er ihn nannte, mit der Kabinettsbildung beauftragt hatte, begann ein hektisches Treiben, und die Gerüchteküche brodelte. Das wirksamste Gerücht war von dem Bankier Werner v. Alvensleben, Sekretär des Herrenclubs, in die Welt gesetzt worden: Schleicher wolle mit der Reichswehr putschen und den Präsidenten zur Not auf sein Gut Neudeck verfrachten. Dieses Gerücht tat das Seine, um Hindenburg dazu zu bringen, Blomberg von der Abrüstungskonferenz in Genf zurückzubeordern und an Schleichers Stelle zum neuen Reichswehrminister zu machen. Die Telefone liefen heiß, jeder versuchte sein eigenes Süppchen zu kochen. Keiner schien zu begreifen, was auf dem Spiel stand. Man bildete sich ein, Hitler zähmen oder, wie es hieß, »einrahmen« zu können, und in diesem Sinne warb man auch bei Hindenburg für ihn. Bis in die späten Abendstunden des 29. Januar 1933 war aber immer noch unklar, wer Kanzler werden würde: Papen oder Hitler?

An diesem Abend fand im Hotel Esplanade der Presseball statt, »das bedeutendste gesellschaftliche Ereignis der Wintersaison«. Die Regierungsloge – »sonst von Ministern, Staatssekretären, Diplomaten beschwärmt« – blieb leer. »Unbeschäftigte Kellner standen da herum, ungeöffnete Sektflaschen ragten aus den Eiskübeln. Nur einmal erschien für eine Minute der breite Krottenkopf des Staatssekretärs Meissner, eines Beamten, der sich fouchéhaft durch alle Regierungen ... auf seinem Posten gehalten hat.«

So beobachtete es Zuckmayer von der Nachbarloge aus; er besuchte den Ball als Autor von Ullstein. »Die Stimmung, die an diesem Abend in den überfüllten Sälen herrschte, war die merkwürdigste, die ich je erlebt habe. Jeder spürte, was in der Luft lag, keiner wollte es ganz wahrhaben. ... Die Menschen bewegten sich in einer Mischung von beklommenem Ernst und hektischer Lustigkeit, gespenstisch und makaber. ... Von den Brüdern Ullstein war keiner erschienen, die Honneurs machte der Verlagsdirektor Emil Herz; er ließ uns fortgesetzt die Gläser füllen und wiederholte dazu: ›Trinken Sie, trinken Sie nur – wer weiß, wann Sie wieder in einer Ullstein-Loge Champagner trinken werden.‹ – Im Grunde wußten wir alle: nie mehr. Irgendwann in der Nacht sprach sich herum, Hitler sei zum Reichskanzler ernannt worden. Dies wurde zum Teil mit gezwungenen Scherzen, zum Teil mit optimistischen Illusionen ..., größtenteils gar nicht kommentiert. Desto mehr wurde getrunken und getanzt. ... Am nächsten Abend wälzte sich der endlose Fackelzug von SA- und SS-Formationen zur Reichskanzlei, von deren Balkon der neue Führer des deutschen Volkes seine Mannen grüßte.«[65]

Noch bevor der große Fackelzug am Abend des 30. Januar begann und die »nationale Revolution« auf den Straßen Berlins gefeiert wurde, tagte am Nachmittag das neue Kabinett unter dem neuen Reichskanzler Hitler. Er sprach vom Jubel, der jetzt Millionen von Menschen erfaßt habe, und er lobte die »völlige Übereinstimmung innerhalb des Kabinetts«. Die beiden einzigen Beschlüsse dieses Tages wurden gebilligt, nämlich Staatssekretär Erwin Planck durch den bisherigen Ministerialdirektor Hans Heinrich Lammers und Schleichers Pressechef Erich Marcks durch Hitlers Wirtschaftsbeauftragten Walther Funk zu ersetzen.[66]

Planck hatte seine Abberufung selbst gewollt. In einem Schreiben vom 30. Januar 1933 an Hitler – »Hochverehrter Herr Reichskanzler!« – stellte er »anläßlich der Umbildung des Reichskabinetts« sein Amt zur Verfügung. Der Antrag wurde von Hindenburg und Hitler genehmigt und Planck in den »einstweiligen Ruhestand unter Gewährung des gesetzlichen Wartegeldes« versetzt. Einen Tag später erhielt er ein formelles Dankschreiben von Hitler.[67] Damit endete die politische Karriere Erwin Plancks. Mitte Februar räumte das Ehepaar Planck die Dienstwohnung in der Reichskanzlei und zog in die Windscheidstraße 3 in Berlin-Charlottenburg.

Schleicher verließ erst Ende Februar seine Dienstwohnung in der Bendlerstraße und zog mit seiner Frau und der zehnjährigen Lonny nach Babelsberg an den Griebnitzsee, in eine von dem Industriellen Otto Wolff eigens für ihn hergerichtete Villa. Auch seine Mutter und seine Schwester, die seit 1932 Witwe war, gesellten sich dazu.

Während Schleicher noch in Berlin wohnte, traf er viele ehemalige Mitarbeiter und besuchte auch Brüning. »Schleicher war am 11. Februar nahezu vier Stunden bei mir«, schreibt Brüning in seinen Memoiren, »es war das letzte Mal, daß ich ihn sah. Er schilderte mir die Vorgänge, und wir sprachen über die Vergangenheit. Er erzählte mir, daß Hitler ihm bei der Verabschiedung gesagt hätte, es sei das Erstaunliche in seinem Leben, daß er immer dann gerettet würde, wenn er sich selbst schon aufgegeben habe. Schleicher erzählte Einzelheiten, äußerte sich sehr vornehm über den Reichspräsidenten. Es war nicht notwendig zwischen uns beiden, auch nur ein Wort über diesen Fall zu wechseln. Dagegen war er leidenschaftlich aufgebracht gegen Papen und den Sohn Hindenburg. Ich hatte tiefes Mitleid mit ihm ...«

Aufgrund dieser Unterhaltung kam Brüning für sich selbst zu dem Schluß, daß Schleicher »vielleicht nicht so intrigant aus dem Charakter heraus war«, sondern daß ihn sein Beruf, sein ständiger Umgang mit dem Nachrichtendienst geprägt habe, der Zwang, sich zu verstellen und die Reaktionen anderer blitzschnell zu erfassen und darauf zu reagieren.[68] Gottfried Treviranus, der wie sein Freund Brüning in die USA emigrierte, schrieb nach dem Krieg an Nelly Planck: »Seitdem Schleicher [Brüning gegenüber] bekannt hatte, daß er einen Irrweg gegangen sei, war auch der Schatten verschwunden, den die Maitage 1932 [das Ende von Brünings Kanzlerschaft] auf ein zum Zweifel neigendes Gemüt geworfen hatten.«[69]

Hätten Brüning und Schleicher sich eher zusammengetan und ihre großen Fähigkeiten eingesetzt, hätte der eine das Gewicht des Parlaments, der andere das der Reichswehr genutzt, wären beide zusammen gegen die Einflüsterer um Hindenburg vorgegangen, gegen Papen und Konsorten, was hätte werden können! Sicher haben die beiden auch über diese Möglichkeiten gesprochen und traurig konstatiert, daß es nun zu spät war – ohne zu ahnen, wie spät es wirklich war, ohne zu ahnen, daß der eine bald ins Exil getrieben und der andere ermordet werden würde.

Ein Teil von Schleichers Mitarbeitern und Freunden verließ schon jetzt das Land. »Den Ott«, so wird Hammerstein zitiert, »habe ich gerettet und ihn ganz weit weg versetzen lassen, nämlich nach Tokio als Militärattaché.«[70] Noch 1933 schiffte er sich in Genua ein,[71] nachdem er Anfang April Nelly Planck besucht hatte, um sich Rat zu holen für die Reise, die ihr Mann schon angetreten hatte.[72] Ott beriet die japanische Regierung in Mandschukuo, später wurde er Botschafter in Tokio. Im Februar 1934 besuchte er Schleicher noch einmal bei einem Deutschlandaufenthalt und lud ihn dringend nach Japan ein, um »ihn aus der Gefahrenzone [zu] entfernen«. Doch »lehnte er es ab, ein ›Emigrant‹ zu werden«.[73]

Hammerstein aktivierte Major Marcks wieder als Offizier, so daß auch er aus der politischen Schußlinie herauskam. Er ging zur Garnison nach Münster. Hammerstein blieb und fuhr wie Schleicher fort, die Verhältnisse offen zu kritisieren. Er war zwar noch der Chef der Heeresleitung, merkte aber bald, daß er praktisch keine Kommandogewalt mehr besaß; der neue Reichswehrminister Blomberg hatte sie übernommen. Im Oktober 1933 reichte er seinen Abschied ein. Manche merkten gleich, was gespielt wurde, andere später und viele nie. Planck erlebte die Reichstagswahlen vom 5. März 1933 noch mit. Als er am Tag danach mit Schäffer und Schleicher zusammentraf, stellte er fest, »daß es aus ist«.[74]

Asienreise im Schatten Hitlers

Max Planck und Albert Einstein

Erwin Planck, als Anhänger Schleichers eine persona non grata in Hitlers neuem Deutschland, entzog sich dem Geschehen erst einmal durch eine große Ostasienreise. Offenbar war man froh, ihn los zu sein. Oder wollte man nur seine abrupte Entlassung, die er allerdings selbst beantragt hatte, mildern? Wie dem auch sei, die Reise wurde ihm offenbar »durch die gütige Verleihung der Freifahrt durch Herrn Reichskanzler Hitler ermöglicht«, wie die Personalakte blumig dokumentiert. Zusätzlich erhielt er »eine Devisenausfuhr-Genehmigung in Höhe von 10 000 RM«, nahm allerdings »nur 4200 RM in Anspruch«, weil er mehr nicht »flüssig machen konnte«.[1]

Am 18. März 1933 schiffte er sich, von Nelly bis Hamburg begleitet, auf der »Trier« ein, einem kleinen Frachtschiff, das bis Genua nur zehn Passagiere an Bord hatte.[2] Der Abschied fiel schwer. Als Planck schon wieder auf dem Rückweg war, erinnerte er sich und schrieb, das Wiedersehen in Genua werde nicht »so traurig [sein] wie damals in Hamburg. Es läuft mir immer noch kalt den Rücken herunter, wenn ich an diesen Regentag in Hamburg denke.«[3] Nelly war in einem bedrohlichen Deutschland zurückgeblieben, während ihr Mann hinauszog in eine unbekannte, fremde Welt.

»Die Reise läßt sich bis jetzt sehr gut an«, heißt es ein paar Tage später in einem Brief an Schleicher. »... es ist eine fabelhafte Sache, so alles hinter sich zu lassen und auf große Abenteuer zu fahren.«[4] Langsam entschwand er in ein »Traumland«. Zwar hörte er noch Nachrichten über den Funkapparat des Kapitäns, aber die meiste Zeit saß er an Deck des an den Kanalinseln, der französischen und portugiesischen Küste entlanggleitenden Schiffs »in traumhafter Sonne«.

In der Biskaya wurde er Ende März noch einmal durch die Nachricht von der Verhaftung eines Freundes der Familie aufgeschreckt und war »sehr erschüttert«.[5] Doch nachdem das Schiff am 28. März Gibraltar passiert hatte, war er schon so weit von allem entfernt, daß er Nelly bekannte: »Die Funk-Apparate schmeiße ich nächstens über Bord, weil die meisten Nachrichten dazu dienen, mich über Politik auszufragen.«

Gewiß hätte er keine ruhige Minute gehabt, wenn er täglich nachvollzogen hätte, wie sich in Deutschland Schritt für Schritt das Dritte Reich etablierte. Nelly konnte nichts Genaues, vor allem nichts Negatives berichten. Nur sehr vage schimmert die allgemeine Stimmung durch in Sätzen wie: »Wir unterhielten uns hauptsächlich über die Zeiten.« Oder: Bei Mommsens war »es einigermaßen trübe und ernst. Wir saßen lange sehr voneinander angetan beieinander. Mir war reichlich brüchig zumute! Na, da kann man nichts tun.« Doch endeten ihre Briefe meist mit Ermunterungen wie dieser: »So nimm Dir ein nettes Mädel an die Hand und sei vergnügt, der Alten hier geht es bis auf die Erkältung gut. Sie ist jetzt manchmal über die Vorgänge hier besorgt, aber das liegt nur an der Verkühlung.«

Unverfänglich dagegen war es, vom »imposanten Fackelzug« zu berichten, »der mindestens so groß war wie am 30. Januar 1933. Ganz Berlin stand unter dem Zeichen des National-Feiertages bis zur späten Nacht.«[6] Es war der 21. März, der »Tag von Potsdam«, an dem eine für die meisten nicht durchschaubare Farce aufgeführt wurde: die angebliche Versöhnung von Preußentum, Kirche und Vaterland mit der nationalsozialistischen Bewegung, symbolisiert durch den Händedruck zwischen Reichspräsident Hindenburg, in der Uniform eines preußischen Feldmarschalls, und Hitler, in Frack und unterwürfiger Haltung.

Max Planck, Nobelpreisträger und weltberühmter Physiker, nahm als Präsident der Kaiser-Wilhelm-Gesellschaft und Ständiger Sekretär der Preußischen Akademie der Wissenschaften an dem Festakt teil. Noch gab er sich der Hoffnung hin, die von ihm vertretenen Institutionen und den internationalen Ruf der deutschen Wissenschaft vor dem Einfluß der nationalsozialistischen Ideologie bewahren zu können, auch wenn er dabei schmerzliche Kompromisse würde machen müssen.

Der erste, ihn sehr bedrückende Kompromiß war sein Verhalten im Fall Einstein. Dieser hatte Anfang 1933 eine Vortragsreise in die USA angetreten. Am 13. März schrieb ihm Planck, daß in Deutschland inzwischen »zwei Weltanschauungen aufeinander geplatzt [sind], die sich miteinander nicht vertragen. Ich habe weder für die eine noch für die andere volles Verständnis. Auch die Ihrige ist mir fern, wie Sie sich erinnern werden von unseren Gesprächen über die von Ihnen propagierte Kriegsdienstverweigerung [während des Ersten Weltkriegs].«

Eine Woche später hieß es schon fast beschwörend: »Ich erfahre mit tiefer Bekümmernis allerlei Gerüchte, die sich über Ihre öffentlichen und privaten Kundgebungen politischer Art in dieser unruhigen und schwierigen Zeit gebildet haben. Ich bin nicht in der Lage, ihre Bedeutung zu prüfen. Nur das eine sehe ich ganz klar, daß diese Nachrichten es allen denen, die Sie schätzen und verehren, außerordentlich schwer machen, für Sie einzutreten. Doch davon will ich weniger reden als davon, daß Ihre Stammes- und Glaubensgenossen hier dadurch in ihrer ohnehin schon schwierigen Lage keineswegs erleichtert, sondern noch viel mehr bedrückt werden.«[7]

Max Planck hatte Einstein einst selbst nach Berlin geholt und ihn 1921 von der geplanten Auswanderung abgebracht, indem er sich vehement für ihn einsetzte. Nicht zuletzt über das gemeinsame Musizieren hatte sich eine tiefe Freundschaft entwickelt. Planck war sich über die wissenschaftliche Bedeutung Einsteins vollkommen im klaren. Er sah ihn in einer Reihe mit Johannes Kepler und Isaac Newton, was er in der Sitzung der Akademie im April 1933 auch öffentlich betonte. Dennoch konnte er nicht verhindern, daß Einstein auf Druck des Regimes die Akademie verlassen mußte; er riet ihm deshalb, den Austritt selbst zu vollziehen.

Bereits auf dem Weg in die dringend benötigten Ferien auf Sizilien beschwor er Einstein in einem neuerlichen Brief: »Inzwischen hat sich zu meinem tiefen Bedauern die Lage noch erheblich verschärft, und ich persönlich habe schwere Sorgen in bezug auf die nächste Entwicklung der Dinge. Da lese ich heute in der Zeitung, daß Sie der deutschen Gesandtschaft in Belgien die Absicht zu erkennen gegeben hätten, Ihre preußische Staatsangehörigkeit aufzugeben und damit den Austritt aus der Akademie zu vollziehen. Sollte der Inhalt dieser Nachricht zutreffen, so drängt es mich, Ihnen in aller Aufrichtigkeit zu sagen, daß mir dieser Ihr Gedanke der einzige Ausweg zu sein scheint, der einerseits Ihnen eine ehrenvolle Lösung Ihres Verhältnisses zur Akademie sichert, andererseits Ihren Freunden ein unabsehbares Maß von Kummer und Schmerz erspart. Das Ihnen zu schreiben halte ich für eine vordringliche Pflicht. Im übrigen liegt mir am Herzen, Ihnen meine feste Zuversicht auszusprechen, daß trotz der tiefen Kluft, die unsere politischen Anschauungen trennt, die persönlichen freundschaftlichen Beziehungen niemals eine Änderung erfahren werden.«

Während Planck bereits in Taormina weilte, so berichtet Max v. Laue in einem Brief an Lise Meitner, habe Ernst Heymann, Justizrat und Professor für deutsches Recht, »dieser Feigling, sich vom Ministerium breitschlagen lassen, [im Namen der Akademie] jene unglückselige Erklärung [gegen Einstein] in die Presse zu bringen, die dann am 1. April 1933 erschien als Bestandteil des ... Juden-Boykotts. Das war aber nur dadurch möglich, daß die drei anderen Sekretare auf Reisen waren; Planck insbesondere war in Italien. ... Einsteins Ausschluß aus der Berliner Akademie ist niemals mit Plancks Einverständnis erfolgt.« Lise Meitner bestätigte in ihrem Antwortbrief, »daß Planck damals nicht von Italien zurückgekommen ist, lag daran, daß er (mit 75 Jahren!) an einer Grippe krank lag«. Plancks Frau Marga habe sie daraufhin gefragt, was man tun solle, und sie habe sich klar gegen eine sofortige Rückkehr ausgesprochen.[8]

Er wäre ohnehin zu spät gekommen, denn Einstein hatte inzwischen sein Amt zur Verfügung gestellt und an Planck geschrieben: »Ich habe mich an keiner ›Greuelhetze‹ beteiligt. Ich nehme zugunsten der Akademie an, daß sie eine derartige verleumderische Äußerung nur unter äußerem Druck getan hat.

Aber auch in diesem Falle wird es ihr kaum zum Ruhme gereichen, und mancher von den Besseren wird sich dessen heute schon schämen. Sie haben wahrscheinlich gehört, daß man mir aufgrund derartiger falscher Anklagen meinen Besitz in Deutschland beschlagnahmt hat. Wie das Ausland über die mir gegenüber angewandten Praktiken denkt, können Sie sich leicht vorstellen. Es wird wohl eine Zeit kommen, in der sich anständige Menschen in Deutschland unter anderem auch dessen schämen, in wie niedriger Weise man mir gegenüber sich verhalten hat. Ich muß jetzt doch daran erinnern, daß ich Deutschlands Ansehen in all diesen Jahren nur genützt habe und daß ich mich niemals daran gekehrt habe, daß – besonders in den letzten Jahren – in der Rechtspresse systematisch gegen mich gehetzt wurde. Jetzt aber hat mich der Vernichtungskrieg gegen meine wehrlosen jüdischen Brüder gezwungen, den Einfluß, den ich in der Welt habe, zu ihren Gunsten in die Waagschale zu legen. Bei alledem freue ich mich darüber, daß Sie mir in alter Freundschaft entgegengekommen sind und daß auch die stärksten äußeren Belastungen es nicht vermocht haben, unsere gegenseitigen Beziehungen zu trüben. Diese stehen in ihrer alten Schönheit und Reinheit da, ungeachtet dessen, was sozusagen weiter unten sich zuträgt. Gleiches gilt auch bezüglich meiner Beziehung zu Laue, den ich außerordentlich hoch schätze. In alter Herzlichkeit grüßt Sie und Ihre Frau Ihr Einstein.«

Diese Briefe bringen auf plastische Weise die Konflikte zum Ausdruck, die nun zur Belastung jeden Tages gehörten. Max Planck versuchte, die Loyalitätspflicht der vornehmsten akademischen Einrichtung des Staates gegenüber der Regierung mit dem festen Willen zu vereinbaren, die Wissenschaft aus dem politischen Geschehen herauszuhalten und ihr Ansehen in der Welt zu wahren. Gleichzeitig versuchte er, seine Freunde und Kollegen zu schützen – die Quadratur des Kreises. An seiner Person wird deutlich, in welche Seelenqualen diejenigen gestürzt wurden, die aufgrund ihrer politischen Überzeugung hofften, daß eine »nationale« Regierung mehr für Deutschland leisten könne als eine republikanische und die deshalb am Anfang blind waren für den kriminellen Charakter dieser Regierung – obwohl bereits zwei Tage nach dem Potsdamer Festakt das sogenannte Ermächtigungsgesetz offenbarte, wohin die Reise ging. Ganz davon abgesehen, daß Hitler nie ein Hehl aus seinen Absichten gemacht und alles in seinem Buch »Mein Kampf« niedergelegt hatte; das aber hatte kaum jemand gelesen. Menschen wie Max Planck, die ihr Vaterland liebten, eine anständige Gesinnung hatten und diese bewahren wollten, stützten unfreiwillig ein Regime, das schließlich ihr geliebtes Vaterland nicht nur äußerlich zerstören, sondern auch den Begriff Vaterland so nachhaltig diskreditieren sollte, daß die Deutschen sich noch heute schwertun damit.

Nach dem Krieg habe das Ausland, so Max v. Laue 1948 in einem Brief an Lise Meitner, »den Deutschen und besonders den deutschen Gelehrten zum Vorwurf [gemacht], sie hätten Hitler nicht genug Widerstand geleistet. Haben denn jene Kreise im Ausland irgendeinen Widerstand versucht, der doch für sie ohne jede Gefahr gewesen wäre?« Bitter antwortete er selbst: »Ich erinnere mich nicht, daß irgendeine fremde Regierung nach dem 30. Juni 1934 ihr Mißfallen über die amtlichen Morde zu erkennen gegeben hätte; und dabei wäre es doch wohl der Mühe wert gewesen, einmal zu versuchen, ob man den Hitler durch Abbruch der diplomatischen Beziehungen zum Sturz bringen könnte. Und im Jahr 1936 haben jene angeblich so entrüsteten Kreise nicht auf das bißchen Vergnügen verzichten wollen, zur Olympiade zu kommen.«[9] In der Tat wartete das Ausland ab und ließ Hitlers Regime gewähren, bis es zu spät war.

Nachdem Max Planck im Falle Einsteins hatte erkennen müssen, daß er mit seinen Wertvorstellungen auf verlorenem Posten stand, verlegte er sich ebenfalls aufs Abwarten. »Man muß diese Zeit als eine Art Übergang betrachten und ruhig abwarten, wie allmählich die Dinge sich entwickeln«, schrieb er noch aus Taormina an Friedrich Glum, den Generaldirektor der Kaiser-Wilhelm-Gesellschaft.[10] Und er versuchte zu retten, was zu retten war, beziehungsweise zu verhindern, was verhindert werden konnte. Nur deshalb ließ er sich mit seinen 75 Jahren noch einmal zum Präsidenten der Kaiser-Wilhelm-Gesellschaft wählen. Nelly berichtete es kurz am 23. Mai 1933: »Vater bleibt Präsident, sonst ganz viel Veränderung.«[11] Was hinter diesen Worten steckt, läßt sich ahnen.

Heute wird Max Planck für seine Rede auf der Hauptversammlung der Gesellschaft angegriffen. Rüdiger Hachtmann stellt sie in den Kontext vom »Rausch des ›nationalen Aufbruchs‹«, der eine »Sogwirkung« entwickelt habe, und spricht von einer »positiven Identifikation« der Kaiser-Wilhelm-Gesellschaft »mit den Zielen des neuen ›Kabinetts der nationalen Einheit‹«. Um diese These zu stützen, zitiert er aus Plancks Rede nur den Teil, der hier kursiv gesetzt ist. Den eigentlichen Kausalzusammenhang läßt er weg, wodurch ein völlig falscher Eindruck entsteht.[12] Hier der vollständige Beginn der Rede, die ein treffendes Beispiel dafür ist, wie Planck versuchte, seine wissenschaftspolitischen Ziele mit den Anforderungen der Zeit zu vereinbaren:

»Inmitten einer stürmisch bewegten Zeit, einer Flut hochgehender nationaler Wogen vereinigt sich heute die Kaiser-Wilhelm-Gesellschaft satzungsgemäß zu ihrer 22. Ordentlichen Hauptversammlung. Wohl mag bei manchem von uns die Frage sich regen, ob denn ein solcher Zeitpunkt wirklich angemessen sei für eine wissenschaftliche Tagung, da doch alles öffentliche Interesse durch andere vordringlichere Angelegenheiten in Anspruch genommen ist. Aber dennoch bedarf es nur einer kurzen Überlegung, um diese Frage mit Entschlossenheit zu bejahen, denn *ein jeder, der unser teures Vaterland wahrhaft liebt und der nicht nur an den nächsten Augenblick, sondern etwas weiter in die Zukunft denkt, muß sofort zur Einsicht kommen, daß es heute niemandem, der überhaupt irgendeine Tätigkeit auszuüben vermag, erlaubt ist, Gewehr bei Fuß zu stehen, daß es vielmehr heute für alle Deutschen nur eine Losung gibt, eine Losung, die durch den Herrn Reichskanzler selbst in feierlicher Rede allerorten verkündigt worden ist: Die Zusammenballung aller verfügbaren Kräfte zur aktiven Mitarbeit an dem Aufbau unseres Vaterlandes.* Und unter diesen Kräften spielt die Wissenschaft keine geringe Rolle.«

Planck nennt dann die Verdienste großer deutscher Wissenschaftler, unter anderem die von Heinrich Hertz und Fritz

Haber – beide sind Juden. Sie hätten »dem deutschen Namen zu Ehre und Ansehen in der ganzen Welt verholfen. Es ist gerade in den heutigen Verhältnissen dringend nötiger als je, dieses Ansehen auch zu behaupten.« Planck vergleicht die einsame Arbeit des Wissenschaftlers mit der eines Künstlers und verlangt »freie Entfaltung ihrer Kräfte, [... die] Führung durch wissenschaftliche Forscher, denen die unumgänglich nötigen Mittel zur Verfügung gestellt werden, ihre Ideen zu erproben, und die sich in ihrer Arbeit von den höchsten Behörden geschützt fühlen dürfen vor unsachlichen Beunruhigungen durch Ereignisse der Tagespolitik.«[13]

Der Redetext spricht wohl für sich: Planck verfolgte das Ziel einer unabhängigen, nur an der Sache orientierten Forschung. Da gab es keinerlei Identifizierung mit der nationalsozialistischen Ideologie; der Hinweis auf die Worte des Reichskanzlers war reine Taktik. So mußte man damals agieren, wenn man überhaupt etwas erreichen wollte. Eckart Henning vom Max-Planck-Archiv antwortete den Kritikern Plancks in einem kürzlich erschienenen Aufsatz folgendermaßen: »Es bleibt für die Nachgeborenen schwierig, zwischen selektiver Kooperation und Kollaboration, zwischen Nationalbewußtsein und National(sozial)ismus zu unterscheiden – doch diese Unterscheidung ist essentiell, wenn man Plancks Gegnerschaft [zum NS-Regime] verstehen will.«[14]

Das am 7. April 1933 erlassene »Gesetz zur Wiederherstellung des Berufsbeamtentums« machte es Max Planck schwer und schließlich unmöglich, seine jüdischen Freunde und Kollegen wie Fritz Haber, Max Born, Richard Courant, James Franck und Otto Stern zu halten beziehungsweise Erwin Schrödinger daran zu hindern, sein Professorenamt von sich aus niederzulegen. Am 16. Mai 1933 ging Planck als Präsident der Kaiser-Wilhelm-Gesellschaft zu Hitler und versuchte ihm deutlich zu machen, daß es auch um den wissenschaftlichen Nachwuchs gehe, der nun im Gefolge dieser weltberühmten Forscher das Land verlassen werde. Ohne Erfolg.

Max Planck war, wie Heisenberg berichtet, »zutiefst deprimiert« und ohne Hoffnung, daß von der Regierung »etwas Vernünftiges« kommen werde. Heisenberg zitiert Plancks

Worte sinngemäß: »Die Revolution wird zu einem entsetzlichen Unglück für Deutschland führen, aber wir können gar nichts ändern. ... Was jetzt geschieht, ist wie eine Lawine, die den Berg herunterrast, da kann sich kein einzelner dagegenstellen; man muß warten, bis die Lawine unten angekommen ist. Dem einzelnen bleibt im Augenblick nur die Wahl, auszuwandern oder das Unglück mitzuerleiden.« Und dann bat er Heisenberg »hierzubleiben«.[15]

Auch Schrödinger beschwor er, sein Entlassungsgesuch in ein Urlaubsgesuch umzuwandeln, um die Entscheidung noch einmal überdenken zu können.[16] Und Max v. Laue riet er, aus dem Urlaub zurückzukehren, mit der Begründung, daß die »ergriffenen Vorsichtsmaßregeln als Zeichen schlechten Gewissens« gedeutet werden könnten. »Meine Maxime ist immer, jeden Schritt vorher überlegen, dann aber, wenn man ihn verantworten zu können glaubt, sich nichts gefallen lassen.«[17]

Wie sehr ihn das alles mitnahm, bestätigen nicht nur Nellys Briefe an Erwin – »Vater hat rasend viel um die Ohren, der Arme«. Das zeigt unter anderem auch die Tatsache, daß er, der große Goethe-Liebhaber, der stets an den Jahrestagungen der Goethe-Gesellschaft in Weimar teilgenommen hatte, Mitte Mai an Anton Kippenberg schrieb, daß er nicht kommen könne, »da die krausen Verhältnisse, in denen wir jetzt leben und die meine ganze Arbeitskraft in Anspruch nehmen, mir die Abschweifung in idealere Regionen zur Zeit verbieten«.[18]

Sein Sohn Erwin dagegen war bereits in idealere Regionen entflohen und wußte nicht viel von den Schlag auf Schlag erlassenen Gesetzen, die den Föderalismus, die Gewerkschaften, die Parteien abschafften und den Einheitsstaat und die Einparteidiktatur durchsetzten. Von dem am 1. April organisierten Boykott jüdischer Geschäfte bekam er ebenfalls nichts mit. Nur einmal wurde er noch in seiner Ruhe gestört. Er hatte schon das Mittelmeer und den Suezkanal durchquert und »die erste Tropenlandschaft« bewundert, war durch das Rote Meer und den Golf von Aden gefahren, Mitte April im Indischen Ozean und schließlich am 24. des Monats in Singapur angekommen. Er war »sehr dankbar« und fragte sich, womit er

»das Glück verdient habe, so viel Schönes zu sehen«. Da erreichte ihn eine Nachricht, die ihn niederschmetterte und fast zur Umkehr veranlaßt hätte, denn, so schrieb er an Nelly, »mein guter Name ist mir so lieb wie mein Leben«.[19]

Was war geschehen? In mehreren deutschen Zeitungen waren ihm Anfang April Bestechlichkeit und Veruntreuung öffentlicher Gelder vorgeworfen worden. Er habe 10 000 und 20 000 Reichsmark als Scheck erhalten mit der Bitte, den Betrag nur zu bestätigen, nicht zu quittieren. »Dieser Sau-Artikel hat mich stärker getroffen, als ich erst zugeben wollte«, schrieb er kurze Zeit später an Nelly. Er richtete sofort einen Brief an seinen Nachfolger in der Reichskanzlei, Hans Heinrich Lammers.[20] Auch Nelly hatte gleich Protest veranlaßt. Doch Erwin Planck mußte bis Mitte Mai warten. Ein Telegramm von Lammers informierte ihn, daß »der Großdeutsche Pressedienst am 21. 4. 33 seinen Bericht vom 8. 4. 33 dahingehend berichtigt« habe, daß es sich bei den genannten Mitteln um »Gelder für politische Zwecke« gehandelt habe und kein »Vorwurf gegen den früheren Staatssekretär Planck« erhoben werden könne. Dennoch wurde er Mitte Juli 1933 in den dauerhaften Ruhestand versetzt, gemäß Paragraph 6 des Gesetzes zur Wiederherstellung des Berufsbeamtentums. Die entsprechende Nachricht erreichte ihn Ende September, als er mit dem Schiff auf dem Jangtse fuhr, und er fand, es habe eigentlich manches für sich, daß er nun »a. D.« statt »i. R.« war.[21]

Nachdem Planck das bezaubernde Hongkong ein paar Tage lang als Gast des Konsuls Hahn in einem »Tropenmärchenschloß hoch auf dem Berg«, dem sogenannten Peak, genossen hatte, schiffte er sich am 12. Mai auf dem Dampfer »Friderun« ein; Ziel war Neu-Guinea. In einem letzten Brief an Nelly schrieb er, erleichtert über die Bereinigung seiner Angelegenheit: »Ich verschwinde für sieben Wochen fast gänzlich aus der menschlichen Gemeinschaft. ... Ich habe es aufgegeben, mir ein allgemeines Bild von der Heimat zu machen, die Nachrichten sind zu spärlich.« Außerdem war er viel zu begierig, das neue Abenteuer zu beginnen.

Am anderen Ende der Welt

Die Reise mit der »Friderun« dauerte vom 12. Mai bis zum 8. Juli und führte Planck in die farbige Inselwelt der Südsee – ein größerer Kontrast zum Deutschland des Jahres 1933 läßt sich kaum vorstellen.[22] Planck hatte sich eigens eine Pritsche gekauft, um bei der großen Hitze an Deck schlafen und vor allem »ab 5 Uhr den Sonnenaufgang und die Einfahrt in die Philippinen« erleben zu können. »Unser kleines Dämpferchen windet sich nun bis morgen früh auf schmalen Straßen zwischen den Inseln hindurch, wirklich ein herrlicher landschaftlicher Genuß und sehr interessant, weil man die Siedlungen, Kokoswälder und Boote der Philippinos genau betrachten kann.« Vieles hielt Planck mit seinem neuen, in Hongkong gekauften Fotoapparat fest.[23]

Auf Neu-Guinea mußte zuerst Madang, ein Regierungs- und Quarantänehafen, angelaufen werden, ein nettes Städtchen mit »sehr adretten Bungalows für Europäer, keine Eingeborenenhütten. Alles gut erhalten, sauber, herrliche Blumen, viele knallbunte Singvögel und überall die unvermeidlichen Kokospalmen, die in diesem Erdteil die Hauptsache sind. Sie charakterisieren die Landschaft, ihre Ernte ernährt das Land, und der Kopra-Preis* entscheidet über das Vermögen der Bewohner. Alle Kanaken** könnten herrlich und in Freuden leben, wenn sie nicht selbst zum Koprapflanzen zu faul wären.« Hier auf dem »unberührtesten Flecken der Welt« wurde er von zwei Australiern nach dem »Quanten-Planck« gefragt. Er war »selten so stolz« auf seinen Namen.

Die Reise ging weiter nach Rabaul, in die Hauptstadt des Landes. Hier wurde das Schiff von einem Erdbeben und einem anschließenden »rasenden Tropengewitter« begrüßt, doch trotz des Regens »konnte man sehen, wie herrlich der Hafen ist, ein von Vulkankegeln umgebenes, herrliches Becken«. Planck machte sogleich einen Besuch beim Gouverneur, »ein reizender

---

* Kopra ist das getrocknete Mark von Kokosnüssen.
** Kanake war ursprünglich die Bezeichnung für die Ureinwohner der Südseeinseln; ein Schimpfwort wurde erst später daraus.

alter australischer General«. Er bekam ein Auto mit Chauffeur und konnte nicht nur die Stadt in Ruhe besichtigen, sondern fuhr 170 Kilometer weit ins Land hinein, um eine katholische Mission und eine Eingeborenen-Schule zu besuchen. Er war »sehr beeindruckt« von der Arbeit, die dort geleistet wurde.

Die »Friderun« hatte die Aufgabe, Kopra zu laden, und brachte Planck zu Kokospflanzungen in den exotischsten Gegenden. »So etwas Einsames« hatte er noch nicht erlebt, »kein Radio, keine Zeitungen, alle vier Wochen ein winziges Dampfboot aus Rabaul mit Reis und ähnlichen Notwendigkeiten«. Planck nahm alle Eindrücke begierig auf; er genoß »die phantastische Landschaft sowie die prachtvolle Vegetation« und kam auch mit der Hitze gut zurecht. Er entschloß sich, zwei Tage lang die Insel Tabar zu durchqueren, während das Schiff außen herum fuhr. Es war seine »erste Urwald-Bergtour und -Wanderung«. Ein holländischer Missionar, der die Eingeborenen verstand, begleitete ihn, und sie mieteten sich zwei Kanaka-Boys als Führer und Träger. Auf einem Hochplateau fand die kleine Gruppe noch ein paar verlassene Kanakenpflanzungen und Reste einstiger Dörfer. Inzwischen waren alle Eingeborenen zur Küste heruntergewandert; »sie brauchen sich nicht mehr zu verstecken, weil der Krieg zwischen den Dörfern unter der Weißen Herrschaft aufgehört hatte. Die Bevölkerung war die wildeste im ganzen Inselbereich, bis 1900 haben sie ausnahmslos noch Menschen gefressen. Jetzt tun sie es nicht mehr und erkennen die Weißen als unabänderlich an.«

Wieder auf dem vertrauten Schiff, beobachtete Planck »einen ungewöhnlich schönen Sonnenuntergang« und staunte, wie »strahlend hell die Vollmondnacht« in der Südsee war, ein »richtiger Südseezauber«. Inzwischen schrieb man den 9. Juni 1933, und die Hauptinsel Manus war erreicht. »Der Menschenschlag ist hier heller und schöner, sie haben eine andere Blutmischung. Das Innere von Manus ist noch wild, sie fressen aber keine Weißen mehr. Auf Pak war der letzte Pflanzer 1908 gespeert und in den Kochtopf befördert worden.«

Am Ende dieser Reise erlebte Planck die bisher »originellste Südseenacht«: »Gegen 11 Uhr nachts, als die Flut hoch war, fuhren wir mit der Pinasse im Mondschein durch den Kanal, der von Krokodilen wimmelte, dann öffnete sich die kleine Lagune, und nun ging es vom Strand mit einer Motorlorry weiter. Inzwischen war der Tropenregen ausgebrochen, alles war naß bis auf die Haut, die beiden Damen in ihren schwarzen Abendkleidern und wir Männer mit unseren Shorts und kurzen Hemden, ohne Strümpfe. Das Bungalow war primitiv, wie meist auf so einsamen Stationen, der betrunkene Deutsche« – der die Plantage verwaltete – »wurde ein wenig nüchterner, machte den Wirt und spielte als alter Matrose sehr gut Ziehharmonika, wobei er allerdings bittere Tränen auf sein Instrument vergoß, während er erzählte, daß ihm seine schwarze Mary vor einem Jahr weggelaufen sei. Er hatte sie geheiratet, um nach dem Krieg dableiben zu können. Wir tanzten zum Grammophon, den Blick auf die Lagunen zu beiden Seiten und umgeben von musikbegeisterten Kanaken, [für die] das Grammophon der Inbegriff des Luxus ist.«

Auf diesen Abstecher folgten Tage der Erholung auf hoher See; es ging nun zurück zum Festland Neu-Guineas. Bevor sie wieder Rabaul erreichten, hatte Planck noch ein einmaliges Erlebnis. Er flog mit einer einmotorigen Junkers zu einer »Station für die neuen Goldfelder. Dort arbeiten drei dreimotorige und zwei einmotorige Junkersflugzeuge mit großem Erfolg, um über 2000 Meter Höhendifferenz die großen Goldwäschermaschinen ins Innere zu bringen und überhaupt den ganzen Nachschub zu besorgen. Straßen gibt es dort gar nicht. Alles geht per Luft: Riesenmaschinen, Lastkraftwagen, Rindvieh, Menschen, es ist fabelhaft.« Der Flug mit der kleinen Maschine gestaltete sich »sehr salopp. Kein Funkverkehr, kein Monteur an Bord. ... Sitze gab es nicht, außer neben dem Piloten außen. Einmal saß ich da, das nächste Mal buchstäblich im Frachtraum auf einer Kiste Dynamit, wobei wir übrigens rauchten. Die Goldgräberwelt da oben ist wohl ein Weltunikum. Umgeben von unzugänglichem, von Kannibalen bewohntem Gebiet, nur durch Flugzeug mit der Küste verbunden, gibt es dort oben moderne Maschinen und ganz anständige Bungalows, das ganze wirkt sehr märchenhaft. Wir landeten an drei Plätzen im Bullolatal, 1000 Meter hoch, gaben unsere Fracht ab ... und flogen dann in herrlichem Flug, mal über, mal unter den Wolken nach der Küste« zurück, wo die »Friderun« schon wartete. Planck hatte hautnah erlebt, wie die Kolonialmächte auf doppelte Weise, als Ausbeuter und Missionare, in die ursprüngliche Welt der Eingeborenen eingriffen – eine unerhörte Erfahrung.

Von Hongkong nach Kanton

In Deutschland war inzwischen viel passiert, und Planck erfuhr davon, als er am 8. Juli 1933 in Hongkong wieder Land unter den Füßen hatte. Ein Berg Post und viele Zeitungen warteten auf ihn. Nelly teilte ihm mit, daß Onkel Otto, der Bruder seines Vaters, gestorben war und daß sie mit Freunden ein Haus im Spessart gemietet hatte. »Zwischen den Zeilen« las er allerdings »recht viel Kummer und Deprimiertheit« heraus.[24]

Englische Zeitungen und die Berichte von Freunden, bei denen er wohnte, Geschäftsleute und Diplomaten, bestätigten seine schlimmen Vermutungen, und er machte sich Sorgen um Nelly. Er fragte unter anderem nach Pünder und sollte im nächsten Brief erfahren: »Nebenbei ist Dein Vorgänger aus Westfalen ebenfalls fort.«[25] Was im Klartext hieß: Pünder war als Regierungspräsident von Münster abgesetzt worden. Das Wörtchen »ebenfalls« spricht Bände. »Die Lage in Deutschland beschäftigt mich in diesen Tagen sehr, ich glaube, daß ich mit sehr ausgereiften, klaren Ideen nach Hause kommen werde.«

Doch andererseits erlebte er in Hongkong so viel Schönes, daß er seine Sorgen auch immer wieder vergaß. Er war das Hätschelkind der englischen Garnison, die ihn »rasend verwöhnt – ich soll dauernd segeln, baden, tanzen und Golf spielen«. Dieses dolce far niente dauerte zwei Wochen. Dann brach er am 23. Juli zusammen mit dem deutschen Generalkonsul in Kanton, Wilhelm Wagner, »nun wirklich nach China« auf, was ihn »sehr aufgeregt« stimmte. »Der englisch-chinesische Zug mit luftigen Coupés war sehr sauber, und die 1. Klasse-Wagen voll von reichen Chinesen. ... An der chinesischen Grenze bestieg eine schwer bewaffnete Militäreskorte den Zug, weil ja in China die Räuber sehr munter sind ...«

In China waren nicht nur »die Räuber sehr munter«. Das

Land befand sich in einem permanenten Bürgerkrieg, seit 1925 Sun Yat-sen gestorben war, der erste Präsident der chinesischen Republik nach Abdankung der kaiserlichen Regierung 1912. Sun Yat-sen hatte die Regierungspartei Kuomintang gegründet, in die er 1921 die Kommunisten mit hineinnahm, um das Land zu reformieren. Nach seinem Tod brachen die scharfen Gegensätze zwischen den verschiedenen Regionen des Landes mit ihren teils mächtigen Warlords wieder auf. Unter General Tschiang Kai-schek wurden mehrere Feldzüge gegen die Militärmachthaber in Mittel- und Nordchina geführt. Die Hauptstadt wurde von Kanton erst nach Shanghai und dann nach Nanking verlegt, wo Tschiang Kai-schek nach dem Bruch mit den Kommunisten 1927 die »Nationale Regierung« gebildet hatte. Je mehr sich die Regierung nach der Einnahme Pekings und damit der formalen Einigung des Landes stabilisierte, um so stärker wurde der Widerstand der Kommunisten, die sich auf der Basis unzufriedener Bauernverbände um den neuen Führer Mao Tse-tung scharten. Im Mai 1928 hatte dieser die Rote Armee gegründet, und Tschiang Kai-schek vermochte ihn in fünf Feldzügen nicht zu besiegen. Mao wich 1934/35 in dem berühmten »Langen Marsch« nach Jenan aus, wo er das Hauptquartier der Kommunistischen Partei errichtete.

Die Lage in China war also alles andere als gemütlich, als Planck sich dort aufhielt. Der Reiseabschnitt begann mit einer dreistündigen Zugfahrt nach Kanton, die durch eine hügelige und waldlose Landschaft mit Reisfeldern führte. Sie erreichten die Stadt, als es bereits dunkel war. Ein Auto brachte sie langsam »durch ein hitzebrütendes, menschenwimmelndes Großstadtgetümmel. Nicht der leiseste europäische Einschlag.« Der war nur auf der Konzessions-Insel Shameen – ein Geschenk Chinas an die Europäer aus dem 19. Jahrhundert – zu finden, wo Wagner wohnte. »Dort ist alles europäisch, englische und französische Polizei (Inder und Weißrussen), aber es wirkt mehr wie ein Ghetto, und die gelbe Brandung wird es bald auch verschlingen. Es ist sehr gemütlich bei Wagner, aller Comfort, aber das Klima ist schon rasend anstrengend ...«

Planck lernte »die ›weißen Wolkenberge‹ kennen, wo viele reiche und arme Chinesen ihre Ahnengräber haben«, und er besuchte »die Sun Yat-sen Gedenkhalle, ein riesiges, modernes, wirklich schönes chinesisches Gebäude, die Fünf-Stockwerk-Pagode, ein altes Schloß und die Blumenpagode«. Besonders beeindruckten ihn »die alten Gassen, der Fischmarkt und die verschiedenen Handwerkergilden in den schmalen Gäßchen Kantons«. Es faszinierte ihn, daß da, wo man durch breite Asphaltstraßen versucht hatte, die Stadt zu europäisieren, »auch dieser modernere Teil merkwürdigerweise sofort wieder typisch chinesisch wird. China fängt auf und verdaut alles mit erstaunlicher Leichtigkeit. ... Überwältigend war der Tempel ›der 500 Buddhas‹. Ich opferte einem der goldenen 500, der sympathisch aussah, zehn brennende Räucherstäbchen.« Man kann sich vorstellen, daß er dankbar an seine Buddha-Studien zehn Jahre zuvor dachte, die ihm damals so geholfen hatten. »Die Tempel verfallen leider alle. Man ist hier sehr revolutionär und wandelt sie in Schulen um. Priester sieht man nicht mehr, nur noch die alten Tempeldiener retten, was zu retten ist.« Demnach hatte schon vor der Herrschaft der Kommunisten die Säkularisierung eingesetzt.

Planck wurde von Wagner nicht nur im deutschen Club, sondern auch bei vielen internationalen Konsuln herumgereicht. Zudem luden ihn sogar Chinesen ein, was als etwas Besonderes galt. Planck war sehr dankbar, als ihn ein »deutscher Arzt, der von einem alten, reichen Chinesen adoptiert worden war, in dessen Familie in das Gartenhaus auf dem Lande mitnahm. Ein bezaubernd angelegter Garten mit ein paar Häuschen drin. Die Witwe des vor einem Jahr verstorbenen alten Chinesen, eine entzückende alte Dame, empfing die Gäste. Es waren etwa fünfzehn Chinesen und vier Deutsche da ... Es gab erst einen Cocktail auf dem Grabe des Alten, dann folgte ein Rundgang durch den Garten, dann ein chinesisches Diner mit allen Schikanen, alten schwarzen Eiern, Schwalbennestsuppe mit Krebsfleisch, Fischlippen mit Pilzen, Froschschenkel, Bambussprossen und so weiter, unendliche Gänge und unendlich viel Reiswein. Erstaunlicherweise ist es mir gut bekommen ...«

Die Hitze war inzwischen mörderisch geworden, der 2. August war in Kanton »der heißeste Tag seit 1888«, und Planck fühlte sich wie eine »tote Fliege«, zumal er gesundheitliche Probleme hatte. Die neu eingetroffenen Briefe von Nelly bedrückten ihn, und er litt darunter, daß er ihr nicht beistehen konnte. »Aber warte nur«, schrieb er am 10. August, »wenn ich zurückkomme, tragen wir alles gemeinsam, dann ist es leichter. Ich bin nicht nur zum Genuß draußen. Ich lerne unendlich viel und habe oft meine schweren Gedanken, aber ich will später diese Zeit des Ausspannens und Lernens durch Leistungen zu rechtfertigen versuchen. Also, werde mir nicht zu traurig, wir haben noch viel Schönes gemeinsam vor uns.«

Eine Reise zur Missionsstation Koon Shan, zusammen mit einer gemeinsamen alten Freundin aus Deutschland, der Missionsschwester Marie-Luise v. Mengersen, fand Planck besonders eindrucksvoll. Seine detaillierte Schilderung bietet einen guten Einblick in die chinesischen Lebensverhältnisse auf dem Land. Am 8. August kamen sie um die Mittagszeit in Koon Shan an, »einem Städtchen von 16 000 Einwohnern, sehr malerisch und sehr schmutzig, der einzige saubere Platz war das Gehöft der Mission, dicht an der Stadtmauer, am Fuß des sehr malerischen Sai-Chiu-Berges. Dort war alles denkbar einfach, aber reizend gemütlich. Die Schwestern leben ganz chinesisch, in Kleidung, Essen und allem. Mir scheint das sehr praktisch, auch für die Missionsarbeit. Ich wurde rührend aufgenommen, hatte ein herrliches Moskitonetz, warmes Wasser und fühlte mich gleich zu Hause. Nach meiner üblichen Mittagssiesta besuchten wir einen ›Heiden‹-Tempel (Taoisten) und dann eine Seidencoconspinnerei, wo 400 Mädchen unter geradezu rasenden Bedingungen für 15 Pfennig am Tage 12 Stunden arbeiten. Von 8 bis 9.15 Uhr nahm ich an der chinesischen Andacht in der Kapelle teil, nachher saßen wir – die 73 Schwestern und der chinesische, sehr nette Prediger Lei – noch bis halb 11 gemütlich beisammen.«

Marie-Luise v. Mengersen berichtete nach dem Krieg in einem Brief an Nelly etwas sehr Aufschlußreiches über Erwin. Der Prediger habe ihn gefragt, »ob er ein Christ sei, und als er das bejahte, meinte der Prediger: ›In der Welt hast Du eine hohe Stellung, wird es auch so im Himmel sein?‹ Darauf hat Planck so bescheiden und mit solch treuherzigem Ausdruck gesagt: ›Oh, wenn ich da so was wie ein Türhüter sein kann, werde ich ganz zufrieden sein.‹ Wir staunten, daß er an das Psalmwort anknüpfte.« Er bezog sich offenkundig auf den Psalmvers 84, 11: »Denn ein Tag in Deinen Vorhöfen ist besser denn sonst tausend; ich will lieber die Tür hüten in meines Gottes Hause, denn wohnen in der Gottlosen Hütten.«[26]

Am nächsten Morgen machten sie nach einem heftigen Gewitter einen Ausflug in die Sai-Chin-Berge. Dort besuchten sie ein »buddhistisches Kloster, herrlich an einem großen Wasserfall gelegen. Wir zogen uns alle Schuh und Strümpfe aus und kletterten die vom Wasserfall überspülten Steintreppen herauf, es war wirklich idyllisch. Dann ging's weiter den Berg hinauf, oben durch Dörfer und Reisfelder.« Planck war glücklich. Der Abschied am nächsten Tag »fiel mir ganz schwer«.

Bevor er Ende August aus Kanton abreiste, lernte er noch weitere Missionsstationen kennen, zu denen ihn der Superintendent der Berliner Mission mitnahm. Mit dem Zug ging es acht Stunden nach Norden, »immer am Nordfluß entlang, durch hohe Berge, landschaftlich eine bezaubernde Fahrt. Die Hälfte der Passagiere waren Soldaten, bis an die Zähne bewaffnet. Vorne und hinten ein Panzerwagen, die übrigen waren chinesische Männer und Frauen, alles proppevoll. ... An einer Station wurde ein bißchen auf verdächtige Gestalten geschossen, es passierte aber nichts. Wir waren die einzigen Weißen im Zug und wurden natürlich recht bestaunt und beobachtet, aber nicht unfreundlich.«

Zurück in Kanton, mußte Planck »auf allgemeinen Wunsch« im deutschen Club einen Vortrag halten, dem er sich »nicht entziehen« konnte. Man erwartete Informationen über seine Zeit als Staatssekretär, doch er wich aus und »machte es harmlos und anekdotenhaft ... Es ging sehr gut, und alle waren zufrieden.« Der *China-Dienst* veröffentlichte anschließend einen »Brief aus der Metropole des Südens«, in dem es hieß: »Im Deutschen Garten-Klub sprach der Herr Staatssekretär in humorvoller Weise von seinen Erlebnissen auf mancherlei Konferenzen. ... Diplomaten sind die Türöffner und -schließer der Weltgeschichte, immerhin ein würdiger Beruf.« So war er schon auf Erden ein »Türhüter«! Planck dürfte sich darüber amüsiert haben, daß man es »hochinteressant« fand, mit ihm

politische Gespräche zu führen und seine »persönlichen Eindrücke über jene gewaltigen, historischen Umwälzungen zu erhalten, die er an der Quelle miterlebt hatte«.[27]
Bereits zu dieser frühen Zeit hatten die Nationalsozialisten einen gewissen Einfluß in den deutschen Kolonien, zumal Auslandsdeutsche ohnehin nationaler dachten. »Harmlos und anekdotenhaft« war im übrigen auch das gesellschaftliche Leben der Ausländer in China. Planck kostete es voll aus: Partys, Landpartien und nächtliche Picknicks, Bootsfahrten und Badefreuden und schließlich die vielen Abschiedsfeiern, die für ihn erst in Kanton, später dann in Hongkong gegeben wurden. Die schönste war wohl »das Zauberfest auf dem Peak ..., im Sternenschein auf dem Rasen, mit buntem Licht, der zauberhaften Landschaft zu Füßen, Bowle, Tanzen, viele hübsche Frauen, ich kam mir wie ein Kino-Prinz vor, und so eine Szenerie sieht man sonst auch nur im Kino«. Am Abend des 24. August wurde er dann von seinen Freunden Heinz Jessen und Curt v. Winterfeldt auf die »Lahn« eskortiert – der Frachtdampfer sollte ihn nach Shanghai bringen.

Shanghai, Nanking und die Briefe aus der Heimat

Am 25. August 1933 um fünf Uhr morgens verließ die »Lahn« den Hafen von Hongkong.[28] Siebzehn meist »belanglose« Passagiere waren an Bord, »darunter aber angenehmerweise ein Gesandtschaftsrat aus Tokio«, mit dem Planck seine Reisepläne für Japan besprechen konnte. In der Muße des Bordlebens schrieb er an Schleicher: »Jetzt war ich also zwei Monate in Neu-Guinea und ein Vierteljahr in Südchina. Schleicher, ist es nicht ein fabelhafter Dusel, so herumflattern zu können wie ein loser Schmetterling? Das heißt, manchmal ähnle ich mehr einem Dreckspatz; wenn ich so acht Tage durch den Urwald gelaufen bin und in der Hitze drei Meilen gegen den Wind stinke oder wenn ich mir die Wanzen chinesischer Herkunft absuche. Aber mehr Schmetterling oder mehr Dreckspatz, ich bemühe mich, keine Blüte, keine Frucht und Samen auszulassen und werde reicher und geläutert nach Hause kommen. So bald komme ich ja noch nicht, wenn Sie auch, der Zeitung nach, gesagt haben, es sei sehr gut, jetzt ins Ausland zu gehen – freute mich übrigens herzlich, Ihre Stimme mal wieder im Blätterwald, der jetzt nur noch aus einer strammen Fichtenschonung besteht, zu hören. Zeitung lese ich nur zufällig und alle Monate etwa eine, es genügt auch. ... Was überlegt man sich nicht alles in solchen schlaflosen Nächten und an einsamen Tagen. Mir ist manch Seifensieder aufgegangen, ich kann Ihnen aber schon jetzt eins verraten, ich komme im wesentlichen als der Alte zurück. Das beste im Leben ist Treue, wie sie von einem erwartet werden darf, ein gutes Geschenk in allen Lebenslagen; das ist die Spielregel bei den Chinesen und den Menschenfressern genau wie bei uns, und danach werde ich mir auch künftig meinen Lebenskreis aussuchen.«[29]

Es war schön dort draußen am Griebnitzsee, wo Schleicher jetzt mit seiner Familie wohnte, nicht weit von Schloß Glienicke. In der kleinen Straße direkt am See gab es nur ein paar Häuser, und dahinter zog sich der Wald am Ufer entlang, ideal für die allmorgendlichen Ausritte, auf die Schleicher nicht verzichten wollte. Er war, wie seine Schwester berichtete, den ganzen Sommer über kein einziges Mal in Berlin. Doch es kamen ständig Freunde und andere zu ihm heraus, um ihre Sorgen bei ihm abzuladen.[30]

In dem Brief, den er Planck am 20. September nach China sandte, ist ein melancholischer Unterton zu spüren. Das Schreiben spiegelt nicht nur die Freundschaft wider, die beide verband, sondern auch die Lebenssituation desjenigen, der nicht mit dem Strom schwimmen wollte:

»Mein lieber, alter Erwin!
Sie haben mir mit Ihrem Brief vom Land der ›Lahn‹ eine so große und herzliche Freude gemacht, daß ich Ihnen schreiben und danken muß, trotzdem ich seit unserem Rücktritt eine fast unüberwindliche Abneigung gegen Tinte und Papier habe. Die Reaktion auf beinahe 20 Jahre Kampf in vorderster Linie war vollkommen. Eine so tiefe körperliche Ermattung, daß Wochen und Monate in diesem stil-

len Winkel nötig waren, um meinen schwindenden Blutkörperchen wieder Leben und Farbe zu geben [er litt an Anämie]. In solchen Zeiten wirken Schreibtisch und Zeitungen auf die Galle. Also habe ich mich von allen Tagesfragen weit abgesetzt und lebe nun meiner Gesundheit und vertiefe mich in die Historie, wozu Potsdam Anregungen die Hülle und Fülle bietet.«

Es war die bereits erwähnte »Staatsidee der preußischen Könige«, die ihn beschäftigte. Zu der von Planck beschworenen Treue machte er mit Blick auf die Zeitumstände ein paar aufschlußreiche Anmerkungen. Wenn man auch »von seinen Freunden nicht verlangen [kann], daß sie sachlich immer derselben Ansicht sind bzw. ihre abweichende Meinung dem Freunde nachmachen, ohne überzeugt zu sein«, so seien doch diejenigen

»verächtlich und erbärmlich …, die dem Freunde persönlich untreu werden, um sich für ihren sachlichen Umfall nicht verantworten zu brauchen und ihn dadurch zu kaschieren suchen (Typ Franz [v. Papen] und Männe [Oskar v. Hindenburg]). Ich habe die Freude gehabt, nur ganz wenig persönliche Untreue zu erleben, wobei ich Politiker, Höflinge und Kreaturen wie Werner Alv[ensleben] nicht als Freunde rechne, weil sie einen solchen Ehrentitel nicht verdienen. … Aber alle unsere alten Freunde und Kämpfer haben mir die persönliche Treue in geradezu rührender Weise gehalten, und dafür bin ich von Herzen dankbar. Sachlich allerdings hat mancher seine Ansicht geändert. Das ist sein gutes Recht und durch die Entwicklung bedingt. Unsereinem wird das schwer. Ich war nun mal von je kein Freund lauter Propaganda, wahrscheinlich weil ich nichts davon verstehe und der sicher nicht mehr zutreffenden Ansicht war, daß die beste Propaganda positive Leistung sei. Vielleicht liegt das in der ganz nüchternen Generalstabserziehung mit dem Leitwort – mehr sein als scheinen! Jedenfalls haben wir auch mit diesem Anspruch Schiffbruch erlitten, denn in der Politik entscheidet heute wie zu allen Zeiten allein der Erfolg. Wie gesagt, es ist

schwer umzulernen, und so kann man nichts hoffen und tun, als still zur Seite zu stehen und mit heißem Herzen zu hoffen, daß alles Geschehen zum Vorteil unseres geliebten Vaterlandes ausschlägt. Ich trage mich mit dem Gedanken, in späterer Zeit meine Gedanken über das, was wir seit den Tagen der Revolution anstrebten, zu Papier zu bringen. Titel: ›Die Unvollendete!‹ Denn das Ziel – Schaffung einer unabhängigen Staatsführung, bestehend aus Krone oder Präsident, Wehrmacht, Polizei und kleinem Berufsbeamtentum – wurde nicht erreicht! ... Lassen Sie sich zum Schluß sagen, mein alter Kerl, daß wohl Berge weichen und Hügel hinfallen, aber mein Gefühl tiefster Freundschaft für Sie nicht aufhören wird. In diesem Sinne
Ihr getreuer Kurt Schleicher.«[31]

Dieser Brief erreichte Planck erst, als er schon auf dem Weg ins innerste China war.

Die Ruhe auf dem Schiff tat gut. Planck hatte Zeit zum Nachdenken. Die bisherige Reise war »viel inhaltsreicher«, als er vermutet hatte. An Nelly schrieb er: »Das langsame Reisen hat den großen Vorteil, daß man erst einmal mit den Leuten warm werden kann und dadurch die Möglichkeiten erhält, wirklich die eigenartigen Dinge zu sehen. Ich habe oft schreckliche Sehnsucht nach Dir und bin manchmal sehr ernst gestimmt. Ich glaube, ich habe in Berlin oft viel zu wenig mit Dir besprochen. Wenn ich Kummer hatte, wollte ich es immer von Dir fernhalten und habe es für mich bebrütet, das war sicher nicht richtig. Ich habe Dich nie beschwindelt, aber ich habe Dir doch manchmal Dinge nicht gesagt, die mich wurmten. Ich habe mir hier draußen jetzt überlegt, wie falsch das ist. Ich will alles mit Dir teilen und Dir mit aufpacken, es war auch nicht meinetwegen, sondern mehr deinetwegen, und ich will es künftig anders machen.«

Ende August landete Planck in Shanghai. Er wohnte sehr angenehm bei dem 33 Jahre alten Adalbert Korff, dem »Teilhaber der Firma Melchers«. Shanghai beschrieb er als »eine typische internationale Drei-Millionen-Stadt, unpersönlich, protzig, kulturlos, interessant nur durch die abenteuerliche Mischung aller weißen und gelben Rassen«. Die nähere Umgebung erschien ihm zunächst »flach und reizlos«, doch ein »herrlicher, langer Spaziergang durch rein chinesisches Bauernland« belehrte ihn rasch eines Besseren, und »der Weg durch diese stillen, uralten, tausendmal zerstörten und wieder aufgebauten chinesischen Dörfer« wirkte auf ihn »beruhigend und ablenkend von mancherlei Sorgen«.

Wieder ließ Planck keinen Besuch aus, »lernte viel von einer großen China-Kennerin«, Baronin Leoni v. Ungern-Sternberg, einer deutschen Professorin an der Universität von Shanghai, traf den mächtigen chinesischen Finanzminister T. V. Soong und nahm auch »Fühlung auf zu einem wichtigen hiesigen NSDAP-Vertreter«, mit dem er sich mehrfach traf. Er informierte sich, wo er konnte, »staunte immer wieder über die Bildung und Gewandtheit der modernen Chinesinnen, die zudem noch schön« waren, und fand es »erstaunlich, wie viel innere Zurückhaltung, oft Verachtung selbst der geringste Chinese für den Weißen hat«.

Auch Nanking, die neue Hauptstadt Chinas, wollte er kennenlernen. Er nahm den Nachtzug, der acht Stunden für den dreihundert Kilometer weiten Weg brauchte. Als er am 11. September, morgens um sieben Uhr, ankam, war es »glutheiß und schwül. Eine sehr merkwürdige, ganz chinesische Stadt. Riesenausdehnung, in dieser Hinsicht die größte Stadt der Welt, umgeben von einer gewaltigen Mauer mit gewaltigen Toren, die man nur durch eine Wache passieren kann, die jeden visitiert. Und drinnen teils modern europäische oder chinesische Bauten, teils uralte Chinesenviertel, teils öde Flächen oder Wassertümpel. Breite Asphaltstraßen ohne Häuser, überdachte chinesische schmale Ladengäßchen, alles durch Riesenentfernungen getrennt …«

Planck »fuhr aus der Stadt in die Berge, wo die Gräber der ersten beiden Ming-Kaiser und das Grab Sun Yat-sens liegen. Herrliche Aussichtspunkte über einer heroischen Landschaft, die düstere Stadt, ernste Berge, der schimmernde Jangtsekiang, es war ein tiefer Eindruck.« Auch »in die tiefste Chinesenstadt« traute er sich allein, fand aber, »daß es einen manchmal schon gruseln kann«. Abends war er mit »einem japanischen Diplomaten und anderen Deutschen beim Konsul« eingeladen. Noch hatte sich die nationalsozialistische Linie nicht in allen diplomatischen Vertretungen durchgesetzt. Planck war sich zunehmend »dieser schwankenden Welt« bewußt und wurde, wie er seinem Freund Rhenius schrieb, »immer anhänglicher an die paar sicheren Sachen, die man im Leben noch hat«.[32]

Es war oft schwer zu durchschauen, wie man die offiziellen Vertreter Deutschlands in China einzuordnen hatte. Besonders schwierig war das im Fall des Planck von früher bekannten Wolfgang Jaenicke, der das Amt des Potsdamer Regierungspräsidenten bekleidet hatte und nun Sachberater in Nanking war. Planck ließ sich von ihm »über chinesische Verwaltungsprobleme« informieren und wußte vermutlich nichts von Jaenikkes Beziehung zur nationalsozialistischen Regierung in Berlin. Diese hatte ihn mit der Maßgabe nach China geschickt, beim Aufbau der dortigen Verwaltung mitzuhelfen.

Hinter diesem Auftrag stand nicht nur der Wunsch, Einfluß auf die chinesische Wirtschaft zu gewinnen und damit Absatzmärkte für Deutschland zu erschließen. Langfristig ging es auch um politische Einflußnahme, zumindest um Werbung für die nationalsozialistische Ideologie im Ausland.[33] Dies erschien dem Hitler-Regime um so wichtiger, als die chinesische Regierung gerade dabei war, durch den Völkerbund vermittelte deutsche Emigranten als Berater ins Land zu holen. Im Rahmen des neugegründeten »National Economic Council«[34] engagierte Finanzminister T. V. Soong persönlich im Sommer 1933 in Paris folgende Emigranten: den früheren preußischen Finanzminister Otto Klepper, den von ihm vorgeschlagenen Kurt Bloch, Horst W. Baerensprung, den ehemaligen Polizeipräsidenten von Magdeburg, sowie Max Brauer, den früheren Oberbürgermeister von Altona, mit seinem Vertrauten Rudolf Katz, Rechtsanwalt und bis 1933 Stadtverordneter der SPD.[35]

Wegen dieses Engagements befürchtete die nationalsozialistische Regierung eine »unfreundliche, ja feindliche Stimmung gegenüber dem nationalen Deutschland«.[36] Entsprechend versuchte sie, dagegen anzugehen oder zumindest Leute wie Jaenicke einzusetzen, der, wie Botschafter Oscar Trautmann nach Berlin kabelte, als »das einzige Gegengewicht gegenüber diesen schädlichen Elementen« galt.

Schließlich ergab sich eine Möglichkeit, die »schädlichen Elemente« loszuwerden. Die Firma Otto Wolff war in China seit Anfang 1934 im Eisenbahnbau tätig, also zu der Zeit, als Planck dort war. Er konnte nicht ahnen, daß er bald für dieses Unternehmen arbeiten würde. Das Reich garantierte die Kredite für den Eisenbahnbau, und es verlangte von der chinesischen Regierung nicht etwa die sonst üblichen Handelsvorteile, sondern die Ausweisung der deutschen Emigranten.[37] Dieser Wunsch wurde Ende 1934 erfüllt, unter anderem auch deshalb, weil T. V. Soong aus dem Kabinett hatte ausscheiden müssen. Dennoch sollte das Geschäft schließlich scheitern, obwohl Otto Wolff im Frühjahr 1935 selbst nach China kam und der Universität Tung-Chi 20 000 Reichsmark für Einrichtungsgegenstände sowie 100 000 Reichsmark für Stipendien stiftete.[38] Im Sommer 1937 marschierten japanische Truppen in China ein, und der »japanisch-chinesische Krieg brachte das seit Anfang 1934 aufgebaute reine Friedensgeschäft ... größtenteils« und bald ganz zum Erliegen. Die Firma Wolff erlitt »Devisenverluste von 4 Millionen RM, ganz abgesehen von anderen Folgeschäden«.[39] Das einzige, was übrigblieb, war die Stiftung, die später einmal Erwin Planck verwalten sollte.

Das Ränkespiel zwischen Anhängern und Gegnern des nationalsozialistischen Regimes fiel ihm bereits zu diesem frühen Zeitpunkt auf. An Nelly schrieb er: »... länger hätte ich [in Nanking] nicht bleiben mögen, um nicht in die Intrigen dieses merkwürdigen Ortes hineingezogen zu werden.« Der Schlafwagen brachte ihn zurück nach Shanghai, und die Vorbereitungen für die große Reise auf dem Jangtsekiang begannen. Dazu gehörte »ein Frühstück mit dem Besitzer der Dampferlinie, was die Halbierung des Fahrpreises einbrachte«, und eines »mit den Redakteuren des wichtigsten Blattes, das in ganz China gelesen« wurde. Die Folge war »die erste nicht unfreundliche Darstellung eines wichtigen Deutschen«, wie seine Landsleute meinten.

Schon unterwegs, erhielt er endlich den lang erwarteten Brief von Nelly, die sich »recht einsam« fühlte. Sie dankte ihm für seine »bezaubernden Briefe« und versicherte ihm: »Du machst nicht nur mich froh damit, sondern eine ganze Reihe Menschen, die sich so gerne heute die Märchen von 1001 Nacht vorlesen lassen.« Gleichzeitig berichtete sie verschlüsselt von Leuten, die neue Stellen gefunden hatten und sich damit einzurichten versuchten, von solchen, die sich »schrecklich elend« fühlten, und solchen, die aus Amerika schrieben. Sie erzählte von ihrem Besuch im Grunewald bei Vater Planck, der »jetzt auch so viele Sorgen« hatte. Sie fühlte sich »so einig [mit ihm]. Deine Ohren müssen tatsächlich geklungen haben, wenn das möglich wäre auf die ›kleine‹ Entfernung.«

Nelly plagte sich mit ihrem Großen Latinum, das sie für ihr Medizinstudium brauchte, und hörte nebenbei Literatur-Vorlesungen. Da sie sich zudem um eine kranke Freundin kümmerte, war sie schließlich so erschöpft, daß Freunde sie auf eine Urlaubsreise mitnahmen. Wieder war sie auf Burg Rothenfels und besuchte das Häuschen im Spessart. Auf der Burg hatte sie schon mehrere religiöse Tagungen mitgemacht, die teilweise von dem Religionswissenschaftler Romano Guardini geleitet wurden. Sie war mit Guardini eng befreundet; er hatte ihr unter anderem bei ihrem Übertritt zum Katholizismus im Jahr 1931 geholfen.[40] Nelly hatte sich zu einer sehr selbständigen Frau entwickelt, und wenn Erwin ihr schrieb, sie sollten nun alles gemeinsam tragen, so war das eine gute Voraussetzung für die schwierigen Zeiten, die auf sie zukamen und von denen beide bereits eine Vorahnung hatten.

Auf dem Jangtsekiang

»Ich bin nun mitten in der großen Inlandsfahrt«, schrieb Planck nach Hause, »die wirklich wieder ein neuer, gewaltiger Eindruck ist. 2500 Kilometer fahre ich auf dem Jangtse ins Innere, heute ist der fünfte Tag, und der Strom ist immer noch so breit wie die Havelseen – am Anfang war er so breit wie der Bodensee –, das Wasser wälzt sich schokoladenbraun uns entgegen, unzählige Dschunken und Dampfboote fahren vorüber oder krabbeln am Ufer stromaufwärts.«[41] Er hatte auf dem Dampfer »Ichang« eine »Staats-Kabine« und war entsprechend zufrieden. »Die Passagiere sind fast alle Amerikaner, ...

auch der Kapitän, der ganz jung, still und nett ist und fabelhaft bezahlt wird, weil die Nerven diese Passage durch die Stromschnellen nur ein paar Jahre aushalten, es gehen auch sehr viele Schiffe verloren.« Das waren natürlich reizende Aussichten, und als wollte er Nelly beruhigen, fügte er hinzu: »Die Schiffe haben riesenstarke Maschinen – wir hier einen gewaltigen deutschen Dieselmotor –, um gegen die rasende Strömung anzukommen.«

Auf dem Strom kamen ihnen »Kanonenboote aller Nationen entgegen. Ohne geladene Kanonen ist hier nämlich nicht zu leben, es herrscht ständiger Krieg, die Generäle bekämpfen sich, die Kommunisten sind sehr stark, sie beherrschen ganze Provinzen, und wer sich nicht wehren kann, wird bis aufs Hemd ausgezogen oder umgebracht. Man findet hier in erstaunlicher Weise unsere Zeit des Dreißigjährigen Krieges wieder, es ist, als ob man den Simplicius Simplicissimus läse.« Ein paar Tage später wurde das Schiff »von den Soldaten eines vorbeifahrenden Truppendampfers beschossen, sie trafen aber nichts. Das machen die hier so zum Spaß. Es ist ja niemand, der es wagt, sie zu bändigen.«

Allmählich wurde die Landschaft bergig, »herrliche Blicke taten sich auf, in den Seitentälern sah man auf gewaltige Gebirgszüge. Ich war den ganzen Tag auf dem obersten Deck ...« Von dort konnte Planck beobachten, wie der Dampfer vor einer kleinen Stadt anlegte. Abends wagte er sich mit »einigen jungen Amerikanern und einem chinesischen Stewart« in eine Opiumkneipe und rauchte dort »mit den anderen, denen es auch neu war, meine ersten fünf Pfeifen. Gar nicht übel! Man muß die Technik erst lernen und sich richtig lockermachen – nach drei Pfeifen war ich soweit –, dann entsteht ein Gefühl ungemeinen Wohlbefindens, das bis zum Schlafengehen um 1 Uhr anhielt. Der Spaß kostete uns alle zusammen 60 Cents (= 50 Pfennig) für Opium und einige Trinkgelder. Ich kann mir schon denken, daß Opium verführerisch ist, in Peking sollen sehr viele Europäer rauchen.«

Am nächsten Tag stand Planck »ohne jeden Kater« um fünf Uhr morgens auf, um die Abfahrt mitzuerleben. »In der Morgendämmerung ging es in ein unglaubliches Felsengewirr hinein, der Fluß schmal und von unglaublichster, wilder Stärke. Mit vollster Maschinenkraft kamen wir nur schrittweise vorwärts. Rechts, links und vorne hohe, steile Felswände, oft kein Ausweg sichtbar, bis der Fluß plötzlich scharf drehte. Düstere Luft, eine Fahrt wie im Hades. Um 12 Uhr mittags kamen wir aus eigener Kraft nicht mehr weiter, der Strom war zu reißend. Da wurde ein Tau an Land geworfen, 100 schon wartende Kulis schleppten es auf große Entfernung zu einem Riesenfelsblock, um den es gewickelt wurde, und mit einer Hilfsmaschine an Bord zogen wir nun selbst zentimeterweise durch tosende Gischt stromaufwärts, bis das Schlimmste hinter uns war.«

Später schrieb er an Nelly: »Die letzten Tage waren ein fabelhaftes Erlebnis, vielleicht das stärkste bisher auf der ganzen Reise. Es ist wie ein Märchenland, durch das ich fahre, und den richtigen Eindruck werde ich im Brief gar nicht geben können, es ist zu mannigfaltig.« Trotz erneuter Stromschnellen und starker Windböen stampfte der kleine Dampfer aus eigener Kraft den Strom hinauf, während »die Dschunken auf Treidelpfaden am Ufer durch Kulis stromaufwärts gezogen werden. Die Leute haben meist nur eine kurze Jacke an, so daß sie von der Hüfte ab völlig nackt sind, oft sind die überhaupt splitterfasernackt. Ich werde nie diese Bilder vergessen, 20 tierisch nackte Kulis mit aller ihrer Lebenskraft an so einem Tau ziehend, oft viele Minuten lang bewegungslos an den Boden gestemmt, weil sie gegen den Strom nicht ankönnen, ein Bild, wie man Höllenstrafen darstellt. ... Abends kamen wir in die 150 000 Einwohner starke Stadt Wan Shian, die einen General hat, der keinerlei Oberhoheit anerkennt, das Schiff muß ihm jedesmal 4000 Dollar Abgabe zahlen, damit er es zufrieden läßt, trotzdem durchsuchten seine Soldaten alle Kabinen ›nach Waffen‹.«

Am nächsten Morgen – es war der letzte Septembertag – bot sich »wieder das gleiche, reiche Bild. Tempel, Burgen, Wachtürme auf den allmählich immer schöner bewaldeten Uferhügeln. Das urbare Land sehr sorgfältig bebaut mit Zuckerrohr und Mais. ... Leider regnet es viel, so daß die Ufer oft verschleiert sind. Die Strömung ist noch immer sehr heftig, ab und zu saust ein toter Hund oder ein totes Schwein am Schiff vorbei, was die Chinesen gar nicht lieben – es ist ein böses Omen. Dann wird schnell ein Huhn geschlachtet und sein Blut auf das Wasser versprengt, damit es kein Unglück gibt. ... Zum letzten Mal ankerten wir noch an einem sehr eigenartigen, einsamen Opiumschmuggelplatz für die Nacht. Die ganze Geschichte wirkte wie ein Räuberlager – das Wirtshaus im Spessart –, nur ein paar Gehöfte, aber mit wilder Musik, und im Dunklen kamen ein paar Boote längsseits geschlichen, auch mit Soldaten, die angeblich aufpassen sollten.«

In Chongqing verließ Planck das Schiff, und schlagartig fühlte er sich »ins Mittelalter« zurückversetzt.[42] Er betrachtete diese Station als den Höhepunkt seiner Reise: »In der abendlichen Dämmerung kamen wir am 1. Oktober endlich in der malerischen, am Berg- und Uferhang gebauten Stadt an, geteilt durch den breiten reißenden Jangtse und einen großen Nebenfluß. Unser Schiff mußte weit außerhalb im Strom bleiben, wir wurden deshalb von der Launch des hiesigen britischen Kanonenboots abgeholt und zum nächsten Stadttor gebracht. Dort warteten Sänften mit Öllaternen auf uns, jede Sänfte vier Träger, inzwischen war es ganz dunkel geworden, und nun ging es eineinhalb Stunden bergan zum hochgelegenen [deutschen] Konsulat ... Es war einfach zauberhaft, dieser Weg durch die engen Gassen, in denen bei den Ölfunzeln alles Leben noch wach war, Opiumraucher, säugende Mütter, Abendmahlzeiten, Spieler, Handelsgeschäfte, Theater, alles zum Berühren nahe, ein betäubender Lärm – auch betäubender Gestank –, viele neugierige Blicke – der Europäer ist hier noch ungewohnt – und viele Zurufe, die ich glücklicherweise noch nicht verstand, man ist hier sehr fremdenfeindlich, ›fremder Hund‹ oder ›fremder Teufel‹ ist das mindeste ...«

Nach dem Krieg sollte sich Hannita Traut, die Frau des Konsuls, in einem Brief an Nelly wehmütig der Wochen erinnern, in denen Erwin Planck ihre »Einsamkeit in Chongqing geteilt hat, der nächtelangen Gespräche über alles, was uns damals bewegte und bedrückte, und in denen er uns so viel von seinem Reichtum gab«.[43]

»Mit dem Gefühl, diesmal wirklich im Zauberland angelangt zu sein«, erforschte Planck die Stadt, die rund 700 000 Einwohner hatte, davon »höchstens 100 Europäer«. Sie lebte vom Handwerk, es gab nur eine »sehr primitive Porzellanfabrik«. Im übrigen herrschte Mittelalter: »Die Stadtmauern werden nachts hermetisch geschlossen, Räuber und Wiedertäufer (die Kommunisten) bleiben vor den Toren.« Der Condottiere der Stadt war General Kuo Chang Ming. Sein Haus glich einer Festung. Er wurde »von zahlreichen bis an die Zähne bewaffneten Soldaten bewacht, die den Finger stets am Drücker ihrer Maschinenpistolen oder Karabiner hatten«.

Planck verglich die Einwohner mit den Südchinesen von Kanton, die er viel »feiner und netter« fand; »diese hier sind vor allem durch Opium heruntergekommen. Sie haben es aber auch schlecht. In dieser Provinz gibt es fünf Marschälle, alle sind praktisch ganz unabhängig, aber keiner hat richtig die Oberhand. Ab und zu führen sie auch Krieg miteinander. 400 000 modern bewaffnete Soldaten werden von ihnen unterhalten, die das Land aussaugen. Außerdem gibt es eine kommunistische Armee, die jetzt gerade im Vormarsch ist.[*]

Ihre Spitze ist drei Tagesmärsche nördlich von hier, und die reichen Chinesen fangen schon an, die Dampfer zu besteigen und gen Hankow zu fliehen. Die Generäle aber zanken sich untereinander. Ich wünschte diesem Lande einen Iwan den Schrecklichen, der müßte erst mal aufräumen.«

Planck scheute keine Strapazen und begab sich in allerlei Gefahren. Als nächstes wollte er unbedingt zur »Provinzhauptstadt Chengdu durchdringen. Sie liegt 500 Kilometer nordöstlich von hier. ... Es geht eine Autobuslinie in zwei Tagen dorthin, aber die Busse kommen nicht mehr durch, weil die Straße im Gebirge durch den langen Regen zerstört ist – hier regnet es auch schon seit zehn Tagen und ist saukalt. Personenwagen sollen aber mit Hilfe von 50 Kulis noch durchkommen. Hin komme ich wohl, wie ich dann hierher zurückkomme, ist mir noch schleierhaft, aber es wird schon irgendwie gehen. Chengdu scheint nach allem, was ich höre, der Mühe wert zu sein. Ich will dort den mächtigsten General der Provinz, Marschall Liu Hsiang, besuchen.«

---

[*] Planck spricht hier Mao Tse-tungs »Langen Marsch« an.

Zur Vorbereitung der Reise nach Chengdu gehörte auch, daß er »von General Kuo einen chinesischen Namen« bekam. Dies sei, wie er Nelly schrieb, »unbedingt erforderlich. Sie sagen, es sei ein sehr schöner Name, Visitenkarte liegt bei, ich heiße jetzt Pu Lang K'o (Herr Pu, die Blüte der Orchidee). ... Außerdem habe ich schon herrliche Briefe mit dem General gewechselt, der mich beim Marschall in Chengdu telegraphisch angemeldet und mir militärischen Schutz versprochen hat.«

Die Reise nach Chengdu

Der Regen ließ allmählich nach, und Planck machte sich am Morgen des 12. Oktober 1933 mit seinem neuen Verbündeten, »dem italienischen Postchef von Chengdu, Herrn Cavalieri«, und zwei Boys auf die gefährliche Reise.[44] Das viele Gepäck war gut in der bereitgestellten Sechs-Zylinder-Dodge-Limusine verstaut worden. Nach sechs Stunden Fahrt erreichten sie »einen breiten Fluß, den wir per Fähre überqueren mußten. Das Übersetzen ging mit viel Geschrei primitiv und glatt, wir landeten weit unterhalb auf der anderen Seite, abgetrieben von der reißenden Strömung. Und dann ging es los: ... Die ›Straße‹ war einfach eine Lücke zwischen Reisfeldern, ausgefüllt je nach der Natur des Bodens mit Steinblöcken oder knietiefem Morast. Daß ein Auto so etwas lebendig überstehen kann, war mir eine interessante Offenbarung. ...

Zwischendurch hatten wir noch Aufenthalt durch marschierende Truppen, die uns entgegenkamen, eine ganze Division, zum Schutz von Chongqing gegen die Kommunisten. Die Leute abgerissen, neben dem Gewehr mit Regenschirmen bewaffnet, die Offiziere meist in tiefem Schlaf in der Sänfte getragen, dahinter die Offiziers›damen‹, ebenfalls per Sänfte. ... Kaum war es richtig dunkel, blieben wir zum ersten Mal endgültig stecken. Aber im Handumdrehen waren 20 Bauern und Kulis da und zogen uns für einen Dollar = 90 Pfennig wieder heraus und gleich ein Stück weiter. Wir blieben noch etwa zehnmal stecken ...

Ständig wurden wir von 20 Leuten geschoben oder gezogen, und schließlich, gegen Mittag, neigte sich der Wagen majestätisch, fast waagerecht zur Seite, zwei Räder links in der Luft, die beiden rechten staken glücklicherweise so tief im Schlamm eines überschwemmten Reisfeldes, daß sie nicht lockerließen ... Durch rasendes Gebrüll wurden schließlich etwa 60 Leute herbeigelockt, die mit ihren Händen und ein paar Bambusseilen die schwere Limousine buchstäblich heraushoben. ... Das war aber der letzte Schreck, die Straße wurde besser, führte noch hoch über eine Gebirgskette, sehr schwindlig, und senkte sich dann mit prächtigem Blick in die Ebene von Chengdu, in der, von Bergen allerseits umschlossen, etwa 10 Millionen fleißige Bauern wohnen. Das Land ist fabelhaft bebaut, mit großartigen 3000 Jahre alten Bewässerungsanlagen.

Langsam hoppelten wir gegen 5 Uhr nachmittags der riesigen Stadtmauer entgegen. Scharfe Kontrolle am Stadttor ... Wir fuhren auf schönen glatten Straßen in die sauberste Stadt, die ich bisher in China gesehen habe. Eine Großstadt übrigens, 600 000 Einwohner, und keine Spur von Industrie. Neue Überraschung: Wir bogen in eine schmale Straße mit schönen alten Chinesenhaustüren, die ich sehnsüchtig bewunderte. Die schönste tat sich auf, als wir vor ihr hielten, und es erschloß sich ein prächtiges altes Mandarinhaus mit köstlichen Innenhöfen, einem zauberhaften chinesischen Garten mit Palmen, Blumen, Bambusgruppen, Türmchen, verschwiegenen Pavillons, Steinbrücken und Grotten, ich dachte, ich komme ins Märchenland. Aber es war Wirklichkeit, es war Cavalieris Dienstwohnung, der, wie ich nun feststellte, ein großer Herr in Chengdu ist.«

Wie genußreich das heiße Bad, die anschließenden Cocktails und das »Abendessen mit italienischen Weinen und Spaghetti« für die beiden gewesen sein müssen, kann man sich vorstellen. »Cavalieri ist ein reizender Gastgeber und dabei ein recht einsamer Junggeselle, weil seine Frau in Italien lebt und er nicht aus China weggehen mag.«

Planck saß nun viel in seinem »geliebten Chinesengarten« und dachte nach. »Es sind mir eine ganze Reihe von Leuchten aufgegangen«, schrieb er an Schleicher, »ich fühle mich jetzt allmählich der Heimat schon gewachsener mit allen ihren Problemen und bin schon viel klarer geworden.« Er grübelte oft über die »vielen Möglichkeiten der Arbeit und unseres Lebens«

in der Zukunft. Als er zufällig im Autoradio über einen Sender aus Manila »vom Austritt Deutschlands aus dem Völkerbund und der Entwaffnungskonferenz« erfuhr, war es für ihn, »wie wenn das Schlachtroß die Trompete hört, ich verbrachte zwei schlaflose Nächte im Nachdenken über die Probleme«.[45]

Die erste Phase der Konsolidierung der nationalsozialistischen Herrschaft war im Windschatten einer scheinbar friedlichen Außenpolitik erfolgt. Dazu gehörte auch der Abschluß des Konkordats mit dem Vatikan. Doch kaum war der Einparteienstaat im Sommer 1933 etabliert, begann die Selbstisolierung des Deutschen Reiches. Hitler beendete die Verständigungsbemühungen, die alle Vorgängerregierungen seit Rathenau und Stresemann ausgezeichnet hatten. Mitte Oktober verließ Deutschland die internationale Abrüstungskonferenz und trat aus dem Völkerbund aus. Das waren die Ereignisse, die Erwin Planck zunehmend Sorgen bereiteten.

Vor diesem Hintergrund sind auch Nellys Andeutungen zu sehen, wenn sie von den vielen Menschen schreibt, die entlassen werden, in Not geraten oder emigrieren. Oft erzählt sie von Besuchen bei Vater Planck im Grunewald. Immer heißt es, er sei freundlich gewesen, aber auch sehr angestrengt und müde. Ende September schreibt sie: »Alle gehen langsam fort. Für Vater eine schwere Sache.« Einer von denen, die gingen, war Fritz Haber. Er hatte sein Amt als Direktor des Kaiser-Wilhelm-Instituts für Physikalische Chemie zur Verfügung gestellt, weil er nicht ertrug, daß er als Jude nur deshalb von der Entlassung verschont blieb, weil er am Weltkrieg teilgenommen und mit der Erfindung des Giftgases seinem Vaterland gedient hatte.

»Ich bin so bitter wie nie zuvor«, schrieb Haber im Mai 1933 an seinen Freund Richard Willstätter. »Ich bin in einem Maße deutsch gewesen, das ich erst jetzt voll empfinde, und ich fühle eine unerhörte Widerwärtigkeit darin, daß ich nicht mehr genug arbeiten kann, um mich eines neuen Amtes in einem anderen Lande zu getrauen.« In Habers Schicksal verdichtet sich die Tragödie, die so viele traf. Er war krank, sein Zustand verschlimmerte sich, und alle mieden ihn. Niemand fand sich, der ihn anläßlich seines »Abschiedsgesuches angesprochen, angeschrieben oder besucht hätte. ... [Nur] Planck gibt sich jede Mühe, um mir Achtung und Zuneigung zu bekunden.«[46]

Wie sehr das Unrecht Max Planck quälte, geht aus seinem Brief an Haber von August 1933 hervor. Bei dem »bloßen Versuch«, sich die Empfindungen Habers vorzustellen, »krampft sich das Herz zusammen«, und als wollte er sich selbst trösten, schrieb er ihm: »Das einzige, was mir in diesem Gefühl der tiefen Niedergeschlagenheit einige Erleichterungen schafft, ist der Gedanke, daß wir in einer Katastrophenzeit leben, wie jede Revolution sie mit sich bringt, und daß wir vieles, was geschieht, wie ein Naturereignis hinnehmen müssen, ohne uns den Kopf zu zerbrechen, ob es nicht auch anders sein könnte.«[47]

Was Max Planck als »Naturereignis« bezeichnete, war das Versagen der deutschen Eliten in Politik, Wirtschaft und Kultur. Im Frühjahr und Sommer 1933 hätte der einhellige Protest der deutschen Wissenschaftler, die zur Weltelite gehörten, noch Wirkung haben können. Das glaubte zum damaligen Zeitpunkt jedenfalls Otto Hahn, der gerade aus den USA zurückgekehrt war und versuchte, auch Planck davon zu überzeugen. Der aber antwortete vor dem Hintergrund seiner Erfahrungen in den letzten Monaten: »Wenn heute 30 Professoren aufstehen ..., dann kommen morgen 150 Personen, die sich mit Hitler solidarisch erklären, weil sie die Stellen haben wollen.«[48]

Haber emigrierte nach London und starb Ende Januar 1934 bei einem Aufenthalt in der Schweiz, auf dem Weg nach Palästina, wohin ihn Zionistenführer Chaim Weizmann gerufen hatte.[49] Planck hatte Otto Hahn als Nachfolger vorgeschlagen, sich aber gegen den Reichskommissar für preußische Kultur, Bernhard Rust, nicht durchsetzen können. Er kämpfte um jeden jüdischen Wissenschaftler, sei es in der Preußischen Akademie, sei es in der Kaiser-Wilhelm-Gesellschaft, manchmal mit, häufiger ohne Erfolg. Das alles nahm ihn sehr mit. Als Nelly sich im Dezember einen langgehegten Wunsch erfüllte und ihren Schwiegervater zusammen mit ihrem verehrten Freund Romano Guardini zum Abendessen einlud, konnte sie ihrem Mann zwar berichten, daß beide voneinander angetan gewesen seien, aber »leider war Vater müde und ein bißchen stumpf«.[50]

Der Gegensatz zwischen dem Leben in Berlin und Erwin Plancks Erlebnissen in China konnte kaum größer sein. Doch der ferne Sohn nahm sein Glück keineswegs als selbstverständlich, sondern nutzte die Zeit, informierte sich gründlich und lernte neue Menschen kennen. In Chengdu gewann er »so viele Freunde unter den Ausländern und den Chinesen dieser einzigartigen Stadt, daß ich mich kaum mehr retten konnte«. Auf den Besuch bei Marschall Liu Hsiang hatte Planck sich besonders vorbereitet, indem er sich »um eine Privat-Rikscha bemühte, da es meine Würde nicht erlaubt, zu Fuß zu gehen«. Auch hatte ihn »der Adjutant des Marschalls, ein gerissener Bursche«, vorher besucht, um ihn »auszufragen«. Die Audienz beim Marschall selbst verlief dagegen angenehm, und Planck fand, daß Liu Hsiang »ein kluges, nicht unsympathisches Gesicht hat und etwas mystisch wirkt. Er ist frommer Buddhist – eine große Seltenheit –, soll aber auch noch einen Wahrsager haben, der viel Einfluß hat. Er beherrscht etwa die Hälfte des Landes – darunter allerdings die wichtigsten Städte und Flußhäfen.«

Auch den Armeebefehlshaber von Chengdu, General Teng Hsi Hoe, besuchte Planck, »ein kluger, sehr verschlagen wirkender Bursche, der hier allmächtig ist und vor dem auch der an sich vorgesetzte Marschall Liu Hsiang Angst hat. ... Wir unterhielten uns herrlich, und am Nachmittag ging es bei seinem Gegenbesuch weiter. Alle diese Leute sind richtige Condottieri, haben aus dem Nichts angefangen. Sie sind der Ruin Chinas, weil sie nur für sich arbeiten.« Ausgerechnet dieser wilde General wurde, wie es in einem Brief an Schleicher heißt, Plancks »besonderer Freund, erstens weil sein Sohn in Deutschland studiert, zweitens weil ich ebenso gut Reiswein und Cognac zum chinesischen Essen trinken kann wie er. Er behauptet, ich sei der erste Europäer, der das könne.«[51]

Das wurde bei einem Essen ausprobiert, das General Teng Hsi Hoe »in seinem prunkvollen Riesengrundstück« für Planck gab. »Er hat den besten Koch in Szechuan und trinkt auch gern. Aber die Chinesen vertragen nicht sehr viel, er versuchte, mich mit Reiswein unter den Tisch zu trinken, ging dann zum Cognac über, aber ich konnte besser ...« Anschließend wurde beim französischen Konsul Béchamp im kleineren

Kreis weitergefeiert. Planck kannte ihn bereits und schätzte ihn sehr. Er war der »einzige Konsul in Chengdu und gleichzeitig Arzt, Naturwissenschaftler, Musiker, Sprachkünstler – und Opiumraucher, 30 Pfeifen am Tage! Ein sympathischer, hochbegabter Herr von 50 Jahren, der bei [dem französischen Physiker] Langevin studiert, zwei Vorträge von Vater persönlich gehört hatte und mir unvorbereitet aus dem Kopf einen großen Teil der Partitur des Cellokonzerts von Schumann auf dem Klavier vorspielte. Sein Haus ist ein Traum! Voll der herrlichsten Sammlungen, der Garten noch gepflegter und mannigfaltiger als unserer. Der Mann ist reich und genial veranlagt, wird aber den Orient nicht mehr verlassen – die täglichen 30 Pfeifen!«

Mit besonderem Interesse widmete sich Planck, der ehemalige Medizinstudent, der medizinischen Versorgung der Stadt. In einem Krankenhaus, das er besuchte, durfte er an der Seite »des reizenden ersten Chirurgen der Krankenhäuser, Dr. Wilford, ... bei der ganzen Visite und zwei Operationen zusehen. Es waren gerade etwa zwanzig frische, zum Teil greuliche Schußverletzungen von Soldaten aus dem Kommunistenkrieg zu behandeln.« Nicht nur dort zeigten sich die Folgen des sich verschärfenden Bürgerkriegs zwischen Kommunisten und Kuomintang. »Marschall Liu Hsiang mußte plötzlich die Stadt verlassen, weil die Kommunisten zum Jangtsekiang vorgestoßen waren. Große Aufregung allenthalben. ... Abends hatten wir aufgeregten Besuch von den Hauptbankiers der Stadt, die von meinem Gastgeber Cavalieri Kredite durch die Post haben wollten, weil wegen der Kommunistengefahr ein Run auf die Banken« begonnen hatte. Auch Plancks Reisepläne waren betroffen: »Mein Freund, General Teng Hsi Hoe, bat mich, nicht weiter zur tibetanischen Grenze zum Berg Ome Shan zu reisen, wie ich es vorgehabt hatte, und auch nicht mit dem Boot auf dem Flußwege nach Chongqing zurückzufahren, weil die Räubergefahr zu groß sei. Da mußte ich schon verzichten, ... es fiel mir aber schwer. Als ich dann bei der Autofahrt zurück die hingerichteten Räuber an den Straßen liegen sah – und das war der ›sichere‹ Weg –, mußte ich ja zugeben, daß General Teng Hsi Hoe recht hatte.«

Planck war also mitten in die politischen Wirren hineingeraten; er nahm es mit stoischer Ruhe. Immerhin waren diese Erfahrungen keine schlechte Vorbereitung auf das, was später zu Hause auf ihn zukommen sollte. Allerdings mußte er sich bereits jetzt, im fernen China, mit seinem Vaterland auseinandersetzen – nicht nur grübelnd für sich allein, sondern mehr oder weniger offiziell, da man ihn erneut bat, Vorträge zu halten. »Die Leute brannten alle darauf, Deutschland irgendwie zu verstehen, und ich glaube, ich konnte ihnen das im guten Sinne erleichtern.«

Die Vorträge gingen auf seine Begegnung mit einem amerikanischen Arzt zurück. »Durch seine Vermittlung besuchte ich die gewaltige Missionsuniversität vor den Stadttoren, von den vereinigten angelsächsischen protestantischen Missionen errichtet, wirklich eine fabelhafte Sache. ... Die Universität hat 300 chinesische Studenten, angegliedert sind 200 Gymnasiasten, Lehrkörper gemischt angelsächsisch und chinesisch, Gebäude, Institute, Wohnhäuser bewundernswert. Man ist natürlich starr, so etwas in dieser Abgeschiedenheit zu finden. ... Den ganzen Nachmittag besuchte ich die verschiedenen Institute, wobei allerseits mein Name hoch gepriesen wurde, weil ich der Sohn meines Vaters war. Ich bin wirklich noch in keinen Erdenwinkel gekommen, wo mir das nicht Freunde verschafft hätte. Von dieser Universität bin ich ganz unerhört verwöhnt worden, ich habe mich zu revanchieren versucht, indem ich vor Studenten, Gymnasiasten, Lehrkörper im ganzen sechs Vorträge hielt (englisch!!), die zum Teil ins Chinesische gedolmetscht wurden, über verschiedene deutsche Probleme, die mir geläufig sind. Die Leute waren rührend empfänglich.«

Man kann sich vorstellen, daß ihm der Abschied von Chengdu schwerfiel, zumal er mit Geschenken bedacht – von Teng Hsi Hoe erhielt er »eine herrliche seidengestickte Decke« – und mit Abschiedsessen geehrt wurde. Und schließlich bekam er am Tag vor seiner Abreise noch ein – im wörtlichen Sinne – Geschenk des Himmels: »Am 6. November war der erste wirklich strahlende Sonnentag, und ich hatte noch eine schöne Überraschung. Gewohnheitsgemäß stieg ich morgens auf unseren kleinen Turm, um nach den tibetanischen Bergen auszuschauen, die nur ein paarmal im Jahr von hier aus zu sehen sind, und siehe, an diesem klaren Tag erschien, hoch über den Wolken am Horizont, der blendend weiße Fabelberg Minya Kunka, 7800 Meter hoch, noch nie bestiegen. Es war ein überwältigender Eindruck, den ich nie vergessen werde, und ich werde die Sehnsucht auch nie loswerden, näher an diese unglaublichen Hochgebirge heranzukommen und alle diese unberührten Schätze von Natur-, Tier- und Menschenwelt, die es in diesem äußersten Westchina gibt, zu erforschen. ... Erst hier in Szechuan habe ich angefangen, chinesische Probleme zu verstehen, die für uns Europäer auch so wichtig sind; habe gelernt, mit Chinesen umzugehen, den Ton der Sprache erfaßt, selbst ein paar Brocken sprechen gelernt, es war eine unvergleichliche, fruchtbare Zeit.«

Die Rückfahrt von Chengdu nach Chongqing[52] verlief nicht weniger abenteuerlich als die Hinfahrt: »Der Wagen kam um 7 Uhr und war ein alter, klappriger Viersitzer, die Schutzscheibe vorn zerbrochen. Mir schwante also nichts Gutes. Um 8 Uhr waren wir am Osttor, mit Chauffeur neun Personen, drei vorn, vier hinten, zwei auf den Trittbrettern, dazu noch unendliches Gepäck überall, wo sich etwas festschnallen ließ. Protestieren hatte keinen Zweck, denn es war der einzige Wagen, bezahlt hatte ich auch schon. ... Ich saß also nun vorne neben dem Chauffeur, allerdings nur auf der Hälfte meiner Sitzmöglichkeiten, zwischen den Beinen einen halbvollen Benzinkanister – was übrigens niemand am Rauchen hinderte – und auf dem Bauch meinen Koffer, und begann Freundschaft mit den Mitpassagieren zu schließen. Als ich erklärte, ich sei Degue = Deutscher, herrschte allgemeine Begeisterung, und drei Chinesen, einer davon so ein richtiger dicker genießerischer Chinesenpapa, haben mich während dieser ganzen Reisetage auf das Rührendste betreut. Ich durfte keinen Kupfer für Tee und Essen ausgeben, immer luden sie mich ein oder schleppten mich zu ihren Freunden, schliefen mit mir zusammen nachts in den Gasthöfen, sie waren wirklich reizend, wenn sie auch rülpsten, spuckten und schmatzten, wie das der bessere altmodische Chinese tut. Ich lernte das sehr schnell vorzüglich, so daß wir ein Herz und eine Seele waren.

Zunächst mal brach der Wagen um 9 Uhr zum ersten Mal wieder, das wiederholte sich bis 11 Uhr alle halbe Stunde, dann war es ganz aus. Vergaser und Benzinzuleitung waren so hoffnungslos verschmutzt, daß alles ausgebaut werden mußte. So kamen wir schließlich um 1 Uhr nach Kienchow, wo wir auf der Hinfahrt übernachtet hatten. ... Bald hinter Kienchow platzte ein Reifen, der Schlauch war völlig zerrissen. Da wir natürlich kein Ersatzrad hatten, kamen wir gerade noch, um 4 Uhr nachmittags, zur nächsten kleinen Stadt ...«

Nach einem Spaziergang durch die Stadt »folgte ein Nachtquartier zu viert in dem größten Gasthof, wo es so stank, daß der Dicke 20 Räucherkerzen kaufte ... Am nächsten Morgen um 5 Uhr aufstehen, Rasieren, Zähneputzen mit Whisky, beileibe kein Waschen, da ich in vollen Kleidern geblieben war und Wärme brauchte. 6.30 Uhr war der Wagen geneigt zu starten, und mutig ging es los.« »Wieder ein Tag voller Pannen, noch eine schlaflose Nacht, und als sie nach einem weiteren Pannentag gegen acht Uhr abends wieder in Chongqing eintrafen, wurde der Wagen »buchstäblich nur noch durch Draht und Bindfaden zusammengehalten. Rührender Abschied von meinen Chinesen, besonders der Dicke, der immer das Essen bezahlt hatte, war sehr ergriffen, und ich zog zum Konsulat herauf, wo Trauts mich freudig begrüßten, obwohl ich stank wie eine Bisamratte. So war die Odyssee von Chengdu zu Ende, sehr zu meinem Kummer, denn das war wirklich richtiges China. Wie zum Hohn hatte inzwischen ein dreimal wöchentlicher Flugverkehr zwischen Chongqing und Chengdu eingesetzt.«

In Chongqing folgte wieder eine Gesellschaft der anderen. Es »wurde getanzt, und der Konsum an Getränken und Speisen war ungeheuerlich. So trösten sich diese oft sehr einsamen Menschen eben über ihre Abgeschiedenheit hinweg. Die Alternative ist das Aufgehen im Chinesischen, durch Heirat oder Zusammenleben. Jedenfalls zehrt der gelbe Osten den Weißen so oder so schnell auf, und daß die Weißen hier als Herrenrasse endgültig ausgedient haben, ist mir kein Zweifel mehr. Im Gegenteil, es wird nicht mehr lange dauern, dann werden Japaner und Chinesen anfangen zu glauben, daß ihre Rasse bestimmt ist, auch die europäische Halbinsel Asiens zu beherrschen, aber«, so beruhigt Planck seine Frau, »das werden wir beide wohl nicht mehr erleben, also keine Sorge!«

Planck »drängte es nun doch fort«, ungeduldig absolvierte er die letzten Abschiedspartys und dankte seinen Gastgebern. Er machte sich Sorgen um Nelly; sie war sehr krank gewesen und hatte lange gebraucht, um wieder richtig zu gesunden. Hinzu kam, daß sie vollkommen deprimiert war, an sich selbst zweifelte, ihre nach außen starke Haltung als »Tünche« bezeichnete und meinte, sie sei »unfähig, mit dem Dasein fertig zu werden«. Offensichtlich litt sie mehr unter der Abwesenheit ihres Mannes, als sie sich selbst und ihm gegenüber zugeben wollte. Von Vater Planck schrieb sie, daß er sie sehr ins Herz geschlossen habe. Beide verbinde »ein ganz starkes Gefühl«, daß sie »zusammenhalten müssen«. Das Leben in Berlin war nicht leicht. Es wurde Zeit, daß Erwin Planck heimkehrte. »Warte nur«, tröstete er Nelly, »nun ist es ja auch bald vorbei, und dann wollen wir gemeinsam weitersehen. Leicht wird es wohl nicht werden, aber wir werden es schon schaffen.«

Peking, die leuchtende Kaiserstadt

Am 23. November 1933 ging Planck wieder an Bord der »Ichang«.[53] Die Mannschaft wurde um »vier amerikanische Kanonenboots-Matrosen erweitert, die uns mit Maschinengewehr und Maschinenpistolen gegen Kommunisten und Räuber verteidigen sollen«. Viel wurde nicht daraus, denn sie machten sich bald »durch heftige Betrunkenheit mißliebig. Eine Elite ist die amerikanische Kriegsmarine ja nicht.«

»Mit einer gewissen Rührung sah ich die malerische Stadt im Nebel zurückbleiben. ... Das Wetter war düster und die Landschaft, die mich an dieser Strecke immer wieder an den Rhein erinnerte, sehr ernst. Die Ufer häufig von Soldaten bewacht, weil eben ein Vorstoß der Kommunisten zum Fluß befürchtet wird. Ab und zu auch eins der vier Kanonenboote der Szechuan->Kriegsflotte‹, die hier patrouillieren.« Im Laufe des Tages hellte sich das Wetter auf und blieb den Reisenden »zur

Fahrt durch die eigentlichen Schluchten und Stromschnellen freundlich gewogen. Es war ein strahlender Herbsttag, und so wurde die aufregende Fahrt durch diese heroische Landschaft, die 2000 Meter hohen Felswände, den rasenden Strom ein einzigartiger Genuß.«

Am 25. November legte das Schiff in Wanshien an, um Baumöl zu laden, eine gute Gelegenheit zu einem Spaziergang durch die Stadt. »Man merkte die Spuren des nahen Kommunistenkrieges sehr, viel Militär, viel Verwundete, Proviantkolonnen. Die Spitze der kommunistischen Armee ist nur 50 Kilometer von diesem Gefahrenpunkt« entfernt. Mehrfach wurde »das Schiff nach Waffen und Opium bis ins Kleinste durchsucht. Alles nur im Interesse und zum Vorteil der lokalen Machthaber. ... Abends kam dann noch der einzige Weiße von Wanshien an Bord, ein dänischer Ingenieur, der die Zusammensetzung des Baumöls zu inspizieren hat. Er war ein großer Bewunderer von Vater und ein Bekannter von Niels Bohr.«

Immer wieder traf Planck auf seiner Reise Europäer, die sich eine Rückkehr in ihr Heimatland nicht vorstellen konnten; darunter auch einen »River-Inspektor«, der mit einer chinesischen Frau verheiratet war. Er hatte vier chinesische Kinder adoptiert, weil er keine mischblütigen haben wollte. »Er erklärte, er werde China nie wieder verlassen, er liebe die Chinesen, und wenn es zum Konflikt mit Weißen käme, würde er sich als Chinese fühlen.« In diesen Jahren, in denen sich der Einfluß der Europäer in der Welt stetig verringerte, standen viele vor der Frage: bleiben und sich integrieren oder gehen. Dies wurde auch in Hankow deutlich, wo sie auf dem Rückweg »einige Fabriken und Kontors« besichtigten, »alles sehr großartig angelegt und jetzt kümmerlich daniederliegend. Hankow ist ein typisches Beispiel für den Abbau der weißen Prosperität in China.« Auch in Shanghai war »der Rückgang der weißen Position« das vorherrschende Thema, ebenso war in Tsingtao »das Hervorstechendste die Degression des europäischen Handels. Die deutschen Firmen sind alle übel dran, die japanischen blühen, und ich habe so ein Gefühl, als ob alles nur mit angehaltenem Atem wartet, bis die Japaner wieder – und dann endgültig – da sind, obwohl ja die Chinesen die Japaner hassen wie Gift.«

Am Nachmittag des 2. Dezember erreichte das Schiff Shanghai, und Planck wurde wieder von seinem Freund Korff aufgenommen. Das Wichtigste für ihn waren die dort lagernde Post und der Austausch von Informationen mit seinen Freunden. Die Briefe von Nelly beruhigten ihn etwas. Er bat sie, ihn doch Mitte April 1934 in Genua abzuholen: »Bitte, wenn Du diesen Brief kriegst und es geht, telegraphiere doch nach Peking nur das Wort ›Ja‹. Dann versteh ich schon und kann mich darauf freuen.« Er fühlte sich »fabelhaft frisch und leistungsfähig trotz aller Erlebnisse der letzten Monate«.

Am 12. Dezember machte sich Planck Richtung Tsingtao auf; mit einem kleinen japanischen Schnelldampfer gelangte er in gut einem Tag dorthin. Die ehemalige Kolonie, die Deutschland im Ersten Weltkrieg verloren hatte, »stellte sich mehr und mehr als die typische deutsche Kleinstadt heraus, mit aller Enge und Spießigkeit, trotz Beimischung einiger Chinesen«. Sie wirkte auf Planck »wie ein Ostseebad im Winter«. Er wurde von seinem Freund Curt v. Winterfeldt, den er schon in Hongkong getroffen hatte, empfangen und wohnte »sehr billig und angenehm in einer Art Sanatorium mit deutscher Leiterin«.

Als erstes holte er sich im Konsulat seine Post ab »und war damit bis tief in die Nacht blind und taub für alles andere«. Als er all die Briefe aus der Heimat las, in denen meist nur persönliche Nachrichten, kaum solche über die allgemeine Lage standen, packte ihn doch die Sehnsucht, und er freute sich »sehr auf die Heimkehr, was auch für Überraschungen kommen mögen. Froh wäre ich, wenn ich noch etwas leisten könnte, aber das hängt natürlich von vielem ab, gerade dem Weltanschaulichen. Ich habe schon eine lange Liste von Leuten, die ich sprechen will, und werde mir zu allem Zeit lassen. Ich hab ja auch mancherlei hier draußen gelernt.«

Weihnachten verbrachte er mit den Winterfeldts zum größten Teil im Krankenhaus, weil Frau v. Winterfeldt ein Kind bekommen hatte und nachbehandelt werden mußte. Die deutsche Klinik von Tsingtao war in China so berühmt, daß die Eheleute eigens zur Geburt ihres ersten Sohnes dorthin gefahren waren. Die beiden schätzten ihren Freund sehr und bedauerten seine Abreise. Am Morgen des 28. Dezember bestieg

Planck den Zug nach Tientsin. Dort verbrachte er noch einen Tag, bevor er dann im Luxuszug, Schlafwagen und Erste Klasse, nach Peking weiterreiste.

Am Abend des 29. Dezember 1933 wurde er zu seinem »gerührten Erstaunen« vom deutschen Gesandten Trautmann und fünf anderen Bekannten am Bahnhof von Peking abgeholt und »nach sehr herzlichem Empfang« zu seiner Wohnung gebracht.[54] Er war Gast der Firma Siemens. Fast während der ganzen sechs Wochen, die er in Peking verbrachte, war es »eisig, eisig kalt, etwas Schnee und strahlende Sonne«. Nur gelegentlich fegte ein unangenehmer »Staubsturm« über die Stadt, der allen an den Nerven zerrte.

Gleich am nächsten Tag zog Planck »solo in die Verbotene Stadt, zum Kaiserpalast. Ich bin davon noch ganz benommen und habe mir geschworen, daß Du das auch noch einmal sehen sollst. Es ist das Größte und Schönste, was ich bisher in meinem Leben von Menschenhand errichtet gesehen habe. Ich kann Dir nicht beschreiben, wie diese Symphonie von Form und Farbe, diese unerhört großartigen Tore, Hallen, Höfe auf mich wirkten. Rom und Versailles sind ein Kitsch dagegen. Ich war ganz allein in dieser ernsten Pracht und wurde selber ganz ernst und fühlte mich stolz, daß Menschen solches erdacht haben. Sie müssen sich wahrlich als die Herren der Welt gefühlt haben und diesen Platz als das Symbol ihrer Herrschaft.«

Im Laufe der Zeit sah er wohl alle Sehenswürdigkeiten in Peking und im Umland, nur von der Chinesischen Mauer berichtet er nichts. Dagegen beschreibt er den »›Gelben Tempel‹, außerhalb der Stadt, ein einsamer, herrlicher Bau mit dem goldenen Kaisergelb der Dächer, das hier zum blauen Himmel so bezaubernd wirkt. Der Tempel war auch ganz gut gehalten, weil dort öfter die höchsten Lama-Priester wohnen.« Auch der Konfuzius-Tempel mit seinen vielen Innenhöfen und den uralten Zedern begeisterte ihn. Dort fand er »einen tiefen Frieden«. Die Konfuzius-Lehre beschäftigte ihn sehr; »sie ist trotz aller Versteinerung erstaunlich modern«.

Peking gefiel ihm gut: »Alle Häuser einstöckig, wenig Autos, viele Rikschas, sehr sauber.« Um beweglich zu sein, mietete er für wenig Geld eine Privat-Rikscha und durchstreifte auf diese bequeme Weise immer wieder die Stadt. Ihr Reiz liege »abgesehen vom Architektonischen, das eben für meinen Geschmack die größte Herrlichkeit der Welt ist, in der Menge von kultivierten, geistigen Menschen, die hier ein stilles, sehr selbständiges und besinnliches Leben führen, und zwar aller Rassen. Man kann sich hier ebensogut mit gebildeten Japanern und Chinesen anfreunden wie mit Australiern, Franzosen, Deutschen oder Indern. Daneben gibt es, wozu man ja auch in schwachen Stunden Lust hat, wie in Shanghai ein sehr mondänes Leben, das sich in den beiden großen, berühmten Hotels abspielt und voll von Eleganz, Flirts, Damen aller Art und Intrigen ist. Ich plätschere wie üblich in allen diesen Teichen vergnügt herum und werde nebenbei unerhört verwöhnt.«

Doch gab es auch einen Ort der Ruhe, an den sich Planck regelmäßig zurückzog: den internationalen Peking-Club, dem er beigetreten war. Dort saß er dann in seiner »gewohnten Schreibecke«, denn seine »inzwischen ungeheuerlich angewachsene Korrespondenz erforderte täglich mindestens zwei Stunden«. Zudem las er »sehr viel, deutsche und ausländische Literatur, Zeitschriften, Zeitungen, auch um mich ein wenig auf die Heimkehr vorzubereiten«. Und er traf gelegentlich auch Freunde. Er liebte den Club »sehr, mit seinen gemütlichen Kaminen, der ausgezeichneten Bibliothek, Eisbahn, Schwimmbad, eben allen Schikanen, die die so lebenserfahrenen Engländer stets zur Verfügung haben wollen«.

Die Einführung Plancks in das gesellschaftliche Leben geschah am »Silvester-Abend bei Trautmanns. ... Es war ein großes, recht gemütliches Diner für alle Deutschen der Gesandtschaft, wir musizierten, deklamierten, gossen Blei – ich goß einen Vogel, der allgemein als Phönix identifiziert wurde. ... Um 1 Uhr waren wir aber noch nicht alle befriedigt, sondern der jüngere Teil der Gesellschaft machte sich ins Peking-Hotel auf, wo allerdings der Teufel los war. Es war ein hübsches Bild, das sogar Shanghai in den Schatten stellte. Halb Europäer, halb Chinesen, aber hier in einem viel engeren Konnex als anderswo, zeigte sich die Welt aller Nationen an diesem Abend. Ich machte gleich viele Bekannte und wurde so schnell in das Pekinger high life eingeführt.«

Außerdem erleichterte ihm sein Name den Zugang zu den Kreisen der Wissenschaft. Er besichtigte die »große chinesische Universität außerhalb von Peking« sowie das Deutsche Hospital, »das sehr, sehr schön und modern ist, das Beste, was ich hier draußen sah«. Überall fand er schnell Freunde; manchmal hatte er gar das Gefühl, »gesellschaftlich in Stücke gerissen« zu werden. Seine Ausdauer war erstaunlich, ebenso seine Neugier auf Menschen, die offensichtlich nie nachließ. »Meine Raritätensammlung eigenartiger Charaktere hat sich hier ungemein bereichert.« Bei »einem hier sehr bekannten und einflußreichen Professor, Hu She, wo immer sonntags vormittag, von halb 11 bis Mittag, sein Freundeskreis versammelt ist«, fand er »lauter nette, kultivierte Chinesen und Ausländer«, und nachmittags nahm er den »Tee bei der Frau des in Nanking sitzenden Botschaftsrats Fischer«, wo er unter anderem »den Ullstein-Vertreter Bosshard, einen sehr interessanten, vielgereisten Schweizer traf«. Eine Einladung jagte die andere; Planck war überall gern gesehen und konnte seinen Horizont durch die vielen Begegnungen beträchtlich erweitern.

Den Abschied von Peking zelebrierte Planck. In einem mehrstündigen Fußmarsch nahm er »Abschied vom Himmelstempel, der nun in goldener Sonne wieder ganz anders wirkte«. Das Wetter hatte umgeschlagen, der erste Frühling lag in der Luft. Planck »stieg auf die Stadtmauer am Gesandtschaftsviertel und bekam richtig Wanderlust wie ein Zugvogel. Ich freue mich schon unendlich auf die lange Seereise und den unendlichen Horizont des Meeres und den tropischen Sternenhimmel.« Gleichzeitig fiel ihm die Trennung von China schwer: »Was ich hier draußen in Ostasien an Gastfreundschaft gefunden habe, kann ich überhaupt in Jahrhunderten nicht mehr gutmachen.«

Der Vater hatte das verabredete »Ja« von Nelly telegraphiert; er wollte ihr die Reise nach Italien schenken. Im vorletzten Brief schrieb Erwin seiner Frau: »Bist du schon sehr aufgeregt über den 15. April in Genua? Ich sehr, es ist ein herrliches Gefühl, das so vor sich zu haben, ich glaube, wenn ich Dich beim Anlegen am Pier stehen sehe, springe ich vor Begeisterung ins Wasser, um schneller an Land zu kommen.«

Abschiedsschmerz und Vorfreude hielten sich die Waage. Aber da gab es noch etwas: die bösen Vorahnungen. Sie waren auch in Peking immer wieder genährt worden. Bei einem seiner Besuche im Lama-Tempel wurde Planck Zeuge eines »dreimonatliche[n] Dauergebet[s] von 120 Mönchen für den Weltfrieden«. Es fand statt, »weil dem Panchen-Lama, ihrem Obersten, eine Vision von furchtbaren Weltkriegen für das Jahr 1934 erschienen ist«. Planck war davon sehr beeindruckt. Er versuchte zwar, »das Positive zu sehen, ohne meine Weltanschauung zu verleugnen«, aber auch er fand, »von hier draußen sieht es so aus, als ob ein Gewitter aufzieht«. Dieses Gefühl verstärkte sich, als er mit Trautmann mehrfach Vorträge der NSDAP-Ortsgruppe Peking besuchte und sich sogar mit den »hiesigen Parteischwierigkeiten« beschäftigen mußte. Wie aus einem Brief an Schleicher hervorgeht, war Trautmann nicht sehr glücklich über den regelmäßigen Kontakt zur lokalen NSDAP und begrüßte es daher, daß Planck ihn begleitete.[55]

Außerdem »kamen in diesen Tagen viele Nachrichten hierher, über Währungsfragen, monarchische Bewegung, Kirchenstreit in Deutschland, die mich recht beschäftigten, ich bin doch froh, bald nach Hause zu kommen.« Ein »langes, vertrauensvolles« Gespräch mit dem englischen Geschäftsträger, »der nicht sehr optimistisch gestimmt« war, trug ebenfalls zu Plancks Beunruhigung bei. Auch unterhielt er sich in Peking mehrfach mit Walter Zechlin, der bis 1932 Reichspressechef gewesen war, über die schwierigen Zeiten.[56]

Waren es die vielen Gespräche, war es das Datum des 31. Januar? Jedenfalls wanderten Plancks Gedanken zwölf Monate zurück. »Vor einem Jahr war das der erste Tag, wo ich wieder Privatmann war. Ich denke sehr oft jetzt an diese Zeit. Ich war doch tiefer getroffen damals, als ich es mir und anderen zugeben wollte, die Wunden schmerzten so richtig erst später, und ich habe in den folgenden Monaten mit manchem Teufel in meinem Inneren gekämpft. Daß mich mein Instinkt hier in die weite Welt herausführte, war wohl eine Art Rettung, und nun sehe ich wieder recht ausgeglichen und zuversichtlich in die Zukunft, ohne mir natürlich viel Illusionen zu machen, und vor allem freue ich mich auf das Wiedersehen!«

Als Planck Mitte Februar 1934 über Tientsin nach Shanghai fuhr, um dort wieder die »Trier« zu besteigen, die ihn via Japan und Singapur nach Genua bringen sollte,[57] wurde ihm angesichts der »ahnungslos herumlaufenden« Passagiere bewußt, wie gut er daran getan hatte, »so langsam und gründlich« zu reisen. »Ich sehe jetzt, welchen Schatz wertvollster Eindrücke ich dadurch erworben habe. Ich habe mich in der letzten Zeit viel mit Konfuzius und Laotse beschäftigt und werde es an Bord weiter tun, nach diesem Jahr bin ich reif dafür geworden. Ich bin sehr beeindruckt von der Tiefe dieser beiden Weisen von vor 2500 Jahren und freue mich schon auf weitere Erleuchtung durch Guardini.« Von dem Religionswissenschaftler hatte Nelly ihm viel geschrieben.

Neben seiner inneren Klärung war das wichtigste Ergebnis dieser Reise, daß er den Blick von außen gewonnen hatte – er konnte die deutschen Verhältnisse jetzt im internationalen Rahmen sehen. Das sollte ihn 1938 dazu befähigen, die Gefahr eines großen Krieges zu erkennen und alles zu unternehmen, um sie abzuwenden. Die Ostasienreise bildete eine wesentliche Grundlage für sein Denken und Handeln in den schweren Jahren, die auf ihn zukommen sollten.

Beim Abschiedsessen in Peking hatte Trautmann ihm »feierlich eine große rote Papierbahn« überreicht, auf der in chinesischen Lettern sein Lieblingsspruch des Laotse geschrieben stand: »Wu We«. Sinngemäß heißt das: »Handle nicht, sondern laß die Dinge reifen!« – ein passendes Motto für Erwin Plancks weiteres Leben. Der genaue Wortlaut ist durch den Vater überliefert worden. Als nämlich Ernst Telschow, seit 1937 Generalsekretär der Kaiser-Wilhelm-Gesellschaft, Max Planck um eine persönliche Widmung bat, schrieb dieser den »Leitspruch seines Sohnes« auf: »Der Berufene braucht nicht zu gehen und kommt doch an. Er braucht nicht zu sehen und ist doch klar. Er braucht nichts zu tun und vollendet doch.«[58]

Japan – die letzte Station

»Der wirklich geisterhafte Kegel des Fujiyama, schneebedeckt bis zum Fuß«, begrüßte die »Trier« bei ihrer Einfahrt in Yokohama am Morgen des 1. März 1934. Genauso hatte Planck sich dieses durch »die japanische Kunst schon altbekannte Bild vorgestellt«. Weniger gefaßt war er auf die Eindrücke, die ihn bereits bei der »einstündigen Fahrt von Yokohama nach Tokio überwältigten« und die er bei seinen Spaziergängen durch Japans Metropole bestätigt fand. »Nimm die Sauberkeit der Schweiz, Berliner Tempo, amerikanische modernste Technik, und Du hast Tokio, 4,6 Millionen [Einwohner], die drittgrößte Stadt der Welt, in der alles wie am Schnürchen klappt, himmlische Autobusse, blitzblanke Straßen- und Untergrundbahnen, die Schaffnerinnen lustige, rotbäckige Mädels in sauberer Cord-Uniform, alles höflich, selbstbewußt, ruhig. Armes altes egozentrisches Europa, hier sind Mächte entstanden, aus malayischem, mongolischem, polynesischem Blut, die von den Weißen nichts mehr lernen müssen.« War Planck schon in China »bange um die Zukunft der weißen Rasse« gewesen, so näherte er sich »der Resignation«, als er Tokio kennenlernte.

Er war bei einem Angehörigen der deutschen Vertretung untergebracht, weil Botschafter Herbert v. Dirksen erst im Dezember aus Moskau gekommen und noch nicht fertig eingerichtet war. Doch empfing er Planck zum Diner, zusammen mit anderen Mitgliedern der Botschaft. Es war »sehr behaglich und in vieler Hinsicht instruktiv«. Ebenso aufschlußreich war Plancks Gespräch mit US-Botschafter Joseph Grew, dessen Tochter er bereits in Peking kennengelernt hatte.

Von den Sehenswürdigkeiten Tokios war er tief beeindruckt: »Herrlich und riesig liegt im Zentrum der Stadt in einem Riesenpark der Kaiserpalast, eine großartige Konzeption. Die Tempel sind einfach, stilvoll, sehr gut erhalten und voller ehrfurchtsvoller und frommer Menschen, ein großer Gegensatz zu China. Oft findet man als Weihgaben Säbel, Gewehre, Geschütze, sogar Torpedos, es ist alles sehr auf Kampf und Vaterland eingestellt.« Auch das Vergnügungsviertel mit den Geisha-Quartieren wurde nicht ausgelassen.

Daß »der starke Mann Japans, [Kriegs-] Minister Araki [Sadao]«, von ihm gehört hatte und ihn sehen wollte, schmeichelte Planck. Er verglich dessen Rolle mit der Schleichers vor dem 30. Januar 1933. »Pünktlich um halb 4 Uhr begann die Unterredung mit dem großen Araki, übersetzt durch einen Generalstabsoffizier. Es war wirklich hochinteressant, in einer Stunde streiften wir alle Gebiete der großen Politik, philosophierten, redeten über Wirtschaft, und ich war von dem Blickfeld dieses Mannes beeindruckt.«

Daß Planck so über einen Mann schreibt, der zu den Totengräbern der kurzlebigen japanischen Demokratie gehörte, verwundert allerdings. 1932 waren der Ministerpräsident, der Finanzminister und führende Industrielle des Landes einem Attentat zum Opfer gefallen, und seitdem herrschte in Japan praktisch das Militär. Die einflußreichste Persönlichkeit war Plancks Gesprächspartner, Kriegsminister Araki, ein fanatischer Ideologe, der eine nationalistische und religiös fundierte Weltsicht vertrat.[59] Leider hat Planck in Tokio seinen Freund Eugen Ott nicht getroffen; der hätte ihm genauere Informationen geben können, denn er war Militärberater der Japaner für Mandschukuo, wie die unter japanischem Protektorat stehende Mandschurei seit 1932 hieß. Da Ott seinen Posten als Militärattaché an der deutschen Botschaft in Tokio erst zum 1. April antrat, verpaßten sie sich.

Es gibt einen Brief Otts an Schleicher von Mitte Oktober 1933, in dem er sein Bild des modernen Japan beschreibt. Er bewunderte »die ungeheure Energie« des aufstrebenden Landes, mit der die Japaner »das Wissen aller Welt aufzusaugen und auf ihr Land umzuformen« versuchen. Doch, so fährt er fort, »der jähe Aufbruch zum modernen Industriestaat hat auch seine bösen Seiten gehabt«. Nämlich »eine Materialisierung des Geistes, ... Parteiverlotterung, ... Emporschnellen der Bevölkerungszunahme« und in der Folge eine »Verknappung des engen Lebensraums«. Diese Zustände bekämpfe seit einigen Jahren eine aus der Armee hervorgegangene »Gegenbewegung ..., mit dem Ziele: einen neuen Geist zu schaffen, oder vielmehr den alten japanischen Wehrgeist wiederherzustellen, und neuen Raum zu [erschließen]«. In diesem Sinne würden die

Soldaten zur »Treue zu Kaiser und Nation« und zu »äußerster persönlicher Opferbereitschaft« erzogen. Zur praktischen Seite gehöre die Eroberung der Mandschurei, aber auch ein »radikaler Kampf gegen den Kommunismus und ein starkes Interesse für die Maßnahmen der deutschen Regierung ... Der Vater dieses Generalangriffs auf den Geist des japanischen Volkes ist Kriegsminister Araki.«[60]

Man kann sich also ganz gut ausmalen, worüber Planck mit Araki gesprochen haben mag. Planck hatte selbst mehrfach betont, daß es keinen Sinn habe, sich gegen die Herrschaft der Japaner aufzulehnen, daß es im Gegenteil wirtschaftlich »am sichersten im japanischen Interessengebiet« sei. Er akzeptierte den Anspruch der Japaner auf die Mandschurei und sah die Besetzung weiterer Gebiete Nordchinas voraus, die im chinesisch-japanischen Krieg ab 1937 dann tatsächlich auf brutalste Weise erfolgte.

Planck konnte nicht ahnen, daß das Schicksal seines Freundes Ott eng mit dem Richard Sorges, des berühmten Spions, verknüpft sein würde. Sorge war im September 1933 in Tokio eingetroffen und hatte sogleich damit begonnen, enge Kontakte zur deutschen Botschaft zu knüpfen. Er trat offiziell als deutscher Journalist auf, war in Wirklichkeit aber ein vom Kommunismus überzeugter Agent Stalins, der in Tokio ein Spionagenetz aufbauen sollte. Dabei sollten ihm seine Beziehungen zur Botschaft helfen. Diese wurden nach der Ankunft Otts in der Tat immer enger, erst recht, als er 1938 deutscher Botschafter wurde.

Im Oktober 1941 entlarvten die Japaner Sorge, der zu diesem Zeitpunkt schon nicht mehr so ganz vom Kommunismus überzeugt war. Er hatte erleben müssen, daß alle seine alten Kampfgenossen aus der Lenin-Gruppe liquidiert worden waren. Dennoch hatte er Stalin darüber informiert, daß die Japaner die Sowjetunion nicht angreifen würden. Zunächst hatte Stalin ihm keinen Glauben geschenkt. Doch als im September 1941 andere Quellen Sorges Information bestätigten, konzentrierte Stalin alle Kräfte auf den Krieg gegen Hitler-Deutschland. Kurz nach Sorges Verhaftung wurde Ott von seinem Botschafterposten abberufen.[61]

In der Nacht zum 5. März fuhr Planck mit dem Zug nach Kobe, von wo aus die »Trier« ihn nach Europa zurückbringen sollte. Doch den endgültigen Abschied von Japan zögerte er noch etwas hinaus – durch einen Ausflug nach Kyoto. Er besuchte dort ein Kloster in den Bergen, »das einen berühmten Garten und eine sehr schöne Inneneinrichtung hat. Es war wirklich eine zauberhafte Stunde dort, der Garten friedlich und stimmungsvoll, die Räume himmlisch gehalten ..., die Mönche sauber und freundlich. Es hatte geschneit, und die Teiche waren zugefroren, aber in der Sonne war es warm, wir saßen im Freien und aßen ein paar Apfelsinen und Schokolade zum grünen Tee der Mönche, und ich konnte die Stimmung dieser uralten, sicheren Kultur auf mich wirken lassen.«

Dann mußte Planck nach Kobe zurück, um gegen elf Uhr abends die Schiffsreise Richtung Heimat anzutreten. »Ich dachte an Dich«, schrieb er an Nelly und war »innerlich herzensfroh. Schlafen konnte ich kaum, die Nerven waren zu erregt, und ich war um 7 Uhr schon wieder auf der Brücke, wir fuhren durch die malerische japanische Inlandsee, ganz enge Passagen, Industriestädte, gewaltige Aufforstungen, Maulbeer- und Apfelsinenplantagen – das Land ist in einem unerhörten Aufschwung begriffen. Mit einem verblüffenden Elan. So verging der 6. März mit Schauen. Abends passierten wir die enge Straße von Shimonoseki, ein Lichtermeer wie Hongkong.«

Nun hatten sie wieder die hohe See erreicht, Shanghai wurde nur kurz angefahren, und vor Hongkong blieb das Schiff im Nebel stecken, so daß es zunächst nicht in den Hafen einlaufen konnte. Plancks Geburtstag am 12. März wurde mit einer großen Torte an Bord gefeiert. Dann schaffte es der Kapitän doch noch: »Durch wattedicken Nebel schlich sich unser Schiff in den Hongkong-Hafen hinein, eine Meisterleistung des Kapitäns, von mir auf der Brücke bewundert. Ringsum tuteten, ganz nah, Dampfer, einmal tauchte ganz dicht neben uns ein riesiger, weiß gestrichener Amerikaner auf, der vor Anker lag und sich nicht weitertraute.« Planck wurde von seinen Freunden abgeholt. Es stand ein »Riesen-Abschiedsfest bei Jessens« an. Jessen gab es für seine Schwester Christa Momm, die ihn in

Hongkong besucht hatte und der Planck bereits in Peking begegnet war. Sie fuhr jetzt mit ihrem kleinen Sohn Klaus ebenfalls auf der »Trier« zurück nach Europa.

Planck hatte das Gefühl, »einen Lebensabschnitt« hinter sich zu lassen. »Da ich in diesem Jahr mindestens 10 normale Jahre erlebt habe«, schrieb er seinem Freund Rhenius, »werde ich wohl auch entsprechend gealtert sein.«[62] Sicherlich war er reifer geworden, und vielleicht haben ihm die positiven, auch menschlich reichen Erfahrungen seiner Reise geholfen, das, was nachher kam, so gefaßt und innerlich stark durchzustehen.

Welchen Eindruck er hinterlassen hatte, geht aus einem Brief von Botschafter Herbert v. Dirksen an Bernhard v. Bülow hervor, den früheren Staatssekretär im Auswärtigen Amt: »Sie werden meine Ansicht über die Wertschätzung Plancks teilen. Ich mag ihn als Menschen und Charakter gleich gern und schätze seine intellektuellen und geistigen Gaben sehr hoch. Er hat auch überall hier draußen einen ausgezeichneten Eindruck gemacht, hat sehr viel von Land und Leuten gesehen und wird sicherlich vieles Interessante über seine Eindrücke in Berlin zu berichten haben. Wie sich seine Zukunft gestalten wird, weiß ich nicht. Er selbst schien auch darüber im unklaren zu sein, ob er in absehbarer Zeit Aussicht auf Verwendung im Staatsdienst hat. Im verneinenden Falle hätte er sehr große Lust, wieder nach Japan oder China herauszukommen.«[63]

Bei aller Unsicherheit über seine Zukunft fühlte Planck sich »kerngesund und für alle Schwierigkeiten der Welt gewappnet«. Außerdem wußte er gar nicht, wie er »es aushalten sollte«, so sehr freute er sich auf seine Frau. Auch Nelly, die die letzten Wochen in Ober-Röhrsdorf bei Brandensteins verbracht hatte, war ganz außer sich vor Freude. Es gab noch andere Menschen, die Plancks Rückkehr hoffnungsfroh entgegensahen; einer von ihnen war Schleicher. Schon im Dezember hatte er ihm geschrieben: »Wie sehr ich mich darauf freue, mit Ihnen wieder wie in vergangenen Zeiten die Gedanken austauschen zu können, brauche ich Ihnen nicht besonders zu sagen. Zu allen Zeiten und an allen Orten. Semper Vobis, Ihr Schleicher.«[64]

Rückkehr in ein anderes Deutschland

Schleichers Ende

Anfang Mai 1934 meldete Planck sich bei seinem Freund Schleicher zurück: »Hurra, da wären wir wieder im Lande. Das einzig Traurige ist, daß ich Sie nicht gleich besuchen kann, wonach ich große Sehnsucht habe. Ich war 14 Tage erst allein mit Nelly, dann mit meinem Vater im Spessart, in einem völlig einsamen Waldhäuschen, wo ich auch den 1. Mai in stiller Ergriffenheit verbrachte. Eine sehr nützliche Quarantäne. Gestern bin ich nach Berlin gekommen, reizend von den guten alten Freunden und -dinnen empfangen. Zur Zeit bin ich mit Anschaffung eines ebenso alten wie billigen Autos beschäftigt, damit ich leichter nach Babelsberg kommen kann. Sachwerte und Schulden muß man haben!! Im übrigen blicke ich die Welt mit erstaunten chinesischen Kinderaugen an und freue mich auf unser erstes Gespräch. Berlin wirkt gegen Shanghai und Tokio recht kleinstädtisch und ausgestorben. Schreiben Sie doch bitte, wann Sie wiederkommen, legen Sie mich Ihren Damen zu Füßen. Nelly läßt herzlich grüßen, sie hat mich mit bewundernswerter Objektivität ins Bild gesetzt. Stets Ihr alter Erwin.«[1]

Schleicher war noch auf Reisen. »Leider wird bis zur Umarmung noch einige Zeit vergehen«, schrieb er Planck aus Münster, »da wir erst Ende Mai wieder zurück sind. Es soll noch den Rhein aufwärts und dann durchs Frankenland nach Tutzing am Starnberger See gehen.« Er hatte sich im Herbst 1933 ein Auto gekauft und besuchte nun zusammen mit seiner Frau und seiner Schwester alte Freunde, »Harbous in Husum und

Lindemanns in Bremen«. Ludwig Crüwell, einer seiner langjährigen Mitstreiter, hatte ihn nach Münster eingeladen.[2] So war es im Mai 1934 zu der, wie Schleichers Schwester schreibt, »letzten schönen Fahrt im Auto« gekommen – eine Fahrt, auf der sie, ohne es zu ahnen, von der Gestapo überwacht wurden. Das kam heraus, als Crüwell am 1. Juli 1934 kurzzeitig inhaftiert wurde; er habe, so warf man ihm vor, Schleicher im Mai auf seinen Reisen ständig begleitet.

Der ehemalige Kanzler wurde durch zahlreiche Einladungen geehrt, nicht nur in Münster, sondern auch in Bielefeld – von dort stammte Schleichers Familie – und in Dortmund, wo Crüwell viele Verwandte hatte. Bei Erich Marcks, seinem ehemaligen Pressechef, verbrachte Schleicher ebenfalls einen Abend, doch war er »entsetzt« über dessen »innere Wandlung« zum Nationalsozialisten. Laut Hans-Henning v. Pentz soll Schleicher zu Marcks gesagt haben: »Unsere Wege müssen sich trennen, da Sie jetzt so ganz andere Auffassungen vertreten.« Planck wußte darüber bereits Bescheid, denn Marcks hatte ihm Ende Juli 1933 einen Brief nach China geschrieben, in dem er seine neuen Ansichten deutlich machte.

Der Brief ist beispielhaft für die Blauäugigkeit, ja Blindheit der meisten Deutschen in jener Anfangsphase der nationalsozialistischen Herrschaft. Er zeigt, wie man politische Ziele uminterpretierte und das Ende der Demokratie gleichgültig in Kauf nahm – nach dem Motto: der Zweck heiligt die Mittel. Marcks war, wie er schrieb, »mit der innenpolitischen Entwicklung sehr zufrieden. Die Ziele, die wir ja zu unserer Zeit nur zeigen konnten wie Moses das Gelobte Land, sind in einem ungeheuren Schwung erreicht worden, der Widerstand der Länder ist ebenso zerschlagen wie der der Parteien und der Mißbrauch der Meinungsfreiheit, alle Feinde Bismarcks liegen am Boden. Durch die politische Stabilisierung haben sich die Wirtschaftsimpulse, die seinerzeit in der Rundfunk-Rede [Schleichers vom 15. Dezember] und in Schleichers Arbeitsprogramm gegeben wurden, fast voll auswirken können, und auch auf die ›Auflockerung‹ der Großstädte, die Umsiedlung der Industrie nach dem Osten, Ansiedlung der Arbeiterschaft ... ist man jetzt mit frischer Energie zurückgekommen ... Im Inneren habe ich also keine Sorgen, und ebenso günstig hat sich die Zusammenarbeit meiner alten und wieder heutigen Firma [der Wehrmacht] mit dem Reichskanzler [Hitler] gestaltet; von faschistischer Miliz und ähnlichen Experimenten ist keine Rede.« Marcks begrüßte auch Deutschlands Austritt aus dem Völkerbund und glaubte sich in der Armee, deren unpolitische Rolle er rühmte, gut aufgehoben.[3]

Crüwell begleitete die Schleichers auf allen Ausflügen; meist benutzten sie seinen Wagen, um ungestört miteinander sprechen zu können. Schleicher »schimpfte viel auf Blomberg und Papen und glossierte in seiner bekannten, oft sehr witzigen Art Menschen und Zustände im Dritten Reich, von dessen kurzer Lebensdauer er überzeugt war«. Seine Hoffnung auf den baldigen Zusammenbruch der nationalsozialistischen Herrschaft begründete er vor allem mit der »Haltung des Auslandes, das der Aufrüstung nicht ruhig zusehen würde«. Hier berief er sich vermutlich auf seine Gespräche mit dem französischen Botschafter André François-Poncet, mit dem er sich auch nach seiner Amtsenthebung noch »ein- oder zweimal getroffen und die allgemeine politische Lage eingehend besprochen« hatte.

Schleicher fand, wie er Planck schrieb, daß »der Sitz im Parkett von einigem Reiz [ist]! Man stellt mit Vergnügen fest, daß wir uns auf der Bühne gar nicht so übel gemacht haben.« Nach seiner Rückkehr trafen sich die beiden umgehend. Sie hatten vieles, sehr vieles zu bereden. Planck dürfte Schleicher so vorgefunden haben, wie seine Schwester ihn später für diese Zeit beschrieb – »abgeklärt, ohne jeden persönlichen Haß, ganz ohne Ehrgeiz für sich, nur auf Deutschlands Wohlergehen bedacht und mit der Angst um Deutschlands Zukunft im Herzen«.[4] Eine Eintragung in Plancks kleinem Notizbuch von 1934 verweist auf den letzten Besuch bei Schleicher am 28. Juni vormittags.

Seit Monaten schwelte ein Konflikt zwischen Hitler und SA-Führer Röhm. Dieser verlangte eine »zweite Revolution« und die Errichtung eines »Wehrstaates«, in dem die SA an die Stelle der regulären Armee treten sollte. Hitler fürchtete um sein Bündnis mit der Reichswehr. Bedrängt von Röhms Gegenspielern in der NSDAP – Himmler, Göring und Goebbels –, entschloß er sich, den Konflikt gewaltsam zu lösen. Vom 30. Juni bis zum 2. Juli 1934 brachte die SS auf seinen Befehl hin Dutzende von SA-Führern um, darunter auch Röhm selbst. Hitler nutzte die Gelegenheit, um noch weitere Widersacher zu beseitigen – zahlreiche konservative Regimekritiker fielen den Mordaktionen der SS zum Opfer.

Schleicher war von vielen gewarnt worden, nicht so offen Kritik zu äußern. Dies bezog sich auch auf seine Verbindung zu François-Poncet.[5] Über seinen alten Weltkriegskameraden Arno Moyzischewitz – er war 1932 Chef einer von Schleicher gegründeten »Volksdienst GmbH« geworden, die Propaganda gegen die NSDAP betreiben sollte – erreichte ihn eine Botschaft von Generalstabschef Ludwig Beck, mit dem Moyzischewitz eng befreundet war. Er sollte Schleicher »dringlichst vor jedweder Fortsetzung seiner politischen Betätigung warnen. Ihm, General Beck, seien in letzter Zeit Nachrichten zu Ohren gekommen, wonach General von Schleicher angeblich in sehr bedenklicher Weise die für ihn gebotene politische Zurückhaltung außer Acht lasse.«[6]

Es war Mitte Juni 1934, als Moyzischewitz zu Schleicher eilte, um ihm diese Warnung zu übermitteln. Der General »wehrte sich empört gegen derartige Verdächtigungen, die er als völlig unberechtigt bezeichnete und lediglich auf persönliche Rachsucht einiger Intriganten zurückführte«. Er habe sich in keiner Weise ungesetzlich verhalten.»Tatsache sei nur, daß sich die erdenklichsten Persönlichkeiten aus den verschiedensten politischen Lagern, unter anderem auch führende Nationalsozialisten, bemühten, Fühlung mit ihm aufzunehmen und ihn für diese oder jene politische Tätigkeit zu gewinnen.« Auch das Gerücht, er stehe mit Röhm in Verbindung, stellte Schleicher »aufbrausend in schärfste Abrede und ermächtigte mich ausdrücklich, allen Leuten, die derartigen Unsinn redeten, mitzuteilen, er habe Herrn Röhm seit den Januartagen 1933 nie auch nur ein einziges Mal zu Gesicht bekommen« und auch jegliche Versuche von Mittelsleuten sofort abgewehrt. Im übrigen habe ihm Reichswehrminister Blomberg versprochen, keine üble Nachrede über ihn im Ministerium zu dulden, ohne ihm Gelegenheit zur Stellungnahme zu geben.

Schleichers Reaktion auf die Gerüchte zeigt, daß er die Gefährlichkeit seiner Gegner nicht erkannte, sondern fast naiv daran glaubte, er sei nicht angreifbar, weil unschuldig. Moyzischewitz berichtete später, daß der General keineswegs »unsicher oder nervös gewesen wäre, aus seinen Worten und seiner Haltung sprach lediglich die Empörung darüber, daß man ihn immer wieder in das politische Intrigenspiel hineinzuziehen versuche, anstatt ihm seine Ruhe zu lassen, die er dringlich verlange«.

Für den Abend des 29. Juni 1934 hatte Schleicher Gäste eingeladen, und Moyzischewitz, den er zu einem Gespräch nach Babelsberg gebeten hatte, wurde aufgefordert, ebenfalls zum Essen zu bleiben. Ansonsten waren, außer Schleichers Adjutant Noeldechen, nur Familienmitglieder anwesend, unter anderem die Cousine Ottony Nitka, die sich einige Tage am Griebnitzsee erholen wollte. Moyzischewitz hatte Schleicher »niemals so heiter, ruhig und unbeschwert erlebt wie an diesem Abend, an dem er sich offensichtlich im Kreise seiner Angehörigen gänzlich vertraut und frei von Sorgen fühlte.« Er habe gewirkt wie einer, der aufatmete – »nach jahrzehntelanger Überlastung mit schwerster Arbeit und Verantwortung«.

Gegen 23 Uhr machte Schleicher Arm in Arm mit seinem Freund noch einen Spaziergang durch den Garten, während die anderen auf der Holzterrasse am See saßen. Offensichtlich hatte er das Bedürfnis, noch ein wenig allein mit ihm zu sprechen. Moyzischewitz schrieb später: »Selbst Männer, die mit General v. Schleicher aufs engste zusammengearbeitet hatten und ihn aufgrund dienstlicher und privater Beziehungen genau zu kennen glaubten, haben selten eine Ahnung davon verspürt, wie *tief religiös und gläubig* der General war.« Auch Moyzischewitz selbst hatte dies »nur ein einziges Mal, während der Revolutionszeit im Frühjahr 1919, ... entdeckt. ... In dieser Nacht vor seinem Tode öffnete er sich mir mit ganzem Vertrauen und bekannte sich in einer Weise, die mich noch heute in dieser Erinnerung zutiefst ergreift, zu dem Glauben, daß jedes menschliche Geschehen und somit auch jeder geschichtliche Vorgang von Gott bestimmt wird.«

Moyzischewitz erinnerte sich später »in deutlichster Weise«

an Schleichers Worte: »Ebenso wie ich seit den Kriegsjahren ... felsenfest davon überzeugt war, daß mir alle Verantwortung ... von Gott wohlüberlegt und zweckbestimmt auferlegt war, so habe ich auch die für mich so tief enttäuschenden Ereignisse von Ende Januar 1933, die mir mein Lebenswerk aus der Hand schlugen, keinen Augenblick anders empfunden als einen Willensausdruck meines Gottes.«

Am Morgen des 30. Juni 1934 ist Schleicher noch ausgeritten. Seine Schwester Thusnelda war beim Zahnarzt, seine Cousine im Garten und die Tochter Lonny in der Schule in Berlin. Das Ehepaar Schleicher saß, wie es die Haushälterin Marie Güntel in ihrer späteren Aussage beschrieben hat,[7] im Wohnzimmer, als die Schergen des Regimes gegen 12.30 Uhr hereinstürmten und beide niederschossen.

Es gab noch einen weiteren Zeugen der Mordtat, den fünfjährigen Alexander v. Alten-Reuß aus dem Nachbarhaus. Er und seine Schwester Jutta wurden von den Männern des Mordkommandos gefragt, wo Schleichers wohnten. Die Kinder zeigten auf das Haus und rannten hinterher. Jutta blieb an der Tür stehen, während Alexander, der schon häufiger bei Schleicher gewesen war, mit ins Haus ging. Er sah mit an, wie die tödlichen Schüsse abgegeben wurden. Das löste einen derartigen Schock bei ihm aus, daß er sein Leben lang stotterte.

Als er zu seiner Mutter lief, konnte er kaum sprechen, und die ein Jahr ältere Schwester mußte berichten, was geschehen war. Gertraut v. Alten-Reuß rief sofort Polizei und Krankenwagen. Nach und nach erschienen mehrere Leute am Tatort. Der Landrat des Kreises Teltow, Könnecke, war benachrichtigt worden; er informierte seinerseits telefonisch den Gau-Geschäftsführer der NSDAP für die Mark Brandenburg, Polack, über den »politischen Mord« an Schleicher, worauf dieser geantwortet haben soll: »Quatsch politischer Mord, alles Programm!« Könnecke kam mit seinem Kreiskämmerer Heiß, der später Bericht erstattete,[8] zu Schleichers Haus. Dort war bereits die Mordkommission eingetroffen, die aber vom ebenfalls herbeigeeilten Potsdamer Polizeipräsidenten Graf Helldorf bei ihren Untersuchungen gestoppt wurde. Frau v. Schleicher brachte man ins Kreiskrankenhaus Nowawes; als die Cousine und die aus der Schule heimgekehrte Lonny dort erschienen, war sie bereits tot.

Erwin Planck war ebenfalls benachrichtigt worden und sofort mit seiner Frau Nelly herbeigeeilt. Sie verfaßte später einen kurzen Bericht: »Am Nachmittag respektive gegen Abend ist mein Mann, nachdem wir gemeinsam das Haus von Herrn v. Schleicher aufgesucht hatten, zu Herrn [Werner Frhr.] v. Fritsch [dem Chef der Heeresleitung] gegangen. Soweit mir erinnerlich ist, hat er sich an demselben Abend nicht mehr sprechen lassen. Es hat aber dann eine Unterredung stattgefunden.« Das Wichtigste war für Planck zunächst, »daß die Wehrmacht das Haus von Schleicher besetze und nicht die SS sich der Leichen annehme«; außerdem müsse dieses ungeheuerliche Geschehen aufgeklärt werden. Reichswehrminister Blomberg habe vollkommen versagt. Planck warnte General v. Fritsch, den Nachfolger Hammersteins: »Wenn Sie tatenlos zusehen, werden Sie früher oder später das gleiche Schicksal erleiden.«[9] So sollte es auch kommen.

Ein Bedürfnis nach Aufklärung der Morde hatte auch Gerhard v. Alten-Reuß, Rechtsanwalt und Syndikus des Kreises Teltow. Er wollte Anzeige wegen Mordes erstatten. Helldorf warnte ihn: »Sie wissen nicht, was gespielt wird!« Worauf Alten antwortete: »Und Sie können Recht und Unrecht nicht mehr unterscheiden!« Er erstattete die Anzeige. Helldorf soll noch gesagt haben: »Dann kann ich Ihnen nicht mehr helfen.« Wenig später wurde die Familie unter Hausarrest gestellt. Gleichzeitig versuchte man, Alten dazu zu bringen, die Anzeige zurückzuziehen – sie gefährdete die offizielle Version des Geschehens, der zufolge Schleicher sich seiner Verhaftung mit der Waffe widersetzt habe und bei dem folgenden Schußwechsel getötet worden sei.

Nach einem halben Jahr zog die Familie nach Klein-Machnow um – doch das half nichts. Alten, der versucht hatte, aus dem Kreis Teltow abberufen zu werden, kam am 14. Juli 1936 bei einem angeblichen Verkehrsunfall ums Leben. Er hatte ein fremdes Dienstfahrzeug mit einem fremden Fahrer benutzen und sich vorne hinsetzen müssen. Vermutlich wußte er, was ihm bevorstand, da ihm bereits zwei mysteriöse Unglücksfälle bekannt waren. Der Fahrer fuhr gegen einen Baum, Alten brach sich das Genick. Er lebte noch 48 Stunden – in dieser Zeit informierte er seinen Bruder und bat ihn, nichts von der Wahrheit verlauten zu lassen, um die Familie nicht zu gefährden. Sohn Alexander v. Alten vermutet, daß auch Marie Güntel nicht freiwillig ins Wasser ging, sondern »ertrunken wurde«. Man nannte das »Zeugenbeseitigung«.[10]

Wie berechtigt Plancks Sorge um den Verbleib der Leichen war, sollte sich rasch herausstellen. Am Vorabend der geplanten Beisetzung befanden sich die Leichen noch im Krankenhaus Nowawes; Thusnelda v. Gaudecker und Lonny waren bei der Schließung der Särge anwesend. Am nächsten Morgen jedoch konnte die Beerdigung – Erwin und Nelly Planck, Hammerstein, Pentz und ein paar andere Getreue waren erschienen – nicht stattfinden, weil die Gestapo die Särge in der Nacht abgeholt hatte. Später bekam die Familie zwei Urnen ausgehändigt. Sie wurden auf dem Parkfriedhof in Berlin-Lichterfelde beigesetzt.

Auch Schleichers enger Mitarbeiter Ferdinand v. Bredow, der ehemalige Chef des Ministeramtes, wurde ermordet, ebenso Gregor Strasser, mit dem Schleicher sich mehrfach getroffen und Pläne entworfen hatte.[11] Die Reichswehrführung konnte sich zu keinem Widerstand aufraffen, obwohl Planck und Hammerstein alles versuchten, um sie dazu zu bewegen.[12] Im besten Fall hielt man sich heraus, im schlimmsten unterstützte man die Mordaktion – wie Reichswehrminister Blomberg und der neue Chef des Ministeramtes, Walter v. Reichenau. Indem sie vorgab, unpolitisch zu sein, verlor die Armee gerade ihren unpolitischen Charakter und machte sich, wie Schleicher es einmal genannt hatte, »zum Büttel der Regierung«.

Wo war der Reichspräsident zu dieser Zeit? Hindenburg war seit dem Frühjahr krank und – wie der Arzt Ferdinand Sauerbruch überlieferte – nicht mehr in der Lage zu verstehen, was wirklich geschah.[13] Er starb am 2. August 1934. Bereits am Tag zuvor hatte die Regierung das »Gesetz über das Staatsoberhaupt des Deutschen Reiches« beschlossen, dem zufolge Hitler nach Hindenburgs Ableben auch das Amt des Präsidenten übernehmen sollte. Noch am 2. August befahl dann Blomberg »die sofortige Vereidigung der Soldaten der Wehrmacht auf den Führer des Deutschen Reiches und Volkes«. Man weiß, welche Gewissensnöte dieser Eid vielen Widerstandskämpfern später bereiten sollte. General Georg Thomas nannte Blomberg den »Totengräber des anständigen Offizierskorps« – er habe »die Grundlage dazu gelegt, daß die Wehrmacht der Partei ausgeliefert wurde«.[14]

Vater und Sohn auf vermintem Gelände

Erwin Planck hatte verstanden, was gespielt wurde. Bis auf weiteres begab er sich in das Refugium von Ober-Röhrsdorf, zu seinen Freunden Lothar und Ruth v. Brandenstein. Man hatte ihn wissen lassen, er sei »nur vergessen worden«.[15] Wie Leonie Ossowski, die Tochter der Brandensteins, bezeugt hat, stand die Gestapo eines Tages auch vor der Tür des Gutshauses und fragte nach dem ehemaligen Staatssekretär. Lothar v. Brandenstein behauptete, Planck sei gerade in Berlin, wohin er tatsächlich immer wieder mal fuhr, um seinen Vater zu besuchen. Zu diesem Zeitpunkt hielt er sich allerdings im Park auf.

Planck verbrachte mehrere Monate in Ober-Röhrsdorf und ließ sich sogar einen Absenderstempel mit der Adresse machen. Die Abgeschiedenheit tat ihm gut, wie er seinem Freund Rhenius im November 1934 schrieb. Er denke viel nach, studiere »fleißig Nationalökonomie« und »sehe mit Schrecken, wie ungebildet« er sei. Auch die Nähe von Ruth und Lothar war ihm wichtig; inzwischen hatte er keine Probleme mehr damit, die beiden gemeinsam um sich zu haben. Plancks Notizbücher von 1939 bis 1941 weisen zahlreiche Besuche von Ruth in Berlin und von Planck in Ober-Röhrsdorf nach; so kann man vermuten, daß beide einander geholfen, ihre Probleme auf langen Spaziergängen besprochen und ihre Zuneigung zueinander bewahrt haben – ein ähnliches Motiv taucht in Leonie Ossowskis Roman »Wolfsbeeren« auf, der auf einem Gut nahe der polnischen Grenze spielt. Dort lag auch Ober-Röhrsdorf.

In den Jahren 1935 und 1936 war Planck dann viel unterwegs – nicht nur, um eine neue Arbeit zu finden, sondern auch um Freunde zu besuchen, vor allem solche, die politisch so dachten wie er. Im Sommer 1936 traf er sich in Bremen mit Adalbert Korff, dem Freund aus Shanghai, und besuchte Major v. Harbou.[16] Mit ihm dürfte er über den Verlust des gemeinsamen Freundes Schleicher gesprochen, aber auch Möglichkeiten des Widerstands gegen das Hitler-Regime ausgelotet haben. Harbou sollte 1940 Adjutant von Alexander Frhr. v. Falkenhausen werden, dem Militärbefehlshaber im besetzten Belgien. Beide gehörten später zum Widerstand, und Planck pflegte engen Kontakt zu ihnen. Auch den Vater sah Erwin Planck jetzt häufiger, mitunter trafen sie einander zum Wandern auf dem Grundnerhof.

Max Planck hatte große Schwierigkeiten in dieser Zeit. Er verstand sich als Naturwissenschaftler – aber indem er das Wesen wissenschaftlicher Gesetze hervorhob, kritisierte er indirekt die nationalsozialistische Herrschaft. Am 6. März 1935 hielt er im Harnack-Haus in Dahlem einen Vortrag zum Thema »Die Physik im Kampf um die Weltanschauung«.[17] Die »wissenschaftliche Widerspruchslosigkeit der Physik enthält unmittelbar die ethische Forderung der Wahrhaftigkeit und der Ehrlichkeit«, heißt es dort. »Von der Wahrhaftigkeit unzertrennlich ist die Gerechtigkeit.« Und dann zog er in aller Öffentlichkeit diese Schlußfolgerung: »Wie die Naturgesetze ehern und folgerichtig wirken, im Großen nicht anders wie im Kleinen, so verlangt auch das Zusammenleben der Menschen gleiches Recht für alle. ... Wehe einem Gemeinwesen, wenn in ihm das Gefühl der Rechtssicherheit ins Wanken kommt, wenn bei Rechtsstreitigkeiten die Rücksicht auf Stellung und Herkunft eine Rolle spielt.«

Lise Meitner schreibt, daß es Planck »bei seiner angeborenen Reserviertheit eine gewisse Überwindung gekostet« habe, diese »Warnung vor den nationalsozialistischen Rechtsmethoden« offen auszusprechen; doch »seine innere Wahrhaftigkeit« habe ihn dazu gezwungen.[18] Man kann sich vorstellen, wie er sich quälte. Wie konnte man sich selbst treu bleiben unter derartigen Bedingungen? Schon als es darum gegangen war, eine Gedächtnisfeier zu Ehren von Fritz Haber zu veranstalten, der im Januar 1934 in der Schweiz gestorben war, hatte Max Planck seine Zurückhaltung überwinden und sich als Präsident der Kaiser-Wilhelm-Gesellschaft gegen den massiven Druck verschiedener Behörden durchsetzen müssen.

»Diese Feier werde ich machen, außer man holt mich mit der Polizei heraus«, hatte er am Abend vorher zu Lise Meitner gesagt. Die Veranstaltung fand dann, trotz Boykottaufrufen und Teilnahmeverboten, Anfang 1935 in würdiger Weise statt. Doch dabei offenbarten sich auch die Schwierigkeiten eines Lebens in der Diktatur, eines Lebens zwischen Anpassung und Widerstand. Max Planck eröffnete die Feier mit dem Hitler-Gruß und beendete sie mit den von Meitner überlieferten Worten: »Haber hat uns die Treue gehalten, wir werden ihm die Treue halten.« Fritz Stern, der zu Recht auf Plancks »Alter und Tradition« verweist, kommentiert sein Verhalten so: »Planck tat im Großen, was einige im Kleinen taten: notwendige Anpassung im öffentlichen Leben, unerschütterlicher Anstand im Privaten.«[19]

Unterstützung fand er bei Max v. Laue. Mit ihm zusammen bewahrte er die Preußische Akademie der Wissenschaften vor dem Zugriff der Nationalsozialisten, die den regimetreuen Physiker Johannes Stark als Präsidenten einsetzen wollten. Es gelang sogar, in der Akademie eine schützende Hand über die nach Einsteins Weggang verbliebenen jüdischen Mitglieder zu halten. In der öffentlich bedeutenderen Kaiser-Wilhelm-Gesellschaft war eine solche Personalpolitik sehr viel schwerer durchzusetzen, aber noch konnte Max Planck das Schlimmste verhüten.

Doch als seine zweite Amtsperiode am 31. März 1936 auslief, verlor er nicht nur seine Einflußmöglichkeiten, sondern sah sich selbst einer Verleumdungskampagne ausgesetzt. Er wurde als »weißer Jude« und Mitglied des »Einstein-Klüngels« denunziert. Neben Johannes Stark, dem Präsidenten der Physikalisch-Technischen Reichsanstalt, tat sich dabei noch ein zweiter Physiker und Nobelpreisträger hervor, der ebenfalls dem Nationalsozialismus treu ergeben und begierig auf die Präsidentschaft der Kaiser-Wilhelm-Gesellschaft war: der emeritierte Heidelberger Professor Philipp Lenard. Am Ende machte keiner von beiden das Rennen, da Lenard eine jüdische Großmutter hatte und Stark etwas zu dreist aufgetreten war. Nachfolger Max Plancks wurde nach langem Suchen Carl Bosch, ein Neffe des Unternehmers Robert Bosch. Er war »Vorstandsvorsitzender der IG-Farben, Wissenschaftler mit einem Nobelpreis für Chemie, ehemaliger Mitarbeiter Fritz Habers und vor allem kein Nationalsozialist«.[20]

Während der Vater sich bemühte, die Wissenschaft vom Einfluß der nationalsozialistischen Ideologie freizuhalten, suchte der Sohn nach einer geeigneten Tätigkeit. Auch das war schwierig. In den Staatsdienst wollte Erwin Planck auf keinen Fall zurück, zumal er ohnehin »für eine staatliche Anstellung als zu sehr vorbelastet« galt.[21] Kaufmännische Erfahrungen hatte er keine. Was er jedoch konnte, war verhandeln. An der Seite Brünings hatte er an den großen internationalen Konferenzen in London, Rom und Genf teilgenommen, außerdem war er von Natur aus ein Kontaktmensch. Er war in zahlreichen Milieus heimisch – Bürgertum und Adel, Militär, Beamtenschaft und Politik, Wissenschaft und Kultur – und besaß daher viele Verbindungen, auch ins Ausland. Außerdem war er ein guter Organisator.

Obwohl die maßgeblichen Reichsminister Blomberg, Schwerin v. Krosigk und Neurath sowie Reichsbankpräsident Schacht der Berufung Plancks »in eine bekannte staatliche Ausfuhrgesellschaft zugestimmt hätten«, war die Anstellung nicht erfolgt.[22] Die Konkurrenz zwischen Staats- und Parteistellen spielte dabei eine Rolle: Die Minister, denen Planck von früher persönlich bekannt war, konnten oder wollten sich nicht gegen die NSDAP durchsetzen, stand er doch als »Schleicher-Mann« auf der Schwarzen Liste. Aber er mußte etwas finden, schließlich war er auf ein Einkommen angewiesen.

Da erwies es sich als glückliche Fügung, daß der Unternehmer Otto Wolff, den er seit langem kannte, einen Vertrauensmann suchte. Wolff, Jahrgang 1881, hatte sich vom Schrotthändlerlehrling zum Firmenchef mit weitreichenden Verbindungen hochgearbeitet. 1904 gründete er zusammen mit Ottmar Strauss eine Eisengroßhandlung in Köln. Nach dem Ersten

Weltkrieg wurde die Firma, wie Brüning in seinen Memoiren vermerkt, »mit dem Ankauf und der Verwertung von noch vorhandenen Kriegsmaterialien zur Beherrscherin des deutschen Schrottmarktes«.[23]

Wolff hatte großen Einfluß in der Politik. Brüning sprach häufiger mit ihm, und auch Schleicher schätzte den »Handels- und Finanzmann mit weitreichenden Kontakten nach Frankreich hinein«.[24] Wolff profitierte von einem Abkommen zwischen dem Reich und der Sowjetunion über die Lieferung von Röhren, das Ende 1932, während Schleichers Kanzlerschaft, zustande gekommen war.[25] Zwischen Wolff und Schleicher, die fast gleich alt waren, entwickelte sich eine freundschaftliche Beziehung, an der auch Planck partizipierte. Man traf sich gelegentlich in einem Ableger des Herrenclubs, dem Civil-Casino (C. C.), einem Club, der im März 1931 bei einem Essen im Berliner Kaiserhof unter anderem von Schleicher und Planck gegründet worden war.[26]

Otto Wolff war bekannt für seine kritische Einstellung zum Nationalsozialismus. Zur Zeit von Papens und Schleichers Kanzlerschaft sprach er sich mehrfach gegen eine Beteiligung der NSDAP an der Regierung aus. Er stand im Ruf, ein »aktiver Förderer der Reichsregierung v. Schleicher« zu sein. Während eines Essens, das er zu Ehren Schleichers gab, ließ er durch Planck »Zeichnungen für einen politischen Fonds der Regierung Schleicher« einsammeln, und er bat den Kanzler »als seinen Freund wiederholt und inständig ..., er möge keinesfalls gegenüber den Nationalsozialisten zurücktreten, sondern im Fall von Verwicklungen mit diesen von der Waffe Gebrauch machen«.[27] Kein Wunder, daß er 1933 als »Nr. 7« auf der »parteiamtlichen Korruptionsliste« der NSDAP stand.[28] Er wußte, daß »in den Ministerien ... eine sehr schlechte Ansicht über mich herrschte«,[29] und zwar besonders im Reichsfinanzministerium. Dort gab es eine starke Gruppe, »die nur zu gerne die Steuerschulden Wolffs dazu benutzt hätte, den ganzen Konzern zu zerschlagen«.[30]

Doch im Wirtschaftsministerium war man anderer Ansicht, vor allem aus zwei Gründen: Zum einen befürchtete man »unabsehbare Rückwirkungen auf den Devisen- sowie Goldbestand der Reichsbank, ferner die Zahlungseinstellung verschiedener wichtiger Privatbankhäuser, wenn die Firma Otto Wolff zusammenbreche, denn sie hatte zu dem damaligen Tageskurs gerechnet über 111 Millionen RM Bankschulden in ausländischen Währungen«.[31] Zum anderen versprach man sich von der Zusammenarbeit mit dem Unternehmen, das über weltweite Verbindungen und eigene Stahlproduktionsbetriebe verfügte, Vorteile für das Reich bei der Aufrüstung und im internationalen Handel. Wolff ergriff die Chance, die sich ihm bot, und wandte sich mit der Bitte um Unterstützung an das Wirtschaftsministerium. In Rudolf Siedersleben fand man einen Mann, der geeignet schien, das Unternehmen zu sanieren.

Warum Siedersleben? Er hatte zum Team Otto Kleppers gehört, der seit 1928 Präsident der preußischen Zentralgenossenschaftskasse und 1931/32 auch preußischer Finanzminister war. Klepper sanierte die Preußenkasse und rationalisierte das Genossenschaftswesen.[32] Siedersleben lernte bei ihm, und zwar so gut, daß er noch bis Ende 1933 gehalten wurde, um Kleppers Nachfolger Hans Helfrich zu unterstützen. Im Januar 1934 wurde er vom Wirtschaftsministerium als persönlicher Generalbevollmächtigter in die Handelsfirma Otto Wolff versetzt. Da er sich bewährte und »kraft seines Arbeitseifers und seiner Intelligenz ... großen Anteil am Abbau der Schulden« hatte, machte Wolff ihn zum Teilhaber, erst mit zwei, später mit zehn Prozent.[33]

Unter diesen schwierigen Bedingungen brauchte Wolff eine Vertrauensperson mit beratender Funktion, zumal sein Freund und Arzt Paul Beeck im Sommer 1934 für ihn als Geschäftsführer nach China gegangen war. Er benötigte nicht nur ein Gegengewicht zu dem vom Regime eingesetzten Siedersleben – dieser sah in Plancks Berufung »eine schwere politische Belastung im Verhältnis zur NSDAP«[34] –, sondern vor allem einen verantwortlichen Betreuer für seinen Sohn Otto, den er 1935 adoptiert hatte und der nach seinem Tod der Firmenerbe sein würde. Wolff lag sehr daran, daß sein Sohn eine charakterlich und politisch einwandfreie Persönlichkeit an der Seite hatte. General Georg Thomas, der Chef des Wehrwirtschaftsamtes im OKH – ein späterer Widerstandskämpfer –, hatte sich für Plancks Einstellung stark gemacht und an Wolff geschrieben: »Falls er für Sie arbeiten kann, würde ich dies sehr begrüßen.«[35]

Planck sollte in seiner neuen Stellung dem sich zu dieser Zeit erst allmählich entwickelnden Widerstand äußerst nützliche Dienste erweisen. Zum einen gewann er Einblick in die nationalsozialistische Wirtschaftspolitik und konnte über die Firma wichtige Kontakte zu Regierungsstellen pflegen sowie Informationen weitergeben, zum anderen gewann er die Möglichkeit, die Firmengeschäfte mehr und mehr gegen die Ziele des Regimes zu beeinflussen.

Damit er die Stelle antreten konnte, mußten Unbedenklichkeitserklärungen vom Reichskriegsministerium, wie das frühere Reichswehrministerium jetzt hieß, und vom Beauftragten des Führers für Wirtschaftsfragen, Wilhelm Keppler, eingeholt werden. Beide Stellen stimmten im Prinzip zu, Keppler jedoch »ließ keinen Zweifel, daß über die Vorgänge der Vergangenheit nicht hinweggesehen werden könne. Dessen ungeachtet habe auch er ... den Wunsch, daß Herr Planck in der Privatwirtschaft – auf durchaus unpolitischem Posten – untergebracht werde, natürlich ohne etwa zu Verhandlungen mit Behörden wie zum Beispiel der seinen herangezogen zu werden.« Siedersleben beeilte sich, in einem Brief an Wolff hinzuzufügen, »Bedenken würden deswegen gegen unsere Firma nicht eintreten«.[36]

Erwin Planck in der Firma Otto Wolff

Planck wurde im Oktober 1936, zunächst auf Probe, eingestellt. Faktisch besaß Siedersleben die Macht in der Firma, daher galt es, sich mit ihm gut zu stellen. Das fiel Planck dank seines ruhigen, versöhnlichen Wesens nicht schwer. Außerdem war er sich bewußt, daß er noch viel zu lernen hatte; schließlich arbeitete er zum ersten Mal in einem Wirtschaftsunternehmen. Entsprechend skeptisch war Siedersleben zunächst, wie er 1943 in einem Brief zu Plancks fünfzigstem Geburtstag nachträglich bekannte. Auch für ihn habe gegolten, daß »die Haltung in bezug auf führende kaufmännische und industrielle

Tätigkeit von Herren mit rein politischem oder ausschließlich beamtenmäßigem Werdegang in der Regel vorsichtig abwartend« sei. Doch, so fuhr er fort, »die fast sechs Jahre, die Sie jetzt in der Firma und der Gruppe Otto Wolff dem Kreis der maßgebenden Männer angehören, haben bewiesen, daß Sie eine hervorragende und in vergleichbarer Art ganz seltene Ausnahme bilden. Das gemeinsame Verfolgen unserer beruflichen Ziele mit Ihnen ist eine wirkliche Freude.«[37]

Planck wurde am 15. April 1937 fest angestellt und nahm seinen Hauptwohnsitz daraufhin in Köln. Zwei Jahre später wurde er in den Vorstand der Firma aufgenommen; er erhielt einen Fünfjahresvertrag, der im Frühjahr 1944 um weitere fünf Jahre verlängert wurde.[38] Nach Otto Wolffs Tod Anfang 1940 wurde Planck, auf ausdrücklichen Wunsch des Firmenerbes,[39] auch offiziell Mitglied der Geschäftsleitung, erhielt 100 000 Reichsmark als Erbe und »übernahm die Oberleitung der Berliner Niederlassungen der Firma Otto Wolff für Auslands- und für Inlandsgeschäfte«.[40]

Neben Siedersleben und Planck gehörten Georg Gasper, der seit Mai 1939 Teilhaber war, und der einflußreiche Rechtsanwalt Cornelius Trimborn zur Geschäftsleitung. Den Prokuristen Otto Laupichler hatte Siedersleben von der Preußenkasse mitgebracht, der Notar Karl Siebert spielte als Berater Wolffs eine wichtige Rolle. Er vertrat als enger Vertrauter – auch Plancks – die Familie und war nach Wolffs Tod zusammen mit dem Bankier Carl Wuppermann Testamentsvollstrecker. Als solche standen beide in »nahe[r] Verbindung« zu Planck, denn ohne dessen »auf höchster Warte stehende Beratung ... hätten [sie] den letzten Willen Otto Wolffs nicht erfüllen und das von ihm geschaffene Werk nicht erhalten können«.[41]

Nach Plancks Eintritt in die Firma entwickelte sich zwischen ihm und Otto Wolff ein enges Verhältnis; sie wurden »ziemlich unzertrennlich«, wie Planck einmal schrieb.[42] Die beiden mochten und respektierten einander. Sie sprachen nicht nur über Geschäftliches und Politik, sondern auch über Privates; Wolff teilte alle Kümmernisse und Probleme mit Planck. In dessen Notizbuch von 1939 ist fast jeden Tag ein Eintrag über Wolffs Zustand zu finden. Mal heißt es »recht elend« oder

»down«, mal »wieder besser« oder »recht frisch«. Diese enge Verbindung hatte auch ihre Kehrseite: Planck mußte sich seinen eigenen Freiraum bisweilen mühsam erkämpfen.

Mehrmals täglich war er bei Wolff, oft abends und meist auch sonntags. Er reiste mit ihm im Salonwagen von Köln nach Berlin und wieder zurück, bis Wolff bei Kriegsausbruch nach Berlin zog und Planck mit ihm. Nun mußte er oft zweimal in der Woche mit dem Nachtzug nach Köln und wieder zurück fahren. Da er stets vermerkte, wie er geschlafen hatte, läßt sich nachvollziehen, daß er diese Strapazen gut verkraftete. Wie er überhaupt meist guter Stimmung war. Typisch ist eine Bemerkung wie: »sehr erkältet, aber wohlgemut«. Vielleicht war er auch deswegen darauf bedacht, heiter und gelassen zu bleiben, weil er über seine Frau häufig notieren mußte: »Nell deprimiert, Nell schlecht geschlafen, Nell elend.«

Im März 1939 erlitt Otto Wolff einen »schweren Kollaps«. Doch er erholte sich wieder, und im Sommer lebte er noch einmal richtig auf, war sogar »tatendurstig«, wie Planck im August berichtete. Als dann der Krieg ausbrach, war Wolff fassungslos, und von nun an ging es stetig bergab mit ihm. Am Morgen des 30. Dezember heißt es bei Planck: »OW gefällt mir gar nicht.« Und am Nachmittag: »Lange bei OW, der sehr jämmerlich.« Silvester geht es ihm »weiter schlecht«, er ist »unglücklich [und] quält seine Ärzte«.

Mit dem neuen Jahr setzte eine »eisige Kälte mit einem giftigen Ostwind« ein, eine »sibirische Kälte, die ich auf den Tod nicht vertragen kann«, wie Planck an einen Freund schrieb.[43] Es ging ihm selbst nicht gut, doch er besuchte Wolff täglich mehrere Male und fand ihn »erschütternd elend«. Dann kam auch noch Ruth mit ihren drei Kindern nach Berlin, offensichtlich wegen einer Ehekrise – sie war »ziemlich außer sich über Lothars Zustand«. Ein Brief von Planck an den Freund Korff in Shanghai gibt seine Stimmung wieder: »Meine Sehnsucht nach dem Fernen Osten steigert sich im Quadrat zu der abgelaufenen Zeit, seit ich draußen war. ... Über das Wetter will ich nicht schreiben, und etwas anderes kann ich ja schwer meinem Brief anvertrauen. ... Wir wollen hoffen, daß das Jahr 1940 uns angenehm enttäuschen wird.«[44]

Am 22. Januar 1940, um 15.30 Uhr, starb Otto Wolff. In Plancks Notizbuch heißt es: »Lange da gesessen, er hat schönen Gesichtsausdruck, nur ganz still. Viel zu erledigen.« Nachdem Planck den Tod im Büro bekanntgegeben hatte, fuhr er zum Vater in den Grunewald. Die Nacht darauf schlief er »sehr schlecht«, am nächsten Tag wartete er »lange im ausgestorbenen Sterbehaus« auf die Angehörigen, die Geschäftspartner und die Testamentseröffnung. Er bat Priebe, den Pfarrer seiner Familie, die Trauerfeier zu gestalten; sie fand am 25. Januar statt und verlief »sehr würdig«.

Nun war die wichtigste Aufgabe zu erfüllen, die Otto Wolff seinem Berater und Freund Planck übertragen hatte, nämlich den Adoptivsohn Otto Wolff v. Amerongen zu betreuen, der gerade mündig geworden war und dem neunzig Prozent des Unternehmens gehörten. Erwin Planck gab sich dabei »in seiner großen Gewissenhaftigkeit und Pflichttreue große Mühe«, wie Nelly nach dem Krieg bezeugte. Er habe oft mit ihr »darüber diskutiert, wie weit man berechtigt ist, so ausgesprochene Lebensanschauungen, wie wir beide sie hatten, auf einen jungen Menschen zu übertragen und diesen demgemäß zu beeinflussen. ... Er brachte besonders auch seine politischen Überzeugungen, Erfahrungen und Ratschläge beim Sohn zur Geltung und bemühte sich, in seinem Sinne, der auch der Auffassung von Vater Wolff entsprach, den Lebensweg des Sohnes zu gestalten. ... Mein Mann hat sich immer darüber gefreut, daß seine Ratschläge bei ihm auf fruchtbaren Boden fielen und dieser seinen Anschauungen folgte.«[45]

Otto Wolff v. Amerongen bestätigte beim Verhör durch die Alliierten sowie in einem Gespräch im Jahr 2001 die enge Beziehung zu Planck.[46] Er habe ihn als älteren Freund betrachtet, fast als eine Art Vaterersatz, seinen Rat gesucht und ihn sehr verehrt. Entsprechend groß war Plancks Einfluß auf ihn.

Beraten und vermitteln war eine der wesentlichen Aufgaben Plancks. Zu vermitteln galt es zwischen dem Sohn und der Geschäftsleitung, zwischen der Geschäftsleitung und den Behörden und schließlich auch zwischen den leitenden Personen der Firma untereinander. Außerdem vertrat Planck seit Frühsom-

mer 1941 die Firma Wolff im Aufsichtsrat der Deutschen Effekten-Wechsel-Bank; sie sollte dadurch einen Fuß im Bankgeschäft behalten,[47] nachdem Hitlers Wirtschaftsbeauftragter Keppler schon im Mai 1935 eine Wiederwahl Wolffs in den Aufsichtsrat der Deutschen Bank verhindert hatte.[48]
Zur Wolff-Gruppe gehörten Eisen-, Eisenhütten-, Bandstahl- und Zinkwerke, Tochtergesellschaften im Maschinenbaubereich sowie Firmenvertretungen im Ausland von Amsterdam bis Paris, von Buenos Aires bis Shanghai.[49] Es liegt auf der Hand, daß diese Werke für das Hitler-Regime von großem Interesse waren. Bereits im September 1936 war die Wolff-Gruppe in den Sog der nationalsozialistischen Wirtschaftspolitik geraten, als auf dem Nürnberger Reichsparteitag der Vierjahresplan beschlossen wurde. Er hatte zum Ziel, Deutschland von Roh- und Grundstoffeinfuhren aus dem Ausland möglichst unabhängig zu machen. Die von Göring kontrollierte Vierjahresplanbehörde vergab ebenso wie das Reichsbankdirektorium an Wolffs Unternehmen verbindliche Aufträge, die Siedersleben »amtlicherseits als eine meiner Aufgaben« betrachtete. Er habe das »Hilfs- und Zubringergeschäft verstärkt zu betreiben und durch Konsortialfreunde, Tochtergesellschaften, Geldhergabe oder in sonstiger Form vor sich gehen zu lassen«, Widerstand sei vergeblich.[50]
Gasper, der im Gegensatz zu Siedersleben Mitglied der NSDAP war, nahm zusammen mit Planck eine etwas differenziertere Haltung zu den Aufträgen der Vierjahresplanbehörde ein. An den firmenüblichen Geschäften mit Metall- und Eisenwaren beteiligten sie sich selbstverständlich. In seinen Notizbüchern vermerkte Planck zahlreiche Treffen mit Ministerialdirigent Erich Gritzbach, dem Leiter der Pressestelle von Görings Behörde. Der regimekritische Diplomat Ulrich v. Hassell zählte ihn zu den eher vernünftigen Leuten und versprach sich etwas von Plancks Kontakt zu ihm.[51] Für den 23. Februar 1940 arrangierte Gritzbach ein Treffen von Planck, Gasper und Siedersleben mit Göring auf dessen Landsitz Karinhall; der oberste Wirtschaftslenker des Dritten Reiches empfing sie, wie Planck notierte, »sehr huldvoll«.
Zum einen ging es um Geschäfte – unter anderem mit Waf-

fen –, die die Firma Wolff gemäß dem am 11. Februar 1940 abgeschlossenen deutsch-sowjetischen Wirtschaftsabkommen mit der Sowjetunion abwickeln sollte. Zum anderen war dieses Treffen für das Unternehmen von existentieller Bedeutung, weil nach dem Tod Otto Wolffs »eine Erbschaftssteuer von rund sechs Millionen Reichsmark ... fällig gewesen« wäre. Das hätte die Firma »zum Verkauf von Teilen ihrer Unternehmungen gezwungen ..., was die Gruppe zerschlagen hätte«. Da Göring an deren Fortbestand interessiert war, soll er das Kölner Finanzamt angewiesen haben, »die Firma ›zwar bis zum Äußersten zum Zahlen zu bringen, aber nicht abzutöten‹«.[52] Dadurch geriet das Unternehmen in eine gewisse Abhängigkeit von Göring.

Da Planck von Otto Wolff auch mit Fragen der Testamentsvollstreckung betraut worden war, setzte er sich nicht nur für den Erhalt der Firma ein, sondern gewann Einblick in alle von ihr getätigten Geschäfte. Siedersleben lag durchaus daran, daß es einen solchen Mitwisser gab – »Gasper kam dafür nicht in Frage, [und] alle anderen waren gegen ihn«. Es ging ihm zwar nachweislich nicht um persönliche Bereicherung, aber er war »von dem Gedanken beseelt ..., eine Aufgabe zu erfüllen, die ihm Göring übertragen hatte«. So hat er Planck auch in Geschäfte mit »hineingezogen«, die von den übrigen Mitgliedern der Firmenleitung abgelehnt wurden.[53] Wie Planck sich dazu verhielt, ob er versuchte, Siedersleben von undurchsichtigen Geschäften – etwa mit Devisen oder gar mit enteignetem jüdischem Besitz – abzuhalten, ist nicht bekannt.

Überliefert ist allerdings eine Gesprächsnotiz, aus der hervorgeht, daß Siedersleben der Geschäftsleitung im März 1943 »streng vertraulich Anregungen vor[trug], die ihm vom Beauftragten für den Vierjahresplan wegen eines neuen Vorhabens zur Devisenbeschaffung für das Deutsche Reich gemacht worden sind. Es ist möglich, daß Herr Siedersleben sich persönlich mit Kapital an einem hierfür zu gründenden Konsortium beteiligt. Die Aussichten für eine Verwirklichung dieser Gedanken sind aber noch sehr zweifelhaft. Herr Gasper und Herr Planck haben sich bereit erklärt, ihre Vermittlung zur Förderung des Plans in Einzelfällen zur Verfügung zu stellen, werden sich aber nicht finanziell beteiligen. Ebenso besteht Einvernehmen, daß die Firma Otto Wolff sich als Firma von dem Plan fernhalten wird.«[54]

Die Testamentsvollstrecker und Otto Wolff junior waren strikt gegen die Devisengeschäfte, und zu dem genannten Konsortium ist es nie gekommen. Doch Siedersleben verkaufte die vom Reich beschafften und der Firma übertragenen Devisen, Wertpapiere und Wertgegenstände für das Reich im neutralen Ausland, vor allem in der Schweiz und in Schweden. »Inwieweit dazu auch Vermögenswerte aus jüdischem Besitz gehörten, ist nicht geklärt.«[55]

Plancks Doppelrolle als Widerstandskämpfer und Mitwisser bei solchen Geschäften zeigt einmal mehr, in welch zweischneidige Lage Menschen geraten konnten, die im Dritten Reich eine verantwortungsvolle Stellung innehatten, aus der heraus sie Einfluß im Sinne der Opposition zu gewinnen suchten. Mit der nationalsozialistischen Wirtschaft hatte sich das Unternehmen Otto Wolff bereits im Juli 1937 stark verzahnt, als es sich mit 2,5 Millionen Reichsmark an den neu gegründeten Reichswerken Hermann Göring beteiligte.[56]

Das Regime und seine Gegner

Die erwachende Opposition

Wie Erwin Planck als neuer Mitarbeiter der Firma Wolff im Jahr 1937 die Lage in Deutschland einschätzte, geht aus einem Gespräch mit seinem Freund Hans Schäffer hervor. Der einstige Staatssekretär im Reichsfinanzministerium arbeitete seit 1936 als Berater in internationalen Rechts- und Finanzfragen für einen schwedischen Zündholzkonzern in Jönköping. Planck und er trafen sich am 28. Februar 1937 in Berlin.[1] Aus Sicherheitsgründen unterhielten sie sich im Auto!

Schäffer fragte »nach der wirtschaftlichen und finanziellen Lage« des Landes, und Planck antwortete ihm: »Die wirtschaftliche Lage steht im Zeichen des Vierjahresplans, den die Menschen allmählich beginnen als einen gefährlichen Fehlschlag anzusehen, der zu einer Fülle falscher Investitionen führt und die Mittel der Wirtschaft festlegt. Dabei sind die Produkte, um die es sich handelt, noch gar nicht weit genug entwickelt. Für Gummi kann man überhaupt noch nicht an die Großproduktion gehen. Der Preis würde der fünffache sein. Für Benzin ist die Großproduktion möglich, aber nur zu einem Preis, der drei- bis vierfach über dem Einfuhrpreis in Hamburg liegt. Textilien kann man herstellen, aber das Holz wird knapp. Ebenso werden die eigentlichen für die Aufrüstung notwendigen Rohstoffe (Eisen und Metall) knapp. Diese Angaben sind aus glaubwürdigster Quelle von P. B.«, beteuerte Planck. Bei P. B. handelte es sich um den Staatssekretär im Reichswirtschaftsministerium, Paul Bang, einst DNVP-Mitglied und ein früher Förderer der Nationalsozialisten.

Zur finanziellen Lage des Reiches meinte Planck: »Über die weiß niemand genau Bescheid, weil die Verpflichtungen in ganz verschiedenen Formen bestehen. Alle Zahlen, die man hört, sind unrichtig. Auch der Finanzminister [Krosigk] ist nicht unterrichtet, ebenso wenig meines Erachtens der Reichsbankpräsident [Schacht]. Letzterer sieht ganz genau, wohin die Reise geht, und würde lieber heute als morgen ausscheiden. Göring läßt dies aber nicht zu. Er braucht ihn als Fassade. Aber Schachts Äußerungen sind schwärzester Pessimismus, jedenfalls dann, wenn er im kleinen Kreis spricht.«

Zu spät hatte Schacht erkannt, daß sein Engagement für Hitler ein Fehler gewesen war. Im Februar 1938 wurde er als Wirtschaftsminister von Walther Funk abgelöst. Er wandte sich vom Nationalsozialismus ab und näherte sich Kreisen des Widerstands an. Doch sein Ruf war dort nicht der beste, man sagte ihm nach, »anders zu reden wie er handelt, das heißt einen zugesagten Standpunkt nachher nicht zu verfechten«. Hassell nannte ihn »unklar und voller Widersprüche«, auch weil er einerseits »an verantwortlicher Stelle« dem Regime diene und andererseits öffentlich und ohne jede Rücksicht »seine wahrhaft ätzenden Angriffe auf das System« vom Stapel lasse.[2] 1939 entließ ihn Hitler wegen einer kritischen Denkschrift auch als Reichsbankpräsident; das Regime brauchte keine »Fassade« mehr.

Schäffer wollte natürlich auch wissen, wie »die anderen Leute in der Regierung denken«. Planck wußte es nicht, war aber »überzeugt, daß Leute wie Goebbels und Göring nur daran denken, wie sie sich an der Macht halten können. Der einzige, den ich manchmal spreche, Popitz, äußert sich sehr zynisch. Im Augenblick regt er sich besonders über [Verkehrsminister] Eltz von Rübenach auf, der ausgeschieden ist oder besser ausgeschieden worden ist, nachdem er einige kritische Äußerungen gemacht hatte. Popitz empfindet dieses Verhalten als einen Mangel an Solidarität.« Eine merkwürdige Auffassung, legt sie doch den Schluß nahe, daß Kritiker des Regimes in Amt und Würden durchhalten müßten, damit die übrigen »Mitmacher« sich weniger alleine fühlten.

Popitz war im Juli 1932 von Papen als Reichskommissar für die Finanzen Preußens eingesetzt und im April 1933 von Hitler zum preußischen Finanzminister ernannt worden. »Obwohl er niemals dem Nationalsozialismus zuneigte«, so der Historiker Gerhard Schulz, »vergingen Jahre, ehe sich Popitz ... entschloß, das Odium des ›Hochverrats‹ auf sich zu nehmen und sich an dem Aufbau einer heimlichen Front des Widerstands gegen den nationalsozialistischen Staat zu beteiligen; aber auch hierbei zählte er nicht zu den repräsentativen und heftigen Bekennern, sondern erwies sich wie stets vorher als Taktiker ..., der über ein großes Wissen und einen zuverlässigen Überblick über Zusammenhänge verfügte.«[3] An der Person von Popitz, der noch 1937 das Goldene Parteiabzeichen der NSDAP entgegennahm,[4] zeigt sich exemplarisch, wie schwierig es für viele war, die Ziele des Nationalsozialismus zu durchschauen und für sich selbst den richtigen Weg zwischen Mitmachen, taktischer Anpassung und Widerstand zu finden.

Nachdem Schäffer und Planck ausführlich über den Fall Popitz geredet hatten, kamen sie auf die Außenpolitik zu sprechen. Von Joachim v. Ribbentrop, dem deutschen Botschafter in London, werde allgemein behauptet, daß er »erledigt sei, weil er so große Mißerfolge gehabt« habe, meinte Planck. Er selbst erwartete jedoch, daß Ribbentrop Neurath als Außenminister ablösen werde. Die Prognose sollte sich als zutreffend erweisen; im Februar 1938 wurde Ribbentrop Chef des Auswärtigen Amtes. Gleichzeitig verlor Hassell seinen Botschafterposten in Rom und Plancks Freund Herbert v. Dirksen den in Tokio; Nachfolger Dirksens wurde Eugen Ott.

In der Armee, so meinte Planck, herrsche eine große »innere Zerrissenheit ..., insbesondere im Offizierskorps«. Abgesehen davon, daß das Heer durch den beträchtlichen »Mangel an Offizieren einigermaßen unverwendbar« sei, gebe es drei Gruppen: die »alten Vorkriegsoffiziere, die wieder eingezogen worden sind, aber keine Aussicht auf Beförderung haben; die in den alten Anschauungen stehenden Offiziere, die nicht politisch eingestellt sind, [und] die partei-betonten Offiziere. Diese Spaltung geht durch jede Einheit, und Denunziationen von Kasinogesprächen sind sehr häufig.« Schäffer fragte noch nach einzelnen Personen – Hammerstein, so antwortete Planck, halte sich sehr zurück, »eine große Meinung« habe man von

Generalstabschef Beck, während Kriegsminister Blomberg
»besonders unbeliebt« sei. Aber »ein wirklich weiser Mann«
sei Groener, »er liest keine Zeitung und hört kein Radio«.

Man kann davon ausgehen, daß Schäffer und Planck auch die
wichtigen politischen Ereignisse der zurückliegenden Jahre besprochen haben. Im Januar 1935 war das Saargebiet »heim ins
Reich gekehrt«, im März hatte das Regime die allgemeine
Wehrpflicht eingeführt, und im September waren die antisemi-
tischen Nürnberger Gesetze erlassen worden. Und obwohl Hitler im März 1936 die Locarno-Verträge aufgekündigt hatte
und Truppen in die entmilitarisierte Zone des Rheinlandes
hatte einmarschieren lassen, feierte die Welt wenige Monate
später das neue Deutschland bei den Olympischen Spielen in
Berlin. Kaum war die Olympiade vorbei, wurde der zweijäh-
rige Militärdienst angeordnet und der Vierjahresplan im Zusammenhang mit der forcierten Aufrüstung verkündet. Schon
jetzt war abzusehen, daß alles auf Krieg hinauslief.

Dieser Eindruck bestätigte sich, als Hitler am 5. November
1937 vor den Oberbefehlshabern des Heeres, der Luftwaffe
und der Marine – Fritsch, Göring und Raeder – und in An-
wesenheit von Reichskriegsminister Blomberg und Außenminister Neurath seine politischen und militärischen Pläne
darlegte: der Anschluß Österreichs, die Zerschlagung der
Tschechoslowakei und die Eroberung von »Lebensraum im
Osten«. Hitlers Wehrmachtsadjutant Friedrich Hoßbach hielt
diese Aussagen im sogenannten Hoßbach-Protokoll fest. Ein
Vierteljahr später waren nur noch zwei der damals Anwesenden – Göring und Raeder – in ihren Ämtern. Blomberg, Fritsch
und Neurath, die sich von der Aussicht auf einen baldigen
Krieg mit England und Frankreich schockiert gezeigt hatten,
wurden Anfang 1938 kaltgestellt. Erwin Planck hatte, wie ausgeführt, Fritsch 1934 nach dem Mord an Schleicher gewarnt:
»Wenn Sie tatenlos zusehen, werden Sie früher oder später das
gleiche Schicksal erleiden.«

Planck mußte miterleben, wie sich seine Prophezeiung erfüllte.
Fritsch wurde Anfang Februar 1938 durch eine von Himmler
und Göring inszenierte Intrige gezwungen, den Oberbefehl des

Heeres niederzulegen – man sagte ihm homosexuelle Beziehungen nach. Zwar wurde er nicht umgebracht, im nachhinein sogar von den Vorwürfen freigesprochen, aber die ehrverletzende Art seiner Absetzung kam einem Rufmord gleich. In den ersten Tagen des Polenfeldzugs suchte er den Soldatentod. »Erschüttert über Tod von Fritsch«, notierte Planck am 22. September 1939. Zusammen mit Fritsch wurden 1938 zwölf weitere Generäle entlassen, die als nicht ergeben galten. Kriegsminister Blomberg wurde durch eine Affäre zu Fall gebracht, die sich an seiner Hochzeit mit einer schlecht beleumundeten Dame entzündete und ebenfalls von einer Intrige begleitet war.

Die Folgen waren verheerend. Oberster Feldherr war von nun an Hitler selbst. Das Kriegsministerium wurde abgeschafft, an seine Stelle trat das neue Oberkommando der Wehrmacht (OKW) unter dem Hitler hörigen Generalfeldmarschall Wilhelm Keitel. In einer Unterhaltung mit Hassell zeigte sich Keitel Mitte September 1938 »sehr unpolitisch und stellte sehr leichtsinnige Milchmädchenrechnungen über die Chance eines Krieges an, auch dann, wenn England auf der anderen Seite stehe«.[5]

Die sogenannte Fritsch-Krise zeigt wie im Brennglas, auf welche Weise Göring, Himmler und Heydrich sowie die dazugehörigen Organe, Gestapo und SS, die Generalität der Wehrmacht buchstäblich außer Gefecht setzten und endgültig die Vormacht im NS-Staat übernahmen. Gleichzeitig lieferte die Krise einen entscheidenden Anstoß zur Formierung der konservativen Opposition. Der Kreis derer, die den Machenschaften von Gestapo und SS entgegentreten wollten, war allerdings nur klein, und er hatte vor allem zuwenig Einfluß. Zu der Gruppe gehörten Bernd Gisevius, Regierungsrat im Reichsinnenministerium, der Reichskriminaldirektor Arthur Nebe*, ein Informant für die Belange der Gestapo und des Sicherheitsdienstes der SS, der Berliner Polizeipräsident Graf Helldorf, der

---

* Arthur Nebe arbeitete zwar der Opposition zu, war gleichzeitig aber selbst an NS-Verbrechen beteiligt. Während des Rußlandfeldzuges leitete er von Juni bis November 1941 die Einsatzgruppe B, die in dieser Zeit Zehntausende von Juden ermordete. Wegen seiner Beziehungen zum Widerstand wurde Nebe Anfang 1945 verhaftet, zum Tode verurteilt und hingerichtet.

eine politische Wandlung durchmachte, Reichsbankpräsident Schacht, der sich bereits gewandelt hatte, und der Leipziger Oberbürgermeister Carl Goerdeler.

Zu der Widerstandsgruppe stießen außerdem der aus Rom abberufene Botschafter Hassell, der Staatswissenschaftler Jens Peter Jessen sowie Oberregierungsrat Hans v. Dohnanyi, der persönliche Referent von Reichsjustizminister Franz Gürtner. Von militärischer Seite kamen Hans Oster vom Amt Ausland/Abwehr im OKW, Abwehr-Chef Wilhelm Canaris selbst sowie Generalstabschef Ludwig Beck, etwas später auch Erwin v. Witzleben, kommandierender General des III. Armeekorps und des Wehrkreises III von Berlin, sowie General Georg Thomas, der Chef des Wehrwirtschafts- und Rüstungsamtes. Den »völligen inneren Bruch mit diesem System brachte die Fritsch-Affaire«, sagte Thomas über Witzleben und sich selbst.[6] Da Planck eng mit ihm befreundet war, kam auch er in Kontakt mit dem Widerstand. Thomas sorgte zu Beginn des Krieges dafür, daß Planck als »partiell vom OKW eingezogen« galt, so daß er parallel zu seiner Tätigkeit für die Firma Wolff nun offiziell etwa zwei Stunden täglich für Thomas arbeitete. Auf dessen Empfehlung hin wurde er 1942 durch das OKW zum Wehrwirtschaftsführer ernannt.[7]

Gisevius war in der Fritsch-Krise der eigentliche Motor des Widerstands. Er sammelte Informationen, gab sie an die entscheidenden Generäle und andere Verantwortungsträger weiter und versuchte diese zum Handeln zu bewegen. Es ging ja keineswegs nur um die Person von Fritsch, sondern um die Eigenständigkeit der Wehrmacht. Gestapo und SS sollten als die eigentlichen Drahtzieher entlarvt werden. Dieses Vorhaben scheiterte – unter anderem an den teils berechtigten, teils vorgeschobenen Bedenken von Franz Halder, damals noch Quartiermeister im Generalstab des Heeres, und Walther v. Brauchitsch, dem neuen Oberbefehlshaber des Heeres.

Als Hitler im Sommer 1938 Europa an den Rand eines militärischen Konflikts brachte, weil er den Anschluß des zur Tschechoslowakei gehörenden Sudetenlandes an das Deutsche Reich forcierte, verlor die Armee einen der letzten klarsichtigen Köpfe. Generalstabschef Beck trat zurück, nachdem er mehrere Denkschriften verfaßt und Brauchitsch eindringlich vor den Folgen eines Krieges gewarnt hatte. Neuer Generalstabschef wurde Franz Halder. Gegenüber den Umsturzplänen von Beck, Gisevius, Oster und anderen zeigte er sich zwar aufgeschlossen, zu einer offenen Konfrontation mit Hitler konnte er sich aber nicht entschließen. Damit war für die Wehrmacht die letzte Chance vertan, sich gegen Hitler und die Parteiorganisationen durchzusetzen. Das Militär war nun ebenfalls »gleichgeschaltet«. Auch die Westmächte setzten Hitler keinen entschiedenen Widerstand entgegen. Auf der Münchner Konferenz vom 30. September 1938 billigten Großbritannien und Frankreich dem Deutschen Reich die Annexion des Sudetenlandes zu. Die Welt feierte den Frieden!

Vater und Sohn zwischen Patriotismus und Widerstand

Seit Anfang 1938 formierte sich Widerstand allmählich auch bei den konservativen Eliten, die sich am Anfang teilweise noch eine politisch-geistige Erneuerung vom Nationalsozialismus erhofft hatten. Diese Wandlung hatte vor allem drei Ursachen: die Sorge, daß Deutschland in einen Krieg hineingeraten könnte, die Verdrängung des konservativen Spitzenpersonals aus Beamtenschaft und Heer und die Abscheu vor der Judenverfolgung, die am 9. November 1938 mit der sogenannten Reichskristallnacht ihren ersten exzessiven Höhepunkt erreichte. Viele der betroffenen Personen hatten die Etablierung des nationalsozialistischen Regimes gefördert oder zumindest geduldet; nun – zu spät – erkannten sie, welchem Irrtum sie erlegen waren.

Erwin Planck hatte nie Gutes vom Nationalsozialismus erwartet; er hatte ihn von Beginn an abgelehnt und war nach dem Mord an Schleicher vollends von dessen Übel überzeugt. Doch von instinktiver Ablehnung bis zu aktivem Widerstand ist es ein weiter Weg. Daß Planck ihn schließlich ging, hatte vor allem moralische Gründe. Er war überzeugt, daß ethische Grundsätze auch in der Politik Gültigkeit haben müßten und daß sich die Anwendung unmoralischer Mittel früher oder später rächen würde. Schon als junger Mann hatte er sich vorgenommen, für die innere und äußere Freiheit seines geliebten Vaterlandes zu kämpfen. Im Juli 1924 hatte er im Tagebuch Gedanken über seine »große Frage an das Leben« festgehalten, hatte sich gefragt, wann er wohl dazu kommen würde, das, was er »versprochen« habe, in die Tat umzusetzen. Vielleicht sah er jetzt seine Chance, »das Versprechen einzulösen«, dem Vaterland zu dienen. Es sollte allerdings auf eine Weise geschehen, die er damals nie für möglich gehalten hätte.

Immerhin hatte er am eigenen Leib erfahren, was Unsicherheit und Lebensgefahr bedeuten; er wußte also, was er tat, als er sich zum Kampf gegen Hitler verpflichtete. Er war kein Draufgänger. Immer wieder wurde er so beschrieben, wie es der Arzt Hans Frhr. v. Kress, ein Freund der Familie, für das Buch von Annedore Leber getan hat: »In leicht gebeugter Haltung mit etwas nach vorne geneigtem Kopf, einem liebenswürdigen Lächeln und einem warmherzigen Händedruck begegnete Erwin Planck seinem Gast. Dem gerade Anwesenden überließ er zunächst das Gespräch, denn er besaß die seltenen Eigenschaften des Zuhören- und Abwartenkönnens. Mit dem Augenblick jedoch, zu dem er sich selbst an der Unterhaltung beteiligte, war eine Atmosphäre der Behaglichkeit geschaffen, mehr noch eine Atmosphäre der Vertrautheit. Gleichgültig, ob das Gespräch im Bereich einer freundlichen Oberflächlichkeit vor sich ging, ob es tiefer greifende Dinge bis hin zu den letzten Fragen unseres Daseins berührte, ob politische Gegebenheiten diskutiert wurden, immer zog Erwin Planck die Blicke auf sich, und jeder der Teilnehmenden, der ein Empfangsorgan für menschliche Bindungen besaß, der vertrauensvolle und gewinnbringende zwischenmenschliche Kontakte suchte, fühlte sich hingezogen zu ihm und verbunden mit ihm. Nicht unnötig wehe tun, das war einer seiner spürbaren Grundsätze. ... Ein Suchen nach Klarheit, ein sich Bilden, darin bestand sein Streben. Er war kein Revolutionär, noch weniger ein Abenteurer und nicht etwa jemand, der sich hingezogen fühlte zum Risiko.«[8]

Entsprechend war Plancks Rolle im Kreis des Widerstands die des Beraters, Vermittlers und Helfers. Viele, die wie er einen eher feinsinnigen Charakter hatten, zogen sich in ein privates oder berufliches Nischenleben zurück. Das aber war seine Sache nicht. Er wollte »dem Leben standhalten« und scheute keine Gefahren. »Ich könnte stehlen, Menschen umbringen und das als eine durchaus natürliche und richtige Handlung empfinden, wenn die Umstände danach sind«, schrieb er als junger Mann in sein Tagebuch. Das galt noch immer. »Deshalb«, so war er damals fortgefahren, »bin ich wohl auch sehr vorsichtig, ehe ich einen anderen Menschen moralisch verurteile. Nur eines hasse ich wie die Sünde und verabscheue es sofort bei anderen: ein Vertrauen brechen, das man zu rechtfertigen vorgibt. Wenn ich das täte, würde ich mich schlechter fühlen, als wenn ich jemand umgebracht hätte. Hoffentlich kommt nie ein Schicksal, das mich so tief sinken läßt. Zuverlässig möchte ich sein, noch viel zuverlässiger werden, als ich bin. Das habe ich wohl von Vater, daß mir diese Eigenschaft am allerhöchsten steht.«

Tatsächlich war der Einfluß Max Plancks auf seinen Sohn sehr groß. Zwar konnte der Vater sich nicht zum aktiven Widerstand entschließen – es hätte seiner ganzen Natur widersprochen –, aber seine Haltung war in ihrer sittlichen Ausrichtung klar und als solche ein Vorbild für den Sohn. Nicht nur als ein religiös veranlagter Mensch war er immun gegen die nationalsozialistische Ideologie; auch die Naturwissenschaft schützte ihn davor. Laue hat überliefert, daß Max Planck einmal zu ihm gesagt habe: »Der Naturforscher müsse sich damit abfinden, überall auf Lücken zu stoßen, und daher auf eine geschlossene Weltanschauung verzichten.«[9] Wenn Erwin Planck den Vater auch nie in seine Aktivitäten eingeweiht hat – schon um ihn nicht zu gefährden –, so waren sich beide doch einig in der grundsätzlichen Ablehnung des nationalsozialistischen Regimes.

Max Planck sah seine Rolle vor allem darin, soviel Bestehendes wie möglich zu erhalten und in seinem Sinne weiterzuentwickeln. Dafür kämpfte er auf institutioneller wie auf ideeller Ebene. Mitte der dreißiger Jahre setzte er trotz massiver Widerstände die Gründung eines Kaiser-Wilhelm-Instituts für Physik durch, ein Projekt, an dem er seit 1929 zusammen mit Laue und anderen gearbeitet hatte. Zunächst drohte es am fehlenden Geld zu scheitern, dann am Widerstand der nationalsozialistischen Regierung gegen eine Finanzierung durch die amerikanische Rockefeller-Stiftung, die Max Planck als Sponsor gewonnen hatte. Schließlich machte die Stiftung einen Rückzieher, weil sie nicht an die Möglichkeit glaubte, daß das Institut vom Einfluß des Regimes freigehalten werden könnte. Im August 1934 appellierte Max Planck persönlich an die Stiftung und schrieb, daß »die zukünftige Entwicklung der physikalischen Wissenschaft in Deutschland sehr wesentlich davon abhängen« werde, ob die Gründung eines solchen modernen Instituts gelinge, weil nur dadurch qualifizierte Wissenschaftler an Berlin zu binden seien.[10] Er betrachtete die geplante Forschungseinrichtung als eine »Arche«, in der Wissenschaftler und die Wissenschaft selbst vor Übergriffen des Regimes gerettet werden könnten.

»Die eindringliche Bitte eines Mannes [wie Max Planck], der gleichsam das Gewissen der deutschen Wissenschaft war«, und die Fürsprache des bereits emigrierten Physikers und Nobelpreisträgers James Franck bewirkten schließlich, daß die Rockefeller-Stiftung im November 1934 die Fördermittel freigab, unter der Bedingung, daß die deutsche Regierung eine schriftliche Zusage über den Aufbau der Einrichtung abgebe. In langwierigen Verhandlungen gelang es Max Planck, eine solche Zusage sowie einen staatlichen Zuschuß von 1,5 Millionen Reichsmark für das neue Institut zu erhalten. In dem Niederländer Peter Debye, einem führenden Experimentalphysiker aus Leipzig, fand er für seine Arche den geeigneten Noah. Energisch setzte Debye sich mit den NS-Behörden auseinander und erreichte, daß er seine Assistenten allein auswählen durfte, und zwar nach wissenschaftlichen und nicht nach politischen Kriterien. Die Forschungsstätte nahm ihre Arbeit im Jahr 1937 auf, wurde aber erst im Mai 1938 eingeweiht, weil es so lange dauerte, bis Debye den Namen des Instituts gegen den Widerstand von Stark und Lenard durchgesetzt hatte. Es hieß »Max-Planck-Institut für Physik«.

Der zähe Kampf um eine solche Insel der freien Wissenschaft im nationalsozialistischen Deutschland war charakteristisch für Max Planck. Ebenso charakteristisch war seine Entscheidung, an der Fünfzig-Jahr-Feier der Physikalisch-Technischen Reichsanstalt teilzunehmen, obwohl der regimetreue Johannes Stark ihr als Präsident vorstand und Laue ihn dringend gebeten hatte, dem Festakt fernzubleiben. In einem Antwortbrief an Laue begründete Planck seinen Entschluß so: »Ich habe mir die Sache auf Ihre Anregung hin noch einmal gründlich überlegt und die Umstände, die für und die gegen meine Beteiligung sprechen, sorgfältig gegeneinander abgewogen. Aber ich komme immer wieder zu dem Schluß, daß die Reichsanstalt mir wichtiger ist als die Person des Herrn Stark. Ich habe vor 50 Jahren die Vorgänge bei der Gründung der Reichsanstalt unter Helmholtz und Siemens persönlich verfolgt, habe mich über die dort ausgeführten Arbeiten, soweit sie mich interessierten, stets möglichst auf dem laufenden gehalten und dabei die Anregung zu meinen besten Arbeiten empfangen. Soll ich nun die Reichsanstalt entgelten lassen, daß sie leider einen ungeeigneten Präsidenten hat? Das hieße doch die Bedeutung von dessen Persönlichkeit zu hoch einschätzen! Sie verhindert ja auch nicht, daß auch gegenwärtig in der Anstalt Wertvolles geleistet wird. Es ist einfach ein Gefühl der Dankbarkeit, was mich veranlaßt, der Feier als passiver Zuschauer beizuwohnen.«[11]

Diese Antwort Max Plancks beleuchtet nicht nur seine Einstellung sehr genau; sie kann auch als Beispiel für die Haltung vieler Menschen gelten, die dem Regime gegenüber kritisch eingestellt waren und dennoch versuchten, um der Tradition willen Kompromisse zu schließen. Ein zweischneidiges Verhalten, das nach dem Krieg immer wieder kritisiert werden sollte, weil es anfangs zur Etablierung des Regimes, später zu seiner Stabilisierung beitrug. Wer Kritik übt, sollte allerdings die genauen Umstände jedes Einzelfalls beachten und das tun, was auch Max Planck getan hat: gründlich überlegen und die Umstände, die für und gegen ein bestimmtes Handeln sprechen, sorgfältig gegeneinander abwägen. Für Planck gab es keine absolute Wahrheit; jeder, so glaubte er, müsse sein Handeln selbst verantworten und sich dabei von der »persönlichen Freiheit leiten lassen und von einer religiösen Empfindsamkeit durchdrungen sein«.[12]

Daß er die Menschen mit seiner Art überzeugte, zeigen die vielfältigen Ehrungen, die er zu seinem achtzigsten Geburtstag am 23. April 1938 erfuhr. Die nicht gleichgeschaltete Deutsche Physikalische Gesellschaft würdigte ihn mit einer Feier im Harnack-Haus. Deren Höhepunkt bildete die Verleihung der neu gestifteten Max-Planck-Medaille; sie wurde dem Physiker Louis-Victor Prince de Broglie zuerkannt, »der in den Augen der NS-Ideologen als Theoretiker und Franzose mit doppeltem Makel behaftet war«.[13] Genau das aber war Planck bewußt; er wollte den Bürger eines nicht-faschistischen Staates ehren.

Da der französische Botschafter François-Poncet den Preis stellvertretend für den erkrankten de Broglie entgegennahm, hatten Plancks Worte politisch ein besonderes Gewicht. Er wandte sich nicht nur »an den Fachgenossen ..., sondern auch als Deutscher [an den] Angehörigen eines benachbarten großen Volkes, desjenigen Volkes, dessen Verhältnis zu uns für die eigene Zukunft wesentlich mitbedingend ist. ... Nach allen meinen persönlichen Erfahrungen, im Inland und im Ausland, besteht bei dem französischen Volk nicht minder als bei dem deutschen der ehrliche und sehnliche Wunsch nach einem echten und dauerhaften Frieden, der beiden Teilen ungestörte produktive Arbeit ermöglicht. Möge ein gütiges Schicksal es fügen, daß Frankreich und Deutschland zusammenfinden, ehe es für Europa zu spät ist.« Die Antwort des Botschafters sprach für sich: »In Herrn Geheimrat Planck erkennen und begrüßen wir nicht nur einen der genialen Begründer der modernen Physik, sondern auch einen jener vollendeten Menschentypen, worauf sein Land und die ganze Welt ein Recht haben sich stolz zu fühlen.«[14]

Max Planck machte öffentlich keinen Hehl aus seiner Distanz zum Regime, aber er verpackte die Kritik in seinen Vorträgen so geschickt, daß ihm nichts vorzuhalten war. Er wurde zum »Rufer in der Wüste« und nahm bewußt die Rolle des »Wanderpredigers« an, was ihn manchmal bis an die Grenzen seiner physischen Kräfte führte. Er wurde nicht müde zu wiederholen, was er in dem Vortrag »Religion und Naturwissenschaft«, den er im Mai 1937 im Baltikum hielt, so formulierte: »Es ist der stetig fortgesetzte, nie erlahmende Kampf gegen Skeptizismus und gegen Dogmatismus, gegen Unglaube und gegen Aberglaube, den Religion und Naturwissenschaft gemeinsam führen, und das richtungweisende Losungswort in diesem Kampf lautet von jeher und in aller Zukunft: Hin zu Gott!«[15]

Diese unerschütterliche Haltung des Vaters, sein Bekenntnis zu Vernunft und Glauben – das hat Erwin Planck zweifellos beeindruckt und dazu ermutigt, auf seinem schwierigen Weg weiterzugehen. Sein Notizbuch vermerkt, daß er am 4. November 1941 im Harnack-Haus den Vortrag des Vaters über »Sinn und Grenzen der exakten Wissenschaft« hörte. Max Planck hielt ihn vor dem Hintergrund der Entdeckung der Kernspaltung durch Otto Hahn und der sich daraus entwickelnden Gefahr, daß die Menschheit sich eines Tages selbst vernichten könnte. In diesem Zusammenhang äußerte Max Planck sinngemäß einen Gedanken, den sein Sohn schon in seinen frühen Tagebüchern mit folgenden Worten festgehalten hatte: »Man hält erst dann dem Leben stand, wenn man eingesehen hat, daß man keinen Anspruch auf Glück hat, daß es viel höhere Dinge gibt, die Befriedigung erfüllter Pflicht, die innere Freiheit, das Opfer für andere.«

Nun hörte er vom Vater fast die gleichen Worte, aber der weise alte Mann fügte tröstend hinzu: »Darum müssen wir eine jede freundliche Fügung des Schicksals, eine jede froh verlebte Stunde als ein unverdientes, ja als ein verpflichtendes Geschenk entgegennehmen.«[16] Offensichtlich beschäftigte sich Erwin Planck in dieser Zeit intensiver als zuvor mit den Schriften des Vaters; wie zwei Briefe Max Plancks vom 10. und 12. Juni 1942 zeigen, lieh er dem Sohn neun Vorträge aus, die teilweise noch aus den zwanziger Jahren stammten und sich hauptsächlich mit der Beziehung von Physik als exakter Wissenschaft zu Willensfreiheit, Kausalität und Religion befaßten.[17]

Erwin Planck brachte also nicht zuletzt durch seine familiäre Prägung die Voraussetzungen mit, um zum Kreis der Menschen zu stoßen, die den Widerstand gegen Hitler zu ihrer Lebensaufgabe erklärten. »Planck machte einen recht klugen Eindruck, ein Mann, mit dem etwas anzufangen ist«, trug Hassell nach einer ersten Begegnung mit ihm Ende März 1939 in sein Tagebuch ein.[18] Planck notierte am gleichen Tag in seinem Kalender: »Mit Popitz, Hassell, sehr nett.« Der preußische Finanzminister Popitz, den Planck schon seit der Weimarer Zeit kannte, hatte ihn bei Hassell eingeführt.

Auch mit Goerdeler, der ebenfalls zu dem Kreis gehörte, war er bereits bekannt. Hassell beschrieb Goerdeler in seinem Tagebuch: »Endlich einmal ein Mann. Frisch, klar, aktiv. Vielleicht ein bißchen sanguinisch; auch hört man allgemein, er sei unvorsichtig, werde übrigens ziemlich überwacht.« Der Widerstandsforscher Peter Hoffmann bescheinigt Goerdeler einen »unstillbaren Tätigkeitsdrang« und einen »nahezu unausrottbaren Optimismus, der an Blindheit gegenüber der dämonischen Bosheit und Verderbtheit des Nationalsozialismus grenzte«.[19]

Planck dagegen war ein nüchtern beobachtender Realist. Hassell schildert ihn sogar mehrfach als pessimistisch; er habe die Lage, vor allem nach Stalingrad, als hoffnungslos angesehen. Bei denen, die nicht eingeweiht waren, verbreitete Planck allerdings Zuversicht. Er strahlte eine Ruhe aus, die viele für Optimismus hielten. Ein italienischer Freund, Francesco Mira, beschrieb das so: »Auch in den schlimmsten Zeiten [hat Planck] seinen festen Optimismus, seinen geraden, weisen Sinn ... und seine feste Zuversicht auf eine bessere Zukunft« bewahrt.[20]

Die Mitglieder des Widerstands mußten eine Doppelrolle spielen: Nach außen hatten sie ruhig und unauffällig zu wirken, während sie tatsächlich oft verzweifelt waren. Sie standen daher unter einer extremen seelischen Belastung. Dafür sorgten auch persönliche Spannungen innerhalb der einzelnen Gruppen, die sich beispielhaft am Verhältnis zwischen Planck und Goerdeler aufzeigen lassen. Die beiden waren vollkommen gegensätzlich. Von Goerdeler wird gesagt, er habe Planck abgelehnt[21] und Hassell davon abgeraten, ihn heranzuziehen, da er zum »Hammerstein-Kreis« gehöre. Gegen diesen bestehe »bei den Generalen eine starke Abneigung. ... Hammerstein rede zu viel und würde im entscheidenden Moment nicht handeln.« Außerdem werde Planck »von den Generalen als Schleicher-Mann beargwöhnt«.[22]

Hassell ließ sich dadurch nicht beirren. Ohnehin muß man fragen, wer denn eigentlich »die Generale« waren. Mit zweien von ihnen, Thomas und Falkenhausen, war Planck eng befreundet. Mit Hammerstein war er tatsächlich »in ständiger, sehr intimer Verbindung«,[23] aber einen Hammerstein-Kreis hat es nicht gegeben. In einem Brief an Helma Ott schrieb Planck über Hammerstein: »Bei seinem Phlegma und auch sonst ist er außerordentlich froh, daß er in Ruhe der Jagd nachgehen kann.« Planck erwähnte zwar Treffen mit Goerdeler in seinen Notizbüchern, machte aber nie Anmerkungen wie »besonders nett« oder dergleichen, was er nach Begegnungen mit Hassell, Thomas, Kiep oder Kempner meist zu tun pflegte.

Die Gruppe um General Thomas

Nach Hitlers Erfolg auf der Münchner Konferenz im September 1938 wurde es für die zivile und erst recht für die militärische Opposition sehr schwer, einen Umsturz zu planen. Wie sollte man ihn vor der Öffentlichkeit begründen? »Die Opposition gegen Hitler hat durch die Münchner Konferenz und die Preisgabe der Tschechoslowakei einen Schlag erlitten, von dem sie sich nicht erholen konnte.«[24] Man fühlte sich nicht nur von den Engländern im Stich gelassen, auch »die Verbindung zwischen den Militärs und den Zivilisten lockerte sich, die verschiedenen Gruppen vereinsamten, sie fanden noch weniger als zuvor eine klare Richtung ihres Handelns, eine einheitliche Spitze, die einer Aktion Ziel und Weg hätte weisen können«. Gleichzeitig hatte Hitler seine Autorität gegenüber den Generälen, die er ohnehin verachtete, ausbauen und »sie in die Grenzen militärischer Fachfragen verweisen« können.[25]

Mitte März 1939 besetzte die Wehrmacht Prag, eine Woche später marschierte sie ins Memelgebiet ein. Diesmal gaben die Westmächte Garantieerklärungen für das bedrohte Polen ab, ihre Appeasement-Politik galt allgemein als beendet. Die Kriegsgefahr wurde also real. Die Widerstandsgruppe von Gisevius scharte sich in diesen Monaten um General Georg Thomas als ihren »Sprecher«. Der Chef des Wehrwirtschafts- und Rüstungsamtes war der einzige in hoher Funktion verbliebene General, den Hitler trotz mehrfacher schwerer Differenzen auf seinem Posten hatte belassen müssen, weil er zunächst keinen Ersatz finden konnte.[26] Die Gruppe versuchte einerseits, Kontakte zu England herzustellen; andererseits hoffte sie, durch Denkschriften direkten Einfluß auf Hitler und seine Heerführer nehmen zu können.

Planck wirkte auf seinen Freund Gerhard Graf Schwerin ein, er solle die Briten vor einem drohenden Krieg warnen.[27] Oberstleutnant Schwerin war seit Herbst 1938 Leiter der Untergruppe England/USA im Generalstab und konnte als solcher häufig nach Großbritannien reisen. Daneben hatte Planck noch eine andere Verbindung für den Informationsaustausch mit England; sie lief über seinen Freund Hanswolf v. Goldammer, den er in den frühen zwanziger Jahren im Truppenamt kennengelernt hatte. Goldammer war mit dem Bankier Franz Koenigs befreundet und leitete Informationen von Planck über Hans Leibholz weiter, den Bruder von Gert Leibholz, der mit seiner Frau, der Zwillingsschwester von Dietrich Bonhoeffer, im September 1938 nach England geflohen war.[28] In seinem Notizbuch von 1940 vermerkte Planck drei Treffen mit Koenigs: am 29. Januar, am 1. März und am 9. Mai. Es ist anzunehmen, daß es sich dabei auch jetzt noch – trotz des inzwischen ausgebrochenen Krieges – um Versuche handelte, Kontakt mit den Engländern aufzunehmen.

Es gab noch viele andere Verbindungen nach Großbritannien, sie wurden alle vom Widerstand genutzt. Dazu gehörten unter anderem die Kontakte Ewald v. Kleist-Schmenzins, eines konservativen Großgrundbesitzers und überzeugten Hitler-Gegners, Erich Kordts, der Legationsrat im Außenministerium war, und des Diplomaten Otto Karl Kiep, der im März 1939 aus England zurückkehrte und, wie Hassell berichtet, »sehr stark beeindruckt [war] durch die völlig ausnahmslos rabiat antideutsche Stimmung. Nach seiner Ansicht sind die Engländer nichts weniger als dekadent und schlapp, sondern fest entschlossen, mit dem Nachgeben Schluß zu machen.«[29] Planck notierte nur: »Kiep ziemlich erschütternd.«

Auch Wilhelm Wittke, Generaldirektor der Reichsbank, gehörte zum Kreis um Thomas. Am Abend des 15. März 1939, am Tag der Besetzung Prags, saß Planck mit ihm zusammen im

Nachtzug von Köln nach Berlin, und statt zu schlafen, besprachen die beiden ausführlich die ganze Misere. Franz Kempner, der frühere Staatssekretär in der Reichskanzlei, mit dem die Plancks eng befreundet waren, zählte ebenfalls zu dem Kreis. In Plancks Notizbüchern sind zahlreiche Treffen mit Angehörigen der Gruppe vermerkt: regelmäßige mit Thomas, häufige mit Kempner, Popitz, Kiep, Hassell und anderen. Wenn man diese Namenserwähnungen zu den Tagebüchern von Hassell und anderen Zeitzeugnissen in Beziehung setzt, gewinnt man einen Eindruck von Plancks Bemühungen, den Widerstand zu unterstützen. Dies geschah zum einen durch die Übermittlung von Informationen sowie die Herstellung von Kontakten, zum anderen durch Versuche, neue Leute für den Widerstand zu werben.

Immer wieder traf man sich und tauschte sich aus. Am 28. März 1939 beispielsweise frühstückte Planck mit Popitz und Hassell im Conti. Anwesend waren auch Kempner, der ehemalige Staatssekretär Carl Henrici und Heinrich v. Sybel, der Vorsitzende des Reichslandbundes, den man wegen regimekritischer Äußerungen vorübergehend inhaftiert hatte. Thema war unter anderem »allgemeines Entsetzen über die jammervolle Rolle Krosigks bei dem neuen Finanzplan«.[30]

Weil die Regime-Gegner einen Krieg unbedingt verhindern wollten, schmiedeten sie einen »etwas exotischen Attentatsplan« zur Beseitigung Hitlers, wie Detlef v. Schwerin berichtet. Helmuth James Graf v. Moltke, Albrecht v. Kessel und Adam v. Trott zu Solz versuchten, für das Unternehmen den damaligen Wehrkreiskommandanten in Dresden, Alexander Frhr. v. Falkenhausen, zu gewinnen. Der Jurist Moltke sollte nach Kriegsausbruch als Angehöriger des Amtes Ausland/Abwehr im OKW zu einer Schlüsselfigur des Widerstands werden; Kessel und Trott waren Legationsräte im Auswärtigen Amt. Ihrem Plan nach sollte Hitler zur Besichtigung von Befestigungsanlagen eingeladen, dort dann isoliert und vor die Entscheidung gestellt werden, »zwischen augenblicklichem Selbstmord oder gewaltsamer Beseitigung« zu wählen. Detlef v. Schwerin vermag allerdings nicht anzugeben, wer Kessel mit Falkenhausen zusammenbrachte.

Es könnte Erwin Planck gewesen sein, denn er kannte sowohl

Kessel, mit dem er am 26. Januar 1939 ein »ergiebiges Gespräch« geführt hatte, als auch Falkenhausen, mit dem er befreundet war. Falkenhausen war erst im August 1938 aus China zurückgekehrt, wo er seit April 1934 – Planck hatte seine Reise da schon beendet – Militärberater von Tschiang Kai-schek gewesen war. In seinem Notizbuch erwähnt Planck ein Treffen mit ihm und dem Staatswissenschaftler Jens Peter Jessen im Berliner Restaurant Horcher am 1. Februar 1939 – möglicherweise ein Indiz für eine Vermittlertätigkeit. Falkenhausen berichtet selbst, daß er mit seinen »Berliner Freunden« auch in Dresden in Kontakt blieb, wenn er auch vermied, sie allzu oft zu treffen, was vor allem für Goerdeler und Popitz galt. Doch sie seien alle überzeugt gewesen, daß gehandelt werden müsse, bevor ein militärischer Konflikt ausbreche.[31]

Der letzte Versuch, den Krieg zu verhindern, ging von General Thomas aus. Etwa vierzehn Tage vor Beginn des Polenfeldzuges arbeitete er mit Hilfe von Planck und anderen eine Denkschrift aus, in der alle Daten zum Stand der deutschen Rüstung und Wirtschaft zusammengestellt wurden. Damit ging er zu OKW-Chef Keitel, um ihn vor einem drohenden Weltkrieg zu warnen. Thomas hat nach dem Krieg die Reaktion Keitels so geschildert: »Keitel unterbrach mich bei diesem Vortrag und erklärte mir, daß Hitler nie einen Weltkrieg führen werde. Es bestände gar keine Gefahr, da nach Hitlers Auffassung die Franzosen ein verkommenes pazifistisches Volk, die Engländer viel zu dekadent seien, um Polen wirklich Hilfe zu leisten, und Amerika würde nie mehr auch nur einen Mann nach Europa schicken, um für England oder gar für Polen die Kastanien aus dem Feuer zu holen.«

Eine Woche später erschien Thomas erneut bei Keitel, diesmal präsentierte er »bildlich dargestellte statistische Unterlagen über die kriegswirtschaftlichen Leistungsfähigkeiten Deutschlands und der übrigen Westmächte. Aus ihnen gingen klar die große kriegswirtschaftliche Überlegenheit der Westmächte und die für uns bestehenden Gefahren hervor.« Diesmal ging Keitel mit den Unterlagen zu Hitler. Doch dieser fürchtete keinen Weltkrieg – vor allem, seit er am 23. August mit der Sowjetunion einen Nichtangriffspakt geschlossen hatte.[32]

Nun war nach Hitlers Auffassung der Rücken frei und alles bereit zum Angriff auf Polen. Am 26. August sollte es losgehen, alle Befehle waren an die Armeeführer ausgegeben. Um die Mittagszeit des 25. August bestellte Hitler nacheinander den englischen und den französischen Botschafter zu sich, beruhigte sie hinsichtlich des Paktes mit Stalin und gab seine Bereitschaft zu allerlei Garantien kund. Da platzte die erste Hiobsbotschaft herein. Die Engländer hatten einen Bündnisvertrag mit Polen unterzeichnet. Hitler tobte – und verlor endgültig die Fassung, als der Duce sich außerstande sah, an einem Krieg teilzunehmen, da Italien nicht ausreichend gerüstet sei.

Die Opposition schöpfte neue Hoffnung: Nun müßten Halder und Brauchitsch sich doch endlich allen weiteren kriegerischen Aktionen verweigern. Aber es kam zu dem merkwürdigen Phänomen, daß alle Militärs, auch die oppositionellen, an der Spitze Canaris, Hitler für erledigt hielten – so tief waren sie in ihrem hergebrachten Denken und ihrer traditionellen Ausbildung verhaftet. Das hatte es noch nie gegeben, daß ein Krieg wenige Stunden vor dem geplanten Angriff abgesagt wurde. Gisevius überliefert die Worte von Canaris: »Von diesem Schlag erholt er sich nie wieder. Der Friede ist für zwanzig Jahre gerettet.« In diesem Sinne bestärkte er auch Oster und verschenkte damit wieder eine entscheidende Chance zu handeln.[33] Hassell bezeichnete die allgemeine Stimmung Ende August als »abgestanden ... wie eine zu früh aufgemachte Champagnerflasche«.[34]

Abgestanden mag sie gewesen sein, aber explodiert ist sie dennoch. Der Angriff der Wehrmacht auf Polen begann am Morgen des 1. September, einem Freitag. Es war ein schwüler, kein strahlender Tag wie beim Ausbruch des Ersten Weltkriegs. Die Menschen reagierten auch anders, sie waren bedrückt und ahnten Schlimmes – wie schlimm es tatsächlich werden würde, konnte sich keiner vorstellen. Die Wehrmacht besiegte Polen in einem dreiwöchigen Blitzfeldzug, zusammen mit der Roten Armee, die Mitte September in Ostpolen einfiel. Großbritannien und Frankreich erklärten Deutschland zwar den Krieg, aber sie griffen nicht an. Man richtete sich ein.

Mitte Oktober schrieb Erwin Planck an Helma Ott in Tokio:

»Angenehm ist das häusliche Leben, das sich durch die Verdunklung zwanglos ergeben hat. Man geht früh zu Bett, liest viel in den Abendstunden und steht dafür früh auf, was mir alles sehr liegt. Die Geselligkeit hat natürlich ganz aufgehört, mit Ausnahme des Verkehrs mit den intimen Freunden. So muß man eben seine Kulturwerte in sich selber suchen und muß nur hoffen, daß man kräftig genug bleibt, um sie neben dem täglichen Daseinskampf, der einen natürlich in der Hauptsache in Anspruch nimmt, pflegen zu können.« Außerdem berichtete er, daß Ernst v. Weizsäcker, der Staatssekretär im Auswärtigen Amt, seinen Sohn Heinrich in Polen verloren habe.[35]

Weizsäcker war in keiner beneidenswerten Lage, wie er es selbst beschrieben haben soll: ein Sohn gefallen, »zwei, wahrscheinlich bald drei Söhne im Felde, vergeblich für den Frieden arbeitend, in der Geschichte wahrscheinlich als einer der Kriegsmacher verewigt«. Hassell bezeugt, »daß er das Gegenteil war, ohne daß er freilich ein Mann mit Durchschlagkraft war; oder muß man sagen: von Durchschlagkraft sein konnte«. Planck hatte die ganze Zeit über engen Kontakt zu Weizsäcker; er ging morgens oft mit ihm im Tiergarten spazieren, so wie er früher mit Schleicher durch den Park geritten war.[36] Der Staatssekretär war zweifellos eine wichtige Informationsquelle für den Widerstand.

Anfang 1940 intensivierten die Regime-Gegner ihre Kontakte zu den – noch nicht im Krieg befindlichen – Vereinigten Staaten. Der Unterstaatssekretär im amerikanischen Außenministerium, Sumner Welles, wollte im Rahmen einer Europareise im März Deutschland besuchen. Planck kannte Welles noch aus der Weimarer Zeit, ebenso den amerikanischen Geschäftsträger in Berlin, Alexander Kirk, der bis 1940 Botschafter in Rom gewesen war – von dort kannte ihn Hassell gut. Hassell bat Planck, mit Kirk zu sprechen,[37] er selbst lud ihn zu sich nach Hause ein. Doch alle Bemühungen nutzten nichts, Welles traf als einzigen »inoffiziellen Gesprächspartner« Hjalmar Schacht. Dieser galt in Widerstandskreisen zwar als guter Finanz- und Wirtschaftsexperte, aber auch als »aalglatt«. »Die deutsche Opposition spielte keine Rolle bei den Gesprächen, die Welles in Europa führte. Die Diplomatie der Vereinigten

Staaten schwankte immer noch zwischen ... Appeasement«
und einer gewissen Aufgeschlossenheit für die Ziele der Opposition.[38] Das Verständnis und die Hochachtung, die der spätere
amerikanische Geschäftsträger in Berlin, George Kennan, für
die Opposition gegen Hitler, besonders für Graf Moltke entwickelte, war nicht nur eine Ausnahme, sondern wurde im offiziellen Washington nie bekannt.[39]

In der kommenden Zeit sollte jeder weitere militärische Sieg,
den Hitler errang, eine Niederlage für den Widerstand in
Deutschland sein. Jeder neue Feldzug wurde in den Oppositionskreisen detailliert besprochen, man tauschte Informationen aus und machte Vorschläge, wie Hitler aufzuhalten oder
zu beseitigen sei. Man traf sich zum Frühstück, zum Mittagessen, zum Tee oder zum Abendessen, bei Horcher, im Eden, im
Adlon oder in Privatwohnungen. Aber letztlich war es immer
so, wie Hassell am 4. April 1940 notierte: »Zum Tee bei Popitz.
Man sieht kein Licht. Wir sprachen noch einmal die ganze Lage
durch und fanden keinen Punkt, an dem *wir* im Augenblick ansetzen könnten.«

So verlegte man sich auf Pläne für die Zeit danach. Der Kreis
von Hassell, Popitz, Beck, Jessen und Planck entwickelte Anfang 1940 ein »›Programm‹ für erste Maßnahmen nach einem
Umsturz«. Zunächst sollte es darum gehen, Recht und Ordnung wiederherzustellen, die Herrschaft der NSDAP zu beenden und so schnell wie möglich einen fairen Frieden mit den Alliierten zu erreichen. Dieser erste Programmentwurf und das
kurz danach konzipierte »Vorläufige Staatsgrundgesetz« wirken auf heutige Leser naiv und – was die Vorstellungen zu einer
künftigen gesellschaftlichen Ordnung angeht – teilweise auch
bedenklich. Die Texte lassen autoritäre Denkmuster erkennen,
ähnlich den Ideen von einer »guten Staatsautorität«, die Planck
und Schleicher in der Weimarer Republik entwickelt hatten.

Man kann diese Programmatik nur verstehen, wenn man bedenkt, was die Lage ausmachte, in der sich die Widerstandskämpfer befanden: ein korruptes und kriminelles Regime, das
wegen seiner Erfolge von einem Großteil des Volkes anerkannt
wurde, ein unehrenhafter Angriffskrieg, in dem massenhaft
Kriegsverbrechen begangen wurden, ein Feind, der all dies

nicht verzeihen konnte, die Angst vor dem Bolschewismus, die Befangenheit wegen des auch von Nazi-Gegnern als ungerecht empfundenen Versailler Vertrages, die mangelnde Erfahrung im Umgang mit demokratischen Strukturen, die Prägung durch die Denkstrukturen des deutschen Idealismus. Hans Mommsen bringt es auf die Formel: »Das Programm von Anfang 1940 war keine reale Alternative zu Hitler; es bedeutete die Militärdiktatur im Stil der Illusion von 1934.«[40] Goerdeler und der Kreisauer Kreis sollten später zwar liberalere Programme und Verfassungsentwürfe entwickeln. Aber sie beruhten doch alle auf einer Ablehnung der parlamentarischen Demokratie, die sich in Deutschland »nach allgemeiner Überzeugung – auch derjenigen der meisten Sozialisten ... selbst ad absurdum geführt« habe.

Wichtiger als die Pläne für die Zukunft war für die Widerstandskämpfer die von Planck formulierte Forderung: »Es muß Sühne geleistet werden für das begangene Unrecht.« Entsprechend ging es beim Staatsstreich vom 20. Juli 1944 vor allem um die Ehre, wie Stauffenberg es kurz vor dem Attentat ausdrückte: »Es ist Zeit, daß jetzt etwas getan wird. Derjenige allerdings, der etwas zu tun wagt, muß sich bewußt sein, daß er wohl als Verräter in die deutsche Geschichte eingehen wird. Unterläßt er jedoch die Tat, dann wäre er ein Verräter vor seinem Gewissen.« Oder, wie Generalmajor Henning v. Tresckow kurz vor seinem Tod am 21. Juli 1944 sagte: »Es kommt darauf an, daß die deutsche Widerstandsbewegung vor der Welt und vor der Geschichte den entscheidenden Wurf gewagt hat.«

Die Firma Wolff und die neutralen Länder

Was für die anderen Mitglieder des Widerstands galt, galt auch für Erwin Planck: Je einflußreicher die berufliche Stellung, je einfacher die Reise- und damit die Kontaktmöglichkeiten, je vielfältiger und enger die Verbindungen zu anderen Menschen mit Einfluß, desto besser für die Arbeit der Opposition. Das bedeutete allerdings auch, einen ständigen Balanceakt zu vollführen zwischen Maßnahmen, die das NS-Regime zwangsläufig stützten, und solchen, durch die es bekämpft werden sollte.

Auf Planck traf das in besonderem Maße zu, weil sein Unternehmen durch den Vierjahresplan und die Beteiligung an den Hermann-Göring-Werken eng mit den wirtschaftlichen Interessen des Reiches verzahnt war und ihm daher häufiger die Aufgabe zufiel, zwischen der Firma und den Vertretern des Staates zu vermitteln. Im Dezember 1940 etwa hatte er »ein längeres persönliches Gespräch« mit Finanzminister Schwerin v. Krosigk, in dem es zum einen um eine Anleihe an Rumänien und zum anderen um »Gewinne, Steuern und die Finanzlage der Firma« ging. Planck sollte ein Gespräch zwischen Krosigk, Gasper und Siedersleben über die finanzielle Lage der Firma vorbereiten; Anfang Februar 1941 fand es dann auch statt.[41] Es ist anzunehmen, daß die Firma von Plancks alten Beziehungen profitierte. Krosigk war nämlich ein Gegner von Siedersleben, weil der seinen ursprünglichen Staatsauftrag nicht dazu genutzt hatte, das Unternehmen Wolff zu schließen, sondern es im Gegenteil zu sanieren.[42]

Es konnte keine Rede davon sein, daß Planck nicht mit staatlichen Stellen verhandeln durfte, im Gegenteil. Das Unternehmen griff gerne auf seine langjährigen Kontakte zurück, und die Behörden ließen es zu. So auch im Frühjahr 1943, als die Geschäfte schwieriger wurden: Planck mußte ein Gespräch mit Hermann J. Abs vom Vorstand der Deutschen Bank einfädeln, weil Siedersleben sich um einen Sitz im Aufsichtsrat der Bank bemühte. Die Unterredung zwischen Planck und Abs verlief in »freundschaftlichster Form«, ein Frühstück mit dem Banker, Siedersleben und Gasper wurde verabredet, und im Mai konnte Siedersleben in einem Aktenvermerk festhalten, daß Abs Unternehmen wie Otto Wolff und AEG empfohlen habe, Geschäfte für das Reich wahrzunehmen, da dies den Staat sehr viel günstiger komme, als wenn er sie selbst tätigen würde.[43] In den Aufsichtsrat der Deutschen Bank kam Siedersleben allerdings nicht.

Das wichtigste für das Reich waren Rohstoffe und Devisen, und die Firma Wolff beteiligte sich an der Beschaffung von beidem. Nach langer Vorarbeit hatte Otto Wolff 1937 in Ecuador

»für 30 000 Hektar in Sante Elena und 40 000 Hektar in Esmeraldas-Manabi auszusuchender Fläche« Öl-Konzessionen erhalten. Da eine eigene Bohrtätigkeit die Möglichkeiten des Unternehmens überstieg, verhandelte Siedersleben 1938 in New York mit Standard Oil Co. of New Yersey und International Petroleum Co. of Toronto (IPC) erfolgreich bis zu einem Vertragsentwurf. Die amerikanische Seite sollte die Ölförderung übernehmen, die Firma Wolff Gerät und Know-how beisteuern. Planck war an den Verhandlungen maßgeblich beteiligt. Anfang 1939 bewilligte das Regime eine Bürgschaft und Devisen, denn sein Interesse an Erdöl war besonders groß. Zudem wurden zur Tarnung deutschen Eigentums im Ausland die Tochterfirma »Ecuapetrol« und eine Briefkastenfirma, die »Rudopia-Genf«, in der Schweiz gegründet. Sie sollten die Geschäfte der Firma Wolff wahrnehmen. Doch aus dem Projekt wurde nichts, weil das Reichswirtschaftsministerium, das die Ölvorkommen hatte prüfen lassen, von der Firma verlangte, die Bohrungen in »eigener Gesamtverantwortung« zu betreiben.[44] Noch im Herbst 1944 mußte das Reich eine Entschädigung von 1,35 Millionen Mark an die Firma Wolff zahlen.[45]

Die Schweiz diente auch für andere über die Firma Wolff abgewickelte Geschäfte als Drehscheibe zugunsten des Reiches. So gingen Wolframlieferungen aus Spanien über die Schweiz, die dafür eine »geringe Provision« erhielt. Doppelseitige Kompensationsgeschäfte wurden abgewickelt, das heißt, die Schweiz besorgte für Deutschland kriegswichtiges Material und nahm dafür Devisen, die das Reich seinerseits durch Handel mit Drittländern erwirtschaftete. So lieferte die Schweiz zum Beispiel hochwertige Uhren nach Rumänien, Bulgarien sowie in die Türkei und bekam einen »materialmäßigen Gegenwert in Form solcher Waren ..., die in Deutschland besonders erwünscht sein würden«, wie es in einer Aktennotiz Siederslebens von Februar 1943 heißt.[46] Erwünscht waren etwa gebrauchte Dampfloks aus schweizerischen Beständen, wobei es nicht Schnellzug-, sondern Güterzug-Loks sein sollten. Dafür sollte die Schweiz außerkontingentmäßige Eisenlieferungen und Weißblech aus dem Otto-Wolff-Werk in Rasselstein bei Neuwied erhalten. Eisen und Stahl wurden nach Italien, Spanien, Ungarn, in die Slowakei und die Türkei verkauft. Dafür erhielt man die begehrten Schweizer Devisen. Planck war in die Verhandlungen mit den Eidgenossen fest eingebunden. Sein Name taucht in »streng vertraulichen« Briefen auf, etwa an Alfred Schaefer, den Generaldirektor der Schweizerischen Bankgesellschaft.

Das Notizbuch von 1941 vermerkt fünf Reisen in die Schweiz, stets nach Basel und Zürich. Wie alle Reisenden aus Deutschland staunte er: »Der Frieden ist dort überwältigend.« Und wie alle kritischen Deutschen genoß er es, »abends Radio« zu hören. Einmal unternahm er auch eine Fahrt nach Locarno, Luzern, Bern und Genf.[47] Vorbereitet wurden die Geschäfte in Berlin; die Notizbücher Plancks vermerken zahlreiche Treffen mit dem schweizerischen Gesandten Hans Frölicher, jeweils mit üppigem Rahmenprogramm, entweder in der Gesandtschaft der Schweiz oder in der Repräsentationswohnung der Firma, Große Querallee 1 im Tiergarten, wo Planck Hausherr war.[48]

Auch Schweden war als neutrales Land ein bevorzugter Handelspartner für das Reich und die Firma Wolff. Im Notizbuch von 1940 ist ein Aufenthalt Plancks in Stockholm vom 21. bis 28. Mai vermerkt. Den mageren Stichworten ist nur zu entnehmen, daß er zahlreiche Leute traf, darunter auch die Bankiers-Brüder Jacob und Marcus Wallenberg, wobei er zu ersterem notiert: »nett, aber nicht ermutigend«. Jacob Wallenberg war Mitglied der schwedisch-deutschen Handelskommission und hielt sich häufiger in Berlin auf, wo Planck ihn regelmäßig traf; Marcus Wallenberg pflegte die Handelsverbindungen nach England.[49] Es war die Zeit des deutschen Einmarsches in Frankreich, und Planck verfolgte das Geschehen aus der Ferne. Er scheint sich nicht sehr wohl gefühlt zu haben, zumal Siedersleben mit dabei war; einmal heißt es: »Auftrag gefällt mir nicht.« Dennoch spielte er bei diesen Verhandlungen wegen seiner persönlichen Beziehungen zu den Wallenbergs, für die inzwischen auch sein Freund Schäffer arbeitete, eine besondere Rolle.

Die Wallenbergs waren für den deutschen Widerstand von großem Interesse. Sie und andere Kontaktpersonen aus den Gesandtschaften in Berlin sollten den Regime-Gegnern Gespräche mit den Westalliierten vermitteln. Die Widerstandsgruppen um Goerdeler und Moltke waren seit der Niederlage von Stalingrad im Februar 1943 darum bemüht, die Alliierten davon abzubringen, daß Deutschland die »bedingungslose Kapitulation« zu akzeptieren habe. Diese Zielvorgabe hatten Roosevelt, Churchill und Stalin auf der Konferenz von Casablanca Mitte Januar 1943 beschlossen.

Adam v. Trott zu Solz und Goerdeler waren im Herbst 1943 etwa gleichzeitig in Schweden und versuchten, günstige Friedensbedingungen für ein Deutschland ohne Hitler auszuhandeln, wobei sie naiverweise davon ausgingen, sie könnten die alliierten Bombardements zeitweise unterbinden oder gar die Westmächte von ihrem kommunistischen Bündnispartner abspalten. Die Alliierten wollten die Namen und genauen Pläne der Verschwörer erfahren, bevor sie Zusagen machten, und die Regime-Gegner wollten Garantien für die Zeit nach einem Attentat, bevor sie Namen preisgaben – eine ausweglose Situation.[50]

Planck, der laut Hassell mit seinem »äußersten Pessimismus ... in der großen Linie ... recht« behielt,[51] hatte »nach Stalingrad die Hoffnung verloren, jetzt noch einen anderen als einen ›Schmachfrieden‹ für Deutschland zu erreichen, selbst nach einem Sturz Hitlers«. Wie Thomas und später auch Oster meinte er, daß die Verbrechen des Nazi-Regimes zu groß geworden seien, »um ungesühnt vergessen zu werden. Das deutsche Volk müsse nun den Krieg bis zum bitteren Ende durchkosten, um sich auch innerlich von seinen Tyrannen zu befreien.«[52] Planck und Thomas waren gegen »eine gewaltsame Beseitigung Hitlers ..., da eine neue Regierung von den Alliierten auch nur noch einen Schmachfrieden erlangen könne«. Außerdem würden große Teile des deutschen Volkes einen Tyrannenmord »als einen selbstsüchtigen Putsch der Generale bezeichnen«, und der Führer würde als »Märtyrerfigur« weiterleben.[53]

Dennoch versuchte Planck im Sinne der Opposition alles, um die Umsturzpläne zu befördern, als er sich geschäftlich in Schweden aufhielt. Es ging um Verhandlungen zwischen Ministerialdirektor Friedrich Gramsch von der Vierjahresplanbehörde, der Firma Wolff und der schwedischen Seite über ein direktes Tauschgeschäft zwischen Schweden und der Türkei: Kugeln und Kugellager aus Schweden gegen Chromerz aus der Türkei. Die Verhandlungen sollten noch bis zum Zeitpunkt von Plancks Verhaftung im Juli 1944 andauern. In einem Brief an Staatssekretär Paul Körner, den Stellvertreter Görings in der Vierjahresplanbehörde, begründete Gasper die Bitte um Plancks Freilassung daher folgendermaßen: »In einer Angelegenheit in Schweden, mit deren Bearbeitung wir im Interesse des Reiches beauftragt sind, soll am 22. August in Stockholm eine Verhandlung stattfinden ... Die Angelegenheit ist bisher von meinem Teilhaber Siedersleben zusammen mit Herrn Planck bearbeitet worden. Zu unserem schwedischen Partner, Bankier Wallenberg in Stockholm, mit dem die Verhandlung am 22. des Monats geführt werden soll, hat Herr Planck nahe persönliche Beziehungen, die sich aus verschiedenen früheren geschäftlichen Konferenzen in Stockholm und Berlin ergeben haben. Wir befürchten, daß das Ausbleiben des Herrn Planck in der bevorstehenden Verhandlung, die voraussichtlich für einen Erfolg oder Mißerfolg entscheidend sein wird, eine unangenehme Wirkung haben und das Gelingen der meinem Hause übertragenen Aufgabe ungünstig beeinflussen, ja überhaupt die so wichtigen Beziehungen meines Hauses gefährden kann.«[54]

Laut Gerhard Ritter sollte sich Planck am 23. Juli 1944 als »Unterhändler für den Waffenstillstand nach erfolgtem Umsturz« mit Wallenberg treffen. Die Begegnung sei nicht zustande gekommen, weil Wallenberg wegen einer Reise abgesagt habe.[55] Das ist falsch – das Treffen kam deswegen nicht zustande, weil Planck, der bereits seit dem 13. Juli 1944 ein Visum für Schweden hatte, am 23. Juli verhaftet worden war.

Zu den neutralen Ländern gehörte auch Portugal, zu dem die Firma Otto Wolff traditionell gute Handelsbeziehungen pflegte. Auch in diesem Fall hatte das NS-Regime großes Interesse, das Unternehmen in Tauschgeschäfte zugunsten des devisenarmen Reiches einzubinden: deutscher Stahl und Demag-Kippkräne für die Häfen von Lissabon und Porto gegen das kriegswichtige Wolfram aus Portugal. Wie Otto Wolff v. Amerongen nach dem Krieg schrieb, sollte die Firma »eine Art Konsortialführung für das ganze Projekt übernehmen und im Rahmen des deutsch-portugiesischen Zahlungsabkommens das ›Konto W‹ betreuen. ... Die Alliierten waren verständlicherweise gegen die Wolframlieferungen an Deutschland, aber die Portugiesen wiesen zu Recht darauf hin, daß sie nur aus dem deutschen Bereich Stahl und dringend benötigte Industrieprodukte beziehen könnten«. Dennoch wurde ihnen im Juni 1944 untersagt, weiter mit Wolfram zu handeln, und die Waren aus Deutschland mußten sie nun mit harten Devisen bezahlen.

Wolff junior war zu Beginn des Krieges eingezogen worden, hatte am Frankreichfeldzug teilgenommen und war dann nach Rußland versetzt worden. Planck, der Wolffs Interessen wahrnahm, versuchte den Firmenerben mit Hilfe der Abwehr vom Heeresdienst zu befreien und nach Lissabon ins neutrale Ausland zu schicken. Er sollte dort zusammen mit seinem Freund Rudi Ender eine Lehre in der Wolffschen Filiale machen und Portugiesisch lernen. Rudi, der Sohn des ehemaligen österreichischen Kanzlers Otto Ender, war Ende 1938 auf Empfehlung Goerdelers in die Firma eingetreten. Er arbeitete in der Steuerabteilung und betreute nach dem Tod von Wolff senior den gesamten Erbschaftssteuerkomplex. Daraus sei, so Wolff v. Amerongen, »ein tiefes Vertrauensverhältnis« zwischen ihnen erwachsen, das »allerdings auch darauf basierte, daß er genauso gegen das Dritte Reich eingestellt war wie ich«.[56]

Wolff v. Amerongen kannte den Doppelagenten Johnny Jebsen, und als er ihn zufällig während eines Heimaturlaubs in Berlin traf, erzählte er ihm von seinen Schwierigkeiten, aus Rußland rauszukommen und nach Portugal zu gelangen. Jebsen wiederum war ein enger Freund des Doppelagenten Duško Popov und hatte Kontakte zur Abwehr. Er überzeugte »Oberst Piekenbrock und Major Munzinger von der Abwehr 1«, mit denen Planck ebenfalls Kontakt aufgenommen hatte, daß Wolff und Ender mit ihren guten, auch internationalen Kontakten von Nutzen für die Abwehr sein könnten. »Über die Canaris-Dienststelle bekamen wir in wenigen Monaten tatsächlich grünes Licht für die Abreise.«

In Lissabon, so betont Wolff, habe er jedoch »zu allen Secret Services Abstand gehalten«. Dies bestätigt auch Duško Popov;

Wolff und Ender seien zwar »ein prächtiger Fang gewesen, aber sie waren eben nicht zu kriegen«. Obwohl beide Hitler-Gegner waren, wollten sie »nicht gegen Deutschland arbeiten. Immerhin ihre guten Namen – sie empfanden es als einen Fleck auf dem Familienschild, als Verräter zu gelten.« Ender hat nach dem Krieg allerdings zugegeben, doch für die Alliierten gearbeitet zu haben. Er hatte auch den Kontakt zu Planck gehalten und Informationen mit ihm ausgetauscht. Otto Wolff hielt er dabei jedoch bewußt heraus.[57]

Lissabon war ein Hexenkessel. Hier sammelten sich Menschen aus aller Herren Länder; Menschen, die Geschäfte machten, Nachrichten auskundschafteten und austauschten oder auf einen Schiffsplatz nach Übersee warteten. Gleichzeitig war die Stadt ein Vergnügungsplatz, wo man das Leben genoß, egal was später kommen würde. »Unsere ausschweifende Lebensweise«, schreibt Popov, »war vielleicht symptomatisch für die Präsenz unsichtbarer Gefahren. Wir rauchten mehr, als uns guttat, ... wir tranken zuviel und schliefen zu wenig. ... Johnny bewohnte eine Luxusvilla in Estoril, betreut von vier Dienstboten, sein ›Silver-Ghost‹-Rolls-Royce war wie eine Carosse des Eros, sie beförderte die schönsten Frauen von Estoril – mit besonderer Berücksichtigung der nützlichen Sekretärinnen der Deutschen Botschaft – zu Kerzenlicht-Diners in diese Villa.«[58]

Verständlich, daß der 23jährige Wolff v. Amerongen sich von dieser Welt angezogen fühlte und gerne im illustren Freundeskreis von Johnny Jebsen verkehrte. Die Firmenleitung war von seinem Lebenswandel weniger angetan. Gasper, der im Dezember 1943 in Lissabon weilte, »bemängelt an ihm die starke subjektive Einstellung ... eine gewisse Eitelkeit (Baron Wolff) und einen Mangel an Fleiß«.[59] Von Beginn an war man bemüht, möglichst keinen Zusammenhang herzustellen zwischen den Geschäften der Firma und Wolffs Aufenthalt in Lissabon. »Siedersleben und Gasper betonten, daß die Firma lediglich den äußeren Rahmen abgebe, daß Wolff v. Amerongen zur Erledigung der ihm militärischerseits erteilten besonderen Aufträge in Lissabon weile. Er sei in erster Linie Offizier, gehöre der Wehrmacht an ... und komme für eine Tätigkeit im Interesse der Firma lediglich so weit in Frage, als ihm seine dienstlichen Auf-

gaben Zeit übrig ließen und er gewillt sei, sich um die Firma zu kümmern. Irgendeine wertvolle Tätigkeit leiste er aber tatsächlich für die Firma nicht.«[60]
Planck dagegen hatte ein heimliches Interesse an Wolffs Aufenthalt in Lissabon und setzte sich auch bei Gasper für ihn ein, nachdem Wolff sich bei ihm über sein eingegrenztes Tätigkeitsfeld beklagt hatte. Zusammen mit Siebert erreichte Planck, daß Wolff mit der Zeit auch selbständig Verträge schließen durfte. Über dessen persönliche und geschäftliche Angelegenheiten war er als einziger stets informiert.[61]
Im Laufe des Krieges dehnte die Firma ihren Devisenhandel offensichtlich auch auf Lissabon aus, denn Gasper warnte den jungen Otto Wolff 1943 ausdrücklich, »die Hand von den Devisen-Brillanten oder Kunstsachen-Geschäften zu lassen, obwohl ihm dieses von offizieller reichsdeutscher Seite angeboten worden sei und dem Deviseninteresse des Reiches dienen solle«. Es fehle ihm an Erfahrung – Wolff sah das ein und versprach, sich von derlei Geschäften fernzuhalten.[62] Womit gehandelt wurde, bestimmte generell Siedersleben, bisweilen zum Ärger von Gasper. Dieser beklagte sich in einem Brief an Siedersleben, daß die Firma offenbar alle möglichen Geschäfte übernehme – »Fleisch, Kartoffeln, Milch und Käse, Büroeinrichtungen, Altmetallkäufe und mit bankähnlichem Kredit verbundene Spediteuraufgaben ... nebst vielen anderen Sondervorhaben«.
Siedersleben aber kam es »auf die bestmögliche Deckung des Kriegsbedarfs« an, wie er Wolff junior gegenüber einmal formulierte.[63] Das brachte nicht nur Gewinn für die Firma, sondern Siedersleben im Mai 1943 auch das Kriegsverdienstkreuz 1. Klasse aus der Hand von Rüstungsminister Albert Speer, der ihn lobte: »Sie haben zu dem großen Erfolge der vom Führer für den Winter 42/Frühjahr 43 befohlenen Rüstungsaktion durch Ihren persönlichen Einsatz wesentlich beigetragen.«[64] Auch der Firmenerbe bestätigte ihm in einem Geburtstagsbrief von 1944 seine großen Verdienste: »Das Umstellen von der Friedensproduktion auf die kriegswirtschaftlich wichtigen Güter innerhalb der Werke, die Umstellung der einzelnen Handlungsabteilungen in unserem Hause auf neue große Aufgaben im Rahmen der Kriegswirtschaft ist Ihr hauptsächlichstes Verdienst.«[65]

Planck nahm in dem Unternehmen notgedrungen eine Sonderstellung ein. So frei er auch in seinen Entscheidungen über Reisen und Kontakte sein mochte, so gut er auch informiert war, so sehr war er doch auf das Wohlwollen Siederslebens angewiesen. Doch es war nicht nur diplomatisches Geschick, das Planck die Türen öffnete; aus der Korrespondenz zwischen Siersleben und ihm spricht auch Vertrauen und gegenseitige Achtung.

Zu seinem fünfzigsten Geburtstag am 12. März 1943 bekam Planck von der Firma ein Herrenporträt von Johann Heinrich Tischbein dem Älteren nebst Geld und Blumen geschenkt. Im Begleitschreiben bestätigte Siedersleben noch einmal die »wirkliche Freude«, die er an der Zusammenarbeit mit ihm empfinde. Planck habe »an der Verbreitung und Festigung der ethischen Grundlage, die der rechte Träger umfangreicher und in die Zukunft weisender Wirtschaftsvorhaben ist, ... einen außerordentlichen Anteil«. Planck bedankte sich überschwenglich für die Geschenke und den Brief und fügte hinzu: »Sie haben, lieber Herr Siedersleben, den Neuling und Dilettanten, der 1937 in die Firma Otto Wolff eintrat, stets mit menschlichem Verständnis, sachlicher Hilfe und viel Nachsicht gefördert, und ich bin froh, einmal die Gelegenheit zu haben, Ihnen dafür meinen Dank zu sagen. Ich empfinde die Zusammenarbeit mit Ihnen als einen sehr großen sachlichen und menschlichen Vorzug.«[66]

Daß die privaten Tagebucheintragungen eine andere Sprache sprechen, liegt auf der Hand. Planck hatte demnach »allerlei Ärger mit Siedersleben, der in seiner Nervosität zu viel schreibt«. In der Tat hielt er alles schriftlich fest, machte zu jedem Vorgang zahlreiche Vermerke und produzierte Aktenberge, wo es eigentlich auf anderes angekommen wäre.[67] Planck schrieb allerdings nie Abfälliges über ihn, nur die Konflikte zwischen Siedersleben und Gasper erwähnte er häufiger: Siedersleben »stänkert« gegen Gasper, oder Gasper »schimpft« auf Siedersleben, beide sind »verzankt«, es gibt »Krach«. Tatsächlich war das Verhältnis zwischen beiden »gespannt, in den letzten Kriegstagen sogar zerrüttet«.[68]

Wenn Plancks Sympathien auch ganz offensichtlich auf Gaspers Seite lagen, so vermittelte er doch immer wieder erfolgreich zwischen beiden. Darin mag auch ein Grund für Siederslebens Dankbarkeit gelegen haben, denn schließlich war er auf Gasper als Teilhaber angewiesen. Ende August 1943 schlug Siedersleben Planck zur Verleihung des Kriegsverdienstkreuzes 2. Klasse ohne Schwerter vor – mit der Begründung, daß dieser »in alle Angelegenheiten und Sitzungen des Vierjahresplans einbezogen« sei.[69] Am 1. September bekam Planck den Orden verliehen.

Plancks Reisen für den Widerstand

Während des Krieges ging es dem nationalsozialistischen Regime nicht zuletzt auch um den wirtschaftlichen Anschluß und die Ausbeutung der besetzten Territorien im Westen wie im Osten. Was die Ostgebiete anbelangte, war die Firma Otto Wolff am Erwerb eines zusätzlichen Großunternehmens nicht interessiert, auch nicht an der Übernahme ehemaliger polnischer Betriebe und Handelsgesellschaften.[70] Die Geschäfte mit Rußland, die Planck in seinem Notizbuch häufiger erwähnt, wurden vom Polenfeldzug 1939 nicht berührt und kamen erst zu Beginn des Rußlandfeldzuges 1941 zum Erliegen.

Teilweise lief auch das Geschäft mit China über Rußland – ein Geschäft, an dem das Auswärtige Amt besonders interessiert war, wie aus dem Briefwechsel zwischen Weizsäcker und Planck hervorgeht. In diesem Zusammenhang stellte Planck auch eine Verbindung zwischen Sven Hedin, dem Forschungsreisenden und China-Kenner, und dem Staatssekretär her.[71] Planck pflegte den Kontakt zu den Chinesen schon aus sentimentalen Gründen; außerdem war er als Verwalter der für chinesische Stipendiaten eingerichteten Wolffschen Studienstiftung tätig, für die Siedersleben nach dem Tod des Firmengründers 20 000 Reichsmark »konzediert« hatte. In den Notizbüchern finden sich zahlreiche Eintragungen zu Treffen mit dem chinesischen Botschafter Chen Chieh, »der wirklich ganz reizend [und] ein guter Freund« war.[72]

1940 richtete sich der Blick der Reichsbehörden nach Westen.

Man nahm gerne die von früher her bestehenden Handelsbeziehungen der Firma Wolff zu Belgien und Frankreich in Anspruch. Schon im Juni des Jahres hatten Siedersleben, Gasper und Planck eine Unterredung mit dem Staatssekretär des Wirtschaftsministeriums, Friedrich Landfried, über allgemeine Fragen des Vorgehens in den besetzten Gebieten. Hier trafen sich Planck und Landfried also wieder, die 1932 gemeinsam die Auflösung der preußischen Regierung betrieben hatten! Diesmal verfolgten sie nicht das gleiche Ziel, wenn es auch nach außen so scheinen mochte. Landfried war zugleich stellvertretender Aufsichtsratsvorsitzender der Hermann-Göring-Werke. Was mag in Planck vorgegangen sein, als vom »Großeuropäischen Raum« die Rede war, den Deutschland beherrschen sollte? Privatwirtschaftliche Verträge, so hieß es, sollten erst nach dem Krieg abgeschlossen werden, und zwar ohne staatliche Garantien.

So entsetzt Planck über den Einmarsch deutscher Truppen in Frankreich und den Benelux-Staaten gewesen war, so herausfordernd war es für ihn auf der anderen Seite, daß er über die Geschäftspolitik seiner Firma Einfluß auf die wirtschaftspolitische Entwicklung nehmen konnte. Er war sich einig mit General Hermann v. Hanneken, dem Unterstaatssekretär im Wirtschaftsministerium, der über die »Gier deutscher Firmen, den Besitz in den besetzten Gebieten zu übernehmen«, bitter klagte. Mit zunehmender Besatzungszeit bremste das Wirtschaftsministerium immer stärker bei übereilten Firmenaufkäufen; dies war ganz im Sinne Plancks, der die Geschäftspolitik seines Unternehmens entsprechend zu beeinflussen versuchte.[73] Im Juni 1942 schrieb er an Gasper: »Zu Ihrem Brief betreffend Begost [Beschaffungsgesellschaft-Ost] möchte ich vertraulich bemerken, daß man im Wehrwirtschafts- und Rüstungsamt und bei den Verwaltungsbehörden in Holland, Frankreich und Belgien mit dem Vorgehen der Begost sehr wenig zufrieden ist. Man wirft ihr vor, daß sie in planloser Weise industrielle Werte und Waren aufkauft, die in den betreffenden Ländern selbst benötigt werden. ... Ich möchte daher anregen, daß unsere Vertreter in Holland, Belgien und Frankreich nur im engsten Benehmen mit den dortigen Verwaltungsbehörden vorgehen.«[74]

Durch seine Reisen erhielt Planck die Möglichkeit, den Kontakt zu Widerstandsaktivisten in den besetzten Gebieten zu pflegen und Informationen hin- und herzuleiten. In den noch existierenden Notizbüchern sind für die Zeit von Januar 1940 bis Januar 1942 zwölf Reisen nach Brüssel und von dort aus sechs weitere nach Paris verzeichnet; es ist zudem belegt, daß er auch 1943 in Brüssel war. Die geschäftlichen Verhandlungspartner dort waren ein Baron de Lanoit und die Banque de Bruxelles. Die Gespräche führte er häufig allein mit Lanoit, den er offensichtlich zunehmend für sich gewann.[75] Doch das letzte Wort hatte immer der Generalbevollmächtigte für die Stahlindustrie in Luxemburg, Belgien und Nordfrankreich, Otto Steinbrink. Dieser lehnte ein auf schwierige Weise zustande gekommenes Verhandlungsergebnis vom 22. Juli 1940 zunächst »entrüstet« ab, um es in einem Brief vom 31. Juli dann doch zu genehmigen.[76]

Auch General Alexander v. Falkenhausen war häufig bei den Verhandlungen zugegen. Er war inzwischen zum Militärbefehlshaber in Belgien und Nordfrankreich ernannt worden und hatte seinen Dienstsitz in Brüssel. Plancks alter Freund Bodo v. Harbou wurde sein Stabschef. Hassell, der im Juni 1941 einen Vortrag vor dem Parlament in Brüssel hielt, äußert sich folgendermaßen: »Sehr guter Eindruck von Falkenhausen, der ebenso wie sein Stabschef Harbou sehr klar sieht. Falkenhausen ist physisch ein Phänomen, er mutet sich abends im Trinken Enormes zu, manchmal bis in die Morgenstunden, zeigt niemals Spuren einer Wirkung und sitzt morgens bald nach acht im Büro. Elf Jahre China haben allen Kommiß und stumpfen Gehorsam im schlechten Sinne vertrieben. Schade, daß er nicht an zentralerer Stelle sitzt.«[77]

Trinkgelage und Kartenspiele bis tief in die Nacht werden auch von Planck erwähnt. Sie fanden meist in Seneffe, vierzig Kilometer südlich von Brüssel, auf einem Schloß statt. Die Besitzer waren geflohen, und Falkenhausen hatte den Landsitz und vor allem dessen Kunstwerke unter seinen Schutz genommen, um sie vor dem Zugriff des Einsatzstabes von NSDAP-Reichsleiter Alfred Rosenberg zu bewahren. Er selbst hatte sich in einer dazugehörigen Maisonette eingerichtet, wo er seine Freunde empfing. Mit Planck verstand er sich gut; nicht nur die Begeisterung für China war ihnen gemeinsam. Er besprach mit ihm alle Probleme, die ihn beschäftigten, auch Fragen des persönlichen Engagements und vor allem die politische Lage. Sie waren sich einig, daß ein Regime, das Deutschland in den Abgrund stürze, beseitigt werden müsse.[78]

Während eines Besuches im Juli 1940 machte Falkenhausen mit Planck eine »Inspektionsfahrt [nach] Maubeuge, Aresnes, Cambrai, Arras, Lille« – sein altes Kampfgebiet aus dem Ersten Weltkrieg. Planck fand es »hochinteressant und sehr deprimierend«. Hassell, den Planck nach solchen Reisen aufzusuchen pflegte, berichtete, daß »die wirtschaftlichen und moralischen Zustände in den besetzten Gebieten immer schlimmer« würden, »die Parteibullen ... sich ihren Aufgaben nicht gewachsen« zeigten und »der Haß der Bevölkerung« ständig zunehme. Planck habe ihm dies bestätigt und von seinen »eigenen Reisen erschütternde Eindrücke« mitgebracht.[79]

Falkenhausen hatte einen Kreis von Gleichgesinnten um sich versammelt, in dem sein »Freund Planck« jedesmal herzlich aufgenommen wurde; die entsprechenden Namen tauchen auch in Plancks Notizbüchern auf. Dazu gehörten Prinzessin Elisabeth Ruspoli, Prinz de Croy, Graf Matuschka, der Rittmeister bei der Oberfeldkommandantur von Brüssel war, General Günther Frhr. v. Hammerstein, Harry v. Craushaar, Falkenhausens Stabschef für die Militärregierung, der Generalstabsoffizier Joseph Koethe und sein Ordonnanzoffizier Joachim-Wolfgang v. Moltke, der Bruder von Helmuth James, sowie Jean Leloup, ein Freund Plancks, und etliche andere Offiziere. Alle arbeiteten im Sinne Falkenhausens, und alle wurden nach und nach abberufen.

Außerdem kamen gelegentlich Gäste aus dem Reich wie Hasso v. Etzdorf, der Verbindungsmann des Auswärtigen Amtes beim OKH; Planck fand ihn »fabelhaft«. Etzdorf wiederum war ein enger Freund von Gotthard v. Falkenhausen, der in Paris als Kommissar für die ausländischen Banken in Frankreich tätig war. Planck kannte ihn gut und traf ihn, wenn er für seine Firma in Paris Verhandlungen führte. Viele Mitglieder des Widerstands wie Hans Oster, Fritz-Dietlof Graf v. d. Schulenburg und Helmuth James Graf v. Moltke besuchten Falkenhausen, wann immer es sich einrichten ließ. Planck kannte sie alle aus Berlin und traf sie in Seneffe, wo man offener sprechen konnte als in der Reichshauptstadt. Seit Generalfeldmarschall Erwin v. Witzleben im April 1941 Oberbefehlshaber West mit Dienstsitz in Saint-Germain bei Paris geworden war, konzentrierten sich die Bemühungen des Moltke- wie des Goerdeler-Hassell-Kreises darauf, den Widerstand im Westen aufzubauen und die dort stationierten Offiziere für die Beseitigung Hitlers zu gewinnen.[80]

In diesem Zusammenhang spielen Plancks Reisen nach Paris und Brüssel eine Rolle. Popitz setzte ihn im Sommer 1941 bewußt als »Wanderprediger« ein und ließ ihn »von einem General zum anderen fahren«.[81] Seinen Vermerken zufolge führte Planck die meisten Gespräche mit Generalleutnant Hans Speidel, der bis 1942 Chef des Generalstabs des Militärbefehlshabers in Frankreich war, traf aber auch Alfred Graf v. Waldersee sehr oft, der zum Stab des Militärbefehlshabers in Frankreich gehörte. Er reiste meist in Begleitung von Thomas oder Falkenhausen.[82] Sie waren sich alle drei einig, daß die Frontgenerale für einen Umsturz gewonnen werden mußten. Ein Aufstand, der vom Heimatheer ausging, wie Popitz und Goerdeler es vorschlugen, hätte die Gefahr einer neuen Dolchstoßlegende mit sich gebracht, ganz abgesehen davon, daß Thomas Generaloberst Friedrich Fromm, dem Oberbefehlshaber des Heimatheeres, nicht traute. Wie berechtigt sein Mißtrauen war, sollte sich am 20. Juli 1944 erweisen.[83] Auch nachdem Witzleben im März 1942 durch General Karl Heinrich v. Stülpnagel ersetzt worden war, fanden die Emissäre des Widerstands im Westen weiterhin offene Ohren und Unterstützung.

Anfang Juni 1943 trafen Moltke und Planck einander in Seneffe als Gäste Falkenhausens. »Ich glaube, daß das deutsche Volk den Boden des Abgrundes berühren muß, bevor es sich wieder aufrichtet«,[84] sagte Moltke zu den Anwesenden. Planck war der gleichen Ansicht. Doch von den eigenen Aktivitäten ließ man sich dadurch nicht abbringen, und Planck fragte Falkenhausen im Auftrag der Widerstandsgruppen in Deutschland, ob er im Falle eines erfolgreichen Umsturzes bereit wäre, das Kommando im Westen zu übernehmen. Falkenhausen bejahte das, unter der Bedingung, daß er vorher die Evakuierung belgischer Zivilisten durchführen könne. Beide waren sich darüber im klaren, daß sie überwacht wurden; sie »beschlossen, sich nicht mehr in Brüssel zu treffen« und sich auch nicht mehr zu schreiben; es gebe »sicherere Maßnahmen, um sich zu verständigen«.

Auch Moltke fand mit Falkenhausen eine »erfreuliche Übereinstimmung« und konnte ihn und seinen Stabschef Craushaar dazu bewegen, dreihundert belgische Geiseln aus der Haft zu entlassen. »Immerhin«, so schrieb Moltke seiner Frau, »bedeuten diese Tage, daß ich zusammen mehr als 1000 Menschen die Freiheit verschafft habe«.[85] Er fand bei Falkenhausen Unterstützung, weil dieser den Sinn seiner Arbeit in Belgien vor allem darin sah, so wenig Schaden wie möglich anzurichten, also eher die Belgier zu schonen, als die deutschen Behörden zu unterstützen. Der Krieg werde zwar lange dauern und hart sein, so sagte er, aber nachher müsse Frieden geschlossen und Europa vereint werden. So verhinderte Falkenhausen Hinrichtungen, ließ Inhaftierte frei, auch Kriegsgefangene, und hielt Kontakt zum belgischen König.[86] Kurz, er betrieb eine Belgien-freundliche Politik, was dem NS-Regime mißfiel. Goebbels versuchte bereits seit 1942, ihn durch einen Parteimann zu ersetzen.

Hassell beunruhigte die »allmählich entstandene Reibung zwischen Falkenhausen und seinen Beamten«, und im Juli 1943 versuchte er ihm »auf einem langen Spaziergang klar zu machen«, daß man der Gestapo und der »nervös gewordene[n] Partei« durch Unvorsichtigkeit »auf keinen Fall in die Hände spielen dürfe«. Er mahnte ihn: »Man dürfe Freunde, die man habe, in kritischen Zeiten nicht gefährden, sondern müsse im Gegenteil dazu beitragen, ihre Position zu sichern.«[87] Eine nur allzu berechtigte Warnung, denn am 11. November 1943 kam ein Verweis für Harbou. Falkenhausen reiste sofort zu Keitel nach Berlin, verbat sich die ständigen Eingriffe und stellte sein Amt zur Verfügung. Das Angebot wurde zwar zunächst nicht angenommen, dafür zitierte man schon Anfang Dezember Harbou nach Berlin und verhaftete ihn wegen Kollaboration mit den Belgiern. Laut Moltke nahm er sich das Leben.[88] Falkenhausen und Planck verloren beide einen Freund.[89]

Am 14. Juli 1944 wurde Falkenhausen abgesetzt und durch den Gauleiter von Köln, Josef Grohé, ersetzt. Falkenhausen zog sich zunächst nach Seneffe zurück. Als er Ende Juli nach Berlin fuhr, wurde er sofort verhaftet. Nun begann für ihn eine endlose Odyssee durch Gefängnisse und Konzentrationslager, bis er im Frühjahr 1945 in Südtirol von den Amerikanern befreit wurde. In der Justizvollzugsanstalt Tegel hatte er noch einmal seine Freunde Planck und Moltke gesehen, beide in Fesseln. Auf Veranlassung der Belgier wurde er bald nach seiner Befreiung erneut gefangen genommen, wanderte von einem Gefängnis in das andere, von Italien nach Paris, von England nach Deutschland und schließlich nach Liège und Brüssel, wo er in einem umstrittenen Prozeß am 9. März 1951 wegen der Deportation belgischer Juden und Geiselerschießungen zu zwölf Jahren Zwangsarbeit verurteilt, bald darauf aber aufgrund seiner Hilfsaktionen für Belgier während der Besatzungszeit freigelassen wurde.[90]

Anfang März 1943 hatte bei Erwin Planck ein Abendessen stattgefunden, an dem Hassell, Popitz, der Rechtsanwalt Karl Langbehn sowie die Generäle Thomas und Friedrich Olbricht teilnahmen. Letzterer berichtete von der Ostfront: »Die Führer im Osten schwanken hin und her.« Anschließend schrieb Hassell in sein Tagebuch: »Je länger der Krieg dauert, desto geringer wird meine Meinung von den Generälen. Sie haben wohl technisches Können und physischen Mut, aber wenig Zivilcourage, gar keinen Überblick oder Weitblick und keinerlei innere, auf wirklicher Kultur beruhende geistige Selbständigkeit und Widerstandskraft, daher sind sie einem Manne wie Hitler unterlegen und ausgeliefert. Der Mehrzahl sind außerdem die Karriere in niedrigem Sinne, die Dotationen und der Marschallstab wichtiger als die großen auf dem Spiele stehenden sachlichen Gesichtspunkte und sittlichen Werte. Aller klarsehenden Leute bemächtigt sich daher eine immer vollkommenere Verzweiflung. Alle, auf die man gehofft hatte, versagen.«[91] Deutlicher konnte die verzweifelte Lage des Widerstands kaum zum Ausdruck kommen.

Der Krieg im Spiegel der Briefe von Vater und Sohn

Das Jahr 1939 hatte für Erwin Planck in Venedig begonnen. Als hätten sie geahnt, daß dies das letzte friedliche Silvester sein würde, hatten Nelly und er beschlossen, mit Maria, Nellys Schwester, und ihrem Mann Carl in der Lagunenstadt zu feiern, statt wie meist beim Vater im Grunewald. Beide liebten Italien und genossen es, hier für kurze Zeit alles zu vergessen, was auf ihnen lastete. Als Anfang September dann der Krieg begann, verbrachte der Vater gerade seinen gewohnten Urlaub in St. Jakob in Südtirol. An Erwin, der in Berlin das Haus hütete, schrieb er: »Wenn man in dieser stillen und erhabenen Bergwelt über die sonnenbeglänzten Matten blickt, in denen die Bauern ihre friedliche Erntearbeit vollenden, dann kommt es einem sehr unwirklich vor, daß draußen die Menschen auf raffinierteste Weise bemüht sind, sich gegenseitig umzubringen, anstatt sich zu vertragen und sich zu halten, wie es die von allen gemeinsam formell anerkannte Religion der Liebe von ihnen fordert. Vielleicht muß noch mehr Elend in die Welt kommen, bis sie zur willigen und gottesfürchtigen Annahme dieser Religion wieder reif sind. Eine Zeitlang hatte ich die stille Hoffnung, daß, wenn sich der Feldzug gegen die Polen weiter günstig entwickelt, der Kampf im Westen sich auf ein minder bedeutendes Geplänkel beschränken würde, da doch die Franzosen von unserer Seite nichts zu befürchten haben. Aber nach dem, was du schreibst, scheint der Krieg, etwa wie vor 25 Jahren, eine chronische Struktur annehmen zu wollen, und dann gehen wir allerdings furchtbaren Zeiten entgegen. Gebe uns allen ein gütiges Schicksal die Kraft durchzuhalten. Ich bin so froh, daß du diesmal nicht an der Front liegst. Die Aufregung mit deiner Verwundung und Gefangenschaft liegt mir heute noch in den Gliedern.«

Erwin hatte seinem Vater geraten, trotz des Kriegsausbruchs in Südtirol zu bleiben; dieser war dem Rat gefolgt, wenn auch mit dem üblichen schlechten Gewissen, und erst Ende September heimgekehrt. Er hatte sich gut erholt und berichtete nun von seinen Bergtouren. Der höchste Gipfel, den er erklommen hatte, war knapp über dreitausend Meter hoch – eine beachtliche Leistung für einen 81jährigen.

Auch den Sommer 1940 verbrachte Max Planck in Südtirol – »Die Welt wäre so köstlich ohne dieses grausige Spiel« –, und im Frühjahr 1941 machte er in Völkermarkt in Kärnten Urlaub. Von dort schrieb er am 6. April an Erwin, der sich gerade in Ober-Röhrsdorf aufhielt: »Soeben habe ich die Proklamation des Führers zum dritten Male mit angehört, es kann also nun losgehen.« Es ging um den Balkanfeldzug; am selben Tag begann der deutsche Angriff auf Jugoslawien und Griechenland. »Wir sitzen in Luftlinienentfernung nur 18 Kilometer von der jugoslawischen Grenze, ich fürchte aber nicht, daß sie herüberschießen werden. Immerhin bleibt merkwürdig, daß jedesmal, wenn ich auf Reisen gehe, eine neue Front auftaucht. Bald sind aber alle Möglichkeiten erschöpft.« Das war ein Irrtum. Nach dem Polenfeldzug im September 1939 war im Frühjahr 1940 die Besetzung Dänemarks und Norwegens erfolgt, und am 10. Mai waren die Deutschen durch Holland und Belgien in Frankreich einmarschiert – ein Krieg, den Max Planck nie für möglich gehalten hätte. Im Frühjahr 1941 begann dann der Balkanfeldzug, zugleich rückten deutsche Truppen in Nordafrika vor. Zweieinhalb Monate später erreichte Hitlers Expansionsdrang mit dem Überfall auf die Sowjetunion seinen Höhepunkt.

Am 16. April setzte Max Planck den Bericht an seinen Sohn fort: »Vom Krieg merkt man nur die ununterbrochenen Truppentransporte, bei Tag und bei Nacht«, und Ende des Monats heißt es dann: »Völkermarkt steht heute im Zeichen einer allgemeinen Aufregung. Es heißt, daß der Führer auf dem Wege nach Klagenfurt hier durchkommen wird; aber wann, kann niemand sagen. Alle Häuser sind beflaggt, und die Hauptstraße stets voll von Menschen. Ich habe infolgedessen bei meinem Morgenspaziergang einen weiten Bogen um sie gemacht. Die Leute sind begeistert, aber keiner denkt daran, daß diese glorreiche Zeit jeden Tag ungezählte Menschenleben und die reichsten Schätze materieller wie geistiger Kulturwerte aller Völker verschlingt. Wie lange soll das noch dauern? Und welches wird das Erwachen sein aus diesem irrsinnigen Taumel? Ich hoffe nur das eine, den Tag des Friedens noch zu erleben, wenn auch nur aus Wißbegierde. Übrigens gibt es auch hier die andere Seite. Charakteristisch dafür ist das Brüderpaar Nogele, der eine unser Gastwirt, hundertprozentig, der andere der Doktor, der uns freundlicherweise überall in der weiten Umgebung mit seinem Auto herumfährt, und noch mehr seine temperamentvolle Frau, ebenso hundertprozentig anti. Da muß man sich in Acht nehmen, mit wem man spricht; aber darin haben wir ja Übung. Die Berichte des drahtlosen Dienstes hören wir uns natürlich täglich an und passen besonders auf die Einflüge ins Reichsgebiet auf.« Plancks waren die »einzigen privaten Gäste, ansonsten alles Militär«.

Anfang Mai sehnte Max Planck sich nach seiner Arbeit zurück und fand es »hohe Zeit, daß wir uns bald wieder einmal sehen und sprechen«. Und er fügte hinzu: »Wenn meine Hoffnung wirklich in Erfüllung gehen sollte, daß ich das Ende dieses Krieges erlebe, dann kann ich mich wohl noch auf ein längeres Erdendasein freuen. Das ist aber auch die einzige gute Seite, die ich dem Drama abgewinnen kann. Auch die Rede des Führers hat uns nicht um einen Schritt vorwärts gebracht.« Als im Juni der Rußlandfeldzug begann, war er wieder in Berlin und tauschte sich mündlich mit seinem Sohn aus.

Unermüdlich war Max Planck als Vortragsreisender unterwegs. Er fühlte sich dafür verantwortlich, ein Gegengift zur offiziellen Propaganda in die Köpfe der Menschen zu injizieren, wenn dies auch nur in winzigen Dosen möglich war. Mitte Februar 1942 lud ihn die IG Farben nach Leverkusen ein. Ein günstiger Nebeneffekt des Auftritts war, daß er, wie er Erwin berichtete, »viel Essen und Geschenke« erhielt. Allerdings kehrte er mit einem bösen Hexenschuß heim und mußte anschließend das Haus hüten.[92] Einen Monat später war er wieder so weit hergestellt, daß er in Mülheim an der Ruhr sprechen konnte. Dazu fühlte er sich nicht zuletzt deswegen verpflichtet, weil der Oberbürgermeister Mitglied der Kaiser-Wilhelm-Gesellschaft war.

Auch im Ausland war er gefragt. Mitte April 1942 reiste er für eine Woche nach Rom, obwohl es ihm nicht gut ging. »Wie umständlich sich so eine Fahrt ins Ausland gegenwärtig auswirkt«, klagte er seinem Sohn. Wenig begeistert war er von dessen Rat, seine goldene Uhr zu Hause zu lassen. Sie »gehört nun einmal auch zu den mir völlig unentbehrlich gewordenen Requisiten, deren Fehlen um so lästiger wird, je älter man wird«. Die Zugreise dauerte 24 Stunden. In Rom wohnte Max Planck im Kaiser-Wilhelm-Institut für Kulturwissenschaft, im Palazzo Zuccari oberhalb der Spanischen Treppe, also im Herzen der Stadt. Er wurde freundlich empfangen, sein Vortrag gut aufgenommen, »aber der Kopf wirbelt mir von allen möglichen Eindrücken, Menschen, Begegnungen, Pflichten, so daß ich nicht recht zu mir selbst komme«.

Im Anschluß an seinen Sommerurlaub in Kärnten, wo er wieder einen Dreitausender bestieg, war Max Planck dann Gast der Universität Graz. Sein Vortrag war »gut besucht, auch der kärntnerische Unterrichtsminister« war erschienen. Er wohnte mit Marga »höchst feudal, und wir bekamen vorzüglich zu essen«, schwärmte er in einem Brief an Erwin. Weitere Vorträge hielt er in Salzburg, Linz, Wien und Prag, erst Mitte Oktober 1942 kehrte er nach Berlin zurück.

Inzwischen hatte Nelly ihr Physikum »summa cum laude« bestanden, und zur Feier dieses schwer errungenen Erfolges waren Erwin und sie in den Urlaub nach Meran gefahren. Anschließend, im August 1942, bezogen sie ihre neue Wohnung in der Roscherstraße 16 in Charlottenburg. Wenn auch in diesem Monat trotz Vollmond nur wenige Luftangriffe auf Berlin geflogen wurden, nahmen die Bombardements doch ständig zu, und Erwin begann darüber nachzudenken, wie er seinen Vater besser schützen könnte. Die Schwierigkeit bestand darin, daß Max Planck zunächst jeden Gedanken an ein Verlassen Berlins beiseite schob. Er lebte nun schon seit fünfzig Jahren hier und war aufs engste mit dem kulturellen Leben der Stadt verknüpft. Ein Dasein ohne seine gewohnte Umgebung, ohne seine Bücher, seine Freunde und seine geliebten Furtwängler-Konzerte konnte er sich nicht vorstellen. Dennoch bereitete Erwin alles vor, damit im Notfall ein Refugium bereitstehen würde. Carl Still, ein mit der Familie befreundeter Industrieller aus Recklinghausen, besaß ein kleines Landgut in Rogätz, einem Dorf am linken Elbufer, nicht weit von Magdeburg. Dorthin sollte Max Planck mit seiner Frau gegebenenfalls umsiedeln.

Tatsächlich wurde das Haus in der Wangenheimstraße bei einem Angriff am 1. März 1943 so schwer getroffen, daß es unbewohnbar wurde und Max Planck mit Marga nach Rogätz ziehen mußte. Zunächst dachte man an einen vorübergehenden Aufenthalt, doch daraus wurde schließlich ein Dauerzustand. Plancks erster Brief aus dem neuen Heim stammt vom 11. März 1943 – das Gratulationsschreiben zu Erwins fünfzigstem Geburtstag. »Wenn ich auch die Hoffnung habe, Dir morgen mündlich meinen Glückwunsch zu Deinem goldenen Geburtstag zu sagen, so möchte ich doch für alle Fälle durch schriftliche Worte bei Dir vertreten sein, die nur ein kümmerlicher Ausdruck sind für die Fülle der Gedanken, die morgen bei Dir weilen werden, Gedanken an die Vergangenheit und an die Zukunft. Du bist ja der einzige, der mir von meiner früheren Welt übriggeblieben ist, und der einzige, der mir gerade auch jetzt wieder Hilfe und Hoffnung gewährt. Habe 1000 Dank für alles, was Du und Nelly uns in diesen bösen Tagen gewesen seid.«

Er konnte bei der Geburtstagsfeier nicht dabei sein, aber immerhin war es ihm möglich, seinen Sohn anzurufen. Am Tag darauf schrieb er in einem Brief: »Liebe Kinder! Wie froh und glücklich war ich, gestern Eure Stimmen zu hören und mich Euch für eine kurze Weile unmittelbar verbunden zu fühlen!« Sein »Hauptwunsch« für die beiden war, daß sie weiter die Kraft hätten, »den unerhörten Anforderungen, welche das Schicksal« an sie stellte, gewachsen zu sein.

Es war in der Tat eine Menge, was Erwin Planck zu verkraften hatte: Parallel zu seinen Aktivitäten für den Widerstand lief die Arbeit für die Firma in Berlin und Köln mit den dazugehörigen ständigen Reisen, außerdem war er für den jungen Wolff verantwortlich. Als dieser im April 1944 in Berlin war, riet ihm Planck, so rasch wie möglich zu verschwinden – es seien Umwälzungen im Gange. Otto Wolff v. Amerongen verschwand tatsächlich und blieb bis Anfang 1946 in Lissabon.[93] Auch

---

* Die Firma Otto Wolff wurde im Dezember 1945 von den Alliierten unter Zwangsverwaltung gestellt, Wolff v. Amerongen nach seiner Rückkehr interniert und verhört. Zu seiner Entlastung berief er sich erfolgreich auf Erwin Planck. Im März 1947 wurde er entlassen; aus seinem Entnazifizierungsverfahren ging er ein halbes Jahr später als »Unbelasteter« hervor.

für den Immobilienbesitz der Firma war Planck verantwortlich, was für zusätzliche Belastungen sorgte: Bombenschäden mußten beseitigt, Ausweichquartiere gefunden, Möbel und Wertgegenstände ausgelagert werden. Zudem hatte er sich um die Büros der Auslandsvertretungen zu kümmern.[94]

Entsprechend froh war Planck, wenigstens den Vater sicher untergebracht zu wissen. »Ich selber habe mich schon lange nicht mehr so wohl und behaglich gefühlt«, schrieb Max Planck aus Rogätz, »wir leben wie in einem Zauberschloß, ganz allein, also zu nichts verpflichtet.« Und in einem späteren Brief heißt es: »Ich erinnere mich nicht, in meinem ganzen Leben, abgesehen vielleicht von meiner Jugendzeit im Elternhaus, ein so äußerlich unbeschwertes, mit allen kleinen Annehmlichkeiten des Lebens ausgefülltes Dasein genossen zu haben.«

Doch zu seinem Kummer konnte Marga, die »die ganze Last der Sorgen für die Zukunft« trägt, sein Glück nicht teilen, weil sie »ihre Gedanken nicht von den Berliner häuslichen Fragen ablösen kann und sich mit allen möglichen Eventualitäten herumschlägt. … Ich predige ihr, so gut ich kann, denn was sind diese Sorgen gegenüber den großen Schicksalsfragen unseres Vaterlandes. Ich meine überhaupt, daß man für die Zukunft so lange keine ernsten Pläne machen kann, als nicht der Krieg beendet ist. Bis dahin lebt man am besten nur den Forderungen des Tages und ist dankbar für jede froh verlebte Stunde.« In diesem Sinne legte er für Erwin Konzertkarten bei und wünschte ihm »reichen Genuß. Ich werde am Sonntag an Euch denken und an die schönen Erinnerungen, die sich für uns an diese Konzerte knüpfen.« Das war Plancksche Philosophie – Max Planck predigte sie nicht nur, er lebte sie auch.

Seinen 85. Geburtstag am 23. April 1943 erlebte er im Odenwald-Städtchen Amorbach, und es erreichte ihn eine Flut von Glückwünschen, zum Teil von Leuten, zu denen er »gar keine Beziehungen« unterhielt, »vom deutschen Kronprinzen, von Sven Hedin, von Gerhart Hauptmann, namentlich aber auch von gänzlich unbekannten Leuten, die zum Teil sehr ausführliche rührende Briefe« schrieben. »Merkwürdigerweise auch ein Telegramm des Führers, für das ich pflichtschuldigst kurz meinen Dank aussprechen werde. Es ist das erste Mal seit meiner mündlichen Unterredung mit ihm [1933], daß er von mir Notiz genommen hat.« Max Planck beantwortete jeden Glückwunsch eigenhändig; noch Wochen später stöhnte er über die viele Arbeit.

Sein Sohn bekam einen langen Dankesbrief, der viel über die innige Beziehung der beiden aussagt: »Wenn Du in Deinem Brief ... die Dankesschuld betonst, die Du mir gegenüber empfindest, so kann ich Dir nur versichern, daß diese nach meinem Gefühl reichlich und überreichlich aufgewogen wird durch die tiefinnerliche Freude, die ich an Dir und an der Entwicklung Deiner Lebenslaufbahn stets empfunden habe und täglich weiter empfinde. Denn es ist Dir gelungen, bei allen Wechselfällen, die Dich in reichem Maße betroffen haben, stets die gerade Linie einzuhalten, und diese Linie harmoniert so völlig mit der von mir vertretenen überein! Dein Weg hat Dich über manche tiefe Schluchten geführt, aber dafür auch auf viele Höhepunkte, und zu diesen rechne ich in erster Linie Deine glückliche Ehe, auch eine Himmelsfügung, die gerade in der heutigen Zeit gar nicht allzu häufig anzutreffen ist. Sie wirft auch auf mein eigenes Leben einen beglückenden Schimmer, die Ihr beiden doch nächst Marga unter allen Menschen die nächststehenden seid. Und zu dem Dank für dieses köstliche Glücksgefühl gesellte sich das für die vielen Beweise der tatkräftigen Hilfe, die wir fort und fort, und besonders wieder jetzt, von Euch beiden empfangen und auf die wir uns auch in Zukunft stets verlassen können. Das gibt mir das Gefühl eines sicheren Vertrauens und erleichtert mir die Sorgen um die Zukunft.«

Ganz besonders hatte er sich auch über Nellys Brief gefreut. Er antwortete ihr: »Dank für Dein Geständnis der kindlichen Anhänglichkeit. Denn ich weiß, daß Du trotz Deiner ausgesprochenen Lebhaftigkeit doch eine gewisse Hemmung hast, Dein eigentliches Inneres zu offenbaren. Aber in diesem Falle war es eigentlich gar nicht nötig, sie zu überwinden – fühlte ich doch längst die innere Verbundenheit, die uns auch ohne ausdrückliche Bekräftigung zueinander führt und von der ich schon so oft beglückenden Gebrauch gemacht habe. Wenn dieses Gefühl Dir gegenüber nicht vorhanden wäre, hätte ich

Marga längst abgeraten, Deine tatkräftige Hilfe in so vielen Fällen in Anspruch zu nehmen und auch für die Zukunft auf sie zu vertrauen. Denn wir wissen, daß Du uns aus eigener Gesinnung von Herzen ganz beistehst, im Unterschied zu anderen Verwandten, die es gern ein wenig aufrechnen, wenn sie einem einen großen Gefallen erweisen. Käme ich doch nur einmal in die Lage, Dir Gleiches mit Gleichem zu vergelten. Aber wie gesagt, ich lasse mir über das Schuldkonto keine grauen Haare wachsen. Denn es würde von Dir gar nicht anerkannt werden.« Es sollte sich noch als ein Segen erweisen, daß er seiner Schwiegertochter so zugetan war, denn bald schon würde sie sein einziger Trost sein.

Mitte Mai 1943 machte Max Planck einen Ausflug nach Berlin. Er genoß es, wieder daheim zu sein, obwohl schon so vieles zerstört war. Mit Vergnügen besuchte er die Sitzungen der Akademie und der Fakultät, fand es »reizend behaglich« bei seinen Kindern und konnte sich »nichts Gemütlicheres denken als diesen Ausklang unseres Kunstgenusses in der Philharmonie« – ein solcher Ausklang fand meist im Café Kranzler statt.

Ende Mai reiste er zu einem Vortrag nach Stockholm, wo er seine frühere Assistentin Lise Meitner traf. Sie war 1938 über Holland nach Schweden emigriert und arbeitete am Stockholmer Nobel-Institut. Laue, mit dem sie regelmäßig korrespondierte, berichtete sie von ihren Eindrücken: »Plancks zu sehen war natürlich eine große Freude, wenn auch etwas mit Wehmut gemischt. ... Er kam mir sehr gealtert vor, nicht nur äußerlich in seiner gebeugten, zusammengesunkenen Haltung, auch innerlich. Er war allerdings sehr müde an diesem Tag, hatte allerlei hinter sich, Besprechungen, Besuche etc. Natürlich ist er noch immer erstaunlich frisch für sein Alter, und im Gespräch wurde er ganz lebhaft hier und da. Und was er sagte, war so ganz auf der alten Linie, daß man innerlich sehr froh darüber sein konnte. Und doch war es irgendwie schmerzlich, ihn zu sehen und zu hören.« An ihre Freundin Elisabeth Schiemann in Berlin schrieb sie: »Plancks Vortrag über ›die Grenzen der Naturwissenschaft‹ machte mir einen starken Eindruck, weil die Reinheit und Größe seiner Persönlichkeit darin so stark zum Ausdruck kam; seine philosophischen Darlegungen geben mir wenig, sie scheinen mir etwas naiv.«[95] Laue antwortete ihr: »Was Sie über den Eindruck schreiben, den Ihnen Planck gemacht hat, verstehe ich nur zu gut, mir geht es mit ihm genauso wie Ihnen. Man freut sich, daß man ihn noch hat, und findet doch, daß die Zeit in vieler Beziehung über ihn hinweggeschritten ist, auch in der Physik.« Planck überzeugte nun hauptsächlich durch seine menschliche Größe. Dies wird besonders deutlich in einem weiteren Brief Laues an Meitner, den er zwei Wochen später schrieb: »Planck fand ich nach seiner Rückkehr aus Helsingfors [Helsinki] viel frischer als vorher, und am Tage nach seinem Vortrag hatten wir ein paar sehr nette Stunden miteinander, wo man wirklich nicht glauben konnte, daß er 85 Jahre alt ist. Ich konnte da nur bewundern, mit welcher Klarheit er allen Zeitereignissen folgt. Ich war sehr glücklich über dieses Wiedersehen, wer kann wissen, ob es mir noch einmal vergönnt ist, bei diesem Alter ist jedes Jahr ein Geschenk.«

Wenn man sich Max Plancks Reiseprogramm anschaut – zwischen Stockholm und Helsinki war er noch in Bonn, danach in Darmstadt und anderen Städten –, kann man sich vorstellen, daß er seinen Sommerurlaub in Südtirol dringend brauchte. Sein Reisebericht vom August 1943 spiegelt die Nöte der Zeit wider. Auf der Fahrt nach München hatten Marga und er Fensterplätze, aber das »Abteil war überfüllt, es standen zusätzlich sechs Personen, zum Teil Hamburger Bombengeschädigte, die herzzerreißende Dinge berichteten«. Nach dem großen »Angriff auf Nürnberg herrschte in München Panik, viele Leute flüchten, die Postämter und Bahnhöfe sind vollgestopft von Menschen, Koffern und Paketen«. Der Grundnerhof, auf dem man kurz Station machte, war inzwischen für die Kinderlandverschickung beschlagnahmt worden.

Nach der Ankunft in St. Jakob schrieb Planck an seinen Sohn: »Vorläufig suchen wir die Gedanken an die dunkle Zukunft möglichst beiseite zu schieben. Wir haben es hier ja sehr gut, vom Krieg merkt man äußerlich überhaupt nichts, nicht einmal wird verdunkelt, die Verpflegung ist glänzend, abgesehen von dem fehlenden Zucker und der Marmelade.« Seine »Gehfähigkeit« hatte allerdings »seit letztem Jahr erheblich nachgelassen, alles geht langsamer und mühseliger, aber man wird ja auch mit jedem Geburtstag ein Jahr älter, und ich muß froh sein, daß ich überhaupt noch ein wenig steigen kann«. Ganz so schlimm war es wohl nicht, glaubt man folgendem Bericht: »Als er von der Barmer Hütte zu einer großen Bergtour aufbrach, der letzten seines Lebens, weigerte sich der Bergführer, einen so alten Mann mitzunehmen. Da ging Max Planck mit seiner Frau allein los. Der Bergführer, der dann doch folgte, gestand später, selten jemand begleitet zu haben, der so gut und sicher gestiegen sei.«[96]

Erwin Planck schrieb seinem Vater am 21. August 1943 aus dem westlich von Berlin gelegenen Döberitz, wohin er sich mit Nelly so oft wie möglich zurückzog, um sich auszuruhen. Er gab den dringenden Rat: »Bleibt nur recht, recht lange da, wenn es geht; überall woanders wird es in den kommenden Wochen, die ich als hochbedeutsam ansehe, unruhiger sein. Ich glaube, daß der Krieg seiner Krisis zugeht. Hier in Berlin läßt die Aufregung nicht nach. Die Innenstadt wird jetzt nachts nach Möglichkeit ganz von dort schlafenden Einwohnern geräumt, was natürlich auch der Nächtigung dieser Hunderttausenden in anderen Stadtvierteln und Vororten ganz besonders schwierige Probleme schafft.« Die schweren Luftangriffe ließen nicht nach. Es herrschte ein »entsetzliches Elend in der Stadt. ... Das Leben ist jetzt wirklich sehr anstrengend, weil so gar nichts mehr normal laufen will.« Der Vater schrieb zurück, daß »ja nun auch die italienische Krisis eingetreten [ist], die hochgepriesene Achse ist zerbrochen, und das Schicksal nimmt seinen Lauf. Aber das Schlimmste wird noch kommen; denn es müssen noch sehr vielen Leuten die Augen aufgehen, wenn die volle Wahrheit zutage kommt.«

Anfang Februar 1943 war Stalingrad gefallen, Mitte Juli die letzte deutsche Offensive abgebrochen worden. Die Rote Armee rückte vor und startete ab September Gegenoffensiven an verschiedenen Frontabschnitten. Das deutsche Afrika-Heer hatte bereits Mitte Mai kapituliert, und nach der Landung der Alliierten auf Sizilien Anfang Juli war Mussolini gestürzt und wenig später verhaftet worden. Italien unterzeichnete am 3. September ein Waffenstillstandsabkommen mit den Alliierten und erklärte Deutschland am 13. Oktober den Krieg. Vor seiner Abreise aus St. Jakob Mitte September erfuhr Max Planck noch von der Befreiung Mussolinis durch ein deutsches Fallschirmjäger-Kommando: »Ein wenig unheimlich wird mir nur zumute, wenn ich an die gegenwärtige politische Begeisterung denke, die gerade jetzt wieder durch die Befreiung Mussolinis hier entfacht worden ist. Als ob dadurch der Ausgang des Krieges im mindesten verbessert werden könnte. Die Leute sind wie die Kinder, und deshalb ist es mir ein beruhigender Gedanke, nicht hier dabeisein zu müssen, wenn die große Aufklärung kommt. Hoffentlich dauert es nicht mehr allzu lange.«

Max Planck reiste weiter nach Kärnten und startete dann eine Vortragsreise, die nach Frankfurt, Koblenz und Kassel führen sollte. Frankfurt sagte wegen verheerender Bombenangriffe ab, in Koblenz wurde die Veranstaltung durch Alarm unterbrochen. In Kassel konnte er zwar wie geplant sprechen, aber kurz darauf brach ein Inferno aus. In einem Brief, der am 24. Oktober 1943 in Göttingen abgeschickt wurde, berichtete er seinem Sohn: »Nun hat es uns doch erwischt, und es ist ein Wunder, daß wir mit dem Leben, und noch dazu heil, davongekommen sind.« Am 22. Oktober hatte Planck seinen Vortrag »in einem schön ausgestatteten kleinen Saal vor einem erlesenen Publikum« gehalten. Danach hielt er sich mit seiner Frau im Haus der Gastgeber auf, als plötzlich die Sirenen losheulten. Nach einigem Zögern begaben sie sich in den Luftschutzkeller, und sogleich »ging ein Höllenspektakel los. Es krachte in den Wänden und sauste in den Ohren, Luftminen, Spreng- und Brandbomben fielen herab. Manchmal erfolgte ein so heftiger Stoß, daß die Ohren wie taub wurden, und jeder von uns mußte sein Taschentuch naß machen lassen und vor Mund und Nase halten, zum Schutz gegen den Staub, der die Luft erfüllte. Bald merkten wir auch, daß das Haus über uns zu brennen anfing. Zum Glück hatten wir einen tüchtigen Luftschutzwart, der dafür sorgte, daß keine Panik eintrat, und die nötigen Hilfskräfte für die Herausschaffung von Habseligkeiten aus den Wohnungen und für Löschung des Feuers zusammentrieb.

Der Alarm dauerte ungewöhnlich lange, bis gegen Mitternacht, und als es vorüber war, nahm das Feuer unerbittlich an Umfang zu, da es an dem nötigen Wasser fehlte und auch die Feuerwehr nicht eingriff, die anderweitig zu tun hatte. So brannte das ganze Haus, einschließlich der Parterrewohnung, die uns beherbergte, vollkommen nieder, und wir mußten heilfroh sein, daß wir nach 3 Uhr morgens, noch im Stockfinsteren, doch von den Flammen und Funken auf unserem Wege beleuchtet, durch ein in die Wand des Schutzraums geschlagenes Loch ins Freie gelangten und zwischen brennenden Häusern in die Wohnung des Generalarztes Remar geführt wurden, bei dessen Frau wir eine rührend freundliche Aufnahme fanden. Gegen 4 Uhr wurde ich auf einen Diwan gebettet, wo ich dann drei Stunden herrlich schlief.

Am anderen Morgen, gestern, besannen wir uns auf die Lage und überlegten die ferneren Maßnahmen. Objektiv betrachtet können wir von großem Glück sagen; denn wir haben das Allerwesentlichste gerettet, allerdings auch manches sehr Wertvolle in den Flammen zurücklassen müssen. Von verlorenen Gebrauchsgegenständen ist mir der schmerzlichst vermißte: meine geliebte Taschenuhr, die ich tagtäglich benutzte; von vollkommen unersetzlichen Werten der höchste: mein Tagebuch, das die letzten 10 Jahre umfaßt und durch dessen Verlust mir die Erlebnisse dieses ganzen Zeitraums zwar nicht genommen, aber doch in dunklere Ferne gerückt sind. Manchmal ist mir, als müßte ich jetzt ein neues Leben beginnen, aber dazu bin ich doch eigentlich schon ein bißchen zu alt. Will sehen, was noch zu machen ist. Ein Haupttrost dabei ist mir Eure tatkräftige und mutige Hilfsbereitschaft, und ich verspreche mir auch von Eurer Jugend einiges belebendes Feuer, das die alternden Kräfte erneuert und stärkt.«

Die Gastgeber hatten alles verloren; »ihr gesamtes Mobiliar, der ganze Inhalt [ihrer] Apotheke liegt in Schutt und Asche, und ... [sie] sind zu bewundern wegen der Fassung, mit der sie ihr Unglück tragen. Wo sie sich jetzt hinwenden, wissen sie noch nicht. Kassel ist eine tote Stadt. Unsere Gastgeber ... gaben sich die größte Mühe, uns den Aufenthalt in ihrer Wohnung behaglich zu gestalten. Das war aber deshalb schwierig, weil es an dem Nötigsten fehlte. Es gab weder Wasser noch Telephon noch

Licht noch Gas noch Ofenfeuerung, infolgedessen war alles dunkel und dreckig, man konnte sich nicht einmal ordentlich die Hände waschen. Natürlich hatte auch das WC keinen Abfluß. Ich hatte also keine andere Sehnsucht als fort aus diesem Ort. Das war aber gestern noch ganz unmöglich, denn der Bahnhof in Kassel ist wie auch die ganze Innenstadt vollständig zerstört.« Schließlich erreichten sie doch »noch in letzter Minute einen gerade nach Göttingen abgehenden Zug, der uns mittags hierher zu Seidels [der Familie seiner Nichte] brachte, wo wir uns wie erlöst fühlten. Die Hauptsache war nach der Begrüßung, sich zu waschen und die Zähne zu putzen. Dann aßen wir herrlich zu Mittag und tranken Kaffee, mit Kuchen und Torte. Wie kam einem das alles schlemmerhaft vor, und wie fühlte man die Reize einer hohen Kultur! Eindrucksvolle Wirkungen werden doch nur durch Gegensätze geschaffen.«

Wenige Tage später schrieb Erwin dem Vater: »Ich selbst schlage mich, so gut es geht, durch viel Arbeit durch und beobachte mit wachsender Spannung die Zeitereignisse, die immer dramatischer werden. Ich glaube, daß wir sehr schweren Zeiten entgegengehen.« Anfang November konnte er zusammen mit Nelly seinen Vater endlich in Rogätz besuchen. Nelly hatte inzwischen weitere medizinische Examen glänzend bestanden; nur in Rassenkunde hatte sie versagt, was Max Planck ungeheuer freute, denn er hegte »ein tiefes Mißtrauen« gegen das Fach. Er genoß die seltenen Besuche seiner Kinder sehr, denn er fühlte sich etwas einsam, wie er in Briefen an Laue häufiger erwähnte. Erwin war darüber »bekümmert«, doch schrieb er in seinem Dankesbrief nach dem Besuch, er könne »nur wiederholen, was ich über die Schwierigkeiten des Lebens außerhalb eines solchen Asyls zur Zeit gesagt habe und wie gern ich einen Tausch mit Euch vornehmen würde«. Die Schilderung der Rückfahrt mit dem Zug bestätigte diese Ausführungen: »Wir hatten im Coupé von Stendal ab 22 Leute, so daß man wirklich ernstlich befürchten mußte, daß jemand erstickte. Ab Rathenow mußten sämtliche Reisenden auf den Bahnsteigen stehen bleiben, weil niemand mehr in den Zug kam. Wir waren also recht froh, als wir wieder ungerupft in Spandau aus dem Zug konnten.«

Von den Stills erhielt Erwin Planck die Zusage, daß sein Vater weiter in Rogätz bleiben könne. Ihm fiel ein Stein vom Herzen, denn die Angriffe auf Berlin wurden immer heftiger. Der letzte hatte zweieinhalb Stunden gedauert; für Erwin ein Beweis dafür, »daß auch die Wintermonate keinerlei Sicherheit gegen die weitere Zerstörung Berlins geben«. Im übrigen ging es Nelly und ihm den Umständen entsprechend gut. Nelly arbeitete inzwischen als Ärztin in der Charité. Sie luden immer wieder Gäste zu sich ein, unter anderem den Chirurgen Ferdinand Sauerbruch, und Erwin schwärmte vom letzten Furtwängler-Konzert. Es »war wunderbar. Ich habe zum ersten Mal eine Bruckner-Symphonie genossen, vor allem die ersten beiden Sätze, in denen nicht so viele Posaunen und Pauken agierten. Statt des Boccherini gab es mein geliebtes Cello-Konzert von Schumann, das hervorragend gespielt wurde, und auch der Till Eulenspiegel hat uns diesmal ganz gut gefallen.« Der Vater hörte die Übertragung des Konzerts im Rundfunk.

Ende November 1943 berichtete Erwin Planck von weniger erfreulichen Ereignissen nach Rogätz: »Der Sturm und Drang dieser Tage war so gewaltig, daß ich erst heute zum Schreiben komme. ... Singakademie und Charlottenburger Oper sind total zerstört, die Oper unter den Linden und die Krolloper beschädigt, viele Freunde und Bekannte sind ausgebombt, und von manchen gibt es noch keine Nachricht. Das ganze ist wie ein böser Fiebertraum, selbst für mich, der es so kommen sah. Aber wir sind alle gesund und guten Mutes.« Der Vater, der sich große Sorgen machte, weil er länger nichts gehört hatte, antwortete: »Wie muß Dir zumute sein, wenn Du erlebst, daß alle Deine Befürchtungen, welche viele nicht wahrhaben wollten, nun allmählich zur Wirklichkeit geworden sind.«

Wie Erwin schrieb, wurde es »immer schwieriger, Einquartierungen von der Wangenheimstraße fernzuhalten, da die Wohnungsnot natürlich ungemein groß geworden ist«. Er versuchte, Mieter für das Haus zu finden, die er persönlich kannte. So zog auch der frühere Staatssekretär Kempner dort ein, um die wichtigsten Räume des Vaters dem Zugriff zu entziehen. »Es ist jetzt schon so weit, daß die Häuser im Grunewald, wenn sie schwach belegt sind, einfach gestürmt werden.«

Max Planck berichtete unterdessen von Luftangriffen auf das nahe Magdeburg. Die Stadt werde möglicherweise evakuiert, und das Anwesen in Rogätz solle für ein Entbindungsheim beschlagnahmt werden. Es sei schon eine Kommission da gewesen, doch Stills würden sich hartnäckig dafür einsetzen, daß er und seine Frau bleiben könnten. Max Planck machte sich große Sorgen, wie er in den Briefen an Laue offener bekannte als gegenüber seinem Sohn. Laue fragte dann auch bei Lise Meitner an, ob man Planck »nicht eine Einladung nach Schweden auf Kriegsdauer verschaffen« könne.[97]

Dann kam endlich wieder einmal eine gute Nachricht. »Hurra, es ist geschafft«, schrieb Erwin, »wir sind pünktlich zur Brandensteinschen Hochzeit hergelangt, die wir am 9. und 10. Dezember mitgefeiert haben, und siedeln morgen Abend nach Ober-Röhrsdorf über, wenn die Hochzeitsgäste der Familie Kreß abgereist sind.« Annelies, die älteste Tochter von Ruth und Lothar, hatte geheiratet; Erwin Planck war ihr Patenonkel. »Wir hatten es schließlich beide äußerst nötig, aus dem Geschirr herauszukommen, und ich genieße die Entspannung unendlich.«

Der Vater sandte Mitte Dezember einen liebevollen Brief nach Ober-Röhrsdorf: »Heute sind es zwanzig Jahre, daß wir in Marias [Nellys Mutter] Wohnung in der Viktoriastraße beim festlichen Mahle in gehobener Stimmung Eure Vermählung feierten. Ich denke noch so gern zurück an Schleichers schöne Rede, die von hohem Patriotismus getragen war und zugleich von einer persönlichen Wärme, da er es Dir endgültig verzieh, daß Du in Deinem Verhältnis zu ihm Nelly eingebracht hattest. Was hat sich alles seitdem ereignet! Aber das eine ist festgeblieben, Euer damals geschlossener Bund, und dazu gratuliere ich Euch beiden von ganzem Herzen, und wünsche, daß Ihr noch viele Freuden aneinander erleben möchtet. Es wird ja auch noch einmal wieder eine Zeit kommen, wo der Himmel sich etwas lichter ausnimmt als heute.«

Die Meldungen von schweren Luftangriffen auf Berlin drangen auch nach Ober-Röhrsdorf. Das Haus in der Wangenheimstraße war erneut beschädigt worden, doch dank Kempner blieb es immerhin bewohnbar, wie Erwin nach Rogätz meldete.

»So geht es Schritt um Schritt weiter, und ich glaube, es ist erst der Anfang.« Trotz allem fühlten sich Erwin und Nelly »um zehn Jahre verjüngt und entsprechend leistungsfähiger«, als sie zum Jahresende in »die trostlose Atmosphäre des bombenzerrissenen Berlin« zurückkehrten. Erwin war voller Zuversicht – das vermitteln jedenfalls die Briefe an den Vater –, obwohl das Leben »immer schwerer zu bewältigen ist, ... aber dafür hat es doch ein recht sichtbares Absehen, und der Beginn eines neuen Abschnitts zeichnet sich klarer ab. Also wollen wir von diesem schicksalsschweren 1944 das Beste hoffen.« Der Hintergrund für diese Aussage dürfte Plancks Mitwirken an den Vorbereitungen für das Attentat auf Hitler gewesen sein. Über die militärische Lage machte er sich keine Illusionen, auch wenn er »zur Zeit eine Art Atempause im Luft- und im Landkrieg« beobachtete und der deutsche Rückzug »im Osten etwas langsamer« geworden sei – das würde »sicherlich nicht für lange« halten.

Kaum war Erwin Planck Mitte Januar 1944 von einer anstrengenden Geschäftsreise nach Rom zurück, wurde das Haus in der Wangenheimstraße wieder von Bomben in Mitleidenschaft gezogen, diesmal schwer. Max v. Laue beschrieb das Elend in einem Brief an Lise Meitner: »Wir beide kennen das Plancksche Haus nun seit 1905. Daß ich es einmal in solchem Zustand sehen würde, habe ich mir bisher nicht träumen lassen.«[98] Ende Januar besuchte er mit seiner Frau die Plancks in Rogätz, um sie etwas aufzumuntern. Dann nahm er sich der Bücher Max Plancks an und versuchte Teile der Privatbibliothek zu retten. Aber kurz darauf war es auch dafür zu spät. Am 18. Februar schrieb Max Planck an seinen treuen Kollegen Laue: »Gestern empfing ich ein Telegramm meines Sohnes mit der Nachricht, daß mein Haus in der Wangenheimstraße am 15. des Monats bei dem Fliegerangriff auf Berlin total zerstört worden ist und daß nichts Wesentliches gerettet werden konnte. So ist Ihre Vorsorge für die Bergung der Bücher schnell gerechtfertigt worden. Schade, daß ich nicht beizeiten noch mehr in Sicherheit gebracht habe. Aber das ist nun nicht mehr zu ändern. Ehe ich an den Wiederaufbau meines Haushaltes denke, will ich erst einmal den Frieden abwarten.«[99]

Sein Sohn war, wie er nach Rogätz schrieb, »sehr beruhigt

darüber, daß Ihr den schweren Schlag mit so viel Fassung aufgenommen habt. Wir wollen nur alle auf den Wiederaufbau nach Kriegsende hoffen. Ich bin gewiß, daß man sich dann wieder ein menschenwürdiges Privatleben wird schaffen können.« Die Bibliothek, die vielen Tagebücher und Chroniken, alle Wertgegenstände und Möbel – ein Raub der Flammen. Die Wohnung von Erwin und Nelly in der Roscherstraße wurde ebenfalls zerstört. Die beiden fanden vorübergehend Aufnahme bei General Thomas, dessen Haus sie bei Bombenalarm wegen des besseren Kellers bisher schon aufgesucht hatten. Schließlich zogen sie in die Dienstwohnung der Firma Wolff in der Dorotheenstraße; später wurde auch diese zerstört.

Max Planck blieb gelassen, stellte einen Nachsendeantrag für seine Post, bat Erwin, einen Ausweis für Bombengeschädigte zu besorgen, und bedankte sich bei Nelly für ihr Bemühen, in den Trümmern noch etwas zu finden. Kein Wort der Klage, im Gegenteil: Er war dankbar, in Rogätz eine vorläufige Heimat gefunden zu haben, plante wieder eine Reise nach Amorbach und genoß die Rundfunk-Übertragungen der Furtwängler-Konzerte. Die Musik »ist mir zu einem bisher ganz unbekannten Genuß geworden, so ganz allein, von außen durch keinerlei Eindrücke abgelenkt, einem herrlichen Konzert zu lauschen, hat doch einen ganz besonderen Reiz«.

Wieder war es März geworden, und Max Planck schrieb den traditionellen Geburtstagsbrief an seinen Sohn. Er konnte nicht wissen, daß es der letzte war, aber er schrieb ihn so, als wüßte er es:

»Lieber Erwin!
Damit dieser Brief sicher am 12. in Deiner Hand ist, schreibe ich Dir schon heute, zumal ich damit rechne, daß Du am Sonntag der Stadt den Rücken kehren wirst. Was soll ich Dir zum Geburtstag wünschen? Eigentlich nur, daß Du bleibst wie Du bist. Denn es war von jeher Deine Art, das Glück im Leben zu finden. Der Himmel hat Dich von Anfang an reich begnadet, er hat Dir die innere Harmonie und eine sonnige Heiterkeit beschert, mehr als Deinen älteren Geschwistern. Das hat auch seinen guten

Grund. Denn die Zeit, in der Du empfangen wurdest, auf einer Pfingstreise 1892 nach Kopenhagen, hat Deine Mutter öfter als die glücklichste ihres Lebens bezeichnet, und dieses Glück hat sich dann auf Dich übertragen. Das Schicksal war Dir immer günstig, in kleinen wie in großen Dingen, und wenn es einmal schief zu gehen drohte, hast Du die Gefahr entschlossen und erfolgreich bemeistert. Dein größter Erfolg aber war die Gewinnung einer Lebensgefährtin, der treuesten, klügsten und tatkräftigsten, die Du finden konntest und die in der heutigen Zeit ganz besondere Bedeutung hat. ... Da könnt Ihr Euch wirklich sehen lassen, in einer Zeit, wo die Ehescheidungen fast zum guten Ton gehören. Also bleibt, wie Ihr seid, Euren Freunden ein lieber und vertrauter Umgang, uns aber, Marga und mir, der feste Halt, auf den wir uns stützen und der uns die Möglichkeit gewährt, in dieser unseligen Zeit ein verhältnismäßig beruhigtes und erfreuliches Leben zu führen. Segne Euch der Himmel für das, was Ihr uns fortwährend antut.
  In warmer Liebe umarmt Euch beide
    Dein Vater«

Erwin dankte ihm »auf das Innigste«. Der Brief sei sein »schönstes Geburtstagsgeschenk« und habe Nelly und ihn »tief bewegt und beglückt«. Auch er blieb gelassen und beruhigte den Vater: »Uns geht es soweit ganz gut. Wir haben schon wieder warme Zimmer in der Taubertstraße (Thomas) und Mörtel und Glassplitter einigermaßen von unseren Sachen entfernt. ... Mir selbst macht es viel weniger aus. Vor allem schlafe ich immer ausgezeichnet. Kaum liege ich im Bett, so bin ich schon fest eingeschlafen und dadurch jeden Morgen sehr frisch, während Nelly etwas an Schlaflosigkeit leidet.« So war es willkommen, daß sie für ein paar Tage nach Ober-Röhrsdorf fahren konnten. Erwin beabsichtigte, »den Grafen Schwerin [zu] treffen, der, einen Tag von der Front kommend, dort über die Ereignisse in Berlin von uns hören« wolle – ein Beispiel dafür, wie der Widerstand die Verbindung zur kämpfenden Truppe hielt. Im übrigen hatte Planck »jetzt besonders viel zu tun, weil die militärischen und außenpolitischen Ereignisse doch recht stark auch auf das wirtschaftliche Gebiet abfärben, das ist nun mal so im totalen Krieg«.

In Erwins Briefen an den Vater häuften sich Prognosen über ein Ende des Krieges. Am 20. April 1944 – Hitlers Geburtstag – schrieb er: »Ich hoffe, daß das nächste Jahr uns eine Entlastung insofern bringt, als die Kriegsentscheidung in dieser Zeit eintreten wird. Ich bin darin genauso wie Du, alle Dispositionen stelle ich bis zum Tage des letzten Schusses zurück.« Er erwartete eine baldige große Offensive der Alliierten, denn »viele militärische Anzeichen sprechen dafür«. Es werde »militärisch doch sehr viel mehr Unruhe als jetzt [geben], und auch in der Luft wird es wohl noch lebendiger werden«.

Kurz zuvor hatte er seinen Vater für 24 Stunden besucht, was diesen hoch beglückte, zumal er seine Sorgen um die Enkeltochter Emmerle, die Tochter von Emma, mit ihm teilen konnte. Sie machte eine Ausbildung zur Diakonissenschwester in Erfurt, wollte diese aber abbrechen. Wenig später unternahm sie einen Selbstmordversuch; sie stürzte sich vom dritten Stock eines Gebäudes aus dem Fenster, kam aber mit einem »leichten Wirbelbruch« davon, weil der Boden frisch aufgelockert war. Max Planck glaubte in der gefährdeten Persönlichkeit der Enkelin die unsteten Anlagen seines Schwiegersohns Fehling wiederzuerkennen.

Trotz starker rheumatischer Schmerzen, die seine Bewegungsmöglichkeiten außerordentlich einschränkten, reiste er mit Marga nach Erfurt, um Emmerle zu besuchen und ihr ins Gewissen zu reden. Dann ging es mit sechsmaligem Umsteigen weiter nach Amorbach, wo bei einer Untersuchung herausgefunden wurde, daß die Schmerzen vor allem von einem Leistenbruch herrührten, der operiert werden mußte.

Planck bat seinen Sohn um »einen Rat, wann und wo ich die Operation machen lassen kann, ich sehne mich so nach Erlösung von diesem Greuel«. Erwin reagierte sofort und arrangierte alles mit Sauerbruch, der zusammen mit Nelly und ihm sowie einem Assistenten im Auto nach Amorbach fuhr und Max Planck Mitte Mai operierte. Zum Glück reichte eine Lokalanästhesie; eine Bluttransfusion von Erwin belebte ihn sehr.[100] Er war »von Herzen dankbar« und fand es »wirklich besonders freundschaftlich von Sauerbruch, sich der Sache mit solcher Begeisterung anzunehmen«. Marga teilte Max v. Laue am Tag nach der Operation mit, daß ihr Mann »guten Mutes und ein geduldiger Patient« sei. Allerdings machte sie sich Sorgen wegen einer »beginnenden Herzschwäche« und der »Verknöcherung der Wirbelsäule, die ihm in den letzten Wochen so scheußliche Beschwerden und ihn so unbeweglich machten«.[101] Doch Max Planck erholte sich rasch, und Ende Juni ließ Erwin ihn im Auto nach Berlin bringen, wo im Adlon ein Zimmer für ihn bereitstand. Am nächsten Tag fuhr er mit Marga im Zug nach Rogätz zurück. Von dort aus schickte er am 1. Juli seinem Sohn eine Karte; er rühmte »die himmlische Ruhe« des ländlichen Refugiums und die »köstlichen Erdbeeren«.

Schon eine Woche später fand in Berlin eine Feier zu Ehren Max Plancks statt. Anlaß war seine fünfzigjährige Mitgliedschaft in der Preußischen Akademie der Wissenschaften. Werner Heisenberg, der 1942 die Leitung des Max-Planck-Instituts für Physik von Peter Debye übernommen hatte, war der Organisator der Veranstaltung. In einem Bericht hielt er die Ereignisse fest:

>»Wir Jüngeren hatten große Sorge, ob es verantwortet werden könne, den nun schon 86jährigen in die Hauptstadt einzuladen. Aber Planck, der ja immer ein starkes Pflichtgefühl besaß und der vielleicht auch den Gedanken hatte, daß er nun Berlin zum letzten Mal sehen würde, folgte der Einladung. Die äußeren Umstände waren fast gespenstisch. Die Nacht vor der Feier verlief glimpflich, es fielen nur einige wenige Bomben. Planck hatte im Hotel Adlon übernachtet, und ich sollte ihn am nächsten Morgen mit dem mir noch verbliebenen Dienstwagen abholen. ... Ich fand Planck wohlausgeruht und eigentlich froh, Berlin noch einmal zu sehen und insbesondere seine alten Freunde wieder zu treffen. Besonders glücklich war er darüber, daß er seinen Sohn Erwin in Berlin fand, der nun bei der Feier neben ihm sitzen würde.

So fuhren wir mit dem Wagen durch die Trümmerfelder des Berliner Zentrums. Weder Planck noch mir gelang es, die Straßen wiederzuerkennen. Wir mußten uns durchfragen. Die Feier sollte in einem erhalten gebliebenen Festsaal des preußischen Finanzministeriums stattfinden. Als ich schließlich in die betreffende Straße gewiesen wurde, endeten wir mit unserem Wagen vor einem riesigen Schutthaufen mit verbogenen Eisenstangen und Betonklötzen, die im Weg lagen, und ich dachte, ich müßte falsch gefahren sein. Auf meine Fragen erhielt ich aber die Weisung, man müsse um diesen Schutthaufen etwas herumgehen, dann gäbe es eine Tür, die noch halb offen stünde; durch die müsse man hindurch, und dann käme man zwischen Schutt und Eisenstangen schließlich in den Festsaal.

Auf diesem Wege ist also Planck in den Festsaal gekommen. In dem Moment, in dem er den Festsaal betrat, war plötzlich alles wieder wie vierzig Jahre vorher. Es herrschte sofort allgemeine Stille, jeder begrüßte Planck mit Verehrung, und man merkte so deutlich, wie viel Liebe diesem Mann entgegenströmte, und man konnte auch fühlen, daß er selbst glücklich war, noch einmal die bekannten Gesichter zu sehen. Das Streichquartett fing an zu spielen, und für eine Stunde oder zwei war man in die Zeit des alten, kultivierten Berlins versetzt, in dem Planck, wie selbstverständlich, die führende Persönlichkeit war und in dem noch einmal die ganze Kultur der früheren Zeit gegenwärtig schien.«[102]

So schloß sich der Kreis. Erwin hatte seinen Vater noch einmal in einem ihm gemäßen Rahmen erlebt und, ohne es zu wissen, zum letzten Mal gesehen. Am 10. Juli schrieb er nach Rogätz, er hoffe, daß der Vater sich von dem »Trubel der vergangenen Tage« etwas erholt habe. Er selbst hatte am 3. Juli noch an einer Geburtstagsfeier von Sauerbruch teilgenommen, bei der auch Popitz, Beck, Hassell, Olbricht, Jessen und Kempner zugegen waren. Danach fuhr er für ein paar Tage nach Ober-Röhrsdorf, ohne zu ahnen, daß auch das zum letzten Mal geschehen würde. Dem Vater schrieb er noch, er müsse »unter Umständen für ein paar Tage dringend nach Stockholm«, hoffe aber, »daß es mir erspart bleibt«. Es sollte ihm erspart bleiben, aber auf andere Weise als gedacht. Kurze Zeit später wurde Sauerbruch wegen seiner Geburtstagsfeier von Ernst Kaltenbrunner, dem Chef der Sicherheitspolizei, verhört. Die Gestapo hatte die Einladungsliste gefunden. Sauerbruch wehrte sich – er könne doch wohl seine Freunde zu sich einladen.[103]

Mitte Juli schrieb Erwin Planck noch einmal an den Vater, berichtete vom Einzug in das neue Büro und kündigte an, »in der Woche zwischen dem 22. und 29. Juli« nach Rogätz zu kommen. Max Planck antwortete beglückt. Er freute sich auf den Besuch und bedauerte nur, daß die Erdbeerzeit dann schon vorbei sein würde, »dafür sind jetzt die Kirschen gekommen, an denen Ihr Euch erlaben könnt«.

Die Verhaftung

Der lange geplante Umsturzversuch scheiterte. Hitler wurde nur leicht verletzt, als am 20. Juli 1944 im Führerhauptquartier »Wolfsschanze« in Ostpreußen die von Oberst Claus Graf Schenk v. Stauffenberg gelegte Bombe explodierte. Regimetreue Truppen besetzten in den Abendstunden den Bendlerblock in Berlin, von wo aus Stauffenberg und seine Mitverschwörer – darunter Beck, Olbricht und Witzleben – die reichsweite Kommandogewalt an sich reißen wollten. Beck wurde zum Selbstmord gezwungen; Stauffenberg, Olbricht und zwei weitere Beteiligte erschoß man noch in derselben Nacht im Innenhof des Gebäudes. Das Reichssicherheitshauptamt reagierte auf das Attentat mit einer umfassenden Verfolgungsaktion – mehrere hundert Menschen wurden in den kommenden Monaten festgenommen, mindestens 180 von ihnen zum Tode verurteilt und hingerichtet.

Erwin Planck wurde am 23. Juli, einem Sonntag, in seiner Wohnung verhaftet. Es wird berichtet, einer der Häscher habe gefragt: »Haben Sie Ihre Festnahme erwartet?« – »Ja, da Sie auch meine Freunde verhaften.«[104] Planck hätte sich womöglich absetzen können, denn sein Paß mit einem Visum für Dänemark und Schweden lag seit dem 13. Juli bereit.

In der Firma Wolff schlug die Nachricht von der Verhaftung wie eine Bombe ein. Man rätselte über den Grund. Gasper schrieb, auch im Namen von Siedersleben, sofort den bereits zitierten Brief an Staatssekretär Körner, in dem er auf Plancks Rolle bei den für das Reich wichtigen Verhandlungen in Schweden hinwies. Mitte August richtete Gasper dann ein – von Siedersleben mitunterzeichnetes – Schreiben an SS-Führer Himmler, das er persönlich ins Reichssicherheitshauptamt in der Berliner Prinz-Albrecht-Straße brachte. Darin hieß es: »Es liegt uns ... völlig ferne, zu dem Verfahren gegen Herrn Planck irgendwie Stellung nehmen zu wollen. Wir glauben aber unserer Überzeugung dahin Ausdruck geben zu sollen, daß wir uns bei der ganzen Persönlichkeit des Herrn Planck nicht vorstellen können, daß er an irgendwelchen Vorgängen beteiligt ist, die gegen die Interessen des Staates gerichtet sind. Als Herr Planck im Jahre 1937 in mein Haus eintrat, hat er Herrn Wolff persönlich und dessen Teilhabern versprochen, sich jeder politischen Tätigkeit zu enthalten. Wir sind davon überzeugt, daß er dann, wenn er von diesem Versprechen hätte abweichen wollen, unter allen Umständen vorher ausgeschieden wäre. Herr Planck hat für mein Haus wichtigste Reichsaufgaben bearbeitet, mit deren Durchführung wir beauftragt sind. Die Aufgaben haben einen streng vertraulichen Charakter und erfordern zum Teil internationale Beziehungen und Verhandlungen. Herr Planck hat diese Geschäfte mit größter Sorgfalt und Diskretion behandelt. Wir müssen anerkennen, daß er an ihrem bisherigen Gelingen einen wesentlichen Anteil gehabt hat. Damit hat er auch dem Reichsinteresse gedient.«

Noch einmal wurde betont, wie wichtig das Unternehmen für die Kriegsproduktion sei und daß Planck nun »bei der Erfüllung der meinem Haus obliegenden, den Reichsinteressen wesentlich dienenden Aufgaben laufend« fehle. Man möge ihn aus der Haft entlassen, »damit er in seinen Pflichtenkreis zurückkehren und darin wieder aktiv tätig werden« könne. Eine Woche später, am 23. August, kam die Antwort; man lehnte das Ersuchen ab und gab dem Unternehmen den Rat, »sich nicht weiter für die Sache einzusetzen. Dies würde eine unerwünschte Belastung für [die Firma] bedeuten.«[105]

Offensichtlich zog man daraus Konsequenzen, denn Ende August wurde Planck aus der Geschäftsleitung entlassen. Notar Karl Siebert teilte ihm die Entscheidung schriftlich mit: »Sehr geehrter Herr Staatssekretär! Sie werden verstehen, daß die Teilhaber der Firma Otto Wolff und die Mitglieder ihrer Geschäftsleitung außerordentlich bestürzt gewesen sind, als sie erfuhren, daß Sie wenige Tage nach den Ereignissen des 20. Juli verhaftet worden waren. Inzwischen sind mehr als fünf Wochen vergangen, und es ist nicht zu übersehen, wann Sie Ihre Tätigkeit bei der Firma Otto Wolff wieder aufnehmen werden. Wenngleich die Kölner Herren lebhaft wünschen und hoffen, daß Sie mit dem fluchwürdigen Verbrechen vom 20. Juli in keinerlei irgendwie geartetem Zusammenhang stehen und deshalb kein Hindernis dagegen besteht, daß Sie in absehbarer Zeit zu Ihrer früheren Arbeit zurückkehren, halten sie sich doch für verpflichtet, das mit Ihnen bestehende Vertragsverhältnis einstweilen zu suspendieren, bis Sie Ihre Funktionen wieder erfüllen können. Die Teilhaber der Firma und ihre Geschäftsleitung haben mich als jahrzehntelangen Rechtsbeistand der Firma Otto Wolff und als Mittestamentsvollstrecker des Herrn Otto Wolff ersucht, Ihnen die vorstehende Mitteilung zukommen zu lassen. Ich bedaure, daß die Firma sich zu dem bezeichneten Schritt gezwungen sieht, nehme aber an, daß Sie unter den gegebenen Umständen dafür volles Verständnis haben werden. Heil Hitler!«

Es dauerte lange, bis das Schreiben bei Planck ankam. Zur Erleichterung der Firmenleitung zeigte der Häftling das gewünschte Verständnis und erklärte seinerseits, daß er »in voller Würdigung der Gedankengänge der Teilhaber und Mitglieder der Geschäftsleitung« von seiner Position zurücktrete.[106]

In einem Sitzungsprotokoll formulierte Siedersleben mit beredter Umständlichkeit, was er für die »Firmeninteressen« hielt: »Entscheidend ist, daß die Firma Otto Wolff den Wunsch hat und haben muß, mit Herrn Plancks etwaigen und anscheinend von zuständiger Stelle angenommenen Angelegenheiten politischer Kampfart keinerlei Berührungen zu besitzen.« Dies ist »der notwendige Ausdruck dessen, was unser gesamtes unternehmerisches Wirken 100 Prozent beherrscht, nämlich der Zwang und Wille, uns auf das zu beschränken, was uns obliegt. Sonst kommt die Gruppe Otto Wolff möglicherweise in Zusammenhänge, welche sich ihrer Führung notwendig entziehen. Das zu vermeiden ist die Pflicht jedes leitenden Herrn und insbesondere der Mitinhaber des Hauses.«[107]

Von Behördenseite wurde Plancks »Ausstoßung aus dem Verhältnis eines Ruhestandsbeamten wegen seiner Beteiligung an den Vorgängen des 20. Juli 1944 angeordnet«. Die Pensionsgelder wurden gestrichen, ebenso die Gehaltszahlungen der Firma Wolff, weil ein Reichsgesetz den Lohnstop für Häftlinge verfügte. Gleichzeitig hatte Planck noch Schulden bei der Firma, weil er zu hohe Tantiemen erhalten hatte. Nelly Planck saß da ohne Mann, ohne Geld und mit einem Berg Schulden.[108]

Max Planck konnte das Unglück zunächst gar nicht begreifen, wie aus einem Brief an Laue von Anfang August hervorgeht: »Seit dem 20. Juli herrscht in der Staatsführung eine erheblich schärfere Tonart. So ist auch gegen meinen Sohn Erwin – doch dies bitte ich mit völliger Diskretion zu behandeln – eine Untersuchung eingeleitet worden, deren einzige Grundlage die ist, daß er mit einigen Attentätern bekannt war. Mein Trost ist, daß eine ganze Anzahl anderer Persönlichkeiten von dem gleichen Schicksal betroffen worden sind, so z. B. der preußische Finanzminister Popitz. Man kann doch auf dieser Grundlage unmöglich ein vernünftiges Urteil aufbauen. Aber sehr unangenehm ist diese Sache immerhin, namentlich weil es vermutlich wochenlang dauern wird, bis eine Entscheidung fällt.«[109]

Es ist schwer zu sagen, wie gut Max Planck von seinem Sohn unterrichtet worden war. Vom aktiven Widerstand wußte er nichts – an dessen Notwendigkeit hätte er aber wohl kaum gezweifelt, denn ihm war bekannt, welche Verbrechen von Deutschen begangen wurden, sofern er es nicht sogar mit eigenen Augen sehen konnte. »Es müssen schreckliche Dinge geschehen, wir haben schreckliche Dinge getan.« Das sagte er bei seinem Stockholm-Besuch im Mai 1943 zu Lise Meitner, wie diese nach dem Krieg einer Freundin mitteilte.[110]

Ende August 1944 reiste Max Planck nach Berlin, um selbst zu versuchen, seinen Sohn frei zu bekommen. Er wandte sich schriftlich an Himmler; sein Brief zeigt, daß er den Ernst der Lage inzwischen erkannt hatte: »Ich bin durch meine Schwiegertochter informiert worden, daß mein Sohn Erwin am 23. Juli verhaftet wurde und seine Situation nunmehr als sehr ernst bezeichnet wird. Aufgrund des innigen Verhältnisses, das mich mit meinem Sohn verbindet, bin ich sicher, daß er mit den Geschehnissen des 20. Juli nichts zu tun hat. Ich stehe im 87. Lebensjahr und bin in jeder Beziehung auf die Hilfe meines Sohnes angewiesen. Bis heute habe ich mich bemüht, meiner Wissenschaft und meinen Ehrenämtern zu leben, um auf diese Weise auch in meinem Alter dem Vaterland zu dienen. Das habe ich nur vermocht, weil mein Sohn mir in allen Dingen zur Seite stand. Am Ende meines Lebens ist dieser Sohn der einzige, der mir aus erster Ehe geblieben ist, nachdem ich meinen ältesten Sohn im Weltkrieg und außerdem meine beiden Töchter verloren habe. Mein Sohn aus zweiter Ehe* ist geistig nicht in der Lage, die Familientradition aufrechtzuerhalten, während dieser Sohn Erwin an Charakter und Gaben alles verkörpert, was unsere Familie in Generationen geworden ist. Ich bitte Sie, sehr geehrter Herr Reichsführer, sich in meine Lage versetzen und ermessen zu wollen, was es für mich auch unter Berücksichtigung meines Namens, der in Deutschland und in der Welt Geltung besitzt, bedeuten würde, wenn ich auch diesen Sohn durch ein sehr hartes Urteil verlieren müßte.«

Gleichzeitig schrieb Nellys Schwester Maria zweimal an Himmlers Ehefrau Marga; sie berief sich auf eine gemeinsame Bekannte, eine Frau Hofmeister. Marga Himmler sollte ihren Mann auf das Gesuch Max Plancks aufmerksam machen. Mitte September erhielt dieser ein Antwortschreiben von Himmlers Adjutant Schlauch. Darin hieß es: »Die Belastung Ihres Sohnes Erwin ist so groß, daß eine Entlassung nicht mög-

---

* Zu Hermann Planck, dem 1911 geborenen Sohn Max Plancks aus zweiter Ehe, gibt es nur spärliche Quelleninformationen. Im März 1934 machte er Abitur, später arbeitete er als Beamter im Reichsamt für Statistik. Während des Krieges war er als Soldat in Rußland, zum Jahreswechsel 1943/44 erschien er bei der Familie als »frisch gebackener Gefreiter«. Er starb am 21.8.1954 an Kinderlähmung.

lich ist.« Ein beim Reichsjustizminister beantragter Gefängnisbesuch wurde ebenfalls abgelehnt.[111]

Laue gab die Unglücksbotschaft am 21. September verschlüsselt an Lise Meitner nach Stockholm weiter: »Planck hat nun ein Urenkelkind bekommen. Dem Onkel dieses Kindes geht es sehr schlecht, man hat nicht viel Hoffnung für sein Befinden, doch Urgroßvater und Urenkel geht es gut.«[112] Tatsächlich hatte die Enkelin Grete Roos eine Tochter bekommen, und Max Planck rettete sich einmal mehr in seine schon fast rituelle Hoffnungshaltung. Immerhin hatte Erwin ihm am 24. September einen kurzen Brief aus dem Gefängnis geschickt: »Hab tausend Dank für Deinen lieben Gruß neulich, ich hoffe, es geht Dir und Marga gut, mir geht es sehr ordentlich. Alles, alles Liebe, Dein dankbarer Sohn Erwin.«

Auch Nelly hatte ihrem Schwiegervater um die gleiche Zeit einen hoffnungsvollen Brief geschrieben. Er antwortete ihr: »Du kannst Dir denken, oder vielmehr Du kannst Dir nicht denken, wie [wir] uns gefreut haben über Deinen erleichternden Brief vom Sonntag und über den direkten Gruß von Erwin. So wollen wir mit Euch dem Kommenden vertrauensvoll entgegensehen und dem Himmel dankbar sein für diesen Lichtblick. Wenn Du Gelegenheit findest, erwidere bitte den Gruß. Mit brennendem Interesse werden wir jede weitere Nachricht von Dir aufnehmen.«

Ende September erreichte Max Planck eine Mahnung der Reichskulturkammer, er solle endlich den schon früher angeforderten Beitrag zu der Broschüre »Bekenntnis zum Führer« liefern; Redaktionsschluß sei am 15. Oktober. In welche Gewissensnöte Planck dadurch geriet, lassen die vielen immer wieder durchgestrichenen Entwürfe für eine Antwort erahnen, die er auf den Brief kritzelte. Schließlich bestätigte er den Empfang des Schreibens und fügte hinzu: »[Ich] bedaure, Ihnen mitteilen zu müssen, daß ich in Anbetracht der Verhaftung meines Sohnes zur Zeit nicht die Worte finden kann, die dem Zweck der Broschüre entsprechen würden.«[113]

Mit Hilfe der Berichte verschiedener Leidensgenossen, die überlebt haben, läßt sich rekonstruieren, wo Erwin Planck inhaftiert war und wie man sich die Bedingungen seiner Haft vorstellen muß. Zum ersten Verhör kamen viele der nach dem 20. Juli Festgenommenen in ein Kellerverlies im Reichssicherheitshauptamt in der berüchtigten Prinz-Albrecht-Straße. Dort wurde Planck von Hermann Pünder gesehen, der nach dem gescheiterten Umsturzversuch ebenfalls verhaftet worden war. Pünder schildert die Szene folgendermaßen: Er sei von einem SS-Mann gefesselt in das Untergeschoß des Gebäudes geführt worden, »wo ich zunächst einmal mit dem Gesicht gegen die Wand eine runde Stunde stehend zu warten hatte«. Neben ihm standen weitere Häftlinge. »Einen erkannte ich sofort, es war mein Nachfolger Erwin Planck. Sprechen konnten wir in diesem Augenblick selbstredend kein Wort miteinander. Nur einen ganz kurzen Blick konnten wir austauschen. Es war unsere letzte Begegnung.«

Pünder beschreibt dann den Vernehmungsbeamten, der Planck auf ähnliche Weise verhört haben dürfte: »Mein erster Eindruck ... war geradezu abstoßend. Vor mir, der ich stehen mußte, flegelte sich in einem Armsessel ein gedrungener SS-Hauptsturmführer, etwa Mitte dreißig, mit einem aufgedunsenen, verwüsteten Gesicht voll von schlecht vernähten Mensurnarben.« Erst später erfuhr Pünder, daß es sich um »den gefürchteten SS-Hauptsturmführer ... Herbert Lange handelte. Nach einem längeren Grinsen aus seinen verglasten Augen kam als erstes: ›Nun wollen wir uns mal dieses Früchtchen ansehen!‹ Und nach einer Pause weiteren Grinsens: ›Und so was ist mal Staatssekretär der Reichskanzlei gewesen! Aber das Gelichter kennen wir bereits, draußen steht ja noch so einer.‹«

Während des endlosen Verhörs stellte sich heraus, daß Lange gut Bescheid wußte, Pünder – wie die anderen auch – also wohl schon seit langem überwacht worden war. Bei ihm drehte sich alles um die Frage, ob er von Goerdelers Putschplänen gewußt hatte. Er stand wie Planck und viele andere auf der »verhängnisvollen Personalliste«, auf der verzeichnet war, wer nach einem erfolgreichen Umsturz politische Ämter übernehmen sollte. Pünder hatte Goerdeler noch kurz vor dem 20. Juli bei sich in Münster beherbergt. Beim Abschied hatten sie sich gegenseitig versprochen, »zu schweigen bis zum Grab«. Beide hielten sich daran, obwohl sie in grauenvolle Situationen gerieten. Anders als Goerdeler sollte Pünder überleben; nach einer Irrfahrt durch Gefängnisse und Konzentrationslager erlebte er – wie Alexander v. Falkenhausen – in Südtirol die Befreiung durch die Amerikaner.

Viele der Gefangenen, möglicherweise auch Planck, wurden vom Reichssicherheitshauptamt aus in das Zellengefängnis in der Lehrter Straße in Moabit gebracht. Nur zu den – meist nächtlichen – Verhören fuhr man sie dann wieder in die Prinz-Albrecht-Straße. Pünder beschreibt die Haftbedingungen: In der engen Zelle gab es nur eine Pritsche, ein Tischchen und einen Kübel. Nachts brannte die Deckenlampe und erfüllte den Raum mit grellem Licht. Durch den Türschlitz wurde man permanent beobachtet und sofort zur Ordnung gerufen, wenn man etwa die Arme unter die dünne Decke steckte oder sich schon tagsüber auf die Pritsche legte.[114]

Anfang August wurde Planck in das KZ Ravensbrück überstellt, neunzig Kilometer nördlich von Berlin. Von dort sind die beiden ersten Briefe an Nelly erhalten: »Ich ... bin gesund und denke ständig an Euch.« Immer wieder brachte er der Familie gegenüber seine Liebe und Dankbarkeit zum Ausdruck. Außerdem bat er stets um verschiedene Kleinigkeiten, die ihm das Leben erleichtern sollten; einmal fragte er auch nach der Odyssee von Homer. Die von ihm angegebene Adresse war die Sicherheitspolizeischule Drögen, zu Händen von Kriminalrat Lange.[115]

Planck kam in den nördlichen Bereich des Lagers. Moltke, der eine Woche lang neben ihm untergebracht war, beschrieb in einem Brief die Haftbedingungen: »Am 19.8. wurde ich dann eingekleidet und in eine dunkle Zelle der Nordseite gesperrt, ohne Buch, ohne Papier zum Schreiben, ohne eigene Sachen, außer Socken und Taschentücher, mit schlechtem Essen und eine Woche lang ohne Ausgang. Trotzdem blieb ich nachrichtenmäßig mit den anderen in Verbindung.« Die Häftlinge schafften es also auch unter schwersten Bedingungen, sich miteinander zu verständigen – durch Pfiffe, Blicke und Klopfzeichen oder auch mit der versteckten Hilfe von Angehörigen des Wachpersonals.[116]

Die Vernehmungen fanden im »sieben Kilometer entfernten Lager Drögen, einem Ausbildungslager des Sicherheits-Dienstes« statt. Wie aus einem Brief Max Plancks an Nelly hervorgeht, hat Nellys Schwester Maria ihren Schwager dort besucht und anschließend eine »drastische Schilderung« ihrer Eindrücke abgegeben. Eine genaue Beschreibung der Verhöre stammt von Otto Geßler; der ehemalige Reichswehrminister war ebenfalls in Ravensbrück inhaftiert.[117] Einmal sah er Planck »zufällig auf Distanz«, ebenso Popitz, Hassell und Schacht. Es ist anzunehmen, daß Planck den gleichen Vernehmungsmethoden wie Geßler ausgesetzt war. Bei dem Leiter der »Untersuchungskommission« handelte es sich offenbar um denselben SS-Mann Lange, der bereits Pünder vernommen hatte; Geßler beschreibt ihn als »Burschenschaftler mit großem Schmiß – dem Anschein nach Mitte 30«.

Zu Beginn des Verhörs zeigte man Geßler einen »Ochsenziemer ... und Holzstäbe, die zur Folterung auf einem Tisch bereitgelegt waren. Ich wurde nun in der erregtesten Weise von Lange ausgefragt, was ich in den letzten Jahren getan und mit wem ich verkehrt hatte. Dabei wurde mir keine körperliche und seelische Mißhandlung – einschließlich einer sehr schmerzhaften halbstündigen Folterung –, keine moralische Demütigung erspart. Die Folterung bestand darin, daß mir zwischen die Finger beider Hände scharf geschnittene Holzstäbe bis auf den Knochen mit aller Gewalt eingepreßt und die Wunden dann mit rohen Stäben erweitert wurden. ... Mit Lange war noch ein zweiter Beamter – ein Korpsstudent, ebenfalls mit Schmissen – an der Mißhandlung und Folterung beteiligt.« Als »besonders niederdrückend« empfand es Geßler, daß er »absolut wehr- und rechtlos« war und »sich deutsche Akademiker selbst zu Prügelmeistern und Folterknechten hergegeben haben«.

Erwin Planck wurde ebenfalls gefoltert, mehrfach sogar.[118] Der Offizier und Jurist Fabian v. Schlabrendorff, der die KZ-Haft überlebte, schrieb nach dem Krieg: »Viele meiner Gesinnungsfreunde, z. B. Rechtsanwalt Langbehn, Regierungspräsident Graf Bismarck und Staatssekretär Planck, haben solche Folterungen über sich ergehen lassen müssen. Wir alle machten die Erfahrung, daß der Mensch Dinge ertragen kann, die man vorher nicht für möglich gehalten hätte. Wer von uns es noch nicht konnte, lernte beten und erlebte, daß das Gebet und nur das Gebet in solchen Lagen Trost spendet und übermenschliche Kraft verleiht. Man erlebte ferner, daß auch die Fürbitten der Verwandten und Freunde außerhalb des Gefängnisses einem Ströme von Kraft zuführten.«[119]

Geßler berichtet, daß »Mitte September [1944] eine große Anzahl der Verhafteten« abtransportiert wurde. Zu ihnen gehörten Planck und Moltke. Geßler selbst kam im Februar 1945 frei. Er schrieb nach dem Krieg an Nelly: »Daß das Andenken Ihres Mannes bei uns in höchsten Ehren gehalten wird, brauche ich Ihnen nicht besonders zu versichern. Er war ein Ehrenmann wie nicht allzu viele. Ich sah ihn zum letzten Mal aus der Ferne in Ravensbrück. ... Auch er hat mich erkannt. Wir konnten uns in dem kleinen Gefängnishof, wo er spazierenging, nicht sprechen, aber er sandte mir noch einen Blick zu, der mir unvergeßlich ist.«[120]

Die Gefangenengruppe aus Ravensbrück kam erst in die Lehrter Straße, dann in die Justizvollzugsanstalt Tegel. »Es war wie eine Rückkehr in unsere alte Welt«, schrieb Eugen Gerstenmaier, der zum Kreisauer Kreis gehört hatte und nach dem Krieg Bundestagspräsident wurde, in seinen Memoiren. »In dem Aufnahmeraum saßen ringsum vertraute Gestalten. ... Wir kamen in die Abteilung 8 des Hauses I der Anstalt. Es wurde das ›Todeshaus‹ genannt, weil dort die Todeskandidaten untergebracht wurden.« Gerstenmaier entdeckte unter anderem Popitz und Moltke, »neben ihm stand Erwin Planck. Wir waren noch nicht lange da, als wir einen der schwersten Luftangriffe zu überstehen hatten.« Gerstenmaier blieb, wie auch Moltke, in Tegel.[121] Planck hingegen wurde zunächst erneut in die Lehrter Straße verlegt, kehrte später aber wieder zurück.

Für Max Planck war es, wie er am 17. Oktober an Nelly schrieb, »wirklich wie ein Wunder: erstens, daß Erwin [bei dem Luftangriff] unversehrt geblieben ist, während das Haus neben ihm mitsamt zahlreichen Menschenleben vernichtet wurde, und zweitens, daß er infolgedessen wieder in die Lehrter Straße gekommen ist. Wie froh Du über diese Wendung bist, fühlen wir mit Dir. Wenn es sich ermöglichen läßt, bestelle ihm doch einen besonderen Gruß. Auf den verheißenen Brief sind wir sehr gespannt.«

Es ist anzunehmen, daß Nelly ihrem betagten Schwiegervater die Lage in beschönigender Weise schilderte. Sie selbst war völlig überfordert; ihre »Röntgenarbeiten« waren »aufreibend«, und sie litt unter Schlafstörungen, was Max Planck sehr beunruhigte. Marga berichtete nach einem Besuch in Berlin Anfang Oktober, daß Nelly abgemagert sei und elend aussehe. Planck redete seiner Schwiegertochter immer wieder ins Gewissen: »Daß Deine Arbeit anstrengend und wegen der unheimlichen Strahlenwirkungen sogar gefährlich ist, wußte ich ja von vornherein. Aber daß Du außerdem noch absichtlich Deine Gesundheit direkt aufs Spiel setzt mit Deinen fortdauernden Blutentziehungen [Blutspenden], finde ich geradezu unverantwortlich. Du bist doch sonst so klug und für alle Eventualitäten gerüstet, aber im vorliegenden Fall handelst Du wie ein Kind, dem der Blick in die Zukunft gänzlich abgeht. Was hast Du denn davon, wenn der Mops [Erwin] einmal zu Dir zurückkehrt und statt seines molligen Weibchens ein Gerippe vorfindet, das zwar noch lebt, aber nicht mehr imstande ist, ihm den gewohnten Liebreiz entgegenzubringen oder abzugewinnen? Denn dieser läßt sich nun einmal nicht durch die Dir eigene bewundernswerte Energie ersetzen. Also bitte, liebstes Nellchen, beherzige diesen Rat Deines um Euch beide in gleicher Weise besorgten Vaters und freue Dich auf den Augenblick, wo Du Deinen Mops wieder in Deine Arme schließen kannst. Das wird auch für mich wieder ein besonderer Glücksfall sein.«[122]

Erst am 11. Oktober 1944, zweieinhalb Monate nach Plancks Festnahme, erging ein offizieller Haftbefehl. Er richtete sich gegen Planck und drei weitere Personen: den ehemaligen Potsdamer Regierungspräsidenten Gottfried Graf v. Bismarck-Schönhausen, den Staatswissenschaftler Jens Peter Jessen und Friedrich Werner Graf v. d. Schulenburg, den früheren Botschafter in Moskau. Planck wurde beschuldigt, »das hochverräterische Unternehmen, mit Gewalt die Verfassung des Reiches zu ändern und den Führer seiner verfassungsmäßigen Gewalt zu

berauben, vorbereitet zu haben, wobei die Tat darauf gerichtet war, zur Vorbereitung des Hochverrats einen organisatorischen Zusammenhalt herzustellen, und damit zugleich es unternommen zu haben, im Inlande während eines Krieges gegen das Reich der feindlichen Macht Vorschub geleistet zu haben«.[123]
Damit war die Anklage gar nicht so weit von der Wahrheit entfernt: Planck hatte an einer neuen Verfassung für Deutschland mitgearbeitet, er hatte mit anderen das Ziel verfolgt, Hitler zu beseitigen, er hatte einen wichtigen Beitrag zum »organisatorischen Zusammenhalt« der Verschwörer geleistet, indem er Kontakte herstellte und Unterstützer anwarb, und er hatte versucht, Verbindungen zum Ausland herzustellen, um so zu einem möglichst schnellen Ende des Krieges beizutragen. Max Planck zeigte sich unterdessen – zumindest Laue gegenüber – noch immer überzeugt, daß sein Sohn »an den Geschehnissen des 20. Juli in keiner Weise beteiligt« gewesen sei und man ihn nur deshalb verhaftet habe, »weil einige der Attentäter zu seinem Bekanntenkreis gehörten«.[124]

Todesurteil und Gnadengesuche

Die Verhandlung vor dem Volksgerichtshof fand am 23. Oktober 1944 statt, genau ein Vierteljahr nach Plancks Verhaftung. Wie aus dem lückenhaften Tonprotokoll hervorgeht, baute der Zwangsverteidiger seine Strategie auf der These auf, daß Planck durch Goerdeler verführt worden sei und sich ihm nur aus Sorge um das Vaterland zur Verfügung gestellt habe. Der Anwalt erfand Sätze, die Planck in einem Gespräch mit Goerdeler gesagt haben könnte, etwa: »Wir dürfen um Himmels willen kein Debakel erleben, etwa wie 1918.« Weiter führte er aus: »Man kann es Planck glauben, wenn er sagt: ›Ich habe bei den ersten Goerdeler-Gesprächen nur daran gedacht, was soll geschehen, wenn durch Feindeinwirkung ein Zusammenbruch unserer staatlichen Ordnung sich ereignen sollte, muß ich dann als Deutscher irgendwie handeln?‹ Nun weiß ich und wir wissen alle, daß uns unsere Pflicht einen ganz klaren geraden Weg vorschreibt, daß wir es nicht nötig haben, uns in Überlegungen einzulassen, die außerhalb unseres vom Führer ausgestalteten Programms [liegen].«[125]

Solche Reden konnten Roland Freisler, den Präsidenten des Volksgerichtshofes, nicht beeindrucken. Alexander Frhr. v. Falkenhausen, der dem Richter am 12. Januar 1945 gegenüberstand, beschreibt ihn in seinen Erinnerungen so: »Er war ein großer, schlanker Mann um die fünfzig, mit scharf geschnittenem Gesicht, gelichteter Stirn und unruhig flackernden Augen. In seiner roten Robe wirkte er stattlich, aber der Gesamteindruck war unheimlich. Es haftete ihm etwas Komödiantenhaftes, dabei unendlich Eiteles an; jede Bewegung und jede Äußerung war erkennbar auf Wirkung auf das Publikum berechnet ...«[126] Sogar in einem von Reichsjustizminister Otto Georg Thierack angeforderten Bericht über den ersten Prozeßtag gegen Goerdeler und andere hieß es über Freisler: »[Wilhelm] Leuschner und v. Hassell ließ er nicht ausreden. Er überschrie sie wiederholt. Das machte einen schlechten Eindruck, zumal der Präsident etwa 300 Personen als Zuschauer gestattet hatte. ... Leider redete er Leuschner als Viertelportion und Goerdeler als halbe Portion an und sprach von den Angeklagten als Würstchen. Darunter litt der Ernst dieser gewichtigen Verhandlungen erheblich.«[127]

Der Volksgerichtshof sprach gegen Erwin Planck das Todesurteil aus. Zwei Tage später, am 25. Oktober, richtete Max Planck ein Schreiben an Hitler: »Mein Führer! Ich bin zutiefst erschüttert durch die Nachricht, daß mein Sohn Erwin vom Volksgerichtshof zum Tode verurteilt worden ist. Die mir wiederholt von Ihnen, mein Führer, in ehrenvollster Weise zum Ausdruck gebrachte Anerkennung meiner Leistungen im Dienste unseres Vaterlandes berechtigt mich zu dem Vertrauen, daß Sie der Bitte des im 87sten Lebensjahr Stehenden Gehör schenken werden. Als Dank des deutschen Volkes für meine Lebensarbeit, die ein unvergänglicher geistiger Besitz Deutschlands geworden ist, erbitte ich das Leben meines Sohnes.«

Bereits am Tag nach dem Urteilsspruch hatte sich Max Planck ein zweites Mal an Himmler gewandt und seinen Brief vom 30. August noch einmal beigelegt. Er bat den SS-Führer, sich beim Reichsjustizminister, dem er ebenfalls geschrieben habe, dafür einzusetzen, daß »die Todesstrafe im Gnadenwege in eine Freiheitsstrafe umgewandelt wird«.

Nelly Planck bedankte sich bei Frau Hofmeister, der Bekannten von Himmlers Gattin, für ihren Einsatz und richtete einen flehenden Brief an Staatsminister Otto Meissner: »Helfen Sie mir, lieber Herr Meissner, das Leben meines Mannes zu retten!« Außerdem wandte sich Nellys Schwager Carl Bolle an Göring: »Darf ich als Ihr alter Mitkämpfer in Krieg und Frieden, der glaubt, Ihnen bisher noch niemals mit einer persönlichen Bitte lästig geworden zu sein, in diesem besonderen Falle aus der sonst geübten Zurückhaltung heraustreten und Ihnen eine Bitte vortragen« – nämlich die, das Gnadengesuch für Erwin Planck zu unterstützen.[128]

Göring wurde offensichtlich von mehreren Seiten bedrängt, sich für Planck einzusetzen. Ein Gnadengesuch der Firma Wolff, an dem Rhenius mitgewirkt hatte, wurde bei Görings Staatssekretär Körner eingereicht, der es seinerseits an andere Herren weitergab, wozu »es ihn aufgrund seiner eigenen Kenntnis von Herrn Planck drängte«. Auch Plancks alter Verhandlungspartner Gritzbach von der Vierjahresplanbehörde versuchte, auf seinen Chef Göring einzuwirken. Er hatte regen Kontakt zu Planck – mehr noch zu Popitz – gehabt und unter der Hand wohl auch Informationen weitergegeben. Sein Vorstoß blieb – wegen Görings »schlaffer Resignation« – ohne Erfolg.[129]

Die Firma Wolff versuchte alles, um Planck vor der Hinrichtung zu bewahren. Siedersleben, Gasper und Wolff junior betrachteten es als ihre »Ehrenpflicht, den Herrn Reichsjustizminister zu bitten, das Urteil in eine Freiheitsstrafe umzuwandeln«.[130] Wie Schwerin berichtet, ist jedoch »kein Fall bekannt, in dem Thierack ein Gnadengesuch anders beantwortet hätte als mit der routinemäßigen Anordnung der Urteilsvollstreckung«.[131] Siedersleben wandte sich auf Umwegen ebenfalls an Göring und auch direkt an Meissner: »Es geschieht im Gefühl des Dankes, den die Firma Otto Wolff Herrn Planck schuldet, und ebenso in Erinnerung an den leider verblichenen Firmengründer.« Schließlich wurde noch Finanzminister Schwerin v. Krosigk eingeschaltet.

Franz v. Papen behauptete nach dem Krieg in seinen Memoiren mit dem Titel »Der Wahrheit eine Gasse«, er habe »um das Schicksal von drei Menschen ... mit Himmler noch bis in den Februar 1945 gerungen: meinen früheren Staatssekretär Erwin Planck, ... den Pastor Bonhoeffer und Herrn Caminneci. Keinen von ihnen konnte ich retten.«[132] Die Wahrheit sieht etwas anders aus. Ende November 1944 hatte Nelly sich hilfesuchend an Papen gewandt: »Das persönliche Vertrauen, das ich Ihnen gegenüber stets empfunden habe, läßt mich in größter Not zu Ihnen kommen. Mein Mann ist vom Volksgerichtshof zum Tode verurteilt worden. Gnadengesuche von meinem Schwiegervater und von mir liegen beim Führer und beim Reichsminister der Justiz vor. Ich bitte Sie von ganzem Herzen, Ihren schwerwiegenden Einfluß im Sinne einer Befürwortung einer Strafumwandlung geltend zu machen. Indem ich Ihnen, lieber Herr von Papen, danke, mehr als ich es in Worten zum Ausdruck bringen kann, für alles, was Sie in Sachen meines Mannes tun werden, bin ich Ihre Nelly Planck.« Darunter steht: »Ich schließe mich der Bitte meiner Schwiegertochter an, gez. Prof. Dr. M. Planck.«

Papen antwortete am 30. November handschriftlich: »Sehr geehrte gnädige Frau! Ich erhielt heute Ihr Schreiben und bin auf das Tiefste bestürzt über die Nachricht von der Verurteilung Ihres Mannes. Ich war überzeugt, daß er sich nach den Vorgängen von 1934 *völlig* von jeder politischen Betätigung zurückgezogen hätte. Es ist mir durch eine Willensbekundung des Führers absolut untersagt, in Fällen, wo der Volksgerichtshof Recht gesprochen hat, Gnadengesuche einzureichen oder zu unterstützen – so daß mir zu meinem Bedauern kein Weg dafür offensteht. Aber in völliger Unkenntnis der Lage des Falles darf ich doch hoffen, daß der Führer – angesichts der großen Verdienste Ihres Herrn Schwiegervater – seinem und Ihrem Gesuch Folge geben wird. In der Hoffnung, daß Ihnen diese schwerste Prüfung erspart bleiben möge, bin ich Ihr ergebener Franz Papen.«[133]

Max Planck versuchte, sich selbst und der Familie weiter Mut zu machen. Am 1. November schrieb er seiner Schwiegertochter: »Liebe Nell! Niemals im Leben bist Du mir so nahe gewesen und nie habe ich mich Dir so eng verbunden gefühlt wie in diesen Tagen, wo wir beide alle unsere Gedanken und Sorgen auf den einen richten, der unter allen Männern der Welt uns am nächsten steht und uns den besten Schutz und festesten Halt gibt und der uns nun genommen werden soll. Es ist nicht auszudenken. Um so dankbarer bin ich Dir, daß Du meine Gnadengesuche in die richtige Form und an die richtige Adresse gebracht hast. ... Laß uns weiter hoffen, daß das Schicksal es auch diesmal wieder gut mit ihm meint. Hoffentlich bleibt er bei dieser sich möglichst noch lange hinziehenden Wartezeit auch körperlich gesund und kann ordentlich schlafen, da ihm doch sein gewöhnliches Schlafmittel, der Alkohol, nicht mehr zugänglich ist. Und nun, liebstes Nellchen, denke auch einmal an Dich selber und daß Du für Erwin, wenn Du ihm etwas sein willst, Dich frisch und gesund erhalten mußt. Wie Marga mir erzählte, hast Du Dich furchtbar abgehetzt und siehst in hohem Maße angegriffen aus. Das ist ja auch nicht zu verwundern.«

Am 9. November gelangte dann eine Auskunft an die Firma Wolff: »Der Reichsführer SS wünscht, daß Professor Planck mündlich mitgeteilt wird, daß der Reichsführer SS von seiner Eingabe Kenntnis genommen hat und daß zunächst der Strafvollzug ausgesetzt worden sei. Der Reichsführer SS brachte hierbei zum Ausdruck, daß er eine Begnadigung durch die Umwandlung in eine lebenslängliche Zuchthausstrafe für vertretbar hielte.«[134]

Nelly wurde benachrichtigt, sofort rief sie ihren Schwiegervater an, und der war ganz euphorisch vor Erleichterung: »Liebstes Nellchen! Ich weiß gar nicht, ob Dich dieser Jubelruf noch in Berlin erreichen wird. Aber ausstoßen muß ich ihn auf alle Fälle; denn ich fühle mich seit Deinem gestrigen Telefongespräch wie neu geboren und bin auf Näheres gespannt. Hauptsache ist: er bleibt leben. Gott sei Dank, und allen seinen Helfern. In Liebe Dein Vater.« Auch an Himmler schrieb er: »Danken möchte ich Ihnen nicht nur für Ihre wohlwollende Stellungnahme in der Angelegenheit meines Sohnes, sondern auch für Ihre Rücksichtnahme auf mich, die dadurch zum Ausdruck kommt, daß Sie mir das Ergebnis Ihrer Prüfung sofort mitteilen ließen. Ihre Nachricht hat meine Schwiegertochter und mich von der drückendsten Sorge befreit und gibt wieder berechtigten Grund zur Hoffnung.«[135]

Die Firma stellte Nelly einen Wagen zur Verfügung, mit dem sie am 11. November nach Rogätz fahren sollte; doch aus der Reise wurde nichts. Statt dessen mußten die Plancks erfahren, daß nun auch Erwins langjähriger Freund Rhenius verhaftet worden war – vermutlich erhoffte man sich von ihm weitere Informationen. Schließlich machte sich Max Planck mit Marga selbst auf den Weg, am 4. Dezember kamen sie um die Mittagszeit in Berlin an. Nelly, ihre Schwester Maria und die Freundin Gisela Krichauff kümmerten sich um die beiden. Am 12. Dezember waren sie wieder in Rogätz, und Planck bedankte sich bei Nelly: »Wir fühlten uns diese ganze Zeit unter Eurer Obhut geborgen ... Die Tage in Berlin waren für mich auch geistig sehr wohltuend und erholsam.« In ähnlicher Weise schrieb er an Laue, er habe »wieder einmal empfunden, wie wohltätig und wie notwendig es ist, den Kontakt mit der Stadt aufrechtzuerhalten, von der allein die geistigen Anregungen fließen, welche für jeden unentbehrlich sind, wenn er auf dem Lande nicht verbauern will.«[136]

Er schrieb das, obwohl die Stadt in Trümmern lag, fast alle großen Wissenschaftler und Künstler tot oder fortgezogen waren und er selbst sich körperlich wie seelisch in einem beklagenswerten Zustand befand. Es war sein letzter Aufenthalt in Berlin, das er auch als Ruinenfeld noch liebte. Über Weihnachten fuhr Nelly zusammen mit Gisela nach Rogätz.

Erwin Planck war Mitte November wieder nach Tegel verlegt worden; er kam in eine Zelle neben seinem Freund Georg Thomas. Obwohl man ihn schon zum Tode verurteilt hatte, wurde er, wie Thomas berichtet, weiter »gefoltert ..., um eine Aussage über mich zu erzwingen«. Planck habe jedoch »zu meiner Entlastung ausgesagt, daß ich gegen die Beseitigung Hitlers gewesen sei«. Ab Ende Dezember wurde Thomas nicht weiter vernommen, und er kam auch nicht mehr vor Gericht. Er wurde wie Pünder und Falkenhausen von den Amerikanern in Südtirol befreit, starb aber schon 1946.[137] Acht Wochen waren Planck und er nebeneinander inhaftiert, wie Thomas nach Kriegsende an Nelly schrieb. Planck habe ihn, als er Anfang Dezember seine »schweren Herzzustände bekam, ... ermuntert und getröstet. ... Er war bewunderungswürdig und hat treueste Freundschaft gehalten. Mir bleibt er als einer der treuesten und klügsten Menschen in Erinnerung.«[138]

Die Vernehmungen fanden nach wie vor meist in der Prinz-Albrecht-Straße statt. Am 21. Dezember wurde Planck dort seinem Freund Rhenius »zur Klärung von Widersprüchen in unseren Aussagen« gegenübergestellt. Rhenius berichtete nach dem Krieg von dieser letzten Begegnung: »Von einem Gestapobeamten begleitet, trat er ins Zimmer. Die Fußfesseln erlaubten nur ein langsames Schreiten. Er bewegte sich bis in die Mitte des Raumes, wo eine helle, direkt über ihm hängende Lampe scharfe Schlagschatten in sein abgemagertes Gesicht zeichnete. Den vernehmenden Gestapobeamten begrüßte er mit einem knappen Neigen des Kopfes, von mir nahm er keine Notiz. So stand er unbeweglich eine kurze Zeit in der Mitte des Raumes, gefesselt an Händen und Füßen, aber steil aufgerichtet, den Kopf erhoben, Ausdruck und Haltung eines Mannes, der in Wochen qualvoller Vernehmungen und Wartens auf das Urteil und in weiteren Wochen nach dem Todesspruch des Gerichtes hinausgewachsen war über das, was ihm auf dieser Welt noch angetan werden könnte. Man nahm ihm die Fesseln ab, und plötzlich ging wie durch ein Wunder eine Wandlung mit ihm vor. Er begrüßte mich mit seinem alten treuen Lächeln und machte dann seine Aussagen in dem überlegenen Plauderton, der mir aus unzähligen Unterhaltungen so vertraut war. Der Abschied war ein Händedruck.«[139]

Mit einem Händedruck unter Schulkameraden hatte vier Jahrzehnte zuvor die Freundschaft zwischen den beiden begonnen. Während der Eroberung Berlins durch die Rote Armee gelang Rhenius zusammen mit einem Freund die Flucht aus dem Gefängnis. Die beiden gesellten sich zu Nelly Planck und ihrer Freundin Elisabeth zu Salm-Salm und erlebten mit ihnen das Kriegsende. Rhenius starb 1979.

Marga fuhr noch einmal allein nach Berlin, von wo sie einen Brief von Erwin mitbrachte, der »gottlob ganz erfreulich« klang. Nelly teilte ihr mit, »daß alles gut stehe und die Begnadigung in Kürze zu erwarten sei«.[140]

Epilog

Alle Hoffnungen, alle Bemühungen waren vergebens. Am 23. Januar 1945, genau ein halbes Jahr nach der Verhaftung und ein Vierteljahr nach dem Urteilsspruch, wurde Erwin Planck im Gefängnis Plötzensee hingerichtet.[1] Zusammen mit ihm starben an diesem Tag noch zehn weitere Regime-Gegner am Galgen, darunter auch Graf Moltke; der frühere württembergische Staatspräsident Eugen Bolz wurde als einziger enthauptet. Nelly, die als erste von der Hinrichtung erfuhr, überbrachte ihrem Schwiegervater selbst die schreckliche Nachricht.

»Es geschah plötzlich und ganz heimlich.« Marga schilderte die Vorgänge in einem Brief an die Familie Seidel in Göttingen, der noch einmal die ganze Willkür des Systems dokumentiert: »Gerade, als wir fast sicher waren, daß er begnadigt würde, ist das Urteil vollstreckt worden. Es ist entsetzlich, und wir können es noch gar nicht fassen. Himmler sei an der Ostfront, Hitler aber in Berlin, und der habe sich die Listen geben lassen und verfügt. Natürlich mit vielen anderen. ... Nelly kam gestern mit Gisela Krichauff. Nachdem es ihr nicht gelang, auch von höheren Stellen, eine Fahrtbewilligung zu bekommen, die wir ja nun leider nach Berlin auch brauchen, wurde sie durch das Auto eines neutralen Staates hierher gebracht, um es dem Vater zu sagen. Natürlich mußte sie heute gleich wieder weg. Nelly ist es offiziell überhaupt nicht mitgeteilt worden, sie hat es durch Zufall erfahren, man war sogar ungehalten darüber! Niemand wollte es glauben, bis Nachforschungen angestellt wurden, daß es wirklich so ist. Erwin soll ganz gefaßt gewesen sein. Aber man darf nicht darüber nachdenken. Wie mag es in ihm ausgeschaut haben?«[2]

All das, was Max Planck noch geholfen hatte, den Schmerz über den Tod seines ältesten Sohnes im Ersten Weltkrieg zu bewältigen: die Ehre und das Vaterland, die beruflichen und die familiären Verpflichtungen – es nutzte ihm nun nichts mehr. Er war zutiefst verwundet. An Fritz und Grete Lenz, ein befreundetes Paar, schrieb er: »Ich ringe täglich aufs neue, um die Kraft zu gewinnen, mich mit dieser Schicksalsfügung abzufinden. Denn mit jedem neu anbrechenden Morgen kommt es wieder wie ein neuer Schlag über mich, der mich lähmt und mir das klare Bewußtsein trübt, und es wird lange dauern, bis ich wieder völlig ins seelische Gleichgewicht komme. Denn er bildete einen wertvollen Teil meines eigenen Lebens. Er war mein Sonnenschein, mein Stolz, meine Hoffnung. Was ich mit ihm verloren habe, können keine Worte schildern.« Als er seinem Neffen Max »aus tieftraurigem Herzen« mitteilte, daß er von der Hinrichtung erfahren habe, schrieb er bei der Anrede versehentlich den Namen »Erwin«; er strich ihn durch und setzte »Max« darüber.

Ab und zu setzte er sich ans Klavier und spielte Erwins Lieblingsmelodien. An seine Schwiegertochter schrieb er: »Liebste Nell! Noch in der Erinnerung an Deinen Besuch mit Dir eng verbunden, liegt mir daran, Dir mitzuteilen, daß ich meinem Testament einen Nachtrag hinzugefügt habe, in welchem ich bestimme, daß der für Erwin vorgesehene Erbteil in seiner vollen Höhe auf Dich übergeht.«

Die vielen Kondolenzbriefe, die Max Planck erhielt, spiegeln alle Schrecken der Zeit wider. Man berichtete von Bombenangriffen, zerstörten Wohnungen, gefallenen oder vermißten Söhnen und Ehemännern, Flucht und Entbehrung. Einmal heißt es: »Alles ist vergangen, zerstört. – Man hält es für einen bösen, bösen Traum. – Leben wir überhaupt noch? Kann man dieses Dahinsiechen in ewiger Todesangst vor Bomben, Banditen und Henkern überhaupt ›Leben‹ nennen?! Es ist so weit, daß man die Toten um ihre ewige Ruhe beneidet. Wie arm sind wir geworden, um so viel Unglück zu erleben. – Worte sind in diesem Fall nur klanglos! Und alles Hoffen war vergeblich!« Die offizielle Bestätigung der Hinrichtung durch den Oberreichsanwalt kam am 31. Januar; die Sterbeurkunde trug das falsche Datum vom 20. März 1945.[3]

Am 23. und 24. April, als die Rote Armee die Stadt schon beschoß, sollten in Berlin die letzten Widerstandskämpfer umgebracht werden. Unter ihnen waren Dietrich Bonhoeffers Bruder Klaus sowie der Geograph und Schriftsteller Albrecht Haushofer. Beide wurden im Gefängnis in der Lehrter Straße von einem SS-Kommando ermordet. Bei Haushofer fand man später dieses Gedicht:

Die Gefährten

Als ich in dumpfen Träumen heut versank,
sah ich die ganze Schar vorüberziehen:
Die York und Moltke, Schulenburg, Schwerin,
die Hassell, Popitz, Helfferich und Planck –

nicht einer, der des eigenen Vorteils dachte,
nicht einer, der gefühlten Pflichten bar,
in Glanz und Macht, in tödlicher Gefahr,
nicht um des Volkes Leben sorgend wachte.

Den Weggefährten gilt ein langer Blick:
Sie hatten alle Geist und Rang und Namen,
die gleichen Ziels in diese Zelle kamen –

und ihrer aller wartete der Strick.
Es gibt wohl Zeiten, die der Irrsinn lenkt.
Dann sind's die besten Köpfe, die man henkt.

Max und Marga Planck waren in Rogätz nicht nur völlig von der Außenwelt abgeschnitten, sondern auch zunehmend gefährdet, denn die Front näherte sich unaufhaltsam von beiden Seiten. Das Anwesen der Stills lag neben einem großen Turm weithin sichtbar am Steilufer der Elbe – ein ideales Ziel für Artilleriebeschuß durch die von Osten heranrückende Rote Armee oder die von Westen kommenden Amerikaner. Dies galt um so mehr, als deutsche Truppen sich in der Gegend einzugraben begannen. In einem Brief vom 22. Februar bat Marga die Seidels um eine Notunterkunft in Göttingen und fügte hinzu:

»Übrigens ist eine Menge Militär hier, und seit gestern wird geschanzt – an der Ohre, dem Steilufer entlang, an der Elbe. Der Major meint, es sei ein fabelhaftes Gelände für Luftlandetruppen«, außerdem hätten die Russen Magdeburg schon immer haben wollen, »der nächste Weg sei: Burg Rogätz«.[4] Sie war aufs höchste beunruhigt, zumal Max Planck nicht mehr gehen konnte, sondern auf das Auto angewiesen war.

Tatsächlich wurde Rogätz »Kampfgebiet«. Der letzte Brief von Vater Planck an seine Schwiegertochter stammt vom 9. April und endet mit: »Ach, Nelly!« Kurz darauf mußte das Gut geräumt werden. Der Ehemann der Enkelin Grete, Hans Roos, berichtete später: »Plancks mußten in den Wald, übernachteten in Heustadeln, waren tagelang ohne warmes Essen.« Nachdem sowjetische und amerikanische Truppen am 25. April bei Torgau an der Elbe zusammengetroffen waren, hörten in diesem Abschnitt zwar die Kämpfe auf, doch war »eine Rückkehr ins Gutshaus nicht mehr möglich. Es war in geradezu viehischer Weise beschmutzt und verwüstet worden. Plancks lebten nun – einige Kilometer vom Gutshaus entfernt – mit der Melkerfamilie Zeh zusammen. In einem kleinen Raum spielte sich das ganze Leben mit Kindern und Säugling ab.«

Planck und seine Frau saßen gerade mit Zehs beim Mittagessen – es war der 16. Mai, seit einer Woche war der Krieg zu Ende –, als ein Jeep vorfuhr. Drei Amerikaner stiegen aus, unter ihnen der Astronom Gerard P. Kuiper. Sie wollten Max Planck sofort nach Göttingen bringen; seinen Aufenthaltsort hatte ihnen der Physiker Robert Pohl mitgeteilt. Vermutlich wußten sie bereits, daß dieses Gebiet zur sowjetischen Zone fallen würde.

Margas Tagebucheintragungen zeigen die Mischung aus Überraschung, Verwirrung und Glück, die der Besuch auslöste. Hastig wurden die wenigen Habseligkeiten zusammengerafft, die den Plancks geblieben waren, dann ein »gerührter und schneller Abschied« von den Zehs und die Fahrt nach Göttingen. Die Seidels nahmen sie »freudigst« auf und überließen ihnen ihr Schlafzimmer.[5] Vielleicht erinnerte sich Planck daran, was er notiert hatte, als er nach dem Bombenangriff auf Kassel zum ersten Mal bei den Seidels untergekommen war: »Eindrucksvolle Wirkungen werden doch nur durch Gegensätze geschaffen.«

Max Planck lebte noch zwei Jahre in Göttingen. Sein Leid war nicht zu überwinden, es konnte höchstens gelindert werden, vor allem durch den Anblick seiner drei Urenkel – Christine, Gabriele und Nikolaus Roos. Im März 1946 schrieb Max v. Laue an Lise Meitner über einen Besuch bei den Plancks: »Er ist alt geworden, zusammengesunken, klagt über Arthritis und böse Schmerzen, die ihn jetzt wieder einmal zwingen, sich in der Klinik eine das Herz sehr anstrengende Einspritzung geben zu lassen. Aber die befreit ihn dann wieder auf sechs bis sieben Monate von unerträglicher Pein. Er erkundigte sich nach Physik, spricht aber nicht über das, was er durchgemacht hat. Frau Planck hingegen sagte uns – und das wird wohl auch seine Meinung sein –, sie könne über alles in der Erinnerung hinwegkommen, außer über das Schicksal Erwins und über die Schmerzensschreie ihres Mannes, als er, um aus Rogätz fortzukommen, in das abholende Auto gehoben wurde. Bei alledem spielt er jeden Abend eine Viertelstunde Klavier, mit drei Fingern an der linken Hand, denn zwei sind nicht mehr recht beweglich.«[6]

Im Juli 1945 trat Max Planck erneut an die Spitze der Kaiser-Wilhelm-Gesellschaft, wodurch er entscheidend zum Wiederaufbau der Organisation beitrug. Es kam ihm vor allem darauf an, die Einheit der Gesellschaft zu bewahren, was angesichts der Aufteilung Deutschlands in vier Besatzungszonen nicht einfach war.[7] Als am 1. April 1946 Otto Hahn offiziell die Präsidentschaft übernahm, wurde Planck Ehrenpräsident. Im Februar 1948 erfolgte die Umbenennung in Max-Planck-Gesellschaft.

Die Amerikaner waren ursprünglich gegen einen Fortbestand der Kaiser-Wilhelm-Gesellschaft gewesen – die Briten setzten ihn durch, nicht zuletzt unter Hinweis auf den von den Nazis ermordeten Sohn Max Plancks.[8] So stand Erwin seinem Vater noch über den Tod hinaus zur Seite. Welch hohes Ansehen Max Planck in Großbritannien genoß, zeigte sich, als er im Juli 1946 als einziger Deutscher – und als ältestes ausländisches Mitglied der Londoner Royal Society – zur Feier des dreihundertsten Geburtstags von Newton nach London eingeladen wurde.

Trotz aller Ehrungen blieb Max Planck ruhelos bis zum Tod. Sein in Göttingen lebender Anwalt Leopold Smend, der Bruder des Staatsrechtlers Rudolf Smend, berichtet, Planck habe sich am Ende seines Lebens intensiv mit religiösen Fragen befaßt und diese mit ihm diskutiert; er habe versucht, »sein Gemüt belastende Zweifelsfragen« zu klären. Planck sprach nicht über seinen Schmerz, aber er setzte sich mit seinem Gott über den Sinn des kaum zu ertragenden Leides auseinander. Mitte September 1947 besuchte ihn Smend ein letztes Mal am Krankenbett. Planck »bedankte sich immer wieder dafür, daß ich mir die Mühe gemacht hätte, ihm ein verständliches Bild christlichen Glaubens vorzuführen. Ihm sei mancher Zweifel, in den er in den letzten Lebensjahren geraten war, genommen worden.«[9]

Zu dieser Zeit ging es Planck bereits sehr schlecht, er war im Juli 1947 gestürzt. Lise Meitner schrieb an Laue: »Es war zu schmerzlich zu sehen, wie einer der wunderbarsten Menschen allmählich durch die Alterskrankheiten zerstört wurde.«[10] Der letzte Schicksalsschlag, die Hinrichtung Erwins, hatte ihn gebrochen. Seinen eigenen Tod konnte er nur noch »als Erlösung« empfinden. Max Planck starb am 4. Oktober 1947.

Die Trauerfeier fand am 7. Oktober in der Göttinger Albanikirche statt. Von der Familie waren Marga, Nelly und Hermann sowie Grete Roos mit ihrem Mann anwesend. Gestaltet wurde die Feier von dem Theologen Friedrich Gogarten, der, so schrieb Laue an Meitner, »sehr verständnisvoll und geschickt auf Stellen aus Plancks Vorträgen einging. Ich habe selten eine so gute Trauerrede gehört.« Laue selbst deutete in seiner Ansprache auf einen »schlichten Kranz ohne Schleife. Den habe ich für die Gesamtheit seiner Schüler niedergelegt ... als ein vergängliches Zeichen unserer unvergänglichen Liebe und Dankbarkeit.«[11] Auch Otto Hahn sprach zur Trauergemeinde. Der Organist intonierte Bachs Paraphrase des Chorals »Nun danket alle Gott«, und der »tiefgerührte« Geiger Karl Klingler spielte eine Solopartie für Max Planck, den Freund und Kenner der Musik. Sechs Studenten der Physik trugen den Sarg. Seine letzte Ruhestätte fand Planck auf dem Friedhof an der Gronerstraße; das Grab liegt an einem See, in der Nachbarschaft des Historikers Hermann Oncken.

Erwin Planck hat kein Grab gefunden. Die Frauen der Widerstandskämpfer hatten sich vergeblich auf den Weg gemacht, um die Leichen oder wenigstens die Asche ihrer Ehemänner zu finden. Eva Olbricht beschrieb in einem Brief an Nelly die verzweifelte Suche nach den Überresten ihres Mannes, der bereits in der Nacht zum 21. Juli 1944 erschossen worden war. Sie tröstete Nelly und sich selbst damit, daß »unsere Männer, die mit den gleichen Idealen vor Augen für Deutschland kämpften und starben, ... durch diesen gemeinsamen Tod auch in unserer Erinnerung für immer so eng miteinander verbunden [sind]«. Schön und sinnvoll fand sie, daß Nelly am 23. Januar 1946 in der Kapelle des Berliner St.-Hedwigs-Krankenhauses eine Trauerfeier zur Erinnerung an Erwin Planck gestaltete – »da doch niemand ein Gebet an ihren unbekannten Gräbern sprechen konnte«.[12]

Es war wohl die erste Feier dieser Art. Da die Kapelle im sowjetischen Sektor Berlins lag und die Reisemöglichkeiten von Westen her stark beschränkt waren, konnten viele Menschen nicht kommen, die gern dabei gewesen wären. Die Firma Wolff vertrat Rechtsanwalt Siebert; er war »tief bewegt«, wie er später in einem Dankesbrief an Nelly schrieb. »Während des warmherzigen Lebensabrisses, den der Geistliche gab, und während der Gesänge und feierlichen Zeremonien ist das Bild Ihres Herrn Gemahl in meiner Erinnerung wieder so recht lebendig geworden.«[13] Nelly hatte der Feier einen Vers aus dem 1. Korintherbrief gewidmet: »Was Du säst, kommt nicht zum Leben, wenn es nicht zuvor abstirbt.«

Dank

Am Anfang steht der ehemalige Leiter des Aufbau-Verlags, Gotthard Erler, am Ende der Lektor Hubert Leber. Erler hat mir nicht nur den Nachlaß Erwin Plancks vermittelt, er hat mich auch beraten und immer wieder ermutigt. Leber hat durch seine sorgfältige Redaktion und seine geschickten Kürzungen geholfen, aus dem viel zu umfangreichen Manuskript ein wohlproportioniertes Buch zu machen. Zwischen diesen beiden stehen viele Personen, denen ich zu großem Dank verpflichtet bin: Frau zu Salm-Salm hat den Nachlaß an die Handschriftenabteilung der Staatsbibliothek zu Berlin gegeben und mir als enge Freundin von Nelly Planck bereitwillig Auskunft gegeben. Eef Overgaauw, der Leiter der Handschriftenabteilung, hat mir den Nachlaß großzügig überlassen, mich begleitet und das Manuskript korrigiert, ebenso wie der Professor für Physik Friedrich Smend und Henning v. Freier. Eine große Stütze waren der Archivar des Max-Planck-Archivs in Berlin, Dirk Ullmann, der Leiter des Rheinisch-Westfälischen Wirtschaftsarchivs, Ulrich Soénius, und Frau Silvia Boochs von der Handschriftenabteilung der Universität Düsseldorf, wo der Nachlaß während meiner Abfassung dieses Buches lagerte. Große Hilfe habe ich auch in allen anderen von mir aufgesuchten Archiven erfahren: vom Institut für Zeitgeschichte über das Archiv des Auswärtigen Amtes bis zu den Bundesarchiven in Freiburg, Koblenz und Berlin. Besonders gefreut hat mich, mit vielen Nachfahren der Protagonisten dieses Buches in Kontakt zu kommen, darunter Lonny v. Schleicher, die beiden Brandenstein-Töchter Annelies Georgi, die Patentochter Erwin Plancks, und Leonie Ossowski sowie Hasso v. Bredow, Alexander v. Alten-Reuß und seine beiden Schwestern. Ihnen allen danke ich von Herzen. Vor allem danke ich meinem Mann Wolf Smend, der nicht nur meine Zeit-Ehe mit Erwin Planck tapfer ertragen, sondern mir als Zeitzeuge, der Gustav Stresemann und Ernst v. Weizsäcker noch persönlich kannte, in vielen Gesprächen geholfen hat.

Anmerkungen

Prolog

1 BA-MA, 42 Nachlaß Schleicher, Nr.95, im folgenden zitiert als NL-Schleicher + Nr.
2 Brecht, Lebenserinnerungen II, S. 342.

Die Plancks in Berlin

1 Max Planck, Wissenschaftliche Selbstbiographie, S. 232f.
2 Zitiert nach Hermann, Planck, S. 25.
3 Stern, Planck, S. 38f.
4 Kerr, Briefe, S. 20.
5 Zitiert nach Engelmann, Berlin, S. 180ff.
6 Stern, Planck, S. 39f.
7 Ahnenpaß. Diese Quelle und alle im folgenden erwähnten und nicht extra belegten Dokumente, Briefe und Zeitungsartikel stammen aus dem Nachlaß von Erwin Planck (NL-Planck), der in der Handschriftenabteilung der Staatsbibliothek zu Berlin liegt. Vgl.den ausführlich aufgelisteten Inhalt des Nachlasses im Anhang.
8 NL-Planck, Tagebuch I, 12.3.1901–22.12.1905. Alle folgenden Zitate stammen daraus.
9 NL-Planck, Rhenius an Ricarda Huch, 25.10.1946.
10 Max Planck, Persönliche Erinnerungen, S. 31f.
11 Zitiert nach Born, »Max Planck«, in: Die großen Deutschen, Bd.4, S. 235.
12 Max Planck, Persönliche Erinnerungen, S. 33.
13 Max Planck, Brieftagebuch, 14.10.1905, S. 157.
14 NL-Planck, Erinnerungen von Helmuth Rhenius, geschrieben im Januar/März 1969.
15 A. v. Zahn-Harnack, Erinnerungen, S. 165.
16 NL-Planck, Tagebuch II, 24.12.1905–31.3.1908.

17 Max Planck, Brieftagebuch, 14.10.1905, S. 156.
18 NL-Planck, Rhenius an Ricarda Huch, 11.7.1947.
19 Hermann, Planck, S. 45.
20 Archiv zur Geschichte der Max-Planck-Gesellschaft (MPG-A), Max-Planck-Sammlung, Abt. Va, Rep. 11, Nr. 575, Max Planck an Emma Lenz, 27.10.1909; Nr. 574, Max Planck an Wilhelm Wien, 25.10.1909; im folgenden zitiert als Max-Planck-Slg. + Nr.
21 NL-Planck, Briefe Erwin Plancks an Rhenius und umgekehrt.
22 NL-Planck, Briefe Erwin Plancks an Onkel Carl.
23 NL-Planck, Tagebuch III, 1.1.1910–31.5.1912, die folgenden Zitate stammen daraus.
24 Max Planck, Brieftagebuch, 26.12.1910, S. 180 f., ebd. das folgende Zitat.

Die ungleichen Brüder

1 Alle folgenden Beschreibungen des Soldatenlebens und Überlegungen zur Berufswahl stammen entweder aus Briefen Erwins an den Vater und Rhenius oder aus dem bereits zitierten Tagebuch III.
2 BAB, R 43 I/3326, Personalakte Planck, Brief vom 21.3.1911; im folgenden zitiert als Personalakte.
3 Nipperdey, Geschichte, Bd. I, S. 308, ebd. die Kapitel »Antisemitismus« und »Die Juden«, S. 396 ff.
4 NL-Planck, Tagebuch IV, 1.6.1912–22.7.1914.
5 Personalakte, Patent vom 23.8.1912.
6 Nipperdey, Geschichte Bd. II, S. 220 f. Die folgenden Zitate stammen aus dem Kapitel »Militär«.
7 Personalakte, ab dem 23.3.1913.
8 NL-Planck, Tagebuch IV, 1.6.1912–22.7.1914.
9 Lemmerich, Briefwechsel, S. 505: Lise Meitner an Max v. Laue, 11.10.1947.
10 Engelmann, Berlin, S. 205.

Erster Weltkrieg

1 Zuckmayer, Als wär's ein Stück, S. 227. Alle folgenden Zitate von Zuckmayer stammen aus demselben Kapitel über die Jahre 1914–1918.
2 Axel v. Harnack, Erinnerungen, S. 170.
3 Max Planck, Physikalische Abhandlung, Bd. III, S. 77 f.
4 Stern, Planck, S. 46.
5 NL-Planck, Emma Planck an Erwin, Briefe zwischen dem 4.8.1914

und dem 3. 10. 1917. Alle folgenden Zitate aus Emmas Briefen stammen daher und werden nicht extra belegt.
6 Meitner, Max Planck, S. 407.
7 Stern, Planck, S. 47 f.
8 Max Planck, Brieftagebuch, S. 190.
9 NL-Planck, Kleines Notizbuch, 31. 7. bis 5. 9. 1914, ebd. die folgenden Zitate.
10 Personalakte; dort sind alle, auch die im folgenden erwähnten Schlachten, an denen Erwin Planck teilgenommen hat, verzeichnet.
11 Nipperdey, Geschichte, Bd. II, S. 760 f.
12 Horne/Kramer, Kriegsgreuel.
13 NL-Planck, Bericht Erwin Plancks über Schlacht, Verwundung und Gefangenschaft. Alle folgenden Zitate stammen daraus.
14 NL-Planck, J. Wrang an Planck, 31. 7. 1932.
15 Nipperdey, Geschichte, Bd. II, S. 760 ff.
16 Pentz, Bemerkungen zur Marne-Schlacht, in: IfZ, Nachlaß Eugen Ott, ZSA 32, Bd. 12, im folgenden zitiert als NL-Ott.
17 Personalakte.
18 NL-Planck, Gustav Brecht an Nelly Planck, 25. 11. 1947, und Brecht, Lebenserinnerungen I, S. 118.
19 Lemmerich, Briefwechsel, S. 422: Laue an Meitner, 3. 12. 1944.
20 Max Planck, Kausalgesetz und Willensfreiheit, S. 117.
21 NL-Planck, Tagebuch V, 2. 10. 1917–12. 12. 1918. Wenn nicht anders vermerkt, stammen alle folgenden Zitate daraus.
22 Alle folgenden Zitate stammen aus den Briefen an Rhenius oder dem bereits zitierten Tagebuch V. Die offiziellen Daten wie Beförderungen, Anstellungen etc. sind alle durch die Personalakte belegt.
23 Personalakte.
24 Helfferich, Weltkrieg, S. 658 und 668.
25 Nipperdey, Geschichte, Bd. II, S. 857 f.

Erwin Plancks Weg in die Politik

1 Vogelsang, Schleicher, S. 16.
2 Ludwig Crüwell, Aufzeichnungen für seine Kinder (Privatbesitz).
3 IfZ, ZSA 36/1, Holtzendorff, Schleicher, S. 9.
4 NL-Planck, Rhenius an Ricarda Huch, 25. 10. 1946.
5 Max Planck, Brieftagebuch, S. 192.
6 Wehler, Gesellschaftsgeschichte, Bd. IV, S. 218.
7 NL-Planck, Planck an Major Keller, einen Schweizer Bekannten aus der Gersauer Zeit, 15. 6. 1919.
8 Fritz T. Epstein, Compiègne und Versailles, S. 412 ff. Ebd. alle folgenden Zitate.

9 NL-Planck, Planck an Klostermeyer, 23.5.1919, Planck an Rhenius, 14.6.1919, und weiter unten Planck an Onkel Carl, 26.6.1919.
10 NL-Planck, Planck an Kleist, 18.9.1919.
11 Zu Kapp vgl. das Kapitel dieses Buches »Kapp-Putsch und Krise der jungen Republik«, S. 163.
12 NL-Planck, Planck an Reuschel, 23.8.1920.
13 Winkler, Weimar, S. 38 f.
14 Görlitz, Generalstab, S. 224 f.
15 Zitiert nach Carsten, Reichswehr, S. 41 f.
16 NL-Planck, Planck an Reuschel, 23.8.1920.
17 Ott, Schleicher, S. 360 f.
18 Vogelsang, Schleicher, S. 47 f.
19 NL-Planck, 16 Briefe Schleichers an Erwin Planck; sie werden nur in Ausnahmefällen extra belegt.
20 Zitiert nach Winkler, Weimar, S. 169 f.
21 NL-Planck, Planck an Reuschel, 23.8.1920.
22 NL-Planck, Tagebuch VI, 2.12.1919–5.3.1922. Alle folgenden Tagebuch-Zitate stammen daraus.
23 NL-Planck, Planck an Ferdi, 23.2.1920.
24 NL-Planck, Planck an Rochow, 29.11.1919.
25 Näheres dazu und zu Westarp in: Westarp, Konservative Politik.
26 Ewald v. Kleist-Schmenzin, Grundsätze und Aufgaben konservativer Arbeit. Rede auf der Mitglieder-Versammlung des Hauptvereins der Konservativen am 10.12.1929, abgedruckt in: Scheurig, Kleist-Schmenzin, S. 240–248, hier S. 241.
27 NL- Planck, Planck an Ferdi, 11.12.1919.
28 NL-Planck, Planck an Reuschel, 23.8.1920.
29 Engelmann, Berlin, S. 230.
30 Stern, Tod in Weimar, S. 90.
31 NL-Planck, Planck an Marcks, 8.7.1920.
32 Geßler, Reichswehrpolitik, S. 157 ff.
33 NL-Planck, Planck an Tante Otti, 14.8.1920.
34 Zitiert nach Hermann, Planck, S. 66 f.
35 NL-Planck, Tagebuch VI, 2.12.1919–5.3.1922. Wenn nicht anders vermerkt, stammen die folgenden Zitate daraus.
36 NL-Planck, Tagebuch VII, 5.4.1922–22.5.1923.
37 Lemmerich, Briefwechsel, Meitner an eine Verwandte, S. 13 f.
38 Dieser Eintrag und die folgenden bis zum 5. März 1922 stammen noch aus Tagebuch VI.
39 NL-Planck, Tagebuch VII, 5.4.1922–22.5.1923.
40 Personalakte, Bl. 8 + 30. Da sein Dienstbeginn auf den 1.12.1923 vorverlegt wurde, wurde sein ursprüngliches Gehalt von 617,35 RM, dann 646,23 RM im Oktober 1926 auf 736,65 RM erhöht.

41 NL-Planck, Tagebuch VIII, 15. 2. 1924–20. 7. 1924.
42 NL-Planck, Tagebuch IX, 29. 11. 1928.

In der Reichskanzlei

1 Planck an seine Ehefrau Nelly, 17. 2. 1924. Es liegen 52 Briefe Plancks an Nelly vor, abgesehen von den Briefen aus China 1933/34; sie stammen aus den Jahren 1924/25, 1930–1932, 1936. Sie werden im folgenden jeweils als Briefe an Nelly kenntlich gemacht sowie zeitlich eingeordnet und nur in Ausnahmefällen extra belegt.
2 Stehkämper, Nachlaß Marx, S. 114.
3 Pünder, Reichskanzlei, S. 6.
4 Stockhausen, Reichskanzlei, S. 20 ff., ebd. die folgenden Zitate, soweit nicht anders vermerkt.
5 Stockhausen, Reichskanzlei, S. 20 ff. Plancks Teilnahme an den Sitzungen ist jeweils in den edierten Akten der Reichskanzlei vermerkt und wird hier nicht jedesmal extra belegt. Ein Beispiel für viele: 26. 1. 1926 Chef-Besprechung mit Luther, Stresemann, Geßler, StS Kempner, Schleicher; Planck führte Protokoll. (AdRK-Luther II, Nr. 270)
6 Personalakte, Bl. 47, Pünder an Max Planck, 4. 6. 1927.
7 Pünder, Erinnerungen, S. 111.
8 Stockhausen, Reichskanzlei, S. 118.
9 Zur genaueren Wahlanalyse vgl. Winkler, Weimar, S. 261 ff.
10 Stockhausen, Reichskanzlei, S. 137 ff., ebd. die folgenden Zitate.
11 Winkler, Weimar, S. 274.
12 Plehwe, Schleicher, S. 94.
13 Stockhausen, Reichskanzlei, S. 150 ff.
14 Pünder, Erinnerungen, S. 111. Vgl. Vogelsang, Schleicher, S. 44.
15 Stockhausen, Reichskanzlei, S. 161 ff.
16 Max-Planck-Slg., 898, Max Planck an Emma Lenz, 25. 5. 1925.
17 Graf Kessler, Tagebuch, S. 435 und S. 440 ff.
18 Plehwe, Schleicher, S. 95.
19 Luther, Abgrund, S. 277.
20 Alle im folgenden erwähnten Einladungen und Festlichkeiten, an denen Plancks teilnahmen, sind dort verzeichnet.
21 Braun, Weimar, S. 399 f.
22 Brecht, Lebenserinnerungen II, S. 342. Brecht bezieht sich auf Erwin Plancks Einsicht in seine politischen Fehlentscheidungen.
23 ADAP, Serie B, Bd. III, Dok. 221.
24 BAK, Nachlaß Pünder, 167, Bl. 28, Pünder an Krohne, 26. 7. 1926. Im folgenden zitiert als NL-Pünder.
25 NL-Pünder, 167, Bl. 12.

26 Zitiert nach Hermann, Planck, S. 71.
27 NL-Planck, Schleicher an Planck, 27.5.1926; ebd. die im folgenden zitierten Briefe vom 10.3.1926 und 19.5.1926.
28 NL-Schleicher, 94, Bericht von Frau v. Gaudecker nach der Ermordung, S. 6.
29 Stehkämper, Nachlaß Marx, S. 415 ff.
30 AdRK-Marx III, Nr. 155, 14.12.1926, S. 451, Major v. Bredow an Regierungsrat Planck.
31 Vogelsang, Schleicher, S. 46 f., ebenso die folgenden Zitate.
32 Vogelsang, Reichswehr, Dokument Nr. 3, S. 409–413.
33 AdRK-Marx III, Nr. 96, 23.10.1926, S. 266 f.
34 AdRK-Marx III, Nr. 80, 14.9.1926, S. 201 f.
35 Demant, Zehrer, S. 88 f., ebd. die folgenden auf Zehrer bezogenen Zitate, S. 36 ff.
36 Jürgs, Springer und Zehrer, S. 198 f.
37 NL-Schleicher, 82, Bl. 115 f., 28.3.1933, Planck an Schleicher.
38 Eine der vielen Stimmen: Erich v. Manstein, zitiert nach Hammerstein, Spähtrupp, S. 92.
39 Brüning, Memoiren, S. 200.
40 Geßler, Reichswehrpolitik, beide Briefe S. 491 f.
41 AdRK-Marx IV, Nr. 336, S. 1062 ff., im Detail nachzulesen bei Carsten, Reichswehr, S. 311 ff.
42 Hürter, Groener, S. 61; ebd., S. 47, die im folgenden zitierte Rede Groeners und das folgende Zitat.
43 AdRK-Müller, Nr. 359, 19.11.1929, Vermerk Plancks zu einer Unterredung des Reichskanzlers mit dem Reichswehrminister und Schleicher über den Haushalt des Reichswehrministeriums.
44 NL-Planck, Tagebuch IX, 29.11.1928.
45 Personalakte, Bl. 63 f., ebd. Wohnungsgesuch.
46 NL-Pünder, 167, Pünder an Max Planck, 28.6.1929, Bl. 67, und Planck an Pünder, 2.7.1929, Bl. 66.
47 Hürter, Groener, S. 82.
48 Geßler, Reichswehrpolitik, S. 398.
49 Graf Kessler, Tagebuch, S. 594 ff.
50 Pünder, Reichskanzlei, S. 40 ff., ebd. Alle folgenden Zitate von Pünder.

Brünings Kanzlerschaft

1 Brüning an Heinrich Lübke, 15.11.1960, zitiert nach Mannes, Brüning, S. 250.
2 Pünder, Reichskanzlei, S. 47.
3 Hilferding, Der Austritt der Regierung, in: *Die Gesellschaft*, 7 (1930/I), S. 385–392.

4 Brüning, Memoiren, S. 182.
5 Pünder, Reichskanzlei, S.74, die folgenden Zitate S.76ff.
6 Zitiert nach Winkler, Weimar, S. 414.
7 Pünder, Reichskanzlei, S. 80.
8 Brüning, Memoiren, S. 344ff.
9 Fischer, Wilhelmstraße, S. 175.
10 Brüning, Memoiren, S. 278-285.
11 NL-Schleicher, 21, Bl. 72ff., Planck an Schleicher, 11.8.1931. Neben dem hier zitierten Brief sind noch zwei weitere im selben Ordner: 18.8.1931 (Bl. 81ff.) und 26.8.1931 (Bl. 98ff.). Sie werden nicht extra belegt.
12 Brüning, Memoiren, S. 354ff.
13 Brüning an Pechel, in: *Deutsche Rundschau*, (70) Juli 1947, S. 2.
14 Ebd., S. 5.
15 NL-Schleicher, 21, Bl. 81-84, Planck an Schleicher, 18.8.1931.
16 NL-Schleicher, 21, Bl. 98f., Planck an Schleicher, 26.8.1931.
17 Bussche-Ippenburg, Brief an Mau, S. 267.
18 Brüning, Memoiren, S. 427.
19 Noedelchen, Bemerkungen, S. 274.
20 NL-Schleicher, 22, Bl. 35.
21 Brüning, Memoiren, S. 556.
22 NL-Pünder, 94, Bl. 14/15.
23 IfZ ED 93, Schäffer-Tagebuch, Bd. 21, S. 591, Gespräch mit Groener, 17.6.1932, im folgenden zitiert als Schäffer-Tagebuch + Bd. + S.
24 Adolf v. Carlowitz, Interview vom 7.2.1949, in: IfZ, ZS 218, Bd. I, S. 4: Schleicher habe »nichts direkt zum Sturz Brünings beigetragen«. Vgl. auch Holtzendorff, Stellungnahme zu Brünings Memoiren, 2.11.1971.
25 Erich Frhr. v. dem Bussche-Ippenburg an Minister a.D. Hans Schlange-Schöningen, 21.6.1957, in: NL-Ott. Ebd., Bd. 12: Eugen Ott an Theodor Eschenburg, 19.1.1953. Vgl. Holtzendorff, Schleicher.
26 Pünder, Reichskanzlei, S. 129 f.
27 Staudinger, Wirtschaftspolitik, S. 108.

Das Ende der Weimarer Republik

1 Personalakte, Ernennungsurkunde, 2.6.1932; Gehalt: 28440 RM jährlich.
2 Alle zitierten Zeitungsartikel befinden sich im NL-Planck.
3 Brüning, Memoiren, S.603.
4 NL-Pünder, 6, Bl. 14ff., Pünder an Max Planck, 29.6.1932; Planck an Pünder, 5.7.1932.

5 Schäffer-Tagebuch, Bd.21, S.545f. und Anlagen, Bd.37, S.68.
6 Schäffer-Tagebuch, Bd.21, S.648, 1. Gespräch mit Planck, 6.7.1932.
7 Schäffer-Tagebuch, Bd.21, S.641ff., 1. Gespräch mit Planck, 6.7.1932.
8 AdRK-Papen, Nr.53, S. 190f., Vermerk von Planck.
9 AdRK-Papen, Nr.66, S. 246f., Vermerk von Wienstein.
10 Carlowitz, Interview, S.9.
11 Schäffer-Tagebuch, Bd.23, S.940ff., 6. Gespräch mit Planck, 28.10.32.
12 Ott, Schleicher, S. 367.
13 Pufendorf, Klepper, S.91.
14 Bracher, Auflösung, S.580f.
15 Pufendorf, Klepper, S. 124ff.
16 Staudinger, Wirtschaftspolitik, S. 109f.
17 AdRK-Papen, Nr.73, »der Ablauf der Aktion«, S. 267ff.
18 Pünder, Reichskanzlei, S. 140.
19 Schäffer-Tagebuch, Bd.22, S.721, Gespräch mit Harms, 7.8.1932.
20 Vgl. AdRK-Papen, Nr.196, Brief des Ministerpräsidenten Braun an den Reichspräsidenten vom 7.11.1932 mit einer Liste der Entlassenen, S.885ff.
21 Bracher, Auflösung, S.600.
22 Schäffer-Tagebuch, Bd.21, S.692ff., 2. Gespräch mit Planck, 28.7.1932.
23 Schäffer-Tagebuch, Bd.21, S.673f., 21.7.1932.
24 DGB-Archiv, Gew. A. 1932/1439f., zitiert nach Kissenkoetter, Strasser, S. 152.
25 Schäffer-Tagebuch, Bd.22, S.785, 3. Gespräch mit Planck, 22.8.1932.
26 Schäffer-Tagebuch, Bd.21, Fortsetzung des 2. Gesprächs mit Planck, 28.7.1932.
27 Pünder, Reichskanzlei, S. 138ff. Diese und alle weiteren Pünder-Zitate stammen von dort.
28 Vgl. AdRK-Papen, Nr. 102 und 103, Protestbrief Hitlers an Planck und Meissner sowie Antwortbrief Plancks an Hitler, S. 391 ff.
29 Schäffer-Tagebuch, Bd. 21, S. 692, 28. 7. 1932.
30 Schäffer-Tagebuch, Bd. 22, S. 830, 4. Gespräch mit Planck, 2. 9. 1932.
31 Schäffer-Tagebuch, Bd. 22, S. 782 ff., 3. Gespräch mit Planck, 22. 8. 1932.
32 Graf Kessler, Tagebuch, S. 689.
33 AdRK-Papen, Nr. 133, Aufzeichnung der drei Staatssekretäre über eine Unterredung mit Göring am 12. 9. 1932, S. 542 f.
34 AdRK-Papen, Nr. 142, Protokoll der Ausschußsitzung vom 14. 9. 1932, S. 585 f.
35 Schäffer-Tagebuch, Bd. 22, S. 859 ff., 5. Gespräch mit Planck, 15. 9. 32.
36 AdRK-Papen, Nr. 142, Aufzeichnung Plancks über eine Besprechung des Reichskanzlers mit dem Vorsitzenden des Überwachungsausschus-

ses Paul Löbe vom 15. 9. 1932, S. 585 f. In Dokument Nr. 158: Vernehmung Papens und Plancks, 27. 9. 1932.
37 Zuckmayer, Als wär's ein Stück, S. 519 ff.
38 Schäffer-Tagebuch, Bd. 23, S. 940 ff., 6. Gespräch mit Planck, 28. 10. 32.
39 Graf Kessler, Tagebuch, S. 695.
40 NL-Ott, Bd. 12, Ott an Eschenburg, 19. 1. 1953.
41 AdRK-Papen, Nr. 239 b, Tagebuchaufzeichnungen des Reichsfinanzministers über den Verlauf der Ministerbesprechung vom 2. 12. 1932. Vgl. auch die folgende Sitzung.
42 AdRK-Papen, Nr. 221, Brief vom 18. 11. 1932.
43 Carlowitz, Interview, S. 9, ebd. die folgenden Zitate.
44 Vortragsnotiz von Ott, 2. 12. 1932, abgedruckt in: Vogelsang, Reichswehr, Dokument Nr. 38, S. 484 f.
45 Vogelsang, Reichswehr, S. 311.
46 NL-Ott, Bd. 12, Hermann Foertsch an den Chefredakteur der FAZ, 29. 1. 1952.
47 NL-Ott, Bd. 12, Ott an Eschenburg, 19. 1. 1953, ebd. das folgende Zitat.
48 Vogelsang, Reichswehr, S. 381. Ebd., S. 335 ff., alle folgenden Zitate, soweit nicht anders vermerkt, stammen aus diesem Kapitel.
49 AdRK-Schleicher, Nr. 25, S. 102 ff.
50 Schäffer-Tagebuch, Bd. 33; die Ausführungen stützen sich auf Gespräche Schäffers mit Schleicher vom 10. 1. und 13. 1. 1933, Bl. 16–24, sowie auf die »Programmatische Erklärung ›Was will Schleicher?‹«, ebd.
51 BAB R 43 I/1883, S. 335, Brecht an Planck, 28. 12. 1932; ebd., S. 337, Persönliches Antwortschreiben Plancks, 11. 1. 1933.
52 Brecht, Lebenserinnerungen II, S. 246 f.
53 Vogelsang, Reichswehr, S. 362.
54 Goebbels, Kaiserhof, S. 238.
55 Schäffer-Tagebuch, Bd. 33, S. 16 f., 10. 1. 1933.
56 Freund, Staatsmann, S. 857.
57 Braun, Weimar, S. 738.
58 Vogelsang, Reichswehr, S. 369.
59 Vogelsang, Reichswehr, S. 376.
60 Kunrat v. Hammerstein, Spähtrupp, S. 42, zitiert aus einem Brief v. dem Bussches an den Sohn K. v. H.s nach dem Krieg, ebd. das folgende Zitat und, S. 34 ff., die Geschichte des Hammerstein-Berichts, der von Harbou nach England geschmuggelt wurde und so erhalten blieb.
61 AdRK-Schleicher, Nr. 71, S. 306 f., Ministerbesprechung vom 28. 1. 1933, und ebd., Nr. 77, S. 317, Tagebuchaufzeichnung v. Krosigk über die Vorgänge in Berlin zwischen dem 23. und dem 28. 1. 1933.
62 NL-Schleicher, 94, Gaudecker-Bericht, S. 17.

63 Hammerstein, Spähtrupp, S. 43.
64 Schäffer-Tagebuch, Bd. 24, 29. 3. 1933, S. 28.
65 Zuckmayer, Als wär's ein Stück, S. 531 f.
66 Bracher u. a., Machtergreifung, S. 47.
67 Personalakte, Bl. 90.
68 Brüning, Memoiren, S. 648 f.
69 NL-Planck, Treviranus an Nelly Planck, 5. 7. 1947.
70 Pentz, Gespräch mit Thilo Vogelsang, Aktennotiz, in: IfZ, ZS 281.
71 NL-Ott, Bd. 12, Bussche an Ott, 30. 1. 1951.
72 NL-Planck, Nelly, 4/4. Nelly Planck berichtete Erwin während seiner Ostasienreise in fortlaufenden Briefen jeweils über mehrere Tage. Diese Schriftstücke werden im folgenden – wie hier – zitiert als »Nelly« mit der Nummer des Briefes und der betreffenden Seitenzahl.
73 Ott, Schleicher, S. 371.
74 NL-Planck, Kempner an Nelly Planck, 24. 12. 1952.

Asienreise im Schatten Hitlers

1 Personalakte, Planck an Lammers, 26.4.1933.
2 NL-Planck, Briefe an seine Frau Nelly 18.3.1933–24.3.1934. Die Briefe sind übertragen, gebunden und paginiert. Alle folgenden Berichte Plancks stammen aus diesen Briefen, sie werden für jeden Reiseabschnitt als China-Briefe zitiert. Hier beginnt der 1. Reiseabschnitt bis Hongkong, 16.3.–12.5.1933, S. 1–17.
3 China-Briefe, S. 94.
4 NL-Schleicher, 82, Bl. 115f., Planck an Schleicher, 28.3.1933.
5 Nelly nennt diesen Freund nur »G.S.«; er wurde um den 25.3. verhaftet und um den 15.5.1933 freigesprochen, erwähnt bei Nelly, 7/4.
6 Nelly, 2/4f.
7 Dieser Brief und die folgenden werden zitiert bei Hermann, Planck, S. 77ff.; 13., 19., 31.3. sowie 6.4.1933.
8 Lemmerich, Briefwechsel, S. 516ff.: Laue an Meitner, 15.6.1948; Meitner an Laue, 24.6.1948.
9 Ebd., S. 519: Laue an Meitner, 30.6.1948.
10 Max-Planck-Slg., 1065, Planck an Glum (Kopie), 18.4.1933.
11 Nelly, 8/6.
12 Hachtmann, Erfolgsgeschichte, S. 15.
13 MPG-A, I. Abt., Rep. 1A, Nr. 127, Max Planck, Rede vom 23. Mai 1933.
14 Henning, Beiträge, S. 93.
15 Heisenberg, Zum 100. Geburtstag von Max Planck, S. 13f.
16 Max-Planck-Slg., 1072, Planck an Schrödinger, 10. 11. 1933.
17 Max-Planck-Slg., 1075, Planck an Laue (Kopie), 22.3.1934.

18 Max-Planck-Slg., 1067, Planck an Prof. Kippenberg (Kopie), 12.5.1933.
19 China-Briefe, S.9ff.
20 Personalakte, 26.4.1933, ebd. Brief vom 14.5.1933.
21 China-Briefe, S.58.
22 China-Briefe, S. 17–36: 2. Reiseabschnitt, Neu-Guinea, 12.5.–8.7.1933.
23 NL-Planck, Fotoalben.
24 China-Briefe, S. 36–46: 3. Reiseabschnitt, Hongkong und Kanton, 8.7.–26.8.1933.
25 Nelly, 10/3.
26 NL-Planck, Marie-Luise v. Mengersen an Nelly Planck, 28.9.1953.
27 NL-Planck, China-Dienst, Nr. 23.
28 China-Briefe, S. 46–55: 4. Reiseabschnitt, Shanghai und Nanking, 26.8.–20.9.1933.
29 NL-Schleicher, 82, Bl. 107 f.: Planck an Schleicher, 27.8.1933.
30 NL-Schleicher, 94, Gaudecker-Bericht, S. 17 f.
31 NL-Planck, Schleicher an Planck, 20.9.1933.
32 NL-Planck, Planck an Rhenius, 15.9.1933.
33 BAB, D.B.Ch., Nr. 2254, Bl. 105 ff., Trautmann an das AA Berlin, 10.7.1934.
34 BAB, D.B.Ch., Nr. 2260, Bl. 17, Artikel der *North China Daily News*, 20.7.1933.
35 BAB, D.B.Ch., Nr. 2257, Bl. 29, Nr. 2260, Bl. 17, und Nr. 2253, Bl. 164.
36 BAB, D.B.Ch., Nr. 2254, Bl. 179 c-e, Geheimer Erlaß an alle deutschen Gesandtschaften vom 31.1.1934.
37 Vgl. Pufendorf, Klepper, S. 170 f.
38 Rheinisch-Westfälisches Wirtschaftsarchiv (RWWA), Rep. 72, Archiv Otto Wolff, 72–134–11, Otto Wolff an den chinesischen Botschafter Tieng-fong Cheng, 25.10.1937.
39 NL-Planck, Abschrift des Berichtes von Rudolf Siedersleben für sein Entnazifizierungsverfahren, 23.11.1945, S. 13, vgl. auch S. 25 ff., 32 ff. und 44 ff. Im folgenden zitiert als Siedersleben-Bericht.
40 Nelly, 11/26.
41 China-Briefe, S. 55–61: 5. Reiseabschnitt von Shanghai nach Chongqing, 20.9.–1.10.1933.
42 China-Briefe, S. 61–64: 6. Reiseabschnitt in Chongqing, 1.10.–11.10.1933.
43 NL-Planck, Hannita Traut an Nelly Planck, 27.2.1948.
44 China-Briefe, S. 64–75: 7. Reiseabschnitt in Chengdu, 11.10.–7.11.1933.
45 NL-Schleicher, 82, 109 ff., Planck an Schleicher, 26.10.1933, und NL-Planck, Schleicher an Planck, 16.12.1933.

46 MPG-A, Fritz-Haber-Slg., Abt. Va, Rep. 5, Nr. 1202, Haber an Willstätter (Kopie), nach April 1933.
47 Fritz-Haber-Slg., 1153, Max Planck an Haber (Kopie), 1.8.1933.
48 Hahn, Erinnerungen, S. 21 ff.
49 Henning, Beiträge, S. 78, vgl. dort auch Einzelheiten zu Plancks Bemühungen, Mitarbeiter zu halten und zu schützen.
50 Nelly, 16/25.
51 NL-Schleicher, 82, Bl. 109 f.: Planck an Schleicher, 26.10.1933.
52 China-Briefe, S. 75–82: 8. Reiseabschnitt von Chengdu nach Chongqing, 7.11.–23.11.1933.
53 China-Briefe, S. 83–93: 9. Reiseabschnitt von Chongqing über Shanghai und Tsingtao nach Peking, 24.11.–29.12.1933.
54 China-Briefe, S. 93–107: 10. Reiseabschnitt in Peking, 29.12.1933–22.2.1934.
55 NL-Schleicher, 82, Bl. 113 f., Planck an Schleicher, 8.3.1934.
56 NL-Planck, Zechlin an Nelly Planck, 3.9.1948.
57 China-Briefe, S. 107–122: 11. Reiseabschnitt über Japan nach Genua, 22.2.–15.4.1934.
58 Bollmann u. a., Kaiser-Wilhelm-Gesellschaft, S. 44.
59 Whymant, Sorge, S. 76.
60 NL-Schleicher, 82, Bl. 103 ff., Ott an Schleicher, 12.10.1933.
61 Vgl. Whymant, Sorge, S. 418 f. Robert Whymant hat in seinem Buch über Sorge, das unter anderem auf den Verhörprotokollen beruht, die letzte Begegnung zwischen Ott und Sorge festgehalten – ein dramatisches Zeugnis einer großen Freundschaft.
62 NL-Planck, Planck an Rhenius, 18.1.1934.
63 PA AA, R 29518, Bd. 7, S. 112 ff., v. Dirksen an v. Bülow, 9.3.1934.
64 NL-Planck, Schleicher an Planck, 16.12.1933.

Rückkehr in ein anderes Deutschland

1 NL-Schleicher, 82, Bl. 37, Planck an Schleicher, 4.5.1934, und NL-Planck, Antwort Schleichers, 10.5.1934.
2 IfZ, ZS/24, Crüwell, Beantwortung von Fragen Foertschs zur Reise Schleichers im Mai 1934. Ebd. die folgenden Zitate über die Reise, wenn nicht anders vermerkt.
3 NL-Planck, Marcks an Planck, 29.7.1933 und 21.12.1933.
4 NL-Schleicher, 94, Gaudecker-Bericht, S. 18.
5 NL-Schleicher, 88, Bericht von Arno Moyzischewitz über die letzte Begegnung mit Schleicher; vgl. auch François-Poncet, Souvenirs, S. 192.
6 Moyzischewitz- Bericht, ebd. die folgenden Zitate.
7 Siehe Prolog, »Der Mord an Kurt v. Schleicher«, S. 13.
8 NL-Schleicher, 88, Bericht des Kreiskämmerers Heiß.

9 IfZ, Nelly an Krausnick, 1.5.1955.
10 Von den Zeugen, Alexander v. Alten und Jutta Beckmann, geb. v. Alten, beglaubigte Gesprächsnotiz.
11 Kissenkoetter, Strasser, S. 194 f.
12 NL-Planck, Carlowitz an Nelly Planck, 27.3.1964.
13 Sauerbruch, Leben, S. 511 ff.
14 BA-MA, NL-Thomas, 15447, Aufzeichnungen, S. 1, im folgenden zitiert als Thomas, Bericht.
15 Hildebrandt (Hrsg.), Die besten Köpfe, S. 138.
16 NL-Planck, Planck an Nelly, 30. und 31.7.1936.
17 Max Planck, Die Physik im Kampf um die Weltanschauung, S. 369 ff.
18 Meitner, Max Planck, S. 407, ebd. das folgende Zitat.
19 Stern, Max Planck, S. 58.
20 Heilbron, Max Planck, S. 177.
21 RWWA, 72–228–10, General Thomas an Otto Wolff, 16.9.1936.
22 RWWA, 72–228–10, Aktenvermerk (AV) Siedersleben, 9.10.1936. Um welches Unternehmen es sich dabei handelte, ist nicht bekannt.
23 Brüning, Memoiren, Bd. I, S. 61. Soeben ist eine ausgezeichnete Studie von Eckart Conze über Otto Wolff erschienen, in: Danylow/Soénius (Hrsg.), Otto Wolff, S. 99 ff.
24 Plehwe, Schleicher, S. 211.
25 Siehe dazu Schäffer-Tagebuch, Bd. 22, S. 830 ff., Gespräch mit Planck und Marcks, 2.9.1932; Siedersleben-Bericht, S. 1–4; Plancks Notizbuch 1939, schon im September Eintrag: Rußlandgeschäft. Es gibt vier Notizbücher: für 1939, 1940, 1941 und 1942 (dort nur der Januar).
26 NL-Schleicher, 7.
27 Vgl. Schäffer-Tagebuch, Bd. 21, 26.4.1932, S. 516.
28 Siedersleben-Bericht, S. 3ff.
29 RWWA, 72–543–3, Wolff an Paul Beeck, 5.1.1936.
30 Information von Heinz Höhne, Brief vom 18.2.2003.
31 Siedersleben-Bericht, S. 4. Vgl. die ausgezeichnete Studie von Ulrich Soénius über Siedersleben, in: Danylow/Soénius (Hrsg.), Otto Wolff, S. 245 ff.; auf S. 265 schreibt Soénius von 128,69 Mio. RM Bankverbindlichkeiten, die Siedersleben bis August 1935 auf 86,99 Mio. RM gesenkt habe.
32 Vgl. Pufendorf, Klepper, dort vor allem Kapitel IV.
33 RWWA, 72–543–3, Wolff an Beeck, 5.1.1936.
34 Siedersleben-Bericht, S. 17.
35 RWWA, 72–228–10, General Thomas an Wolff, 16.9.1936.
36 RWWA, 72–228–10, Siedersleben an Wolff, 14.10.1936, und General Thomas an Wolff, 16.9.1936.
37 RWWA, 72–228–10, Siedersleben an Planck, 10.3.1943.
38 RWWA, 72–228–10, Vorschlag Siedersleben, 24.4.1939 und 4.3.1944, Bestätigung Plancks, 27.3.1944.

39 HSA, NW 1048/7 42, Military-Government-Verhör-Protokolle (zitiert als OW-Verhör).
40 Siedersleben-Bericht, S. 19.
41 NL-Planck, Siebert an Nelly Planck, 21. 1. 1955.
42 NL-Planck, Planck an Frau v. Kotze/Deutsche Gesandtschaft Riga, 30. 9. 1939.
43 NL-Planck, Planck an Dr. Wagner, deutscher Gesandter in Hsinking/Mandschukuo, 19. 1. 1940.
44 NL-Planck, Planck an Dr. Adalbert Korff, Shanghai, 19. 1. 1940.
45 RWWA, 72–29–10, Abschrift der Erklärung von Nelly Planck, 9. 8. 1947, beglaubigt von Karl Siebert.
46 Haupt-Staatsarchiv Düsseldorf, NW 1048/7, 42, Verhör Otto Wolff v. Amerongen. Das Gespräch mit der Autorin fand am 8. 10. 2001 statt.
47 RWWA, 72–143–5, Direktion der Deutschen Effekten-Wechsel-Bank, Ffm-Bln, an Planck, 6. 6. 1941.
48 Siedersleben-Bericht, S. 10 f.
49 Siedersleben-Bericht, S. 58 ff.; vgl. auch verschiedene Beiträge in: Danylow/Soénius (Hrsg.), Otto Wolff; besonders Dülffer, Gruppe Otto Wolff, S. 159 ff.
50 RWWA, 72–228–1, AV Siedersleben, 22. 4. 1941; 32–2 Besprechung 30. 3. 43; 175–8, AV Siedersleben.
51 Hassell, Tagebücher, S. 164. Einträge zu Gritzbach in Plancks Notizbuch: 1940 – 5.,7., 22., 23., 28. 2.; 20. 3.; 4. 4.; 16. 9.; 13. 10.; 5., 6. 12.; 1941 – 4. 1.; 23., 24. 3.; 19. 6.; 9. 8.
52 Dülffer, Gruppe Otto Wolff, S. 201 und 180 f.
53 Diese Informationen verdankt die Autorin einer persönlichen Auskunft von Ulrich Soénius, Direktor der Stiftung Rheinisch-Westfälisches Wirtschaftsarchiv zu Köln.
54 RWWA, 72–32–2, Besprechung 30. 3. 1943.
55 Dülffer, Gruppe Otto Wolff, S. 232.
56 Ebd., S. 175.

Das Regime und seine Gegner

1 Schäffer-Anlagen, Bd. 37, Biographie; NL-Planck, Schäffer an Planck, 9. 8. 1933; ebd., Auszüge aus dem Schäffer-Tagebuch vom 28. 2. 1937.
2 Hassell, Tagebücher, S. 72 und 57.
3 Gerhard Schulz, in: Bracher u. a., Machtergreifung, S. 471.
4 Klee, Personenlexikon, S. 469.
5 Hassell, Tagebücher, S. 51.
6 BA-MA, NL-Thomas, 15447, Aufzeichnungen, S. 2.
7 NL-Planck, Planck an Helma Ott/Tokio, 17. 10. 1939, Planck an Dr. Traut/Shanghai, 8. 12. 1939, und Siedersleben-Bericht, S. 22.

8 Als Entwurf im NL-Planck.
9 Lemmerich, Briefwechsel, S. 234: Laue an Meitner, 21. 11. 1942.
10 Heilbron, Max Planck, S. 183. Die Geschichte der Entstehung des Instituts beschreibt Heilbron unter der Überschrift »Die Arche«, S. 180–184, ebd. die folgenden Zitate.
11 Max-Planck-Slg., 1146, Planck an Laue (Kopie), 17. 11. 1937.
12 Heilbron, Max Planck, S. 185. Heilbron bezieht sich hier auf Plancks Vortrag »Die Physik im Kampf um die Weltanschauung« vom März 1935.
13 Heilbron, Max Planck, S. 188.
14 Max Planck, Physikalische Abhandlungen und Vorträge, Bd. III, S. 410 ff.
15 Max Planck, Vom Wesen der Willensfreiheit und andere Vorträge, S. 191.
16 Max Planck, Sinn und Grenzen der exakten Wissenschaft, Leipzig 1942.
17 NL-Planck, Max Planck an Erwin Planck, 10. und 12. 6. 1942, dort werden alle Titel aufgeführt.
18 Hassell, Tagebücher, S. 87; ebd., S. 109 f., das folgende Zitat.
19 Hoffmann, Widerstand, S. 75.
20 NL-Planck, Francesco Mira an Nelly Planck, 2. 9. 1946.
21 Ritter, Goerdeler, S. 537.
22 Hassell, Tagebücher, S. 136 und S. 162; ebd., S. 110, Anm. zu Beck.
23 NL-Planck, Planck an Helma Ott, Ende Januar 1940, ebd. das folgende Zitat.
24 Hoffmann, Widerstand, S. 130.
25 Krausnick, Vorgeschichte, S. 368.
26 Gisevius, Ende, S. 391; Hoffmann, Widerstand, S. 144.
27 Schwerin, Die besten Köpfe, S. 177.
28 Auskunft von Christine Koenigs, die Dokumente von Franz Koenigs im Public Record Office in London eingesehen hat.
29 Hassell, Tagebücher, S. 86 f., ebd. das folgende Zitat.
30 Hassell, Tagebücher, S. 87, und Plancks Notizbuch.
31 Schwerin, Die besten Köpfe, S. 174; Planck, Notizbuch 1939, und Falkenhausen, Mémoires, S. 90. Die Memoiren sind auf französisch verfaßt, wenn zitiert wird, dann übersetzt.
32 Thomas, Bericht, S. 2. Die Teilnahme Plancks wird bestätigt von: Hoffmann, Widerstand, S. 144; Schlabrendorff, Offiziere, S. 36; Gisevius, Ende, S. 384 f.; Höhne, Canaris, S. 329.
33 Gisevius, Ende, S. 407.
34 Hassell, Tagebücher, S. 116.
35 NL-Planck, Planck an Helma Ott, 17. 10. 1939, und Notizbuch 8. 9. und 12. 9. 1940, Besuch bei Weizsäcker.
36 Hassell, Tagebücher, S. 122 f.; ebd., S. 268, die Begegnung und, S. 188, der Tee.

37 Hassell, Tagebücher, S. 167.
38 Klemperer, Verschwörer, S. 178 ff.
39 Kennan, Memoiren, 125 ff.
40 Mommsen, Alternative, S. 108; ebd., S. 143 f., die folgenden Zitate.
41 RWWA, 72-50-2, AV Planck, 19.12.40, über das Gespräch vom 19.12., ebd. 117-1, AV Siedersleben, 3.2.1941, und ebd., Siedersleben an Siebert.
42 Vgl. Soénius, Siedersleben, S. 267.
43 RWWA, 72-140-22, und vgl. 265-2, AV Siedersleben, 12.5.1943.
44 Siedersleben-Bericht, S. 61 ff.
45 RWWA, 72-265-8, Siedersleben an Lauplicher, 4.10.1944, vgl. auch Siedersleben-Bericht, S. 63 f.
46 RWWA, 72-265-1, AV Siedersleben, 10.2.1943 und 9.8.1943 (Devisen), sowie ebd. 265-12, Siedersleben an Legationsrat Dr. Sabath/AA, 27.5.1943.
47 RWWA, 72-265-1, Planck an Dr. A. Schaefer, 14.5.1943. Notizbücher: 24.9.1940, 7.-12.2., 21.-25.3., 11.-14.8., 17.-20.10., 1.-5.12.1941.
48 RWWA, 72-264-11, AV vom 30.10.1941, ebd. Einladungen am 2.3., 10.11. und 19.11.1943. Notizbuch, 11.9. und 30.10.1941.
49 Notizbuch, 31.1., 10.9., 4. und 12.11.1941.
50 Hoffmann, Widerstand, S. 283 f. und S. 300 f.
51 Hassell, Tagebücher, S. 408.
52 Ritter, Goerdeler, S. 326 f.
53 Thomas, Bericht, S. 2.
54 RWWA, 72-27-9, Gasper an Staatssekretär Körner, 16.8.1944.
55 Ritter, Goerdeler, S. 537.
56 Wolff v. Amerongen, Osten, S. 24 ff., ebd. die folgenden Zitate.
57 HSA, OW-Verhör.
58 Popov, Superspion, S. 260 ff.
59 RWWA, 72-32-2, Besprechung 22.6.1943, und 29-10, Siebert an Wuppermann, 18.12.1943.
60 RWWA, 72-31-4, AV Siebert, 7.4.1943, über die Besprechung vom 29./30.3.1943 in Köln.
61 HSA, OW-Verhör.
62 RWWA, 72-175-8, Gasper an Siedersleben, 15.3.1943 und Siedersleben an Gasper, 16.3.1943.
63 RWWA, 72-176-8, Gasper an Siedersleben, 12.3.1943, ebd., Siedersleben an Gasper, 13.3.1943, und ebd., 183-20, Siedersleben an Wolff v. Amerongen, 28.4.1943.
64 RWWA, 72-175-8, Telegramm Speers an Siedersleben, 20.5.1943.
65 RWWA, 72-228-10, Wolff v. Amerongen an Siedersleben, 20.6.1944.

66 RWWA, 72–228–10, Siedersleben an Planck, 10. 3. 1943, und Planck an Siedersleben, 13. 3. 1943.
67 Vgl. Soénius, Siedersleben, S. 275.
68 Soénius, Siedersleben, S. 271.
69 Soénius, Siedersleben, S. 515, FN 185.
70 RWWA, 72–181–11, AV Planck.
71 PA AA, R 29843, politischer Schriftwechsel, Bd. 3, Januar-Dezember 1939.
72 Notizbücher, 30. 7., 22. 8. 1939, sowie zahlreiche weitere Eintragungen. Chen Chieh war von 1938 bis 1941 chinesischer Botschafter in Deutschland.
73 RWWA, 72–169–12, AV Planck, 24. 10. 1940, ebd. 339–3, AV Planck, 11. 10. 1940.
74 RWWA, 72–105–10, Planck an Gasper, 20. 6. 1942.
75 Notizbuch, 29. 8. 1941, Lanoit sei »um den Finger zu wickeln«. Die übrigen Einträge: 16., 22. 7., 12.–18. 9. (inkl. Paris), 14.–16. 10., 18.–20. 11. 1940 (inkl. Paris); 12.–17. 1., 24.–28. 2. (inkl. Paris), 1. 4., 18. 6., 27. 8., 21.–27. 10. 1941 (inkl. Paris); 21./22. 1. 1942, danach hören die Notizen auf, und es existieren keine weiteren Notizbücher.
76 Notizbuch, 22. und 31. 7. 1940, ebd. die folgenden Berichte und Zitate. Worum es bei den genannten Verhandlungen genau ging, geht aus dem Notizbuch nicht hervor.
77 Hassell, Tagebücher, S. 264.
78 Falkenhausen, Mémoires, S. 159; ebd., S. 191, die folgenden Namen.
79 Hassell, Tagebücher, S. 210.
80 Hoffmann, Widerstand, S. 325 f.
81 Hassell, Tagebücher, S. 263.
82 Notizbuch, 16. 9., 21. 11. 1940; 15. 1., 26. 2., 24. 10. 1941.
83 Vgl. Ritter, Goerdeler, S. 343.
84 Falkenhausen, Mémoires, S. 241, ebd. das folgende Zitat.
85 Moltke, Briefe, S. 488.
86 Falkenhausen, Mémoires, S. 109; vgl. auch Schmid, Erinnerungen, S. 188 ff.
87 Hassell, Tagebücher, S. 372 f., 408, 413 und 422.
88 Moltke, Briefe, S. 581.
89 Falkenhausen, Mémoires, S. 186 ff.
90 Falkenhausen, Mémoires, S. 231 ff.
91 Hassell, Tagebuch, S. 360; ebd., S. 350, Abendessen. Vgl. auch Ueberschär u. a., Dienen und Verdienen.
92 Lemmerich, Briefwechsel, S. 166: Laue an Meitner, 14. 2. 1942.
93 HSA, OW-Verhör; Wolff v. Amerongen, Der Weg, S. 24–29.
94 RWWA, 72–170–14 und 183–20, AV Siedersleben, 21. 8. 1943.
95 Lemmerich, Briefwechsel, S. 273 ff.: Meitner an Laue, 30. 5. 1943,

an E. Schiemann, 30. 6. 1943. Ebd. die folgenden Briefzitate: Laue an Meitner, 6. 6. 1943 und 21. 6. 1943.
96 Hermann, Planck, S. 105.
97 Lemmerich, Briefwechsel, S. 333: Laue an Meitner, 18. 12. 1943.
98 Ebd., S. 345: Laue an Meitner, 27. 1. 1944.
99 Max-Planck-Slg., 1337, Planck an Laue (Kopie), 18. 2. 1944.
100 Lemmerich, Briefwechsel, S. 372: Laue an Meitner, 2. 6. 1944.
101 Max-Planck-Slg., 1361, Marga Planck an Laue (Kopie), 20. 5. 1944.
102 Heisenberg, Zum 100. Geburtstag von Max Planck, S. 15 f.
103 Sauerbruch, Leben, S. 556.
104 Hammerstein, Flucht, S. 31.
105 RWWA, 72–27–9, NL-Wolff, Bd. 4, Brief vom 17. 8. 1944.
106 RWWA, 72–27–9, Siebert an Planck, 31. 8. 1944, Planck an Siebert, 16. 9. 1944.
107 RWWA, 72–228–10, Siedersleben an Siebert, 5. 9. 1944, und Protokoll des einstündigen Gesprächs.
108 NL-Planck, Minister und Staatssekretär Lammers an Erwin Planck, 21. 9. 1944, und RWWA, 72–228–10, AV Lauplicher, 23. 1. 1945, und Lauplicher an Dr. Schubert, 22. 2. 1945.
109 Max-Planck-Slg., 1375, Planck an Laue (Kopie), 8. 8. 1944.
110 Zitiert nach Stern, Planck, S. 61, und bestätigt von Lemmerich, Briefwechsel: Meitner an E. Schiemann, 3. 11. 1946.
111 NL-Planck, Max Planck an Himmler, 30. 8. 1944, Schlauch an Max Planck, 15. 9. 1944, und Bumke an Max Planck, 27. 9. 1944.
112 Lemmerich, Briefwechsel, S. 405: Laue an Meitner, 21. 9. 1944.
113 NL-Planck, Herbert Menz an Max Planck, 23. 9. 1944; die endgültige Version der Antwort diktierte Planck seiner Frau Marga.
114 Pünder, Erinnerungen, S. 148 ff.
115 NL-Planck, vier Briefe an Nelly vom 1. 8., 8. 8., 10./11. 8. und 29. 12. 1944.
116 Moltke, Briefe, S. 604 f., 28./29. 11. 1944.
117 Geßler, Reichswehrpolitik, Anhang.
118 Hoffmann, Widerstand, S. 643.
119 Schlabrendorff, Offiziere, S. 139.
120 NL-Planck, Geßler an Nelly Planck, 23. 7. 1946.
121 Gerstenmaier, Lebensbericht, S. 211 f.
122 NL-Planck, Max Planck an Nelly, 12. 12. 1944.
123 NL-Planck.
124 Max-Planck-Slg., 1383, Planck an Laue (Kopie), 11. 10. 1944.
125 BAK, Tonarchiv, TON 94, überspielt am 24. 2. 1964.
126 Falkenhausen, Mémoires, S. 295.
127 Zitiert nach Schwerin, Die besten Köpfe, S. 421.
128 NL-Planck, Planck an Hitler, 25. 10. 1944, Planck an Himmler, 24. 10. 1944, ebd. die Schreiben Plancks an die Reichsminister für

Wissenschaft und für Justiz sowie die folgenden Briefe von Nelly Planck und Carl Bolle. Vgl. auch Nelly Planck an Prof. O'Flaherty, 5.1.1956, in: Max-Planck-Slg., 1722.
129 NL-Planck, Gritzbach an Nelly, 8.1.1948, und die eidesstattliche Erklärung von Carl Bolle.
130 RWWA, 72–228–10, 25.10.1944, ebd. Siedersleben an Dr. Reitbaur, Siedersleben an Siebert, 26.10.1944.
131 Schwerin, Die besten Köpfe, S. 428.
132 Papen, Wahrheit, S. 607.
133 NL-Planck; die Briefe befinden sich in einer Dokumentenmappe.
134 RWWA, 72–228–10, AV über eine Mitteilung von Nelly Planck, 12.11.1944.
135 NL-Planck, Abschrift, Planck an Himmler, 11.11.1944.
136 Max-Planck-Slg., 1397, Planck an Laue (Kopie), 11.12.1944.
137 Thomas, Bericht, S. 4.
138 NL-Planck, Georg Thomas an Nelly Planck, 2.1.1946.
139 NL-Planck, Rhenius an Ricarda Huch, 25.10.1946.
140 Max-Planck-Slg., 1424, Marga Plancks nachträglicher Bericht an Laue (Kopie), 8.3.1945.

Epilog

1 Braun, Spuren des Terrors, S. 74.
2 Max-Planck-Slg., 1406, Marga Planck an Hildegard Seidel, 29.1.1945; ebd., 1410, der folgende Brief: Max Planck an Fritz und Grete Lenz, 2.2.1945; ebd. 1407, Max Planck an Max Schirmer, 29.1.1945 (Kopie).
3 NL-Planck, Kondolenzbriefe und Urkunden.
4 Max-Planck-Slg., 1420, Marga Planck an Hildegard Seidel, 22.2.1945.
5 Roos, Erinnerungen, S. 149 f., Roos zitiert das Tagebuch von Marga Planck.
6 Lemmerich, Briefwechsel, S. 449: Laue an Meitner, 26.3.1946.
7 Vgl. Max-Planck-Gesellschaft (Hrsg): Max Planck, S. 113 ff.
8 Henning, Beiträge, S. 90.
9 Leopold Smend, Erinnerungen an drei Aussprachen mit Max Planck, 1981 (Privatbesitz).
10 Lemmerich, Briefwechsel, S. 505: Meitner an Laue, 11.10.1947, ebd., S. 503 ff., das folgende Briefzitat: Laue an Meitner, 9.10.1947.
11 Zitiert nach Hermann, Planck, S. 128.
12 NL-Planck, Eva Olbricht an Nelly Planck, 2.12.1945 und 20.1.1946.
13 NL-Planck, Siebert an Nelly Planck, 23.1.1946.

Quellen- und Literaturverzeichnis

Archivalische Quellen

Handschriftenabteilung der Staatsbibliothek zu Berlin

Nachlaß Erwin Planck:

1. Jugend und Erster Weltkrieg:
a) Familiäres und Persönliches
b) Erwin Plancks Briefe an Helmuth Rhenius (1910–1934)
c) Helmuth Rhenius' Briefe an Erwin Planck (1918–1932)
   Helmuth Rhenius' Erinnerungen an Erwin Planck (1946)
   Helmuth Rhenius' Briefe an Ricarda Huch (25.10.1946 und 11.7.1947)
d) Dokumente zum Ersten Weltkrieg und Berichte Erwin Plancks über seine Kriegserlebnisse und seine Gefangenschaft

2. Korrespondenz der Familie:
a) Erwin Planck an seinen Vater (1911–1913, 12 Briefe und 5 Karten)
b) Max Planck an Erwin und Nelly (1898–1946, 463 Briefe und Karten)
c) Briefe an Erwin Planck zur Verlobung (1923)
d) Briefe der Mutter an Erwin (1901–1909), Briefe von Grete und Emma an Erwin (1904)
e) Emma an Erwin (1914–1917)
f) Erwin Planck an seine Frau Nelly (1924, 1925, 1930–1934, 1936, 1944)

3. Allgemeine Korrespondenz:
a) Briefe von und an Erwin Planck (Mappe, alphabetisch geordnet)
b) Erwin Planck an verschiedene Adressaten (1919: Durchschläge in einem Heft, 1919/1920: ein Block, 1920: ein Heft)
c) Kurt v. Schleicher an Erwin Planck (1920/21, 1926, 1930/31, 1933/34, 16 Briefe)
d) Erwin Planck an Kurt v. Schleicher (11.8. und 18.8.1931, zwei Briefe in Kopie)

4. Tagebücher und Notizbücher:
a) Tagebücher: I. 12.3.1901–23.12.1905, II. 24.12.1905–31.3.1908, III. 1.1.1910–31.3.1912, IV. 1.6.1912–22.7.1914, V. 2.10.1917 bis 12.12.1918, VI. 2.12.1919–5.3.1922, VII. 5.4.1922–22.5.1923, VIII. 15.2.–20.7.1924, IX. 29.11.1928 (VII, VIII und IX in einem Heft)
b) Notizbücher: 1930/31, 1934/35, 1939–1942

5. Entnazifizierungsbericht von Rudolf Siedersleben (Siedersleben-Bericht)

6. Fotos zu Kindheit, Erstem Weltkrieg, Politik und China-Reise

7. Dokumente und Briefe zu Widerstand, Verhaftung und Tod; Kondolenzbriefe an Max Planck; Korrespondenz von Nelly Planck nach 1945 (darunter: Hans Schäffer, Kopierte Auszüge aus seinem Tagebuch, 1936 und 1937, Anhang zu einem Brief an Nelly Planck vom 30.Mai 1962)

8. Zeitungsausschnitte (Weimar, Widerstand und Nachkriegszeit)

Archiv zur Geschichte der Max-Planck-Gesellschaft (MPG-A), Berlin
Max-Planck-Sammlung, Abt. Va, Rep. 11, Nr. 574/75, 898, 1065, 1067, 1072, 1075, 1146, 1337, 1361, 1375, 1383, 1397, 1406, 1410, 1420, 1424, 1722
Fritz-Haber-Sammlung, Abt. Va, Rep. 5, 1153, 1202
Abt. I., Rep. 1 A, Nr. 127: Max Planck, Rede des Präsidenten bei der Hauptversammlung der Kaiser-Wilhelm-Gesellschaft am 23. Mai 1933 im Harnack-Haus

Rheinisch-Westfälisches Wirtschaftsarchiv (RWWA), Köln
Otto-Wolff-Archiv 72: Nr.27–9, 29–10, 31–4, 32–2, 42–6, 50–2, 105–10, 108–10, 122–12, 123–5, 134–11, 140–22, 143–5, 169–11, 169–12, 170–14, 175–8, 176–8, 178–16, 181–11, 183–20, 228–1, 228–10, 249–13, 264–11, 265–1, 265–8, 339–3, 543–3

Institut für Zeitgeschichte (IfZ), München
Nachlaß Hans Schäffer, ED 93:
Tagebücher Bd. 21–24, 33 (Schäffer-Tagebuch)
Schäffer, Anlagen 1933–36, Bd.37, Biographie
Nachlaß Eugen Ott, ZSA 32, Bd. 12:
Erich Frhr. v. dem Bussche-Ippenburg an Minister a. D. Hans Schlange-Schöningen, 21.6.1957; Eugen Ott an Theodor Eschenburg, 19.1.1953; Hans-Henning v. Pentz: Bemerkungen zur Marne-Schlacht
ZS 281, Hans-Henning v. Pentz, Gespräch mit Thilo Vogelsang (Aktennotiz), Brief Pentz' an Vogelsang, 25.8.1954

ZS 24, Ludwig Crüwell, Beantwortung von Fragen Foertschs zur Reise Schleichers 1934
ZS 218, Bd. I, Adolf v. Carlowitz, Interview vom 7. 2. 1949 (Carlowitz, Interview)
ZSA 36/1, Hans-Henning v. Holtzendorff, General v. Schleicher. Wie er in Wirklichkeit war und Stellungnahme zu Brünings Memoiren, 2. 11. 1971
Nelly Planck an Helmut Krausnick, 1. 5. 1955

Bundesarchiv-Militärarchiv (BA-MA), Freiburg i. Br.
42 Nachlaß Kurt v. Schleicher, Nr. 7, 82, 88 (darunter: Arno Moyzischewitz, Bericht über die letzte Begegnung mit Schleicher), 94, 95
Nachlaß Georg Thomas, 15447, Aufzeichnungen (Thomas, Bericht)

Bundesarchiv Berlin (BAB)
R 43 I/3326, Personalakte Erwin Planck
R 43 I/1883, Korrespondenz Arnold Brecht – Erwin Planck
Deutsche Botschaft China, Nr. 2253, 2254, 2257, 2260

Bundesarchiv Koblenz (BAK)
Nachlaß Hermann Pünder, 167
Kl. Erw. (Kleine Erwerbungen), Nr. 242–6, Dr. Henning Graf Borck-Stargordt, Schriftwechsel mit General a. D. Hans-Henning v. Holtzendorff
Tonarchiv, TON 94, überspielt am 24. 2. 1964 (Tonprotokoll des Prozesses gegen Erwin Planck am 23. 10. 1944)

Politisches Archiv des Auswärtigen Amtes, Bonn (PA-AA)
R 29843, politischer Schriftwechsel, Bd. 3, Januar-Dezember 1939
R 29518, politischer Schriftwechsel, Bd. 7, Januar-Dezember 1934

Hauptstaatsarchiv Düsseldorf (HSA)
NW 1048/7 42, Military-Government-Verhör-Protokolle, Otto Wolff v. Amerongen (OW-Verhör)

Privatbesitz
Alexander v. Alten und Jutta Beckmann, geb. v. Alten: Zeugenaussage zur Ermordung Schleichers
Crüwell, Ludwig: Aufzeichnungen für seine Kinder
Smend, Leopold: Erinnerungen an drei Aussprachen mit Max Planck, 1981
Brief von Heinz Höhne an die Autorin vom 18. 2. 2003

Gedruckte Quellen und Literatur

Akten der Reichskanzlei (AdRK), Weimarer Republik, hrsg. von Karl Dietrich Erdmann, Hans Booms und Wolfgang J. Mommsen, Boppard 1964 ff.: Die Kabinette Luther I und II, bearb. von Karl-Heinz Minuth, 2 Bde. (1977). Die Kabinette Marx III und IV, bearb. von Günter Abramowski, 2 Bde. (1987). Das Kabinett Müller II, bearb. von Martin Vogt, 2 Bde. (1970). Das Kabinett Papen, bearb. von Karl-Heinz Minuth; 2 Bde. (1989). Das Kabinett Schleicher, bearb. von Anton Golecki (1986)

Akten zur deutschen auswärtigen Politik 1918–1945 (ADAP). Aus dem Archiv des Auswärtigen Amtes, Serie B: 1925–1933, Göttingen 1966 ff.

Bollmann, Erika u. a.: Die Kaiser-Wilhelm-Gesellschaft zur Förderung der Wissenschaften, Göttingen 1945/46

Bracher, Karl Dietrich: Die Auflösung der Weimarer Republik. Eine Studie zum Problem des Machtverfalls in der Demokratie, Villingen 1960

Bracher, Karl Dietrich, Wolfgang Sauer und Gerhard Schulz: Die nationalsozialistische Machtergreifung, Köln 1962

Braun, Otto: Von Weimar zu Hitler, Hamburg ²1979

Braun, Sebastian (Hrsg.), Spuren des Terrors. Stätten nationalsozialistischer Gewaltherrschaft in Berlin, Berlin 2002

Brecht, Arnold: Aus nächster Nähe. Lebenserinnerungen I: 1884–1927, Stuttgart 1966

Brecht, Arnold: Mit der Kraft des Geistes. Lebenserinnerungen II: 1927–1967, Stuttgart 1967

Brüning, Heinrich: Ein Brief an Dr. Pechel, in: *Deutsche Rundschau*, Juli 1947, S. 1–22

Brüning, Heinrich: Memoiren 1918–1934, Stuttgart 1970

Bussche-Ippenburg, Erich Frhr. v. dem: Brief an Hermann Mau, 25.1.1952, in: Werner Conze (Hrsg.), Zum Sturz Brünings. Dokumentation, in: *VfZ* 1/1953, S. 261–288

Carsten, Francis L.: Reichswehr und Politik 1918–1933, Köln/Berlin 1964

Conze, Eckart: Titan der modernen Wirtschaft. Otto Wolff (1881–1940), in: Danylow/Soénius (Hrsg.), Otto Wolff, S. 99–151

Danylow, Peter und Ulrich S. Soénius (Hrsg.): Otto Wolff. Ein Unternehmen zwischen Wirtschaft und Politik, München 2005

Demant, Ebbo: Von Schleicher zu Springer. Hans Zehrer als politischer Publizist, Mainz 1971

Dülffer, Jost: Die »Gruppe Otto Wolff« 1929–1945, in: Danylow/Soénius (Hrsg.), Otto Wolff, S. 153–243

Engelmann, Bernt: Berlin. Eine Stadt wie keine andere, München 1986

Epstein, Fritz T.: Zwischen Compiègne und Versailles. Geheime amerikanische Militärdiplomatie in der Periode des Waffenstillstandes 1918/19. Die Rolle des Obersten Arthur L. Conger, in: *VfZ* 3/1955, S. 412–445

Falkenhausen, Alexander Frhr. v.: Mémoires d'Outre-Guerre. Comment j'ai gouverné la Belgique de 1940 à 1944, o. O. o. J.
Fischer, Bernd u. a. (Hrsg.): Zwischen Wilhelmstraße und Bellevue. 500 Jahre Diplomatie in Berlin, Berlin 1998
François-Poncet, André: Souvenirs d'une ambassade à Berlin. Septembre 1931-Octobre 1938, Paris 1947
Freund, Michael: In Memoriam Otto Braun. Ein deutscher Staatsmann, in: *Die Gegenwart* 27/1955, S. 855–858
Geßler, Otto: Reichswehrpolitik in der Weimarer Zeit. Anhang: Kurzer Bericht über meine Erlebnisse im KZ-Lager Ravensbrück und im Zentral-Zellen-Gefängnis Berlin nach dem Attentat vom 20. Juli 1944, hrsg. von Kurt Sendtner, Stuttgart 1958
Gerstenmaier, Eugen: Streit und Friede hat seine Zeit. Ein Lebensbericht, Frankfurt a. M. 1981
Gisevius, Hans Bernd: Bis zum bitteren Ende, Hamburg 1947
Goebbels, Joseph: Vom Kaiserhof zur Reichskanzlei, München 1934
Görlitz, Walter: Kleine Geschichte des deutschen Generalstabs, Berlin 1967
Hachtmann, Rüdiger: Eine Erfolgsgeschichte? Schlaglichter auf die Geschichte der Generalverwaltung der Kaiser-Wilhelm-Gesellschaft im »Dritten Reich«. Vorabdruck aus dem Forschungsprogramm Geschichte der KWG im Nationalsozialismus, Berlin 2004
Hachmeister, Lutz und Friedemann Siering (Hrsg.): Die Herren Journalisten. Die Elite der deutschen Presse nach 1945, München 2002
Hahn, Otto: Einige persönliche Erinnerungen an Max Planck, in: Max-Planck-Gesellschaft (Hrsg.): Max Planck, S. 21 ff.
Hammerstein, Kunrat Frhr. v.: Flucht. Aufzeichnungen nach dem 20. Juli, Freiburg i.Br. 1966
Hammerstein, Kunrat Frhr. v.: Spähtrupp, Stuttgart 1963
Harnack, Axel v.: Erinnerungen an Max Planck, in: *Physikalische Blätter* 4/1948, S. 170 f.
Hassell, Ulrich v.: Die Hassell-Tagebücher 1938–1944. Aufzeichnungen vom Anderen Deutschland, hrsg. von Friedrich Hiller v. Gaertringen, Berlin ²1989
Heilbron, John: Max Planck. Ein Leben für die Wissenschaft, Stuttgart 1988
Heisenberg, Werner: Zum 100. Geburtstag von Max Planck, in: Stimmen aus dem Max-Gymnasium, München 1958, S. 6–17
Helfferich, Karl: Weltkrieg, Berlin 1920
Henning, Eckart: Beiträge zur Wissenschaftsgeschichte Dahlems, 2., erw. Aufl., Berlin 2004 (Veröffentlichungen aus dem Archiv zur Geschichte der Max-Planck-Gesellschaft, Bd. 13)
Hermann, Armin: Planck, Hamburg ⁶1995
Hildebrandt, Alexandra (Hrsg.): ... die besten Köpfe, die man henkt. Ein tragischer Auftakt zur deutschen Teilung und zur Mauer, Marburg 2001

Hilferding, Rudolf: »Der Austritt der Regierung«, in: *Die Gesellschaft* 7/1930, S. 385–392
Höhne, Heinz: Canaris. Patriot im Zwielicht, München 1976
Hoffmann, Peter: Widerstand, Staatsstreich, Attentat, München 1970
Horne, John und Alan Kramer: Deutsche Kriegsgreuel 1914. Die umstrittene Wahrheit, aus dem Englischen von Udo Rennert, Hamburg 2004
Hürter, Johannes: Wilhelm Groener. Reichswehrminister am Ende der Weimarer Republik (1928–1932), München 1993
Jürgs, Michael: Mystiker auf Sylt. Axel Springer und Hans Zehrer, in: Hachmeister/Siering (Hrsg.), Journalisten, S. 197–211
Kennan, George F.: Memoiren eines Diplomaten, Stuttgart 1969
Kerr, Alfred: Wo liegt Berlin? Briefe aus der Reichshauptstadt 1895–1900, hrsg. von Günther Rühle, Berlin ⁵1998
Kessler, Harry Graf: Tagebücher 1918–1937, Frankfurt a. M. 1961
Kissenkoetter, Udo: Gregor Strasser und die NSDAP, Stuttgart 1978
Klee, Ernst: Das Personenlexikon zum Dritten Reich. Wer war was vor und nach 1945, Frankfurt a. M. 2003
Klemperer, Clemens v.: Die verlassenen Verschwörer des deutschen Widerstandes auf der Suche nach Verbündeten (1938–1945), Berlin 1994
Krausnick, Helmut: Vorgeschichte und Beginn des militärischen Widerstandes gegen Hitler, in: Europäische Publikation (Hrsg.), Vollmacht des Gewissens, Bd. 1, Frankfurt a. M. 1960, S. 177–384
Lemmerich, Jost: Lise Meitner – Max v. Laue. Briefwechsel 1938–1948, Berlin 1998
Luther, Hans: Vor dem Abgrund. 1930–1933. Reichsbankpräsident in Krisenzeiten, Berlin 1964
Mannes, Astrid Luise: Heinrich Brüning. Leben – Wirken – Schicksal, München 1999
Max-Planck-Gesellschaft (Hrsg.): Max Planck (1858–1947). Zum Gedenken an seinen 50. Todestag am 4. Oktober 1997 (*Berichte und Mitteilungen der Max-Planck-Gesellschaft*, Heft 3/1997)
Meitner, Lise: Max Planck als Mensch. Vortrag zur Feier von Max Plancks 100. Geburtstag, 24. 4. 1958, in: *Die Naturwissenschaften* 17/1958, S. 406 ff.
Moltke, Dorothy v.: Ein Leben in Deutschland. Briefe aus Kreisau und Berlin 1907–1934, eingl., übers. u. hrsg. von Beate Ruhm v. Oppen, München 1999
Mommsen, Hans: Alternative zu Hitler. Studien zur Geschichte des deutschen Widerstandes, München 2000
Nipperdey, Thomas: Deutsche Geschichte 1866–1918, Bd. I: Arbeitswelt und Bürgergeist, Bd. II: Machtstaat vor der Demokratie, München 1990/91
Noedelchen, Ferdinand v.: Bemerkungen zu Meißners Memoiren, 24. 2. 1951, in: Werner Conze (Hrsg.), Zum Sturz Brünings. Eine Dokumentation, in: *VfZ* 1/1953, S. 261–288

Ott, Eugen: Ein Bild des Generals Kurt von Schleicher. Aus Erfahrungen seiner Mitarbeiter dargestellt, in: *Politische Studien* 10/1959, S. 360–371
Papen, Franz v.: Der Wahrheit eine Gasse, München 1952
Planck, Max: Brieftagebuch zwischen Max Planck, Carl Runge, Bernhard Karsten und Adolf Leopold, eingel. von Klaus Hentschel und Renate Tobies, Berlin 1999
Planck, Max: Kausalgesetz und Willensfreiheit (1923), Nachdruck in: Planck, Vom Wesen der Willensfreiheit, S. 81–117
Planck, Max: Persönliche Erinnerungen aus alten Zeiten (1946), Nachdruck in: Planck, Vom Wesen der Willensfreiheit, S. 19–34
Planck, Max: Physikalische Abhandlungen und Vorträge, 3 Bde., Braunschweig 1958
Planck, Max: Die Physik im Kampf um die Weltanschauung (1935), Nachdruck in: Heilbron, Max Planck, S. 343–372
Planck, Max: Religion und Naturwissenschaft (1937), Nachdruck in: Planck, Vom Wesen der Willensfreiheit, S. 172–191
Planck, Max: Vom Wesen der Willensfreiheit und andere Vorträge, eingel. von Armin Hermann, Frankfurt a. M. 1990
Planck, Max: Wissenschaftliche Selbstbiographie (1948), Nachdruck in: Heilbron, Max Planck, S. 225–252
Plehwe, Friedrich-Karl v.: Kurt v. Schleicher, Gütersloh 1983
Popov, Duško: Superspion. Der Doppelagent im Zweiten Weltkrieg, München 1974
Pufendorf, Astrid v.: Otto Klepper (1888–1957). Deutscher Patriot und Weltbürger, München 1997
Pünder, Hermann: Politik in der Reichskanzlei. Aufzeichnungen aus den Jahren 1929–1932, hrsg. von Thilo Vogelsang, Stuttgart 1961
Pünder, Hermann: Von Preußen nach Europa. Lebenserinnerungen, Stuttgart 1968
Ritter, Gerhard: Karl Goerdeler und die deutsche Widerstandsbewegung, Stuttgart ²1955
Roos, Hans: Persönliche Erinnerungen an Max Planck (1942–1947), in: *Dahlemer Archivgespräche* 3/1998, S. 144–153
Rothfels, Hans: Ausgewählte Briefe von Generalmajor Helmuth Stieff, in: *VfZ* 2/1954, S. 291–305
Sauerbruch, Ferdinand: Das war mein Leben, Bad Wörrishofen 1951
Scheurig, Bodo: Ewald v. Kleist-Schmenzin. Ein Konservativer gegen Hitler. Biographie, Berlin 1994
Schlabrendorff, Fabian v.: Offiziere gegen Hitler, Berlin 1984
Schmid, Carlo: Erinnerungen, München 1974
Scholder, Klaus: Die Mittwochs-Gesellschaft. Protokolle aus dem geistigen Deutschland 1932–1944, Berlin 1932
Schwarzmüller, Theo: Zwischen Kaiser und Führer. Generalfeldmarschall August v. Mackensen. Eine politische Biographie, Paderborn 1995

Schwerin, Detlef Graf v.: »Dann sind's die besten Köpfe, die man henkt«. Die junge Generation im deutschen Widerstand, München ²1994

Sime, Ruth Lewin: Lise Meitner. A Life in Physics, Berkeley 1996

Soénius, Ulrich S.: Im Auftrag des Reichswirtschaftsministeriums. Rudolf Siedersleben, in: Danylow/Soénius (Hrsg.), Otto Wolff, S. 245–294

Sontheimer, Kurt: Der Tatkreis, in: *VfZ* 7/1959, S. 229–260

Staudinger, Hans: Wirtschaftspolitik im Weimarer Staat. Lebenserinnerungen eines politischen Beamten im Reich und in Preußen 1889 bis 1934, hrsg. von Hagen Schulze, Bonn 1982

Stehkämper, Hugo (Bearb.): Der Nachlaß des Reichskanzlers Wilhelm Marx, Teil 1, Köln 1968

Stern, Fritz: Das feine Schweigen. Historische Essays, München 1999

Stern, Fritz: Max Planck. Größe des Menschen und Gewalt der Geschichte, in: Stern, Das feine Schweigen, S. 35–63

Stern, Fritz: Tod in Weimar, in: Stern, Das feine Schweigen, S. 64–97

Stockhausen, Max v.: Sechs Jahre Reichskanzlei. Von Rapallo bis Locarno. Erinnerungen und Tagebuchnotizen 1922–1927, Bonn 1954

Ueberschär, Gerd und Winfried Vogel: Dienen und Verdienen. Hitlers Geschenke an seine Eliten, Frankfurt a. M. 1999

Vogelsang, Thilo (Hrsg.): Reichswehr, Staat und NSDAP. Beiträge zur deutschen Geschichte 1930–1932, Stuttgart 1962

Vogelsang, Thilo: Kurt von Schleicher. Ein General als Politiker, Göttingen 1965

Wehler, Hans-Ulrich: Deutsche Gesellschaftsgeschichte, Bd. IV: 1914–1949, München 2003

Westarp, Kuno Graf v.: Konservative Politik im Übergang vom Kaiserreich zur Weimarer Republik, bearb. von Friedrich Hiller v. Gaertringen, Düsseldorf 2001

Whymant, Robert: Der Mann mit den drei Gesichtern. Das Leben des Richard Sorge, Berlin 2002

Winkler, Heinrich August: Weimar 1918–1933. Die Geschichte der ersten deutschen Demokratie, München 1993

Wolff v. Amerongen, Otto: Der Weg nach Osten. Vierzig Jahre Brückenbau für die deutsche Wirtschaft, München 1992

Zahn-Harnack, Agnes v.: Erinnerungen an Max Planck, in: *Physikalische Blätter* 4/1948, S. 165 ff.

Zuckmayer, Carl: Als wär's ein Stück von mir. Horen der Freundschaft, Frankfurt a. M. 2002

Personenregister

Nicht aufgenommen wurden die Namen Max und Erwin Planck. Angaben zu Verwandtschaftsverhältnissen beziehen sich, falls nicht anders vermerkt, auf Erwin Planck. Kursiv gesetzte Ziffern beziehen sich auf die Abbildungen.

Abegg, Wilhelm (1876–1951) 269f.
Abs, Hermann Josef (1901–1994) 410
Adenauer, Konrad (1876–1967) 284f.
Alten-Reuß, Alexander v. (*1928) 372, 374
Alten-Reuß, Gerhard v. (1886 bis 1936) 373f.
Alten-Reuß, Gertraut v. (1899 bis 1988) 372
Alten-Reuß, Jutta v. (*1927) 372
Althoff, Friedrich (1839–1908) 33
Alvensleben, Werner Ulrich Graf v. (1875–1949) 310f., 335
Araki Sadao (1877–1966) 363f.

Baerensprung, Horst W. (1893 bis 1953) 338
Bang, Paul (1879–1945) 388
Béchamps (frz. Konsul in Chengdu) 349f.
Beck, Ludwig (1880–1944) 370, 391, 393, 408, 446f.
Beckmann, Max (1884–1950) 171
Beeck, Paul E. (ca. 1880–1940) 380
Bell, Johannes (1868–1949) 148

Bergen, Diego v. (1872–1944) 245f.
Bismarck, Otto Fürst v. (1815 bis 1898) 158, 188, 197, 283, 290, 368
Bismarck-Schönhausen, Gottfried Graf v. (1901–1949) 281, 455, 457
Bloch, Kurt (1900–1976) 338
Blomberg, Werner v. (1878–1946) 220, 308, 311, 314, 369, 373ff., 378, 391f.
Blücher, Graf (Oberleutnant) 73, 81, 92
Bock, Fedor v. (1880–1945) 139
Boden, Friedrich (1870–1947) 206
Bohr, Niels (1885–1962) 355
Bolle, Carl (Nellys Schwager) 426, 460
Bolle, Maria, geb. Schoeller (1896–1977) 426, 451, 455, 463
Boltzmann, Ludwig (1844–1906) 33
Bolz, Eugen (1881–1945) 249, 465
Bonhoeffer, Dietrich (1906–1944) 403, 461, 467
Bonhoeffer, Klaus (1901–1945) 467

Borck, Eldor (1888–1951) 269
Born, Max (1882–1970) 322
Bosch, Carl (1874–1940) 378
Bosch, Robert (1861–1942) 378
Bosshard, Walter (1892–1975) 359
Bracht, Franz (1877–1933) 199, 269f., 274f., 279, 298, 300
Brandenstein, Lothar v. (1893 bis 1953) 120f., 123, 137, 144, 149, 152, 154, 156, 163, 167, 173ff., 178, 184, 187, 189, 191, 236, 366, 375, 383, 440, 7, 15
Brandenstein, Ruth v., geb. v. Ostau (1899–1966) 172–175, 178, 184, 186f., 189, 375, 383, 440, 14, 15
Brandis, Hildegard (1854–1915, Tante) 101
Brandis, Otto Moritz (1856–1917, Onkel) 51, 101
Brauchitsch, Walther v. (1881 bis 1948) 393f., 406
Brauer, Max (1887–1973) 338
Braun, Magnus Frhr. v. (1878 bis 1972) 259
Braun, Otto (1872–1955) 15, 203, 205f., 240, 247, 251, 269, 273, 275f., 303ff., 307
Brecht, Arnold (1884–1977) 15, 97, 206, 250, 303, 307
Brecht, Gustav (1879–1965) 97
Bredow, Ferdinand v. (1884–1934) 301, 310, 374
Briand, Aristide (1862–1932) 90
Brockdorff-Rantzau, Ulrich Graf v. (1869–1928) 145ff.
Broglie, Louis-Victor Prince de (1892–1987) 399
Brüning, Heinrich (1885–1970) 10, 197, 206, 220, 229, 234, 237–271, 279, 282, 285, 291, 293, 298, 307, 312f., 378f., 19
Bülow, Bernhard Wilhelm v. (1885–1936) 255f., 264, 366

Bussche-Ippenburg, Erich Frhr. v. dem (1878–1957) 249, 252, 257, 308
Buttmann, Julius (* 1841, Onkel) 22
Buttmann, Ottilie, geb. Merck (1855–1938, Tante) 22

Canaris, Wilhelm (1887–1945) 393, 406, 415
Carlowitz, Adolf v. (1900–1966) 257, 270, 297ff.
Cavalieri (Postchef von Chengdu) 345f., 350
Chen Chieh (chinesischer Botschafter) 419
Churchill, Sir Winston (1874 bis 1965) 413
Clemenceau, Georges (1841 bis 1929) 148
Conger, Arthur L. (1872–1951) 145f.
Courant, Richard (1888–1972) 322
Craushaar, Harry v. (1891–1970) 422, 424
Croy, Stephan Prince de (* um 1871) 422
Crüwell, Ludwig (1892–1958) 136, 150, 368f.
Cuno, Wilhelm (1876–1933) 202
Curtis, Christopher C. (Journalist) 18f.
Curtius, Julius (1877–1948) 242ff., 252f.

Debye, Peter (1884–1966) 397, 445
Delbrück, Hans (1848–1929) 30, 115, 145f.
Delbrück, Waldemar (1892–1917) 40, 145
Diels, Rudolf (1900–1957) 269ff.
Dirksen, Herbert v. (1882–1955) 362, 366, 390

Dohnanyi, Hans v. (1902–1945) 393
Duesterberg, Theodor (1875 bis 1950) 297
Dussche (ungarischer Militärattaché) 229

Ebert, Friedrich (1871–1925) 138, 140–143, 147, 150, 167, 200, 202f.
Eggert, Wilhelm (1880–1938) 277f.
Ehrenburg, Ilja (1891–1967) 197
Einstein, Albert (1879–1955) 49, 63, 156, 170f., 197, 205, 226, 235, 242, 317–320, 377, *11, 12, 18*
Eltz-Rübenach, Paul Frhr. v. (1875–1945) 259, 389
Ender, Otto (1875–1960) 415
Ender, Rudolf (1911–2004) 415f.
Erzberger, Matthias (1875–1921) 138, 145, 148f., 170
Essen, Hans Henrik Baron v. (1873–1923) 169, 189
Esser, Thomas (1870–1948) 288
Etzdorf, Hasso v. (1900–1989) 422

Falkenhausen, Alexander Frhr. v. (1878–1966) 376, 402, 404f., 421–425, 454, 459, *31*
Falkenhausen, Gotthard Frhr. v. (1899–1983) 422, 463
Fehling, Emma (1919–1981, Nichte) 155, 444
Fehling, Ferdinand (1876–1946, Schwager) 93ff., 114–119, 149, 156, 160f., 444
Fehrenbach, Konstantin (1852 bis 1926) 167f.
Fischer, Martin (1882–1961) 359
Foch, Ferdinand (1851–1929) 128, 134
Foertsch, Hermann (1895–1961) 298

Franck, James (1882–1964) 236, 322, 397
François-Poncet, André (1887 bis 1978) 369f., 399
Freisler, Roland (1892–1945) 459
Frick, Wilhelm (1877–1946) 283, 307
Friedländer, Max F. (1867–1958) 235
Fritsch, Werner Frhr. v. (1880 bis 1939) 373, 391ff.
Frölicher, Hans (1887–1961) 412
Fromm, Friedrich (1888–1945) 423
Funk, Walther (1890–1960) 312, 389
Furtwängler, Wilhelm (1886 bis 1954) 429, 439, 442

Gasper, Georg (* 1891) 382, 385f., 410, 414–420, 448, 460
Gaudecker, Thusnelda v., geb. v. Schleicher (1879–1955) 211, 309f., 312, 367ff., 372, 374
Gayl, Wilhelm Frhr. v. (1875 bis 1945) 272, 274, 280, 283, 290, 300
Georgi, Annelies, geb. v. Brandenstein (Patentochter) 440
Gereke, Günther (1893–1970) 301
Gerstenmaier, Eugen (1906–1986) 456
Geßler, Otto (1875–1955) 167f., 212f., 220, 223, 227, 241, 455f.
Gisevius, Bernd (1904–1974) 392ff., 402, 406
Glum, Friedrich (1891–1974) 320
Goebbels, Joseph (1897–1945) 284, 286, 304, 369, 389, 424
Goerdeler, Carl (1884–1945) 393, 401f., 405, 409, 413, 415, 423, 453f., 458f.
Gogarten, Friedrich (1887–1967) 470

Goldammer, Hanswolf v. (1886 bis 1966) 191, 403
Göring, Hermann (1893–1946) 288ff., 300, 306f., 369, 385f., 389, 391, 414, 460, *20*
Graetz, Leo (1856–1941) 62
Gramsch, Friedrich (1894–1955) 413
Grandi, Conte Dino (1895–1988) 256
Graßmann, Peter (1873–1939) 278
Grew, Joseph (1880–1965) 362
Gritzbach, Erich (*1896) 270, 385, 460
Groener, Wilhelm (1867–1939) 133, 136, 138–143, 150, 157, 167, 169, 211, 223–229, 241, 253–257, 267, 271, 298, 391, *19*
Grohé, Josef (1902–1988) 425
Guardini, Romano (1885–1965) 340, 348, 361
Güntel, Marie (1881–1935) 14f., 372, 374
Gürtner, Franz (1881–1941) 393

Haber, Fritz (1868–1934) 49, 63, 197, 321f., 347f., 377f.
Hagenow, Victor v. (1886–1965) 234, 256, 260
Hahn (Konsul in Hongkong) 324
Hahn, Otto (1879–1968) 348, 400, 469f.
Halder, Franz (1884–1944) 393f., 406
Hammerstein-Equord, Kurt Frhr. v. (1878–1943) 219f., 235, 241, 248f., 252, 267, 282, 308, 310, 313f., 373f., 390, 401f.
Hammerstein-Loxen, Günther Frhr. v. (1885–1963) 422
Hanneken, Hermann v. (1890–1981) 420
Harbou, Bodo v. (1880–1943) 139, 141f., 158, 192, 229, 367, 376, 421, 424
Harnack, Adolf v. (1851–1930) 54, 67, 71, 115
Harnack, Axel v. (1895–1974) 67
Harnack, Ernst v. (1888–1945) 30, 44
Hase, Paul v. (1885–1944) 31, 44
Hasse, Otto (1871–1942) 150
Hassell, Ulrich v. (1881–1944) 385, 389f., 392f., 400–408, 413, 421–425, 446, 455, 459, 467, *33*
Hauptmann, Gerhart (1862–1946) 431
Haushofer, Albrecht (1903–1945) 467
Hedin, Sven (1865–1952) 419, 431
Heinze, Karl Rudolf (1865–1928) 167
Heisenberg, Werner (1901–1976) 322f., 445
Helfferich, Karl (1872–1924) 129, 160
Helfrich, Hans (1891–1945) 380
Helldorf, Wolf Heinrich Graf v. (1896–1944) 283, 372f., 392
Helmholtz, Hermann v. (1821 bis 1894) 18, 398
Henderson, Arthur (1863–1935) 242, 244
Henrici, Carl (1876–1944) 404
Hentsch, Richard (1869–1918) 84
Hergt, Oskar (1869–1967) 160
Hertling, Georg Graf v. (1843 bis 1919) 124
Hertz, Gustav (1887–1975) 197, 236
Hertz, Heinrich (1857–1894) 321
Herz, Emil (1877–1971) 311
Heydrich, Reinhard (1904–1942) 392
Heye, Wilhelm (1869–1946) 213
Heymann, Ernst (1870–1946) 318

Hilferding, Rudolf (1877–1941) 238, 240, 266
Himmler, Heinrich (1900–1945) 10, 369, 391f., 448, 451, 459–462, 465
Himmler, Marga (*1892) 451, 460
Hindenburg, Oskar v. Beneckendorff u. v. (1883 bis 1960) 203, 248, 252, 300, 306f., 313, 335
Hindenburg, Paul v. Beneckendorff u. v. (1847–1934) 124, 132f., 142, 167, 203f., 210, 212, 217, 222–234, 248f., 252ff., 257f., 260, 268f., 272, 276, 281ff., 286, 289, 292, 296–300, 304–313, 316, 374
Hintze, Paul v. (1864–1941) 129, 139
Hirtsiefer, Heinrich (1876–1941) 272
Hitler, Adolf (1889–1945) 10, 15, 31, 170, 220, 245, 248, 254, 267f., 270f., 279–287, 291–294, 299f., 304–316, 320ff., 347f., 369f., 374, 385, 389–394, 400–409, 413, 416, 423, 425, 427f., 431, 441, 444, 447, 457–461, 463, 465
Hoesslin, Harry v. (1878–1945) 109
Hohenthal, Leo Graf (1889–1973) 121, 154, 156, 173
Holl, Karl (1866–1936) 208
Holstein, Friedrich v. (1837–1909) 158
Holtzendorff, Hans-Henning v. (General) 257
Hoover, Herbert (1874–1964) 242
Hoßbach, Friedrich (1894–1980) 391
Hugenberg, Alfred (1865–1951) 167, 245, 248f., 266, 293, 297, 302, 306, 308f.
Hutier, Oskar v. (1857–1934) 144

Jaenicke, Wolfgang (1881–1968) 338
Jarres, Karl (1874–1951) 139, 203
Jebsen, Johnny († 1945) 415f.
Jessen, Heinz (1904–1944) 333, 366
Jessen, Jens Peter (1885–1944) 393, 405, 408, 446, 457

Kaltenbrunner, Ernst (1903–1946) 446f.
Kapp, Wolfgang (1858–1922) 149, 164, 173
Kardorff, Siegfried v. (1873–1953) 228
Karsten, Bernhard (1858–1909) 29
Kasper, Wilhelm (1892–1933) 270
Katz, Rudolf (1895–1933) 338
Keitel, Wilhelm (1882–1946) 392, 405, 424
Kempner, Franz (1879–1945) 199, 201f., 207, 235, 402, 404, 439f., 446
Kennan, George F. (1904–2005) 408
Keppler, Wilhelm (1882–1960) 381, 385
Kerr, Alfred (1867–1948) 18
Kerrl, Hanns (1887–1941) 284
Kessel, Albrecht v. (1902–1976) 404f.
Kessler, Harry Graf (1868–1937) 204, 227f., 289, 296
Keudell, Walter v. (1884–1973) 160
Kiep, Otto Karl (1886–1944) 199, 402ff.
Kirchhoff, Gustav Robert (1824 bis 1887) 17
Kirk, Alexander (1880–1979) 407
Kleist-Schmenzin, Ewald v. (1890 bis 1945) 162, 403
Klemperer, Otto (1885–1973) 236
Klepper, Otto (1888–1957) 9, 271f., 274, 338, 380

Klingler, Karl (Musiker) 470
Klostermeyer, Max (1892–1952) 148
Kluck, Alexander v. (1846–1934) 73, 76, 92
Koenigs, Franz (1881–1941) 403
Koestler, Arthur (1905–1983) 197
Koethe, Joseph (* 1870) 422
Könnecke (Landrat von Teltow) 372
Kordt, Erich (1903–1970) 403
Korff, Adalbert (1900–1945) 336, 356, 376, 383
Körner, Paul (1893–1957) 307, 414, 448, 460
Krasnow (Kosakengeneral) 135
Kress v. Kressenstein, Hans Frhr. v. (1902–1973) 395
Krichauff, Gisela (Freundin v. Nelly) 463, 465
Krüger, Hans (1884–1933) 275
Kube, Wilhelm (1887–1943) 284
Kuiper, Gerard P. (1905–1973) 468
Kun, Béla (1886–1937) 147
Kuo Chang Ming (chinesischer General) 344f.

Lammers, Hans Heinrich (1879 bis 1962) 312, 324
Landfried, Friedrich (1884–1947) 269ff., 420
Langbehn, Karl (1901–1944) 425, 455
Lange, Herbert (1900–1977) 453ff.
Langevin, Paul (1872–1946) 350
Lanoit, Baron de (Brüssel) 421
Laue, Max v. (1879–1960) 61, 63, 102, 318ff., 323, 377, 396, 398, 433f., 438, 440f., 445, 450, 452, 458, 463, 469f., 12
Laupichler, Otto (1899–1978) 382
Laval, Pierre (1883–1945) 250
Leibholz, Gert (1901–1982) 403

Leibholz, Hans (Bruder von Gert) 403
Leipart, Theodor (1867–1947) 277f.
Leloup, Jean (Freund Erwin Plancks) 422
Lenard, Philipp (1862–1947) 378, 397
Lenin, Wladimir Iljitsch (1870 bis 1924) 115, 126, 364
Leopold, Adolf (1857–1937) 29
Leuschner, Wilhelm (1890–1944) 459
Liebknecht, Karl (1871–1919) 135, 137f.
Liebknecht, Wilhelm (1826–1900) 19
Liu Hsiang (chinesischer General) 344, 349f.
Lloyd George, David (1863–1954) 146, 168
Löbe, Paul (1875–1965) 203, 216, 288, 290
Lohmann, Walter (1861–1947) 222f.
Loßberg, Fritz v. (1868–1942) 203
Ludendorff, Erich (1865–1937) 124, 132ff., 157
Lüders, Heinrich (1869–1943) 208
Luther, Hans (1879–1962) 201f., 204f., 209f., 231f.
Lüttwitz, Walter Frhr. v. (1859 bis 1942) 149
Lützow, Kurt-Jürgen v. (1892 bis 1961) 150

Macdonald, James Ramsay (1866–1937) 242
Mao Tse-tung (1893–1976) 329, 344
Marcks, Erich (1851–1944) 145f., 150, 187, 261, 302, 310, 312, 314, 368f.
Marx, Wilhelm (1863–1946) 197, 199–204, 210ff.

Matuschka, Raphael Graf v. (1887–1945) 422
Max, Prinz v. Baden (1867–1929) 131
Meissner, Otto (1880–1953) 229–232, 239, 290, 306f., 311, 460
Meitner, Lise (1878–1968) 60f., 63, 71, 99, 176, 236, 318, 320, 376f., 433f., 440f., 450, 452, 469f., *10*
Melchior, Carl (1871–1933) 301
Mengersen, Marie-Luise v. (1898 bis 1987) 331
Merck, Carl (Onkel) 22, 35, 40, 145, 148f., 156, 161, 164, 167ff., 193
Merck, Heinrich (1822–1907, Großvater) 34f.
Merck, Margarethe, geb. Pfeufer (1835–1908, Großmutter) 17
Meyer, Eduard (1855–1936) 208
Michaelis, Georg (1857–1936) 124
Mira, Francesco (Freund Erwin Plancks) 401
Moissi, Alexander (1880–1935) 41, 96f.
Moldenhauer, Paul (1876–1947) 231
Moltke, Helmuth Graf v. (1848 bis 1916) 84
Moltke, Helmuth James Graf v. (1907–1945) 404, 408, 413, 422–425, 454, 456, 465, 467
Moltke, Joachim Wolfgang Graf v. (1909–2002) 422
Momm, Christa, geb. Jessen (1900–1965) 366
Moyzischewitz, Arno (*1890) 370f.
Müller, Hermann (1876–1931) 148, 224, 227, 229, 234, 237f., 240, 268
Müller, Vincenz (1884–1961) 150
Munzinger, Ernst (1887–1945) 415

Mussolini, Benito (1883–1945) 206f., 244f., 406, 435f.

Nebe, Arthur (1894–1945) 392
Neurath, Konstantin Frhr. v. (1873–1956) 252, 259, 283, 298, 378, 390f.
Nitka, Ottony (1894–1965) 371
Nobis, Eduard (1868–1945) 272f.
Noeldechen, Ferdinand (1895 bis 1951) 254, 257, 371
Noske, Gustav (1868–1946) 145, 149

Oberfohren, Ernst (1881–1933) 290
Olbricht, Eva 471
Olbricht, Friedrich (1888–1944) 446f., 471
Oldenburg-Januschau, Elard v. (1855–1937) 257, 308
Oncken, Hermann (1869–1945) 470
Ossowski, Leonie, geb. Jolanthe v. Brandenstein (*1925) 375
Oster, Hans (1888–1945) 393f., 406, 413, 423
Ott, Eugen (1889–1977) 150f., 271f., 297–300, 310, 313f., 363ff., 390
Ott, Helma, geb. Bodewig 235, 402, 406

Pacelli, Eugenio (später Pius XII.) (1876–1958) 206, 245f.
Papen, Franz v. (1879–1969) 10, 15, 206, 251, 259–279, 283–313, 335, 379, 389, 460f., *23*
Pasternak, Boris (1890–1960) 197
Pentz, Hans-Henning v. (1890–1982) 84, 368, 374
Piekenbrock, Hans (1893–1959) 415
Piłsudski, Józef (1867–1935) 247
Planck, Adalbert (1852–1930, Onkel) 38, 96

Planck, Emma (1889–1919, Schwester) 9, 20f., 23, 25, 31f., 35, 37, 39f., 42f., 47, 62, 66, 69, 72, 76, 78, 90, 92–102, 109f., 113f., 116–119, 121f., 149, 155f., 162f., 184f., 444, 451, *2, 3*

Planck, Emma Caroline, geb. Patzig (1821–1914, Großmutter) 41, 62, 72

Planck, Grete (1889–1917, Schwester) 9, 20f., 23, 25, 28, 31f., 35, 37, 39, 42, 58, 60, 62, 66, 72, 76, 93ff., 101f., 106, 113f., 116–119, 122, 149, 155f., 163, 451, *2, 3*

Planck, Hermann (1911–1954, Halbbruder) 57, 95, 98, 102, 451, 470, *8*

Planck, Hugo (1846–1922, Onkel) 35

Planck, Johann Julius Wilhelm (1817–1900, Großvater) 17

Planck, Johanna (1857–1937, Tante) 38

Planck, Karl (1888–1916, Bruder) 9, 18, 20f., 23, 29, 31, 37, 41, 43, 47, 57–64, 72, 75f., 93, 100–103, 107–113, 117, 151, 155f., 163, 174f., 451, 466, *2, 3*

Planck, Marga, geb. v. Hoesslin (1882–1949, Max Plancks zweite Frau) 42f., 46f., 54, 95, 102, 106, 113, 121, 183, 207f., 318, 429-434, 443ff., 452, 457, 462–470, *8, 35*

Planck, Marie, geb. Merck (1861–1909, Mutter) 9, 22f., 25, 28, 32, 34–42, 112, 156, 175, 181, 183, 443, *1, 3*

Planck, Nelly, geb. Schoeller (1903–1975, Ehefrau) 97, 190–194, 199–208, 222, 225f., 229, 232–237, 243, 254ff., 281, 313, 315f., 321, 323f., 328, 331, 336, 339f., 342, 344, 347f., 353ff., 359, 361, 365ff., 373f., 383f., 426, 429f., 432, 435, 438–444, 450–457, 460–471, *16, 17*

Planck, Otto (1863–1933, Onkel) 328

Planck, Werner (1888–1914, Cousin) 96

Plessen, Leopold v. (1889–1945) 243

Plettenberg, Karl v. (1852–1938) 50

Pohl, Robert Wichard (1884–1976) 58, 468

Popitz, Johannes (1884–1945) 274, 298, 389f., 401, 404f., 408, 423, 425, 446, 450, 455f., 460, 467

Popov, Du?ko (1912–1981) 415f.

Priebe, Hermann (1871–1961) 20, 110, 384

Pünder, Hermann, (1888–1976) 199, 203, 207, 222, 226, 229–234, 237, 239f., 249ff., 254–260, 262, 281–285, 289, 291, 299, 328, 453f., 463

Raeder, Erich (1876–1960) 241, 391

Rathenau, Walther (1867–1922) 170, 347

Reichenau, Walter v. (1884–1942) 308, 374

Reinhardt, Max (1873–1943) 41

Reinhardt, Walther (1872–1932) 150

Reuschel (Freund von Bruder Karl) 47, 151, 154, 169

Rhenius, Helmuth (1893–1979, Freund) 25, 29f., 36, 39f., 42f., 45–63, 120–128, 136f., 139f., 147f., 154, 161, 165, 171, 174, 176ff., 186f., 190ff., 259, 281, 338, 366, 375, 460, 463f.

Ribbentrop, Joachim v. (1893–1946) 305ff., 390

Rieth, Kurt (* 1881) 227
Ring, Rudi (ca. 1893–1921) 23, 43, 53, 64, 122, 174, 176f., 187
Röhm, Ernst (1887–1934) 283f., 369f.
Roos, Grete-Marie, geb. Fehling (1917–1981, Nichte) 118, 183, 452, 468, 470
Roos, Hans (1912–2004) 468, 470
Roosevelt, Franklin D. (1882–1945) 413
Rosenberg, Alfred (1893–1946) 421
Rubner, Max (1854–1932) 33
Runge, Carl (1856–1927) 29
Ruspoli, Prinzessin Elisabeth (*1899) 422
Rust, Bernhard (1883–1945) 348
Rüstow, Alexander (1885–1963) 301

Salm-Salm, Elisabeth zu (*1922) 9, 464
Sauerbruch, Ferdinand (1875 bis 1951) 374, 439, 444–447
Schacht, Hjalmar (1877–1970) 230ff., 287, 378, 389, 393, 407, 455
Schaefer, Alfred (1905–1986) 412
Schäffer, Hans (1886–1967) 250, 257, 262–281, 285–295, 299, 302–305, 310, 314, 388–391, 412
Schäffer, Hugo (1875–1945) 259, 277, 300
Scheidemann, Philipp (1865 bis 1939) 135, 137, 143, 147f.
Schiele, Martin (1870–1939) 160
Schlabrendorff, Fabian v. (1907 bis 1980) 455
Schlange-Schöningen, Hans (1886–1960) 160
Schlauch (Adjutant Himmlers) 451
Schleicher, Elisabeth v., geb. v. Hennigs (1893–1934) 13f., 221, 312, 367, 372f., 24

Schleicher, Kurt v. (1882–1934) 9f., 13ff., 84, 136, 139f., 142f., 145, 150ff., 160f., 167, 169, 189f., 192, 196, 199, 202ff., 207, 210–221, 223, 226f., 229, 232–268, 271, 273, 277–287, 295–315, 333–336, 346, 360, 363, 366–379, 394, 401, 407f., 440, *24, 25*
Schleicher, Lonny v. (*1919) 221, 312, 372ff.
Schmidt, Paul (1899–1970) 243
Schmidt-Hannover, Otto (1888 bis 1971) 306
Schmitt, Carl (1888–1985) 272
Schnabel, Artur (1882–1951) 235f.
Schoeller, Alexander (1852–1911) 191, 194
Schoeller, Maria, geb. Dirksen (1866–1925) 191, 194, 440
Schreiber, Walther (1884–1958) 272f.
Schröder, Kurt Frhr. v. (1889 bis 1966) 304
Schrödinger, Erwin (1887–1961) 63, 209, 235, 322f.
Schubert, Carl v. (1882–1947) 229, 245
Schulenburg, Friedrich Werner Graf v. d. (1875–1944) 457, 467
Schulenburg, Fritz-Dietlof Graf v. d. (1902–1944) 423, 467
Schütze, Erwin (* 1887) 269f.
Schwerin v. Krosigk, Lutz Graf (1887–1977) 259, 263f., 298, 309, 378, 389, 404, 410, 460
Schwerin, Detlef v. 404, 460
Schwerin, Gerhard Graf (1899 bis 1980) 402, 443, 467
Seeberg, Reinhold (1859–1935) 208
Seeckt, Hans v. (1866–1936) 149f., 153, 158, 161, 164f., 168, 170, 191, 196, 203, 212f., 215, 219

Seidel, Hildegard (1889–1972) 438, 465, 467f.
Seldte, Franz (1882–1947) 297
Severing, Carl (1875–1952) 251, 272, 274
Shaw, Alexander (Journalist) 296
Siebert, Karl (Notar) 382, 417, 449, 471
Siedersleben, Rudolf (1894–1946) 380ff., 385ff., 410–420, 447ff., 460
Siemens, Werner v. (1816–1892) 398
Simons, Walter (1861–1937) 163, 168
Smend, Hans (1880–1971) 245
Smend, Leopold (1890–1987) 470
Smend, Rudolf (1882–1975) 470
Soong, T.V. (1894–1971) 337ff.
Sorge, Richard (1895–1944) 364
Speck, Hermann Ritter v. (Mitarbeiter Schleichers) 150
Speer, Albert (1905–1981) 417
Speidel, Hans (1897–1984) 423
Stalin, Josef (1879–1953) 364, 406, 413
Stark, Johannes (1874–1957) 377f., 397f.
Staudinger, Hans (1889–1980) 258, 272, 275
Stauffenberg, Claus Schenk Graf v. (1907–1944) 10, 409, 447
Stegerwald, Adam (1874–1945) 279, 302
Steinbrink, Otto (1888–1949) 421
Steinmann, Johannes Monsignore (1870–1940) 245
Stern, Otto (1888–1969) 322
Still, Carl (1868–1951) 429, 439f.
Stimson, Henry Lewis (1867–1950) 241f., 255
Stinnes, Hugo (1870–1924) 144, 148, 171, 173
Stockhausen, Max v. (1890–1944) 197–202, 204, 213

Stojakowski (ungarischer Militärattaché) 235
Strasser, Gregor (1892–1934) 271, 278f., 283f., 286, 294, 299, 302, 304, 374
Strauss, Ottmar (1878–1941) 378
Stresemann, Gustav (1878–1929) 90, 167, 196, 200, 204, 206, 209, 212, 224, 227f., 242, 347
Stülpnagel, Joachim v. (1880–1963) 229
Stülpnagel, Karl Heinrich v. (1886–1944) 423
Sun Yat-sen (1866–1925) 329f., 337
Sybel, Heinrich v. (1885–1969) 404
Syrup, Friedrich (1881–1945) 300f.

Tardieu, André (1876–1945) 256
Telschow, Ernst (1889–1988) 361
Teng Hsi Hoe (chinesischer General) 349ff.
Thierack, Otto Georg (1889–1946) 459ff.
Thomas, Georg (1890–1946) 375, 380, 393, 402–405, 413, 423, 425, 442f., 463
Tirpitz, Alfred v. (1849–1930) 158, 167, 200
Torgler, Ernst (1893–1963) 269f., 289
Traut, Hannita 343, 353
Traut, Hans (1888–1967) 343, 353
Trautmann, Oscar (1877–1950) 338, 356, 357f., 360f.
Tresckow, Henning v. (1901–1944) 409
Treviranus, Gottfried Reinhold (1891–1971) 160, 232ff., 242, 313
Trimborn, Cornelius (1897–1952) 382

Troeltsch, Ernst (1865–1923) 166f.
Trott zu Solz, Adam v. (1909 bis 1944) 404, 413
Tschiang Kai-schek (1887–1975) 329, 405

Ungern-Sternberg, Baronin Leoni v. (1887–1945) 337

Vietinghoff, Heinrich Frhr. v. gen. Scheel (1887–1952) 150

Wagner, Wilhelm (1884–1949) 328ff.
Waldersee, Alfred Graf v. (1898 bis 1980) 423
Wallenberg, Jacob (1892–1980) 412, 414
Wallenberg, Marcus (1899–1982) 412
Warburg, Emil (1846–1931) 33, 62
Warmbold, Hermann (1876 bis 1976) 253, 259, 277
Weber, Max (1864–1920) 166f.
Wegener, Paul (1874–1948) 236
Weichmann, Herbert (1896–1983) 273
Weizmann, Chaim (1874–1952) 348
Weizsäcker, Ernst Frhr. v. (1882 bis 1951) 250, 407, 419
Weizsäcker, Heinrich v. (1917 bis 1939) 407
Welles, Sumner (1892–1961) 407
Westarp, Kuno Graf (1864–1945) 160
Wien, Wilhelm (1864–1928) 39, 42
Wienstein, Richard Adalbert (1892–1937) 269f.
Wilamowitz-Moellendorf, Ulrich v. (1848–1931) 115
Wilhelm II. (1859–1941) 65, 124, 127, 132, 137, 158, 168

Wilhelm, Kronprinz (1882–1951) 213, 431
Willstätter, Richard (1872–1942) 347
Wilson, Woodrow (1856–1924) 131f., 134, 144, 146
Winterfeld, Friedrich v. (1875 bis 1945) 269
Winterfeldt, Anna v., geb. Petersen 356
Winterfeldt, Curt v. (1903–1946) 333, 356
Winterfeldt, Rudolph v. (1897 bis 1954) 157f.
Winzer (Mitarbeiter Schleichers) 150
Wirth, Joseph (1879–1956) 170
Wittke, Wilhelm (1883–1943) 403
Witzleben, Erwin v. (1881–1944) 393, 423, 447
Wolfe, Thomas (1900–1938) 197
Wolff v. Amerongen, Otto (*1918) 380, 384, 387, 414–417, 430, 460
Wolff, Otto (1881–1940) 10, 312, 339, 378–387, 410, 415, 448f., 30
Wuppermann, Carl (1880–1973) 382

Young, Owen D. (1874–1962) 228–234, 236, 246f.

Zahn-Harnack, Agnes v. (1884 bis 1950) 30
Zarden, Arthur (1875–1943) 250
Zechlin, Walter (1879–1962) 153, 234, 360
Zehrer, Hans (1899–1966) 218, 304
Zetkin, Clara (1857–1933) 288
Ziegler, Heinz (*1894) 150
Zuckmayer, Carl (1896–1977) 66, 69ff., 291f., 299, 311
Zweigert, Erich (1879–1947) 276, 290

Bildnachweis

Archiv zur Geschichte der Max-Planck-Gesellschaft, Berlin   1–4, 8, 12

Nachlaß Erwin Planck, Handschriftenabteilung der Staatsbibliothek zu Berlin   5, 6, 9, 15, 19–21, 25–29, 32

ullstein bild   10, 11, 18, 22–24, 30, 33–35

Friedrich Andreas von Falkenhausen   31

Annelies Georgi   7, 14, 17

Leonie Ossowski   13

Elisabeth zu Salm-Salm   16